Relatório de Desenvolvimento Humano **2009**

Ultrapassar Barreiras:

Mobilidade e desenvolvimento humanos

 Publicado para o Programa das Nações Unidas para o Desenvolvimento (PNUD)

Copyright © 2009
Pelo Programa das Nações Unidas para o Desenvolvimento
1 UN Plaza, New York, 10017, USA

Todos os direitos reservados. Nenhum excerto desta publicação poderá ser reproduzido, armazenado num sistema de recuperação ou transmitido sob qualquer forma ou por qualquer meio, nomeadamente, electrónico, mecânico, tipográfico, de gravação ou outro, sem prévia permissão.

Depósito Legal: 299856/09

ISBN 978-972-40-3945-9

Primeira publicação em 2009 por
Palgrave Macmillan
Houndmills, Basingstoke, Hampshire RG21 6XS and
175 Fifth Avenue, New York, NY 10010

Companhias e representantes em todo o mundo
A Palgrave Macmillan no Reino Unido é uma editora da Macmillan Publishers Limited, registada em Inglaterra, sob o número 785998, de Houndmills, Basingstoke, Hampshire RG21 6XS.
A Palgrave Macmillan nos EUA é uma divisão da St Martin's Press LLC, 175 Fifth Avenue, New York, NY 10010.
A Palgrave Macmillan é a editora académica global das companhias acima mencionadas e detém companhias e representantes em todo o mundo.
A Palgrave® e a Macmillan® são marcas registadas nos Estados Unidos, no Reino Unido, na Europa e em outros países.

Edições Almedina, SA
Avenida Fernão de Magalhães, Nº 584, 5º Andar
3000-174 Coimbra/Portugal
www.almedina.net

Impresso pela G.C. Gráfica de Coimbra, Lda. A capa foi impressa em cartolina Trucard 240 grs com baixa gramagem e revestimento numa das faces, sem cloro e em conformidade com as linhas directrizes do Plano de desenvolvimento Sustentável da Floresta.
As páginas de texto foram impressas em 60 grs Munken Lynx – um papel obtido a partir de fibra branqueada 30% reciclada pós-consumidor, certificado pelo Forest Stewardship Council, e sem cloro. Tanto a capa como as páginas de texto são impressas usando tintas vegetais e produzidas por meio de tecnologias compatíveis com o ambiente.

Edição e Layout: Green Ink
Design: ZAGO

Para uma lista de eventuais erros ou omissões encontrados posteriormente à impressão, visite, por favor, o nosso website em http://hdr.undp.org

Equipa responsável pela elaboração do Relatório de Desenvolvimento Humano 2009

Directora
Jeni Klugman

Pesquisa
Coordenação de Francisco R. Rodríguez, com a colaboração de Ginette Azcona, Matthew Cummins, Ricardo Fuentes Nieva, Mamaye Gebretsadik, Wei Ha, Marieke Kleemans, Emmanuel Letouzé, Roshni Menon, Daniel Ortega, Isabel Medalho Pereira, Mark Purser e Cecilia Ugaz (directora adjunta até Outubro de 2008).

Estatística
Coordenação de Alison Kennedy, com a colaboração de Liliana Carvajal, Amie Gaye, Shreyasi Jha, Papa Seck e Andrew Thornton.

RDH nacionais e rede de colaboradores
Eva Jespersen (directora adjunta do GRDH), Mary Ann Mwangi, Paola Pagliani e Timothy Scott.

Promoção e divulgação
Coordenção de Marisol Sanjines, com a colaboração de Wynne Boelt, Jean-Yves Hamel, Melissa Hernandez, Pedro Manuel Moreno e Yolanda Polo.

Produção, tradução, plano orçamental e operações, administração
Carlotta Aiello (coordenadora de produção), Sarantuya Mend (directora de operações), Fe Juarez-Shanahan e Oscar Bernal.

Prefácio

É comum que o tema da migração seja tratado com impopularidade pelos meios de comunicação. Estereótipos negativos que representam os migrantes como alguém que nos vem "roubar os empregos" ou que vive "às custas do contribuinte" abundam nas secções dos *media* e junto da opinião pública, especialmente em épocas de recessão. Para outros, porém, a palavra "migrante" poderá evocar imagens de pessoas em situações de extrema vulnerabilidade. O Relatório de Desenvolvimento Humano de este ano, *Ultrapassar Barreiras: Mobilidade e desenvolvimento humanos*, vem desafiar esses estereótipos, procurando alargar e reequilibrar as percepções que existem da migração, de modo a reflectir uma realidade que se afigura mais complexa e bastante variável.

Este relatório vem abrir novos caminhos ao aplicar uma abordagem do desenvolvimento humano ao estudo da migração. Desenvolve uma discussão sobre quem são os migrantes, de onde vêm e para onde vão, e por que se deslocam. Paralelamente, lança um olhar sobre os múltiplos impactos da migração junto de todos aqueles que são por ela afectados – não só os que partem, mas também os que ficam.

Desta feita, as conclusões do relatório trazem uma nova luz sobre algumas concepções erradas comuns. Por exemplo, a migração a partir de países em desenvolvimento em direcção a países desenvolvidos corresponde apenas a uma pequena parte de todas as deslocações humanas. Efectivamente, a migração a partir de um país em desenvolvimento para outro nas mesmas circunstâncias é muito mais comum. Para mais, a maioria dos migrantes não se desloca para o estrangeiro, mas antes para outro ponto do seu próprio país.

Além disso, a maior parte dos migrantes, longe de serem vítimas, tendem a ser bem sucedidos, tanto antes de deixarem os seus lares de origem como após a chegada ao seu destino. De facto, os resultados relativamente a todos os aspectos do desenvolvimento humano, não só no que respeita aos rendimentos, mas também à educação e à saúde, são, de um modo geral, positivos – alguns são até extremamente positivos como, nomeadamente, no caso de pessoas oriundas dos lugares mais pobres que acabam por obter os maiores rendimentos e benefícios.

Analisando-se uma extensa bibliografia sobre o assunto, o relatório conclui que o receio de os migrantes serem responsáveis pela diminuição do número de empregos ou dos salários da população local, constituindo um fardo indesejável para os serviços locais, ou custando muito dinheiro aos contribuintes é, geralmente, exagerado. Quando as competências dos migrantes complementam aquelas das populações locais, ambos os grupos saem beneficiados. As sociedades no seu todo poderão igualmente beneficiar de variados modos – desde através de um aumento dos níveis de inovação técnica até uma gastronomia cada vez mais diversificada para a qual os migrantes contribuem.

O relatório sugere que as respostas políticas à migração poderão ser insatisfatórias. Muitos governos instituem regimes de entrada no país cada vez mais repressivos, viram as costas à violação de questões de saúde e de segurança por parte de entidades empregadoras, ou não tomam medidas que adequadamente eduquem o público sobre os benefícios da imigração.

Ao examinar soluções políticas com vista a alargar as liberdades das pessoas, em vez de se controlar ou restringir as deslocações humanas, este relatório propõe um conjunto de reformas vigorosas. Quando adaptadas aos contextos específicos de cada país, estas alterações poderão optimizar as já substanciais contribuições que a mobilidade humana tem prestado ao desenvolvimento humano.

Prefácio

RELATÓRIO DE DESENVOLVIMENTO HUMANO **2009**
Ultrapassar Barreiras: Mobilidade e desenvolvimento humanos

As principais reformas sugeridas centram-se em seis áreas, cada uma das quais prendendo-se com contributos importantes e complementares para o desenvolvimento humano: alargamento dos canais de entrada existentes para que mais trabalhadores possam emigrar; garantia de direitos básicos aos migrantes; diminuição dos custos da migração; procura de soluções que beneficiem tanto as comunidades de destino como os migrantes que elas acolhem; maior facilidade nas deslocações para pessoas que migram dentro dos limites do seu próprio país; e o tratamento da migração como um dos factores preponderante nas estratégias de desenvolvimento nacionais.

Segundo se defende no presente relatório, embora muitas de estas reformas sejam mais exequíveis do que à partida possam parecer, todas elas requerem coragem política para as colocar em prática. No entanto, é sabido que os governos podem estar sujeitos a algumas limitações no que respeita à sua capacidade de introduzir alterações políticas imediatas enquanto a recessão persistir.

Este é o primeiro Relatório de Desenvolvimento Humano para o qual redigi o prefácio enquanto administradora. Como todos os outros relatórios, também este consiste num estudo independente que visa essencialmente estimular o debate e a discussão sobre uma matéria importante. Não representa, efectivamente, qualquer expressão das políticas das Nações Unidas ou do PNUD.

Simultaneamente, sublinhando-se a mobilidade humana como uma componente central da agenda do desenvolvimento humano, o PNUD espera que as considerações aqui produzidas constituam uma mais-valia para o actual debate sobre a migração e que se tenha conseguido transmitir informação sobre o trabalho dos especialistas em desenvolvimento e dos decisores políticos em todo o mundo.

Helen Clark
Administradora
Programa das Nações Unidas para o Desenvolvimento

As recomendações de análise e de políticas mencionadas no Relatório não reflectem necessariamente as perspectivas do Programa das Nações Unidas para o Desenvolvimento, ou do seu Conselho Executivo, ou mesmo dos seus Estados-Membros. O Relatório é uma publicação independente sob a responsabilidade do PNUD. É fruto de um esforço de cooperação por parte de uma equipa de consultores e conselheiros eminentes e da equipa do Relatório de Desenvolvimento Humano. Jeni Klugman, Directora do Gabinete do Relatório de Desenvolvimento Humano, coordenou este grupo de trabalho.

Agradecimentos

Este relatório é o resultado dos esforços, contributos e apoio de muitas pessoas e organizações.

Gostaria de agradecer a Kemal Derviş pela oportunidade de poder assumir desafiantes tarefas enquanto Directora do Relatório de Desenvolvimento Humano, bem como à nova administradora do PNUD, Helen Clark, pelos conselhos e apoio. Regressar ao gabinete depois dos seus 20 anos de crescimento e sucesso foi uma experiência tremendamente gratificante.

Gostaria de dirigir especiais agradecimentos à minha família, nomeadamente, a Ema, a Josh e a Billy, pela sua paciência e apoio durante todo este período. A dedicação e o árduo trabalho de toda a equipa do RDH, nomeada anteriormente, foram cruciais. Entre aqueles que ofereceram importantes sugestões e conselhos estratégicos, e que foram especialmente decisivos na elaboração do presente relatório, encontram-se Oliver Bakewell, Martin Bell, Stephen Castles, Joseph Chamie, Samuel Choritz, Michael Clemens, Simon Commander, Sakiko Fukuda-Parr, Hein de Haas, Frank Laczko, Loren Landau, Manjula Luthria, Gregory Maniatis, Philip Martin, Douglas Massey, Saraswathi Menon, Frances Stewart, Michael Walton e Kevin Watkins.

Realizaram-se alguns estudos de apoio, devidamente referidos na secção da bibliografia, sobre um conjunto de questões temáticas. Esses estudos encontram-se igualmente publicados online no âmbito da nossa Colecção de Artigos de Investigação do Desenvolvimento Humano, lançada em Abril de 2009. De igual modo, uma série de 27 seminários que tiveram lugar entre Agosto de 2008 e Abril de 2009 ofereceram um estímulo importante para o nosso pensamento e desenvolvimento de ideias, pelo que gostaríamos de agradecer novamente àqueles oradores por terem partilhado as suas investigações e ideias. Estamos também profundamente gratos aos peritos nacionais que participaram na nossa avaliação das políticas de migração, dando os seus preciosos contributos.

Os dados e estatísticas usados neste relatório resultam significativamente das bases de dados de outras organizações, às quais nos foi generosamente concedido o acesso: Andean Development Corporation; Centro de Investigação de Desenvolvimento para a Migração, Universidade de Sussex; ECLAC; o Instituto de Migração Internacional de Oxford; União Interparlamentar; Centro de Controlo de Deslocações Internas; o Departamento de Estatística e o Programa de Migração Internacional da OIT; OIM; Estudos de Rendimento do Luxemburgo; OCDE; UNICEF; DAESNU, Divisão de Estatística e Divisão da População; Instituto de Estatística da UNESCO; ACNUR; UNRWA; Secção dos Tratados do Gabinete de Assuntos Jurídicos das Nações Unidas; o Banco Mundial e a OMS.

O relatório beneficiou enormemente com os conselhos e orientações de um painel de consultores académicos. Deste painel fizeram parte Maruja Asis, Richard Black, Caroline Brettell, Stephen Castles, Simon Commander, Jeff Crisp, Priya Deshingkar, Cai Fang, Elizabeth Ferris, Bill Frelick, Sergei Guriev, Gordon Hanson, Ricardo Hausmann, Michele Klein-Solomon, Kishore Mahbubani, Andrew Norman Mold, Kathleen Newland, Yaw Nyarko, José Antonio Ocampo, Gustav Ranis, Bonaventure Rutinwa, Javier Santiso, Maurice Schiff, Frances Stewart, Elizabeth Thomas-Hope, Jeffrey Williamson, Ngaire Woods e Hania Zlotnik.

Desde o início, a elaboração do presente relatório envolveu um conjunto de consultas destinadas a reunir e explorar as opiniões de investigadores, defensores da sociedade civil, especialistas em desenvolvimento e decisores políticos de todo o globo, os quais tiveram, assim, participação em todo o processo. Realizaram-se, nomeadamente, 11 consultas informais a intervenientes, entre Agosto de 2008 e Abril de 2009, em Nairóbi, Nova Deli, Amã, Bratislava, Manila, Sydney, Dakar, Rio de Janeiro, Genebra, Turim e Joanesburgo, envolvendo um total de quase 300 peritos e especialistas. O apoio das delegações nacionais e regionais, bem como de parceiros locais do PNUD foi crucial para a realização destas consultas. Vários eventos foram organizados por parceiros fundamentais, incluindo a OIM, a OIT e o Instituto de Política de Migração. Outras consultas de nível académico tiveram lugar em Washington D. C. e em Princeton, tendo a equipa do GRDH participado em vários outros fóruns regionais e mundiais, incluindo o Fórum Mundial sobre Migrações e Desenvolvimento (GFMD – Forum on Migration and Development)

Agradecimentos

em Manila, encontros de preparação para o GFMD de Atenas, e muitas conferências e seminários organizados por outras agências das Nações Unidas (por exemplo, o DAESNU, o Instituto das Nações Unidas para a Formação e Investigação / UNITAR – United Nations Institute for Training and Research e a OIT), universidades, academias e organizações não governamentais. Os que participaram numa série de discussões de Redes de Desenvolvimento Humano forneceram ideias e observações abrangentes sobre as interligações entre migração e desenvolvimento humano. Outros pormenores sobre o processo encontram-se disponíveis em: http://hdr.undp.org/en/nhdr.

Um Grupo de Leitores do PNUD, que inclui representantes de todas as delegações regionais e políticas, deram o seu contributo com muitas informações e sugestões úteis sobre as características associadas ao conceito e as primeiras versões do relatório, à semelhança de outros colegas, que igualmente nos forneceram informações e conselhos pertinentes. Gostaríamos de agradecer especialmente a Amat Alsoswa, Carolina Azevedo, Barbara Barungi, Tony Bislimi, Kim Bolduc, Winifred Byanyima, Ajay Chhibber, Samuel Choritz, Pedro Conceição, Awa Dabo, Georgina Fekete, Priya Gajraj, Enrique Ganuza, Tegegnework Gettu, Rebeca Grynspan, Sultan Hajiyev, Mona Hammam, Mette Bloch Hansen, Mari Huseby, Selim Jahan, Bruce Jenks, Arun Kashyap, Olav Kjoren, Paul Ladd, Luis Felipe López-Calva, Tanni Mukhopadhyay, B. Murali, Theodore Murphy, Mihail Peleah, Amin Sharkawi, Kori Udovicki, Mourad Wahba e Caitlin Wiesen pelos seus comentários.

Uma equipa da Green Ink, coordenada por Simon Chater, forneceu-nos os serviços de edição. O trabalho de design gráfico é da autoria de Zago. Guoping Huang desenvolveu alguns dos mapas. A produção, tradução, distribuição e promoção do relatório beneficiaram da ajuda e apoio do Gabinete de Comunicação do PNUD, e particularmente de Maureen Lynch. As traduções foram revistas por Luc Gregoire, Madi Musa, Uladzimir Shcherbau e Oscar Yujnovsky. Margaret Chi e Solaiman Al-Rifai do Gabinete das Nações Unidas para os Serviços de Apoio aos Projectos deram também o seu contributo, oferecendo apoio administrativo e serviços de coordenação que se revelaram cruciais.

O relatório beneficiou também do trabalho dedicado de alguns estagiários, nomeadamente, Shreya Basu, Vanessa Alicia Chee, Delphine De Quina, Rebecca Lee Funk, Chloe Yuk Ting Heung, Abid Raza Khan, Alastair Mackay, Grace Parker, Clare Potter, Limon B. Rodriguez, Nicolas Roy, Kristina Shapiro e David Stubbs.

Agradecemos a todos aqueles que estiveram directa ou indirectamente envolvidos na orientação dos nossos esforços, assumindo todavia toda a responsabilidade por eventuais erros de omissão e de comissão.

Jeni Klugman
Directora
Relatório de Desenvolvimento Humano 2009

Acrónimos

RELATÓRIO DE DESENVOLVIMENTO HUMANO **2009**
Ultrapassar Barreiras: Mobilidade e desenvolvimento humanos

ACNUR	Alto Comissariado das Nações Unidas para os Refugiados
AGCS	Acordo Geral sobre o Comércio de Serviços
CCG	Conselho de Cooperação do Golfo
CDC	Convenção das Nações Unidas sobre os Direitos da Criança
CEDCM	Convenção da ONU para a Eliminação de todas as Formas de Discriminação contra as Mulheres
CEDEAO	Comunidade Económica dos Estados da África Ocidental
CEPAL	Comissão Económica para a América Latina e Caraíbas
CTM	Convenção Internacional da ONU sobre a Protecção dos Direitos de todos os Trabalhadores Migrantes e Membros das suas Famílias
DAESNU	Departamento dos Assuntos Económicos e Sociais das Nações Unidas
DERP	Documentos de Estratégia para a Redução da Pobreza
DPI	Desenvolvimento da Primeira Infância
EIU	Unidade de Inteligência do Economista
ERP	Estratégia para a Redução da Pobreza
GRDH	Gabinete do Relatório de Desenvolvimento Humano
HDI	Índice de Desenvolvimento Humano
MERCOSUL	Mercado Comum do Sul
MIPEX	Índex de Políticas de Integração de Migrantes
OCDE	Organização para a Cooperação e Desenvolvimento Económico
OIM	Organização Internacional para as Migrações
OIT	Organização Internacional do Trabalho
OMC	Organização Mundial do Comércio
OMS	Organização Mundial de Saúde
ONG	Organização Não Governamental
PIB	Produto Interno Bruto
PNUD	Programa das Nações Unidas para o Desenvolvimento
RDH	Relatório de Desenvolvimento Humano
TMB	Comité de Controlo de Tratados
UE	União Europeia
UNESCO	Organização das Nações Unidas para a Educação, Ciência e Cultura
UNICEF	Fundo das Nações Unidas para a Infância
UNODC	Gabinete das Nações Unidas contra a Droga e o Crime
UNRWA	Agência das Nações Unidas de Assistência aos Refugiados da Palestina no Próximo Oriente
URSS	União das Repúblicas Socialistas Soviéticas

RELATÓRIO DE DESENVOLVIMENTO HUMANO **2009**
Ultrapassar Barreiras: Mobilidade e desenvolvimento humanos

Índice

Prefácio	v
Agradecimentos	vii
Acrónimos e abreviaturas	ix

SÍNTESE — 1

Como e por que razão as pessoas se deslocam	1
Obstáculos à deslocação	2
Os argumentos a favor da mobilidade	3
A nossa proposta	4
O caminho em frente	6

CAPÍTULO 1

Liberdade e deslocação: como a mobilidade pode estimular o desenvolvimento humano	9
1.1 Questões de mobilidade	9
1.2 Escolha e contexto: compreender a razão pela qual as pessoas se deslocam	12
1.3 Desenvolvimento, liberdade e mobilidade humana	14
1.4 O que trazemos para a mesa de debate	16

CAPÍTULO 2

Pessoas em movimento: quem se desloca para onde, quando e porquê	21
2.1 As deslocações humanas hoje	21
2.2 Olhando para trás	28
2.2.1 A visão a longo prazo	28
2.2.2 O século XX	30
2.3 Políticas e deslocação	33
2.4 Olhando em frente: a crise e para além dela	40
2.4.1 A crise económica e as perspectivas de retoma	41
2.4.2 Tendências demográficas	43
2.4.3 Factores ambientais	44
2.5 Conclusões	46

CAPÍTULO 3

Como se saem os migrantes	49
3.1 Rendimento e padrões de vida	49
3.1.1 Impactos no rendimento bruto	50
3.1.2 Custos financeiros da deslocação	53
3.2 Saúde	55
3.3 Educação	57
3.4 Influência, direitos civis e participação	60
3.5 Compreender os resultados de factores negativos	62
3.5.1 Quando a insegurança leva à deslocação	62
3.5.2 Deslocações induzidas por desenvolvimento	64
3.5.3 Tráfico humano	65
3.6 Impactos gerais	67
3.7 Conclusões	68

CAPÍTULO 4

Os impactos na origem e no destino	71
4.1 Os impactos nos lugares de origem	71
4.1.1 Efeitos ao nível do agregado familiar	71
4.1.2 Efeitos económicos ao nível da comunidade e da nação	76
4.1.3 Efeitos sociais e culturais	79
4.1.4 Estratégias de mobilidade e de desenvolvimento nacional	82
4.2 Efeitos nos locais de destino	83
4.2.1 Impactos económicos em agregado	84
4.2.2 Impactos no mercado de trabalho	85
4.2.3 Urbanização rápida	86
4.2.4 Impactos fiscais	87
4.2.5 Percepções e preocupações acerca da migração	89
4.3 Conclusões	92

CAPÍTULO 5

Políticas e instituições para optimizar os resultados do desenvolvimento humano	95
5.1 O pacote principal	96
5.1.1 Liberalizar e simplificar os canais regulares	96
5.1.2 Garantir direitos básicos para os migrantes	99
5.1.3 Reduzir os custos das transacções associados às deslocações	102
5.1.4 Melhorar os resultados para os migrantes e as comunidades de destino	104
5.1.5 Possibilitar os benefícios da mobilidade interna	106
5.1.6 Tratar a mobilidade como uma parte integrante das estratégias de desenvolvimento nacional	107
5.2 A viabilidade política da reforma	108
5.3 Conclusões	111

Notas	**113**
Bibliografia	**119**

ANEXO ESTATÍSTICO

Tabelas	143
Guia do leitor	203
Nota técnica	208
Definições de termos e indicadores estatísticos	209
Classificação dos países	213

Índice

RELATÓRIO DE DESENVOLVIMENTO HUMANO **2009**
Ultrapassar Barreiras: Mobilidade e desenvolvimento humanos

CAIXAS

1.1	Estimar o impacto das deslocações	12
1.2	O modo como as deslocações são importantes para a avaliação do progresso	14
1.3	Termos básicos usados no presente relatório	15
1.4	Como a migração é vista pelos pobres?	16
2.1	Quantificação de migrantes irregulares	23
2.2	Deslocações induzidas por conflito e tráfico	26
2.3	Tendências de migração na antiga União Soviética	31
2.4	Gestão global da mobilidade	39
3.1	China: Políticas e resultados associados à migração interna	52
3.2	Crianças migrantes independentes	59
3.3	A próxima geração	60
3.4	Mecanismos de aplicação na Malásia	62
4.1	O modo como os telemóveis podem reduzir os custos das transferências de dinheiro: o caso do Quénia	74
4.2	A crise de 2009 e as remessas	75
4.3	Os impactos dos fluxos de competências no desenvolvimento humano	77
4.4	A mobilidade e as perspectivas de desenvolvimento de Estados pequenos	80
4.5	A mobilidade e o desenvolvimento humano: algumas perspectivas dos países em desenvolvimento	82
5.1	Abrir canais regulares – A Suécia e a Nova Zelândia	97
5.2	Experiência com a regularização	98
5.3	Reduzir a burocracia dos documentos: um desafio para os governos e parceiros	103
5.4	Reconhecimento de qualificações	105
5.5	Quando as pessoas qualificadas emigram: algumas opções políticas	109

FIGURAS

2.1	Muito mais pessoas deslocam-se dentro de fronteiras do que para fora delas	22
2.2	Os mais pobres são quem mais tem a ganhar com as deslocações…	23
2.3	… mas também se deslocam menos	25
2.4	Uma crescente parcela de migrantes provém de países em desenvolvimento	32
2.5	Fontes e tendências da migração para países em desenvolvimento	33
2.6	Taxas de migração interna aumentaram apenas ligeiramente	34
2.7	Hiatos no rendimento mundial alargaram	35
2.8	Dar as boas-vindas aos altamente qualificados, alternar os pouco qualificados	36
2.9	As práticas de controlo variam	37
2.10	Evidências em diferentes países corroboram pouco a hipótese "número *versus* direitos"	38
2.11	O desemprego está a aumentar em destinos chave da migração	41
2.12	Os migrantes estão nos locais mais afectados pela recessão	42
2.13	A população activa aumentará nas regiões em desenvolvimento	44
3.1	Os deslocados têm rendimentos muito mais altos do que os que permanecem nos seus locais de origem	50
3.2	Enormes benefícios salariais para os migrantes altamente qualificados	50
3.3	Benefícios significativos nos salários de migrantes internos na Bolívia, especialmente os que têm menores graus de educação	51
3.4	A pobreza é mais elevada entre as crianças migrantes, mas as transferências sociais poderão ajudar	53
3.5	Os custos das deslocações são frequentemente muito elevados	54
3.6	Os custos das deslocações podem ser muitas vezes os rendimentos mensais esperados	54
3.7	Os filhos de migrantes têm maior probabilidade de sobreviverem	55
3.8	Os migrantes irregulares e temporários carecem muitas vezes de acesso a serviços de assistência médica	57
3.9	Os benefícios em termos de escolarização são maiores para os migrantes de países com IDH baixo	58
3.10	Os migrantes têm melhor acesso à educação em países desenvolvidos	58
3.11	O direito ao voto está geralmente reservado aos cidadãos	61
3.12	A escolarização entre os refugiados excede frequentemente a das comunidades de acolhimento em países em desenvolvimento	64
3.13	Benefícios significativos em termos de desenvolvimento humano para deslocados internos	67
3.14	Os migrantes são geralmente tão felizes como os nativos	68
4.1	Prevê-se que a recessão global tenha impacto nos fluxos de remessas	75
4.2	Os trabalhadores qualificados deslocam-se de modo semelhante para fora e dentro dos limites das nações	78
4.3	O apoio à imigração depende da existência de vagas de emprego	90
4.4	Quando os empregos são limitados, as pessoas dão preferência aos nativos	91
4.5	Muitas pessoas valorizam a diversidade étnica	92
5.1	Ratificação da convenção dos direitos dos migrantes foi limitada	100
5.2	Defesa da oportunidade de permanência	110

RELATÓRIO DE DESENVOLVIMENTO HUMANO **2009**
Ultrapassar Barreiras: Mobilidade e desenvolvimento humanos

MAPAS

1.1	As fronteiras fazem a diferença	10
1.2	Os migrantes estão a deslocar-se para locais com melhores oportunidades	11
2.1	A maioria das deslocações ocorre dentro das regiões	24
3.1	O conflito como causa das deslocações em África	63
4.1	Fluxos de remessas essencialmente de regiões desenvolvidas para regiões em desenvolvimento	73

TABELAS

2.1	Cinco décadas de estabilidade em agregado, com mudanças regionais	30
2.2	Os decisores políticos dizem que estão a tentar manter os níveis de imigração existentes	34
2.3	Mais de um terço dos países restringem significativamente o direito à mobilidade	40
2.4	Rácios de dependência a aumentar em países desenvolvidos e a permanecerem estáveis nos países em desenvolvimento	45
4.1	As ERPs reconhecem os múltiplos impactos da migração	83

TABELAS DO ANEXO ESTATÍSTICO

A	Deslocação de pessoas: imagens e tendências	143
B	Emigrantes internacionais por área de residência	147
C	Educação e emprego dos migrantes internacionais em países da OCDE (com idades a partir de 15 anos)	151
D	Deslocações induzidas por conflito e pela insegurança	155
E	Fluxos financeiros internacionais: remessas ajuda pública ao desenvolvimento e investimento directo estrangeiro	159
F	Selecção de convenções relacionadas com direitos humanos e migrações (por ano de ratificação)	163
G	Tendências do índice de desenvolvimento humano	167
H	Índice de desenvolvimento humano de 2007 e as componentes que o constituem	171
I^1	Pobreza humana e de rendimentos	176
I^2	Pobreza humana e de rendimentos: os países da OCDE	180
J	Índice de Desenvolvimento ajustado ao Género e as componentes que o constituem	181
K	Medida de Participação segundo o Género e as suas componentes	186
L	Tendências demográficas	191
M	Economia e Desigualdade	195
N	Saúde e Educação	199

Síntese

Consideremos o Juan. Nascido no seio de uma família pobre no México rural, a família lutou muito para lhe poder pagar a assistência médica, todos os cuidados e a educação. Com 12 anos, deixou a escola para ajudar no sustento da família. Seis anos mais tarde, Juan seguiu o tio na sua ida para o Canadá em busca de um melhor salário e de melhores oportunidades.

A esperança média de vida no Canadá é cinco anos mais elevada do que a do México e os rendimentos são três vezes melhores. Juan foi seleccionado para um trabalho temporário no Canadá, conseguiu o direito de residência e, por fim, tornou-se empresário num negócio que agora emprega canadianos nativos. Este é apenas um caso de entre milhões de pessoas todos os anos que encontram novas oportunidades e liberdades ao migrarem, beneficiando-se a si mesmas, assim como os seus locais de origem e de destino.

Consideremos agora Bhagyawati. Ela vive na zona rural de Andhra Pradesh, na Índia, e pertence a uma casta inferior. Viaja até à cidade de Bangalore com os filhos para trabalhar nas obras durante seis meses por ano, onde ganha Rs 60 (1,20 dólares americanos) por dia. Enquanto está longe de casa, os filhos não vão à escola porque esta fica demasiado longe do local da construção e, para mais, não sabem falar o idioma local. Bhagyawati não tem direito a qualquer subsídio de alimentação ou de assistência médica, e nem exerce o direito de voto, porque vive fora do distrito onde está registada. Como milhões de outros migrantes internos, dispõe de poucas opções para melhorar a sua vida para além de se mudar para uma cidade diferente em busca de melhores oportunidades.

O nosso mundo é muito desigual. As enormes diferenças em termos de desenvolvimento humano entre e dentro de cada país têm constituído um tema recorrente do Relatório de Desenvolvimento Humano (RDH) desde a sua primeira publicação, em 1990. No relatório de este ano, exploramos pela primeira vez o assunto da migração. Para muitas pessoas de países em desenvolvimento, sair da sua cidade natal, ou da sua aldeia, poderá ser a melhor – ou, às vezes, a única – opção para melhorar as suas oportunidades de vida. Com efeito, essa mudança poderá melhorar bastante os seus rendimentos individuais e familiares, os níveis de educação e de participação, assim como as perspectivas futuras dos seus filhos. Mas essa alteração geográfica tem um valor para além disso: ter-se a possibilidade de decidir onde viver é um elemento fundamental da liberdade humana.

Quando as pessoas se deslocam, quer atravessem ou não fronteiras internacionais, embarcam numa viagem de esperança e de incertezas. A maioria parte em busca de melhores oportunidades, na esperança de poder aliar os seus próprios talentos aos recursos existentes nos países de destino, obtendo, assim, benefícios para si e para a sua família mais directa, que frequentemente os acompanha ou os segue posteriormente. Se forem bem sucedidos, a sua iniciativa e os seus esforços poderão também beneficiar aqueles que deixaram para trás, bem como a sociedade no seio da qual construíram os seus novos lares. Mas nem todos são, efectivamente, bem sucedidos. Os migrantes que deixam os amigos e a família poderão vir a enfrentar a solidão, sentir que não são bem-vindos entre as pessoas que temem ou que hostilizam os estrangeiros recém-chegados, poderão perder o emprego ou adoecer e, por isso, não ser capaz de aceder aos serviços de apoio de que necessitam para prosperar.

O RDH 2009 explora o modo como melhores políticas para a mobilidade humana poderão fomentar o desenvolvimento humano. Nomeadamente, sugere-se que os governos reduzam as restrições no que respeita às deslocações, dentro dos limites do seu território e para fora dele, para assim alargar a possibilidade de escolha dos indivíduos e as próprias liberdades humanas. Nesse sentido, defende-se um conjunto de medidas práticas que poderão melhorar as perspectivas dos migrantes à chegada, o que, por sua vez, trará enormes benefícios tanto para as comunidades de destino como para os locais de origem.

Como e por que razão as pessoas se deslocam

A perspectiva que constitui tipicamente o ponto de partida de todas as discussões sobre migração é a dos fluxos que se deslocam a partir dos países em desenvolvimento em direcção aos países ricos da Europa,

Síntese

RELATÓRIO DE DESENVOLVIMENTO HUMANO **2009**
Ultrapassar Barreiras: Mobilidade e desenvolvimento humanos

> A maior parte dos migrantes, internos e internacionais, consegue alcançar melhores rendimentos, melhor acesso à educação e à assistência médica e melhores perspectivas de vida para os seus filhos.

da América do Norte e da Australásia. Contudo, a maioria das deslocações no mundo não é aquela entre os países em desenvolvimento e os países desenvolvidos. Na verdade, não é sequer aquela que se verifica entre países. Com efeito, a esmagadora maioria das pessoas que se desloca fá-lo dentro do seu próprio país. Para usar uma definição conservadora, estimamos que aproximadamente 740 milhões de pessoas sejam migrantes internas – quase quatro vezes mais do que aquelas que se deslocaram internacionalmente. Entre as pessoas que se deslocaram atravessando fronteiras nacionais, pouco mais de um terço mudaram-se de um país em desenvolvimento para um país desenvolvido – menos de 70 milhões de pessoas. A maioria dos 200 milhões de migrantes internacionais do mundo mudou-se de um país em desenvolvimento para outro, ou entre países desenvolvidos.

A maior parte dos migrantes, internos e internacionais, consegue alcançar melhores rendimentos, melhor acesso à educação e à assistência médica e melhores perspectivas de vida para os seus filhos. Estudos realizados sobre os migrantes dão conta que a maioria afirma sentir-se feliz nos seus países de destino, apesar de uma série de reajustes e obstáculos que se prendem tipicamente com a própria mudança. Uma vez estabelecidos, os migrantes aderem frequentemente mais a sindicatos ou a grupos religiosos e outros do que os residentes locais. Contudo, existe um outro lado da moeda e os benefícios da mobilidade não estão distribuídos de forma equitativa.

As pessoas que se deslocam por motivos de insegurança e de conflito enfrentam desafios especiais. Estima-se que existam 14 milhões de refugiados a viver fora do seu país de cidadania, os quais representam cerca de 7% dos migrantes de todo o mundo. A maioria permanece perto do país do qual fugiu e vive tipicamente em campos de refugiados até que as condições no seu país permitam o seu regresso. Porém, cerca de meio milhão por ano viajam até países desenvolvidos em busca de asilo. Um número muito superior, que ronda os 26 milhões, tem estado deslocado internamente. Estas pessoas não atravessaram quaisquer fronteiras, mas podem enfrentar especiais dificuldades longe de casa, num país fragmentado pelo conflito ou devastado por desastres naturais. Outro grupo vulnerável consiste em pessoas – principalmente mulheres jovens – que foram traficadas. Muitas vezes enganadas com promessas de uma vida melhor, a sua deslocação não se dá de livre vontade mas por coação, muitas vezes acompanhada de violência e abuso sexual.

Todavia, em geral, as pessoas mudam-se por sua livre vontade, para lugares com melhores condições. Mais de três quartos dos migrantes internacionais vão para um país com um nível mais elevado de desenvolvimento humano do que o do seu país de origem. Porém, são significativamente restringidos por políticas que impõem obstáculos à sua entrada e pela escassez de recursos disponíveis que lhes permitam a deslocação. As pessoas de países pobres são as que menos se mudam: por exemplo, o número de africanos que se mudou para a Europa é inferior a 1%. Com efeito, a história e as evidências actuais sugerem que o desenvolvimento e a migração andam de mãos dadas: a taxa mediana de emigração num país com desenvolvimento humano baixo é inferior a 4%, ao passo que em países com níveis elevados de desenvolvimento humano é superior a 8%.

Obstáculos à deslocação

A taxa de migrantes internacionais entre a população mundial tem-se mantido notavelmente estável em cerca de 3% nos últimos 50 anos, embora se pudesse esperar, dada a existência de determinados factores, um aumento no fluxo. As tendências demográficas – a saber, uma população envelhecida nos países desenvolvidos e populações jovens, em crescimento, nos países em desenvolvimento – e as crescentes oportunidades de emprego, aliadas a comunicações e transportes mais baratos, fizeram aumentar o desejo de migração. No entanto, aqueles que procuram migrar têm encontrado cada vez mais obstáculos à sua deslocação em virtude das políticas dos governos. Efectivamente, para além de o número de estados-nação ter quadruplicado para quase 200 no século anterior, criando-se, por conseguinte, mais fronteiras para atravessar, as alterações nas políticas dos países continuaram a limitar a escala das migrações, mesmo quando as barreiras ao comércio se abriram.

Os obstáculos à mobilidade são especialmente grandes para as pessoas pouco qualificadas, apesar de muitos países ricos procurarem os seus serviços. As políticas favorecem geralmente a admissão dos mais instruídos, por exemplo, ao permitir que os estudantes permaneçam no país após completarem os seus graus académicos e ao convidar determinados profissionais a estabelecerem-se com as suas famílias. Mas os governos tendem a ser muito mais ambivalentes relativamente a trabalhadores pouco qualificados, cujo estatuto e trato deixam muito a desejar. Em muitos países, os sectores da agricultura, da construção, da produção fabril e dos serviços abrangem postos de trabalho que são preenchidos por esses migrantes. Porém, os governos procuram muitas vezes manter as pessoas menos instruídas em circulação para dentro e para fora do país, tratando por vezes os trabalhadores temporários que não estão devidamente legalizados como a água de uma torneira que se pode abrir e fechar à vontade. Estima-se que 50 milhões de pessoas estejam a viver e a trabalhar no estrangeiro com um estatuto irregular. Alguns países, tais como a Tailândia e os Estados Unidos, toleram um elevado número de trabalhadores não autorizados. Isso permite-lhes aceder a empregos mais bem remunerados do que os que conseguem nos seus países mas, apesar de frequentemente realizarem o mesmo trabalho e pagarem os mesmos impostos que os residentes nativos, poderão não ter acesso a serviços básicos, correndo também o risco de serem deportados. Alguns governos, tais como o de Itália e de Espanha, reconheceram que os migrantes não qualificados contribuem para as suas sociedades, pelo que regularizaram aqueles que tinham trabalho. Outros países ainda, tais como o Canadá e a Nova Zelândia, têm programas de migrantes sazonais bem definidos para sectores como o da agricultura.

De facto, há um amplo consenso sobre o valor da migração qualificada para os países de destino. Contrariamente, os trabalhadores migrantes com poucas qualificações geram muita controvérsia. De um modo geral, embora alguns acreditem que estes migrantes venham efectivamente preencher postos de trabalho vagos, entre outros persiste a ideia de que vêm sobretudo roubar o emprego a trabalhadores nativos e são, para além disso, responsáveis pela redução dos níveis salariais. Entre outras preocupações manifestadas perante os fluxos de entrada de migrantes, tem-se apontado um maior risco de criminalidade, uma acrescida sobrecarga para as infra-estruturas dos serviços locais e o receio de se perder coesão social e cultural. Mas estas preocupações revelam-se muitas vezes desmesuradas. Embora as investigações evidenciem a possibilidade de a migração, em determinadas circunstâncias, ter efeitos negativos nos trabalhadores nativos com as mesmas qualificações, o conjunto de factos apurados sugere que estes efeitos são geralmente pouco significativos e podem, em alguns contextos, ser totalmente inexistentes.

Os argumentos a favor da mobilidade

Este relatório defende que os migrantes aumentam a produtividade económica, com um custo irrelevante ou inexistente para os cidadãos nativos. Efectivamente, os efeitos positivos poderão ser muito abrangentes – por exemplo, quando a disponibilidade dos migrantes para a prestação de serviços de cuidados infantis permite que as mães trabalhem fora de casa. À medida que os migrantes adquirem a língua e outras competências necessárias para progredir nos seus níveis de rendimento, muitos integram-se muito naturalmente, fazendo com que os receios relativamente à actual chegada de estrangeiros culturalmente inassimiláveis no país – semelhantes àqueles manifestados no início do século XX na América face aos irlandeses, por exemplo – pareçam infundados. Todavia, é também verdade que muitos migrantes enfrentam desvantagens sistemáticas, que lhes dificultam ou os impossibilitam de obter o mesmo acesso que os nativos têm aos serviços locais. Este problema afigura-se especialmente grave no que diz respeito aos trabalhadores temporários e em situação irregular.

Nos países de origem dos migrantes, os impactos das deslocações são sentidos sob a forma de mais elevados rendimentos, maior consumo, melhor educação e condições de saúde, e um aumento geral nos níveis cultural e social. Os benefícios mais directos que comummente emergem com a mudança geográfica prendem-se com as remessas enviadas aos membros da família mais próxima. É de salientar, porém, que as repercussões desses benefícios têm um vasto alcance: ao serem gastas, as remessas levam à criação de emprego para os trabalhadores nativos. Por outro lado, verifica-se também uma alteração do próprio comportamento das pessoas, em resposta às ideias que lhes chegam do estrangeiro. Para dar um exemplo significativo, note-se como esta abertura pode levar a que se permita que as mulheres se libertem dos seus papéis tradicionais.

A natureza e a extensão destes impactos dependem de quem se desloca, de como se sai no estrangeiro e de permanecer ou não ligado às suas raízes através de fluxos de dinheiro, conhecimento e ideias. Em virtude de os migrantes tenderem a chegar em elevado número a partir de determinados locais específicos – por exemplo, de Kerala, na Índia, ou da província de Fujian, na China –, os efeitos ao nível da sua comunidade podem ser mais preponderantes do que propriamente ao nível nacional. Todavia, a longo prazo, os efeitos do fluxo de ideias fomentado pelas deslocações humanas poderão atingir tais proporções que acabam por afectar as próprias normas e estruturas sociais em todo um país. O fluxo de saída de competências é muitas vezes visto como negativo, particularmente, no que respeita à prestação de certos serviços, tais como aqueles na área da educação e da saúde. No entanto, mesmo quando é este o caso, a melhor resposta é encetar políticas que

---

Baixar as barreiras que se interpõem às deslocações e melhorar o tratamento dedicado àqueles que se deslocam poderão trazer grandes vantagens para o desenvolvimento humano.

Síntese

RELATÓRIO DE DESENVOLVIMENTO HUMANO **2009**
Ultrapassar Barreiras: Mobilidade e desenvolvimento humanos

> As duas dimensões mais significativas da agenda da mobilidade, onde há ainda espaço para melhores políticas, são, a admissão e o tratamento.

abordem os problemas estruturais que motivaram essa saída, tais como baixos vencimentos, financiamentos inadequados e instituições fracas. Atribuir a culpa pela perda de trabalhadores qualificados aos próprios trabalhadores é uma atitude que escamoteia as verdadeiras razões pelas quais estes abandonam os seus países, e restrições à sua mobilidade serão provavelmente contra produtivas – para não mencionar o facto de que essas restrições negam o direito humano básico de alguém deixar o seu próprio país.

No entanto, a migração internacional, mesmo que politicamente bem gerida, não representa, só por si, uma estratégia de desenvolvimento humano nacional. Com poucas excepções (e sobretudo em pequenos Estados insulares, onde mais de 40% dos habitantes se deslocam para o estrangeiro), não é provável que a emigração esteja na base das perspectivas de desenvolvimento de toda uma nação. A migração é, no máximo, uma via que complementa esforços locais e nacionais mais amplos para reduzir a pobreza e melhorar o desenvolvimento humano. Estes esforços, por sua vez, continuam a ser tão cruciais como sempre foram até aqui.

Enquanto redigíamos este relatório, o mundo estava a passar pela crise económica mais grave do último meio século. Economias que se retraem e momentos caracterizados por elevadas taxas de desemprego estão a afectar milhões de trabalhadores, incluindo os migrantes. Acreditamos que a actual retracção económica deveria ser vista e aproveitada como uma oportunidade para instituir novos acordos para os migrantes – acordos que beneficiassem tanto aqueles que trabalham no seu próprio país como os que trabalham no estrangeiro, prevenindo-se uma reacção adversa proteccionista. Com a retoma, muitas das mesmas tendências que têm fomentado e influenciado as deslocações durante o último meio século surgirão novamente, levando a que mais pessoas desejem migrar. É vital que os governos comecem a pôr em prática as medidas necessárias para se prepararem para esta situação.

A nossa proposta

Baixar as barreiras que se interpõem às deslocações e melhorar o tratamento dedicado àqueles que se deslocam poderão trazer grandes vantagens para o desenvolvimento humano. É necessária uma visão vigorosa para se ter a percepção destas vantagens. Este relatório apresenta argumentos para um conjunto abrangente de reformas a colocar em prática, o qual poderá oferecer importantes benefícios aos migrantes, comunidades e países.

A nossa proposta contempla as duas dimensões mais significativas da agenda da mobilidade, onde há ainda espaço para melhores políticas, nomeadamente, a admissão e o tratamento. As reformas traçadas no nosso pacote principal têm efeitos a médio e longo prazo. Elas dirigem-se não só aos governos dos países de destino, mas também aos governos dos países de origem, a outros intervenientes fundamentais – em particular, ao sector privado, aos sindicatos e às organizações não governamentais – e aos próprios indivíduos migrantes. Embora os decisores políticos enfrentem desafios comuns, terão seguramente de conceber e implementar diferentes políticas para a migração nos seus respectivos países, de acordo com circunstâncias nacionais e locais. Não obstante, existem algumas boas práticas que se destacam e que poderão ser amplamente adoptadas.

Traçámos seis orientações essenciais no sentido da reforma que podem ser seguidas individualmente mas que, usadas em conjunto numa abordagem integrada, poderão optimizar os seus efeitos positivos no desenvolvimento humano. O alargamento dos canais de entrada existentes para que mais trabalhadores possam emigrar; a garantia de direitos básicos aos migrantes; a diminuição dos custos da migração; a procura de soluções que beneficiem tanto as comunidades de destino como os migrantes que elas acolhem; uma maior facilidade nas deslocações para pessoas que migram dentro dos limites do seu próprio país; e o tratamento da migração como um dos factores preponderantes nas estratégias de desenvolvimento nacionais são medidas que poderão oferecer contributos importantes e complementares para o desenvolvimento humano.

O pacote principal salienta dois caminhos para o alargamento dos canais de entrada mais comuns existentes:

- Recomendamos esquemas de expansão para o trabalho verdadeiramente sazonal em sectores tais como os da agricultura e do turismo, os quais já deram provas de serem eficazes em vários países. A boa prática sugere que esta intervenção deverá envolver sindicatos e entidades patronais, juntamente com os governos dos países de destino e de partida, particularmente, na concepção e aplicação de garantias de salários base, condições de saúde e de segurança e cláusulas contratuais assegurando a possibilidade de novas visitas ao país, como no caso da Nova Zelândia, por exemplo.
- Também propomos aumentar o número de vistos para pessoas pouco qualificadas, sob determinadas condições, de acordo com a procura no país de

destino. A experiência sugere que as boas práticas neste âmbito incluem: garantir que os imigrantes tenham o direito a mudar de entidade empregadora (conhecido como *portabilidade entre entidades empregadoras*), permitir que peçam o prolongamento da sua estadia e abram caminho para a eventual obtenção do direito de residência permanente, estabelecer condições que facilitem as viagens de regresso durante o período do visto e permitir a transferência de benefícios de segurança social acumulados, tal como ficou estabelecido na recente reforma decretada na Suécia.

Os países de destino deverão decidir quanto ao número desejado de indivíduos a entrar no território através de processos políticos que deixem espaço à discussão pública e ao equilíbrio entre diferentes interesses. Os mecanismos para determinar o número de indivíduos que entra no território deverão ser transparentes e assentar na respectiva procura por parte das entidades empregadoras, estabelecendo-se quotas que estejam de acordo com as condições económicas.

No destino, os imigrantes são muitas vezes tratados de formas que infringem os seus direitos humanos básicos. Mesmo que os governos não ratifiquem as convenções internacionais que protegem os trabalhadores migrantes, deverão assegurar-se de que estes usufruem dos seus plenos direitos nos locais de trabalho – a saber, igual remuneração por idêntico trabalho, condições de trabalho dignas e o direito à organização colectiva. Com efeito, poderá haver necessidade de actuarem rapidamente para suprimir a discriminação. Os governos dos países de origem e de destino deverão também considerar colaborar conjuntamente no sentido de facilitar o reconhecimento de créditos obtidos no estrangeiro.

A actual recessão tornou os migrantes particularmente vulneráveis. Alguns governos dos países de destino intensificaram a aplicação das leis da migração de formas que poderão até mesmo infringir os direitos dos migrantes. Dar aos migrantes que foram despedidos a oportunidade de procurarem outra entidade empregadora (ou, pelo menos, conceder-lhes tempo para que possam tratar de encerrar os seus assuntos antes de partirem) e divulgar o panorama do emprego – incluindo as retracções nos países de partida – são medidas que poderão mitigar os custos desproporcionais da recessão, gerados tanto por migrantes actuais como por migrantes futuros.

No que respeita as deslocações internacionais, os custos da transacção inerentes à aquisição dos documentos necessários e ao preenchimento dos requisitos administrativos para atravessar fronteiras nacionais são muitas vezes elevados e tendencialmente regressivos (proporcionalmente mais elevados para pessoas não qualificadas e para aqueles com contratos a curto prazo), podendo ter também o efeito indesejado de encorajar as deslocações ilegais e o contrabando. Um em cada dez países apresenta custos em passaportes que excedem os 10% do rendimento *per capita*. Como seria de esperar, estes custos estão negativamente correlacionados com as taxas de emigração. Tanto os governos dos países de origem como os dos países de destino poderão simplificar os procedimentos e reduzir os custos dos documentos, à medida que ambas as partes podem também colaborar uma com a outra no sentido de melhorar e regulamentar os serviços de intermediação.

É vital assegurar que cada migrante se possa estabelecer bem ao chegar, mas também é crucial que as comunidades às quais se juntam não se sintam injustamente sobrecarregadas pelas exigências acrescidas que eles representam em serviços fundamentais. Quando esta situação coloca desafios às autoridades locais, poderão ser necessárias transferências fiscais acrescidas. Garantir que os filhos dos migrantes tenham o mesmo acesso à educação e, sempre que necessário, dar-lhes apoio para poderem recuperar os conteúdos perdidos e integrar-se na sua nova escola poderão melhorar as suas perspectivas e evitar a formação de uma classe desfavorecida. O ensino da língua é fundamental – para as crianças nas escolas, mas também para os adultos, através do local de trabalho ou através de esforços especiais no sentido de alcançar aquelas mulheres que não trabalham fora de casa. Algumas situações necessitarão de esforços mais activos do que outras no combate à discriminação, na resolução de tensões sociais e, sempre que seja relevante, na prevenção de surtos de violência contra os imigrantes. A sociedade civil e os governos têm uma experiência positiva bastante ampla na prevenção da discriminação através, por exemplo, de campanhas de consciencialização.

Apesar de a maioria dos sistemas de planeamento centralizado em todo o mundo já terem sido abandonados, um número surpreendente de governos – cerca de um terço – continua, de facto, a levantar obstáculos às deslocações internas. As restrições assumem tipicamente a forma de uma redução no fornecimento de serviços básicos e na concessão de direitos para aqueles que não estiverem registados na sua área local, discriminando assim migrantes internos, tal como ainda é o caso na China. Assegurar a equidade no fornecimento

> Embora não possa substituir outros esforços de desenvolvimento mais amplos, a migração poderá constituir uma estratégia vital para os agregados familiares e as famílias que procurem diversificar e melhorar os seus padrões de vida.

de serviços básicos é uma recomendação fundamental do relatório no que respeita aos migrantes internos. O tratamento equitativo é importante para os trabalhadores temporários e sazonais e suas famílias, para as regiões para onde vão trabalhar, e também para que se possa assegurar um fornecimento de serviços digno nos locais onde pertencem, de modo a que não se sintam compelidos a se deslocarem para obter o acesso a escolas e a serviços de assistência médica.

Embora não possa substituir outros esforços de desenvolvimento mais amplos, a migração poderá constituir uma estratégia vital para os agregados familiares e as famílias que procurem diversificar e melhorar os seus padrões de vida, especialmente em países em desenvolvimento. Os governos precisam de reconhecer este potencial e integrar a migração junto de outros aspectos das políticas para o desenvolvimento do país. Um ponto crucial que emerge a partir da experiência é a importância das condições económicas nacionais e da existência de instituições fortes no sector público que permitam alcançar os maiores benefícios da mobilidade.

O caminho em frente

Para avançar com esta agenda será necessária uma liderança forte e iluminada, aliada a um esforço mais determinado no sentido de interagir com o público e despertar as suas consciências para os factos reais da migração.

Para os países de origem, uma contemplação mais sistemática do perfil da migração e dos seus benefícios, custos e riscos ofereceria uma melhor base para integrar as deslocações nas estratégias para o desenvolvimento nacional. A emigração não é uma alternativa aos esforços internos do país no sentido de acelerar o desenvolvimento, mas a mobilidade poderá facilitar o acesso a ideias, ao conhecimento e a recursos que poderão complementar e, em alguns casos, optimizar o progresso.

Para os países de destino, por seu lado, as questões de 'como e quando' estabelecer reformas dependerá de uma visão realista sobre as condições económicas e sociais, tendo em consideração a opinião pública e as restrições políticas aos níveis local e nacional.

A cooperação internacional, especialmente através de acordos bilaterais ou regionais, poderá conduzir a uma melhor gestão política da migração, a uma maior protecção dos direitos dos migrantes e a maiores contributos dos migrantes tanto para os países de origem como para os de destino. Algumas regiões estão a criar zonas de livre-trânsito para promover uma maior liberdade nas transacções comerciais e simultaneamente optimizar os benefícios da migração – tais como a África Ocidental e o Cone Sul da América Latina. Os alargados mercados de trabalho criados nestas regiões podem trazer benefícios substanciais aos migrantes, às suas famílias e às suas comunidades.

Existem apelos para que se crie um novo regime mundial para melhorar a gestão política da migração: com efeito, mais de 150 países já participam no Fórum Mundial sobre Migrações e Desenvolvimento. Os governos, que enfrentam desafios comuns, desenvolvem respostas comuns – uma tendência que vimos emergir enquanto preparávamos este relatório.

Em *Ultrapassar Barreiras* coloca-se firmemente a questão do desenvolvimento humano na agenda dos decisores políticos, os quais, perante padrões de deslocação humana cada vez mais complexos em todo o mundo, procuram obter os melhores resultados.

Liberdade e deslocação: como a mobilidade pode estimular o desenvolvimento humano

A distribuição de oportunidades no mundo é muito
desigual. Esta desigualdade é um factor determinante
do desenvolvimento humano e, por isso, implica que as
deslocações tenham um enorme potencial no sentido
de melhorar o desenvolvimento humano. Contudo, as
deslocações não são uma mera expressão de escolha –
muitas vezes, as pessoas são coagidas a deslocarem-se
em situações que podem ser de enorme gravidade e os
benefícios que recolhem por se mudarem são distribuídos
de forma extremamente desigual. A nossa ideia de
desenvolvimento como algo que promove a liberdade das
pessoas levarem as vidas que escolherem para si mesmas
reconhece a mobilidade como uma componente essencial
dessa mesma liberdade. Todavia, as deslocações envolvem
dilemas tanto para os migrantes como para aqueles que
permanecem nos seus locais de residência. Compreender
e analisar esses dilemas é crucial para a formulação de
políticas adequadas.

RELATÓRIO DE DESENVOLVIMENTO HUMANO **2009**
Ultrapassar Barreiras: Mobilidade e desenvolvimento humanos

1

Liberdade e deslocação: como a mobilidade pode estimular o desenvolvimento humano

Todos os anos, mais de cinco milhões de pessoas atravessam fronteiras internacionais para irem viver num país desenvolvido.[1] O número de pessoas que se desloca para uma nação em desenvolvimento, ou dentro dos limites do seu país, é muito maior, embora seja difícil apurar estimativas precisas.[2] Um número ainda maior de pessoas, tanto nos locais de destino, como nos locais de origem, é afectado pelas deslocações dos outros através de fluxos de dinheiro, de conhecimento e de ideias.

Para as pessoas que se deslocam, a viagem quase sempre implica sacrifícios e incertezas. Os possíveis custos a pagar incluem desde a dor de deixarem as suas famílias e amigos para trás até taxas monetárias elevadas. Os riscos, por seu lado, poderão abranger perigos físicos inerentes ao trabalho em profissões perigosas. Em alguns casos, como aqueles que se prendem com a transposição ilegal de fronteiras, os migrantes enfrentam perigos de morte. Não obstante, milhões de pessoas estão dispostas a incorrer nesses custos ou riscos a fim de melhorarem os seus padrões de vida, bem como os das suas famílias.

As oportunidades de uma pessoa ter uma vida longa e saudável, ter acesso à educação, à assistência médica e a bens materiais, de gozar de liberdade política e ser protegida de violência são todas fortemente influenciadas pelo local onde a mesma reside. Alguém que nasceu na Tailândia poderá esperar viver mais sete anos, ter quase três vezes mais anos de ensino e de gastar e de poupar oito vezes mais em relação a alguém nascido em Mianmar, um país vizinho.[3] Estas diferenças de oportunidades criam uma imensa pressão no sentido da migração.

1.1 Questões de mobilidade

Veja-se, por exemplo, o modo como os resultados do desenvolvimento humano estão distribuídos perto das fronteiras nacionais. O mapa 1.1 traça uma comparação entre o desenvolvimento humano em ambos os lados da fronteira que separa os Estados Unidos do México. Para esta ilustração usámos o Índice de Desenvolvimento Humano (IDH) – uma medida de desenvolvimento sumária usada ao longo deste relatório para classificar e comparar os países. Um padrão que salta à vista é a forte correlação que existe entre o lado da fronteira em que um local se situa e o seu respectivo IDH. O IDH mais baixo num condado fronteiriço dos Estados Unidos (Starr County, Texas) situa-se acima de até o mais elevado do lado mexicano (Mexicali Municipality, Baja Califórnia).[4] Este padrão sugere que atravessar as fronteiras nacionais poderá em grande medida alargar as oportunidades disponíveis para um melhor bem-estar.

Por outro lado, considere-se a direcção das deslocações humanas quando se levantam restrições à mobilidade. Entre 1984 e 1995, a República Popular da China liberalizou progressivamente o seu rigoroso regime sobre as restrições internas, permitindo que as pessoas se deslocassem de uma região para outra. Registaram-se de seguida enormes fluxos populacionais em movimento, sobretudo para regiões com níveis mais elevados de desenvolvimento humano. Neste caso, os padrões sugerem novamente que a oportunidade de atingir um melhor bem-estar revelou ser um factor crucial (mapa 1.2).[5]

Estas impressões espaciais são corroboradas por pesquisas mais rigorosas que estimam os efeitos de se mudar de residência em prol de um maior bem-estar. Trata-se, porém, de comparações intrinsecamente difíceis de se traçar, pois as pessoas que se deslocam tendem a apresentar características e circunstâncias diferentes daquelas que não se deslocam (caixa 1.1). Recentes estudos académicos que cuidadosamente explicam estas relações complexas confirmaram, contudo, a existência de enormes benefícios resultantes da travessia de fronteiras internacionais. Por exemplo, indivíduos com apenas níveis moderados de ensino oficial que migram de um típico país em desenvolvimento para os Estados Unidos conseguem obter um rendimento anual de cerca de 10.000 dólares americanos – basicamente, o dobro do nível médio do rendimento per capita num país em desenvolvimento.[6] No mesmo sentido, e de acordo com uma pesquisa solicitada para este relatório,

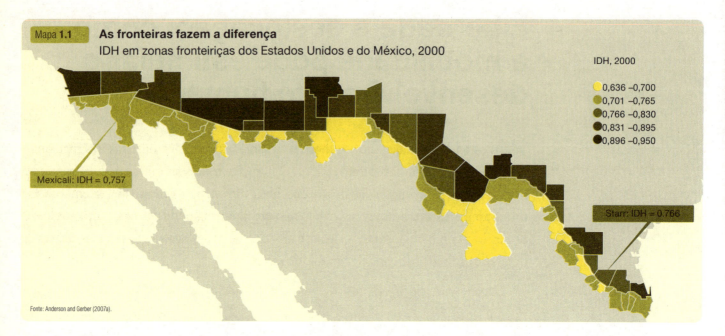

Mapa 1.1 **As fronteiras fazem a diferença**
IDH em zonas fronteiriças dos Estados Unidos e do México, 2000

IDH, 2000
- 0,636 – 0,700
- 0,701 – 0,765
- 0,766 – 0,830
- 0,831 – 0,895
- 0,896 – 0,950

Mexicali: IDH = 0,757

Starr: IDH = 0,766

Fonte: Anderson and Gerber (2007a).

uma família que migre da Nicarágua para a Costa Rica aumenta, assim, a probabilidade de que os seus filhos tenham escolarização ao nível do ensino primário em 22%.[7]

Existem, contudo, muitos outros motivos que explicam estas deslocações que não apenas estas disparidades. Uma parte importante das mudanças geográficas ocorre em resposta a um conflito armado. Outras pessoas emigram para evitar repressões políticas por parte de Estados autoritários. Por outro lado, a migração poderá ainda representar uma oportunidade de determinadas pessoas escaparem aos papéis tradicionais que se esperava que desempenhassem na sua sociedade de origem. Jovens deslocam-se com frequência em busca de educação e mais amplos horizontes, intencionando regressar, mais tarde, a casa. Tal como discutiremos em maior detalhe na próxima secção, existem, efectivamente, múltiplos factores que levam à migração, assim como várias restrições à mesma, documentando motivos e experiências extremamente diferentes entre os migrantes. Porém, as oportunidades e as aspirações são, com efeito, temas recorrentes.

As deslocações nem sempre levam a resultados melhores ao nível do desenvolvimento humano. Uma questão que salientamos ao longo deste relatório prende-se com o facto de se observarem enormes desigualdades na liberdade de migrar, mas também na distribuição de benefícios resultantes dessa migração. Quando os mais pobres migram, fazem-no frequentemente sob condições de vulnerabilidade que reflectem a limitação dos seus recursos e das suas escolhas. A informação prévia que recebem poderá ser limitada ou até enganadora. O abuso em relação às empregadas domésticas migrantes ocorre em muitas cidades e países em todo o mundo, desde Washington e Londres a Singapura e os Estados do Conselho de Cooperação do Golfo (CCG). Recentes pesquisas nos Estados Árabes concluíram que as condições de abuso e de exploração, por vezes associadas ao trabalho doméstico, bem como a falta de mecanismos de correcção, podem enredar as mulheres migrantes num ciclo vicioso de pobreza e vulnerabilidade ao VIH.[8] Os mesmos estudos mostraram que muitos países examinam os migrantes quanto ao VIH e deportam aqueles que forem portadores do vírus. E note-se que são poucos os países de origem que têm programas de reintegração para migrantes que tenham sido forçados a regressar em resultado de terem contraído o VIH.[9]

As deslocações para além das fronteiras nacionais constituem apenas uma parte destes fluxos. A migração dentro das fronteiras nacionais de um país é efectivamente mais significativa em magnitude e apresenta um enorme potencial no sentido de optimizar o desenvolvimento humano. Esta situação deve-se, em parte, ao facto de o estabelecimento num outro país ser custoso e dispendioso. Uma mudança para o estrangeiro não só envolve substanciais custos financeiros associados às taxas e à viagem em si (e que tendem a ser regressivos – ver capítulo 3), como também implica viver numa cultura diferente e deixar para trás toda uma rede de amigos e de relações pessoais, o que poderá representar um pesado, e até mesmo incomensurável fardo psicológico. O levantamento do que constituíam muitas vezes impiedosos obstáculos às deslocações internas numa série de países (incluindo a China, mas não só) beneficiou muitas das pessoas mais pobres do mundo – um impacto no desenvolvimento humano que se perderia se, neste relatório, tivéssemos adoptado um enfoque na migração internacional exclusivamente.

A possibilidade da mobilidade nacional e internacional aumentar o bem-estar humano levar-nos-ia a esperar que a mesma constituísse um foco de atenção essencial entre os decisores políticos e investigadores do desenvolvimento. Este não é, porém, o caso. A literatura académica que trata os efeitos da migração revela-se diminuta à vista da pesquisa sobre as consequências do comércio internacional e de políticas macroeconómicas, para se mencionar apenas dois exemplos.[10] Enquanto a comunidade internacional ostenta uma arquitectura institucional bem estabelecida para gerir o comércio e as relações financeiras entre os países, o tratamento da mobilidade tem-se caracterizado como uma questão para a qual não existe um regime bem estudado e concertado (com a importante excepção feita aos refugiados).[11] Este relatório faz parte dos esforços que estão a ser perpetrados no sentido de corrigir este desequilíbrio. Seguindo a linha do recente trabalho de organizações como a Organização Internacional para as Migrações (OIM), a Organização Internacional do Trabalho (OIT), o Banco Mundial e o Alto Comissariado das Nações Unidas para os Refugiados (ACNUR), bem como das discussões desenvolvidas em eventos como o Fórum Mundial sobre Migrações e Desenvolvimento, defendemos que a migração merece uma maior atenção dos governos, das organizações internacionais e da sociedade civil.[12] Esta nossa posição prende-se não só com os enormes benefícios que uma optimização das deslocações poderá significar para todo o mundo, mas também com os riscos substanciais enfrentados por muitos daqueles que migram – riscos que poderiam, pelo menos em parte, ser afastados através de melhores políticas.

Mapa 1.2 **Os migrantes estão a deslocar-se para locais com melhores oportunidades**
O desenvolvimento humano e os fluxos migratórios entre diferentes regiões da China, 1995-2000

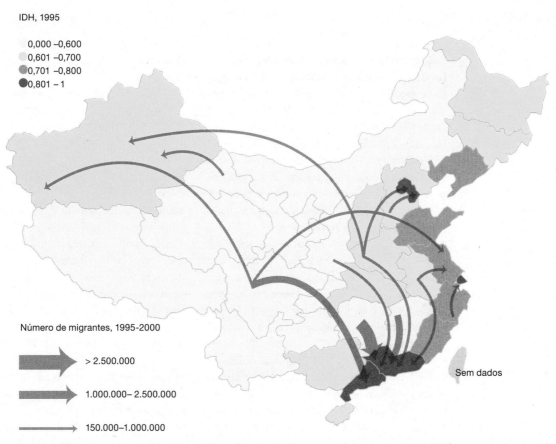

Fonte: UNDP (2008a) e He (2004).

> **Caixa 1.1** Estimar o impacto das deslocações
>
> Considerações metodológicas fundamentais afectam a medição tanto das recompensas para os indivíduos como dos efeitos nos locais relatados na extensiva literatura dedicada à migração. Obter uma medida precisa dos impactos requer uma comparação entre o bem-estar de alguém que migra e o seu bem-estar tivesse essa pessoa permanecido no seu local original. Esta última situação não passa de uma mera hipótese e que, por isso, não se deixa apreender na totalidade, não podendo ser adequadamente representada através dos não migrantes. Aqueles que se deslocam internacionalmente tendem a ter mais elevados níveis de ensino e de rendimento de partida do que aqueles que não se mudam e, por conseguinte, é de esperar que tenham uma melhor situação do que aqueles que ficam para trás. Há evidências de que este fenómeno – conhecido tecnicamente como selectividade dos migrantes – esteja também presente na migração interna (ver capítulo 2). As comparações de grupos com características observáveis semelhantes (género, educação, experiência, etc.) podem ser mais fidedignas, mas ainda assim omitir características potencialmente importantes, tais como as atitudes perante o risco.
>
> Existe ainda uma série de outros problemas metodológicos. As dificuldades em identificar a causalidade minam as estimativas sobre o impacto das remessas no consumo do agregado familiar. Compreender o modo como a migração afecta os mercados de trabalho nos locais de destino é também problemático. A maioria dos estudos procurou olhar para o impacto nos salários ao nível regional ou em grupos ligados a determinadas competências. Estes poderão ainda ser sujeitos a tendências de selecção associadas a escolhas individuais relativamente aos locais. Uma questão fulcral, discutida no capítulo 4, é saber se as qualificações dos migrantes substituem ou complementam aquelas das pessoas nativas. Determinar esta questão requer uma avaliação correcta destas qualificações.
>
> Uma abordagem que se está a revelar cada vez mais popular procura explorar uma aleatorização aparente ou fabricada para estimar os impactos. Por exemplo, a Categoria de Acesso ao Pacífico (Pacific Access Category) da Nova Zelândia atribuiu uma série de vistos aleatoriamente, fazendo com que se avaliasse o impacto da migração com base numa comparação entre os candidatos mal sucedidos e os vencedores da lotaria.
>
> Há também uma dimensão temporal importante. A migração tem custos iniciais elevados e os benefícios poderão levar algum tempo a surgir. Por exemplo, as recompensas no mercado do trabalho tendem a melhorar significativamente com o tempo à medida que se apreende e reconhece as especificidades de qualificação de cada país. Uma decisão de um migrante de regressar poderá significar uma complicação acrescida, afectando o período em que os impactos deveriam ser medidos.
>
> Finalmente, tal como discutiremos em maior detalhe no próximo capítulo, a análise da migração enfrenta grandes restrições informativas. Mesmo no caso dos países ricos, é muitas vezes difícil de proceder a comparações por razões muito básicas, tais como as diferenças que existem nas definições do conceito de migrante.
>
> Fonte: Clemens, Montenegro and Pritchett (2008), McKenzie, Gibson, and Stillman (2006).

1.2 Escolha e contexto: compreender a razão pela qual as pessoas se deslocam

Existe uma enorme variação nas circunstâncias que envolvem as deslocações humanas. Milhares de pessoas oriundas de Chin emigraram para a Malásia nestes últimos anos para escapar à perseguição das forças de segurança de Mianmar, mas vivem constantemente com medo de serem detectadas por grupos paramilitares.[13] Acredita-se que mais de 3.000 pessoas se terão afogado entre 1997 e 2005 no Estreito de Gibraltar, ao tentarem entrar na Europa ilegalmente, em barcos improvisados.[14] Estas experiências contrastam com aquelas de centenas de tonganeses pobres que ganharam a lotaria ao conseguirem estabelecer-se na Nova Zelândia, ou com as de centenas de milhares de polacos que se mudaram para empregos mais bem pagos no Reino Unido ao abrigo do regime da livre circulação de pessoas no espaço da União Europeia, introduzido em 2004.

O nosso relatório trata vários tipos de deslocações, incluindo internas e internacionais, temporárias e permanentes, e induzidas por conflito. A utilidade de abranger todos estes casos poderá ser questionada. Não estaremos a falar de fenómenos muito distintos, com causas extremamente diferentes e resultados intrinsecamente divergentes? Não estaria o nosso propósito melhor servido se limitássemos o nosso enfoque a um tipo de migração e estudássemos em detalhe as suas causas, consequências e implicações?

Pensamos que não. Embora distintos tipos de deslocações humanas variem, com efeito, significativamente quanto aos seus factores impulsionadores e resultados, tal também se aplica em casos mais específicos dentro de cada tipo. A título ilustrativo, a migração laboral internacional abrange casos tão diferentes como aquele dos trabalhadores tadjiques na indústria da construção da Federação Russa, impelidos a migrarem devido a condições económicas adversas, num país onde a maioria das pessoas vive com menos de dois dólares por dia, e o dos engenheiros informáticos da Ásia Oriental, extremamente cobiçados, recrutados por empresas como a Motorola e a Microsoft.

As abordagens convencionais à migração tendem a sofrer de compartimentalização. É comum traçar-se distinções entre os migrantes cujas deslocações são classificadas como forçadas ou voluntárias, internas ou internacionais, temporárias ou permanentes, ou económicas ou não económicas. As categorias originalmente destinadas a estabelecer distinções legais com o propósito de gerir a entrada e o tratamento dos migrantes podem acabar por desempenhar um papel dominante no pensamento conceptual e político. Na última década, académicos e decisores políticos começaram a questionar estas distinções, e há um crescente reconhecimento de que a sua proliferação obscurece, em vez de iluminar, os processos subjacentes à decisão de uma mudança geográfica, com efeitos potencialmente prejudiciais na elaboração de políticas.[15]

Em quase todas as instâncias da deslocação humana podemos ver a interacção de duas forças básicas, que variam no grau da sua influência. Por um lado, existem indivíduos, famílias e, por vezes, comunidades que decidem deslocarem-se de sua livre vontade a fim de radicalmente mudarem as circunstâncias em que vivem. Com efeito, mesmo quando as pessoas são impelidas a deslocar-se devido a condições muito adversas, as escolhas que fazem desempenham quase sempre um papel vital. Pesquisas entre refugiados angolanos que se estabeleceram no noroeste da Zâmbia, por exemplo, demonstraram que muitos foram levados pelas mesmas aspirações que impelem aqueles que são comummente classificados como migrantes económicos.[16] Do mesmo modo, os afegãos que fogem do conflito vão para o Paquistão ou o Irão através das mesmas rotas e redes de comércio estabelecidas há décadas para fins de migração laboral sazonal.[17]

Por outro lado, as escolhas são raramente, se é que o são alguma vez, tomadas sem restrições. Isso é evidente para aqueles que se deslocam para escapar à perseguição política ou à privação económica, mas é também vital para compreender decisões onde há menor coacção. Existem factores essenciais relacionados com a estrutura da economia e da sociedade, intrinsecamente associados ao contexto embora também mudem com o tempo, que determinam as decisões no sentido de migrar ou de permanecer. Esta interacção dinâmica entre as decisões individuais e o contexto socioeconómico em que as primeiras são tomadas – por vezes designada, em linguagem sociológica, por "interacção agência-estrutura" – é crucial para entender o que define o comportamento humano. A evolução temporal de factores estruturais determinantes é tratada no capítulo 2.

Considere-se o caso das dezenas de milhares de imigrantes indonésios que entram na Malásia todos os anos. Estes fluxos são impulsionados em grande medida pelas grandes diferenças de rendimento entre estes países. Mas a escala de deslocações também cresceu de forma consistente desde a década de 80, enquanto o fosso de rendimentos entre os dois países aumentou e diminuiu alternadamente no mesmo período. Claramente, maiores processos socioeconómicos desempenharam aqui um papel importante. A industrialização malaia nas décadas de 1970 e de 1980 gerou uma deslocação massiva de malaios do campo para as cidades, criando uma escassez laboral severa no sector da agricultura, numa altura em que a comercialização da agricultura e o rápido crescimento económico estavam a produzir um excedente de trabalho agrícola na Indonésia. O facto de a maioria dos indonésios ter uma origem étnica, linguística e religiosa idêntica à dos malaios facilitou, sem dúvida, os fluxos.[19]

O reconhecimento do papel dos factores estruturais na determinação das deslocações humanas teve um profundo impacto nos estudos da migração. Apesar de as primeiras abordagens à conceptualização dos fluxos de migração se centrarem nas diferenças dos padrões de vida, nos últimos anos tem-se compreendido cada vez melhor que estas diferenças só explicam os padrões de deslocações até um determinado ponto.[20] Em particular, se as deslocações são apenas resultado de diferenças de níveis de rendimento, é difícil explicar a razão pela qual muitos migrantes bem sucedidos escolhem regressar aos seus países de origem depois de vários anos a viverem no estrangeiro. Para mais, se a migração fosse puramente determinada por diferenças salariais, então, esperar-se-ia ver enormes deslocações de países pobres em direcção a países ricos e muito poucas deslocações entre países ricos – mas nenhum destes padrões se verifica na prática (capítulo 2).

Estes padrões observados levaram a diferentes tendências de pesquisa. Alguns académicos reconheceram que um enfoque no indivíduo constitui um desvio daquilo que é tipicamente uma decisão e até uma estratégia de família (como quando alguns membros de família se deslocam enquanto outros permanecem nos seus lares).[21] A necessidade de se ir para além do pressuposto de mercados perfeitamente competitivos também se tornou cada vez mais evidente. Em particular, os mercados de crédito em países em desenvolvimento são extremamente imperfeitos, enquanto os padrões de vida dos agregados familiares muitas vezes dependem de sectores tão voláteis como o da agricultura. Enviar um membro da família para um outro local permite à família diversificar, evitando o risco de maus resultados em casa.[22] Outros investigadores enfatizaram o modo como as características estruturais e as tendências a longo-prazo, tanto nos locais de origem como nos locais de destino – muitas vezes designadas por "factores pull and push" –, determinam o contexto em que as deslocações ocorrem. As deslocações, a título ilustrativo, podem resultar de uma crescente concentração na posse de bens, tais como terrenos, tornando difícil que as pessoas subsistam através dos seus modos de produção tradicionais.[23] Também se reconheceu que as oportunidades disponíveis para os migrantes são restringidas por obstáculos à entrada, tal como discutiremos nos capítulos 2 e 3, e pela forma como os mercados de trabalho funcionam, tal como o demonstram consideráveis evidências de que tanto os migrantes internacionais como os internos são canalizados para ocupações de estatuto inferior e mais mal pagas.

É sobretudo de notar que as teorias que enfatizam factores puramente económicos não são eficazes em retratar

> As teorias que enfatizam factores puramente económicos não são eficazes em retratar a estrutura social mais abrangente em que as decisões são tomadas.

a estrutura social mais abrangente em que as decisões são tomadas. Por exemplo, é comum que os jovens da casta inferior dos Kolas, no centro da região indiana de Gujarat, procurem emprego em fábricas fora da sua localidade a fim de romperem com as relações de subordinação das castas. Isto acontece apesar de o facto de os salários fabris não serem mais elevados, sendo que, em alguns casos, são até mais baixos, do que aqueles que teriam se escolhessem trabalhar na sua terra, no sector da agricultura. Escapar às hierarquias tradicionais poderá ser um factor importante que leva à migração (capítulo 3).

Para mais, a relação entre as deslocações e a economia está longe de ser unidireccional. As deslocações de pessoas em larga escala poderão ter consequências económicas profundas para os locais de origem e de destino, tal como discutiremos em detalhe no capítulo 4. Até mesmo o modo como pensamos em conceitos económicos básicos é afectado pelas deslocações de pessoas, tal como poderá ser ilustrado pelas questões levantadas para a medição dos rendimentos per capita e do crescimento económico (caixa 1.2).

1.3 Desenvolvimento, liberdade e mobilidade humana

A nossa tentativa de compreender as implicações das deslocações humanas para o desenvolvimento humano começa com uma ideia que é central neste relatório. Trata-se do conceito de desenvolvimento humano como um alargamento da liberdade das pessoas viverem as suas vidas da forma que escolherem. Este conceito – inspirado pelo trabalho precursor de Amartya Sen, laureado com o prémio Nobel, e pela liderança de Mahbub ul Haq, sendo também conhecido como a "abordagem das capacidades" devido à sua ênfase na liberdade de se conseguir ser e fazer algo vital – tem estado no centro do nosso pensamento desde o primeiro Relatório de Desenvolvimento Humano em 1990, e é agora tão relevante como nunca para a concepção de políticas eficientes para combater a pobreza e a privação.[25] A abordagem das capacidades provou ser poderosa na redefinição do pensamento sobre tópicos tão diversos como os do género, segurança humana e alterações climáticas. Usar a perspectiva do alargamento das liberdadees e capacidades humanas tem

---

Caixa 1.2 **O modo como as deslocações são importantes para a avaliação do progresso**

A medição do nível de desenvolvimento de um país baseia-se em vários indicadores destinados a representar o nível médio de bem-estar. Enquanto uma abordagem mais tradicional utiliza os rendimentos *per capita* como uma forma de retratar o desenvolvimento económico, este relatório promoveu uma medida mais abrangente, nomeadamente, o Índice de Desenvolvimento Humano (IDH). Contudo, ambas estas abordagens assentam na ideia de avaliar o bem-estar daqueles que residem num dado território.

Tal como os investigadores do Centro para o Desenvolvimento Global e da Universidade de Havard sugeriram recentemente, estas abordagens para medir o desenvolvimento dão prioridade à localização geográfica em detrimento das pessoas na avaliação do progresso de uma sociedade. Por isso, se um cidadão das ilhas Fiji se desloca para a Nova Zelândia e os seus padrões de vida melhorarem em resultado disso, as medidas tradicionais de desenvolvimento não considerarão essa melhoria como um aumento do desenvolvimento das ilhas Fiji. Em vez disso, o bem-estar dessa pessoa será contabilizado no cálculo do indicador da Nova Zelândia.

Na investigação preliminar levada a cabo por este relatório, tratamos este problema propondo uma medida de desenvolvimento humano alternativa. Referimo-nos a ela como o *desenvolvimento humano dos povos* (por oposição ao desenvolvimento humano dos países), uma vez que retrata o nível de desenvolvimento humano de todos os indivíduos que nasceram num determinado país. Por exemplo, em vez de se medir o nível médio do desenvolvimento humano das pessoas que vivem nas Filipinas, medir-se-á o nível médio de desenvolvimento humano de todos os indivíduos que nasceram nas Filipinas, independentemente do local onde vivam no momento. Esta nova medida tem um impacto significativo na nossa compreensão de bem-estar humano. Em 13 das 100 nações para as quais podemos calcular esta medida, o IDH das suas populações é pelo menos 10% mais elevado do que o IDH dos seus países. Para outras nove populações, a diferença situa-se entre os 5 e os 10%. Para 11 das 90 populações para as quais pudemos calcular tendências ao longo do tempo, a mudança em IDH durante o período entre 1990 e 2000 diverge em mais de 5% da mudança média dos seus países. Por exemplo, o IDH dos ugandenses subiu quase três vezes mais do que IDH do Uganda.

Ao longo do resto do presente relatório, continuaremos a adoptar a abordagem convencional por motivos de mais fácil tratamento e comparabilidade com a literatura existente. Também concebemos estas duas medidas como complementares, visto que uma não substitui a outra: uma retrata os padrões de vida das pessoas que vivem num determinado local, a outra os padrões de vida das pessoas que nascerem num determinado local. Por exemplo, quando analisamos o desenvolvimento humano como uma causa das deslocações humanas, tal como o fazemos ao longo da maior parte do presente relatório, então, a medida do país será mais adequada porque servirá como um indicador de como os padrões de vida diferem de local para local. Porém, para se avaliar o sucesso de diferentes políticas e instituições na produção de bem-estar para os membros de uma sociedade, há fortes motivos para se adoptar a nova medida.

Fonte: Ortega (2009) e Clemens and Pritchett (2008).

implicações significativas para o modo como pensamos as deslocações humanas. Isto porque, mesmo antes de nos começarmos a questionar sobre se a liberdade de deslocação terá efeitos significativos nos rendimentos, educação ou saúde, por exemplo, reconhecemos que a deslocação é uma das acções básicas que cada indivíduo pode escolher tomar a fim de realizar os seus planos de vida. Por outras palavras, poder deslocar-se é uma dimensão da liberdade que faz parte do desenvolvimento – com valor *intrínseco*, assim como potencialmente *instrumental*.

A noção de que a capacidade de mudar de local de residência é uma componente fundamental da liberdade humana reporta à filosofia clássica em várias tradições intelectuais. Confúcio escreveu: "governar bem significa fazer felizes aqueles que estão perto, e atrair para nós aqueles que estão longe".[26] Sócrates, por seu lado, defendeu que "todos aqueles que não gostam de nós nem da cidade, e que querem emigrar para uma colónia ou para uma outra qualquer cidade, poderão ir para onde lhes aprouver, retendo a sua propriedade".[27] Em 1215, a Carta Magna de Inglaterra garantia a liberdade de se "ir para fora do nosso Reino, e regressar a salvo e em segurança, por terra ou por mar." Mais recentemente, a filósofa americana Martha Nussbaum defendeu que a mobilidade é uma das capacidades funcionais humanas básicas, que pode ser usada para aceder à liberdade efectiva dos indivíduos de levarem a cabo os seus planos de vida.[28]

Todavia, a história do mundo está repleta de casos de sociedades que limitaram drasticamente o desenvolvimento humano ao restringirem as deslocações. Tanto o feudalismo como a escravatura assentam na restrição à deslocação física. Vários regimes repressivos no século XX baseavam-se no controlo das deslocações internas, incluindo a Lei do Passe do *apartheid* sul-africano e o sistema *propiska* dos passaportes internos na Rússia Soviética. O fim destas restrições contribuiu para enormes alargamentos das liberdades entre as populações destes países.

O nosso relatório procura retratar e examinar todo o conjunto de condições que influencia a decisão de indivíduos, famílias ou comunidades de permanecerem nos seus locais de origem ou de se deslocarem. Estas condições incluem os recursos ou os direitos destas pessoas, assim como o modo como diferentes restrições – incluindo aquelas associadas a políticas, mercados, segurança, cultura e valores – determinam se a deslocação é uma opção que se lhes apresenta, ou não. A possibilidade das pessoas escolherem o lugar que consideram ser a sua casa é uma dimensão da liberdade humana a que nós nos referimos como *mobilidade humana*. A caixa 1.3 define este conceito, bem como outras expressões básicas usadas neste relatório.

A distinção entre as liberdades e as acções é central para a abordagem das capacidades. Ao nos referirmos à capacidade de alguém decidir onde viver, assim como ao acto da deslocação em si, reconhecemos a importância das condições sob as quais as pessoas são ou não capazes de escolherem os seus locais de residência. A análise convencional da migração centra-se em grande medida em estudar o efeito das deslocações no bem-estar dos indivíduos. A nossa preocupação, porém, não abrange apenas as deslocações em si, mas também a liberdade que as pessoas têm de decidir se querem ou não deslocar-se. A mobilidade é uma liberdade – a deslocação é o exercício dessa liberdade.[29]

Compreendemos a mobilidade humana como uma liberdade positiva e não apenas negativa. Por outras pa-

---

Caixa 1.3   Termos básicos usados no presente relatório

Índice de Desenvolvimento Humano (IDH): Índice que mede o grau, em média, de três dimensões básicas de desenvolvimento humano, nomeadamente: uma vida longa e saudável; o nível de conhecimentos adquiridos; e um nível de vida digno.

Desenvolvidos/em desenvolvimento: Classificamos como desenvolvidos todos os países que atingiram um IDH de 0,9 ou mais, e em desenvolvimento todos os que não atingiram esse valor.

IDH baixo/médio/elevado/muito elevado: Uma classificação de países baseada no valor do seu IDH de acordo com os dados mais recentes. Um IDH baixo situa-se entre os 0 e os 0,499, um IDH médio apresenta valores entre os 0,500 e os 0,799, um IDH elevado ronda os 0,800 e os 0,899 e valores acima dos 0,900 remetem para um IDH muito elevado.

Migração interna: Deslocação de pessoas dentro dos limites do território de um país medida em termos de deslocações regionais, distritais ou municipais.

Migração internacional: Deslocação de pessoas entre fronteiras internacionais, resultando numa mudança do país de residência habitual.

Migrante: Indivíduo que mudou de local de residência habitual, quer por ter atravessado uma fronteira internacional quer por se ter deslocado dentro dos limites do território do seu país de origem para outra região, distrito ou concelho. Um *emigrante* é um migrante visto da perspectiva do seu país de origem, enquanto um *imigrante* é um migrante visto da perspectiva do país de destino. Embora por vezes o termo "migrante" (como oposto a "imigrante") tivesse sido utilizado para referir uma migração temporária, não adoptamos essa distinção no presente relatório.

Mobilidade Humana: A capacidade dos indivíduos, famílias ou grupos de pessoas de escolherem os seus locais de residência.

Deslocação humana: O acto de mudar de local de residência.

lavras, a ausência, só por si, de restrições formais às deslocações de pessoas, dentro ou não dos limites nacionais, não leva a que as pessoas sejam livres de se deslocarem se não tiverem os recursos económicos, a segurança e os sistemas necessários para viverem uma vida condigna nos seus novos lares, ou se as restrições informais tais como a discriminação impedirem significativamente as perspectivas de uma mudança bem sucedida.

Vejamos as implicações desta abordagem, ilustrando-as com alguns exemplos. No caso do tráfico humano, as deslocações estão associadas a tipos de exploração brutais e degradantes. Por definição, o tráfico é uma instância das deslocações em que as liberdades se tornam restringidas por meio da força, engodo e/ou coerção. Comummente, um indivíduo traficado não é livre de escolher interromper a viagem, procurar emprego alternativa quando chega ao seu destino, ou regressar a casa. Uma pessoa traficada desloca-se fisicamente, mas fá-lo em resultado de uma restrição à sua capacidade de decidir onde viver. De uma perspectiva de capacidades, ela é menos, e não mais, móvel.

Alternativamente, considere-se o caso de alguém que tem de se mudar devido à ameaça de perseguição política ou por causa de condições ambientais degradadas. Nestes casos, as circunstâncias externas tornaram mais difícil, ou talvez impossível, permanecer em sua casa. Esta situação restringe o seu leque de escolhas, reduzindo a sua liberdade de escolher onde viver. A deslocação induzida pode coincidir com uma acrescida deterioração das suas condições de vida, mas isso não significa que a deslocação seja a causa dessa deterioração. De facto, se essa pessoa *não* fosse capaz de se deslocar, o resultado seria provavelmente muito pior.

Se for tentador ver a distinção entre mobilidade e deslocação como algo académica, devemos aproveitar esta oportunidade para sublinhar que a liberdade de se escolher onde viver surgiu como um tema importante na investigação que visava descobrir o que as pessoas pobres pensam sobre a migração (caixa 1.4). No final, as suas opiniões importam mais do que as dos especialistas, uma vez que são elas que têm de tomar a difícil decisão de arriscarem ou não mudar-se.

1.4 O que trazemos para a mesa de debate

Colocar as pessoas e a sua liberdade no centro do desenvolvimento traz implicações para o estudo das deslocações humanas. Em primeiro lugar, requer que sejamos capazes de compreender o que faz das pessoas mais ou

---

Caixa 1.4 Como a migração é vista pelos pobres?

Nos últimos anos, tem havido um crescente interesse no uso de métodos qualitativos para compreender o modo como as pessoas que vivem na pobreza vêem a sua situação, tal como indicado pelo importante estudo do Banco Mundial Vozes dos Pobres (*Voices of the Poor*), publicado em 2000. Ao prepararmos o presente relatório solicitámos a realização de pesquisas que investigassem as conclusões mais relevantes das Avaliações Participativas da Pobreza (*Participatory Poverty Assessments*) – estudos em larga escala que combinam métodos de pesquisa qualitativa e quantitativa para estudar a pobreza do ponto de vista dos pobres. O que se pôde apurar foi que as deslocações são comumente descritas pelos pobres como uma *necessidade*, por um lado – ou seja, como uma estratégia de sobrevivência das famílias que lidam com condições de extrema adversidade –, e como um meio de melhorar os padrões de vida do agregado familiar e de adquirir bens, por outro.

Em Níger, dois terços dos indivíduos questionados indicaram que para sobreviverem à falta de alimento, vestuário ou rendimento deixaram os seus lares e partiram em busca de outros meios de subsistência noutros locais. Alguns agregados familiares deram conta da existência de membros da família que abandonaram os seus lares em busca de trabalho remunerado, sobretudo para reduzir as pressões dos poucos recursos alimentares em tempos de escassez. Nas aldeias de Ban Na Pieng e de Ban Kaew Pad, na Tailândia, os participantes descreveram a migração como uma das formas de que dispunham para melhorar o estatuto socioeconómico de uma família. Para estas comunidades, as remessas do estrangeiro permitiam que aqueles que ficaram para trás pudessem investir na pesca com fins comerciais e, por isso, alargar a posição e a influência da família.

A migração interna sazonal foi o tipo de migração mais comumente discutida com os pobres. Quando a migração internacional foi discutida, foi descrita como uma mudança dos que estavam em melhores condições. Por exemplo, os participantes no estudo realizado na Jamaica afirmaram que aqueles que estavam numa melhor situação, ao contrário dos pobres, tinham contactos influentes que os ajudaram a adquirir os vistos necessários para viajarem e trabalharem no estrangeiro. Da mesma forma, em Montserrat, os participantes descreveram o modo como aqueles que detinham um mais elevado nível de ensino e melhores condições financeiras foram capazes de deixar o país depois da erupção vulcânica de 1995, enquanto os que estavam numa situação mais precária permaneceram nos seus locais de residência apesar da devastação.

As Avaliações Participativas da Pobreza oferecem-nos um retrato fidedigno de como os pobres vêem as deslocações, mas poderão ser pouco informativas sobre como os outros conseguiram sair da pobreza, uma vez que estas avaliações foram concebidas de forma a limitarem-se à participação daquelas pessoas que permanecem pobres. Um estudo mais recente envolvendo 15 países levado a cabo pelo Banco Mundial faz uma análise dos caminhos a seguir para se sair da pobreza. Nestes estudos, a capacidade de mudança geográfica evolui como um tema comum às conversações sobre a liberdade. Em Marrocos, jovens mulheres exprimiram a sua frustração perante as restrições tradicionais que limitam a possibilidade das mulheres viajarem sem uma companhia masculina ou de procurarem emprego fora dos seus locais de residência. Os homens descreveram a possibilidade de migrarem como uma liberdade e como uma responsabilidade, pois com a liberdade de se mudarem vem a responsabilidade de realizarem remessas.

Fonte: Azcona (2009), Narayan, Pritchett, and Kapoor (2009), World Bank (2000), World Bank (2003), e ActionAid International (2004).

menos móveis. Isto significa considerarmos as razões pelas quais as pessoas escolhem mudar-se e que restrições as encorajam ou as detêm na realização dessa escolha. No capítulo 2, observaremos tanto as escolhas como as restrições ao estudarmos os padrões macro das deslocações humanas no espaço e no tempo. Consideramos estes padrões bastante consistentes com a ideia de que as pessoas se deslocam para optimizarem as suas oportunidades, mas que a sua mudança é fortemente restringida por determinadas políticas – tanto dos seus países de origem como dos seus destinos – e pelos recursos à sua disposição. Uma vez que diferentes pessoas enfrentam diferentes restrições, o resultado final é um processo caracterizado por desigualdades significativas em termos das oportunidades de mudança, bem como de regresso.

No capítulo 3, discutiremos como estas desigualdades interagem com as políticas existentes. Embora, tal como sublinhámos neste capítulo introdutório, a mobilidade apresente um valor intrínseco considerável, o seu valor instrumental em fazer evoluir outras dimensões do desenvolvimento humano poderá ter também um enorme significado. Mas, apesar de as pessoas poderem alargar, e efectivamente alargarem, outras liberdades através das suas deslocações, o ponto a que elas são capazes de o fazer depende em grande medida das condições sob as quais se deslocam. No capítulo 3, observaremos os resultados da migração em diferentes dimensões do desenvolvimento humano, incluindo rendimentos e padrões de vida, saúde, educação e participação. Também iremos rever os casos em que as pessoas experienciam deteriorações no seu bem-estar durante a mudança – quando esta é induzida por tráfico ou conflito, por exemplo – e mostraremos que estes casos podem muitas vezes representar restrições na liberdade dos indivíduos de escolherem onde viver.

Uma questão fundamental que surge no capítulo 3 traduz-se pelo modo como as deslocações humanas podem estar associadas a determinados dilemas – as pessoas poderão beneficiar no que respeita a determinadas dimensões da sua liberdade e perder no que respeita a outras. Milhões de trabalhadores oriundos da Ásia e do Médio Oriente nos Estados do CCG aceitam limitações extremas aos seus direitos como uma condição para terem permissão para trabalhar. Ganham salários mais elevados do que nas suas terras, mas não podem estar junto das suas famílias, obter direito a residência permanente ou mudar de entidade empregadora. Muitos não podem sequer ir-se embora, uma vez que os seus passaportes são confiscados à entrada. Para muitas pessoas em todo o mundo, a decisão de se deslocarem envolve terem de deixar os seus filhos para trás. Na Índia, os trabalhadores sazonais estão na prática excluídos de exercerem o seu direito de voto em eleições quando estas tiverem lugar durante o período de maior número de deslocações internas.[30] As pessoas que estiverem a viver ou a trabalhar numa situação irregular não têm muitas vezes acesso a toda uma série de direitos e de serviços básicos, e levam as suas vidas temendo constantemente serem detidas e deportadas. Compreender os efeitos das deslocações requer uma análise sistemática destas múltiplas dimensões do desenvolvimento humano de modo a atingirmos uma ideia mais clara sobre a natureza e extensão destes problemas, assim como as implicações políticas associadas.

Existem problemas mais complexos que ocorrem quando os migrantes têm um efeito no bem-estar daqueles que permanecem nos seus locais. De facto, a percepção de que a migração produz perdas para aqueles que residem nos países de destino tem sido a fonte de numerosos debates entre os decisores políticos e académicos. O capítulo 4 centra-se nestes debates. As evidências que apresentaremos sugerem fortemente que o medo dos efeitos negativos inerentes às deslocações naqueles que permanecem nos seus locais de residência (tanto nos locais de origem como nos de destino) são frequentemente exagerados. Contudo, por vezes, estas preocupações são reais, o que traz implicações significativas para a concepção de políticas.

Se as deslocações são restringidas por políticas e recursos, e a optimização da mobilidade poderá contudo aumentar significativamente o bem-estar dos migrantes, tendo simultaneamente efeitos positivos naqueles que permanecem nos seus lares, qual deverá ser a política para as deslocações humanas? No capítulo 5, defendemos que se deverá adoptar políticas diferentes daquelas que existem hoje em dia. Particularmente, deverá ser concebida de modo a permitir um maior acesso a mais oportunidades de deslocação entre os trabalhadores pouco qualificados e melhorar o tratamento dedicado aos migrantes nos seus destinos.

Não defendemos uma total liberalização da mobilidade internacional, pois reconhecemos que as pessoas nos locais de destino têm o direito de definir os moldes em que querem ver assentes as suas sociedades, e que as fronteiras são uma forma através da qual as pessoas delimitam a esfera das suas obrigações relativamente àqueles que vêem como membros da sua comunidade. Mas também cremos que as pessoas se relacionam umas com as outras de inúmeras maneiras e que as suas obrigações morais podem operar a diferentes níveis. Em vez de serem única ou somente definidos pela sua religião, raça, etnia ou género, os indivíduos vêem-se muitas vezes a si próprios através do prisma múltiplo de uma série de identidades. Segundo o poderoso comentário de Amar-

> Embora, a mobilidade apresente um valor intrínseco considerável, o seu valor instrumental em fazer evoluir outras dimensões do desenvolvimento humano poderá ter também um enorme significado.

> Concebemos a mobilidade como algo de vital para o desenvolvimento humano e as deslocações como uma expressão natural do desejo das pessoas de poderem escolher como e onde viver as suas vidas.

tya Sen: "um trabalhador hutu de Kigali ... não é apenas hutu, mas também kigalês, ruandês, africano, trabalhador e, acima de tudo, ser humano."[31]

As responsabilidades da justiça distributiva estão a sobrepor-se e, naturalmente, cruzam fronteiras nacionais; como tal, não existe contradição entre a ideia de que as sociedades poderão conceber instituições com o primeiro propósito de produzir resultados justos entre os seus membros, e a ideia de que os membros da mesma sociedade partilharão uma obrigação de criar um mundo justo com e para os seus semelhantes fora dessa sociedade. Existem muitas maneiras através das quais essas obrigações são articuladas: a criação de instituições de caridade e fundações, a oferta de ajuda ao desenvolvimento, a assistência na construção de instituições nacionais e a reforma de instituições internacionais de modo a fazê-las ir mais ao encontro das necessidades dos países pobres são apenas algumas delas. Todavia, a nossa análise, que conforma as recomendações no capítulo 5, sugere que reduzir as restrições de pessoas à entrada – em particular, de trabalhadores pouco qualificados e as suas famílias – em países mais bem desenvolvidos ou em melhor desenvolvimento é uma forma relativamente eficaz de concretizar estas obrigações.

As recomendações para se assumir determinadas políticas apresentadas no nosso relatório não se baseiam apenas na nossa ideia de como o mundo deveria ser. Reconhecemos que a formulação de políticas em relação ao desenvolvimento humano deverá chocar com o que poderá, por vezes, parecer uma oposição política terrível a uma maior abertura. Porém, tendo-se igualmente considerado questões de exequibilidade política, defendemos que um programa de liberalização adequadamente concebido – ou seja, concebido de modo a dar resposta às necessidades do mercado do trabalho nos locais de destino e, simultaneamente, ter em conta questões de equidade e não discriminação – poderia produzir um crescente apoio entre o eleitorado e os grupos de interesse.

A nossa análise surge na linha dos contributos que têm sido feitos no sentido das concepções de desenvolvimento humano que surgiram desde que o conceito foi introduzido no RDH de 1990. Esse relatório dedicou todo um capítulo à urbanização e ao desenvolvimento humano, revendo as experiências de políticas falhadas destinadas à redução da migração interna, tendo-se concluído: "Desde que existam diferenças entre áreas rurais e urbanas, as pessoas deslocar-se-ão para tentarem beneficiar de melhores escolas e serviços sociais, oportunidades de rendimentos mais elevados, comodidades culturais, novos modos de vida, inovações tecnológicas e ligações ao resto do mundo."[32] Tal como outros RDHs, este começa com a observação de que a distribuição de oportunidades no nosso mundo é extremamente desigual. Demonstraremos o modo como este facto apresenta implicações significativas na compreensão do porquê e de como as pessoas se deslocam e de como deveremos redefinir políticas com vista ao desenvolvimento humano. As críticas que tecemos às actuais políticas para a migração assentam na forma como as mesmas reforçam aquelas desigualdades. Tal como observado no RDH de 1997, é precisamente porque "os princípios dos mercados livres globais são aplicados de modo selectivo" que "o mercado global para o trabalho não qualificado não é tão livre como o mercado das exportações industriais ou do capital."[33] A nossa ênfase na forma como a migração optimiza a diversidade cultural e enriquece as vidas das pessoas ao deslocar competências, trabalho e ideias segue a linha da análise desenvolvida no RDH de 2004, que tratava o papel da liberdade cultural no mundo diversificado de hoje.[34]

Simultaneamente, a agenda do desenvolvimento humano está a evoluir, por isso, é natural que o tratamento de determinadas matérias mude com o tempo. Este relatório contesta fortemente a ideia – defendida por alguns decisores políticos e, por vezes, ecoada em relatórios passados – de que as deslocações das pessoas deverão ser vistas como um problema que requer uma acção correctiva.[35] Pelo contrário, concebemos a mobilidade como algo de vital para o desenvolvimento humano e as deslocações como uma expressão natural do desejo das pessoas de poderem escolher como e onde viver as suas vidas.

Apesar de a hipótese de uma acrescida mobilidade aumentar o bem-estar de milhões de pessoas em todo o mundo ser um tema central do presente relatório, é importante sublinhar, logo de princípio, que a optimização da mobilidade é apenas uma componente de uma estratégia para melhorar o desenvolvimento humano. Não cremos que seja a componente central, e nem defendemos que deva ser colocada ao mesmo nível de hierarquia de capacidades de, por exemplo, nutrição ou abrigo adequados. Também não pensamos que a mobilidade possa substituir as estratégias de desenvolvimento nacional destinadas ao investimento nas pessoas e à criação de condições que permitam que elas prosperem em casa. De facto, a capacidade da mobilidade melhorar o bem-estar de grupos desfavorecidos é limitada, pois estes grupos são muitas vezes aqueles que menos provavelmente se deslocarão. Todavia, embora a mobilidade humana não seja a cura de todos os males, os seus efeitos extremamente positivos, tanto para os migrantes como para aqueles que permanecem em seus lares, sugerem que deverá ser uma componente importante de qualquer estratégia que se destine a produzir melhoramentos sustentáveis no desenvolvimento humano em todo o mundo.

Pessoas em movimento: quem se desloca para onde, quando e porquê

Este capítulo faz uma análise das deslocações humanas em todo o mundo e numa perspectiva diacrónica. Os padrões são consistentes com a ideia de que as pessoas se deslocam para procurar melhores oportunidades, mas também com o facto de que as suas deslocações são fortemente restringidas por obstáculos – sobretudo por políticas dos países de origem e de destino e por falta de recursos. De um modo geral, a porção de pessoas a entrar em países desenvolvidos aumentou significativamente durante os últimos 50 anos – uma tendência associada com crescentes fossos ao nível das oportunidades. Embora seja provável que estes fluxos de pessoas abrandem temporariamente durante a actual crise económica, as tendências estruturais subjacentes persistirão uma vez retomado o crescimento e provavelmente produzirão maiores pressões no sentido da mudança geográfica nas próximas décadas.

Pessoas em movimento: quem se desloca para onde, quando e porquê

O objectivo deste capítulo é caracterizar o movimento humano de uma forma geral – ou seja, oferecer uma síntese de quem se move, como, porquê, onde e quando. O cenário é complexo e os esboços que iremos traçar inevitavelmente não poderão captar questões de maior pormenor. Não obstante, as semelhantes e os aspectos comuns que emergem são flagrantes e ajudar-nos-ão a compreender as forças que definem e restringem a migração.

Começaremos por examinar as características essenciais das deslocações – a sua magnitude, composição e direcções – na secção 2.1. Na secção 2.2 consideraremos o modo como as deslocações de hoje em dia se assemelham ou diferem das deslocações registadas no passado. A nossa análise sugere que as deslocações são amplamente definidas por restrições políticas, uma questão que discutiremos em detalhe na terceira secção (2.3). Na última secção (2.4), virar-nos-emos para o futuro e tentaremos compreender de que forma as deslocações irão evoluir a médio ou longo prazos, após a crise económica que começou em 2008 tiver terminado.

2.1 As deslocações humanas hoje

As discussões sobre a migração começam tipicamente com uma descrição dos fluxos entre países em desenvolvimento e países desenvolvidos, ou aquilo que por vezes é livremente – e inadequadamente – designado por fluxos de "Sul – Norte". Porém, a maioria das deslocações no mundo não se verifica entre países em desenvolvimento e países desenvolvidos. Com efeito, nem sequer se verifica entre países. A esmagadora maioria das pessoas que se desloca fá-lo dentro dos limites do seu próprio país.

Uma das razões pelas quais esta realidade básica das deslocações humanas não é melhor conhecida reside em acentuadas limitações relativamente aos dados disponíveis. Pesquisas preliminares conduzidas para este relatório procuraram colmatar esta lacuna ao usar censos nacionais para calcular o número de migrantes internos numa base consistente para 24 países abrangendo 57% da população mundial (figura 2.1).[1] Mesmo através de uma definição conservadora de migração interna, que considera as deslocações que apenas implicarem a travessia das maiores demarcações territoriais de um país, o número de pessoas que se desloca internamente na nossa amostra é seis vezes mais elevado do que aquela das pessoas que emigram.[2] Fazendo uso dos padrões regionais apurados nestes dados, estimamos que existem cerca de 740 milhões de migrantes internos no mundo – um número quase quatro vezes superior ao dos que se deslocaram internacionalmente.

Comparativamente, os números actuais para os migrantes internacionais (214 milhões, ou 3,1 % da população mundial) afiguram-se baixos. É evidente que esta estimativa global acarreta uma série de questões metodológicas e de comparabilidade,[3] mas existem boas razões para acreditarmos que a ordem de magnitude está correcta. A caixa 2.1 trata uma das preocupações mais frequentemente exprimidas sobre os dados internacionais sobre a migração, nomeadamente, poder saber-se até que ponto esses dados retratam a migração irregular – é uma questão que iremos discutir de seguida.

Mesmo que concentremos a nossa atenção nas deslocações internacionais, o grosso das mesmas não ocorre entre países com níveis de desenvolvimento muito diferentes. Apenas 37% das migrações de todo o mundo são de países em desenvolvimento para países desenvolvidos. A maior parte das migrações ocorre entre países com o mesmo nível de desenvolvimento: cerca de 60% dos migrantes desloca-se ou entre países em desenvolvimento, ou entre países desenvolvidos (os restantes 3% referem-se a deslocações de países desenvolvidos para países em desenvolvimento).[4]

Esta comparação baseia-se naquilo que inevitavelmente é uma distinção algo arbitrária entre países que atingiram níveis mais elevados de desenvolvimento e aqueles que não o fizeram. Classificámos os países que alcançaram um IDH superior ou igual a 0,9 (numa escala de 0 a 1) como *desenvolvidos* e aqueles que não alcançaram esse valor como *em desenvolvimento* (ver caixa 1.3).

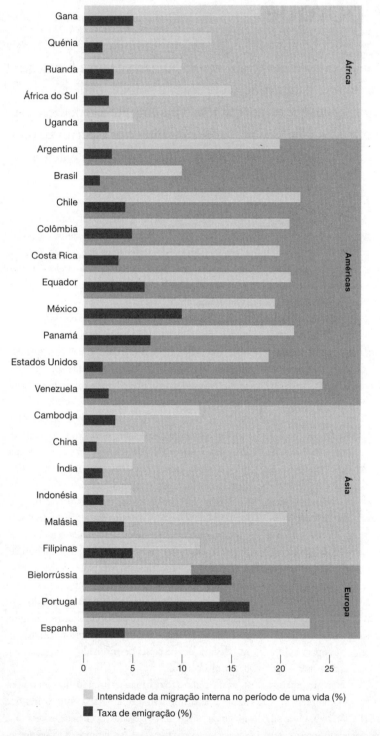

Figura 2.1 **Muito mais pessoas deslocam-se dentro de fronteiras do que para fora delas**
Deslocações internas e taxas de emigração, 2000-2002

■ Intensidade da migração interna no período de uma vida (%)
■ Taxa de emigração (%)

Fonte: Bell and Muhidin (2009) e estimativas da equipa do RDH baseadas na base de dados do Centro de Investigação de Desenvolvimento para a Migração, Globalização e Pobreza (Migration DRC 2007).
Nota: Todos os dados sobre a emigração são da base de dados do Centro de Investigação de Desenvolvimento para a Migração, Globalização e Pobreza (Migration DRC 2007) e abrangem 2000-2002. As taxas de migração interna baseiam-se em dados de censos desde 2000 a 2002, excepto no que respeita à Bielorrússia (1999), ao Cambodja (1998), à Colômbia (2005), ao Quénia (1999) e às Filipinas (1990).

Usamos esta demarcação ao longo de todo o relatório, sem com isso pretender fazer juízos quanto ao mérito de um determinado sistema económico ou político em particular, nem procurar obscurecer as complexas interacções envolvidas no aumento e manutenção do bem-estar humano. Os países e territórios assim classificados como desenvolvidos retratam muitos daqueles que normalmente seriam incluídos numa tal lista (todos os países da Europa Ocidental, a Austrália, o Canadá, o Japão, a Nova Zelândia e os Estados Unidos), mas também muitos que são menos frequentemente categorizados como desenvolvidos (Hong Kong (China), República da Coreia e Singapura, na Ásia Oriental; Kuwait, Qatar e os Emirados Árabes Unidos, na região do Golfo). Contudo, a maioria das economias europeias de leste, com a excepção da República Checa e a Eslovénia, não se encontram entre os países com um IDH mais elevado (ver Tabela Estatística H).

Uma razão óbvia de não se registar mais deslocações de países em desenvolvimento para os países desenvolvidos traduz-se pelos custos dessa mudança, e pelo facto de as deslocações que envolvem grandes distâncias serem mais caras do que encetar viagens mais curtas. As maiores despesas inerentes às deslocações internacionais decorrem não só dos custos de transporte, mas também das restrições políticas à travessia de fronteiras internacionais, que poderão ser suplantadas apenas por aqueles que disponham de suficientes recursos, detenham qualificações que sejam procuradas no país de acolhimento, ou que estejam dispostas a correr elevados riscos. Com efeito, quase metade de todos os migrantes internacionais deslocam-se dentro dos limites da sua região de origem e cerca de 40% deslocam-se para países vizinhos. Porém, note-se que a proximidade que se pode assinalar entre países de origem e de destino não é apenas geográfica: efectivamente, perto de 6 em cada 10 migrantes deslocam-se para um país onde a religião dominante seja a mesma da do seu próprio país, e 4 de 10 para uma país onde a língua dominante seja a mesma.[5]

O padrão destas deslocações inter- e intraregionais é apresentado no mapa 2.1, onde as magnitudes absolutas são ilustradas pela espessura das setas, o tamanho de cada região foi representado de forma proporcional à sua população e a cor de cada país representa a sua categoria em termos de IDH. As deslocações intraregionais são as que prevalecem. Para dar um exemplo flagrante, a migração dentro da região asiática corresponde a quase 20% de todas as migrações internacionais e excede a soma total de deslocações que a Europa recebe de todas as outras regiões.

O facto de os fluxos de países em desenvolvimento para países desenvolvidos corresponderem apenas a uma minoria das deslocações internacionais não significa que

RELATÓRIO DE DESENVOLVIMENTO HUMANO **2009**
Ultrapassar Barreiras: Mobilidade e desenvolvimento humanos

2

Caixa **2.1**   **Quantificação de migrantes irregulares**

As únicas estimativas abrangentes sobre o número de pessoas nascidas no estrangeiro ao nível mundial provêm do Departamento dos Assuntos Económicos e Sociais das Nações Unidas (DAESNU) e compreendem aproximadamente 150 Estados-Membros das Nações Unidas. Estas estimativas baseiam-se em primeira instância em censos nacionais, que visam quantificar o número de pessoas que residem num determinado país a um dado momento, sendo que se define "residente" como a pessoa que "tem um lugar para viver, onde ele ou ela passa normalmente o seu período de descanso diário." Por outras palavras, estes censos nacionais procuram fazer a contagem de todos os residentes, independentemente de serem regulares ou irregulares.

Contudo, existem boas razões para se suspeitar que os censos quantificam por baixo o número de migrantes irregulares, uma vez que estes poderão evitar os entrevistadores dos inquéritos por receio de virem a divulgar a informação fornecida com as autoridades do governo. Os donos de casas, por seu lado, poderão esconder o facto de terem fracções ilegais alugadas a migrantes irregulares. Os migrantes podem ser também mais móveis e, por isso, mais difíceis de contar.

Os estudos fizeram uso de uma variedade de métodos demográficos e estatísticos para avaliar a magnitude dos números que ficaram por contar. Nos Estados Unidos, o Centro Hispânico Pew desenvolveu um conjunto de pressupostos consistentes com os estudos baseados nos censos e os dados demográficos históricos do México, que estimam que os números não contabilizados rondem os 12%. Outros investigadores estimaram as taxas de subcontagem em Los Angeles durante os Censos de 2000 em cerca de 10 – 15%. Portanto, parece que a contagem oficial nos Estados Unidos falha em 1 – 1,5 milhões de migrantes irregulares, ou seja, 0,5% da população do país.

Alguns estudos sobre a subcontagem de migrantes foram conduzidos em países em desenvolvimento. Uma excepção é a Argentina, onde um estudo recente apurou uma subcontagem do stock de migrantes de 1,3% da população total. Em outros países em desenvolvimento, as taxas de subcontagem podem ser bastante mais altas. As estimativas sobre o número de migrantes irregulares numa série de países – incluindo a Federação Russa, a África do Sul e a Tailândia – atingem os 25 – 55% da população. Porém, existe uma enorme incerteza sobre o verdadeiro número. De acordo com os especialistas em migração consultados pela equipa do RDH, estima-se que a migração irregular seja em média de um terço de toda a migração para os países em desenvolvimento. Um limite superior do número de migrantes omitidos nas estatísticas internacionais poderá ser obtido se assumirmos que nenhum destes migrantes é detectado pelos censos realizados nos países (ou seja, uma subcontagem de 100%). Nesse caso, a subestimativa resultante nas estatísticas globais para os países em desenvolvimento seria de cerca de 30 milhões de migrantes.

Fonte: UN (1998), Passel and Cohn (2008), Marcelli and Ong (2002), Comelatto, Lattes, and Levit (2003). Ver Andrienko and Guriev (2005) para a Federação Russa, Sabates-Wheeler (2009) para a África do Sul e Martin (2009b) para a Tailândia

---

as diferenças nos padrões de vida não sejam importantes. Muito pelo contrário, três quartos dos migrantes internacionais deslocam-se para um país com um IDH mais elevado do que aquele dos seus países de origem – entre aqueles oriundos de países em desenvolvimento, esta parcela excede os 80%. Todavia, é frequente que os seus destinos não correspondam a países desenvolvidos, mas antes a países em desenvolvimento como os de onde partiram, com padrões de vida mais elevados e/ou mais trabalho.

A diferença entre o desenvolvimento humano na origem e no destino poderá ser substancial. A figura 2.2 ilustra esta diferença – uma magnitude que designamos livremente como os "benefícios" da migração para o desenvolvimento humano –, apurada a partir do IDH do país de origem.[6] Se os migrantes estivessem em média a emigrar para países com o mesmo nível de desenvolvimento humano dos seus países de origem, esta magnitude seria de zero. Contrariamente, a diferença é positiva e geralmente grande para todos os países menos para os mais desenvolvidos. O facto de que os benefícios médios diminuem à medida que o desenvolvimento humano aumenta demonstra que são as pessoas dos países mais pobres que, em média, mais têm a beneficiar com a deslocação além fronteiras.

Estudos mais sistemáticos confirmam que os migrantes de países com baixos IDH têm mais a ganhar com as deslocações internacionais. As pesquisas solicitadas para a elaboração deste relatório realizaram comparações entre o IDH dos migrantes nos seus países de origem e nos seus destinos e concluíram que as diferenças – tanto em

Figura **2.2**   **Os mais pobres são quem mais tem a ganhar com as deslocações...**

Diferenças entre os IDH do país de destino e do país de origem, 2000-2002

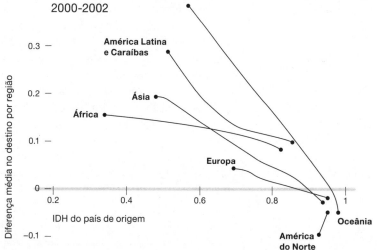

Fonte: Estimativas da equipa do RDH baseadas na base de dados do Centro de Investigação de Desenvolvimento para a Migração, Globalização e Pobreza (Migration DRC 2007).
Nota: Médias estimadas usando regressões de densidade de Kernel.

23

Mapa 2.1 A maioria das deslocações ocorre dentro das regiões
Origem e destino de migrantes internacionais, circa 2000

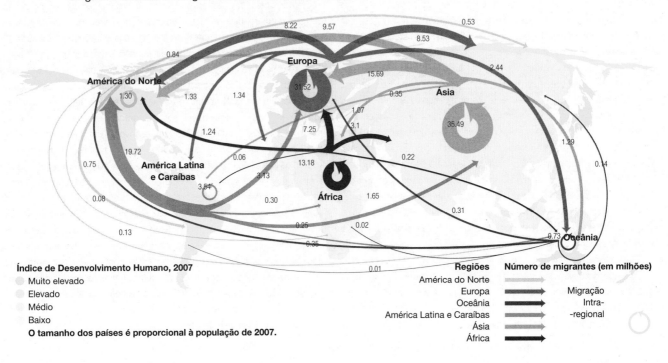

termos relativos como absolutos – estão inversamente relacionadas com o IDH do país de origem.[7] Os migrantes de países com um IDH baixo são os que têm mais a ganhar – e, com efeito, testemunharam em média um aumento nos seus rendimentos em 15 vezes (passando a ganhar 15.000 dólares por ano), o dobro da taxa de escolarização (de 47 para 95%) e uma redução da mortalidade infantil em 16 vezes (de 112 para 7 mortes por cada 1.000 nados-vivos). Usando pesquisas comparáveis numa série de países em desenvolvimento, o estudo também concluiu que a auto-selecção – a tendência daqueles que se deslocam se encontrarem numa melhor situação e terem um mais elevado nível de educação – corresponde apenas a uma fracção destes benefícios. Uma análise dos fluxos de migração bilateral entre países, preparada como investigação de base para este relatório, confirmou o efeito positivo na emigração de todas as componentes do desenvolvimento humano no destino, concluindo-se também que as diferenças nos níveis de rendimento tinham o mais forte poder explicativo.[8] Estes padrões serão discutidos em maior pormenor no próximo capítulo.

Paradoxalmente, apesar do facto de as pessoas que se deslocam a partir de países pobres serem quem tem mais a ganhar com a mudança geográfica, elas são as menos móveis. Por exemplo, apesar da enorme atenção que se tem prestado à emigração da África para a Europa, apenas 3% dos africanos vivem em países que não aqueles onde nasceram, e menos de 1% vive na Europa. Vários académicos observaram que se relacionarmos as taxas de emigração com os níveis de desenvolvimento, a relação assemelha-se a uma "parábola", em que as taxas de emigração são mais baixas em países ricos e pobres do que entre países com níveis moderados de desenvolvimento.[9] Esta situação é ilustrada na figura 2.3, que mostra que a mediana da taxa de emigração em países com níveis baixos de desenvolvimento humano é de apenas um terço da taxa de países com elevados níveis de desenvolvimento humano.[10] Quando se restringe a comparação à emigração para países desenvolvidos, a relação é ainda mais forte: a mediana da taxa de emigração em países com baixo desenvolvimento humano é inferior a 1%, em comparação com quase 5% para fora de países com elevados níveis de desenvolvimento humano. As análises dos fluxos bilaterais de migração, desenvolvidas como investigações de base para este relatório, confirmam este padrão, mesmo quando se controla estatisticamente as características dos países de origem e de destino como a esperança média de vida, anos de escolarização e estrutura demográfica.[11]

Também se encontraram evidências de que a pobreza constitui uma restrição à emigração numa análise ao nível dos agregados familiares: um estudo dos agregados mexicanos, por exemplo, concluiu que a probabilidade de migração aumentava com mais elevados níveis de rendimento para rendimentos de agregados familiares abaixo de 15.000 dólares americanos por ano (figura 2.3, painel B). Um estudo solicitado pelo relatório concluiu que durante o período do chamado *monga*, ou seja, o período de escassez alimentar entre colheitas em Bangladesh, quando os recursos monetários das pessoas atingem os níveis mais baixos, um incentivo financeiro aleatório aumenta significativamente a probabilidade de fluxos migratórios.[12] A magnitude do efeito é grande: dar aos emigrantes uma quantia equivalente a uma remuneração de uma semana no país de destino aumenta a propensão para migrar entre 14 e 40%. Estes resultados levantam sérias dúvidas sobre a ideia, muitas vezes promovida nos círculos políticos, de que o desenvolvimento nos países de origem reduzirá os fluxos migratórios.

Embora muitas famílias migrantes melhorem, efectivamente, os seus padrões de vida ao migrarem, isso nem sempre se verifica. Tal como discutiremos no capítulo 3, as deslocações coincidem frequentemente com resultados adversos quando ocorrem em condições de escolha restringida. A migração induzida por conflito e tráfico não constitui uma grande proporção da totalidade das deslocações humanas, mas afecta muitas das pessoas mais pobres do mundo, sendo por isso uma fonte especial de preocupação (caixa 2.2).

Outro facto crucial sobre os padrões da migração para fora de um país é a sua relação inversa à dimensão da população de um país. Para os 48 Estados com populações abaixo dos 1,5 milhões – que incluem um país com um IDH baixo, 21 países com um IDH médio, 12 com um IDH elevado e 11 com um IDH muito elevado – a taxa de emigração média é de 18,4%, um valor que se afigura consideravelmente mais elevado em relação à média mundial, que é de 3%. De facto, os 13 países com maiores índices de emigração do mundo são todos pequenos Estados, sendo que a Antígua e Barbuda, Granada e São Cristóvão e Nevis apresentam taxas de emigração acima dos 40%. A simples correlação entre o tamanho e as taxas de emigração é de 0,61. Em muitos casos, é o carácter remoto da sua origem que leva as pessoas nascidas em pequenos Estados a deslocarem-se e tirarem, assim, partido de melhores oportunidades noutros locais – o mesmo factor que contribui em grande medida para a migração das zonas rurais para as zonas urbanas registada dentro dos países. Uma análise de regressão comparando diferentes países confirma-nos que os efeitos do tamanho da população na emigração são mais significativos em países distantes dos mercados mundiais – quanto mais remoto for um país pequeno, maior o número de pessoas que decide partir.[13] As implicações destes padrões são discutidas na caixa 4.4.

Os dados em agregado recolhidos nos estudos agora realizados dizem-nos de onde vêm e para onde vão os migrantes, mas não nos dizem quem se desloca. Embora as sérias limitações dos dados reunidos nos impeçam de apresentar um perfil global completo dos migrantes, esses mesmos dados revelam-nos, contudo, alguns padrões interessantes.

Aproximadamente metade (48%) de todos os migrantes internacionais é composta por mulheres. Este número tem-se mantido bastante estável durante as últimas cinco décadas: em 1960 esta percentagem era de 47%. Este padrão contrasta com aquele do século XIX, época em que os homens constituíam a maioria dos mi-

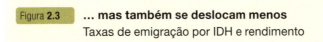

Figura 2.3 … mas também se deslocam menos
Taxas de emigração por IDH e rendimento

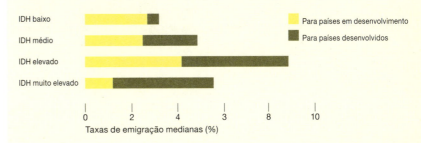

Fonte: Estimativas da equipa do RDH baseadas na base de dados do Centro de Investigação de Desenvolvimento para a Migração, Globalização e Pobreza (Migration DRC 2007) e em UN (2009e).

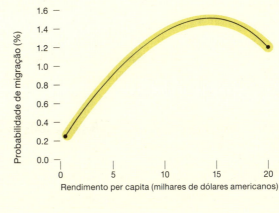

Source: Meza and Pederzini (2006).

grantes.[14] Todavia, apesar de as recentes referências à "feminização" da migração, parece que o equilíbrio numérico em género foi amplamente alcançado há alguns anos. Porém, a estabilidade em agregado esconde tendências ao nível regional. Embora a parcela de mulheres que se mudou para a União Europeia aumentou ligeiramente de 48 para 52%, essa mesma parcela diminuiu de 47 para 45% na Ásia.

É evidente que a relativa semelhança nas parcelas de população migrante dos sexos feminino e masculino poderá esconder diferenças significativas nas circunstâncias das deslocações e nas oportunidades disponíveis.[15] Simultaneamente, existe uma literatura cada vez mais extensa que desafia as concepções convencionais sobre o papel e subordinação das mulheres nas decisões de migração.[17] Por exemplo, um estudo qualitativo das decisões tomadas por casais peruanos de se mudarem para a Argentina concluiu que muitas das mulheres deslocaram-se primeiro sozinhas, porque eram capazes de assegurar emprego mais rapidamente que os seus companheiros, que as seguiriam mais tarde com os filhos.[18]

Os dados mostram também fluxos temporários de pessoas muito grandes. Nos países da Organização para a Cooperação e Desenvolvimento Económico (OCDE), os migrantes temporários representam normalmente mais de um terço das chegadas num determinado ano. Todavia, uma vez que a maioria parte após um curto período de tempo, enquanto outros transitam para soluções mais permanentes, o número de pessoas com vistos temporários em qualquer dado momento é bastante menor do que os fluxos em agregado sugerem. De facto, 83% da população dos países da OCDE, nascida no estrangeiro, permaneceu lá pelo menos 5 anos.[19] Quase todos os migrantes temporários chegam por razões relacionadas com o trabalho. Alguns entram em situações "circulares", em que repetidamente entram e deixam o país de destino para se dedicarem a trabalho sazonal ou temporário, mantendo efectivamente dois locais de residência.[20]

É importante não empolar a distinção entre categorias de migrantes, uma vez que muitos deles mudam de categoria. De facto, o regime de migração em muitos países poderá talvez ser melhor compreendido através da analogia com as múltiplas portas de uma casa. Os migrantes podem entrar na casa através da porta de entrada (aqueles que se estabelecem de forma permanente), da porta lateral (os visitantes e trabalhadores temporários), ou da porta dos fundos (os migrantes irregulares). Contudo, uma vez dentro de um país, estes canais fundem-se muitas vezes, como quando os visitantes temporários se tornam imigrantes ou escorregam para um estatuto interdito, ou quando aqueles que estão inicialmente numa situação irregular conseguem a autorização para permanecer no território, ou ainda quando as pessoas que tinham um estatuto permanente decidem regressar.

Esta analogia revela-se particularmente útil para compreendermos a migração irregular. Permanecer mais tempo para além daquele que lhes foi permitido é uma forma importante de os migrantes se tornarem irregulares, particularmente nos países desenvolvidos. Com efeito, a distinção entre regular e irregular é muito menos clara do que muitas vezes se presume. Por exemplo, é comum que as pessoas entrem num país de forma legal e

---

Caixa 2.2 Deslocações induzidas por conflito e tráfico

As pessoas afectadas por conflitos e insegurança poderão sofrer alguns dos piores resultados em termos de desenvolvimento humano de todos os migrantes. O número de pessoas que se desloca em resultado de conflitos é significativo: no início de 2008, existiam cerca de 14 milhões de refugiados sob a responsabilidade do ACNUR ou da Agência das Nações Unidas de Assistência aos Refugiados da Palestina no Próximo Oriente (UNRWA), correspondendo a cerca de 7% de toda a migração internacional. A vasta maioria dos refugiados tinha origem e havia-se mudado para os países mais pobres do mundo: na Ásia e em África os refugiados correspondem respectivamente a 18 e 13% de todos os migrantes internacionais.

Um número ainda maior de indivíduos deslocados em resultado de violência e conflito mudaram-se dentro das fronteiras do seu próprio país. Estima-se que, em 2009, o número de deslocados internos atinja os 26 milhões, incluindo 4,9 milhões no Sudão, 2,8 milhões no Iraque, e 1,4 milhões na República Democrática do Congo.

É muito mais difícil apurar com precisão a magnitude do tráfico humano. De facto, não existem estimativas fidedignas dos stocks e fluxos de pessoas que foram traficadas. Entre as razões desta situação podemos apontar o facto de os dados referentes ao tráfico surgirem comummente misturados com dados de outras formas de migração ilegal ou exploração de migrantes, o modo como é difícil distinguir entre o que é voluntário ou não, e a própria natureza clandestina e criminosa do tráfico humano. Muitos dos números frequentemente mencionados são alvo de discórdia por parte dos países envolvidos, e existe uma lacuna significativa entre os números estimados e os casos identificados.

Fonte: IDMC (2009b), Carling (2006), Kutnick, Belser, and Danailova-Trainor (2007), de Haas (2007) e Lazcko (2009).

depois comecem a trabalhar apesar de não terem licença para o fazer.[21] Em alguns Estados insulares, tais como a Austrália e o Japão, a permanência para além do tempo permitido é praticamente a única forma de entrar irregularmente no país. Até mesmo em muitos países europeus, esse tipo de permanência é algo que se constata em cerca de dois terços dos casos da migração não autorizada. Nos países da OCDE, as pessoas com estatuto de residência ou de trabalho irregular tendem a ser trabalhadores com baixos níveis de educação em ensino oficial.[22] As melhores estimativas do número de migrantes irregulares nos Estados Unidos remetem para um valor de 4% da população, ou 30% do número total de migrantes.[23] Num recente projecto de investigação financiado pela Comissão Europeia estima-se que, em 2005, os migrantes irregulares correspondiam a 6-15% do *stock* total de migrantes, ou a cerca de 1% da população da União Europeia.[23] Alguns destes migrantes encontram-se incluídos nas estimativas oficiais de migração, mas outros não (caixa 2.1).

Os elevados números de pessoas qualificadas em idade laboral nas populações migrantes é um aspecto da selectividade dos migrantes. Os migrantes não só tendem a ter uma maior capacidade de obter uma remuneração do que os não migrantes, como também frequentemente parecem ser mais saudáveis e mais produtivos do que os nativos do país de destino com qualificações de ensino equivalentes. A selectividade dos migrantes reflecte geralmente o efeito dos obstáculos económicos, geográficos ou políticos que dificultam a deslocação das pessoas com poucas qualificações. Esta questão torna-se ainda mais evidente em termos da educação formal recebida. Os detentores de títulos académicos, por exemplo, constituem 35% dos imigrantes em idade laboral nos países da OCDE, mas apenas 6% da população activa em países fora da OCDE.[24] Os imigrantes da OCDE oriundos de países em desenvolvimento tendem a estar em idade laboral: por exemplo, mais de 80% daqueles que vieram da África Subsariana estão incluídos nesse grupo.[25]

O que sabemos sobre a selectividade dos migrantes nos países em desenvolvimento? Quando o processo de migração é mais selectivo, os indivíduos em idade laboral (que têm uma maior capacidade de obter uma remuneração do que aqueles que já não se encontram nessa faixa etária) formam uma grande proporção de migrantes. A partir dos dados obtidos em censos, comparámos os perfis etários dos migrantes com as pessoas dos seus países de origem em 21 países em desenvolvimento e em 30 países desenvolvidos. Apurámos, assim, que existe uma diferença significativa entre os perfis etários dos imigrantes nos países desenvolvidos e aqueles dos seus países de origem: 71% dos migrantes em países desenvolvidos encontram-se em idade laboral contra apenas 63% da população dos seus países de origem. Contrariamente, a diferença é negligenciável nos países em desenvolvimento (63 contra 62%).

Novas evidências sobre a migração interna retratam um cenário mais complexo da selectividade dos migrantes. No Quénia, por exemplo, existem pesquisas que concluíram haver uma relação positiva entre as medidas do capital humano e a migração,[26] que tendem a diminuir com os sucessivos grupos de migrantes no decorrer do tempo,[27] um resultado que se revela consistente com o desenvolvimento de redes sociais e outras que facilitam as deslocações. Por outras palavras, as pessoas mais pobres poderão decidir arriscar e migrarem ao ouvirem notícias sobre o sucesso alcançado por outros, e tornarem-se por isso mais confiantes de que irão receber o apoio de que precisam para serem também bem sucedidas. Uma outra pesquisa produziu perfis educacionais para os migrantes internos em 34 países em desenvolvimento, os quais mostraram que estes tinham maior probabilidade em concluir o ensino secundário do que os não migrantes, reflectindo tanto a selectividade como melhores resultados de crianças migrantes (capítulo 3).[28]

O que mais sabemos sobre a relação entre migração interna e internacional? A migração interna, particularmente aquela que se verifica das áreas rurais para as urbanas, poderá constituir um primeiro passo em direcção à migração internacional, tal como concluem alguns estudos no México, Tailândia e Turquia, mas essa situação encontra-se longe de ser um padrão universal.[29] Mais significativamente, a emigração poderá fomentar subsequentes migrações internas no país de origem. Na Albânia, os fluxos migratórios para a Grécia no início da década de 1990 produziram remessas que ajudaram a financiar a migração interna para os centros urbanos. Na Índia, os migrantes internacionais oriundos do Estado de Kerala deixaram as suas posições nas suas áreas de origem e as suas remessas levaram a um *boom* na construção que atraiu migrantes pouco qualificados das zonas limítrofes.[30]

As comparações entre a migração interna e a migração internacional poderão produzir informações úteis sobre as causas e implicações das deslocações humanas. Por exemplo, pesquisas de base realizadas para este relatório procederam a uma análise da relação existente entre a dimensão do local de origem (medida pela sua população) e os fluxos de trabalho qualificado, tendo chegado à conclusão de que os padrões são bastante semelhantes entre diferentes países assim como dentro deles. Particularmente, as taxas de emigração para os trabalhadores qualificados são mais elevadas em pequenas localidades

> As deslocações, tanto dentro dos limites de uma nação como entre diferentes nações, são predominantemente motivadas pela procura de melhores oportunidades.

> É muito mais fácil para os decisores políticos contarem os movimentos internacionais de sapatos e de telemóveis do que de enfermeiras ou de operários da construção civil.

do que em grandes, tal como são mais elevadas em países pequenos do que em grandes.[31] Estes padrões reflectem a importância da interacção humana como causa das deslocações. As deslocações, tanto dentro dos limites de uma nação como entre diferentes nações, são predominantemente motivadas pela procura de melhores oportunidades, e em muitos casos – especialmente naqueles que envolvem trabalho qualificado – as oportunidades serão maiores em lugares onde existam outras pessoas com qualificações complementares. Esta é uma das razões pelas quais as pessoas gravitam para os centros urbanos, e porque os profissionais altamente qualificados muitas vezes se deslocam para cidades e locais onde a sua profissão está já bem estabelecida.[32]

Apesar de a nossa capacidade de definir estes largos contornos sobre as deslocações, aquilo que sabemos acaba por sair diminuído perante aquilo que ainda não sabemos. Infelizmente, os dados que existem sobre migrações permanecem escassos. É muito mais fácil para os decisores políticos contarem os movimentos internacionais de sapatos e de telemóveis do que de enfermeiras ou de operários da construção civil. A maior parte da nossa informação baseia-se em censos, mas estes não nos fornecem séries temporais dos fluxos migratórios que nos permitam reconhecer tendências ou dados essenciais para podermos avaliar os impactos da migração, tais como referentes aos rendimentos e a outras características dos migrantes no momento de admissão. Os registos populacionais podem produzir dados ao longo do tempo, mas muito poucos países dispõem de registos com essa capacidade. Os decisores políticos normalmente solicitam informação sobre as admissões de migrantes por tipo (por exemplo, trabalhadores independentes, estagiários, membros de família, profissionais qualificados, etc.), por isso os dados administrativos que retratam o número de vistos e licenças atribuídos a diferentes tipos de migrantes são importantes. Todavia, nenhuma destas fontes de dados poderá dar resposta a questões sobre o impacto social ou económico da migração internacional.

Registam-se, porém, alguns avanços nestes últimos anos. A OCDE, as Nações Unidas, o Banco Mundial e outras agências compilaram e publicaram censos e bases de dados administrativas que lançam uma nova luz sobre alguns aspectos dos fluxos globais de pessoas. Mas os dados públicos ainda não são suficientes para dar resposta a questões básicas, tais como: quantos marroquinos deixaram a França no ano passado? Quais são as ocupações dos americanos latinos que estabeleceram residência nos Estados Unidos em 2004? De que maneira se tem alterado o número de zimbabueanos que se desloca para a África do Sul nos últimos anos? Qual a dimensão global dos regressos ou da migração circular, e quais as características desses migrantes? Na sua maior parte, os dados sobre a migração permanecem incompletos, não comparáveis e de difícil acesso. Os dados sobre o comércio e o investimento são bastante mais detalhados. Para os decisores políticos, muitos aspectos das deslocações humanas ficam, simplesmente, por esclarecer.

Embora algumas limitações em termos de dados sejam difíceis de ultrapassar – incluindo o problema de se estimar com precisão o número de migrantes irregulares – outras deveriam ser suplantáveis. Um primeiro passo lógico será garantir que os gabinetes de estatística nacionais sigam as directrizes internacionais, de modo a que todos os censos apresentem um núcleo de questões sobre a migração.[33] Estudos existentes poderiam ser ligeiramente alargados, ou os dados administrativos poderiam ser compilados e disseminados, a fim de aumentar a publicação de informação sobre os processos de migração. Acrescentar questões sobre o país de nascimento ou o país de anterior residência aos censos nacionais seria uma forma pouco dispendiosa de dar um passo em frente nesta questão para muitos países. Outra seria a publicação de dados sobre a força laboral existente, incluindo o país de nascimento, como o Brasil, a África do Sul, os Estados Unidos e alguns outros países já o fazem. Uma outra ainda seria a inclusão de questões padronizadas sobre a migração em estudos aos agregados familiares em países em que a migração cresceu na sua importância. Estas melhorias merecem a atenção dos governos e um maior apoio ao seu desenvolvimento.

2.2 Olhando para trás

Consideremos agora o modo como as deslocações humanas influenciaram e definiram a história mundial. Fazê-lo esclarecer-nos-á sobre até que ponto as primeiras deslocações diferem ou não daquelas a que assistimos hoje. Revelará também o papel da migração na transformação estrutural das sociedades, as forças que impulsionam a migração e as restrições que a impedem. Apresentaremos, então, uma discussão mais detalhada da evolução das deslocações internas e internacionais durante o século XX, com um maior enfoque na época após a Segunda Guerra Mundial. A análise de tendências durante os últimos 50 anos é essencial para compreendermos os factores que motivaram recentes mudanças nos padrões da migração e como podemos esperar que estas continuem a desenvolver-se no futuro.

2.2.1 A visão a longo prazo

Apesar de ser muito comum a ideia de que a migração internacional está associada ao aumento da globalização e o comércio no final do século XX, as deslocações em larga escala e em longas distâncias prevaleceram num passado anterior. No pico do domínio ibérico das Américas, mais de meio milhão de espanhóis e de portugueses, e cerca de 700.000 britânicos foram para as colónias no continente americano.[34] Através do uso brutal da força, 11 – 12 milhões de africanos foram enviados como escravos e atravessaram o Atlântico entre o século XV e o final do século XIX. Entre 1842 e 1990, cerca de 2,3 milhões de chineses e 1,3 milhões de indianos viajaram como trabalhadores por conta própria para o Sudeste Asiático, África e América do Norte.[35] No final do século XIX a fracção de residentes nascidos no estrangeiro em muitos países era mais elevada do que hoje em dia.[36]

Voltando ainda mais para trás no tempo, concluímos que as deslocações humanas têm sido um fenómeno pervasivo através da história, e presente em quase todas as comunidades para as quais dispomos de evidências históricas e arqueológicas. Testes ao ADN recentemente realizados corroboram anteriores evidências fósseis de que todos os seres humanos se desenvolveram a partir de um ancestral comum da África Equatorial, que terá atravessado o Mar Vermelho em direcção ao Sul da Arábia há aproximadamente 50.000 anos.[37] Embora os encontros entre diferentes sociedades tenham levado a inúmeros conflitos, também se registam coexistências pacíficas em zonas estrangeiras. Uma tábua antiga da Babilónia do século XVIII a. C., por exemplo, fala de uma comunidade de migrantes do Uruk que fugiram de suas casas quando a sua cidade foi atacada e, nos seus novos lares, encontraram pouca resistência às suas práticas culturais, sendo que os seus padres podiam ocupar os mesmos alojamentos que ocupavam aqueles que veneravam os deuses locais.[38] A ideia de que os migrantes deveriam ser tratados de acordo com normas básicas de respeito é encontrada em muitos textos religiosos antigos. O Velho Testamento, por exemplo, afirma que "o estrangeiro que vive no meio de vós deve ser tratado como um de vós", enquanto o Corão requer que os fiéis se mudem quando as suas crenças estiverem em perigo e dêem *aman* (refúgio) a não muçulmanos, mesmo que estejam em conflito com os muçulmanos.[39]

As deslocações populacionais têm desempenhado um papel vital na transformação estrutural das economias ao longo da história, contribuindo, assim, em grande medida para o desenvolvimento. As evidências genéticas e arqueológicas do Período Neolítico (9500 – 3500 a. C.) sugerem que as práticas agrícolas disseminaram-se com a dispersão das comunidades depois de dominarem as técnicas do cultivo.[40] A Revolução Industrial Britânica levou a um rápido crescimento urbano e simultaneamente foi fomentada pelo mesmo. Esse crescimento foi sobretudo motivado pelas deslocações a partir do campo.[41] A parcela da população rural diminuiu acentuadamente em todas as economias que se tornaram desenvolvidas, descendo, nomeadamente, nos Estados Unidos de 79%, em 1820, para abaixo de 4%, em 1980, e ainda mais rapidamente na República da Coreia de 63%, em 1963, para 7% em 2008.[42]

Um interessante episódio do ponto de vista da nossa análise prende-se com os enormes fluxos da Europa para o Novo Mundo durante a segunda metade do século XIX. Em 1900, mais de um milhão de pessoas estava a sair da Europa todos os anos, impulsionadas pela procura de melhores condições perante a fome e a pobreza que se vivia nos seus países. A dimensão destes fluxos é extraordinária tendo em conta os padrões actuais. No seu pico, no século XIX, o número total de emigrantes de uma década correspondia a 14% da população irlandesa, 1 em cada 10 noruegueses, e 7% das populações da Suécia e do Reino Unido. Contrariamente, nos dias de hoje, o número de emigrantes *no período de uma vida* oriundos de países em desenvolvimento é inferior a 3% da população total desses países. Este episódio histórico foi em parte motivado pela diminuição dos custos inerentes à viagem: entre o início da década de 1840 e o final da de 1850, os preços das passagens da Grã-Bretanha para Nova Iorque desceram em 77% em termos reais.[43] Existiam outros factores determinantes em casos particulares, tal como o da "fome da batata" na Irlanda. Estas deslocações populacionais tiveram efeitos comensuráveis tanto nos países de origem como nos de destino. Os trabalhadores saíram de regiões abundantes em trabalho de baixa remuneração para regiões com pouca oferta de trabalho, mas com melhores remunerações. Esta situação contribuiu para uma convergência económica significativa: entre os anos de 1850 e a Primeira Guerra Mundial, os salários reais na Suécia subiram de 24 para 58% daqueles dos Estados Unidos, enquanto, no mesmo período, os salários irlandeses aumentaram de 61 para 92% daqueles praticados na Grã-Bretanha. De acordo com os historiadores económicos, mais de dois terços da convergência salarial entre diferentes países que ocorreu no final do século XIX podem ser atribuídos ao efeito de nivelamento da migração.[44]

As remessas e as migrações de regresso foram também muito importantes no passado. As remessas eram enviadas por correio e por meio de transferências e notas promissórias através dos bancos dos imigrantes, casas mercantis, serviços postais e, depois de 1900, por fio telégrafo. Estima-se que, em média, os migrantes britânicos que procederam a remessas a partir dos Estados Unidos em 1910 enviaram cerca de um quinto do seu rendimen-

> As deslocações populacionais têm desempenhado um papel vital na transformação estrutural das economias ao longo da história.

to para casa, e cerca de um quarto da migração europeia para os Estados Unidos nessa altura foi financiada através das remessas daqueles que já se haviam lá estabelecido.[45] A migração de regresso era frequentemente a norma, registando-se taxas estimadas de regresso dos Estados Unidos na ordem dos 60% para a Bulgária, Sérvia e Montenegro, e 58% para a Itália.[46] Na Argentina, os imigrantes italianos eram muitas vezes designados como os *golondrinas* (andorinhas), por causa da sua tendência para regressarem, e um observador contemporâneo escreveu que "o italiano na Argentina não é um colono; ele não tem casa, não cria um sustento... a sua única aspiração é conseguir um pé-de-meia modesto."[47]

Estas deslocações populacionais foram permitidas devido a uma postura política que não só era receptiva à migração, como até a encorajava em muitos casos. E isto é tão verdade no que diz respeito aos países de origem, que muitas vezes subsidiavam a passagem para assim reduzir as pressões internas, como no que se refere aos governos de destino, que convidavam as pessoas ao seu país para assim consolidarem o seu estabelecimento e tirarem vantagem dos recursos naturais. Por exemplo, nos anos de 1880, cerca de metade dos imigrantes na Argentina receberam um subsídio de viagem, e, em 1850, uma lei aprovada no Brasil atribuiu terra aos migrantes livre de custos.[48] De um modo mais geral, o final do século XIX foi marcado pela ausência dos rigorosos mecanismos para controlar os fluxos internacionais de pessoas que posteriormente surgiram. Até se decretar legislação restritiva em 1924, por exemplo, não havia sequer a necessidade de um visto para alguém se estabelecer permanentemente nos Estados Unidos, e, em 1905, apenas 1% do milhão de pessoas que realizou a travessia transatlântica para a Ilha de Ellis foi impedido de entrar no país.[49]

Uma distinção essencial entre o período anterior à Primeira Guerra Mundial e os dias de hoje reside nas atitudes dos governos de destino. Embora o sentimento anti-imigrante pudesse eclodir significativamente e muitas vezes levava à imposição de barreiras a determinados tipos de deslocações, a ideia dominante entre os governos era a de que as deslocações seriam de esperar e eram, em última análise, benéficas tanto para as sociedades de origem como para as de destino.[50] Esta posição afigurava-se até bastante relevante em sociedades onde a intolerância relativamente às minorias era prevalecente e socialmente aceite – até mesmo mais do que nos dias de hoje.[51] É também útil lembrarmo-nos que os obstáculos à migração que hoje em dia caracterizam muitos países desenvolvidos e em desenvolvimento são uma realidade muito menos imutável do que à partida se pode pensar.

2.2.2 O século XX

O consenso pro-migração não duraria muito. No final do século XIX, muitos países introduziram restrições à entrada. As causas eram as mais variadas, a saber, desde o esgotamento de terra não ocupada até a pressões do mercado de trabalho e o sentimento popular. Em países como a Argentina e o Brasil, a mudança de políticas ocorreu através da retirada gradual de subsídios; na Austrália e nos Estados Unidos, ela surge através da imposição de obstáculos à entrada.[52] Apesar da introdução destas restrições, estimativas que reportam ao início do século XX indicam que a quantidade de migrantes internacionais entre a população mundial era semelhante, se não maior, à que hoje registamos. Esta situação é especialmente relevante, tendo em conta os custos de transporte relativamente elevados da altura.[53]

Não houve nada na área das políticas de migração que sequer remotamente se assemelhasse à rápida liberalização multilateral do comércio de bens e de capitais que caracterizou o período após a Segunda Guerra Mundial.[54] Alguns países estabeleceram acordos bilaterais ou regionais para dar resposta a défices laborais específicos, tal como o Programa (*Bracero*) Laboral Agrícola Mexicano de 1942 dos Estados Unidos, que apoiou 4,6 milhões de contratos de trabalho nos Estados Unidos num

Tabela 2.1 Cinco décadas de estabilidade em agregado, com mudanças regionais
Distribuição regional dos migrantes internacionais, 1960-2010

	1960 Total de migrantes (milhões)	1960 Taxa de migrantes mundiais	1960 Taxa da população	2010 Total de migrantes (milhões)	2010 Taxa de migrantes mundiais	2010 Taxa da população
Mundo (Excluindo a antiga União Soviética e a antiga Checoslováquia)	74.1		2.7%	188.0		2.8%
POR REGIÃO						
África	9.2	12.4%	3.2%	19.3	10.2%	1.9%
América do Norte	13.6	18.4%	6.7%	50.0	26.6%	14.2%
América Latina e Caraíbas	6.2	8.3%	2.8%	7.5	4.0%	1.3%
Ásia	28.5	38.4%	1.7%	55.6	29.6%	1.4%
Estados do CCG	0.2	0.3%	4.6%	15.1	8.0%	38.6%
Europa	14.5	19.6%	3.5%	49.6	26.4%	9.7%
Oceânia	2.1	2.9%	13.5%	6.0	3.2%	16.8%
POR CATEGORIA DE DESENVOLVIMENTO HUMANO						
IDH muito elevado	31.1	41.9%	4.6%	119.9	63.8%	12.1%
OCDE	27.4	37.0%	4.2%	104.6	55.6%	10.9%
IDH elevado	10.6	14.2%	3.2%	23.2	12.3%	3.0%
IDH médio	28.2	38.1%	1.7%	35.9	19.1%	0.8%
IDH baixo	4.3	5.8%	3.8%	8.8	4.7%	2.1%

Fonte: Estimativas da equipa do RDH baseadas em UN (2009d)
Nota: As estimativas excluem a Antiga União Soviética e a antiga Checoslováquia.

período de 22 anos,[55] o Acordo de Apoio à Passagem Reino Unido – Austrália de 1947, ou o turbilhão de acordos de deslocações laborais europeus e programas de "trabalhadores-hóspede".[56] Mas o inicial entusiasmo relativamente aos programas de "trabalhadores-hóspede" desapareceram na década de 1970. Os Estados Unidos foram eliminando o seu Programa *Bracero* em 1964, e a maioria dos países da Europa Ocidental, que haviam fortemente recorrido aos programas de "trabalhadores-hóspede", cessou os recrutamentos durante o choque petrolífero da década de 1970.[57]

Esta falta de liberalização é consistente com a estabilidade verificada na parcela global de migrantes. Tal como demonstrado pela tabela 2.1, esta parcela (que exclui a Checoslováquia e a antiga União Soviética por razões de comparabilidade – ver abaixo) subiu de 2,7 para 2,8% entre 1960 e 2010. Não obstante, os dados revelam uma notável mudança nos locais de destino. A parcela em países desenvolvidos mais do que duplicou, de 5% para mais de 12%.[58] Um aumento ainda mais significativo – de 5 para 39% da população – ocorreu nos países do CCG, que experienciaram um crescimento rápido devido ao petróleo. No resto do mundo, contudo, a fracção de pessoas nascidas no estrangeiro tem-se revelado estável ou a diminuir. Estas descidas são mais significativas na América Latina e Caraíbas, onde a migração internacional diminuiu para menos de metade, mas também são bastante evidentes em África e no resto da Ásia.

Uma advertência importante é a de que estas tendências excluem dois grupos de países para os quais é difícil construir séries temporais comparáveis sobre os migrantes internacionais, nomeadamente, os Estados da antiga União Soviética, e os dois Estados que anteriormente correspondiam à Checoslováquia. A independência destas novas nações gerou um aumento artificial no número de migrantes, que não deverá ser interpretado como um aumento real nas deslocações internacionais. (caixa 2.3).[59]

De onde vêm os migrantes que recentemente têm entrado nos países desenvolvidos? Não dispomos de um retrato completo de fluxos bilaterais ao longo do tempo, mas a figura 2.4 representa a evolução da parcela de pessoas de países em desenvolvimento em oito economias desenvolvidas que dispõem de informação comparativa. Em todos os casos, à excepção de um (o do Reino Unido), registaram-se aumentos de dois dígitos no número de migrantes oriundos de países em desenvolvimento.[60] Em muitos países europeus, esta alteração foi impulsio-

---

Caixa 2.3 **Tendências de migração na antiga União Soviética**

Quando a União Soviética se desmembrou em 1991, 28 milhões de pessoas tornaram-se migrantes internacionais – mesmo que não se tenham deslocado um centímetro. Isto porque as estatísticas definem um migrante internacional como uma pessoa que vive fora do país onde nasceu. Estas pessoas haviam-se deslocado dentro dos limites da União Soviética antes de 1991 e eram agora classificados como nascidos no estrangeiro. Sem que o soubessem, passariam a ser "migrantes estatísticos".

De certa forma, a reclassificação faz sentido. Um russo em Minsk vivia no país onde nascera em 1990, mas no final de 1991 passava a ser tecnicamente um estrangeiro. Mas interpretando o resultante aumento no número de migrantes como um aumento nas deslocações internacionais, tal como alguns autores o fizeram, está errado. Portanto, excluímo-los, assim como os migrantes da antiga Checoslováquia, do cálculo de tendências na tabela 2.1.

As deslocações humanas aumentaram na antiga União Soviética desde 1991? Por um lado, o abrandamento dos controlos propiska aumentou a mobilidade humana. Por outro lado, o levantamento de fronteiras nacionais poderá ter reduzido o escopo para as deslocações. O cenário é mais complicado pelo facto de que muitas deslocações depois de 1991 consistiram em regressos à região de origem: por exemplo, pessoas de origem russa que regressaram da Ásia Central.

Qualquer tentativa de compreender as tendências na antiga União Soviética deverá usar entidades territoriais comparáveis. Uma forma de o fazer é considerar a migração entre repúblicas antes e depois do colapso. Nesta abordagem, qualquer pessoa que se tenha deslocado entre duas repúblicas que mais tarde se tenham tornado nações independentes será considerada um migrante internacional. Assim, um letão em São Petersburgo seria classificado como um migrante internacional tanto antes como depois de 1991.

Em pesquisas realizadas para o presente relatório, os dados dos censos soviéticos foram usados para elaborar sequências deste tipo. De acordo com aquela definição, a parcela de pessoas nascidas no estrangeiro nas repúblicas da URSS aumentou ligeiramente de 10% em 1959 para 10,6% em 1989. Depois de 1990, registaram-se tendências divergentes entre diferentes Estados. Na Rússia, que se tornou como que um íman na região, o stock de migrantes aumentou de 7,8 para 9,3% da população. Para a Ucrânia e os três Estados bálticos, as parcelas de migrantes diminuíram, sendo que elevados números de pessoas nascidas no estrangeiro partiram. Em todos os outros Estados da antiga União Soviética, o número absoluto de migrantes diminuiu até 2000 e, na maioria dos casos, a taxa de migrantes da população também diminuiu. Por conseguinte, embora 30,3 milhões de pessoas nascidas no estrangeiro vivessem no território da União Soviética na altura da sua dissolução, o número em agregado desceu para 27,4 milhões em 2000 e para 26,5 milhões em 2005, uma vez que muitas pessoas estabelecidas no espaço pós-soviético escolheram regressar a casa.

Fonte: Heleniak (2009), UN (2002), Zlotnik (1998), e Ivakhnyuk (2009).

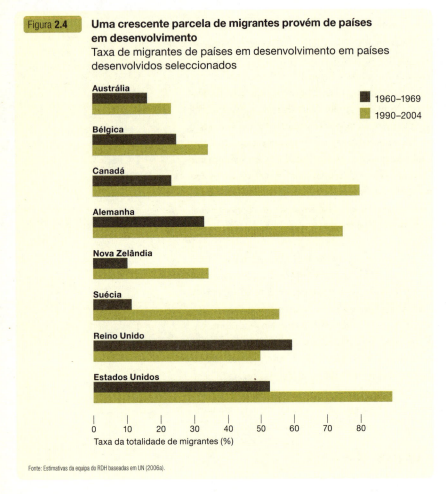

Figura 2.4 Uma crescente parcela de migrantes provém de países em desenvolvimento

Taxa de migrantes de países em desenvolvimento em países desenvolvidos seleccionados

Fonte: Estimativas da equipa do RDH baseadas em UN (2006a).

Muitos países experienciaram aumentos na migração interna, tal como ilustrado na figura 2.6. Porém, esta tendência está longe de ser uniforme. Para os 18 países para os quais dispomos de informação comparável ao longo do tempo, regista-se uma tendência de aumento em 11 países, nenhuma tendência clara em quatro, e um declínio em dois países desenvolvidos. A taxa média de aumento para este conjunto de países situa-se nos 7% durante uma década. Todavia, a nossa investigação pôde também revelar que o número de migrantes recentes (definidos como aqueles que se deslocaram entre diferentes regiões nos últimos cinco anos) não aumentou na maioria dos países da nossa amostra, indicando uma possível estabilização dos padrões de migração interna.

Espera-se que ocorra um nivelamento ou até um declínio nos fluxos de migração interna nos países desenvolvidos com um IDH elevado, onde os fluxos anteriores estavam associados a uma rápida urbanização que agora estagnou. Mas em muitos países em desenvolvimento a urbanização não abrandou, e espera-se até que continue. De facto, as estimativas do DAESNU sugerem que a parcela urbana da população mundial irá quase duplicar em 2050, e irá aumentar de 40% para mais de 60% em África. A urbanização é despoletada em parte pelo crescimento natural da população nas áreas urbanas, paralelamente à migração verificada a partir das zonas rurais e do estrangeiro. Embora seja difícil determinar os contributos precisos destas diferentes fontes, fica claro que a migração é um importante factor em muitos países.[61]

A urbanização pode estar associada a grandes desafios para aqueles que habitam nas cidades e para as autoridades do governo responsáveis pelo planeamento urbano e respectivos serviços. O desafio mais relevante traduz-se pelos dois mil milhões de pessoas – 40% dos residentes em áreas urbanas – que se espera estar a viver em bairros degradados em 2030.[62] Como se sabe, as condições de vida são frequentemente muito precárias nos bairros degradados, incluindo a falta de acesso a água e saneamento adequados e títulos de posse inseguros. Tal como discutiremos nos capítulos 4 e 5, é importante que as autoridades locais urbanas sejam responsáveis pelos residentes e adequadamente financiadas para dar resposta a estes desafios, uma vez que o planeamento e os programas locais podem desempenhar um papel fundamental na melhoria das condições.

Em suma, o período que se segue a 1960 tem sido marcado por uma crescente concentração de migrantes nos países desenvolvidos e por uma agregada estabilidade na migração geral. Como explicar estes padrões? A nossa investigação revela que três factores chave – tendências de rendimento, população e custos de transporte – ten-

nada pelo aumento de migrantes dos países da Europa de Leste, classificados como países em desenvolvimento, de acordo com o seu IDH. Por exemplo, durante a década de 1960, apenas 18% dos imigrantes na Alemanha provenientes de países em desenvolvimento vinham da Europa de Leste; 40 anos mais tarde esse rácio é de 53%.

Nos países em desenvolvimento, o cenário é mais heterogéneo, embora os dados de que dispomos sejam limitados. Podemos comparar a origem dos migrantes de hoje e a dos de várias décadas atrás para alguns países, revelando alguns contrastes interessantes (figura 2.5). Na Argentina e no Brasil, a diminuição no número de pessoas nascidas no estrangeiro deveu-se a uma diminuição no número daqueles que provêm dos países mais pobres da Europa, uma vez que esses mesmos países experienciaram um enorme crescimento no pós-guerra, ao passo que uma grande parte da América Latina estagnou. Por outro lado, o aumento na taxa de imigração na Costa Rica deveu-se a significativos fluxos de migrantes da Nicarágua, enquanto a redução dessa mesma taxa em Mali reflecte assinaláveis declínios no número de imigrantes oriundos do Burkina Faso, da Guiné e da Mauritânia.

deram a aumentar as deslocações, que, simultaneamente, enfrentaram uma restrição cada vez mais significativa, a saber, crescentes obstáculos legais e administrativos.

As divergências em termos de rendimento entre diferentes regiões, a par de um aumento geral de rendimentos na maior parte do mundo, explicam em grande medida os padrões das deslocações. A evolução das desigualdades em rendimento mostra assinaláveis divergências entre a maioria das regiões em desenvolvimento e as desenvolvidas, mesmo tendo existido uma ligeira convergência nas regiões da Ásia Oriental e o Pacífico e a Ásia do Sul (figura 2.7, painel A).[63] A China apresenta-se como uma excepção perante o padrão geral da falta de convergência, sendo que o seu rendimento nacional *per capita* aumentou de 3 para 14% relativamente à média dos países desenvolvidos, entre 1960 e 2007.[64] De um modo geral, os dados indicam que o incentivo de um melhor rendimento na base da migração dos países pobres para os países ricos aumentou fortemente.[65]

As tentativas de explicar esta divergência deram origem a uma vasta literatura, em que as diferenças em trabalho e na acumulação de capital, a mudança tecnológica, as políticas e as instituições foram todas investigadas.[66] Sejam quais forem os factores impulsionadores, há uma questão que assume uma importância crucial, a saber, as diferentes taxas de crescimento da população. Como se sabe, entre 1960 e 2010, a composição demográfica espacial da população mundial alterou-se: das acrescidas 2,8 mil milhões de pessoas no mundo em idade activa, 9 de entre 10 localizam-se em países em desenvolvimento. Porque o trabalho se tornou muito mais abundante nos países em desenvolvimento, as diferenças salariais aumentaram. Esta situação significou que a migração para os países desenvolvidos tornou-se mais atractiva e os padrões das deslocações mudaram em resultado disso, apesar – como veremos – da imposição de grandes obstáculos à admissão. Simultaneamente, os níveis de rendimento médios em todo o mundo estavam a aumentar, tal como é mostrado no painel B da figura 2.7 (embora algumas regiões em desenvolvimento também tenham assistido a períodos de declínio). Em virtude da pobreza ser uma restrição importante às deslocações, rendimentos médios mais elevados tornaram mais viáveis as mudanças para longas distâncias. Por outras palavras, à medida que os rendimentos aumentavam, os países mais pobres subiram na sua "curva da migração", aumentando o número de migrantes potenciais para países desenvolvidos.

A recente diminuição nos custos do transporte e das comunicações também fizeram aumentar as deslocações. O preço das passagens aéreas desceram em três quintos entre 1970 e 2000, e os custos das comunicações diminuíram drasticamente.[67] O preço de uma chamada de 3 minutos da Austrália para o Reino Unido desceu de cerca de 350 dólares americanos em 1926 para 0,65 em 2000 – e, com o advento das comunicações telefónicas via internet, terá descido efectivamente para 0.[68] Estas tendências fizeram com que nunca tivesse sido tão fácil as pessoas chegarem e estabelecerem-se em destinos mais longínquos.

Dados este factores, esperar-se-ia verificar um crescimento significativo na migração internacional nestas últimas décadas. Porém, esse crescimento tem sido restringido por maiores obstáculos políticos à migração, especialmente no que respeita à entrada de candidatos pouco qualificados. Passemos agora a uma análise mais aprofundada do papel que estes obstáculos desempenham na definição e restrição das deslocações hoje em dia.

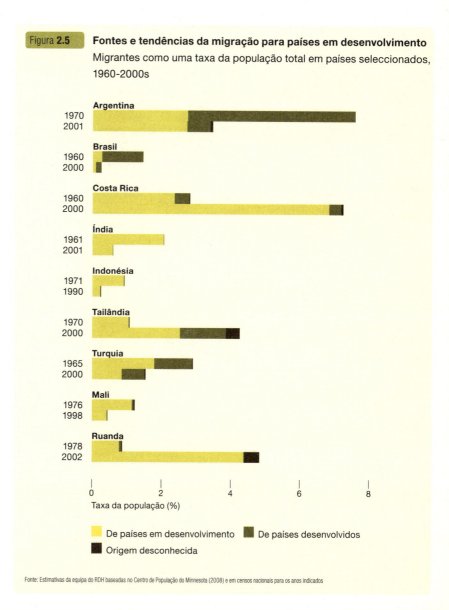

Figura **2.5** **Fontes e tendências da migração para países em desenvolvimento**
Migrantes como uma taxa da população total em países seleccionados, 1960-2000s

Fonte: Estimativas da equipa do RDH baseadas no Centro de População do Minnesota (2008) e em censos nacionais para os anos indicados

Figura 2.6 **Taxas de migração interna aumentaram apenas ligeiramente**
Tendências da intensidade da migração interna no período de uma vida em países seleccionados 1960-2000s

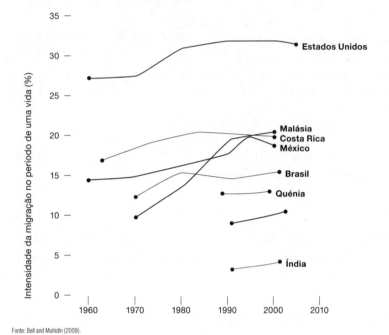

Fonte: Bell and Muhidin (2009).

Tabela 2.2 **Os decisores políticos dizem que estão a tentar manter os níveis de imigração existentes**
Opiniões e políticas em relação à imigração por categoria de IDH, 2007

Categorias de IDH	Opinião do governo sobre a imigração				Políticas sobre a imigração				
	Demasiado elevada	Satisfatória	Demasiado baixa	Total	Baixar os níveis	Manter os níveis	Aumentar os níveis	Nenhuma intervenção	Total
IDH MUITO ELEVADO									
N.º de países	7	26	6	39	7	24	7	1	39
Percentagem (%)	18	67	15	100	18	62	18	3	100
IDH ELEVADO									
N.º de países	6	40	1	47	9	37	1	0	47
Percentagem (%)	13	85	2	100	19	79	2	0	100
IDH MÉDIO									
N.º de países	17	62	4	83	18	47	3	15	83
Percentagem (%)	20	75	5	100	22	57	4	18	100
IDH BAIXO									
N.º de países	4	22	0	26	4	6	0	16	26
Percentagem (%)	15	85	0	100	15	23	0	62	100
TOTAL									
N.º de países	34	150	11	195	38	114	11	32	195
Percentagem (%)	17	77	6	100	19	58	6	16	100

Fonte: UN (2008b).

2.3 Políticas e deslocação

Desde o surgimento dos Estados modernos no século XVII, o sistema legal internacional tem sido construído com base em dois princípios: soberania e integridade territorial. Dentro desse sistema, que inclui uma série de normas e restrições impostas pela lei internacional, os governos controlam as fronteiras dos seus países e aplicam o seu direito a restringir a entrada. Esta secção discutirá as diferentes formas através das quais as políticas dos governos determinam qual o número de pessoas a admitir no território, de onde essas pessoas vêm e que estatuto é acordado com as mesmas.

Embora haja uma enorme riqueza de análises das políticas qualitativas ao nível dos países – especialmente no que respeita os países desenvolvidos – sérias limitações em termos de dados impedem-nos de traçar comparações entre as políticas de diferentes países. As medições são extremamente difíceis, porque as regras assumem muitas formas e são aplicadas de diferentes modos e em diferentes graus, com resultados que geralmente não se deixam quantificar. Em contraste com a maioria dos aspectos relacionados com as políticas económicas, os gabinetes de estatística nacionais não medem os efeitos das políticas de migração de modo que seja consistente entre diferentes países. A maioria das medidas usadas neste relatório foi desenvolvida pela investigação internacional e por organizações não-governamentais (ONG), e não por agências nacionais do sector público.

A medida que abrange o maior número de países e o mais longo período de tempo provém de um estudo periódico de decisores políticos conduzido pelo DAESNU, no qual os governos relatam as suas opiniões e respostas à migração. O estudo abrange 195 países e reflecte as ideias dos decisores políticos relativamente ao nível de imigração e sobre se a sua política é a de baixar, manter ou aumentar os níveis futuros. Embora seja uma autoavaliação, e se indiquem intenções oficiais em vez de acções práticas, surgem alguns padrões interessantes de fazer notar (tabela 2.2). Em 2007, cerca de 78% dos governos que participaram no estudo consideraram os actuais níveis de imigração como satisfatórios, enquanto 17% os julgaram como demasiado altos e 5% demasiado baixos. Surge um cenário semelhante quando se solicitou aos governos que descrevessem as suas políticas. Em ambas as questões, os governos dos países desenvolvidos mostraram-se mais restritivos do que aqueles dos países em desenvolvimento.

Estes padrões indicam haver um hiato significativo entre as políticas que o público parece favorecer na maioria dos países – nomeadamente, maiores restrições à imigração – e as políticas concretas, que de facto permitem uma significativa quantia de imigração.[69] Embora as explicações que possamos dar para a existência deste hiato sejam complexas, é provável que vários factores estejam envolvidos.

A primeira questão traduz-se pelo modo como a oposição à imigração não é tão monolítica como se afigura, e o eleitorado tem, muitas vezes, diferentes opiniões. Como mostramos mais abaixo, em muitos países, as preocupações com o emprego ou com os efeitos fiscais fazem-se acompanhar por um reconhecimento de que a tolerância relativamente aos outros e a diversidade étnica são valores positivos. Em segundo lugar, os grupos organizados, tais como os sindicatos, organizações patronais e as ONG podem ter um efeito significativo na formulação das políticas públicas. Com efeito, em muitos casos estes grupos não defendem rigorosas restrições à imigração. Em terceiro lugar, muitos governos toleram implicitamente a migração irregular, o que sugere que os decisores políticos estão cientes dos enormes custos sociais e económicos de uma tomada de posição. Por exemplo, nos Estados Unidos, as entidades empregadoras não são obrigadas a verificar a autenticidade dos documentos de imigração, mas têm de deduzir os impostos federais nas folhas de pagamento dos migrantes: através deste mecanismo, os trabalhadores imigrantes irregulares contribuem com cerca de sete mil milhões de dólares americanos anualmente para os cofres do Estado.[70]

Com vista à elaboração do presente relatório, procurámos abordar as lacunas de conhecimento existentes trabalhando em parceria com especialistas em migração nacionais e com a OIM na condução de uma avaliação das políticas de migração de 28 países.[71] A mais-valia desta cooperação reside na abrangência de países em desenvolvimento (que constituem metade da amostra), que são tipicamente excluídos destas avaliações, e na riqueza de informação que recolhemos sobre aspectos tais como os regimes de admissão, o tratamento e os direitos, assim como a aplicação.

Comparando os regimes políticos acerca da migração dos países desenvolvidos e dos países em desenvolvimento, é possível apurar diferenças flagrantes assim como semelhanças. Algumas das restrições comummente apontadas (e criticadas) nos países desenvolvidos estão também presentes em muitos países em desenvolvimento (figura 2.8). Os regimes em ambos os grupos de países favorecem tendencialmente os trabalhadores altamente qualificados: 92% dos países em desenvolvimento e todos os países desenvolvidos da nossa amostra estavam abertos a migrantes qualificados temporários; para a migração qualificada permanente, os números foram de, respectivamente, 62 e 93%. Na nossa amostra de países,

38% dos países em desenvolvimento e metade dos países desenvolvidos não estavam abertos à migração permanente de trabalhadores não qualificados.[72]

Os regimes temporários têm sido há muito usados e a maioria dos países atribui essas licenças. Estes pro-

Figura 2.7 **Hiatos no rendimento mundial alargaram**
Tendências do PIB real per capita, 1960–2007

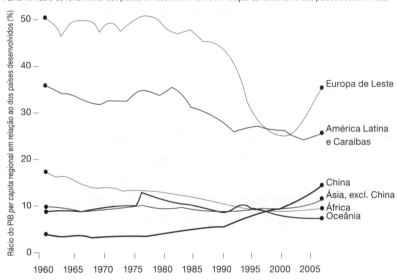

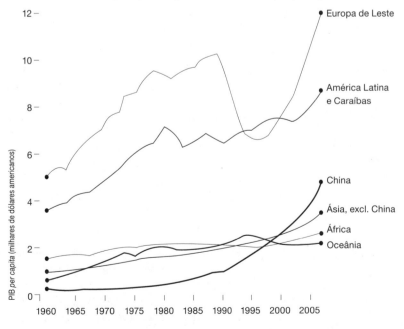

Fonte: Estimativas da equipa do RDH baseadas em World Bank (2009b), e Heston, Summers, and Aten (2006).

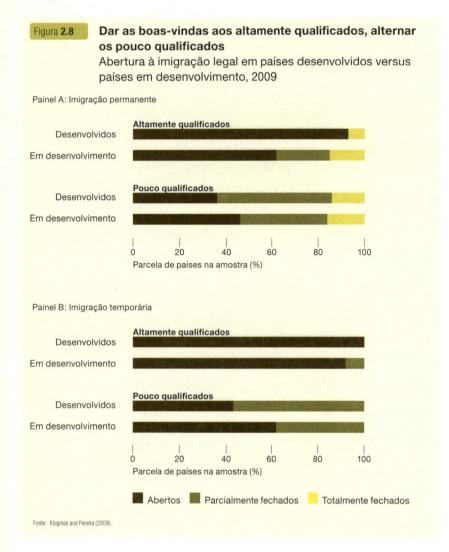

Figura 2.8 **Dar as boas-vindas aos altamente qualificados, alternar os pouco qualificados**
Abertura à imigração legal em países desenvolvidos versus países em desenvolvimento, 2009

Fonte: Klugman and Pereira (2009).

gramas estipulam regras para o tempo de admissão, a estadia e o emprego de trabalhadores estrangeiros. Os vistos H1B dos Estados Unidos, por exemplo, garantem a admissão temporária de trabalhadores altamente qualificados de até seis anos, enquanto os vistos H2B estão ao alcance dos trabalhadores sazonais pouco qualificados durante até três anos. Do mesmo modo, as políticas de imigração de Singapura disponibilizam Passes de Emprego – para profissionais qualificados – e uma Licença de Trabalho ou um Pass-R para trabalhadores não qualificados ou semi-qualificados.[73] Entre os países contemplados na nossa avaliação de políticas, os países em desenvolvimento dispunham mais frequentemente de regimes temporários para trabalhadores pouco qualificados.

As normas relativamente às mudanças de vistos e reunificação familiar diferem grandemente entre diferentes países.[74] Alguns esquemas temporários abrem um caminho para a residência a longo-prazo ou até a residência permanente e permitem que os trabalhadores estrangeiros tragam os seus agregados familiares. Um exemplo é os vistos H2B dos Estados Unidos, embora o seu número anual se faça registar a um nível baixo e os membros do agregado familiar não tenham direito ao trabalho. Outros governos proíbem explicitamente a mudança do tipo de visto e a reunificação familiar, ou, então, aplicam fortes restrições quanto a esses aspectos.

Os programas de trabalhadores temporários, ou *kafala* (literalmente significando "garantindo e tomando conta de" em árabe[75]), dos países do CCG constituem um caso especial. De acordo com estes programas, o trabalhador migrante estrangeiro recebe um visto de entrada e autorização de residência apenas se um cidadão do país de acolhimento o apadrinhar. O *khafeel*, ou seja, o empregador responsável pelo apadrinhamento, é financeira e legalmente responsável pelo trabalhador, assinando um documento do Ministério do Trabalho para esse efeito.[76] Se se descobrir que o trabalhador violou o contrato, terá de deixar o país imediatamente às suas próprias custas. Os programas *kafala* são restritivos em diversos aspectos, incluindo o da reunificação familiar. Os abusos dos direitos humanos – incluindo o não pagamento dos salários e a exploração sexual de empregadas domésticas – estão bem documentados, especialmente entre um crescente número de migrantes oriundos do subcontinente indiano.[77]

Nos últimos anos, alguns países na região deram passos moderados no sentido de reformarem os seus regimes de imigração. A Arábia Saudita decretou recentemente uma série de regulamentos facilitando a transferência de trabalhadores empregados por empresas que fornecem serviços (por exemplo, de manutenção) a departamentos do governo.[78] Outras iniciativas foram também implementadas para monitorizar as condições de vida e de trabalho dos migrantes estrangeiros. Nos Emirados Árabes Unidos, o Ministério do Trabalho introduziu uma linha de atendimento para receber queixas do público geral. Em 2007, as autoridades inspeccionaram 122.000 estabelecimentos, o que resultou em contra-ordenações por quase 9.000 violações dos direitos dos trabalhadores e da legislação sobre as condições de trabalho. Contudo, propostas mais ambiciosas no sentido da reforma, tal como a do Barém, no início de 2009, reivindicando a abolição do sistema *kafala*, não têm conseguido vingar, alegadamente devido a uma oposição política intensa com base em interesses comerciais.[79]

Em alguns países desenvolvidos – incluindo a Austrália, o Canadá e a Nova Zelândia –, a preferência por trabalhadores altamente qualificados é implementada através de um sistema de pontos. As fórmulas têm em consideração características como a educação, a ocupação, a proficiência linguística e a idade. Isto confere alguma objectividade àquilo que de outro modo poderia parecer um processo de selecção arbitrário, embora outros países atraiam um grande número de graduados sem disporem de um sistema de pontos como este.[80]

Os sistemas de pontos são pouco comuns em países em desenvolvimento. As restrições formais à entrada incluem requisitos tais como a existência de uma prévia oferta de trabalho e, em alguns casos, quotas. Um aspecto segundo o qual os países em desenvolvimento parecem ser relativamente restritivos prende-se com a reunificação familiar. Cerca de metade dos países em desenvolvimento da nossa amostra não permitem que os membros da família de imigrantes temporários entrem no país e trabalhem – por oposição a um terço dos países desenvolvidos.

A reunificação familiar e a migração do cônjuge representam uma parcela significativa de fluxos de entrada em virtualmente quase todos os países da OCDE. De facto, alguns países são dominados por fluxos associados a laços familiares, como em França e nos Estados Unidos, em que estes correspondem a 60 e 70% dos fluxos anuais, respectivamente. Embora seja comum fazer-se distinção entre a reunificação familiar e a migração laboral, é importante notar que os migrantes da família muitas vezes têm ou podem adquirir autorização para trabalhar.

É evidente que a política manifestada pode diferir daquilo que acontece na prática. Existem variações significativas na aplicação da lei da migração entre diferentes países (figura 2.9). Nos Estados Unidos, a pesquisa realizada apurou que a aplicação varia conforme o ciclo económico, aumentando durante as recessões e diminuindo em períodos mais favoráveis de expansão.[81] Na África do Sul, as deportações aumentaram para mais do dobro entre 2002 e 2006 sem que se tivesse registado qualquer alteração na legislação, mas porque a força policial se tornou mais activa na aplicação da lei.[82] A nossa avaliação de políticas sugeriu que enquanto os países em desenvolvimento se revelaram menos rigorosos no controlo de fronteiras e na detenção de indivíduos que violassem as leis da imigração, outros aspectos da aplicação legal, incluindo acções por parte de agências de aplicação da lei e fiscalizações aleatórias, assim como coimas, afiguraram-se pelo menos tão frequentes como nos países desenvolvidos. Esta variação poderá eventualmente ser em parte explicada por uma menor capacidade institucional. Mesmo depois da detecção, os países em desenvolvimento são alegadamente mais propensos a não tomar qualquer medida ou a simplesmente atribuir coimas aos migrantes irregulares. Em alguns países, nos processos de depor-

Figura 2.9 As práticas de controlo variam
Intervenções e procedimentos relativamente aos migrantes irregulares, 2009

Fonte: Klugman and Pereira (2009).

tação, os tribunais tomam em consideração questões de unidade familiar e o grau de envolvimento do imigrante com o país.[83] Discutir-se-á outros aspectos do papel da aplicação da lei relativa às políticas de migração no capítulo 5.

Uma questão que emerge destas normas sobre a entrada e o tratamento dos migrantes, que podem ser investigadas através de dados de diferentes países, prende-se com saber se existe uma dicotomia do tipo "números *versus* direitos". É possível que os países abram as suas fronteiras a um maior número de imigrantes apenas se o acesso a alguns direitos básicos seja limitado. Esta situação poder-se-ia colocar se, por exemplo, a imigração fosse vista como se tendo tornado demasiado dispendiosa e, por isso, nem o eleitorado nem os decisores políticos a apoiariam.[84] Os dados de que dispomos sobre o tratamento de imigrantes permitem-nos examinar empiricamente esta questão. A Unidade de Inteligência do Economista (EIU) criou um índice de acessibilidade para 61 países (34 desenvolvidos, 27 em desenvolvimento) que sintetiza as políticas oficiais no que respeita à facilidade

Figura 2.10 Evidências em diferentes países corroboram pouco a hipótese "números *versus* direitos"
Correlações entre acesso e tratamento

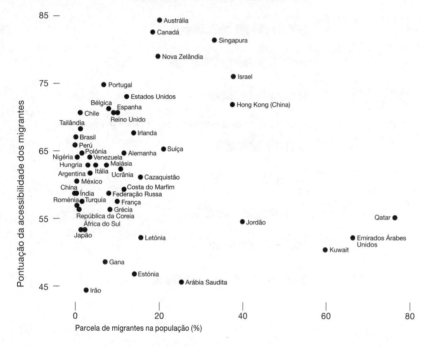

Painel A: Migrantes nascidos no estrangeiro e classificação de acessibilidade EIU, 2008

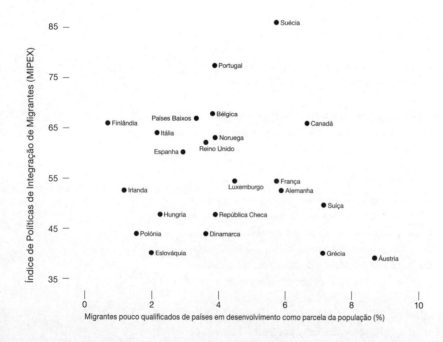

Painel B: Migrantes nascidos no estrangeiro pouco qualificados na OCDE e pontuação agregada do MIPEX

Fonte: UN (009d); Economist Intelligence Unit (2008); OECD (2009a) e Migration Policy Group and British Council (2007)

de contratar, solicitar licenças, reunificar a família e programas de integração para migrantes. O Índice de Políticas de Integração de Migrantes (MIPEX) mede as políticas que visam a integração de migrantes em seis aspectos (residência de longo-prazo, união da família, cidadania, participação política, medidas de anti-discriminação e acesso ao mercado de trabalho).

A nossa análise sugere que não existe uma relação sistemática entre várias medidas de direitos e números de migrantes (figura 2.10). A comparação com o índice da EIU (painel A), que apresenta uma maior amostra de países desenvolvidos e em desenvolvimento, reflecte essencialmente não haver uma correlação entre o número de migrantes e o seu acesso a direitos básicos, sugerindo que os vários regimes que governam esse acesso são compatíveis tanto com números elevados como com números baixos de migrantes. Ao restringirmos a análise a uma amostra mais pequena de países abrangidos pelo MIPEX podemos tirar proveito dos dados da OCDE, que distinguem o número de imigrantes com baixos níveis de educação formal oriundos de países em desenvolvimento. Mais uma vez, apuramos que, essencialmente, não existe uma correlação (painel B). Por exemplo, países como a Polónia e a Irlanda apresentam números muito baixos de trabalhadores pouco qualificados provenientes de países em desenvolvimento. Porém, o seu MIPEX afigura-se pobre. Também se pode concluir que os países que registaram aumentos nos seus números de migrantes no decorrer do tempo não cortaram nos direitos atribuídos aos imigrantes.[85] Por exemplo, entre 1980 e 2005 a parcela de imigrantes em Espanha aumentou de 2 para 11%. Durante esse mesmo período o governo espanhol alargou a provisão de cuidados de saúde de emergência, e de não emergência, a migrantes irregulares.[86]

Outros resultados semelhantes foram apurados a partir da nossa avaliação de políticas, que nos permitiram distinguir entre diferentes componentes das políticas de migração. De facto, se se assinalou alguma correlação, foi frequentemente contrária àquela proposta pela hipótese de "números *versus* direitos". O que os dados efectivamente revelam é que, de um modo geral, entre muitas diferentes medidas, os países em desenvolvimento apresentam parcelas medianas mais baixas de trabalhadores nascidos no estrangeiro e uma menor protecção dos direitos dos migrantes. Os países desenvolvidos, por seu lado, que têm mais migrantes, também tendem a ter normas que visam oferecer um melhor tratamento aos migrantes. Por exemplo, na nossa avaliação, a Índia apresenta o nível mais baixo no que respeita à atribuição de direitos e serviços aos migrantes internacionais, mas tem uma parcela de imigrantes inferior a 1% da população. Portugal é o

Caixa 2.4 Gestão global da mobilidade

Para além de uma convenção sobre refugiados bem estabelecida, a mobilidade internacional carece de um regime multilateral activo. Há muito que a OIT tem estabelecido convenções sobre os direitos dos trabalhadores migrantes, mas que têm, contudo, poucos participantes (capítulo 5). A OIM alargou o seu campo de acção para além do papel histórico que desempenhou na repatriação de refugiados no pós-guerra, assumindo uma missão mais geral no sentido de melhorar a gestão da migração e aumentando o seu número de membros. Porém, ela opera fora do sistema das Nações Unidas e permanece bastante orientada para uma prestação de serviços aos Estados Membros com baseada em projectos. Seguindo o Acordo Geral sobre o Comércio de Serviços (GATS) da Organização Mundial do Comércio (OMC), cerca de 100 Estados Membros assumiram compromissos relativamente à admissão temporária de estrangeiros que forneçam serviços, mas estes envolvem sobretudo vistos de visitantes para até 90 dias e transferências a termo certo entre empresas envolvendo profissionais altamente qualificados.

A falta de cooperação multilateral sobre a migração tem sido atribuída a vários factores relacionados. Ao contrário de negociações comerciais, em que os países negoceiam a redução recíproca de barreiras às exportações uns dos outros, os países em desenvolvimento encontram-se numa posição negocial menos favorável no que respeita à migração. A maioria dos migrantes dos países desenvolvidos vão para outros países desenvolvidos, por isso há pouca pressão por parte dos governos dos países desenvolvidos no sentido da abertura de canais para se entrar em países em desenvolvimento. Esta assimetria, assim como a sensibilidade política da questão da migração na maioria dos países de destino desenvolvidos, levou a uma falta de liderança por parte destes Estados nas negociações internacionais. As discussões internacionais também se têm caracterizado por uma falta de cooperação entre os países de origem. Estes obstáculos têm até agora desafiado os melhores esforços das organizações internacionais e de uma série de governos no sentido de promover a cooperação e compromissos internacionais vinculativos.

Uma maior liberalização está actualmente a ser ponderada na ronda de Doha das negociações comerciais, que começou em 2000, mas que desde aí tem sido protelada. Os compromissos existentes no âmbito do GATS são limitados, referindo-se sobretudo a trabalhadores altamente qualificados. O GATS também exclui "medidas que afectem as pessoas que se encontrem em busca de acesso ao mercado de emprego do outro país [ou] medidas referente às cidadania, residência, ou emprego numa base permanente". O GATS também não se aplica à migração permanente: a maioria dos membros da OMC limita os prestadores de serviços a menos de cinco anos no seu país.

Durante a ronda de Doha tornou-se claro que os países em desenvolvimento querem liberalizar as deslocações das pessoas, enquanto os países industrializados preferem o comércio de serviços. Poder-se-ia argumentar que a importância do GATS para a migração laboral não reside na relativamente pequena mobilidade acrescida facilitada até aqui, mas antes na criação de um sistema institucional para futuras negociações. Todavia, seria possível atingir um melhor progresso se a OMC adoptasse uma abordagem mais inclusiva e focalizada nas pessoas, que permitisse uma maior participação por parte de outros intervenientes e se associasse mais de perto com os regimes legais existentes para a protecção dos direitos humanos.

Fonte: Castles and Miller (1993), Neumayer (2006), Leal-Arcas (2007), Charnovitz (2003), pág.243, Mattoo and Olarreaga (2004), Matsushita, Schoenbaum, and Mavroidis (2006), Solomon (2009), e Opeskin (2009).

---

país com a pontuação mais elevada, e tem uma parcela de imigrantes de 7%.

As políticas para a migração não são determinadas somente ao nível nacional. Os acordos supra-nacionais, de natureza bilateral ou regional, poderão ter efeitos significativos nos fluxos migratórios. Os acordos regionais têm sido estabelecidos entre várias uniões políticas, tais como a Comunidade Económica dos Estados da África Ocidental (CEDEAO), a União Europeia e o Mercado Comum do Sul (MERCOSUL). Um bom exemplo de um acordo bilateral, por seu lado, é o do Acordo Trans-Tasman entre a Austrália e a Nova Zelândia. Estes acordos tiveram efeitos assinaláveis nos fluxos migratórios entre os países que os assinaram. Mais provavelmente permitirão o livre-trânsito quando os estados membros participantes do acordo têm condições económicas idênticas e quando há fortes motivações políticas ou outras para a integração socioeconómica. Relativamente aos países na nossa avaliação de políticas, cerca de metade dos acordos de mobilidade especiais dos países desenvolvidos foram assinados com outros países desenvolvidos, enquanto mais de dois terços daqueles dos países em desenvolvimento foram assinados também com outros países em desenvolvimento. Existem exemplos segundo os quais a mobilidade é garantida apenas a alguns trabalhadores, tais como os altamente qualificados. Por exemplo, o sistema de migração do Tratado Norte-Americano de Livre Comércio (NAFTA) abrange apenas cidadãos do Canadá, México e dos Estados Unidos que detenham um diploma de educação universitária e uma oferta de emprego num outro país membro. A caixa 2.4 faz uma breve síntese dos acordos multilaterais relacionados com as deslocações humanas.

Todavia, podem existir grandes diferenças entre aquilo que estes acordos estipulam no papel e a prática, particularmente em países em que a lei é fraca. Por exemplo, apesar das abrangentes atribuições de direitos de entrada, de residência e de estabelecimento estipuladas no acordo da CEDEAO, assinado em 1975 (que eram para ser implementadas em três fases num período de 15 anos), apenas a primeira fase do protocolo – a eliminação da necessidade de vistos para permanências de até 90 dias – foi concretizada. As razões da lenta implementação dos acordos vão desde a inconsistência entre o protocolo e as leis, regulamentos e práticas nacionais até disputas de

Tabela 2.3 **Mais de um terço dos países restringem significativamente o direito à mobilidade**

Restrições às deslocações internas e à emigração por categoria do IDH

Categorias do IDH	Restrições à mobilidade, 2008					
	O mais restritivo	1	2	3	O menos restritivo	Total
IDH MUITO ELEVADO						
N.º de países	0	3	1	3	31	38
Percentagem (%)	0	8	3	8	81	100
IDH ELEVADO						
N.º de países	2	4	4	10	27	47
Percentagem (%)	4	9	9	21	57	100
IDH MÉDIO						
N.º de países	2	13	24	27	16	82
Percentagem (%)	2	16	29	33	20	100
IDH BAIXO						
N.º de países	2	5	13	5	0	25
Percentagem (%)	8	20	52	20	0	100
TOTAL						
N.º de países	6	25	42	45	74	192
Percentagem (%)	3	13	22	23	39	100

Fonte: Freedom House (2009).

fronteira e guerras em larga escala, que levaram muitas vezes à expulsão de cidadãos estrangeiros.[87]

Também se detectaram restrições às deslocações humanas dentro das nações relativamente à saída. Uma fonte de dados sobre estas restrições é a ONG Freedom House, que recolheu informações sobre as restrições formais e informais às viagens estrangeiras e internas, como uma componente da sua avaliação do estado da liberdade no mundo.[88] Os resultados são surpreendentes, particularmente tendo em conta que a Declaração Universal dos Direitos Humanos garante o direito dos indivíduos se deslocarem livremente dentro dos seus países e de saírem e regressarem ao seu próprio país: estas liberdades são fortemente restringidas por mais de um terço dos países do mundo inteiro (table 2.3).

Muitos países com um legado de planeamento central apresentam restrições formais às deslocações internas, tal como é o caso da Bielorrússia, da China, da Mongólia, da Rússia e do Vietname.[89] Estas restrições consomem muito tempo, são dispendiosas e difíceis de se manter, assim como o são as barreiras informais, embora a um menor grau. Apesar de muitas pessoas nestes países poderem viajar sem a documentação adequada, mais tarde percebem que, sem ela, não têm acesso a serviços nem a empregos. Em vários países, a corrupção é um impedimento crucial às deslocações internas. Postos de controlo em estradas locais onde se cobram subornos, são comuns em certas zonas da África Subsariana. Por exemplo, na Costa do Marfim, as pessoas que vivem em zonas do norte do país controladas por grupos rebeldes eram frequentemente fustigadas e forçadas a pagarem 40 – 60 dólares americanos quando tentavam viajar para sul, para áreas controladas pelo governo.[90] Outros exemplos de corrupção também nos chegam de Mianmar, da Rússia e do Vietname, onde se cobravam subornos para processar candidaturas a mudanças de residência. Em muitos países do Sul da Ásia, os migrantes a viver em bairros urbanos degradados enfrentam constantes ameaças de despejo e abuso de poder por parte dos oficiais do governo.[91] As deslocações internas são também impedidas por regulamentos e procedimentos administrativos que excluem os migrantes de acederem aos serviços públicos e aos direitos legais da mesma forma que as pessoas nativas (capítulo 3).

Os países podem limitar a saída dos cidadãos do seu território através de diversos meios, desde proibições formais a obstáculos práticos criados por taxas e requerimentos administrativos. Custos exorbitantes de passaporte podem impossibilitar uma pessoa pobre de deixar o país através dos canais regulares: um estudo recente concluiu que 14 países apresentavam taxas de passaporte que excediam os 10% do rendimento *per capita* anual.[92] Em muitos países, um labirinto de procedimentos e de regulamentos, muitas vezes exacerbados pela corrupção, leva a atrasos excessivos e aumentam os custos da partida. Por exemplo, os emigrantes indonésios têm de visitar inúmeros serviços governamentais para adquirirem a necessária documentação para partirem. Não é de espantar que estas restrições à saída estejam negativamente correlacionadas com as taxas de emigração.[93]

Um número significativo de países oferece restrições formais à saída. Estas restrições são seguidas à risca em Cuba e na República Democrática Popular da Coreia, e existem na China, na Eritreia, no Irão, em Mianmar e no Uzbequistão.[94] A Eritreia, por exemplo, requer vistos de saída para cidadãos nativos e estrangeiros, e nega alegadamente os vistos de saída a crianças cujos pais (que vivam no estrangeiro) não tenham pago a taxa de 2% do rendimento estrangeiro.[95] Vinte países restringem a saída de mulheres – incluindo Mianmar, Arábia Saudita e Suazilândia –, enquanto oito impõem restrições com base na idade a cidadãos em idade de serviço militar que queiram viajar.[96]

2.4 Olhando em frente: a crise e para além dela

O futuro da economia global é uma preocupação central para os decisores políticos. Tal como todos os demais, não temos nenhuma bola de cristal, mas podemos examinar os impactos e implicações da actual crise como base para identificarmos prováveis tendências para as próximas décadas. As tendências demográficas, em particular, deverão continuar a desempenhar um papel significativo na definição das pressões sobre as deslocações entre diferentes locais, tal como assistimos no último meio século. Mas novos fenómenos, tal como as alterações climáticas, terão provavelmente também alguma influência, com efeitos muito mais difíceis de prever.

2.4.1 A crise económica e as perspectivas de retoma

Muitas pessoas estão agora a sofrer as consequências da pior recessão económica na história do período pós-guerra. Enquanto escrevemos o presente relatório, espera-se que o PIB mundial baixe aproximadamente 1% em 2009, marcando a primeira retracção da produção mundial em 60 anos.[97] A retracção deste ano nos países desenvolvidos é muito maior, chegando aos 4%. O inicial optimismo que acreditava que as economias emergentes pudessem ser capazes de se dissociar da crise financeira extinguiu-se perante as crescentes evidências de que elas também estão a ser, ou serão, fortemente atingidas. Os países asiáticos sofreram com a queda das exportações, enquanto os aumentos no custo do crédito externo afectaram a Europa Central e a Europa de Leste. Os países africanos estão a batalhar com o colapso do preço das mercadorias, a diminuição da liquidez do capital, um acentuado declínio nas remessas e as incertezas relativamente a futuros fluxos de ajuda ao desenvolvimento. Algumas das maiores economias emergentes, tais como o Brasil e a Rússia, mergulharão num crescimento negativo, enquanto outras, sobretudo a China e a Índia, assistirão a fortes abrandamentos.[98]

As recessões típicas não têm um grande impacto nas tendências económicas a longo prazo.[99] Mas torna-se agora claro que esta não é uma recessão típica. Como tal, é provável que tenha efeitos duradouros e talvez até permanentes nos rendimentos e oportunidades de emprego,[100] os quais serão provavelmente experienciados de forma desigual entre países em desenvolvimento e países desenvolvidos. Por exemplo, a recessão despoletada pelo aumento das taxas de juro da Reserva Federal em 1980 durou apenas 3 anos nos Estados Unidos, mas a crise da dívida que se seguiu levou a um período de estagnação que se tornou conhecido como a "década pedida" em África e na América Latina, já que os termos do comércio dos países destas regiões deterioraram-se em 25 e 37% respectivamente. Como os preços das mercadorias caíram significativamente desde o pico

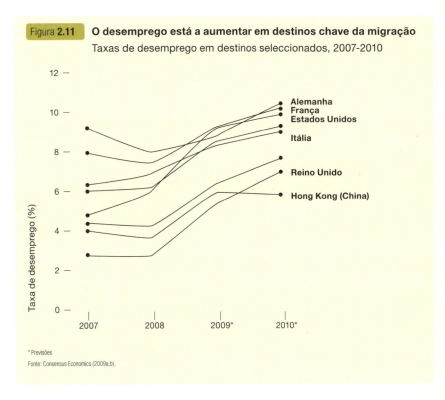

Figura **2.11** O desemprego está a aumentar em destinos chave da migração

Taxas de desemprego em destinos seleccionados, 2007-2010

*Previsões
Fonte: Consensus Economics (2009a,b).

atingido em 2008, é provável assistirmos agora a um cenário semelhante.

A crise financeira transformou-se rapidamente numa crise do emprego (figura 2.11). Espera-se que a taxa de desemprego da OCDE atinja 8,4% em 2009.[101] Essa taxa já foi ultrapassada nos Estados Unidos, onde, em Maio de 2009, se havia perdido quase seis milhões de postos de trabalho desde Dezembro de 2007, com um número total de desempregados a ascender aos 14,5 milhões.[102] Em Espanha, a taxa de desemprego subiu 15% em Abril de 2009 e atingiu os 28% entre os migrantes.[103] Os locais mais afectados pela crise são pois aqueles onde a maioria dos migrantes reside – os países desenvolvidos. A correlação negativa entre os números de imigrantes e o crescimento económico sugere que os migrantes serão provavelmente gravemente afectados não só nos países da OCDE, mas também no Golfo, na Ásia Oriental e na África do Sul (figura 2.12).[104]

Uma crise do emprego é geralmente uma má notícia para os migrantes. Tal como as economias tendem a invocar os estrangeiros quando enfrentam uma escassez de emprego, também tendem a despedir primeiro os migrantes durante o tempo de recessão. Isto ocorre em parte porque, em média, os migrantes apresentam um perfil típico dos trabalhadores mais vulneráveis a recessões – ou seja, são mais jovens, têm menos educação formal e menos experiência de trabalho, tendem a trabalhar em empregos temporários e concentram-se

Figura 2.12 **Os migrantes estão nos locais mais afectados pela recessão**
Localização dos migrantes e taxas de crescimento do PIB previstas, 2009

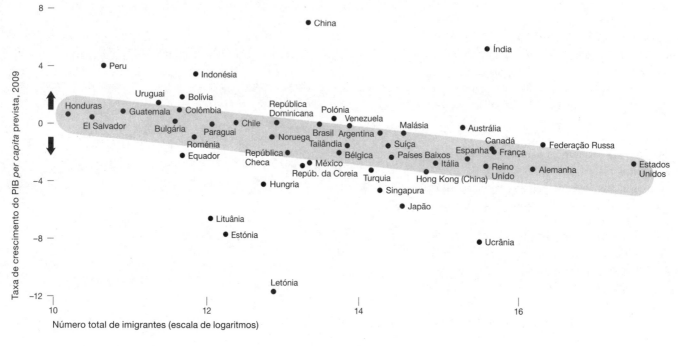

Fonte: Estimativas da equipa do RDH baseadas em Consensus Economics (2009a,b,c,d) e UN (2009d).

em sectores cíclicos.[105] Mesmo controlando por níveis de educação e género, a análise da força laboral na Alemanha e no Reino Unido conclui que os migrantes são muito mais propensos a perder os seus empregos durante uma retracção económica do que os não migrantes.[106] Usando dados trimestrais referentes ao PIB e ao desemprego em 14 países europeus entre 1998 e 2008, também se apurou que, nos países que experienciam recessões, a taxa de desemprego dos migrantes tende a aumentar mais rapidamente do que aquela referente a outros grupos. Dentro da OCDE, os migrantes estavam concentrados em sectores predominantemente cíclicos, onde se registaram as maiores perdas de emprego – incluindo os sectores da manufactura, da construção, os sectores financeiro, imobiliário, hoteleiro e da restauração – sectores que empregam mais de 40% dos imigrantes em quase todos os países da OCDE de rendimento elevado.[107] O declínio das remessas dos migrantes terá provavelmente efeitos adversos nos familiares nos países de origem, tal como discutiremos com maior detalhe no capítulo 4.

São vários os factores que contribuem para determinar o modo como a crise afecta – e afectará – as deslocações das pessoas. Incluem as perspectivas imediatas em casa e no estrangeiro, a consciência dos riscos de migrar, de permanecer no mesmo local ou de regressar, e os crescentes obstáculos que provavelmente se levantarão. Muitos dos principais países de destino introduziram incentivos ao regresso (bónus, bilhetes para transportes e uma série de benefícios de segurança social) e maiores restrições à entrada e permanência. Alguns governos estão a desencorajar o recrutamento de trabalhadores a partir do estrangeiro e a reduzir o número de vistos, especialmente para trabalhadores pouco qualificados, mas também para trabalhadores qualificados. Em alguns casos estas medidas são vistas como uma resposta de curto-prazo às circunstâncias e envolveram ajustes mínimos em vez de proibições absolutas e definitivas (por exemplo, a Austrália planeia reduzir a sua admissão anual de migrantes qualificados em 14%).[108] Existe também um tom populista em muitos dos anúncios e das medidas. Por exemplo, o pacote de estímulo económico dos Estados Unidos restringe contratações do H1B por parte de empresas que estejam a receber fundos do programa de compra de activos problemáticos (Troubled Asset Relief Program);[109] a República da Coreia deixou de emitir novos vistos através do seu sistema de licenças de emprego; e a Malásia revogou mais de 55.000 vistos aos migrantes do Bangladesh a fim de melhorar as perspectivas de emprego para os cidadãos nativos.[110]

Existe alguma evidência de um declínio de fluxos para os países desenvolvidos durante 2008, na altura em que a crise se avizinhava. No Reino Unido, as candidaturas aos cartões de Seguro Nacional por parte de pessoas nascidas no estrangeiro desceu em 25%.[111] Os dados provenientes dos estudos levados a cabo pelo Gabinete de Censos dos Estados Unidos mostram um declínio de 25% no fluxo de migrantes mexicanos em direcção aos Estados Unidos no ano a terminar em Agosto de 2008.[112] Podemos esperar que estas tendências continuem em 2009 e 2010, enquanto todo o efeito da crise estiver a levar a um aumento do desemprego. Há razões para estarmos cépticos, contudo, relativamente a assistirmos a significativos fluxos de regresso. Tal como nos indica a experiência dos programas europeus de "trabalhadores-hóspede" na década de 1970, a dimensão dos fluxos de regresso é afectada pelas perspectivas de reentrada nos países de acolhimento, a generosidade dos sistemas de segurança social nesses países de acolhimento, as necessidades dos familiares e as condições que existem no país de origem – todas elas tendem a encorajar os migrantes a permanecer nos países de destino e a tentar ultrapassar a recessão.

Ainda não é claro se esta crise terá efeitos estruturais de maior nos padrões da migração. As evidências de recessões anteriores mostram que os resultados têm variado. Uma revisão histórica a vários países – Argentina, Austrália, Brasil, Canadá, Estados Unidos e Reino Unido – mostra que, entre 1850 e 1920, as descidas dos salários levaram a mais apertadas restrições sobre a imigração.[113] Vários académicos têm defendido que a crise petrolífera de 1973, que levou a um longo período de estagnação económica, desemprego estrutural e menor procura de trabalhadores não qualificados na Europa, afectou os padrões da migração na medida em que um Médio Oriente mais próspero emergiu como novo foco de destino.[114] Durante a década de 1980, o colapso da substituição de importações no México despoletou uma era de migração em massa para os Estados Unidos que foi não intencionalmente acelerada pela reforma da imigração de 1986 dos Estados Unidos.[115] Por outro lado, existem poucas evidências de que a crise financeira da Ásia Oriental do final da década de 1990 tenha tido um impacto duradouro nos fluxos de migração internacional.[116]

Nesta altura é impossível prever com confiança o tipo e magnitude das mudanças estruturais que irão surgir da actual crise. Alguns comentadores têm defendido que a origem da crise e a sua acentuada concentração em certos sectores dos países desenvolvidos poderão fortalecer a posição dos países em desenvolvimento, particularmente na Ásia, e até levar a uma configuração radicalmente diferente da economia global.[117] Todavia, existem razões para esperarmos um ressurgimento das tendências económicas e estruturais anteriores à crise, uma vez retomado o crescimento. É certamente verdade que processos de longo-prazo mais profundos, tais como as tendências demográficas, persistirão independentemente da direcção tomada pela recessão.

2.4.2 Tendências demográficas

As actuais previsões apontam para que a população mundial cresça em um terço nas próximas quatro décadas. Virtualmente todo este crescimentos dar-se-á nos países em desenvolvimento. Em um de cada cinco países – incluindo a Alemanha, o Japão, a República da Coreia e a Federação Russa – as populações deverão diminuir, enquanto um em cada seis países – todos eles em desenvolvimento e todos, à excepção de três, situados em África – verão as suas populações crescer para mais do dobro nos próximos 40 anos. Não fosse pela migração, a população dos países desenvolvidos atingiriam o seu pico em 2020 e diminuiriam em 7% nas três décadas seguintes. A tendência que se evidenciou no meio século passado – a queda do número de pessoas a viver na Europa e o aumento em África – deverá provavelmente continuar.[118]

O envelhecimento da população é um fenómeno generalizado. Em 2050, o mundo e todos os continentes, à excepção de África, deverão ter mais pessoas idosas (pelo menos com 60 anos) do que crianças (abaixo dos 15 anos). Esta é uma consequência natural da diminuição das taxas de mortalidade e do declínio, de alguma forma mais lento, nas taxas de natalidade que tem ocorrido na maioria dos países em desenvolvimento – um fenómeno bem conhecido como a "transição demográfica". Em 2050, a idade média nos países em desenvolvimento será de 38 anos, e de 45 nos países desenvolvidos. Até mesmo esta diferença em sete anos terá efeitos assinaláveis. Espera-se que a população activa mundial aumente em 1,1 mil milhões de pessoas em 2050, embora a população activa nos países desenvolvidos, mesmo assumindo-se uma continuação dos actuais fluxos migratórios, deva diminuir ligeiramente. Nos próximos 15 anos, o conjunto de pessoas a entrar na força laboral dos países em desenvolvimento irá exceder o número total das pessoas em idade laboral que actualmente vivem nos países desenvolvidos (figura 2.13). Tal como no passado, estas tendências farão pressão nos salários e aumentarão os incentivos para a deslocação de potenciais trabalhadores nos países pobres – e para a procura de trabalhadores provenientes do estrangeiro por parte das entidades patronais dos países ricos.

Este processo afecta o rácio de dependência – ou seja, o rácio de pessoas idosas e jovens em relação à população activa (tabela 2.4). Para cada conjunto de 100 pessoas em

> As actuais previsões apontam para que a população mundial cresça em um terço nas próximas quatro décadas.

idade activa nos países desenvolvidos, existem actualmente 49 que não estão em idade laboral, sensivelmente metade daqueles que são crianças ou idosos. Em contraste, nos países em desenvolvimento, o rácio é mais elevado, situando-se nos 53, mas três terços dos dependentes são crianças. Nos próximos 40 anos, quando o efeito das menores taxas de natalidade se sentir e a proporção de crianças descer ao atingirem a idade laboral, o rácio de dependência permanecerá sensivelmente estável nos países em desenvolvimento, atingindo apenas os 55 em 2050. Porém, a proporção de idosos irá aumentar assinalavelmente nos países desenvolvidos, de tal forma que haverá nessa altura 71 pessoas que não estão em idade laboral para cada 100 pessoas da população activa, uma parcela significativamente superior à de hoje. Estes rácios de dependência aumentariam ainda mais depressa sem os níveis moderados de imigração que se incluem nestes cenários: se os países desenvolvidos se tornassem completamente fechados às novas imigrações, o rácio subiria para 78 em 2050.

Tal como bem se sabe, este panorama faz com que seja muito mais difícil para os países desenvolvidos pagarem os cuidados prestados às crianças e idosos. A educação e os sistemas de saúde são financiados com o dinheiro do Estado através dos impostos cobrados à população activa. Assim, a perspectiva de uma diminuição dos potenciais contribuintes dificulta a manutenção dos níveis de despesa.

Estas tendências demográficas jogam a favor de uma maior abertura à entrada de migrantes. Contudo, não estamos a sugerir que a migração seja a única possível solução para estes desafios. Uma maior escassez de trabalho pode levar a uma mudança de especialização no sentido das indústrias de alta tecnologia e de capital intensivo, e as inovações tecnológicas são possíveis para serviços que eram tradicionalmente de trabalho intensivo, tais como os de assistência aos idosos. A sustentabilidade dos sistemas de pensões e de saúde poderá também ser solucionada, pelo menos em parte, pelos aumentos na idade da reforma e nas contribuições à segurança social.[119] O aumento dos rácios de dependência ocorrerá mais cedo ou mais tarde em todos os países que estiverem a assistir a transições demográficas – e os próprios migrantes envelhecem. Não obstante, a crescente abundância de trabalho em países em desenvolvimento sugere que estamos a entrar num período em que uma maior migração em direcção aos países desenvolvidos beneficiará não só os migrantes e as suas famílias, mas será cada vez mais vantajosa para as populações dos países de destino.

2.4.3 Factores ambientais

O ambiente poderá ser um factor crucial de desenvolvimento humano. Afectando desde os povos nómadas que se dedicam à pastorícia, e que seguem as condições mais favoráveis ao pastoreio que surgem depois das chuvas, até

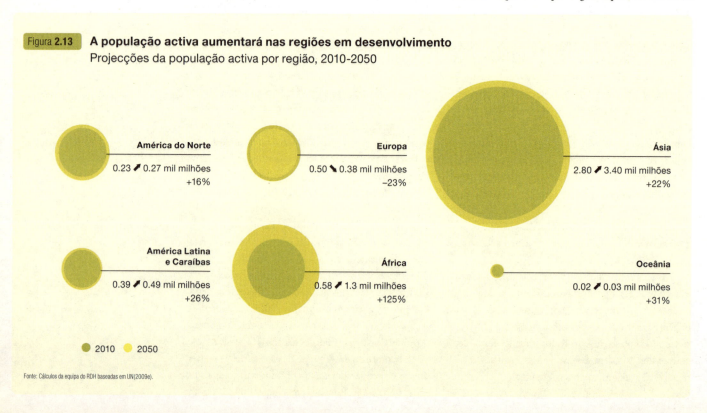

Figura 2.13 **A população activa aumentará nas regiões em desenvolvimento**
Projecções da população activa por região, 2010-2050

Fonte: Cálculos da equipa do RDH baseadas em UN(2009e).

às pessoas deslocadas devido a desastres naturais como o do tsunami do Oceano Índico e do tornado Katrina, as condições atmosféricas têm estado intimamente associadas às deslocações de pessoas e de comunidades ao longo da história do homem. Alguns esperam agora que o contínuo aquecimento da terra venha a produzir deslocações populacionais em massa.

Espera-se que as alterações climáticas aumentem a pressão ambiental em zonas costeiras e aumentem a frequência de perigos naturais. As contínuas emissões de gases com efeito de estufa para a atmosfera estão provavelmente associadas a alterações nos padrões pluviais, à desertificação, a mais frequentes tempestades e aumentos no nível do mar. Todos estes factores trazem implicações para as deslocações humanas.[120] As alterações nos padrões pluviais, por exemplo, afectarão os recursos à água e, por isso, a produção de alimentos, possivelmente fazendo aumentar o seu preço e o risco de fome.

Existem estimativas que indicam que várias áreas em desenvolvimento serão fortemente afectadas pelas alterações climáticas, embora a margem de erro das estimativas seja ainda bastante assinalável e as previsões que se possam fazer sejam ainda consideravelmente incertas. De um extremo, espera-se que, em 2020, as colheitas a partir de campos agrícolas no Sul de África cuja produção depende da água da chuva possam diminuir para metade devido à seca.[121] A médio-prazo, à medida que os glaciares de água derreterem, espera-se que os caudais dos rios diminuam, afectando gravemente as irrigações agrícolas, especialmente em grandes montanhas como os Himalaias.

O aumento nos níveis do mar afectará directamente as populações residentes em áreas costeiras. Existem previsões que sugerem que 145 milhões de pessoas estão actualmente em perigo devido à subida dos níveis em um metro, três quartos das quais vivem no Leste e no Sul da Ásia.[122] Em alguns casos, as subidas implicarão a deslocação de comunidades inteiras para outros locais. O governo das Maldivas, por exemplo, está a considerar comprar terra a outros países como refúgio, dada a probabilidade do seu arquipélago submergir.[123]

Já se apresentaram algumas estimativas do número de pessoas que serão forçadas a deslocarem-se em resultado das alterações climáticas: entre 200 milhões a um milhar de milhão.[124] Lamentavelmente, existem poucas bases científicas que possam corroborar ou não estes números. Na sua maioria, estes números correspondem às pessoas expostas ao perigo de eventos climáticos de relevo e não tomam em consideração as medidas de adaptação que os indivíduos, comunidades e governos possam tomar.[125] É, portanto, difícil saber se estas estimativas, inevitavelmente incertas, facilitam ou obstruem um debate público razoável.

O efeito das alterações climáticas nos estabelecimentos geográficos de populações depende de como essas alterações ocorrerão – como eventos discretos ou um processo contínuo. Os eventos discretos surgem muitas vezes de súbito e com dimensões dramáticas, forçando as pessoas a mudarem-se rapidamente para locais mais seguros. Os processos contínuos, por seu lado, estão associados a alterações que se vão instalando lentamente, tal como o aumento dos níveis do mar, a salinização ou erosão das terras agrícolas e um aumento da escassez de água. Em muitos casos, as alterações contínuas levam a que as comunidades desenvolvam as suas próprias estratégias de adaptação, das quais a migração – quer sazonal quer permanente – poderá surgir como apenas uma das soluções. Nestas condições, as deslocações assumem tipicamente a forma de diversificação de rendimento por parte do agregado familiar, sendo que alguns membros do agregado partam enquanto outros ficam para trás.[126] Este padrão tem sido observado, por exemplo, entre os agregados familiares na Etiópia, gravemente afectados por secas dramáticas e recorrentes.[127]

Dado que não podemos saber ao certo se as alterações climáticas ocorrerão através de um processo contínuo ou de eventos distintos, o grau e o tipo das consequentes medidas de adaptação e das deslocações são difíceis de prever. Para mais, os factores ambientais não são os únicos factores que determinam as deslocações, mas influenciam certamente as oportunidades de subsistência e as respostas políticas. Os desastres naturais não levam frequentemente à migração internacional dos grupos mais vulneráveis porque, se por um lado os mais pobres já não dispõem geralmente dos recursos necessários para se poderem deslocar, por outro, os próprios

Tabela **2.4** **Rácios de dependência a aumentar em países desenvolvidos e a permanecerem estáveis nos países em desenvolvimento**
Previsões dos rácios de dependência dos países desenvolvidos *versus* países em desenvolvimento, 2010-2050

Ano	Países desenvolvidos – Cenário de base	Países desenvolvidos – Sem cenário de migração	Países em desenvolvimento – Cenário de base	Países em desenvolvimento – Sem cenário de migração
2010	49	50	53	53
2020	55	56	52	52
2030	62	65	52	52
2040	68	74	53	53
2050	71	78	55	54

Fonte: UN (2009e).

> As deslocações reflectem em grande medida as necessidades das pessoas melhorarem os seus meios de subsistência, porém estas deslocações são restringidas por barreiras políticas e económicas.

desastres acentuam a sua incapacidade de o fazerem. Estudos empíricos realizados no México revelaram que os efeitos das alterações pluviais nos padrões de migração são determinados por condições socioeconómicas e a capacidade de se financiar os custos da mudança.[128] Outras pesquisas realizadas para este relatório sobre os padrões de migração na Nicarágua durante o furacão Mitch revelaram que as famílias rurais nos dois quantiles inferiores de riqueza apresentavam menos probabilidade de migrar em consequência do furacão do que outras famílias.[129]

Significativamente, o que acontece no futuro é afectado pelo modo como consumimos e usamos os nossos recursos naturais hoje. Esta foi a mensagem central do RDH de 2007/2008 [*Combater as alterações climáticas: Solidariedade humana num mundo dividido*]: os riscos catastróficos para as gerações futuras podem ser evitados apenas se a comunidade internacional actuar imediatamente. Poder-se-á dar resposta à procura de mais energia por parte dos países em desenvolvimento, onde muitas pessoas ainda não têm acesso à electricidade, reduzindo simultaneamente as emissões totais de carbono. O uso de tecnologias de maior eficiência energética que já existem nos países desenvolvidos necessita de ser alargado para os países em desenvolvimento, enquanto se cria uma próxima geração de tecnologias ainda mais eficientes e se permite aos países em desenvolvimento avançar para estas melhores soluções. Simultaneamente, o consumo de energia em países desenvolvidos precisa de ser racionalizado. As opções políticas no sentido se encorajar uma transição para uma mistura de energia baixa em emissões de carbono incluem incentivos de mercado, novos limites de emissões, pesquisas para se desenvolver novas tecnologias e uma maior cooperação internacional.[130]

2.5 Conclusões

A análise realizada no presente capítulo sobre as tendências globais das deslocações humanas permite-nos chegar a três conclusões. Primeiro, as deslocações reflectem em grande medida as necessidades das pessoas melhorarem os seus meios de subsistência. Segundo, estas deslocações são restringidas por barreiras políticas e económicas. Terceiro, perante as tendências demográficas e económicas adversas, haverá um aumento da pressão no sentido de maiores fluxos nas próximas décadas.

Em última análise, o modo como estes factores estruturais irão afectar o fluxo de pessoas no futuro dependerá sobretudo da posição tomada pelos decisores políticos, especialmente aqueles nos países de acolhimento. No presente, os decisores políticos dos países com grandes populações de migrantes enfrentam pressões em conflito: por um lado, os significativos níveis de resistência a um aumento da imigração entre a opinião pública, por outro, uma saudável racionalização económica e social no sentido de uma maior abertura aos migrantes.

Como podemos esperar que as políticas evoluam nas próximas décadas? Evoluirão de forma a que nos permita perceber os potenciais benefícios da mobilidade, ou será que as pressões públicas irão vencer? Será que a crise económica levará ao levantamento de barreiras proteccionistas contra a imigração, ou servirá como uma oportunidade de repensar o papel das deslocações no desenvolvimento do progresso social e económico? A história e a experiência actual fornecem-nos exemplos contrastantes. A acentuada escassez de mão-de-obra tornaram o continente americano muito aberto à migração durante o século XIX e permitiu rápidas taxas de desenvolvimento económico apesar da intolerância e da xenofobia generalizada. Esta situação é, de certa forma análoga, ao que se passa actualmente nos Estados do CCG. Contudo, a tendência de se culpar os estrangeiros pelos males da sociedade é sempre maior durante as recessões. Recentes incidentes numa série de diferentes países – desde a Rússia até à África do Sul e ao Reino Unido – constituem um presságio de uma crescente radicalização e encerramento de fronteiras aos migrantes.[131]

Todavia, nenhum destes resultados é inevitável. A liderança e as medidas para alterar a natureza do debate público poderão fazer uma enorme diferença. Um exemplo disso foram as mudanças de atitudes relativamente aos migrantes internos nos Estados Unidos durante a Grande Depressão. Em resultado de uma grave seca que ocorreu na região centro-oeste da nação, cerca de 2,5 milhões de pessoas migraram para novas áreas agrícolas durante a década de 1930. À chegada encontraram uma feroz resistência por parte de alguns residentes que viam estes migrantes como uma ameaça aos seus postos de trabalho e meios de subsistência. Foi justamente neste contexto que John Steinbeck escreveu *The Grapes of Wrath*, uma das mais poderosas denúncias de sempre aos maus tratos e à intolerância infligidos aos migrantes internos. O romance de Steinbeck despoletou um debate nacional, levando a uma investigação do congresso aos problemas enfrentados pelos trabalhadores migrantes e, em última análise, a uma decisão crucial, em 1941, do Supremo Tribunal, a qual estabelecia que os estados não tinham o direito de interferir nas livres deslocações das pessoas dentro das fronteiras dos Estados Unidos.[132]

Como
se saem
os imigrantes

3

Os migrantes podem conseguir grandes benefícios a partir das oportunidades disponíveis em locais mais favoráveis. Estas oportunidades são definidas pelos recursos subjacentes – qualificações, dinheiro e redes sociais – e são restringidas por barreiras. As políticas e leis que afectam as decisões no sentido da mudança de local de residência também afectam o processo da deslocação e os resultados. Em geral, e especialmente para pessoas pouco qualificadas, as barreiras restringem as escolhas das pessoas e reduzem os benefícios dessa mudança.

Como se saem os imigrantes

As pessoas são levadas a deslocarem-se pelas perspectivas de melhor acesso ao trabalho, educação, direitos civis e políticos e assistência médica. A maioria dos migrantes acaba por conseguir uma situação melhor – por vezes, muito melhor – do que aquela que tinham antes de se deslocarem. Os benefícios são potencialmente mais significativos para as pessoas que se deslocam dos países pobres para os mais ricos, mas este tipo de mudança é apenas uma pequena porção dos fluxos totais. Existem evidências de que as pessoas que se deslocam para países emergentes e em desenvolvimento, assim como dentro dos limites dos países onde residem, também tendem a conseguir benefícios com essa mudança.

Contudo, as deslocações não produzem necessariamente um impacto positivo no bem-estar de toda a gente. A mudança é arriscada, com resultados incertos e com os resultados mais específicos a serem determinados por uma série de factores contextuais. Tanto para a mobilidade interna como internacional, os diferentes aspectos do processo – incluindo as causas imediatas da mudança e os recursos e capacidades com que as pessoas encetam a sua mudança – afectam profundamente os resultados. Aqueles que são forçados a fugirem e deixam para trás as suas casas e pertences entram muitas vezes neste processo com uma liberdade limitada e muito poucos recursos. Do mesmo modo, aqueles que se deslocam perante uma crise económica local, seca ou outras causas associadas a uma pobreza extrema, poderão não saber que capacidades terão. Apenas sabem que não podem ficar. Até mesmo os migrantes que acabam bem sucedidos depois de uma deslocação começam muitas vezes esse processo com capacidades muito restringidas e uma elevada incerteza.

Os resultados das deslocações em termos de desenvolvimento humano são, assim, profundamente afectados pelas condições sob as quais as pessoas se deslocam. Estas condições determinam que recursos e capacidades sobrevivem à mudança. Aqueles que se dirigem a uma embaixada para conseguir um visto, compram um bilhete de avião e apresentam-se numa posição de estudante em, por exemplo, o Reino Unido, chegam ao seu destino em muito melhores condições do que alguém que seja traficado – chegando sem documentos, sem dinheiro e em cativeiro. A distância percorrida (geográfica, cultural e social) é também importante. Viajar para um país onde não se fala a língua nativa desvaloriza imediatamente os conhecimentos e qualificações de uma pessoa.

Este capítulo examina o modo como as deslocações afectam aqueles que se deslocam, a razão pela qual os benefícios se distribuem de forma desigual e o motivo pelo qual algumas pessoas vencem e outras não. Poderá haver problemas, tais como a perda de direitos cívicos, mesmo onde os rendimentos são melhores. Os custos da mudança também têm de ser considerados. Analisaremos as evidências destes impactos, para assim sublinharmos as principais conclusões de uma vasta literatura e experiência.

A questão essencial sobre o modo como as deslocações afectam aqueles que não se mudam, tanto nos locais de origem como de destino, é abordada no capítulo 4. Estas distintas áreas de abordagem estão, como é evidente, intimamente ligadas – os migrantes bem sucedidos tendem a partilhar o seu sucesso com aqueles que ficaram para trás, enquanto as respostas políticas dos locais de destino afectam o modo como os que não migram, assim como os que migram, se saem. Os países de origem e de acolhimento estão interligados. A mobilidade socioeconómica num país de acolhimento e a capacidade de subir na vida na terra natal são muitas vezes dois lados da mesma moeda.

3.1 Rendimentos e padrões de vida

É importante lembrar que a tentativa de se estimar os impactos da migração encontra várias dificuldades, tal como se viu na caixa 1.1. O principal problema é que os migrantes podem diferir dos não migrantes nas suas características mais básicas, por isso, realizarmos comparações directas pode induzir-nos em erro e a identificação das relações de causalidade torna-se problemática.

Desta feita, os impactos mais facilmente quantificáveis das deslocações podem ser observados nos rendimentos e no consumo. Começaremos com estes, e depois

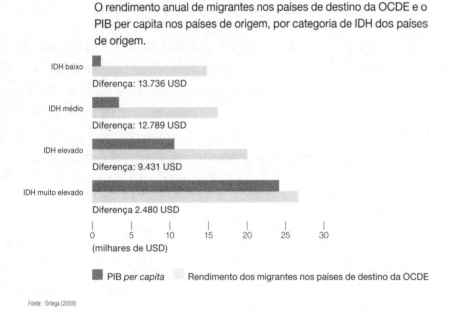

Figura 3.1 **Os deslocados têm rendimentos muito mais altos do que os que permanecem nos seus locais de origem**

O rendimento anual de migrantes nos países de destino da OCDE e o PIB per capita nos países de origem, por categoria de IDH dos países de origem.

Fonte: Ortega (2009)

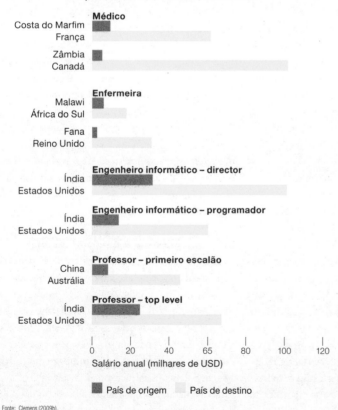

Figura 3.2 **Enormes benefícios salariais para os migrantes altamente qualificados**

Divergências nos salários profissionais médios para pares de países seleccionados, 2002-2006

Fonte: Clemens (2009b).

analisaremos os custos da mudança, que deverão ser subtraídos dos benefícios brutos.

3.1.1 Impactos no rendimento bruto

As evidências reflectem consistentemente benefícios em rendimentos médios bastante significativos para os migrantes. Pesquisas realizadas para este relatório concluíram haver grandes diferenças em rendimento entre os que ficam para trás e os que se deslocam para os países da OCDE, sendo que as maiores diferenças são detectadas entre aqueles de se deslocam de países com um IDH baixo (figura 3.1). Os trabalhadores migrantes nos Estados Unidos ganham cerca de quatro vezes mais do que ganhariam nos seus países em desenvolvimento de origem,[1] enquanto os habitantes na Nova Zelândia viram os seus salários reais líquidos aumentar três vezes.[2] Evidências que nos chegam de uma série de países sugerem que os benefícios em rendimento aumentam com o tempo, à medida que a aquisição de competências linguísticas na língua nativa leva a uma melhor integração no mercado de trabalho.[3]

Os benefícios não emergem só quando as pessoas se deslocam para os países da OCDE. Os migrantes tailandeses em Hong Kong (China) e Taiwan (Província da China), por exemplo, recebem pelo menos quatro vezes mais do que receberiam enquanto trabalhadores pouco qualificados nas suas terras.[4] No Tajiquistão, enquanto o salário mensal médio era de apenas 9 dólares americanos, os vencimentos sazonais de 500 – 700 dólares americanos na Rússia poderiam cobrir todas as despesas de um agregado familiar anualmente na capital, Dushanbe.[5] Contudo, estes benefícios médios não são equitativamente distribuídos, e os custos das deslocações também são amortizados nos benefícios brutos.

Os benefícios podem ser bastantes para os que são altamente qualificados, assim como para os pouco qualificados. Os salários de engenheiros informáticos indianos no final dos anos de 1990, por exemplo, eram inferiores a 30% dos salários dos seus colegas nos Estados Unidos, por isso aqueles que conseguiram mudar-se para este país atingiram enormes benefícios.[6] A figura 3.2 ilustra os fossos salariais, ajustados à paridade do poder de compra, entre profissionais altamente qualificados em pares de países seleccionados. Um médico da Costa do Marfim poderá aumentar os seus rendimentos reais em seis vezes ao trabalhar em França. Para além dos salários, muitos são também motivados por factores tais como melhores perspectivas para os seus filhos, melhor segurança e um ambiente de trabalho mais agradável.[7]

Os migrantes internos também tendem a conseguir aceder a melhores oportunidades de rendimento e são capazes de diversificar as suas fontes de subsistência. Pesquisas realizadas para o presente relatório concluíram que os migrantes internos na Bolívia experienciaram benefícios em rendimentos reais significativos, sendo que os seus salários aumentaram quatro vezes, fazendo com que trabalhadores com baixos níveis de educação prosperassem ao se deslocarem do campo para as cidades (figura 3.3). Também se verificou que em 13 de cada 16 países, os migrantes internos tinham rendimentos mais elevados do que os não migrantes.[8] No Brasil e no Panamá, uma série de estudos sobre a educação concluíram ter havido benefícios salariais para grupos indígenas que se deslocaram.[9] Estudos realizados a uma série de países sugerem que a migração interna permitiu que muitos agregados familiares saíssem da pobreza, tal como discutiremos mais à frente no próximo capítulo.

A segmentação dos mercados de trabalho em países em desenvolvimento afecta o modo como os migrantes se saem. Por vezes esta situação poderá ser atribuída a restrições administrativas, tal como no sistema *hukou* na China (caixa 3.1) e o sistema *ho khau* no Vietname. Porém, a segmentação está também presente em outras regiões, incluindo o Sul da Ásia, África e América Latina, através de barreiras que, embora não impostas pela lei, se encontram todavia profundamente estabelecidas através de normas sociais e culturais.[10] Por exemplo, os migrantes rurais–urbanos na Índia estão predominantemente empregados em indústrias tais como a da construção, a da produção de ladrilhos, e as indústrias têxtil e mineira, que implicam trabalho físico árduo e ambientes de trabalho e de vida duros. Na Mongólia, os migrantes rurais-urbanos trabalham tipicamente em actividades informais, que são temporárias, extenuantes e sem protecção legal.[11] Na Ásia, recentes migrantes pouco qualificados provenientes de áreas rurais tendem a ocupar as posições sociais e ocupacionais mais baixas da sociedade urbana, e são tratados como forasteiros.

Tal como vimos no capítulo 2, a maioria dos migrantes provenientes de países com um IDH baixo está a viver e a trabalhar em outros países com IDH baixos ou médios, em parte porque os obstáculos à admissão são muitas vezes menores e os custos da mudança inferiores. Simultaneamente, as condições podem ser mais difíceis do que em países ricos e existem riscos de exploração e de expulsão.

As oportunidades no mercado de trabalho para mulheres migrantes provenientes de países em desenvolvimento tendem a estar muito concentradas em actividades de prestação de cuidados, trabalho doméstico remunerado e sector informal.[12] Essas mulheres poderão ser apanhadas em enclaves. Por exemplo, na cidade de Nova Iorque, as empresas detidas por hispânicos fornecem salários baixos, poucos benefícios e oportunidades de carreira limitadas a mulheres dominicanas e colombianas, intensificando as suas desvantagens sociais.[13] Detectaram-se resultados semelhantes entre as mulheres migrantes chinesas.[14] A maioria das mulheres provenientes do Peru e do Paraguai na Argentina (69 e 58%, respectivamente) trabalha em troco de remunerações baixas numa base informal no sector dos serviços pessoais.[15] As dificuldades complicam-se quando as mulheres migrantes são excluídas das protecções a trabalhadores comuns, como é o caso das empregadas domésticas nos Estados do CCG.[16] Embora as práticas estejam a mudar em alguns países (por exemplo, na Arábia Saudita e nos Emirados Árabes Unidos), os migrantes são legalmente proibidos de se associarem a sindicatos locais e, mesmo quando isso é permitido, poderão enfrentar resistência e hostilidade por parte de outros trabalhadores.[17] As ONG poderão oferecer serviços e protecção a migrantes, mas o seu raio de acção tende a ser limitado.

A discriminação no mercado de trabalho poderá ser um enorme obstáculo aos migrantes, o que se reflecte nas baixas taxas de oferta de emprego sempre que o candidato tem um apelido estrangeiro.[18] Porém, o cenário é muitas vezes complexo, e a etnia, o género e o estatuto legal poderão todos exercer a sua influência. No Reino Unido, alguns estudos concluíram haver discriminação na contratação de migrantes em termos de baixas taxas de emprego e remunerações, enquanto outros estudos concluíram que as pessoas com antecedentes chineses, indianos e irlandeses tendem a ter situações de emprego pelo menos tão boas como os trabalhadores britânicos de raça branca.[19] A nossa análise do Inquérito Social Europeu de 2006 revela que a vasta maioria de migrantes (mais de 75%) nesta região não afirmou sentir-se discri-

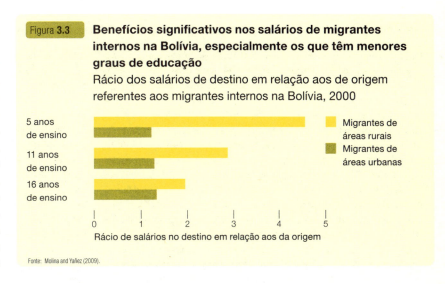

Figura 3.3 **Benefícios significativos nos salários de migrantes internos na Bolívia, especialmente os que têm menores graus de educação**
Rácio dos salários de destino em relação aos de origem referentes aos migrantes internos na Bolívia, 2000

Fonte: Molina and Yañez (2009).

Caixa 3.1 China: Políticas e resultados associados à migração interna

Seguindo o modelo do sistema *propiska* da União Soviética, embora com raízes que remontam a tempos antigos, o Sistema de Registo de Residência chinês funciona através de uma licença (*hukou*) que é necessário obter para se ter acesso a terras de cultivo em áreas agrícolas, e a benefícios sociais e serviços públicos nas áreas urbanas. Até meio da década de 1980, o sistema era aplicado com rigor e as deslocações sem uma *hukou* eram proibidas. Desde então, a China liberalizou as deslocações, mas manteve formalmente o sistema *hukou*.

Tal como em outras áreas da reforma, a China escolheu uma abordagem gradual e parcial. A partir da segunda metade da década de 1980, permitiu que as pessoas trabalhassem fora dos seus locais de residência sem uma *hukou*, mas não lhes permitiu o acesso a benefícios sociais, serviços públicos ou empregos do sector formal. Foi concebido um sistema de migração de dois patamares, análogo ao sistema de pontos em alguns países desenvolvidos: as mudanças na residência permanente são autorizadas aos migrantes que detêm um maior nível de escolarização; porém, os migrantes oriundos das áreas rurais, com níveis de ensino mais baixos, só têm direito a residência temporária. Muitos governos da cidade ofereceram a *hukou* de "selo azul" a migrantes com melhores condições de vida que tinham possibilidade de fazer investimentos consideráveis.

As evidências sugerem que os benefícios em termos de desenvolvimento humano para os migrantes internos e as suas famílias têm sido limitados pela persistência do sistema *hukou*, nas dimensões ilustradas de seguida:

Benefícios de rendimento. Em média, em 2004, os migrantes que se deslocaram das zonas rurais para as áreas urbanas ganhavam 780 renmimbis (94 dólares americanos) por mês, o triplo da média do rendimento rural. Contudo, devido à segmentação criada pelo sistema *hukou*, os migrantes temporários deslocam-se tipicamente para empregos de relativamente baixa remuneração, e a sua incidência de pobreza é o dobro daquela relativa aos residentes urbanos com *hukou*.

Condições de trabalho. Os migrantes pouco qualificados tendem a trabalhar em empregos informais, que oferecem uma protecção e benefícios inadequados. De acordo com um estudo em três províncias, as horas de trabalho dos migrantes são 50% mais longas do que as dos residentes locais, e os primeiros são muitas vezes contratados sem um contrato formalizado por escrito. Para além disso, menos de um em cada dez migrantes tem acesso à reforma e a seguro de saúde, em comparação com uma abrangência média de mais de 70% das pessoas na China. Os riscos ocupacionais são elevados – dos 11.000 acidentes de trabalho mortais em 2005 nas indústrias extremamente perigosas da exploração mineira e da construção civil, 75% ocorreram envolvendo migrantes.

Acesso a serviços. As crianças que se deslocam com estatuto temporário pagam taxas adicionais e é-lhes negado o acesso a escolas de elite. Estima-se que 14-20 milhões de crianças migrantes carecem de acesso à escola. As suas taxas de abandono escolar aos níveis do ensino primário e secundário excedem os 9%, em comparação com uma taxa de zero em relação aos residentes locais. O acesso a serviços de assistência médica básicos é também limitado. Até mesmo em Xangai, uma das melhores cidades em termos da oferta de serviços sociais a migrantes, apenas dois terços de crianças migrantes foram vacinadas em 2004, em comparação com taxas universais relativamente às crianças locais. Quando os migrantes adoecem, muitas vezes regressam às suas áreas rurais para obterem tratamento, devido aos custos dos cuidados de saúde em zonas urbanas.

Participação. Muitos migrantes permanecem marginalizados nos locais de destino devido a barreiras institucionais. Têm poucos meios de expressar os seus interesses e de proteger os seus direitos no seu local de trabalho. Quase oito em cada dez não estão sindicalizados, não pertencem a comissões de trabalhadores, comités de supervisão laboral nem a outras organizações laborais, em comparação com um quinto das pessoas nativas. As longas distâncias também reduzem a participação: num inquérito a migrantes na cidade de Wuhan, apenas 20% haviam votado nas eleições locais anteriores, sobretudo porque viviam demasiado longe das assembleias de voto.

Discussões sobre a reforma do sistema *hukou* estão alegadamente em curso, enquanto alguns governos regionais introduziram já uma maior liberalização nos seus sistemas. As reformas legislativas em 1997 melhoraram significativamente os direitos de todos os trabalhadores – incluindo dos migrantes –, e em 2008 anunciaram-se medidas para oferecer pensões aos trabalhadores migrantes. Outros sinais de mudança vêm, por exemplo, de Dongguan, em Guangdong, onde os migrantes são agora referenciados como "novos residentes" e o Gabinete Administrativo de Arrendamentos foi redenominado como "Gabinete de Serviços para Residentes"

Fonte: Avenarius (2007), Gaige (2006), Chan, Liu, and Yang (1999), Fan (2002), Meng and Zhang (2001), Cai, Du, and Wang (2009), Huang (2006), Ha, Yi, and Zhang (2009b), Fang and Wang (2008), e Mitchell (2009).

---

minada. Porém, numa amostra de países mais vasta fornecida pelo Inquérito Mundial de Valores, observou-se haver bastante concordância entre as pessoas nativas com a ideia de que: "As entidades empregadoras devem dar prioridade a nativos quando os empregos são escassos", embora haja diferenças consideráveis entre diferentes países (ver secção 4.2.5).

Um problema que muitos migrantes enfrentam à chegada traduz-se pelo modo como as suas qualificações e os seus créditos não são reconhecidas.[20] A par da língua e de outras barreiras sociais, isto significa que eles tendem a ganhar muito menos do que residentes nativos com as mesmas qualificações.[21] A extensão deste problema parece variar entre diferentes sectores. As empresas de tecnologia de informação tendem a ser mais flexíveis sobre os créditos, por exemplo, enquanto as organizações do sector público são frequentemente mais fechadas. O facto de não conseguirem implementar completamente as suas qualificações poderá levar a que os novos imigrantes incorram em custos significativos. O Instituto de Políticas de Migração estimou recentemente que cerca de 20% dos migrantes com educação ao nível do ensino superior nos Estados Unidos estavam desempregados ou a trabalhar em empregos pouco qualificados e, no Canadá, apesar do sistema de pontos, estima-se que este problema consuma 1,7 mil milhões de dólares americanos por ano à economia.[22] Em resposta, o governo canadiano lançou programas para acelerar o reconhecimento de créditos obtidos no estrangeiro.

Os rendimentos não dependem apenas das remunerações no mercado de trabalho. Nos países com sistemas de segurança social estabelecidos, as transferências sociais reduzem as taxas de pobreza entre os grupos desfavorecidos através de subsídios de desemprego, assistência social e pensões. Se um programa beneficia ou não as famílias de migrantes depende da concepção e das normas do sistema. Existem óbvias diferenças entre diferentes países na generosidade destes programas, sendo que a sua escala tende a ser mais limitada em países em desenvolvimento devido a restrições orçamentais. Uma vez que a maioria dos países em desenvolvimento não dispõe de extensos sistemas a funcionar, a questão da igualdade de acesso não se levanta. O enfoque aqui é, por isso, nos países desenvolvidos.

A nossa avaliação de políticas chegou à conclusão de que quase todos os países desenvolvidos da amostra garantiam acesso a subsídios de desemprego e pensões de família aos migrantes permanentes. Porém, as pessoas com estatuto temporário terão menos probabilidade de poderem aceder a assistência. Alguns países, incluindo a Austrália e a Nova Zelândia, impuseram períodos de espera antes de vários benefícios poderem ser acedidos. E, esforçando-se por evitar a dependência nos sistemas de segurança social, países como a França e a Alemanha requerem que as candidaturas para a reunificação familiar demonstrem que o candidato tenha um rendimento estável e suficiente para sustentar toda a família sem depender dos benefícios do Estado.

O Estudo do Rendimento do Luxemburgo e o Inquérito Europeu às Condições de Vida e Rendimento fornecem estimativas dos efeitos dos apoios sociais na pobreza entre famílias com filhos.[23] Para todos os 18 países da amostra, as famílias migrantes são mais propensas a serem pobres do que as famílias nativas. Com base em rendimentos de mercado antes dos apoios sociais, as taxas de pobreza entre as crianças excediam os 50 e os 40% entre famílias migrantes em França e no Reino Unido, respectivamente. O efeito redistributivo da segurança social nestes países é significativo, uma vez que os apoios reduzem em mais de metade destas taxas tanto para crianças migrantes como nativas (figura 3.4).[24] Por outro lado, nos Estados Unidos o efeito de redução da pobreza dos apoios sociais tanto para famílias nativas como migrantes é negligenciável, uma vez que os apoios são, na generalidade, relativamente baixos. Ao mesmo tempo, é notável que na Austrália, na Alemanha e nos Estados Unidos, as taxas de pobreza de rendimento são muito mais baixas que em França e no Reino Unido, sugerindo que as famílias migrantes estão a sair-se melhor no mercado de trabalho daqueles países.

3.1.2 Custos financeiros da deslocação

Os benefícios em rendimento bruto relatados na literatura normalmente não consideram os custos monetários envolvidos nas deslocações. Estes custos emergem de

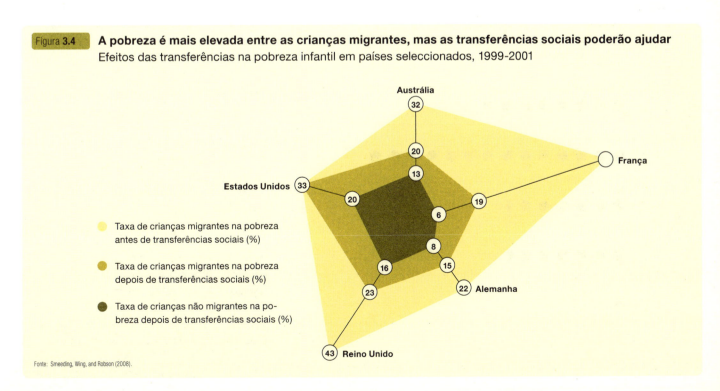

Figura 3.4 **A pobreza é mais elevada entre as crianças migrantes, mas as transferências sociais poderão ajudar**
Efeitos das transferências na pobreza infantil em países seleccionados, 1999-2001

Fonte: Smeeding, Wing, and Robson (2008).

Figura 3.5 **Os custos das deslocações são frequentemente muito elevados**

Os custos dos intermediários em corredores seleccionados em relação ao rendimento *per capita* 2006-2008

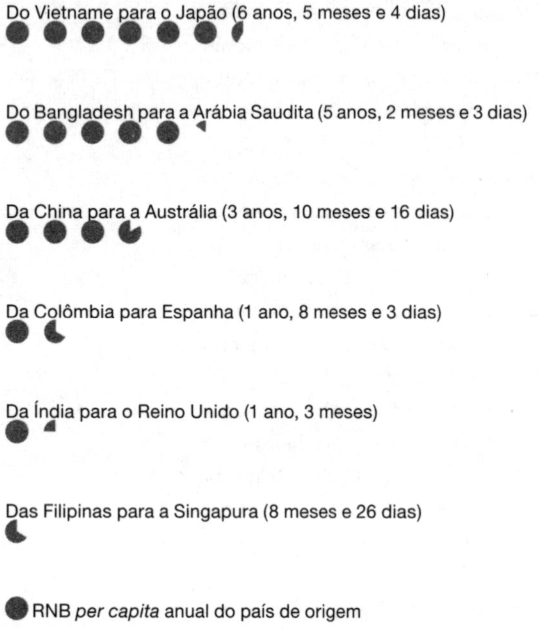

Do Vietname para o Japão (6 anos, 5 meses e 4 dias)

Do Bangladesh para a Arábia Saudita (5 anos, 2 meses e 3 dias)

Da China para a Austrália (3 anos, 10 meses e 16 dias)

Da Colômbia para Espanha (1 ano, 8 meses e 3 dias)

Da Índia para o Reino Unido (1 ano, 3 meses)

Das Filipinas para a Singapura (8 meses e 26 dias)

● RNB *per capita* anual do país de origem

Fonte: Do Bangladesh para a Arábia Saudita: Malek (2008); da China para a Austrália: Zhiwu (2009); da Colômbia para a Espanha: Grupo de Investigación en Movilidad Humana (2009); das Filipinas para Singapura: TWC (2006); do Vietname para o Japão: van Thanh (2008).

Figura 3.6 **Os custos das deslocações podem ser muitas vezes os rendimentos mensais esperados**

Os custos das deslocações em relação ao salário esperado de trabalhadores indonésios pouco qualificados

Hong Kong (China)

Taiwan (Província da China)

Malásia

Singapura

● = Salário esperado mensal

Fonte: The Institute for ECOSOC Rights (2008).

várias fontes, incluindo taxas oficiais para documentos e autorizações, pagamentos a intermediários, despesas envolvidas nas viagens e, em alguns casos, pagamento de subornos. Os custos surgem como regressivos, sendo que as taxas para trabalhadores não qualificados são frequentemente elevadas em relação aos salários esperados no estrangeiro, especialmente para aqueles com contratos temporários.[25]

Custos substanciais poderão surgir para aqueles que não dispõem de documentos. Em todo o mundo, estima-se que 48 milhões de crianças, muitas vezes provenientes de famílias muito pobres, não têm uma certidão de nascimento. A principal razão é o preço a pagar para se obter esses documentos e outros factores como a distância em relação ao centro de registo.[26]

Os processos de candidatura prolongados e, em alguns países, os pagamentos para subornos por serviços de rotina poderão fazer com que o requerimento de registos vitais e de documentos de viagem básicos seja muito caro.[27] Na República Democrática do Congo, os candidatos a passaporte podem esperar pagar cerca de 500 dólares americanos (70% do rendimento médio anual) em subornos.[28] Outros países com capacidade burocrática limitada e corrupção na emissão de documentos de viagem alegadamente incluem o Azerbeijão, a Índia e o Uzbequistão.[29]

Os intermediários desempenham uma função específica no mercado de trabalho global. Eles ajudam a ultrapassar lacunas de informação e a ir ao encontro dos requerimentos administrativos (tal como ter uma oferta de emprego antes da candidatura ao visto) e, por vezes, emprestam dinheiro para cobrir os custos iniciais da deslocação. Existe um vasto número de agências: só nas Filipinas existem quase 1.500 agências de recrutamento licenciadas, enquanto a Índia tem perto de 2.000.[30] O custo dos serviços de mediação parece variar bastante, mas muitas vezes excede o rendimento *per capita* nos países de origem (figura 3.5).

O exemplo da Indonésia ilustra o modo como os custos podem variar por destino, sendo que as deslocações para a Malásia e Singapura custam cerca de seis meses do salário esperado e para Taiwan um ano inteiro (figura 3.6). Os limites legais das taxas cobradas por recrutadores são geralmente ignorados, uma vez que os migrantes pagam normalmente muito mais.[31] A diferença entre os salários em casa e os salários esperados no estrangeiro é talvez o factor determinante mais importante no preço dos serviços de mediação. Onde existem relativamente poucos empregos disponíveis, os intermediários que estão em posição de estabelecer estes *slots* são capazes de cobrar valores adicionais. Existem casos de abuso e de

Figura 3.7 Os filhos de migrantes têm maior probabilidade de sobreviverem
Mortalidade infantil na origem *versus* no destino por categoria de IDH do país de origem, censos de 2000 ou da última ronda

IDH baixo (100 *versus* 7 em cada mil)
IDH médio (50 *versus* 7 em cada mil)
High HDI (16 *versus* 7 em cada mil)
Very high HDI (5 *versus* 7 em cada mil)

● Mortalidade infantil no local de origem   ● Mortalidade infantil no local de destino

Fonte: Ortega (2009).

fraude, em que os futuros migrantes pagam taxas de recrutamento elevadas para saber mais tarde (no destino) que o contrato de trabalho não existe, que houve alterações unilaterais ao contrato, ou que existem graves violações relacionadas com a segurança pessoal e as condições de trabalho.[32] Alguns migrantes relatam que as entidades empregadoras confiscam os passaportes dos trabalhadores, maltratam-nos e negam-lhes o acesso a assistência médica.[33]

Extensivos regulamentos e taxas oficiais podem levar à irregularidade. Para as entidades empregadores russas, o procedimento administrativo para se candidatarem a uma licença de contratação de um trabalhador estrangeiro é alegadamente tão demorado e corrupto que leva frequentemente à evasão, perpetuando as práticas de contratação irregular.[34] Em Singapura, as entidades empregadoras de migrantes pouco qualificados têm de pagar um imposto, que por sua vez deduzem nos salários dos trabalhadores.[35] Nos acordos entre a Tailândia, o Cambodja e a República Democrática Popular do Laos, as taxas de recrutamento são equivalentes a 4 – 5 meses de salário, os tempos médios de processamento são de quatro meses e 15% dos salários são retidos para o caso do migrante regressar ao seu país de origem. Por outro lado, os contrabandistas que se encontram no caminho cobram alegadamente o equivalente a um mês de salário. Dadas estas diferenças de custos, não é de espantar que apenas 26% dos trabalhadores migrantes na Tailândia estivessem registados em 2006.[36]

3.2 Saúde

Esta secção analisa os impactos das deslocações na saúde daqueles que migram. Ganhar melhor acesso a serviços, incluindo o de assistência médica, poderá estar entre as motivações fulcrais para a mudança. Entre os indivíduos com ensino secundário completo em Tonga e Papua-Nova Guiné, "a assistência médica" e "a educação das crianças" foram razões para migrar mais frequentemente mencionadas do que o "salário". Respostas como "segurança e tranquilidade" foram quase tão frequentes.[37] Contudo, os elos de ligação entre a migração e a saúde são complexos. A saúde dos migrantes depende da sua história pessoal antes de se mudarem, do processo de deslocação, e das circunstâncias de restabelecimento. É frequente que os governos de destino analisem com rigor os candidatos a vistos de trabalho, pelo que os candidatos bem sucedidos tendem a ser saudáveis.[38] Não obstante, os migrantes irregulares poderão ter necessidades de saúde específicas que permanecem por abordar.

As deslocações para os países mais desenvolvidos poderão melhorar o acesso a serviços e profissionais de saúde, assim como a factores que produzem uma melhoria da saúde, tais como o acesso a água potável, o saneamento, a refrigeração, melhores informações sobre questões de saúde e, por último, embora não menos importante, salários mais elevados. As evidências sugerem que as famílias de migrantes têm filhos mais saudáveis e em menor número do que teriam se não se tivessem mudado.[39] Recentes pesquisas realizadas nos Estados Unidos usan-

> Os obstáculos no acesso aos serviços de saúde emergem devido a restrições financeiras, assim como ao estatuto cultural e às diferenças linguísticas.

do dados de painel, que analisam os mesmos indivíduos no decorrer do tempo, concluíram que os resultados relativamente à saúde melhoram significativamente durante o primeiro ano após a imigração.[40]

No estudo que solicitámos observou-se uma redução da mortalidade infantil em 16 vezes (de 112 para 7 mortes por cada 1.000 nados-vivos) relativamente aos migrantes oriundos de países com um baixo IDH (figura 3.7). É evidente que estes benefícios podem explicar-se em parte através da auto-selecção.[41] No entanto, a dimensão total destas diferenças sugere que resultados semelhantes teriam sido muito difíceis de apreender dentro de portas. A título comparativo, e tal como relatado no RDH 2006, as famílias no quintil mais rico em Burkina Faso apresentavam uma mortalidade infantil de cerca de 150 mortes por 1.000 nados-vivos.

Como seria de esperar, em virtude dos fracos serviços de assistência médica e da má qualidade da água e do saneamento nas áreas rurais, os estudos sugerem que os migrantes que se deslocam para os centros urbanos melhoram significativamente as suas hipóteses de sobrevivência em relação àqueles que permanecem nas zonas rurais.[42] A dimensão destes efeitos tem sido correlacionada com a duração da permanência, que estava ela própria associada a rendimentos mais altos, um maior conhecimento e melhores práticas. Por vezes, os migrantes usam mais os serviços de assistência médica do que os que residem em zonas rurais, sugerindo que a possibilidade de acesso a estes serviços poderá ter constituído a primeira razão pela qual se deslocaram. Contudo, os resultados relativamente à saúde associados com a urbanização são variáveis: um estudo abrangente concluiu que os resultados dos migrantes internos foram piores do que aqueles dos urbanos nativos devido à sua desvantagem socioeconómica, e a pesquisa por nós solicitada revela que os migrantes internos tinham uma esperança média de vida mais elevada do que os não migrantes em apenas metade dos países estudados.[43]

Estudos detalhados numa série de países da OCDE revelaram que a vantagem inicial dos migrantes em matéria de saúde tende a dissipar-se com o tempo.[44] Crê-se que esta situação reflicta a adopção de uma atitude quanto à saúde e de um estilo de vida menos bons, assim como, para alguns, a exposição a condições de trabalho, de alojamento e ambientais adversas, que frequentemente caracterizam os grupos de baixo rendimento nos países industrializados. A separação da família e das redes sociais, bem como as incertezas relativamente a um trabalho seguro e a condições de vida podem afectar a saúde. Em vários estudos, os migrantes apontam para incidências de stress, ansiedade e depressão mais elevadas do que os residentes nativos[45] – resultados que estavam correlacionados com piores condições económicas, barreiras linguísticas, um estatuto irregular e uma chegada recente. Por outro lado, outros estudos concluíram haver efeitos positivos da migração na saúde mental, associados a melhores oportunidades económicas.[46]

Condições de alojamento pobres e ocupações arriscadas podem aumentar os acidentes e comprometer a saúde, o que poderá assumir uma dimensão mais grave no que respeita os migrantes irregulares.[47] Existem desigualdades bem documentadas nos serviços e estatuto de assistência médica entre grupos de migrantes vulneráveis e as populações de acolhimento nos países desenvolvidos.[48] A saúde das crianças migrantes também pode ser afectada pelo seu tipo de trabalho, que poderá ser abusivo e/ou perigoso.[49] Na Índia, por exemplo, muitos migrantes internos trabalham em empregos perigosos na indústria da construção civil. Por seu lado, as condições de trabalho na indústria dos curtumes expõem os seus trabalhadores, maioritariamente migrantes, a problemas respiratórios e a infecções cutâneas.[50] Porém, estes empregos são bem pagos quando comparados com os salários nos locais de origem, e entrevistas realizadas na zona rural de Bihar indicam que esses empregos são por isso muito procurados.[51]

Nem todos os tipos de migrantes têm o mesmo acesso aos cuidados de saúde.[52] Os migrantes permanentes têm maior acesso do que os migrantes temporários, e o acesso dos migrantes irregulares tende a ser bastante mais restrito (figura 3.8). As deslocações por vezes privam os migrantes internos de acederem aos serviços de saúde se a elegibilidade estiver associada à licença de residência, como na China. Contrariamente, os migrantes permanentes, especialmente os altamente qualificados, tendem a conseguir um acesso relativamente bom. Em alguns países os cuidados de saúde estão acessíveis a todos os migrantes, independentemente do seu estatuto legal, como no caso de Portugal e Espanha. Nos Emirados Árabes Unidos, por seu lado, a abrangência varia de emirado para emirado mas tanto em Abu Dhabi como no Dubai existem esquemas de seguro obrigatório, para os quais as entidades empregadoras têm de contribuir em benefício dos seus empregados. No Canadá, todos os residentes têm direito ao seguro nacional de saúde, sendo que as autoridades de província determinam quem tem ou não o estatuto de residente.

Na prática, os obstáculos no acesso aos serviços de saúde emergem devido a restrições financeiras, assim como ao estatuto cultural e às diferenças linguísticas,[53] especialmente em relação aos migrantes regulares. Em França, na Alemanha e na Suécia, existe o chamado "dever de denunciar" o tratamento de um migrante irregular, o que poderá levar a uma falta de confiança entre os prestadores dos serviços e os pacientes, e fazer com que estes evitem recorrer aos cuidados de saúde.[54] Se se descobrir que uma mulher migrante está grávida nos Estados do CCG, ela é deportada.[55]

Em países de destino menos ricos, existe uma tensão entre o ideal de garantir cuidados de saúde a migrantes irregulares e a realidade das limitações dos recursos. Na África do Sul, muitos dos não nativos afirmam não terem acesso a fármacos antiretrovirais contra a SIDA, porque os centros de saúde lhes negam o tratamento devido a serem estrangeiros ou porque não têm um boletim nacional de saúde.[56] Visto que a África do Sul apresenta uma das taxas de prevalência de VIH mais elevadas do mundo, ao que acresce o facto de haver um acesso melhorado, mas ainda limitado, aos antiretrovirais, não é de espantar que os migrantes irregulares tenham uma prioridade baixa. Mas encontramos exemplos mais positivos noutras partes do mundo. A Tailândia, por exemplo, disponibiliza tratamento antiretroviral aos migrantes do Cambodja e de Mianmar, com os apoios do Fundo Global para a SIDA, tuberculose e Malária. A Tailândia também assegura o acesso ao seguro de saúde aos migrantes, e está a fazer-se esforços no sentido de incluir os migrantes irregulares.

3.3 Educação

A educação tem um valor intrínseco e traz benefícios úteis ao potencial de rendimento e de participação social. Com efeito, poderá oferecer competências linguísticas, técnicas e sociais que facilitam a integração económica e social, bem como benefícios de rendimento intergeracionais. As deslocações normalmente optimizam a progressão no ensino, especialmente entre as crianças. Muitas famílias mudam-se com o propósito específico de conseguir que os seus filhos frequentem melhores escolas e/ou escolas mais avançadas. Em muitas áreas rurais em países em desenvolvimento, a educação está disponível apenas ao nível do ensino primário e com uma qualidade inferior àquela das áreas urbanas, o que constitui um motivo adicional para a migração rural-urbana.[57] Do mesmo modo, a migração internacional com fins educativos – *migração escolar* – está a aumentar.[58]

Nesta secção analisamos as evidências respeitantes aos níveis de ensino obtidos nos locais de origem e de destino, o modo como as crianças migrantes podem ou não aceder a escolas públicas e qual o seu grau de sucesso em relação às crianças nativas.

A escolarização pode alterar-se devido a uma série de razões quando uma família se muda. Os rendimen-

Figura 3.8 **Os migrantes irregulares e temporários carecem muitas vezes de acesso a serviços de assistência médica**
O acesso aos cuidados de saúde por estatuto de migrante em países desenvolvidos versus em países em desenvolvimento, 2009

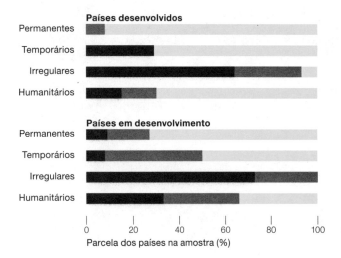

Painel A: Cuidados preventivos

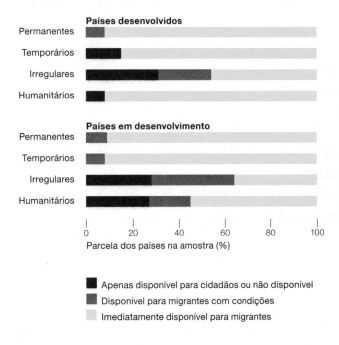

Painel B: Cuidados de emergência

■ Apenas disponível para cidadãos ou não disponível
■ Disponível para migrantes com condições
□ Imediatamente disponível para migrantes

Fonte: Klugman and Pereira (2009).

3

RELATÓRIO DE DESENVOLVIMENTO HUMANO **2009**
Ultrapassar Barreiras: Mobilidade e desenvolvimento humanos

Figura **3.9** **Os benefícios em termos de escolarização são maiores para os migrantes de países com IDH baixo**
Taxa bruta de escolarização total no local de origem versus no local de destino por categoria de IDH do país de origem

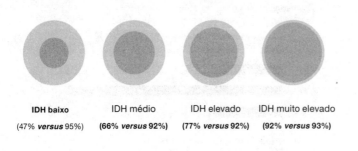

Fonte: Ortega (2009).
Nota: A escolarização total em termos brutos inclui o ensino primário, secundário e superior.

Figura **3.10** **Os migrantes têm melhor acesso à educação em países desenvolvidos**
O acesso às escolas públicas por estatuto de migrante em países desenvolvidos versus em países em desenvolvimento

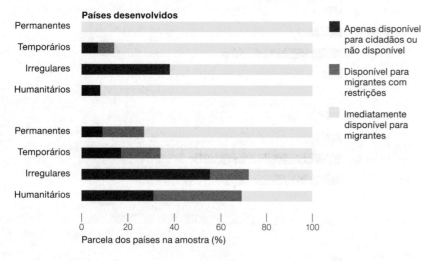

Fonte: Klugman and Pereira (2009).

taxas de escolarização. Estas apresentam-nos um cenário notável acerca das vantagens das deslocações (figura 3.9), sendo que se detectam maiores diferenças relativamente às crianças provenientes de países com um IDH baixo. Porém, é de sublinhar dois aspectos: estes resultados poderão estar sobrestimados devido a uma selecção positiva; e a mera escolarização não garante que exista uma educação de elevada qualidade ou um resultado favorável dessa escolarização.[59]

A importância de um estímulo precoce do desenvolvimento físico, cognitivo e emocional das crianças, e a respectiva importância dos programas de Desenvolvimento Infantil Precoce estão bem estabelecidas.[60] Investigações realizadas na Alemanha indicam que o Desenvolvimento Infantil Precoce pode contribuir para que as crianças de migrantes ombreiem com as crianças nativas da mesma classe socioeconómica.[61] Todavia, devido a normas tradicionais e a barreiras linguísticas e culturais – e, por vezes, a um estatuto legal incerto – é menos provável que estas crianças se inscrevam em programas de Desenvolvimento Infantil Precoce, apesar de as autoridades na Europa e nos Estados Unidos estenderem muitas vezes a mão às crianças migrantes.[62]

A Tailândia faz parte daqueles países em desenvolvimento que procuram expandir o Desenvolvimento Infantil Precoce aos migrantes, nomeadamente, em áreas fronteiriças do norte. Alguns outros países apresentam situações semelhantes, sendo que na República Dominicana, por exemplo, existem estes programas para crianças haitianas.

Em alguns países, as crianças migrantes poderão não ter acesso a escolas públicas ou, caso tenham, os seus pais poderão ter de pagar propinas mais elevadas. A nossa avaliação de políticas concluiu que os países desenvolvidos são mais propensos a permitir um acesso imediato à escolarização para todos os tipos de migrantes – permanentes, temporários, humanitários e irregulares (figura 3.10). Contudo, um terço dos países desenvolvidos da nossa amostra, incluindo Singapura e Suécia,[63] não permitem o acesso de crianças com estatuto irregular, sendo que o mesmo acontece em mais de metade dos países em desenvolvimento da amostra, incluindo o Egipto e a Índia. Alguns casos específicos: nos Emirados Árabes Unidos, as crianças com estatuto de migrante irregular não têm acesso aos serviços de educação; na Bélgica, o direito à educação assiste a todas as pessoas, mas esta não é obrigatória em relação a crianças irregulares; na Polónia, a educação é um direito, e é obrigatória para crianças entre os 6 e os 18 anos, mas as crianças com um estatuto irregular não podem ser contadas para o pedido de fundos, o que poderá levar a que as escolas rejeitem a sua inscrição.[64]

tos mais altos são uma dessas razões. Mas existem outros factores que podem ser também importantes, nomeadamente, a disponibilidade de professores e escolas, a qualidade das infra-estruturas e o custo do transporte. Um ponto de partida óbvio para se medir os benefícios ao nível da educação é proceder a uma comparação das

A pobreza e a discriminação (formal e informal) poderão inibir o acesso a serviços básicos. Mesmo que as crianças com estatuto irregular tenham o direito de frequentar uma escola pública, poderão existir obstáculos à sua escolarização. Em vários países (por exemplo, França, Itália e Estados Unidos), os receios de que a sua situação irregular seja denunciada levam a que muitas vezes os pais não as inscrevam na escola.[65] Na África do Sul, perto de um terço das crianças em idade escolar não nativas não estão inscritas por uma série de motivos, incluindo a incapacidade de pagarem as propinas, o transporte, os uniformes e os livros, bem como a exclusão por parte da direcção das escolas, sendo que aqueles que estão efectivamente inscritos relatam com regularidade o modo como são sujeitos a comentários xenófobos por parte dos professores e de outros alunos.[66]

As dificuldades mais pronunciadas parecem ser enfrentadas por dois grupos: crianças que migram sozinhas, que tendem a ter um estatuto irregular (caixa 3.2), e crianças que migram dentro e entre países em desenvolvimento com os seus pais, em regime temporário. É pouco provável que o primeiro grupo seja capaz de aceder à educação devido ao isolamento social e cultural, ao trabalho extenuante e perigoso, à extrema pobreza, a condições de saúde pobres e a barreiras linguísticas.[67] Quanto ao segundo grupo, estudos qualitativos realizados no Vietname e no Paquistão revelaram que a migração sazonal interrompe a sua educação.[68] Por exemplo, a minoria Rac Lai no Vietname migra com os seus filhos para áreas montanhosas isoladas durante a época de colheitas e estes não frequentam a escola durante esse período.[69]

Mesmo que as crianças migrantes consigam aceder a melhores escolas do que aquelas que estariam ao seu alcance no local de origem, nem todas são bem sucedidas nos exames, em comparação com os seus colegas nativos. Nos 21 países da OCDE e nos 12 países não pertencentes à OCDE abrangidos pelo Programa Internacional de Avaliação de Alunos,[70] que avaliou os desempenhos em ciências, os alunos migrantes apresentaram tendencialmente piores resultados nesta disciplina do que os nativos. Contudo, os alunos nascidos no estrangeiro têm um desempenho idêntico aos dos seus colegas na Austrália, na Irlanda e na Nova Zelândia, assim como em Israel, Macau (China), Federação Russa e Sérvia. Do mesmo modo, os alunos do mesmo país de origem tiveram desempenhos diferentes noutros países, mesmo que vizinhos: por exemplo, os alunos migrantes da Turquia têm melhores resultados em matemática na Suíça e na Alemanha.[71] A segunda geração – filhos de migrantes nascidos nos locais de destino – conseguem geralmente melhores desempenhos, mas com excepções, incluindo a Dinamarca, a Alemanha e os Países Baixos.

Parte das desvantagens educacionais das crianças em famílias migrantes pode ser atribuída a baixos níveis de educação dos pais e a baixos rendimentos. As crianças cujos pais obtiveram níveis de ensino inferiores ao secundário – o que tende a ser o caso em agregados familiares em França, Alemanha, Suíça e Estados Unidos – normalmente completam menos anos escolares. Todavia, embora muitas famílias migrantes vivam longe dos familiares e de redes sociais, um estudo sobre as crianças migrantes em oito países desenvolvidos revelou que estas são geralmente mais propensas do que as crianças nativas a crescerem com ambos os pais.[72] Esta situação vem contrariar a ideia, que por vezes encontramos nos autores, de que as crianças migrantes estão muitas vezes em desvantagem devido à ausência de um dos pais.

Nos países da OCDE, os alunos migrantes frequentam geralmente escolas com professores e recursos educativos de qualidade semelhante àqueles a que os alunos nativos têm acesso, embora existam algumas excepções, incluindo a Dinamarca, a Grécia, os Países Baixos e Portugal. Em alguns casos, a qualidade das escolas que as crianças migrantes frequentam situa-se abaixo dos padrões nacionais, mas esta situação relaciona-se mais fre-

---

Caixa 3.2   Crianças migrantes independentes

O tráfico e a procura de asilo são muitas vezes retratados como correspondendo à maioria das deslocações de crianças independentes. Contudo, existem evidências com um longo registo histórico que confirmam que as crianças também se deslocam em busca de oportunidades de trabalho e de educação. A Convenção sobre os Direitos da Criança reconhece, de certa maneira, as crianças como agentes, indivíduos que tomam decisões, promotores e intervenientes sociais de seu pleno direito. Contudo, as respostas à mobilidade infantil têm-se concentrado em grande medida na busca do seu bem-estar e da protecção contra malefícios a que estão sujeitas, tendendo a negligenciar as políticas de inclusão, facilitação e não discriminação.

No que respeita a outros tipos de deslocações, o efeito da migração de crianças independentes apresenta especificidades de contexto. Alguns estudos revelaram uma ligação significativa entre a não frequência escolar e a propensão para migrar a fim de encontrar trabalho entre as crianças de áreas rurais, enquanto outros concluíram que a migração está positivamente associada à educação. Um estudo recente que assenta em dados de censos realizados na Argentina, no Chile e na África do Sul mostra que as crianças migrantes independentes usufruem de uma menor protecção nos locais de destino, enquanto as crianças migrantes dependentes se encontram numa situação semelhante àquela dos não migrantes em termos de protecção. Naqueles países, mais de um quinto das crianças migrantes internacionais independentes, com idades compreendidas entre os 15 e os 17 anos, estavam empregadas, em comparação com menos de 4% das crianças dependentes não migrantes. Muitas vivem com familiares ou com os empregadores, mas a protecção e a segurança podem ser questões importantes. As crianças poderão ser menos capazes do que os adultos de mudarem de emprego, de obterem documentos, mesmo quando são elegíveis, mais propensas a sofrer actos de violência nos locais de trabalho ou a ter encontros com a polícia, e poderão ser mais facilmente enganadas pelas entidades empregadoras ou outras pessoas.

Fonte: Bhabha (2008) e Yaqub (2009).

> **Caixa 3.3 A próxima geração**
>
> As pessoas que se deslocam são muitas vezes motivadas pela perspectiva de conseguirem uma vida melhor para os seus filhos. E, de facto, os filhos dos migrantes poderão representar um grupo chave da população que requer a atenção dos decisores políticos. Em Bruxelas, por exemplo, representam mais de 40% da população em idade escolar, enquanto em Nova Iorque são metade e, em Los Angeles, quase dois terços.
>
> Obter uma boa educação é importante para as perspectivas futuras. As evidências sugerem que os filhos dos migrantes têm tipicamente um melhor desempenho do que os pais, mas não ombreiam completamente com as crianças que não têm antecedentes migratórios, mesmo quando se considera as características socioeconómicas. Existem, contudo, excepções, incluindo os casos da Austrália e do Canadá, onde o seu desempenho escolar está perto ou ultrapassa aquele dos colegas nativos. Os países com sistemas educativos que envolvam uma formação de classes precoce, como o da Alemanha e dos Países Baixos, parecem apresentar os maiores desníveis no desempenho escolar.
>
> O modo como os filhos dos migrantes se saem no mercado de trabalho também tende a diferir conforme o país e os grupos. Conclusões recentes sugerem que eles têm taxas de emprego mais elevadas em comparação com os migrantes da mesma faixa etária, mas estão em desvantagem quando comparados com aqueles que não descendem de migrantes. Em alguns países europeus, as taxas de desemprego entre os jovens são piores entre os filhos de migrantes. O acesso limitado às redes informais e a discriminação (independentemente de se basear na sua origem ou na sua classe social) podem contribuir para estas disparidades.
>
> Alguns filhos de migrantes enfrentam racismo, muitas vezes associado a oportunidades de emprego limitadas. Estudos realizados nos Estados Unidos, por exemplo, sugeriram que existe um risco de "assimilação segmentada", ou seja, o risco de que os contactos, redes sociais e as aspirações dos filhos dos imigrantes sejam limitados ao seu próprio grupo étnico. Porém, este risco varia conforme os grupos em causa. Os filhos adolescentes dos migrantes mexicanos parecem estar em maior risco de abandono escolar, de detenção prisional ou de engravidarem. Os mesmos estudos sugerem que os recursos económicos e sociais aos níveis da família e da comunidade podem ajudar a vencer estes riscos e a evitar o surgimento de uma classe marginal de jovens insatisfeitos.
>
> Fonte: Crul (2007), OECD (2007), Castles and Miller (1993), e Portes and Zhou (2009).

quente com os níveis de rendimento locais do que com o estatuto de migrante em particular. Estudos sobre a segregação nas escolas nos Estados Unidos sugerem que as crianças de famílias migrantes obtêm piores qualificações nos testes se frequentarem escolas na cidade para minorias.[73] Pesquisas levadas a cabo nos Países Baixos e na Suécia revelam que agrupar as crianças migrantes, separando-as das outras crianças, prejudica o seu desempenho escolar.[74] Mesmo que não estejam em desvantagem relativamente a materiais e a equipamento escolares, os alunos migrantes poderão necessitar de serviços especiais, tais como o ensino da língua local.

O nosso interesse na escolarização deve-se, em parte, ao seu valor na melhoria das perspectivas das gerações futuras. Algumas evidências sobre o modo como isso acontece são apresentadas na caixa 3.3.

3.4 Influência, direitos civis e participação

A migração pode influenciar não só o bem-estar em termos materiais, mas também em termos de outros aspectos como em poder de negociação, respeito por si mesmo e dignidade. A participação, definida como a liberdade de agir em prol de metas e bem-estar pessoais,[75] poderá ser optimizada através da migração. Porém, é evidente que a recepção no país de acolhimento interessa, especialmente quando os migrantes enfrentam uma hostilidade local, a qual pode levar a surtos de violência.

O desenvolvimento humano prende-se com um conjunto de capacidades, incluindo as liberdades sociais, que não podem ser exercidas sem garantias políticas e cívicas. Estas garantias fazem parte da dimensão da liberdade que alguns filósofos designaram por "as bases sociais do respeito por si mesmo".[76] Com efeito, elas podem ser tão importantes como os benefícios em rendimento, podendo estar também associadas a estes mesmos benefícios, mas são muitas vezes ameaçadas por barreiras sociais e raciais extremamente enraizadas. Em muitos países, a atitude em relação à migração é negativa, o que poderá diminuir o sentido de dignidade e auto-respeito dos migrantes. Não se trata, contudo, de um fenómeno novo: no século XIX, os irlandeses enfrentaram os mesmos preconceitos no Reino Unido, tal como os chineses na Austrália.

As deslocações podem permitir que as mulheres das áreas rurais ganhem autonomia. A participação tende a ocorrer quando a migração leva estas mulheres do campo para as zonas urbanas, separando-as de outros membros da família e amigos e levando-as a ter trabalho remunerado fora de casa.[77] Alguns estudos qualitativos levados a cabo no Equador, México e Tailândia demonstraram esses efeitos. Para as mulheres nestes estudos, o regresso ao velho modo de vida rural era algo impensável.[78] Também se registou uma maior participação na força laboral e uma maior autonomia entre as mulheres turcas que emigraram.[79] Porém, não são só as mulheres que procuram desafiar os seus papeis tradicionais quando se deslocam: rapazes migrantes podem igualmente desafiar as estruturas patriarcais da família.[80]

Mas esses resultados positivos não são inevitáveis. Algumas comunidades migrantes perdem-se numa curva temporal, agarrando-se a práticas culturais e sociais que prevaleciam nas suas terras pela altura que migraram, mesmo que os seus países tenham já evoluído a partir daí.[81] Ou, então, as comunidades migrantes poderão desenvolver ideias e práticas conservadoras radicais, como uma forma de as isolar da cultura de acolhimento. Esta atitude poderá levar a uma alienação e, por vezes, ao extremismo. Existe uma dinâmica complexa entre tradições culturais e comunitárias, circunstâncias socioeconómicas e políticas públicas. Uma recente microanálise envolvendo dez países da América Latina revelou que os migrantes internos de origem indígena ainda enfrentavam discriminação em áreas urbanas, mesmo tendo ganho um maior acesso aos serviços do que aquele que tinham nas suas zonas rurais.[82] Outro estudo concluiu que as mulheres bolivianas na Argentina eram discriminadas, tinham apenas oportunidades de emprego limitadas e continuavam a ocupar posições socialmente subordinadas.[83] A participação e o envolvimento cívico são aspectos importantes do poder de influência. A nossa análise, usando o Inquérito Mundial de Valores, sugere que as pessoas com antecessores migrantes são mais propensas a participar numa série de associações cívicas. Em comparação com pessoas que não têm pais migrantes, tendem mais a tornar-se membros de, e também a ter mais confiança em, uma quantidade de organizações, nomeadamente, desportivas, recreativas, artísticas e profissionais. As investigações também sugerem que a participação política aumenta com a capacidade de falar a língua do país de acolhimento, com a duração da permanência, com a educação conseguida no país de destino, com ligações a redes sociais e mercados de trabalho, e quando as barreiras institucionais para o registo e para o voto são menores.[84]

Os factores institucionais importam bastante, especialmente os direitos cívicos e eleitorais. A nossa avaliação de políticas revelou que votar em eleições nacionais é algo altamente restrito aos cidadãos do país, embora muitos países desenvolvidos permitam que os estrangeiros votem em eleições locais (figura 3.11). O Índice de Políticas de Integração de Migrantes (MIPEX) – que avalia as oportunidades dos migrantes participarem na vida pública através de associações colectivas, votando em, e participando em eleições locais, bem como do apoio oferecido às associações de migrantes – concluiu haver políticas na Europa Ocidental favoráveis à participação. Porém, as políticas na Europa Central, de Leste e do Sudeste não se revelam da mesma forma. Na Suécia, qualquer residente legal que tenha vivido no país por três anos pode votar em eleições regionais e locais e participar em eleições locais, enquanto em Espanha os estrangeiros podem votar em eleições locais desde que estejam registados como residentes junto da sua autoridade local.

Muitas pessoas deslocam-se, pelo menos em parte, para usufruírem de uma maior segurança física e pessoal, e para locais onde a lei e as responsabilidades do governo são melhores. Esta é obviamente a situação de muitos refugiados que fogem do conflito, mesmo que a sua situação legal permaneça ténue enquanto procuram asilo. A nossa análise dos factores determinantes dos fluxos entre pares de países revela que o nível de democracia num país tem um efeito positivo e significativo nos fluxos de entrada de migrantes.[85]

Todavia, até mesmo os países com tradições legais fortes são testados quando o trabalho policial de rotina envolve a aplicação da lei da migração. Tal como vimos no capítulo 2, os países variam quanto às suas práticas de aplicação da lei. Em alguns países, os migrantes irregulares poderão ser vistos como alvos fáceis pelos oficiais corruptos. Na África do Sul, é frequente que agentes da polícia, na esperança de conseguirem extorquir subornos, destruam ou recusem reconhecer documentos para justificar a detenção.[86] Migrantes mongóis na República Checa também relatam terem pago multas durante intervenções policiais, independentemente de serem ou não autorizados.[87] Na Malásia, os migrantes têm sido por vezes sujeitos a mecanismos de aplicação informais, que levaram a queixas de abuso (caixa 3.4).

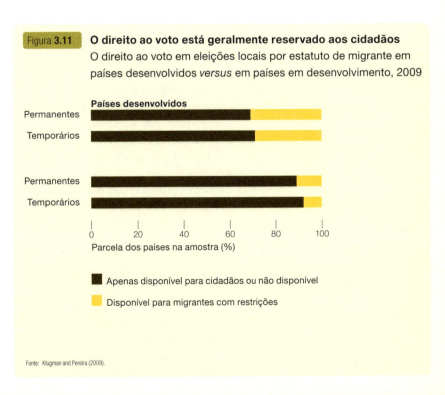

Figura 3.11 O direito ao voto está geralmente reservado aos cidadãos
O direito ao voto em eleições locais por estatuto de migrante em países desenvolvidos *versus* em países em desenvolvimento, 2009

Fonte: Klugman and Pereira (2009).

3

RELATÓRIO DE DESENVOLVIMENTO HUMANO **2009**
Ultrapassar Barreiras: Mobilidade e desenvolvimento humanos

> **Caixa 3.4 Mecanismos de aplicação na Malásia**
>
> Enquanto uma das economias mais robustas do Sudeste Asiático, a Malásia tem atraído muitos trabalhadores migrantes (oficialmente medidos em cerca de 7% da população em 2005). A força laboral malaia no final do ano de 2008 era de quase 12 milhões de pessoas, cerca de 44% dos 27 milhões de residentes, e incluía cerca de 2,1 milhões de migrantes legais do Bangladesh, da Indonésia e de outros países asiáticos. O governo malaio tendeu a tolerar a migração não autorizada, embora as regularizações tenham sido por vezes acompanhadas com uma proibição a novas entradas e de um reforço da aplicação da lei.
>
> Desde 1972, o Corpo de Voluntários do Povo malaio (Ikatan Relawan Rakyat ou RELA) prestou auxílio na aplicação da lei, incluindo a lei da imigração. Os voluntários do RELA, que rondam os 500.000 podem entrar nos locais de trabalho e em lares sem mandatos, têm autorização de porte de arma e de realizar detenções depois de obterem permissão junto dos seus respectivos líderes. Os activistas migrantes dizem que os voluntários do RELA se tornaram como que espiões, forjando evidências para justificar detenções de migrantes e usando de força excessiva no seu policiamento. O governo anunciou recentemente a sua intenção de refrear os abusos e está actualmente a ponderar medidas de melhorar o RELA através da formação dos seus elementos.
>
> Fonte: Crush and Ramachandran (2009), Vijayani (2008) e Migration DRC (2007).

Como veremos no capítulo 4, as pessoas nos locais de destino preocupam-se muitas vezes com os impactos económicos, culturais e de segurança da imigração. Em alguns casos, a xenofobia emerge. Esta situação parece acontecer com maior frequência onde os extremistas fomentam receios e inseguranças. Podem irromper surtos de violência em relação aos migrantes – tais como aqueles na Malásia e na África do Sul em 2008 e na Irlanda do Norte em 2009, por exemplo –, com graves repercussões tanto para os indivíduos envolvidos como para as sociedades no seu todo.[88] A experiência sugere que estes surtos ocorrem tipicamente onde as lacunas políticas permitem que intervenientes locais sem escrúpulos manipulem tensões sociais subjacentes.[89]

Ironicamente, embora a intolerância resulte muitas vezes em resistências ao contacto social, as evidências sugerem que um maior contacto social entre migrantes e não migrantes pode melhorar os níveis de tolerância para grupos de migrantes e contrariar os preconceitos existentes.[90] Claramente, os políticos com uma visão moderada, as autoridades governamentais e a ONGs têm um papel importante na concepção e transmissão de políticas e serviços que facilitem a integração e previnam as tensões agravadas. Ter a legislação nos livros não basta: ela tem de ser acompanhada por liderança, responsabilidade e o debate público informado (capítulo 5).

3.5 Compreender os resultados de factores negativos

Algumas pessoas deslocam-se porque a sua sorte melhora – ganham na lotaria de vistos, ou um amigo ou familiar oferece uma ajuda para aproveitarem uma nova oportunidade na cidade. Mas muitos outros deslocam-se em resposta a circunstâncias difíceis – por exemplo, ao colapso económico e a instabilidade política no Zimbabué, à guerra no Sudão, aos desastres naturais, tal como o do tsunami asiático. A migração nestas circunstâncias poderá colocar as pessoas em situações de risco, aumentar a sua vulnerabilidade e escamotear as suas capacidades. Porém, é evidente que, nestes casos, não é a migração por si só que constitui a causa esta deterioração de resultados mas antes os factores subjacentes. Esta secção analisa os resultados associados a três factores abrangentes: as deslocações induzidas por conflito, pelo desenvolvimento e pelo tráfico.

3.5.1 Quando a insegurança leva à deslocação

As pessoas que fogem da insegurança e da violência, assistem tipicamente a um colapso absoluto nos seus resultados em matéria de desenvolvimento humano. Não obstante, a migração protege-as de piores malefícios que sem dúvida acabariam por sofrer se permanecessem nos seus locais de origem. Existem várias formas de protecção de refugiados, especialmente aqueles abrangidos pela Convenção Relativa ao Estatuto dos Refugiados, de 1951 – que define os critérios sob os quais os indivíduos podem usufruir de asilo por parte dos países signatários e estabelece os seus direitos – e, portanto, sob a responsabilidade do ACNUR. Esta protecção tem permitido que milhões de pessoas se desloquem para ambientes seguros.

Os conflitos contemporâneos estão cada vez mais associados a grandes migrações populacionais, incluindo a deslocação deliberada de civis como uma arma de guerra.[91] Embora alguns consigam fugir para locais mais distantes na América do Norte, na Europa Ocidental e na Australásia, a maioria das pessoas desloca-se dentro ou para perto dos seus países de origem. Mesmo que os campos de refugiados alojem apenas cerca de um terço das pessoas deslocadas devido a conflitos,[92] estes acampamentos passaram a simbolizar os apuros em que se encontram as pessoas nas regiões pobres, afectadas por conflitos. Um exemplo contemporâneo é o das pessoas de Darfur, no Sudão, que fugiram das suas aldeias ao se depararem com ataques que destruíram o seu gado e as suas colheitas, poços e casas, para se irem juntar àquilo que era já a maior população deslocada do mundo, resultante da longa guerra no sul do Sudão.

Quando os pobres e necessitados fogem das zonas de combate, incorrem em sérios riscos. O conflito enfraquece ou destrói todas as formas de capital e as pessoas deixam de ter acesso às suas fontes de rendimento, a serviços e a redes sociais, aumentando a sua vulnerabilidade. Depois da fuga, esses deslocados poderão ter escapado às ameaças físicas mais directas, mas enfrentam ainda uma série de problemas assustadores. As preocupações em matéria de segurança e a hostilidade local são alguns dos problemas que mais se destacam, especialmente nos acampamentos e em torno deles.[93] Nas guerras civis, os deslocados internos poderão enfrentar perturbações por parte do governo e hostilidade por parte das pessoas residentes no local.

Não obstante, é importante ter em conta que o conflito e a insegurança são ambos factores responsáveis por apenas uma pequena porção de todas as deslocações – cerca de um décimo das deslocações internacionais e cerca de um vigésimo das deslocações internas. Existem, para mais, diferenças regionais: a África tem sido mais significativamente afectada, sendo que o conflito está associado a cerca de 13% das deslocações internacionais no continente. O mapa 3.1 mostra a localização de conflitos e os principais fluxos de pessoas deslocadas dentro e para fora das fronteiras de África. Embora o mapa apresente um cenário sombrio, sublinhamos que a vasta maioria da migração em África não é induzida por conflito e que a maioria dos africanos se desloca pelas mesmas razões que o resto das pessoas.[94]

Para além da continuação da insegurança, tentar ganhar um rendimento condigno é o maior desafio colocado às pessoas deslocadas, especialmente quando não dispõem de documentos de identificação.[95] Em estudos de caso solicitados,[96] o Uganda era o único de seis países onde os refugiados tinham autorização legal para se deslocarem livremente, para aceitarem trabalho e acederem à terra. Cerca de 44% da população nos acampamentos em idade activa estava empregada, enquanto em todos os outros cinco países o número era inferior a 15%. Mesmo que se permita que os deslocados trabalhem, as oportunidades são muitas vezes escassas.

Os resultados relativamente ao desenvolvimento humano daqueles que migraram devido à insegurança variam bastante. Embora os Princípios Orientadores das Nações Unidas sobre a Deslocação Interna tenham despertado as consciências, os deslocados internos – 80% dos quais são mulheres e crianças – não beneficiam dos mesmos direitos legais dos refugiados.[97] Cerca de metade dos 26 milhões de deslocados internos estimados em todo o mundo recebem apoio do ACNUR, da OIM e de outros, mas a soberania é muitas vezes invocada como uma justificação para se restringir os esforços de ajuda internacional. Em 2007, o Sudão, Mianmar e o Zimbabué tinham cada um mais de 500.000 pessoas afectadas pela crise, que não estavam ao alcance de qualquer ajuda humanitária.[98] Até mesmo em casos menos extremos, a malnutrição, o pobre acesso a água limpa e a cuidados de

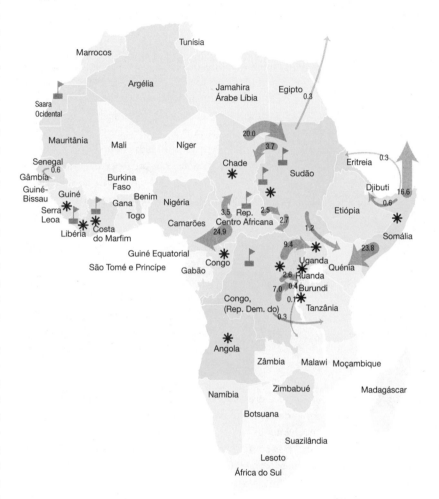

Mapa 3.1 **O conflito como causa das deslocações em África**
Conflito, instabilidade e deslocações de populações em África

Fonte: UNHCR (2008) e IDMC (2008).
Nota: Este mapa ilustra os fluxos de refugiados com base em dados oficiais do ACNUR e não inclui fluxos importantes associados com instabilidade, como o caso de zimbabueanos em fuga para a África do Sul, por exemplo.

saúde, e a falta de documentos e direitos de propriedade são aspectos típicos entre os deslocados internos. Contudo, alguns governos têm feito esforços concertados no sentido de melhorar os direitos e as condições de vida das suas populações deslocadas internamente.[99]

A situação dos refugiados internacionais também varia, mas pode ser desoladora, especialmente em casos de conflito prolongado, como o da Palestina. Esses casos correspondem a cerca de metade de todos os refugiados. A análise por nós solicitada confirmou resultados de desenvolvimento humano geralmente fracos, a par de alguma heterogeneidade entre grupos e países. A incidência da violência sexual é elevada. Paradoxalmente, contudo, as mulheres no Burundi e no Sri Lanka detinham alegadamente participação ao adoptarem novos papéis sociais enquanto protectoras e sustentadoras das suas famílias.[100]

Os indicadores de educação e de saúde nos campos de refugiados são por vezes superiores àqueles das populações locais em redor. O nosso estudo revelou que o número de nascimentos assistidos por profissionais de saúde nos acampamentos estudados no Nepal, na Tanzânia e no Uganda era significativamente mais alto do que entre as populações desses países no seu todo. Do mesmo modo, os indicadores de educação – tais como o dos rácios brutos de escolarização ao nível do ensino primário – eram melhores entre os refugiados estabelecidos nos acampamentos do que na população geral (figura 3.12). Estes padrões reflectem tanto os efeitos da ajuda humanitária nos campos como as condições de desenvolvimento humano geralmente pobres e os indicadores que prevalecem nos países que acolhem grandes massas de refugiados.

Tal como acima notámos, a maioria dos refugiados e dos deslocados internos não acaba em acampamentos, ou pelo menos não por tanto tempo. Por exemplo, menos de um terço dos refugiados palestinos vive nos acampamentos administrados pela UNRWA.[101] Em média, aqueles que se instalam em centros urbanos são aparentemente mais jovens e com mais educação, e poderão usufruir de melhores resultados de desenvolvimento humano do que aqueles que vivem nos acampamentos. Outros, geralmente os que estão numa situação mais favorável, poderão ser capazes de fugir para países mais distantes e mais ricos, por vezes sob programas especiais dos governos.

Apenas uma minoria de pessoas em busca de asilo tem sucesso em obter tanto o estatuto de refugiado como a residência, e aqueles cujo pedido é negado poderão enfrentar situações precárias.[102] A sua experiência depende das políticas do país de destino. Na nossa avaliação de políticas, os países desenvolvidos permitiram que migrantes humanitários acedessem a serviços de urgência, mas apresentavam um acesso mais restrito a serviços de prevenção, enquanto nos países em desenvolvimento da nossa amostra, o acesso a serviços de assistência de saúde era ainda mais restringido (figura 3.8).

Encontrar soluções de longo prazo ao problema na forma de um regresso sustentável ou uma integração local bem sucedida afigura-se como sendo um desafio essencial. Em 2007, um número estimado de 2,7 milhões de deslocados internos e 700.000 refugiados, representando cerca de 10 e 5% dos *stocks*, respectivamente, regressaram às suas zonas de origem.[103] Talvez o caso palestiniano, mais do que qualquer outro, ilustre as dificuldades enfrentadas pelos refugiados quando o conflito é prolongado, a insegurança é extrema e as oportunidades económicas locais quase não existem.[104]

Noutros casos, verificou-se a integração gradual nas comunidades locais numa série de países em desenvolvimento e desenvolvidos, por vezes através da naturalização, embora os refugiados tendam a ser relativamente desfavorecidos, especialmente no que respeita à integração no mercado de trabalho.[105]

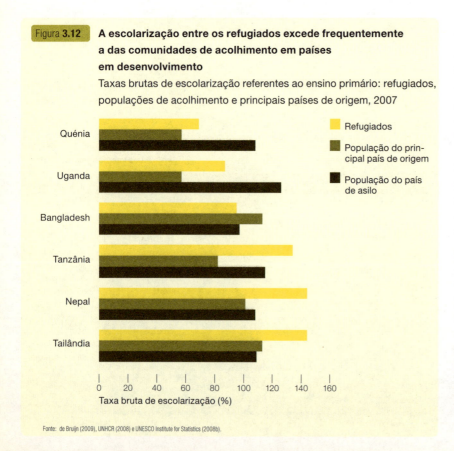

Figura 3.12 — A escolarização entre os refugiados excede frequentemente a das comunidades de acolhimento em países em desenvolvimento

Taxas brutas de escolarização referentes ao ensino primário: refugiados, populações de acolhimento e principais países de origem, 2007

Fonte: de Bruijn (2009), UNHCR (2008) e UNESCO Institute for Statistics (2008b).

3.5.2 Deslocações induzidas por desenvolvimento

Os resultados podem também ser negativos quando as pessoas são deslocadas por projectos de desenvolvimento. O caso clássico desta situação ocorre quando se constrói grandes barragens para o fornecimento de água em zonas urbanas, para a produção de electricidade ou a abertura de áreas de fluxo para a irrigação. A expansão agrícola é outra grande causa, nomeadamente, quando as pessoas que se dedicam ao pastoreio perdem terras de pasto ribeirinhas quando estas são desenvolvidas para a irrigação das colheitas. Os projectos de infra-estruturas, como estradas, linhas ferroviárias ou aeroportos, podem também levar à deslocação das pessoas, enquanto o sector da energia – indústria mineira, fábricas, exploração e extracção de petróleo, tubos – poderá ser outro motivo. Os parques e as reservas florestais podem deslocar as pessoas quando geridas de cima para baixo em vez de pelas comunidades locais.

Estes tipos de investimento alargam geralmente as oportunidades da maioria das pessoas – no sentido em que proporcionam uma tecnologia de aumento de produção, ligações a mercados e acesso a energia e a água, entre outros aspectos.[106] Mas o modo como os investimentos são concebidos e colocados em prática é importante. Na década de 1990 reconheceu-se que essas intervenções podiam ter repercussões negativas para uma minoria das pessoas directamente afectada, e foram criticadas em termos da sua justiça social e dos direitos humanos.[107] Uma voz crítica que se insurgiu foi a da Comissão Mundial de Barragens, que afirmou que "o empobrecimento e a diminuição da participação têm sido a regra, e não a excepção, relativamente às pessoas realojadas em todo o mundo",[108] acrescentando que estes resultados têm sido piores para os povos indígenas e tribais deslocados devido aos grandes projectos.

Entre os impactos observados nas comunidades indígenas encontram-se a perda de bens, o desemprego, a escravidão para pagamento de dívidas, a fome e a desintegração social. Existem muitos exemplos deste tipo, que já foram bem documentados noutras análises.[109] O Instituto Social Indiano estima que existam cerca de 21 milhões de pessoas deslocadas na Índia devido a questões de desenvolvimento, muitas das quais pertencem a castas inferiores e a grupos tribais. No Brasil, a construção da Barragem de Tucuruí levou à deslocação de cerca de 25.000 a 30.000 pessoas e alterou significativamente os padrões de vida e os meios de subsistência de grupos indígenas, nomeadamente, dos *Parakanã*, dos *Asurini* e dos *Parkatêjê*. Um fraco planeamento em termos de realojamento divide comunidades e força-as a deslocarem-se com frequência, muitas vezes para áreas que carecem das infra-estruturas necessárias para servir tanto as necessidades de uma população migrante cada vez mais numerosa (empurrada para os empregos na área da construção civil) como daqueles que acabaram por ter de se deslocar devido ao projecto.[110]

Esta questão foi abordada nos Princípios Orientadores sobre a Deslocação Interna mencionados acima. Os princípios estabelecem que, durante a fase de planeamento, as autoridades devem explorar todas as opções viáveis para evitar a deslocação de pessoas. Quando esta deslocação não pode ser evitada, cabe às autoridades justificar o projecto com sólidos argumentos, explicando a razão pela qual ele é do maior interesse público. Deve procurar obter-se o apoio e a participação de todos os intervenientes e, quando aplicável, os acordos devem estipular as condições para uma compensação e incluir um mecanismo para resolver desacordos. Em todas as instâncias, as deslocações não deverão constituir uma ameaça à vida, à dignidade, à liberdade ou à segurança, e devem incluir provisões de longo prazo de abrigo, segurança, nutrição e saúde adequadas para os deslocados. Deve prestar-se uma particular atenção à protecção dos povos indígenas, às minorias, aos pequenos proprietários e aos pastores.

Estes princípios podem ajudar a informar os responsáveis pelo projecto de desenvolvimento a respeito dos problemas sociais, económicos, culturais e ambientais que projectos deste tipo, independentemente de serem ou não de grande envergadura, podem criar. Incorporar uma análise deste tipo nos processos de planeamento, tal como se tem feito para algumas das fontes principais de financiamento do desenvolvimento – incluindo o Banco Mundial, o qual tem uma Política para o Realojamento Involuntário – tem sido um importante passo em frente.[111] Essas políticas permitem o direito ao apelo às partes prejudicadas através de painéis de fiscalização e de outros mecanismos. Abordagens deste tipo poderão permitir resultados favoráveis para o desenvolvimento humano de um modo geral, enquanto ajudam simultaneamente a mitigar os riscos para as minorias deslocadas, embora os desafios permaneçam elevados.

3.5.3 Tráfico humano

As imagens associadas com o tráfico são frequentemente horrendas, e a atenção tende a concentrar-se na sua associação à exploração sexual, ao crime organizado, a abusos violentos e à exploração económica. O tráfico humano não afecta negativamente apenas os indivíduos mas pode, também, minar o respeito por determinados grupos. Contudo, a crescente atenção sobre este fenómeno ainda foi suficiente para traçar uma noção real da sua

> Acima de tudo, o tráfico está associado a restrições à liberdade humana e a violações de direitos humanos básicos.

> O tráfico pode ser muito eficazmente combatido através de melhores oportunidades e controlo nos países de origem – a capacidade de dizer "não" aos traficantes é a melhor defesa.

escala ou da sua importância para as deslocações dentro e para fora de fronteiras (capítulo 2).

Acima de tudo, o tráfico está associado a restrições à liberdade humana e a violações de direitos humanos básicos. Uma vez apanhadas numa rede de tráfico, as pessoas podem ser despojadas dos seus documentos de viagem e isoladas, de modo a que seja difícil, se não mesmo impossível, escapar. Muitas acabam numa situação de escravidão para pagamento de dívidas em locais onde as barreiras linguísticas, sociais e físicas frustram os seus esforços no sentido de procurarem ajuda. Para mais, poderão estar relutantes em se identificar, uma vez que se arriscam a incorrer em sanções legais ou processos criminais. As pessoas traficadas para redes de prostituição sofrem também um elevado risco de contraírem o VIH e outras doenças sexualmente transmissíveis.[112] Uma limitação básica na avaliação dos impactos do tráfico relaciona-se com os dados. A Base de Dados sobre o Tráfico da Vida Humana da OIM contém dados sobre menos de 14.000 casos, que não constituem, assim, uma amostra representativa, e o mesmo se aplica às bases de dados do Gabinete das Nações Unidas contra a Droga e o Crime (UNODC).[113] O cenário que emerge destes dados, a par de outros estudos e relatórios existentes, sugere que a maioria das pessoas traficada corresponde a mulheres jovens de grupos étnicos minoritários. Esta conclusão é confirmada por outras fontes – por exemplo, um estudo realizado no Sudeste Europeu, que revelou que os jovens e as minorias étnicas nas áreas rurais de países em pós-conflito eram vulneráveis ao tráfico, uma vez que tendem a experienciar uma grave exclusão do mercado de trabalho e uma redução da participação.[114] No entanto, este cenário poderá fugir um pouco à realidade, uma vez que é possível que os homens estejam menos dispostos a revelar-se nos inquéritos, por receio que o estatuto de vítima lhes seja negado. Para além da exclusão social e económica, a violência e a exploração em casa ou na comunidade de origem aumentam a vulnerabilidade ao tráfico, tal como também a crença ingénua em promessas de empregos bem remunerados no estrangeiro.

A exploração sexual é a forma de tráfico humano mais comummente identificada (cerca de 80% dos casos, segundo a base de dados do UNODC), sendo que a exploração económica abrange a maior parte do resto das situações. Para as mulheres, homens e crianças traficados para estes e outros fins de exploração, regista-se o trabalho escravo, a servidão doméstica, o casamento forçado, a remoção de órgãos, a mendigação, a adopção ilícita e o recrutamento militar.

A par da falta de poder e de posses dos indivíduos envolvidos, os resultados negativos do tráfico em termos de desenvolvimento humano podem ser em parte associados aos sistemas legais dos países de destino. O controlo restritivo da imigração significa que os grupos marginalizados tendem a ter um estatuto irregular e, por isso, carecem de acesso ao mercado de trabalho formal e às protecções oferecidas pelo Estado aos seus cidadãos e aos trabalhadores migrantes autorizados.[115] De um modo geral, como é evidente, o tráfico pode ser muito eficazmente combatido através de melhores oportunidades e controlo nos países de origem – a capacidade de dizer "não" aos traficantes é a melhor defesa.

As dificuldades em distinguir o tráfico de outros tipos de exploração, assim como os desafios envolvidos na definição das práticas de exploração, tornam os direitos das pessoas traficadas ainda mais complexos. Poderão surgir problemas sobre a aplicação. Ao que parece, o tráfico é por vezes interpretado de uma forma muito lata de modo a aplicar-se a todas as migrantes que entram no mercado da prostituição. Isso pode ser usado para justificar a sua deportação, o que as torna ainda mais vulneráveis à exploração. E, uma vez identificadas, elas são sempre deportadas ou referenciadas para programas de assistência com a condição de cooperarem com a aplicação da lei.

As iniciativas de combate ao tráfico têm florescido nos últimos anos. Nesse sentido, realizaram-se intervenções para reduzir a vulnerabilidade em comunidades potencialmente de risco, tais como aquelas associadas a campanhas de sensibilização e projectos de subsistência. Os programas de assistência também ofereceram aconselhamento, auxílio legal e apoio ao regresso e reintegração. Alguns destes programas estão a revelar-se bem sucedidos, tal como aqueles envolvendo o uso de histórias pessoais e de entretenimento como ferramentas de sensibilização das comunidades na Etiópia e no Mali, ou campanhas de comunicações realizadas de porta-em-porta, como na República Democrática do Congo.[116] Outras iniciativas, porém, levaram a resultados contraproducentes e, por vezes, até desastrosos, incluindo limitações prejudiciais aos direitos das mulheres. No Nepal, por exemplo, as mensagens de prevenção desencorajavam raparigas e mulheres a deixarem as suas aldeias, e procedeu-se a campanhas de sensibilização sobre o VIH que estigmatizavam os retornados.[117] As iniciativas de combate ao tráfico levantam claramente desafios muito complexos e difíceis, que precisam de ser cuidadosamente tratados.

A linha que separa os traficantes, por um lado, e os agentes de recrutamento e contrabandistas, por outro, é pouco nítida. Por exemplo, o negócio do recrutamento pode atingir grandes dimensões ao ponto de incluir numerosos níveis de subagentes informais. Estes subagentes, que trabalham sob a alçada de agências de recrutamento legítimas, poderão reduzir a imputabilidade e aumentar os custos. Os riscos de detenção e deportação são elevados. Por seu lado, em alguns casos, os custos do contrabando incluem subornos a oficiais de fronteiras corruptos e a produção de documentos falsos.[118]

3.6 Impactos gerais

Estudámos os impactos individuais da migração no rendimento, na saúde, na educação e nos aspectos da participação e influência – e olhámos para os resultados negativos que podem ocorrer quando as pessoas se deslocam sob coacção. As diferenças no IDH são um modo simples de retratar as alterações gerais.

As nossas pesquisas revelaram diferenças médias muito significativas entre o IDH de migrantes e aquele de não migrantes, os que se deslocam internamente e para fora de fronteiras nacionais. Concluímos que, em média, os migrantes para países da OCDE apresentavam um IDH cerca de 24% mais alto do que aquele de pessoas que ficaram nos seus respectivos países de origem.[119] Mas os benefícios são grandes não só para aqueles que se deslocam para países desenvolvidos: também concluímos haver diferenças substanciais entre os migrantes internos e os não migrantes.[120] A figura 3.13 mostra que, em 14 de 16 países em desenvolvimento abrangidos por esta análise, o IDH dos migrantes internos é mais elevado do que aquele dos não migrantes.

Em alguns casos as diferenças são substanciais. Para os deslocados internos na Guiné, por exemplo, o IDH dos migrantes é 23% mais elevado do que o de não migrantes – apenas um ponto percentual mais baixo relativamente aos migrantes que se mudaram para os países da OCDE. Se se pensasse nestes migrantes como um país, eles estariam classificados cerca de 25 posições acima em relação aos não migrantes, avaliando-se pelo seu IDH global.

Existem duas excepções importantes ao padrão geral de um maior bem-estar atingido através das deslocações internas: na Guatemala e na Zâmbia, os migrantes internos parecem estar a sair-se pior do que os não migrantes. Com efeito, ambos estes casos sublinham os riscos que estão associados à migração. Na Guatemala, a maioria dos deslocados mudou-se por motivos de violência e guerra civil na década de 1980 e início da década de 1990, enquanto na Zâmbia os migrantes enfrentavam uma pobreza urbana extrema resultante de sucessivos choques económicos que atingiram o país nos últimos 20 anos. Em alguns poucos casos – como o da Bolívia e o do Peru, por exemplo –, o resultado geral em matéria de desenvolvimento humano surge como pouco significativo, apesar dos consideráveis benefícios em termos de rendimento, sugerindo um fraco acesso a serviços como um factor de restrição de bem-estar. Todavia, estes casos excepcionais servem apenas para enfatizar a norma, nomeadamente, o facto de a maioria dos deslocados ser bem sucedida.

Estas conclusões sobre os migrantes internacionais são confirmadas pelas evidências da sua própria noção de bem-estar (figura 3.14). Analisámos dados de 52 países em 2005 e descobrimos que os níveis de felicidade e saúde manifestados pelas próprias pessoas eram muito idênticos entre migrantes e não migrantes: 84% dos migrantes sentiam-se felizes (em comparação com 83% dos não

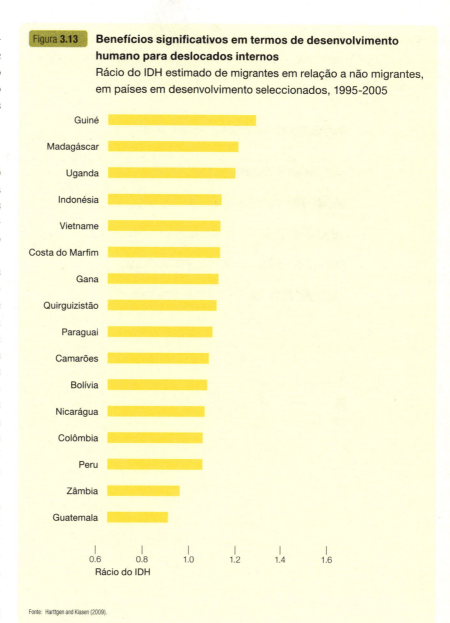

Figura 3.13 **Benefícios significativos em termos de desenvolvimento humano para deslocados internos**
Rácio do IDH estimado de migrantes em relação a não migrantes, em países em desenvolvimento seleccionados, 1995-2005

Fonte: Harttgen and Klasen (2009).

3
RELATÓRIO DE DESENVOLVIMENTO HUMANO **2009**
Ultrapassar Barreiras: Mobilidade e desenvolvimento humanos

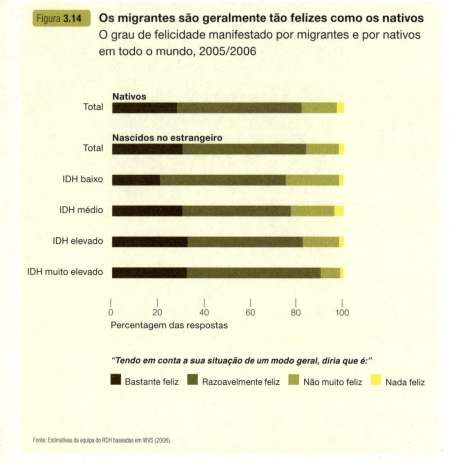

Figura 3.14 **Os migrantes são geralmente tão felizes como os nativos**
O grau de felicidade manifestado por migrantes e por nativos em todo o mundo, 2005/2006

"Tendo em conta a sua situação de um modo geral, diria que é:"
■ Bastante feliz ■ Razoavelmente feliz ■ Não muito feliz ■ Nada feliz

Fonte: Estimativas da equipa do RDH baseadas em WVS (2006).

migrantes que manifestaram o mesmo), enquanto 72% sentiam que as suas condições de saúde eram boas ou muito boas (em comparação com 70% dos não migrantes); apenas 9% não estavam "satisfeitos com as suas vidas" (comparados com 11% dos não migrantes). A maior parcela de migrantes que manifestaram estar bastante ou extremamente felizes registou-se nos países desenvolvidos. Parcelas semelhantes de inquiridos estrangeiros e nativos – mais de 70% - sentiam ter "liberdade e poder escolha sobre as suas vidas".[121]

3.7 Conclusões

Os efeitos complexos associados às deslocações são difíceis de sintetizar de uma forma simples. As conclusões gerais apresentadas neste capítulo sublinham o papel das deslocações no alargamento das liberdades humanas que foi traçado no capítulo 1. Vimos que as pessoas que se deslocam conseguem geralmente optimizar as suas oportunidades em pelo menos algumas dimensões, com benefícios que podem ser bastante relevantes. Contudo, também vimos que os benefícios são reduzidos por políticas nos locais de origem e de destino, bem como pelas restrições colocadas perante os indivíduos e as suas famílias. Uma vez que diferentes pessoas enfrentam diferentes oportunidades e restrições, observámos desigualdades significativas nos retornos da migração. Os casos em que as pessoas experienciam deteriorações no seu bem-estar durante ou a seguir ao processo de mudança – conflito, tráfico, desastres naturais, entre outros – estão associados a restrições que as impedem de escolher livremente o seu lugar na vida.

Uma questão chave que surgiu prende-se com o modo como as deslocações humanas podem também estar associadas a dilemas – as pessoas poderão ficar a ganhar em algumas dimensões da liberdade e a perder noutras. Porém, as perdas poderão ser compensadas e até reduzidas por melhores políticas, tal como iremos mostrar no capítulo final.

Os impactos na origem e no destino

4

As deslocações têm múltiplos impactos nas outras pessoas que não aquelas que se deslocam – impactos que determinam de forma crítica os efeitos gerais. Este capítulo explora os impactos no país de origem e no país de acolhimento, sublinhando a forma como estão inter-relacionados. As famílias onde existem membros que migraram para outros locais no país ou no estrangeiro tendem a experienciar benefícios directos, mas também poderão existir vantagens mais abrangentes, a par da preocupação relativamente ao facto de a partida das pessoas poder constituir uma perda para as comunidades de origem. No que respeita os impactos nos locais de destino, as pessoas acreditam comummente que são negativos – porque se receia que os estrangeiros venham roubar os empregos, sobrecarregar os serviços públicos, criar tensões sociais e até aumentar a criminalidade. As evidências sugerem que estas preocupações são exageradas e muitas vezes infundadas. Ainda assim, as percepções têm o seu peso – e justificam, por isso, que se proceda a uma cuidadosa investigação para ajudar a definir o debate das políticas.

Os impactos na origem e no destino

Entre as pessoas que não se deslocam mas que podem ser afectadas pelas migrações encontram-se as famílias dos migrantes e as comunidades nos locais de origem e de destino. Os múltiplos impactos das deslocações nestes diferentes locais são importantes para determinarmos os efeitos das deslocações no desenvolvimento humano, de uma forma geral. Este capítulo falará de cada um deles.

Nos locais de origem, os impactos poder-se-ão registar no rendimento e no consumo, na educação e na saúde, e em processos culturais e sociais mais latos. Estes impactos são na sua maioria favoráveis, mas a preocupação relativamente à possibilidade das comunidades ficarem a perder quando as pessoas se deslocam necessita de ser explorada. A nossa análise das evidências mostra que os impactos são complexos, apresentam especificidades contextuais e estão sujeitos a alterações com o decorrer do tempo. A natureza e o alcance dos impactos dependem de quem se desloca, de como os migrantes se saem no estrangeiro e da sua tendência de manter os elos, o que se poderá manifestar através dos fluxos de dinheiro, conhecimento e ideias, e na intenção de regressarem em algum momento no futuro. Porque os migrantes tendem a chegar em grande número de locais específicos – por exemplo, de Kerala, na Índia, e da Província de Fujian, na China – os impactos nas comunidades locais poderão ser mais pronunciados do que os impactos nacionais. Porém, o fluxo de ideias poderá ter efeitos de longo alcance nas normas sociais e estruturas de classe, propagando-se para a comunidade mais ampla a longo prazo. Alguns destes impactos têm tradicionalmente sido vistos como negativos, mas uma perspectiva mais lata sugere que será mais apropriado adoptar uma visão mais variada. Neste sentido, também analisamos o modo como os planos de desenvolvimento nacional, tais como as Estratégias de Redução da Pobreza (ERPs), reflectem e definem os esforços dos países em desenvolvimento com vista a promover as vantagens da mobilidade.

Os académicos e os *media* têm direccionado muita atenção sobre os impactos dos migrantes nos países de destino. Há uma opinião generalizada de que estes impactos são negativos – os estrangeiros que chegam ao país são vistos como alguém que vem "roubar" os empregos, caso estejam empregados, viver às custas dos contribuintes ao pedirem benefícios sociais, caso não estejam empregados, adicionar um fardo acrescido aos serviços públicos em áreas como a saúde e a educação, criar tensões sociais com os nativos ou outros grupos de imigrantes e até aumentar a criminalidade. Investigámos a vasta literatura empírica que existe sobre estas questões e verificámos que estes receios são exagerados, e muitas vezes infundados. Não obstante, estas percepções importam porque afectam o ambiente político em que as decisões políticas sobre a admissão e o tratamento de migrantes são tomadas – os receios poderão impulsionar uma maior hostilidade contra os migrantes e permitir que os extremistas políticos ganhem poder. Com efeito, as evidências históricas e contemporâneas sugerem que as recessões são épocas em que essa hostilidade poderá vir a lume. Terminaremos este capítulo tratando a espinhosa questão da opinião pública, que impõe restrições nas opções políticas exploradas no final deste capítulo.

4.1 Os impactos nos locais de origem

Tipicamente, apenas uma pequena parte da população total de um país de origem deslocar-se-á. As excepções – países com um número significativo de cidadãos no estrangeiro – são frequentemente Estados pequenos, incluindo as nações caribenhas como a Antígua e Barbuda, Granada, e São Cristóvão e Nevis. Nestes casos, a taxa poderá exceder os 40%. Quanto mais elevada a taxa, mais provável será que os impactos nas pessoas que permanecem nos seus locais de origem sejam mais difusos e mais profundos. A discussão que se segue concentra-se nos países em desenvolvimento, mas é importante ter-se em conta que, tal como mostrado no capítulo 2, as taxas de emigração para os países com IDH baixo são as mais baixas entre todos os grupos de países.

De um modo geral, os maiores impactos nos locais de origem são sentidos pelos agregados familiares com um migrante ausente. Contudo, a comunidade, a região e até a nação no seu todo poderão ser afectadas. Observaremos de seguida cada um destes aspectos.

4.1.1 Efeitos ao nível do agregado familiar

Em muitos países em desenvolvimento, as deslocações são uma estratégia das famílias com vista a melhorar não só as perspectivas daqueles que migram, mas também da-

> Apesar de estas recompensas financeiras, a separação é tipicamente uma decisão dolorosa que corresponde a elevados custos do foro emocional, tanto para o migrante como para aqueles que ficam para trás.

queles familiares que ficam para trás. Em troca do apoio que prestam à deslocação, as famílias poderão esperar remessas monetárias quando o migrante estiver estabelecido – transferências que tipicamente ultrapassam as suas despesas iniciais, ou o que o migrante poderia esperar ganhar no local de origem. Estas transferências podem, por sua vez, ser usadas para financiar investimentos importantes, assim como para as necessidades de consumo imediatas.

Apesar de estas recompensas financeiras, a separação é tipicamente uma decisão dolorosa que corresponde a elevados custos do foro emocional, tanto para o migrante como para aqueles que ficam para trás. Nas palavras da poetiza filipina Nadine Sarreal:

Os teus entes queridos do outro lado do oceano
À mesa do pequeno-almoço procurarão não fixar o olhar
Onde dantes costumava ser o teu lugar
As refeições agora divididas por cinco
Em vez de seis, não alimentam este vazio.[1]

O facto de tantos pais, esposas e companheiros estarem dispostos a incorrer nestes custos dá-nos ideia de como deverão acreditar que as recompensas sejam efectivamente muito avultadas.

As remessas financeiras são vitais para a melhoria dos meios de subsistência de milhões de pessoas nos países em desenvolvimento. Muitos estudos empíricos confirmaram o contributo positivo das remessas internacionais para o bem-estar dos agregados familiares, nutrição, mantimentos, saúde e condições de vida nos locais de origem.[2] Este contributo é agora bem reconhecido na literatura sobre a migração e reflectido nos dados cada vez mais fidedignos sobre as remessas internacionais publicados pelo Banco Mundial e outras organizações, ilustrados no mapa 4.1. Mesmo aqueles cujas deslocações foram induzidas por conflito poderão proceder a estas remessas, tal como ilustrado em vários pontos da história na Bósnia e Herzegovina, Guiné-Bissau, Nicarágua, Tajiquistão e Uganda, onde as remessas ajudaram a sobreviver comunidades inteiras afectadas pela guerra.[3]

Em alguns corredores de migração internacional, os custos das transferências de dinheiro tenderam a diminuir com o tempo, o que trouxe óbvias vantagens para aqueles que as realizavam e aqueles que as recebiam.[4] Recentes inovações também observaram quedas significativas nos custos ao nível nacional, tal como no caso do Quénia, descrito na caixa 4.1. Com a redução dos custos das transferências de dinheiro, as famílias que anteriormente dependiam dos familiares e amigos próximos da família, ou que recorriam a meios informais, como o condutor do autocarro local, para proceder a estas remessas estão agora a optar por enviar dinheiro através de bancos, empresas de transferências de dinheiro e até telemóveis.

Uma importante função das remessas é diversificar as fontes de rendimento e proteger as famílias de reveses, tais como doenças ou choques maiores causados por recessões económicas, conflitos políticos ou desastres ambientais.[5] Estudos realizados em países tão diversos como o Botsuana, El Salvador, Jamaica e Filipinas concluíram que os migrantes reagem aos choques climatéricos aumentando as suas remessas, embora seja difícil determinar se estas servem eficazmente como um seguro. Recentes exemplos incluem o do furacão Jeanne de 2004 no Haiti, o tsunami de 2004 na Indonésia e Sri Lanka e o terramoto de 2005 no Paquistão.[6] Numa amostra de países pobres, registaram-se remessas cada vez maiores que compensaram em 20% os estragos experienciados resultantes do furacão,[7] enquanto nas Filipinas cerca de 60% das reduções de rendimentos devido a inundações foram assim compensadas.[8] Em El salvador, a falta de colheitas devido a questões climatéricas aumentaram a probabilidade dos agregados familiares enviarem um migrante para os Estados Unidos em 24%.[9]

Os migrantes podem oferecer este tipo de protecção se os seus rendimentos forem suficientemente altos e não variarem a par do das suas famílias. Isto depende da natureza e amplitude dos choques, assim como da localização do migrante. Por exemplo, as remessas podem não garantir um seguro contra os efeitos da actual recessão económica, uma vez que os trabalhadores migrantes de quase todo o lado sofrem retracções justamente quando as suas famílias mais precisam de apoio (caixa 4.2). Espera-se que as remessas para os países em desenvolvimento diminuam de 308 mil milhões de dólares americanos em 2008 para 293 mil milhões em 2009.[10]

Mesmo quando o volume total das remessas é elevado, o seu impacto directo na redução de pobreza depende do contexto socioeconómico daqueles que se deslocam. Na região da América Latina, por exemplo, um estudo realizado recentemente revelou que no México e no Paraguai os agregados familiares que recebiam remessas situavam-se nos níveis mais baixos em termos de distribuição de rendimento e de educação, enquanto o padrão oposto foi registado no Peru e na Nicarágua.[11] Contudo, de um modo geral, as restrições impostas pelas oportunidades limitadas a que os pouco qualificados têm acesso na sua deslocação internacional significam que as remessas não tendem a ir directamente para as famílias mais pobres,[12] nem para os países mais pobres.[13] Veja-se a China, por exemplo: porque os migrantes não vêm geralmente dos agregados familiares mais pobres, o

RELATÓRIO DE DESENVOLVIMENTO HUMANO **2009**
Ultrapassar Barreiras: Mobilidade e desenvolvimento humanos

4

Mapa **4.1** **Fluxos de remessas essencialmente de regiões desenvolvidas para regiões em desenvolvimento**
Fluxos de remessas internacionais, 2006-2007

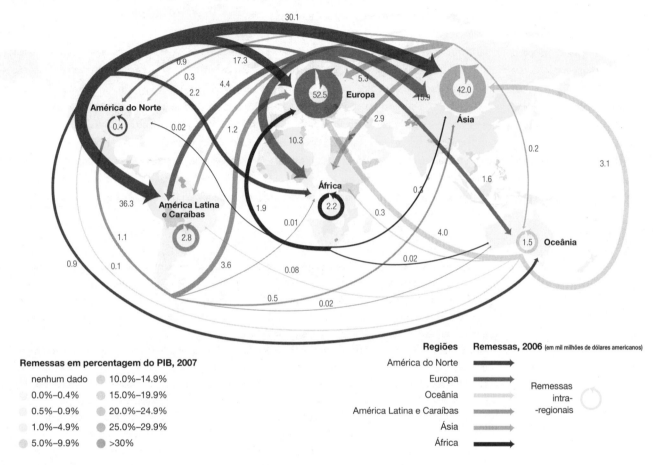

Fonte: equipa do RDH com base em Ratha and Shaw (2006) e World Bank (2009b).

impacto da migração interna na pobreza em agregado é limitado (uma redução estimada em 1%), embora isso ainda se traduza por quase menos 12 milhões de pobres.[14] Simultaneamente, alguns migrantes provêm, de facto, de agregados familiares pobres e remessas significativas vão por vezes para pessoas que não são da família, o que permite benefícios mais alargados – como se concluiu no caso das Fiji e da Jamaica, por exemplo.[15]

Os efeitos da migração interna em termos da redução de pobreza, que foram demonstrados por estudos numa variada série de situações nacionais, poderão ser ainda mais significativos. Em Andhra Pradesh e Madhya Pradesh, na Índia, as taxas de pobreza em agregados familiares com um migrante desceram em cerca de metade entre 2001/02 e 2006/07,[16] e resultados semelhantes foram registados relativamente ao Bangladesh.[17] Também foram relatados grandes benefícios em dados de painel, que seguiram os indivíduos ao longo de tempo, na região de Kagera da Tanzânia, entre 1991 e 2004.[18] Pesquisas realizadas para este relatório, usando dados de painel e fazendo o controlo do enviesamento na selecção (da amostra), examinaram os casos da Indonésia entre 1994 e 2000 e do México entre 2003 e 2005. Na Indonésia, onde quase metade dos agregados familiares tinha um migrante, as taxas de pobreza para não migrantes foram essencialmente estáveis no período (que incluiu a crise financeira da Ásia Oriental), descendo ligeiramente de 40 para 39%, mas diminuíram rapidamente para os migrantes, nomeadamente, de 34 para 19%. No México, onde cerca de 9% dos agregados familiares tinham um migrante interno, as taxas de pobreza aumentaram acentuadamente de 45 para 31% para os não migrantes no período (o qual inclui a recessão de 2001/02), mas apenas ligeiramente de 29 para 30% para os migrantes. Em ambos os países, no início, os agregados familiares com um migrante correspondiam a menos de metade dos dois

73

4

RELATÓRIO DE DESENVOLVIMENTO HUMANO **2009**
Ultrapassar Barreiras: Mobilidade e desenvolvimento humanos

> **Caixa 4.1**   **O modo como os telemóveis podem reduzir os custos das transferências de dinheiro: o caso do Quénia**
>
> Para muitas pessoas em áreas rurais remotas de países em desenvolvimento, os custos de receberem dinheiro permanecem elevados: os receptores têm tipicamente de viajar longas distâncias até uma capital regional ou nacional para recolher o dinheiro, ou este tem de lhes ser entregue em mãos através de um intermediário, que poderá cobrar uma margem considerável.
>
> A rápida difusão da tecnologia dos telemóveis na última década levou ao desenvolvimento de sistemas de transferência de dinheiro inovadores em vários países. Por exemplo, no Quénia, uma companhia líder no sector dos telemóveis, a Safaricom, entrou em parceria com patrocinadores para elaborar um sistema piloto que subsequentemente levou ao lançamento, em 2007, da M-PESA (que significa "Dinheiro Móvel"). Qualquer pessoa que tenha um telemóvel pode depositar dinheiro numa conta ou enviá-lo para outro utilizador de telemóvel, usando os agentes da M-PESA, distribuídos em todo o país.
>
> Um inquérito recente a utilizadores em todo o Quénia mostrou que, em apenas dois anos, a M-PESA expandiu rapidamente. É agora usada por cerca de 6 milhões de pessoas, ou 17% da população – de 26% que são proprietários de telemóveis –, e é apoiada por uma rede de mais de 7.500 agentes. As transferências podem ser realizadas da cidade de Mombasa para Kisumu, nas margens do Lago Vitória, ou de Nairobi, no sul, para Marsabit, no norte – ambos os casos a dois dias de viagem por autocarro –, bastando premir algumas teclas e com um custo inferior a um dólar. A meio de 2008, o volume de dinheiro enviado, sobretudo sob a forma de um grande número de transacções relativamente pequenas, havia atingido 8% do PIB.
>
> Fonte: Jack and Suri (2009).

---

quintis superiores de riqueza, mas com o tempo essa parcela subiu para quase dois terços.[19]

Uma dimensão das deslocações que parece afectar os fluxos de remessas é o género. As evidências sugerem que as mulheres tendem a enviar porções maiores dos seus rendimentos para casa, fazendo-o também de forma mais regular, apesar de os seus salários mais baixos significarem frequentemente que as quantias absolutas sejam mais pequenas.[20]

Existe também uma dimensão temporal relativamente a estas remessas. Com o decorrer do tempo, os efeitos indirectos das remessas poderão alargar substancialmente os respectivos impactos na pobreza e na desigualdade.[21] Os pobres poderão ficar a ganhar quando as remessas forem gastas de forma a produzir emprego local, tal como a construção de casas, ou quando se estabelecem ou se expandem negócios.[22] Alguns estudos revelaram que os que recebem as remessas mostram um maior empreendedorismo e uma mais elevada propensão para investir do que as famílias onde não exista qualquer migrante.[23] Contudo, os efeitos do investimento positivo podem levar décadas a materializar-se por completo, são complexos e estão longe de serem automáticos. Essa demora poderá reflectir atrasos no envio de remessas durante o período em que os migrantes se adaptam aos seus novos lares, ou condições políticas e económicas nos locais de origem – tais como um clima pobre para o investimento –, o que poderá retrair ou dissuadir as transferências.[24]

Por fim, as remessas podem também criar um depósito de capital para financiar outras migrações, anos depois do primeiro membro da família ter partido.

Alguns comentadores minimizam a importância das remessas porque estas são gastas em parte no consumo. Esta perspectiva está errada, por duas razões. Primeiro, o consumo poderá ser inerentemente importante e tem frequentemente efeitos de longo prazo, como um investimento, especialmente em comunidades pobres. Melhorias na nutrição e outros itens de consumo básicos optimizam enormemente o capital humano e, por isso, os rendimentos futuros.[25] Do mesmo modo, os gastos com a escolarização são muitas vezes uma prioridade para as famílias que recebem as remessas, porque aumentam o poder de receber vencimentos relativamente à geração seguinte. Segundo, a maioria dos tipos de consumo, especialmente em bens e serviços de trabalho intensivo tais como o alojamento e outras construções, beneficiará a economia local e poderá ter efeitos multiplicadores.[26] Todos estes efeitos são positivos.

As famílias onde existem migrantes parecem ter maior tendência para enviar os seus filhos para a escola, usando dinheiro das remessas para pagar as propinas e para outros custos. Esta situação reduz o trabalho infantil. Uma vez chegados ao destino, os filhos dos migrantes apresentam uma maior probabilidade de terminar a escola, uma vez que as melhores perspectivas associadas à migração afectam as normas e os incentivos sociais.[27] Na Guatemala, a migração interna e internacional está associada a despesas educacionais acrescidas (45 e 48%, respectivamente), especialmente em relação a níveis de escolarização mais elevados.[28] Na zona rural do Paquistão, a migração temporária poderá estar associada a mais elevadas taxas de escolarização e diminuições nas taxas de abandono escolar, que excedem os 40%, com maiores efeitos nas raparigas do que nos rapazes.[29] Na nossa própria pesquisa, registaram-se resultados semelhantes no México, onde as crianças em agregados familiares com um migrante interno tinham mais 30-45% de probabilidade de estarem num nível escolar adequado à sua idade.[30]

A perspectiva da migração pode fortalecer os incentivos para investir na educação.[31] Esta ideia tem sido sugerida em teoria e mostrada na prática em alguns países. A emigração dos cidadãos das Fiji em direcção a empregos que exijam uma alta qualificação na Austrália, por exemplo, encorajou a busca de uma mais elevada educação nas Fiji. Este efeito é tão grande que, enquanto sensivelmente um terço da população indo-fijiana emigrou nas últimas três décadas e os trabalhadores qualificados estão sobre-representados entre os emigrantes, o número absoluto de trabalhadores qualificados indo-fijianos aumentou bastante.[32] Uma série de governos, incluindo o das Filipinas procurou deliberadamente promover o trabalho no estrangeiro, em parte facilitando a criação de competências dentro de portas.[33]

Os impactos das perspectivas de migração nos incentivos à escolarização são determinados pelo contexto e pelas próprias perspectivas. No México, por exemplo, onde predomina a migração pouco qualificada, e frequentemente irregular, os rapazes apresentavam uma maior tendência de abandonar a escola para escolher esta opção.[34] Na pesquisa que solicitámos sobre os dados dos censos chineses ao nível das províncias, os investimentos na escolarização nas comunidades rurais davam resposta às competências necessárias para as oportunidades de emprego existentes fora da província. Assim, onde os migrantes internos tinham o ensino secundário, as crianças que permaneceram na comunidade eram geralmente encorajadas a completar níveis superiores de ensino, enquanto nas províncias, onde os migrantes tendencialmente apenas completaram os níveis de ensino básicos, as taxas de conclusão do ensino secundário eram mais baixas.[35]

Os resultados ao nível da saúde das pessoas que não se deslocam poderão ser afectados pela migração, através de efeitos na nutrição, condições de vida, rendimentos mais altos e a transmissão de conhecimento e práticas. Existem evidências de que os rendimentos mais elevados e o melhor conhecimento relativo à saúde que resultam da migração têm uma influência positiva nas taxas de mortalidade entre os jovens e crianças.[36] Porém, pelo menos no México, concluiu-se que os resultados em termos de saúde a um mais longo prazo poderão ser adversamente afectados, porque os níveis de cuidados de saúde preventivos (por exemplo, amamentação e vacinação) eram mais baixos quando pelo menos um dos pais tinha migrado.[37] Esta situação poderá estar associada a um maior fardo de trabalho e/ou níveis reduzidos de conhecimento associados a uma situação monoparental ou famílias com poucos adultos. Para mais, quando doenças infecciosas podem ser contraídas nos locais de destino, a viagem de regresso pode trazer riscos de saúde significativos para as famílias em casa. Os riscos de VIH e outras doenças sexualmente transmissíveis poderão ser particularmente elevados.[38]

Caixa 4.2 A crise de 2009 e as remessas

A crise económica de 2009, que começou nos principais países de destino e se tornou agora global, fez diminuir os fluxos de remessas para os países em desenvolvimento. Existem já evidências de declínios significativos de fluxos para países que dependem fortemente das remessas, incluindo o Bangladesh, o Egipto, El Salvador e as Filipinas.

Os países e regiões variam no seu grau de exposição à crise através dos efeitos das remessas. Prevê-se que as remessas para os países da Europa de Leste e da Ásia Central sofram a maior queda tanto em termos relativos como absolutos, em parte reflectindo o retrocesso depois da rápida expansão que se havia registado a seguir à acessão da União Europeia e ao *boom* económico na Federação Russa. Na Moldávia e no Tajiquistão, onde as taxas de remessas do PIB são as mais elevadas do mundo (45 e 38%, respectivamente), estima-se que os fluxos diminuam em 10% em 2009. El Salvador está a enfrentar um declínio significativo em remessas, que corresponde a mais de 18% do seu PIB.

Cerca de três quartos das remessas para a África Subsariana vêm dos Estados Unidos e da Europa, os quais foram severamente afectados pela recessão (capítulo 2). Resta saber se estas fontes provarão ser mais ou menos resilientes do que os fluxos da ajuda pública ao desenvolvimento e do investimento privado.

Fonte: Ratha and Mohapatra (2009a,b).

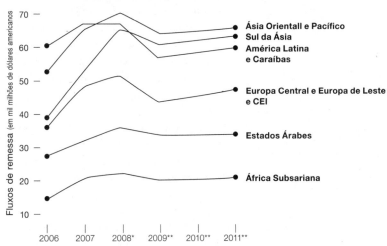

Figure 4.1 Prevê-se que a recessão global tenha impacto nos fluxos de remessas

Projecções de tendências de fluxos de remessas para regiões em desenvolvimento, 2006-2011

* Estimativa   ** Previsões

Fonte: Ratha and Mohapatra (2009b) e The Economist Intelligence Unit (2009).

Nota: Estes grupos de regiões incluem todos os países em desenvolvimento por classificação das delegações regionais do PNUD. Para uma lista completa de países em cada região ver "Classificação de Países" no Anexo Estatístico.

> Os efeitos dos fluxos de competências sao menos prejudiciais para as comunidades de origem do que geralmente se assume.

Apesar de os benefícios potenciais no consumo, na escolarização e na saúde, as crianças em casa poderão ser negativamente afectadas em termos emocionais pelo processo de migração. Uma em cada cinco mães paraguaias residentes na Argentina, por exemplo, tem filhos muito jovens no Paraguai.[39] Os estudos que investigam os possíveis impactos concluíram que estes dependem da idade da criança quando a separação ocorre (nos primeiros anos de vida o impacto poderá ser maior), da familiaridade e atitude do adulto a quem a criança foi deixada ao cuidado, e se a separação é permanente ou temporária.[40] O advento da comunicação barata e fácil, por exemplo por telemóvel e pelo *Skype*, atenuou a separação dos membros da família e ajudou em grande medida a manutenção de laços e relações nos últimos anos. As deslocações podem afectar as relações de género em casa.[41] Quando as mulheres se deslocam, poderão deixar os seus papéis tradicionais, especialmente aqueles em torno dos cuidados a crianças e a idosos.[42] Quando os homens migram, a mulheres das áreas rurais poderão ter uma maior participação devido à sua ausência: todos os estudos realizados no Equador, em Gana, na Índia, em Madagáscar e na Moldávia revelaram que, com a migração masculina, as mulheres das áreas urbanas aumentaram a sua participação nas tomadas de decisão da comunidade.[43] As normas adoptadas no novo lar de um migrante – tais como uma idade de casamento mais elevada e menos fertilidade, maiores expectativas educacionais quanto às raparigas, e a participação na força laboral – podem ter repercussões no local de origem, influenciando-o no mesmo sentido. Este processo de difusão poderá ser acelerado em casos em que o hiato social e cultural entre os países de envio e os países de recepção for grande.[44] Esta questão ficou confirmada por recentes estudos relativamente à transferência das normas de fertilidade dos migrantes para a família alargada e amigos nos locais de origem: números mais baixos de crianças a nível nacional tornam-se, assim, a norma em ambos os locais.[45]

Contudo, de um modo geral, as evidências sobre os impactos nos papéis tradicionais de cada género são variadas. Por exemplo, nos locais onde as vidas das mulheres dos migrantes em casa permanecem extremamente confinadas ao trabalho doméstico, à educação das crianças e ao trabalho agrícola, pouco deverá mudar – à excepção do facto de que a sua carga de trabalho aumenta. O aumento da autoridade pode também ser temporário se os homens migrantes retomarem a sua posição como chefes do agregado familiar no seu regresso, tal como se tem registado na Albânia e no Burkina Faso, por exemplo.[46]

A transmissão das normas pode estender-se à participação nos assuntos cívicos. Estudos recentes em seis países da América Latina revelaram que os indivíduos com maiores ligações às redes de migrantes internacionais participam mais nos assuntos da comunidade local, apoiam mais os princípios democráticos e são também mais críticos em relação ao desempenho democrático dos seus próprios países.[47]

4.1.2 Efeitos económicos ao nível da comunidade e da nação

Para além dos seus impactos directos nas famílias com migrantes, as deslocações podem ter efeitos mais difusos. Os processos de mudança social e cultural causados pela migração poderão ter impactos significativos no empreendedorismo, nas normas da comunidade e nas transformações políticas – impactos que são frequentemente sentidos pelas gerações seguintes. Por exemplo, o Quénia e, com efeito, a maior parte da África podem ser afectados hoje e no futuro pela decisão de Barack Obama Sénior, tomada há cinco décadas, de ir estudar nos Estados Unidos. A maior parte destes efeitos é altamente positiva. Todavia, uma questão que tem de ser tratada é a do fluxo de saída de competências a partir das comunidades-fonte.

Há muito que se tem dado voz aos receios de que a mobilidade de pessoas qualificadas prejudique a economia dos países de origem, embora o debate se tenha tornado mais variado nos últimos anos.[48] Essas preocupações vêm frequentemente a lume numa série de pequenos Estados e países mais pobres, mas também se estendem a países como a Austrália, que vê muitos dos seus cidadãos graduados a saírem para o estrangeiro. Ao longo das últimas décadas, esta questão tem gerado uma série de propostas, que serão analisadas no capítulo 5. Mas um importante ponto aqui subjacente prende-se com o modo como a mobilidade é normal e prevalecente, mesmo em sociedades prósperas (capítulo 2). As pessoas qualificadas, como todas as outras pessoas, deslocam-se em resposta à percepção que têm da falta de oportunidades nos seus países e/ou de melhores oportunidades noutros locais, tanto para elas próprias como para os seus filhos. É pouco provável que as tentativas de restringir estas deslocações sem tratar as causas estruturais subjacentes sejam eficazes. Há também razões para se acreditar que os efeitos dos fluxos de competências sejam menos prejudiciais para as comunidades de origem do que geralmente se assume, tal como se argumenta na caixa 4.3.

Uma preocupação tradicional tem sido a de que a partida de jovens fisicamente aptos leve a uma escassez na mão-de-obra e a declínios na produtividade, particularmente na agricultura.[49] Na Indonésia, por exemplo, as comunidades enfrentaram escassez de mão-de-obra no sector agrícola.[50] Contudo, em muitos países em

> **Caixa 4.3** **Os impactos dos fluxos de competências no desenvolvimento humano**
>
> A emigração de pessoas com graus universitários atraiu muita atenção popular e académica, especialmente porque a escassez de competências é acentuada em muito países pobres. As evidências sugerem que melhorar as condições de trabalho locais para que permanecer em casa se torne mais atractivo é uma estratégia mais eficaz do que se impor restrições à saída.
>
> É importante reconhecer que a terrível qualidade no fornecimento de serviços básicos em alguns países pobres não pode ser vista como a causa da emigração de profissionais qualificados. Análises sistemáticas a partir de uma nova base de dados sobre a emigração dos funcionários dos serviços de saúde de África confirmam que os baixos níveis de pessoal nos serviços de saúde e as pobres condições de saúde pública são problemas cruciais, mas tendem a reflectir factores que não estão relacionados com as deslocações internacionais dos profissionais de saúde – nomeadamente, incentivos fracos, recursos inadequados e uma capacidade administrativa limitada. A migração é mais correctamente retratada como um sintoma, não uma causa, de sistemas de saúde em colapso.
>
> Os custos sociais associados com a emigração qualificada não deverão ser sobrestimados. Quando o desemprego entre os graduados é elevado, tal como geralmente acontece nos países pobres, o custo da oportunidade de partir pode não ser grande. Se um trabalhador altamente produtivo, mas modestamente remunerado, deixa uma comunidade, esta sofre uma perda significativa. Mas se um trabalhador igualmente qualificado mas *não* produtivo parte, a comunidade dificilmente sairá afectada. Se, por exemplo, os professores faltam com frequência ao trabalho, os impactos directos da sua partida dificilmente serão grandes. Tudo isto não nos deve fazer relegar uma abordagem destas fontes de ineficácia e de desperdício para segundo plano, e o facto de as equipas de profissionais poderem não estar actualmente a servir as suas comunidades não é uma questão que possa ser simplesmente afastada do debate sobre os fluxos de competências.
>
> Como os outros migrantes, as pessoas qualificadas no estrangeiro trazem muitas vezes benefícios para os seus países de origem, através de remessas e do desenvolvimento de redes sociais. Tal como mostrado na figura 3.2, os benefícios absolutos da migração em termos de rendimento podem ser enormes, pelo que se apenas uma fracção da diferença for enviada, os benefícios para o país de origem podem ser consideráveis. Algumas investigações sugeriram que a taxa do investimento directo estrangeiro num país em desenvolvimento está positivamente correlacionada com o número dos graduados desse país presentes no país de investimento. Outros estudos revelaram que quantos mais emigrantes altamente qualificados de um país viverem em outro, maiores serão as trocas comerciais entre esses dois países.
>
> Por fim, embora não menos importante, números significativos de emigrantes qualificados regressam aos seus países – uma estimativa recente sugere que cerca de metade fazem-no, geralmente, após cinco anos. A literatura recente também tem sublinhado a crescente importância do movimento circular à medida que as redes transnacionais crescem.
>
> Fonte: Clemens (2009b), Banerjee and Duflo (2006), Javorcik, Ozden, Spatareanu, and Neagu (2006), Rauch (1999), Felbermayr and Toubal (2008), Findlay and Lowell (2001) e Skeldon (2005).

desenvolvimento, as deslocações da mão-de-obra da agricultura para as áreas urbanas poderão ser uma parte importante da transformação estrutural. E, visto que é a escassez de capital, e não de mão-de-obra, que restringe o crescimento na maioria dos países em desenvolvimento, as remessas podem ser uma fonte importante para financiar o investimento rural.

A migração poderá ser uma força impulsionadora da convergência salarial e de rendimento entre as áreas de origem e as áreas de destino. Isto porque, com o aumento da mobilidade entre as duas regiões, os seus mercados de trabalho tornam-se mais integrados e grandes diferenças salariais tornam-se mais difíceis de manter. Existem consideráveis evidências históricas, analisadas no capítulo 2, de que a optimização da mobilidade está associada à redução das disparidades salariais entre os países. Por seu lado, as desigualdades dentro dos países poderão seguir um padrão convexo com o decorrer do tempo: o progresso em algumas áreas cria riqueza e por isso aumenta a desigualdade, o que encoraja a migração que, por sua vez, com o decorrer do tempo, tende a reduzir a desigualdade. Os estudos têm associado uma maior mobilidade de trabalho interna com a redução de disparidades de rendimento inter-regionais no Brasil, na Índia, na Indonésia e no México.[51]

Curiosamente, as taxas de emigração dos trabalhadores qualificados são substancialmente mais elevadas entre as mulheres do que entre os homens na maioria dos países em desenvolvimento.[52] As mulheres com graus superiores de ensino são pelo menos 40% mais propensas do que os homens com os mesmos graus académicos a emigrarem para os países da OCDE a partir de uma grande variedade de países, incluindo o Afeganistão, a Croácia, Gana, Guatemala, Malawi, Papua-Nova Guiné, Togo, Uganda e Zâmbia. Embora esta situação pudesse reflectir vários factores, as barreiras estruturais e/ou culturais à concretização profissional nas terras de origem parecem ser a explicação mais provável.[53]

As deslocações de pessoas qualificadas acontecem não só entre mas também dentro de fronteiras, sendo que as pessoas se deslocam sempre em busca de melhores oportunidades. Esta questão está ilustrada na figura 4.2, onde se compara as deslocações dentro do Brasil, do Quénia, das Filipinas e dos Estados Unidos com as respectivas taxas internacionais. Notavelmente, encontramos padrões de migração de trabalhadores qualificados muito semelhantes dentro dos limites de uma mesma nação e entre diferentes nações. Em particular, a tendência de uma proporção mais elevada de trabalhadores qualificados emigrar de pequenos Estados assemelha-se à tendência de igualmente se migrar mais a partir de pequenas localidades. Esta situação sugere que as opções de políticas exploradas nas discussões sobre o desenvolvimento local – tais como maiores incentivos e melhores condições de trabalho – poderão ser também relevantes para a concepção de políticas relacionadas com a emigração de profissionais qualificados para o estrangeiro.

De um modo ainda mais geral, os efeitos da migração ao nível nacional nos países de origem são complexos e, na sua maioria, difíceis de quantificar. Poderão surgir redes sociais que facilitam a difusão do conhecimento, da inovação e de atitudes e, assim, promovam o desenvolvimento no médio ou longo prazos. Existem imensas evidências empíricas indicando que os migrantes apoiam actividades produtivas nos seus países de origem, através da transferência de tecnologias, da repatriação de competências optimizadas e da exposição a melhores práticas de trabalho e de gestão.[54] O governo chinês, por exemplo, tem procurado estabelecer elos com os cidadãos chineses que se encontram a estudar no estrangeiro para ajudarem a promover a excelência académica nas suas universidades. Do mesmo modo, os "argonautas" indianos – jovens graduados que ajudaram a fomentar o *boom* da alta tecnologia no país – trouxeram para os seus empregos as ideias, a experiência e o dinheiro que acumularam nos Estados Unidos e noutros locais.[55] Todo o modelo da indústria de *software* mudou à medida que as empresas passaram cada vez mais a fazer a contratação externa da produção para a Índia ou se estabeleceram elas próprias no local. Neste caso, a migração qualificada trouxe efeitos externos e dinâmicos significativos, que beneficiam tanto os trabalhadores como a indústria no local de origem.

A difusão de novas indústrias através de redes internacionais de profissionais qualificados pode ser rápida e imprevisível, pode encontrar nichos mesmo em níveis de desenvolvimento geral que seriam, de outra forma, baixos, e depende crucialmente da abertura do ambiente empresarial e político no país. Parece que países como a República Islâmica do Irão, o Vietname e a Federação Russa, que têm sistemas mais fechados, beneficiaram menos da formação de negócios na área da alta tecnologia através dos seus trabalhadores qualificados no estrangeiro do que a Índia e a Israel, por exemplo.[56]

Quase todos os estudos macro quantitativos sobre os efeitos ao nível nacional concentraram-se mais estreitamente na escala e nas contribuições das remessas. Em 2007, o volume de remessas oficialmente registadas para países em desenvolvimento era de cerca quatro vezes a dimensão de toda a ajuda pública ao desenvolvimento.[57] A esta escala, as remessas estarão provavelmente a prestar um forte contributo para os rendimentos dos câmbios em relação a outras fontes em cada país. No Senegal, por exemplo, as remessas em 2007 foram 12 vezes superiores ao investimento directo estrangeiro. As remessas representam uma fatia significativa do PIB numa série de Estados pequenos e pobres, sendo que o Tajiquistão encabeça

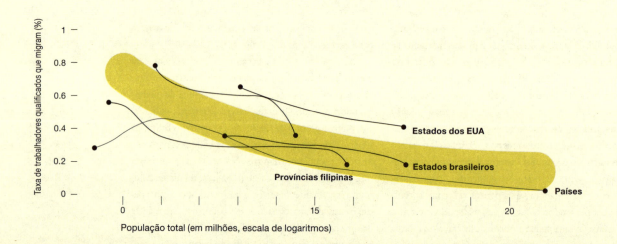

Figura 4.2 **Os trabalhadores qualificados deslocam-se de modo semelhante para fora e dentro dos limites das nações**
População e taxa de trabalhadores qualificados que migram interna e internacionalmente

Fonte: Clemens (2009b).
Nota: As taxas representadas baseiam-se em regressões de densidade de Kernel

essa lista com uma percentagem de 45%. Para todos os países que se encontram na lista dos 20 que mais recebem remessas a taxa excedeu os 9% em 2007; e em mais de 20 países em desenvolvimento, as remessas excederam os rendimentos obtidos a partir da exportação da mercadoria principal.

Porém, duas importantes questões devem ser acrescentadas a estes números. Primeiro, o vasto volume destes fluxos não vai para os países mais pobres. Dos fluxos de entrada de remessas estimados em 2007, menos de 1% foram para países na categoria de IDH baixo. Para este grupo, as remessas correspondem apenas a 15% da sua ajuda pública ao desenvolvimento. Contrariamente, na América Latina e Caraíbas as remessas em 2007 ascenderam a cerca de 60% do volume combinado de toda a ajuda e o investimento directo estrangeiro. Segundo, os estudos que procuraram apurar os impactos das remessas no crescimento a longo prazo do país de recepção sugerem que estes impactos são geralmente pequenos, embora as conclusões sejam contraditórias.[58] Esta situação deve-se em parte ao facto de o impacto de desenvolvimento das remessas ser, em última análise, contingente nas estruturas institucionais locais.[59]

Têm-se levantado algumas preocupações sobre as remessas poderem criar uma espécie de "maldição de recurso", contribuindo para uma apreciação indesejável da moeda e, portanto, para dificultar a competitividade. Mais uma vez, contudo, as evidências são contraditórias.[60] Para mais, as remessas vão para indivíduos e famílias e são, assim, distribuídas de um modo mais abrangente do que os rendimentos de recursos naturais, que apenas chegam aos governos e a uma série de empresas, pelo que podem levar a um aumento da corrupção. Um aspecto macroeconómico positivo das remessas é o modo como tendem a ser menos voláteis do que a ajuda pública ao desenvolvimento ou o investimento directo estrangeiro, embora estejam ainda assim sujeitas a flutuações cíclicas, como se pode observar nos dados de 2009 (caixa 4.2).[61]

Em geral, o "desenvolvimento causado pelas remessas" não nos pareceria ser uma estratégia de crescimento sólida. Tal como os fluxos da ajuda estrangeira, as remessas só por si não podem eliminar as restrições estruturais ao crescimento económico, à mudança social e a uma melhor gestão do país que caracterizam muitos países com níveis baixos de desenvolvimento humano. Posto isto, para alguns Estados pequenos, particularmente aqueles que enfrentam problemas adicionais relacionados com o seu carácter remoto, a mobilidade pode integrar uma estratégia geral eficaz para o desenvolvimento humano (caixa 4.4).

4.1.3 Efeitos sociais e culturais

A mobilidade pode ter consequências profundas para as hierarquias sociais, de classe e étnicas nas comunidades de origem se os grupos de estatuto mais baixo ganharem acesso a fluxos de rendimento substancialmente mais elevados. Esta situação é ilustrada pelos casos dos *Maya* na Guatemala[62] e dos *Haratin*, um grupo essencialmente constituído por arrendatários agrícolas negros em Marrocos.[63] Estas mudanças são bem-vindas, o que pode romper as formas tradicionais, assentes em castas, de desigualdade hereditária baseadas em aspectos como parentesco, cor da pele, grupo étnico ou religião, os quais estão associados a um acesso desigual a terras e a outros recursos.

As ideias, as práticas, as identidades e o capital social que seguem de volta para as famílias e comunidades nos locais de origem são conhecidos como "remessas sociais".[64] Estas remessas podem surgir através de visitas e das comunicações que estão rapidamente a melhorar. O caso de uma aldeia na República Dominicana, Miraflores, onde dois terços das famílias enviaram parentes para Boston na década de 1990, mostra os impactos na dinâmica de géneros. Os papéis das mulheres mudaram, não só em Boston, onde foram em busca de trabalho, mas também na República Dominicana, onde passaram a usufruir de uma distribuição mais equitativa das tarefas domésticas e uma maior participação, de um modo geral. Outro exemplo chega-nos dos paquistaneses no Centro Islâmico de Nova Inglaterra nos Estados Unidos, onde as mulheres rezam na mesquita e fazem a sua gestão ao lado dos homens. Notícias sobre estas mudanças chegaram a Karachi, no Paquistão, onde algumas mulheres ainda preferem abordagens tradicionais, mas outras estão a tentar criar novo espaços onde possam rezar e estudar juntas. A saúde é outra área em que as remessas sociais têm impacto. Como resultado da exposição no estrangeiro, os migrantes que vêm em visita ou regressam às suas terras poderão trazer consigo práticas como a de beber água com condições de consumo, afastar os animais das zonas habitacionais, ou fazer *check-ups* médicos anuais.

Contudo, os efeitos sociais e culturais da migração não são sempre positivos. Um exemplo disso é a deportação de jovens dos Estados Unidos de volta para a América Central que tem sido comparada a uma exportação de *gangs* e da cultura dos *gangs*.[65] Embora não estejam disponíveis dados e análises detalhados, um relatório regional recente revelou que a distinção entre gangs que se formaram nas suas terras (*pandillas*) e aqueles que foram exportados dos Estados Unidos (*maras*) não é sempre clara.[66] Em ambos os casos, são necessários programas que visem indivíduos e comunidades em risco a fim de

> As ideias, as práticas, as identidades e o capital social que seguem de volta para as famílias e comunidades nos locais de origem são conhecidos como "remessas sociais".

Caixa 4.4 — A mobilidade e as perspectivas de desenvolvimento de Estados pequenos

Tal como se referiu no capítulo 2, é bastante relevante que os países com as mais elevadas taxas de emigração sejam Estados pequenos. Estas taxas coincidem muitas vezes com o subdesenvolvimento. Para os pequenos Estados mais pobres, as desvantagens de serem pequenos incluem a excessiva dependência numa única mercadoria, ou num único sector, e a vulnerabilidade a choques exógenos. Pequenos países não conseguem facilmente tirar vantagem das economias de escala na actividade económica e na provisão de bens públicos, e enfrentam muitas vezes elevados custos de produção e preços de consumo. No caso de pequenos Estados insulares, o seu carácter remoto é um factor adicional, aumentando os custos e o tempo de transporte, e tornando difícil competir com mercados externos. Todos estes factores encorajam a emigração.

Os benefícios financeiros associados à migração são relativamente significativos para os Estados pequenos. Em 2007, as remessas atingiram uma média de 233 dólares americanos per capita, comparados com uma média de remessas para países em desenvolvimento de 52 dólares americanos. Os fluxos anuais mais elevados relativos ao PIB situam-se nas Caraíbas, com remessas a corresponder aos 8% do PIB. Contudo, a maioria dos Estados pequenos não está entre os países com as taxas de remessas mais elevadas em relação ao PIB, pelo que não estão especialmente expostos a choques a partir desta fonte. Simultaneamente, os benefícios da migração para os Estados pequenos vão muito para além do valor monetário das remessas. As deslocações abrem oportunidades para ligações laborais, que poderão optimizar a integração com centros de actividade económica. A migração laboral temporária poderá ser uma forma de equilibrar as necessidades económicas tanto do país de origem como do país de destino, de providenciar oportunidades para os trabalhadores pouco qualificados e de permitir benefícios mais alargados em casa através da repatriação de competências e ideias empresariais. Sendo que a pequenez coincide com a fragilidade e, em alguns países, com a instabilidade, a migração pode ser uma válvula de segurança para mitigar o risco de conflito, assim como uma estratégia de diversificação a longo prazo.

Alguns Estados pequenos integraram a emigração nas suas estratégias de desenvolvimento, sobretudo para dar resposta ao desafio da criação de emprego. A nossa análise das ERPs revela que muitos Estados pequenos (Butão, Cabo Verde, Domínica, Guiné-Bissau, São Tomé e Príncipe e Timor-Leste) mencionam elementos positivos da migração internacional em termos do impacto no desenvolvimento e/ou da redução da pobreza. Entre os objectivos patentes nos Documentos das Estratégias de Redução da Pobreza (DERPs) (2003) de Timor-Leste, consta o desenvolvimento de um plano para 1.000 trabalhadores se deslocarem para o estrangeiro anualmente. Contudo, outros países (Djibuti, Gâmbia, Guiana e Maldivas) referem-se à emigração apenas como um problema. Alguns vêm aspectos negativos, tais como o da exposição a recessões nas remessas (Cabo Verde) e uma desigualdade mais acentuada (Butão). As ERPs da Domínica viam a emigração tanto como uma causa de pobreza, como algo que contribui para a redução de pobreza.

Os Estados pequenos podem fazer da migração um elemento estratégico nos esforços de desenvolvimento de diversas maneiras, algumas das quais envolvem acordos regionais. Alguns países focalizam-se no emprego temporário no estrangeiro. Outros enfatizam a criação de competências, por vezes em concertação com países vizinhos. A Maurícia encorajou activamente o emprego temporário no estrangeiro como uma forma de aquisição de competências e de capital que os migrantes podem usar para estabelecerem os seus próprios negócios aquando do seu regresso. Com alguns apoios, o governo estabeleceu um programa que providencia apoio técnico e financeiro a migrantes retornados. A Visão de Desenvolvimento 2020 do Lesoto concentra-se na criação de emprego dentro de portas atraindo investimentos directos estrangeiros, e simultaneamente reconhecendo o papel do trabalho no estrangeiro, especialmente na vizinha África do Sul. A sua ERP estabelece medidas de reforma que incluem o automatismo e a descentralização dos serviços de imigração, o estabelecimento de um posto com uma variada oferta de serviços para o processamento eficaz das licenças de imigração e de trabalho, e medidas anti-corrupção no Departamento da Imigração. As estratégias de desenvolvimento podem alargar as medidas para resolver o problema da distância. Por exemplo, no Pacífico Sul, as universidades regionais e as formações profissionais facilitaram a mobilidade, e vários Estados entraram em acordos de migração com os seus países vizinhos.

Os emigrantes de Estados pequenos têm perfis semelhantes aos dos migrantes em geral, no sentido em que tendem a ter mais qualificações e recursos do que as pessoas que não migram. Na Maurícia, por exemplo, a taxa total de emigração é de 12,5%, entre os quais 49% são graduados. De um modo geral, contudo, não existe uma diferença significativa no fornecimento líquido de competências, medido pelo número de médicos por cada 10.000 pessoas da população, entre Estados pequenos e grandes. Em termos de médias simples, o número de médicos é na verdade maior nos Estados pequenos: cerca de 23 por cada 10.000 pessoas, comparados com 20 por cada 10.000 pessoas em média em todos os países.

Fontes: Luthria (2009), Winters and Martin (2004), Black and Sward (2009), Seewooruthun (2008), Government of Lesotho (2004), Winters, Walmsley, Wang, and Grynberg (2003), Amin and Mattoo (2005), Koettl (2006) e Pritchett (2006).

---

prevenir a violência dos jovens e de *gangs*, assim como a cooperação intergovernamental e um maior apoio e financiamento para programas de reintegração.[67]

Para muitos jovens em todo o mundo, passar tempo no estrangeiro é uma parte normal da experiência de vida e a migração marca a transição para a idade adulta. Estudos de campo realizados na Jordânia, no Paquistão, na Tailândia e no Vietname revelaram que a migração era um meio de melhorar o estatuto social da família na comunidade local. Não é, por isso, surpreendente que a probabilidade de migração aumente para aqueles que tenham elos com pessoas que já se encontrem no estrangeiro.

Por vezes emerge uma "cultura de migração", em que a migração internacional está associada ao sucesso pessoal, social e material, enquanto a permanência nos locais de origem é vista directamente como um fracasso.[68] À medida que a rede social cresce, a cultura é afundada e a migração torna-se a norma, particularmente entre os jovens e aptos. Esta situação tem sido observada em casos onde tenha havido uma migração para o exterior a grande escala, como nas Filipinas, assim como no Ocidente e

Sul de África. Um estudo realizado na Nigéria concluiu que dois em cada cinco estudantes não licenciados estavam mais interessados em deixar a Nigéria como um modo de ganharem estatuto social do que em procurar emprego bem remunerado no país.[69] Esta situação pode também ser testemunhada no que respeita à migração interna: um estudo recente da Etiópia sugere que a mudança de preferências e aspirações como resultado da educação, podia levar as pessoas a migrar para fora das áreas rurais, independentemente do potencial de rendimento que a migração pudesse oferecer.[70] A cultura pode adquirir o seu próprio impulso de auto-perpetuação, tal como ilustrado pelos Irlandeses, que continuaram a emigrar no auge do *boom* do Tigre Celta.

Na África Ocidental, é frequente que a migração não seja meramente um veículo para a mobilidade económica, mas também um processo através do qual um rapaz atinge a maturidade.[71] Para alguns grupos no Mali e no Senegal, a migração é um rito de passagem: é através do conhecimento e da experiência adquirida a partir das viagens que o jovem adolescente se torna um homem.[72] Na aldeia soninké de Kounda, no Mali, a mobilidade distingue os homens das mulheres.[73] A masculinidade envolve a liberdade de migrar, enquanto as mulheres na aldeia são em grande medida mantidas no seio das suas famílias. Os homens que não migram e permanecem economicamente dependentes das suas famílias são considerados jovens imaturos e as mulheres referem-se a eles com um termo depreciativo, *tenes*, que significa "estarem colados como lapas". No Mali, a expressão francesa coloquial usada para descrever a migração é *aller en aventure*, literalmente, "partir em aventura". Para os Soninkés, andar "em aventura" implica "no caminho da idade adulta".

O efeito da migração na distribuição do rendimento e na desigualdade social é, em primeiro lugar, uma função de selecção – nomeadamente, de quem se desloca (ver capítulo 2).[74] De um modo geral, os fluxos de dinheiro associados com a migração internacional tendem a ir para os que estão em melhores situações, enquanto, pelo menos a longo prazo, as remessas dos migrantes internos tendem a ser mais equitativas.[75] Este tipo de padrão foi observado no México e na Tailândia, por exemplo.[76] A nossa análise sobre a China, por seu lado, também revelou que a equidade emergia inicialmente com remessas internas e depois diminuía.[77]

Se são os que estão em melhores condições de vida que tendem a migrar, então, uma resposta respectivamente apropriada será garantir o acesso a serviços básicos e oportunidades nos locais de origem, assim como facilitar a mobilidade dos pobres. Tal como discutimos no capítulo 5, as pessoas pobres não deveriam ter de se deslocar para poderem enviar os seus filhos para escolas condignas: deveriam ter alternativas nos seus próprios locais de residência, assim como a possibilidade de se deslocarem.

As remessas colectivas, enviadas por meio de associações das terras de origem e de outros grupos comunitários, surgiram nas últimas décadas.[78] Estas remessas assumem geralmente a forma de projectos de infra-estruturas básicas, como a construção de estradas e pontes, a instalação de sistemas de água potável e de saneamento, a perfuração de poços, a instalação de sistemas de electricidade e de linhas telefónicas e outras beneficiações públicas, tais como a construção de uma igreja local ou a reabilitação de campos de futebol. Por vezes, estes projectos são co-financiados – sendo o mais famoso exemplo o programa mexicano *Tres Por Uno*, que visa aumentar as remessas colectivas assegurando que para cada valor que associações de migrantes invistam em projectos de desenvolvimento local, o governo federal, municipal e local apoiem com o respectivo triplo. A quantia transferida em remessas colectivas é apenas uma fracção dos valores que são enviados individualmente para as famílias, por isso, o potencial impacto desses programas no desenvolvimento não deverá ser sobrestimado.[79] Por exemplo, estima-se que, desde 1990, os filipinos nos Estados Unidos tenham doado 44 milhões de dólares americanos em ajudas financeiras e materiais para organizações de caridade nas Filipinas, uma quantia equivalente a apenas 0.04% do PIB em 2007. A mobilidade pode afectar a vida social e política nos países de origem num sentido mais abrangente. Os migrantes e os seus descendentes poderão regressar e tornarem-se directamente envolvidos em actividades cívicas e políticas. Alternativamente, os investimentos empresariais, as visitas frequentes às suas terras e/ou as iniciativas colectivas poderão afectar os padrões de participação por parte dos outros nos locais de origem. Por exemplo, no Líbano, formaram-se novas forças políticas, especialmente depois do Acordo de Ta'ef em 1989, devido aos migrantes retornados terem usado a riqueza que acumularam no estrangeiro para se envolverem na política.[81]

Existem cada vez mais evidências de que os emigrantes estimularam melhorias nas instituições políticas nos seus países. A reforma democrática revelou progredir mais rapidamente nos países em desenvolvimento que enviaram mais estudantes para as universidades de países democráticos.[82] O conhecimento e as expectativas trazidas para casa por um grupo de marroquinos que regressou de França determinaram investimentos em infra-estruturas básicas por parte do governo nas suas regiões de origem.[83] Todavia, se a emigração serve simplesmente como uma válvula de segurança, libertando as pressões políticas, os incentivos da elite política estabelecida no sentido da reforma são diminuídos.[84]

> Existem cada vez mais evidências de que os emigrantes estimularam melhorias nas instituições políticas nos seus países.

> **Caixa 4.5** **A mobilidade e o desenvolvimento humano: algumas perspectivas dos países em desenvolvimento**
>
> Vários Relatórios de Desenvolvimento Humano Nacionais (RDHNs) recentes, incluindo aqueles da Albânia, El Salvador e México, focalizaram-se no desenvolvimento das implicações da mobilidade. Em outros países, os RDHNs consideraram o modo como a mobilidade influencia aspectos seleccionados do desenvolvimento, tais como o papel da sociedade civil (Egipto), o desenvolvimento rural (Uganda), o crescimento económico (Moldávia), a coesão social (Costa do Marfim) e a desigualdade (China).
>
> O RDHN do México identifica a desigualdade como o factor mais significativo dos fluxos migratórios, e as deslocações como um factor que modifica a existência de oportunidades para os outros, incluindo os que não migram. Segundo o Inquérito Nacional de Emprego, o migrante mexicano médio afigura-se como tendo uma escolarização ligeiramente acima da média e níveis de rendimento intermédios, mas provém de um município marginalizado, sugerindo que um conjunto inicial de capacidades conjuntamente com uma falta de oportunidades são as causas principais para a deslocação. O relatório conclui que os impactos gerais da migração no desenvolvimento humano são complexos e condicionados pelo perfil e recursos de diferentes grupos. Por exemplo, embora a migração tenda a reduzir as desigualdades em termos de educação, especialmente no que respeita as raparigas, pode também desencorajar o investimento em níveis de ensino mais elevados em comunidades onde a maioria dos migrantes vai tradicionalmente para o estrangeiro em busca de empregos pouco qualificados.
>
> Em El Salvador apuraram-se dados diferentes: os emigrantes representam 14% da população e o impacto da migração é mais visível ao nível macro. A recente aceleração da migração é vista como tendo contribuído para a transição do país para uma economia de serviços, que se tem baseado bastante nas remessas e numa variedade de pequenas empresas especializadas no fornecimento de produtos e serviços aos migrantes e famílias, incluindo artigos de recordação e de comunicações. O relatório sugere que a migração permite alguma mobilidade a algumas pessoas relativamente pobres através das suas ligações à economia global.
>
> Fonte: UNDP (2000; 2004Aa; 2005a,b; 2006a; 2007c,e; 2008c).

Tal como os migrantes enriquecem o tecido social das terras que adoptaram, também poderão actuar como agentes da mudança política e social se regressarem com novos valores, expectativas e ideias determinados pela sua experiência no estrangeiro. Às vezes esta questão tomou a forma de um apoio às guerras civis, como no caso da diáspora do Sri Lanka, mas, na maioria dos casos, o envolvimento é mais construtivo.[85] Exemplos contemporâneos de elevado perfil incluem Ellen Johnson-Sirleaf, presidente da Libéria e a primeira chefe de Estado em África, e Joaquim Chissano, ex-presidente de Moçambique e actualmente uma figura de Estado respeitada. Reconhecendo os benefícios potenciais do envolvimento da diáspora, alguns governos começaram activamente a expandir alguns aspectos da legislação.[86] Por exemplo, Marrocos e Turquia alargaram os direitos políticos e económicos aos emigrantes e permitiram a dupla nacionalidade.[87] Todavia, se estas políticas de envolvimento beneficiam não migrantes ou simplesmente subsidiam um grupo de elite fora do país permanece uma questão em aberto. Ao melhorar o seu clima de investimento (actualmente posicionado em primeiro lugar em África pelo Índice de Negócios do Banco Mundial), a Maurícia também atraiu os seus migrantes de volta. Observaram-se padrões semelhantes na Índia e na Turquia, entre outros países.

4.1.4 Estratégias de mobilidade e de desenvolvimento nacional

Até à data, as estratégias de desenvolvimento nacional e de redução da pobreza nos países em desenvolvimento tenderam a não reconhecer o potencial da mobilidade nem a integrar a sua dinâmica no planeamento e na monitorização. Esta questão deve-se em parte a um leque de outras prioridades prementes que estes países enfrentam, desde melhorar sistemas de serviços, passando pela construção de infra-estruturas básicas, até promover o crescimento alargado.

As perspectivas ao nível do país sobre a ligação entre mobilidade e desenvolvimento podem ser recolhidas a partir de Relatórios de Desenvolvimento Nacionais recentes. Os destaques são sintetizados na caixa 4.5.

Para percebermos o modo como as estratégias de desenvolvimento e a migração poderão relacionar-se, solicitámos um estudo para analisar o papel da migração nas Estratégias de Redução da Pobreza (ERPs). Estas estratégias são manifestações dos objectivos e políticas de desenvolvimento, preparadas pelos países mais pobres, cujas opiniões são muitas vezes negligenciadas nos debates sobre migração. As ERPs são de grande interesse, uma vez que envolvem contribuições de, ou parcerias com, intervenientes da sociedade civil, e oferecem um sentido das prioridades do governo.[88] São também relevantes porque os parceiros internacionais comprometeram-se em fazer alinhar a sua ajuda com estas estratégias nacionais, dada a importância do domínio do país no desenvolvimento.

Até à data, a ERP do Bangladesh apresenta talvez o tratamento mais abrangente das ligações entre a migração e o desenvolvimento. As ERPs mais recentes na Albânia, Quirguizistão e Sri Lanka também reflectem um enfoque significativo nas questões relacionadas com a migração. Muitos países africanos reconhecem o papel das remessas, as vantagens da migração de regresso e circular de emigrantes qualificados e o valor da transferência de conhecimento por parte dessas pessoas. Várias estratégias visam atrair os investimentos no desenvolvimento do país por parte dos membros ricos da diáspora.

As primeiras análises sobre o tratamento da migração internacional nas ERPs baseavam-se em parte no número de ocorrências da palavra "migração".[89] Embora simples, este indicador não é muito relevante. É, contudo, surpreendente que não exista uma correlação significativa nas ERPs entre o número de referências à migração e as várias medidas da sua possível importância para o desenvolvimento nacional, tais como a taxa da população a viver no estrangeiro, o grau de remessas e a taxa de urbanização.[90]

As ERPs estabeleceram um enorme leque de iniciativas políticas relacionadas com a migração, embora estas frequentemente não sejam explicitamente fundamentadas em análises anteriores. Em muitos casos, o conhecimento sobre a relação entre a iniciativa proposta e o respectivo impacto no desenvolvimento é fraco, sublinhando a importância de melhores dados e análises.

De um modo geral, as ERPs parecem reconhecer a complexidade da migração interna, reconhecendo tanto as suas vantagens – as oportunidades para o desenvolvimento e a redução de pobreza – como os seus possíveis efeitos negativos. Algumas tendem a sublinhar os aspectos positivos – por exemplo, as ERPs mais recentemente elaboradas na Etiópia, no Nepal, no Senegal e no Uzbequistão definem a emigração como uma oportunidade, sem mencionar as possíveis desvantagens. As estratégias mais recentes enfatizam o papel das remessas, incluindo aquelas elaboradas pelo Bangladesh, a República Democrática do Congo, Gana, a República Democrática Popular do Laos, a Libéria, o Paquistão, Timor-Leste e o Uzbequistão.

Várias estratégias articulam políticas no sentido da migração. Podemos distinguir entre políticas que são amplamente "proactivas / facilitadoras" e aquelas que se focalizam na "regulação / controlo" (tabela 4.1). Combater o tráfico, prevenir a migração irregular e modernizar e fortalecer os serviços de imigração e de alfândega são questões que emergem frequentemente. É curioso como algumas destas políticas se assemelham àquelas promovidas pelos governos dos países ricos.

Em suma, embora a estrutura das ERPs não seja geralmente concebida com vista a tratar as políticas de migração em si, poderia providenciar uma ferramenta útil para integrar as questões da migração e do desenvolvimento. Adaptar a dimensão da migração a uma estratégia nacional geral para o desenvolvimento envolveria realizar investimentos em dados e análises, bem como profundas consultas junto dos intervenientes. Estes desafios serão discutidos no capítulo 5.

4.2 Efeitos nos locais de destino

Os debates sobre a migração insistem com frequência nos impactos económicos e sociais nos países de destino ricos. Este relatório procurou deliberadamente corrigir este desequilíbrio, começando por abordar questões relativas aos indivíduos e às suas famílias, para depois dirigir um enfoque sobre os locais de onde provêm. Todavia, isso não significa que os impactos nas pessoas das comunidades de destino não sejam importantes.

Em muitos países desenvolvidos, a percentagem de migrantes na população total aumentou rapidamente nos últimos 50 anos. Estima-se agora que essas percentagens tenham atingido o dobro em mais de 12 países da OCDE.[91] Tal como se notou no capítulo 2, e se mostrou em detalhe na tabela estatística A, as taxas mais elevadas registam-se na Oceânia (16%) – que inclui a Austrália e a Nova Zelândia, o Norte da América (13%) e a Europa (8%). Por seu lado, as taxas vão de apenas entre 1 a 2% nas três principais regiões em desenvolvimento, nomeadamente, África, Ásia e América Latina e Caraíbas. As taxas nacionais mais elevadas registam-se nos Estados do CCG e no Sudeste da Ásia, incluindo 63% no Qatar, 56% nos Emirados Árabes Unidos, 47% no Kuwait e 40% em Hong Kong (China). Os impactos reais e apreendidos da imigração são importantes, sobretudo porque estas percepções determinam o clima político em que as reformas políticas são debatidas e definidas.

Tabela 4.1 As ERPs reconhecem os múltiplos impactos da migração
Medidas políticas para a migração internacional nas ERPs, 2000-2008

Proactivas/facilitadoras	N.º de países	Proactivas/facilitadoras	N.º de países	De regulação/controlo	N.º de países
Exportar mão de obra	10	Facilitar as remessas	9	Combater o tráfico	19
Encorajar a migração feminina	1	Encorajar os canais de remessas legais	3	Modernizar as alfândegas	18
Promover a mobilidade de estudantes	3	Envolver as diásporas	17	Fortalecer o controlo de fronteiras	17
Assinar acordos bilaterais	9	Promover o invest. por parte das diásporas	8	Combater a migração ilegal	12
Melhorar as condições de trabalho no estrang.	6	Importar competências	4	Promover o regresso dos refugiados	10
Dar formação antes das partidas	6	Participar em programas de cooperação regionais	8	Obstruir a "fuga de cérebros"	9
Desenvolver serviços consulares	3	Promover mais investigação/monitorização	8	Apoiar o regresso	7
Regular a indústria de recrutamento	2	Construir capacidade constitucional	5	Assinar acordos de readmissão	2
Facilitar a portabilidade de pensões	2	Combater o VIH/SIDA entre os migrantes	7		
Promover a integração de refugiados	7	Reintegrar as vítimas de tráfico	5		

Fonte: Adaptado de Black and Sward (2009).
Nota: 84 ERPs analisadas.

> Os migrantes podem trazer benefícios económicos mais abrangentes, incluindo taxas de inovação mais elevadas.

Começamos esta secção analisando os impactos económicos da imigração no seu todo, para depois nos centrarmos mais no mercado de trabalho e nos impactos fiscais. Para cada um destes tipos de impacto existem importantes questões de distribuição – embora existam benefícios gerais, estes não são equitativamente distribuídos.

4.2.1 Impactos económicos em agregado

O impacto da migração nas taxas de crescimento em agregado dos países de destino tem sido muito discutido, mas conseguir uma medição sólida e fidedigna é difícil. Os requisitos dos dados e as complexidades metodológicas, incluindo a necessidade de separar os efeitos directos e indirectos e apurar os seus *timings*, constituem sérios desafios (ver caixa 1.1).

A teoria económica prevê que deverão existir benefícios em agregado significativos a partir das deslocações, tanto para aqueles que migram como para os países de destino. Isto porque a migração, tal como o comércio internacional, permite que as pessoas se especializem e tirem vantagem das suas capacidades relativas. O grosso dos benefícios recai sobretudo nos indivíduos que migram, mas uma parte vai para os residentes do local de destino, assim como para aqueles no local de origem, através de fluxos financeiros e não só. Em pesquisas realizadas para este relatório, as estimativas apuradas com base num modelo de equilíbrio geral da economia mundial sugeriram que os países de destino teriam cerca de um quinto dos benefícios a partir de um aumento de 5% no número de migrantes nos países desenvolvidos, ascendendo a cerca de 190 mil milhões de dólares americanos.[92]

Para complementar a nossa análise dos estudos a nível nacional, solicitámos uma investigação para elaborarmos um novo conjunto de dados sobre os fluxos e *stocks* da migração, incluindo dados anuais consistentes, a saber, em cada ano do período de 1980 – 2005, sobre a natureza do emprego, as horas de trabalho, a acumulação de capital e as mudanças nas leis da imigração em 14 países de destino da OCDE e 74 países de origem.[93] A nossa investigação pôde revelar que a imigração aumenta o emprego, não havendo evidências de que haja pressões sobre a população local, e que o investimento também responde vigorosamente. Estes resultados implicam que o crescimento populacional devido à migração aumenta o PIB real *per capita* no curto prazo, nomeadamente, em um para um (ou seja, um aumento de 1% na população devido à migração aumenta o PIB em 1% também). Esta conclusão é razoável, uma vez que, na maioria dos casos, os fluxos de migração anuais são apenas uma fracção de um ponto percentual da força laboral do país de acolhimento. Para mais, estes fluxos são bastante previsíveis, o que implica que é plausível haver um completo ajuste dos níveis de investimento *per capita* mesmo no curto prazo.

Ao nível de cada país individualmente, pelo menos nos países da OCDE, observaram-se resultados semelhantes – ou seja, um aumento na migração tem efeitos neutros ou marginalmente positivos no rendimento *per capita*. Por exemplo, as simulações que seguiram as acessões da União Europeia de 2004 sugerem que os níveis de produtividade no Reino Unido e na Irlanda, que permitiram fluxos de entrada a partir dos novos Estados-Membros da Europa de Leste a uma larga escala, seriam 0,5 – 1,5% mais elevados depois de cerca de uma década.[94] Nos países em que os migrantes constituem uma taxa da população e da força laboral muito mais elevada – por exemplo, nos Estados do CCG –, podemos esperar que as contribuições sectoriais e em agregado para a economia sejam maiores. Contudo, não dispomos, infelizmente, de uma análise empírica detalhada.

Os migrantes podem trazer benefícios económicos mais abrangentes, incluindo taxas de inovação mais elevadas. Os ganhos em produtividade numa série de locais de destino foram atribuídos aos contributos de estudantes e cientistas estrangeiros para a base de conhecimento. Dados referentes aos Estados Unidos demonstram que, entre 1950 e 2000, os migrantes qualificados deram um grande impulso à inovação: uma subida de 1,3% na taxa de licenciados migrantes aumentou o número de patentes emitidas *per capita* em 15%, com contributos assinaláveis de graduados nas áreas das ciências e da engenharia, e sem qualquer efeito adverso para a actividade inovadora dos nativos.[95]

Os países competem explicitamente em talentos ao nível global e a taxa de graduados entre os migrantes varia em conformidade.[96] Os Estados Unidos, em particular, foram capazes de atrair os talentos de migrantes através da qualidade das universidades e das infra-estruturas de investigação, e de normas de patenteação favoráveis[97]. Na Irlanda e no Reino Unido, a taxa de migrantes com graus de ensino superior excede os 30%, enquanto na Áustria, na Itália e na Polónia a mesma taxa situa-se abaixo dos 15%.[98] Os países que oferecem regimes de entrada mais flexíveis e oportunidades mais promissoras a longo prazo foram mais bem sucedidos em atrair pessoas qualificadas, enquanto as restrições no tempo de permanência, nas condições para o visto e no desenvolvimento de carreiras, como existem na Alemanha, por exemplo, limitam a absorção de talentos. Esta questão levou a discussões sobre a hipótese de haver um "cartão azul", ou seja, uma licença de trabalho válida para toda a União Europeia – uma ideia que recebeu o apoio inicial do Parlamento Europeu e a aprovação por parte do Conselho Europeu.[99] Em Singapura e em Hong Kong (China), existem políticas explícitas no sentido de dar as boas vindas a profissionais estrangeiros altamente qualificados. Estas políticas incluem desde permitir que os imigrantes tragam as suas famílias, passando por facilitar a obtenção de residência permanente após determinados períodos de espera (dois anos em Singapura, sete em Hong Kong (China)), até optar pela naturalização.[100]

Poder-se-á desenvolver programas para atrair o trabalho qualificado através do uso de uma abordagem geral com base num sistema de pontos, envolvendo testes do mercado de trabalho e/ou os requisitos da entidade empregadora (capítulo 2). Poderá ser difícil implementar uma abordagem de planeamento centralizada no "potencial humano", sobretudo perante mudanças estruturais e choques económicos. Os esquemas com base em pontos, que têm a virtude da simplicidade, têm sido usados pelos governos de destino no sentido de favorecer os migrantes altamente qualificados ou de atrair trabalhadores para ocupações para as quais existe pouca procura no mercado de trabalho nacional, como no caso do programa da Migração Geral Qualificada na Austrália.

A migração pode estimular o emprego e os negócios locais, mas esses efeitos tendem a ter especificidades contextuais. Os migrantes também afectam o nível e o perfil da procura do consumidor, favorecendo, por exemplo, os artigos de recordação, assim como artigos e serviços disponíveis no local, que estejam próximos de casa e dos locais de trabalho. O nosso estudo sobre esses efeitos na Califórnia revelou evidências que sugerem que um fluxo de entrada de imigrantes na década de 2000 para áreas específicas (seleccionadas de modo a reflectir o grupo potencial de clientes para diferentes empresas) estava positivamente correlacionado com um maior crescimento no emprego em alguns sectores, especialmente nos serviços ligados à educação. O impacto no perfil da procura era variado: uma taxa mais elevada de migrantes estava associada a menos pequenas empresas e lojas de venda a retalho independentes, mas a mais lojas de descontos. Simultaneamente, e de forma consistente com as expectativas, o estudo revelou que uma maior imigração estava associada a uma maior diversidade étnica de restaurantes.[101]

4.2.2 Impactos no mercado de trabalho

Existe uma enorme controvérsia acerca dos efeitos da migração no emprego e nos salários do país de destino, especialmente para aqueles com níveis de ensino baixos. As sondagens à opinião pública revelam que há uma preocupação significativa acerca do modo como a imigração poderá fazer baixar os salários.[102] Têm-se também realizado acesos debates académicos sobre o assunto, sobretudo nos Estados Unidos. Porém, é surpreendente que a maioria dos estudos empíricos na OCDE resulta em conclusões semelhantes, nomeadamente, de que o efeito *em agregado* da imigração nos salários dos trabalhadores nativos pode ser positivo ou negativo, mas é bastante reduzido tanto a curto como a longo prazo.[103] Na Europa, tanto em estudos realizados para vários países como para um único país, evidenciou-se que a migração tem pouco ou nenhum impacto nos salários médios dos nativos.[104]

Simultaneamente, há que reconhecer que as respostas salariais à imigração dificilmente serão distribuídas de modo igual para todos os trabalhadores, e serão mais pronunciadas onde os trabalhadores nativos competirem com os imigrantes. Os debates realizados clarificaram que não é apenas o número total de migrantes que importa ponderar, mas também a sua combinação de competências. Os tipos de qualificações que os migrantes trazem afectam os salários e as oportunidades de emprego de diferentes segmentos da população nativa, por vezes de modos subtis. Se as qualificações dos trabalhadores migrantes complementam as dos trabalhadores nativos, então, ambos os grupos sairão beneficiados.[105] Se as qualificações são justamente as mesmas, então, haverá uma maior competitividade, criando a possibilidade de os trabalhadores nativos perderem na disputa. No entanto, isto não se trata de uma conclusão definitiva: muitas vezes os resultados são variados, sendo que alguns indivíduos em ambos os grupos saem a ganhar enquanto outros a perder. Avaliar estes efeitos é bastante problemático, porque medir o grau a que as qualificações de diferentes grupos se complementam ou chocam é difícil, especialmente entre fronteiras internacionais.[106]

Um exemplo flagrante de complementaridade é o modo como os migrantes podem facilitar uma maior participação da força laboral entre as mulheres nativas.[107] O facto de disponibilizarem uma oferta de cuidados infantis a baixo custo poderá libertar as jovens, permitindo-lhes ir em busca de emprego. Existe consenso na literatura relativamente ao modo como o trabalho de migrantes pouco qualificado complementa geralmente o trabalho desempenhado por nativos europeus.[108] Esta situação poder-se-á, em parte, constatar porque os migrantes têm uma maior mobilidade do que os trabalhadores nativos – como na Itália, por exemplo.[109] É de sublinhar que os migrantes estão muitas vezes dispostos a aceitar trabalhos que os nativos já não se sentem predispostos a aceitar, tal como nas áreas dos cuidados a crianças e a idosos (que têm muita procura em sociedades envelhecidas), ou do trabalho doméstico, ou ainda na restauração e na indústria hoteleira.

> Os migrantes podem facilitar uma maior participação da força laboral entre as mulheres nativas.

> Os factores legais e institucionais – tanto na sua concepção como na sua aplicação – têm importância.

Tal como mencionámos, o pequeno efeito *médio* nos pagamentos poderá mascarar consideravelmente as variações entre tipos de trabalhadores nativos. Existe uma vasta literatura empírica sobre o efeito da imigração na distribuição dos salários nos países desenvolvidos. Nos Estados Unidos, as estimativas do efeito nos salários de trabalhadores não qualificados vão de -9% a +0,6%.[110] Os nativos que detêm baixos níveis de ensino poderão ainda ter vantagem sobre os migrantes devido não só à língua, mas também ao conhecimento das instituições, redes sociais e tecnologias locais, o que lhes permite especializarem-se em tarefas complementares e mais bem pagas.[111] O modo como o trabalho executado por nativos e aquele executado por migrantes não é substituível em termos absolutos é consistente com as recentes evidências apuradas que sugerem que os trabalhadores mais afectados pela entrada de novos migrantes são outros migrantes que haviam entrado em primeiro lugar. Eles sentem o peso de qualquer ajuste no mercado de trabalho, uma vez que os recém-chegados competem com eles em primeira instância. No Reino Unido, por exemplo, uma maior competitividade entre migrantes nos primeiros anos de 2000 poderá ter aumentado a diferença entre os salários dos nativos e dos migrantes em cerca de 6%.[112]

Embora as evidências sobre os impactos no emprego sejam menos extensivas, o padrão é semelhante. Com efeito, as investigações detalhadas que se têm realizado não estabeleceram uma relação sistemática entre a imigração e o desemprego. Esta situação deve-se, em parte, à segmentação do mercado de trabalho, sendo que os migrantes pouco qualificados aceitam empregos menos atraentes para os nativos, permitindo que estes últimos se desloquem para outros sectores e trabalhos. Os fluxos de entrada massivos associados à acessão da União Europeia não levaram nem à deslocação de trabalhadores nativos nem a um maior desemprego na Irlanda ou no Reino Unido. Assim, a recente experiência na Europa corrobora a ideia de que o trabalho realizado por migrantes não apresenta um grande efeito no emprego dos nativos. Mais, um estudo europeu revelou que um aumento de 10% na taxa de migrantes no emprego total diminuiria o emprego dos residentes entre 0,2 e 0,7%.[113]

Estes resultados econométricos devem também ser interpretados à luz das evidências referentes às desvantagens dos migrantes no mercado de trabalho, que analisámos no capítulo 3. Os factores legais e institucionais – tanto na sua concepção como na sua aplicação – têm importância. Se os trabalhadores migrantes não estiverem abrangidos pelas normas institucionais que protegem os salários e as condições de trabalho, poder-se-á instalar uma competição injusta com os trabalhadores nativos. Poder-se-á esperar um resultado semelhante em situações em que as pessoas sejam excluídas dos sindicatos, ou quando a aplicação do regulamento é fraco. Mesmo em países com mercados de trabalho bem regulados, os trabalhadores com estatuto irregular tendem frequentemente a não serem abrangidos – o afogamento dos apanhadores de amêijoa chineses na baía de Morecambe no Reino Unido foi um caso assinalável da falta de aplicação dos padrões de saúde e de segurança. Uma recente pesquisa britânica revelou que as tendências estruturais mais gerais, particularmente, o crescente uso de contratos de trabalho (temporários) de agências, que estão associadas a menos direitos dos trabalhadores, são factores significativos na definição do pagamento e das condições de trabalho dos trabalhadores migrantes. Existem bastantes evidências da existência de pagamentos abaixo do salário mínimo legal, especialmente em relação a migrantes mais novos.[114]

Entre as economias emergentes e em desenvolvimento, as evidências empíricas sobre os impactos da imigração no mercado de trabalho são escassas. Um estudo recente da Tailândia, que procurou apurar se os locais com mais elevadas concentrações de migrantes tinham salários mais baixos, revelou que um aumento de 10% em migrantes reduzia os salários dos tailandeses nativos em cerca de 0,2 %, mas não reduziam o emprego ou a migração interna.[115] As simulações conduzidas para Hong Kong (China), revelaram que mesmo grandes aumentos no número de novos imigrantes (um aumento de 40%) não diminuiriam os salários em mais de 1%.[116] Sendo que os migrantes só conseguem emprego no mercado de trabalho informal, a sua chegada terá um maior efeito nos nativos que operem eles próprios nesse mesmo mercado. Em muitos países em desenvolvimento, a informalidade é ubíqua, por isso os migrantes juntar-se-ão provavelmente a um segmento do mercado já de si grande.

4.2.3 Urbanização rápida

O rápido crescimento urbano, que poderá ser em parte atribuído à migração interna, poderá colocar problemas acentuados. Embora as pessoas se possam sentir atraídas por melhores oportunidades disponíveis nas cidades, é também verdade que os serviços e as comodidades locais poderão surgir sob graves tensões. Esta situação pode ser observada em grandes cidades, tais como Calcutá e Lagos, assim como num grande número de cidades médias, desde Colombo, a Guayaquil e a Nairobi. Muitos daqueles que chegam com as suas famílias a países em desenvolvimento acabam por se estabelecer em cidades degradadas e bairros pobres, tipicamente situados na periferia das grandes cidades. Os residentes nestas áreas

RELATÓRIO DE DESENVOLVIMENTO HUMANO 2009
Ultrapassar Barreiras: Mobilidade e desenvolvimento humanos

4

enfrentam frequentemente serviços com elevados custos. Também poderão correr o risco de inundações e de deslizamentos de terras, para não mencionar intervenções das autoridades, bem como violência, roubo e extorsão nas mãos de criminosos

Quando as deslocações são causadas por uma queda nos padrões de vida e por serviços de apoio fracos nos locais de origem, a taxa de migração para os centros urbanos pode exceder a procura de mão-de-obra e a provisão de serviços nesses locais.[117] Sob estas condições, o resultado é um elevado desemprego estrutural e escassez de emprego. Para mais, quando as autoridades locais não estão bem preparadas para o crescimento populacional e enfrentam graves limitações institucionais e financeiras, é provável que o resultado seja o surgimento de disparidades cada vez maiores nos rendimentos e no bem-estar, e a segmentação da cidade em áreas que sejam relativamente prósperas e seguras, com bons serviços, por um lado, e áreas a evitar, onde as condições de vida estão a decair, por outro. Contrariamente, quando as pessoas são atraídas para as cidades por causa das oportunidades de emprego, os benefícios líquidos normalmente florescem à medida que a concentração de ideias, de talentos e de capital leva a excedentes positivos. Esta situação pode ser observada na República da Coreia, por exemplo.[118]

O contraste entre estes cenários sublinha a importância de uma boa gestão das áreas urbanas, que pode ser definida como a soma das várias maneiras como indivíduos e instituições – públicas e privadas – planeiam e gerem a vida da cidade. Entre os aspectos mais importantes da gestão urbana para os migrantes podemos apontar: recursos financeiros adequados, que têm muitas vezes de ser produzidos através de impostos locais; políticas de preços justas para os serviços e utilidades sociais básicas; o alargamento de serviços para áreas onde os migrantes vivam; regulação imparcial do sector informal; serviços de apoio e comunitários (tais como aulas de línguas) visando os grupos de migrantes; e a responsabilização, através de mecanismos como a representação em autoridades locais, a publicação de padrões de desempenho para serviços chave, e a auditoria e publicação regular e independente das contas municipais.

As investigações de campo fornecem dados úteis sobre como as autoridades das cidades estão a lidar com os fluxos de pessoas e sobre os problemas mais gerais da pobreza urbana. Os dados reunidos sugerem que a descentralização e a democratização poderão dar aos pobres mais oportunidades que lhes sejam favoráveis e lhes tragam maiores benefícios, pelo menos em termos da provisão de infra-estruturas.[119] Ter voz – e poder fazê-la ouvir – parece funcionar no sentido de proteger os mais desfavorecidos dos piores excessos da má gestão, particularmente, de serem perturbados e da eliminação de negociantes informais.[120] Existem claramente ecos do argumento de Amartya Sen sobre os efeitos positivos dos processos democráticos e de uma imprensa livre.[121]

Contudo, alguns governos municipais exerceram uma clara influência com repercussões negativas para os migrantes. Por exemplo, uma análise às experiências de urbanização na Ásia realizada para este relatório revela que existe uma série de governos que continua a seguir políticas em prol de um abrandamento da imigração. Vários países deitaram abaixo bairros degradados por via da força, empurrando os pobres para áreas periféricas sem provisão de serviços.[122] Em Daca, no Bangladesh, cerca de 29 áreas degradadas, que constituíam o lar de 60.000 pessoas, foram eliminadas pelas autoridades no início de 2007. Em Jacarta, na Indonésia, a política da "cidade fechada" obriga os migrantes a apresentar provas de terem emprego e residência, dificultando a sua permanência na cidade em moldes legais, e uma lei decretada em Setembro de 2007 torna as ocupações em margens de rios e auto-estradas ilegais. Por vezes, este tipo de intervenção poderá levar a agitações, como no Bangladesh, por exemplo, após as expulsões na zona de Agargoan e em outras áreas ocupadas.[123] Parece que as expulsões em massa são mais prováveis de ocorrerem quando a democracia e a responsabilização são fracas, como podemos ilustrar através dos despejos de bairros degradados na zona de Harare, no Zimbabué, durante 2005.

Uma questão final: as percepções populares entre as pessoas nativas da Europa e dos Estados Unidos, assim como da África do Sul, por exemplo, associam os migrantes a aumentos nos preços em certos mercados privados, como no mercado do arrendamento de residências. Tanto quanto sabemos, não existe nenhum estudo que estabeleça a veracidade de tal efeito.

4.2.4 Impactos fiscais

Uma medida popular do impacto da migração, que não reflecte necessariamente os seus verdadeiros efeitos económicos e sociais, é a percepção das mudanças que a última traz para a posição fiscal do governo.[124] As pessoas ao longo do espectro político partilham frequentemente preocupações acerca das implicações da migração para o Estado de previdência. A nossa análise do Inquérito Social Europeu de 2002 sugeriu que até cerca de 50% da população da região preocupa-se com o facto de os migrantes serem um fardo fiscal líquido, sendo que os mais preocupados com esta questão são tendencialmente aqueles com níveis inferiores de ensino, os mais velhos e/ou desempregados. As preocupações são mais acentuadas

> As pessoas ao longo do espectro político partilham frequentemente preocupações acerca das implicações da migração para o Estado de previdência.

> Um migrante cujo/a filho/a frequente a escola do Estado poderá também fornecer serviços de cuidados infantis que facilitam a entrada de mulheres altamente qualificadas na força laboral – e ambos pagam impostos.

na República Checa, na Grécia, na Hungria e na Irlanda, e menos pronunciadas na Itália, no Luxemburgo, em Portugal e na Suécia. Algumas pessoas estão preocupadas com a subida de custos, outras com a sustentabilidade perante uma coesão social reduzida. Alguns governos procuraram resolver estas preocupações, introduzindo períodos de espera antes de se poder atingir a elegibilidade para receber benefícios, como os da Austrália, da Nova Zelândia e do Reino Unido, por exemplo.

Os migrantes "levam mais do que dão", ou vice-versa? Esta é uma questão muito controversa que cremos ter reunido uma atenção injustificável. Ao se procurar estimar o uso de serviços públicos por parte dos migrantes encontrar-se-á inúmeras dificuldades de medição. Por outro lado, calcular as suas contribuições fiscais em contrapartida acrescentará um novo nível de complexidade. Um migrante cujo/a filho/a frequente a escola do Estado poderá também fornecer serviços de cuidados infantis que facilitam a entrada de mulheres altamente qualificadas na força laboral – e ambos pagam impostos.

Na prática, existe uma enorme variação entre países tanto na existência como na generosidade de benefícios sociais e na elegibilidade dos migrantes. Estudos realizados nos Estados Unidos, onde existem baixos níveis de benefícios para um país rico, apuraram uma série de estimativas, mas o cenário geral é consistente: os migrantes de primeira geração tendem a gerar custos fiscais líquidos enquanto as gerações seguintes tendem a produzir grandes excedentes fiscais.[125] Simultaneamente, os impostos pagos pelos migrantes poderão não resultar nos níveis dos serviços de provisão do governo para migrantes. Sobretudo quando os migrantes são contabilizados abaixo do número real e quando as transferências fiscais são feitas para as autoridades locais numa base *per capita* ou de necessidade, poderá dar-se o caso de as localidades que enfrentam o maior peso do alargamento dos serviços básicos para migrantes carecerem também de recursos adequados para o fazer.

O governo local representa tipicamente uma fatia significativa da despesa pública total e muitas vezes suporta o peso do financiamento dos serviços básicos, incluindo os serviços para migrantes. De acordo com o Fundo Monetário Internacional,[126] a taxa da despesa em 2007 por parte de autoridades subnacionais em países desenvolvidos situava-se entre os 63% para a Dinamarca e os 6% para a Grécia. A taxa é significativa numa série de outros principais países de destino, incluindo a Federação Russa (51%) e a África do Sul (47%). Mas existem excepções – por exemplo, a Tailândia, onde a taxa regista-se em menos de 15%. Assim, dependendo da estrutura das finanças públicas, os migrantes poderiam impor custos fiscais líquidos a um nível de governo e ser simultaneamente contribuintes líquidos para as receitas públicas totais. Por exemplo, os custos de fornecer serviços educativos e médicos, que poderão incluir programas especiais como cursos de línguas, poderão estar concentrados nas autoridades locais, ao passo que os impostos sobre o rendimento aprovisionam o governo central.

Nos Estados Unidos, as questões fiscais parecem afectar as preferências de diferentes grupos em termos das políticas de imigração. Um estudo revelou que os nativos tendem a estar a favor de se conter a imigração se viverem em Estados que tenham grandes populações de migrantes e que lhes ofereçam benefícios sociais generosos.[127] Esta opinião é mais forte entre os nativos com elevados potenciais de rendimento, que tendem a situar-se nas faixas tributárias mais elevadas. Obteve-se resultados semelhantes usando uma amostra de mais de 20 países na Europa.[128]

Em países com sistemas fiscais progressivos e benefícios sociais, os migrantes pouco qualificados, os refugiados e aqueles que entram no país através de programas de reunificação familiar estão associados a custos fiscais líquidos mais elevados. Em alguns países europeus, os migrantes, depois de se considerar as suas características demográficas, parecem estar mais dependentes dos programas de previdência do que os nativos – mas este não é certamente o caso em todos os países.[129] A diferença poderá reportar-se, pelo menos em parte, à relativa generosidade dos sistemas de previdência.

Na recessão de 2008/09, o crescente desemprego e as dificuldades acrescidas entre os migrantes poderão representar custos adicionais para as finanças públicas, embora o grau a que esta situação sucederá na prática ainda esteja por apurar. Os factores determinantes em cada país serão a taxa de migrantes entre os desempregados e a estrutura dos benefícios de apoio ao desemprego, sobretudo as regras de elegibilidade. Mesmo em países com sistemas de previdência bem desenvolvidos, o acesso dos migrantes aos benefícios sociais poderá ser limitado. Um recente estudo prevê que, entre os países europeus, a Estónia, a França e a Letónia deverão provavelmente enfrentar um fardo mais pesado em termos das finanças públicas devido aos custos dos benefícios sociais dos migrantes durante a recessão de 2009. Por seu lado, na Áustria, Finlândia, Alemanha, Irlanda e Espanha registar-se-ão aumentos menos significativos.[130] Em muitos países em desenvolvimento, a questão de crescentes custos fiscais durante um tempo de recessão não se levanta normalmente, porque os benefícios sociais não existem simplesmente para ninguém.

RELATÓRIO DE DESENVOLVIMENTO HUMANO **2009**
Ultrapassar Barreiras: Mobilidade e desenvolvimento humanos

4

A migração é por vezes aproveitada como uma solução para a crise fiscal que se avizinha associada a um rápido envelhecimento em muito países desenvolvidos (capítulo 2). Isso envolveria que os migrantes fossem contribuintes líquidos para o sistema fiscal a curto ou médio prazos. Os custos a longo prazo, quando os próprios migrantes se reformarem, necessitam também de ser considerados. Ambas as situações implicam a necessidade ou de continuamente alargar a imigração ou, mais realisticamente, de aumentar as contribuições para a segurança social a partir dos números acrescidos de migrantes trabalhadores e, simultaneamente, de introduzir mudanças estruturais na concepção dos sistemas de segurança social e de reforma.

Sejam eles positivos ou negativos, os impactos fiscais líquidos da imigração não são grandes. Com efeito, considerando os vários efeitos juntos, relativos ao PIB, a maioria das estimativas para os Estados Unidos e para a Europa coloca o impacto fiscal líquido da imigração em ± 1% do PIB.[131] Por exemplo, o valor para o Reino Unido é de ± 0,65 % do PIB.[132] Estas estimativas indicam que as consequências fiscais da migração não deverão ser, de um modo geral, um factor chave na concepção das políticas.

Alguns governos de destino impõem taxas adicionais aos migrantes, com base no princípio de que os indivíduos que recebam benefícios pelos serviços usados pelos contribuintes nativos deverão contribuir mais. Em 1995, o Canadá introduziu uma Taxa de Direito à Residência Permanente equivalente a 838 dólares americanos, a serem pagos antes do visto ser emitido (mas reembolsáveis caso o cliente fosse recusado ou escolhesse não prosseguir). Várias alterações introduzidas com o decorrer do tempo procuraram mitigar os impactos negativos através de uma opção de empréstimo, da flexibilidade nos prazos de pagamento e da eliminação da taxa para refugiados, pessoas protegidas e crianças dependentes – ocorreu, depois, a redução da taxa para metade em 2006. Adicionalmente àquela taxa, existe ainda uma cobrança administrativa de 430 dólares americanos para adultos (86 dólares americanos para dependentes). Contudo, no caso canadiano, entre outros semelhantes, não existe qualquer ligação directa entre as receitas geradas partir desta taxa e o financiamento de programas de integração. O Reino Unido introduziu recentemente uma taxa de chegada a um nível mais simbólico de 50 libras (93 dólares americanos). Ambos estes exemplos parecem orientados mais no sentido de suavizar as preocupações da opinião pública do que no sentido de angariar receitas para cobrir custos fiscais.

4.2.5 Percepções e preocupações acerca da migração

A migração é uma questão controversa em muitos países. A mera presença de recém-chegados provenientes de diferentes contextos socioculturais poderá colocar problemas, especialmente em sociedades que eram tradicionalmente homogéneas. De um modo geral, existem três tipos de preocupações, nomeadamente, relacionadas com a segurança e o crime, com factores socioeconómicos e com factores culturais.[133] Terminaremos este capítulo abordando cada um desses aspectos individualmente.

Na sequência dos ataques aos Estados Unidos em 2001, as preocupações de segurança subiram ao topo das prioridades na agenda política. Uma questão fundamental era a associação de estrangeiros, real ou imaginária, a uma falta de lealdade e à ameaça de terrorismo. Esses receios estão longe de serem novos, tendo caracterizando muitas circunstâncias históricas marcadas por sentimentos anti-imigração. Entre outros exemplos, veja-se o caso dos chineses étnicos na Indonésia, suspeitos de subversão política em prol da China Comunista durante a década de 1960 e dos russos étnicos nos Estados bálticos, suspeitos de minar a independência recentemente conseguida dos Estados depois do colapso da União Soviética no início da década de 1990. Estas preocupações normalmente dissipam-se com o tempo, para ressurgir novamente mais tarde, assumindo novas formas, em tempos de instabilidade e mudança políticas.

As preocupações de segurança também derivam dos elos apreendidos entre a imigração e o crime, os quais são muitas vezes mencionados em debates populares sobre a migração. Apurámos que mais de 70% dos inquiridos no Inquérito Social Europeu de 2002 acreditavam que os imigrantes pioravam os problemas de criminalidade de um país, com esse valor a subir acima dos 85% na Alemanha, na República Checa e na Noruega. Tal como ilustrado no filme *O Padrinho*, as imagens estereotipadas associando os imigrantes ao crime são há muito difundidas através dos *media* populares, que muitas vezes apresentam a violência perpetrada por uma série de grupos de imigrantes, incluindo a máfia italiana, as tríades chinesas e os *gangs* da América Central, como os salvadorenhos *Mara Salvatrucha*. Os dados não confirmam estes estereótipos. Contudo, eles revelam uma variação significativa nas taxas de criminalidade associadas a imigrantes entre diferentes países. Dados provenientes do censo de 2000 nos Estados Unidos mostram que, para todos os grupos étnicos, as taxas de detenção entre jovens do sexo masculino são as mais baixas no que respeita aos imigrantes, mesmo àqueles que detêm os menores graus de ensino.

> Sejam eles positivos ou negativos, os impactos fiscais líquidos da imigração não são grandes.

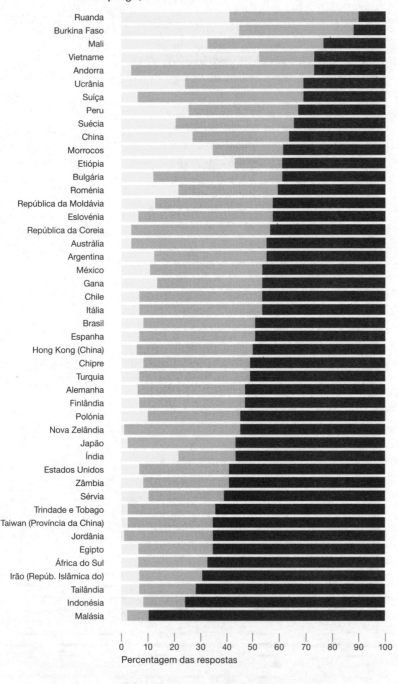

Figura 4.3 **O apoio à imigração depende da existência de vagas de emprego**
Atitudes em relação à imigração e existência de vagas de emprego, 2005/2006

"O que pensa de pessoas de outros países virem trabalhar aqui? Das seguintes opções, qual deverá ser seguida pelo governo, na sua opinião?"

- Deixar entrar quem quiser
- Deixar as pessoas entrar desde que existam vagas de emprego
- Limitar/proibir a imigração

Fonte: Kleemans and Klugman (2009).

Em média, entre os homens com idades dos 18 aos 39 anos (perfil que caracteriza a vasta maioria da população prisional), a taxa de detenções dos nativos em 2000 era de 3,5%, cinco vezes superior à taxa de 0,7 % referente àqueles nascidos no estrangeiro.[134] Estudos anteriores para os Estados Unidos produziram os mesmos dados.[135] Todavia, o cenário na Europa é mais variado. Os dados do Conselho da Europa em 25 países mostram que, em média, existem na prisão mais do dobro de pessoas nascidas no estrangeiro do que nativas. Um estudo sobre seis países Europeus revelou que na Áustria, na Alemanha, no Luxemburgo, na Noruega e na Espanha, as taxas de ofensa são mais elevadas para os estrangeiros, embora este não seja o caso da Grécia, por exemplo.[136]

Os receios de que os migrantes minem o estatuto socioeconómico dos nativos foram testados empiricamente. Tal como já foi indicado, os efeitos podem ser positivos para alguns indivíduos e grupos e negativos para outros, mas raramente serão significativos. Todavia, a recessão económica de 2008/09 representa um choque acentuado para muitos trabalhadores nos países de destino (e noutros), possivelmente o pior desde a Grande Depressão da década de 1930. Embora não haja uma séria sugestão de que este choque tenha sido causado pelos migrantes, tem-se assistido a um atiçar da retórica anti-imigrante enquanto os trabalhadores nativos procuram encontrar formas de assegurar os seus postos de trabalho. Os governos encontram-se sob uma enorme pressão – e muitas vezes não conseguem resistir-lhe. As opiniões estão a mudar, mesmo em casos onde a migração foi amplamente bem acolhida pelo público até agora – por exemplo, no Reino Unido, existe um sentimento contra os europeus de leste, apesar da experiência bem sucedida dos fluxos de entrada em larga escala durante o grande *boom*.[137]

As opiniões das pessoas sobre a migração são condicionadas pela disponibilidade de empregos. Na maioria dos 52 países abrangidos no último Inquérito Mundial de Valores, a maior parte dos inquiridos aprovou as restrições à imigração, mas muitos salientaram que essas restrições devem estar claramente associadas à disponibilidade de empregos (figura 4.3).[138] As projecções demográficas e económicas apresentadas no capítulo 2 sugerem que, passada a actual recessão, as características estruturais levarão ao ressurgimento de vagas de emprego e, por isso, a novas oportunidades para migrantes.

Mesmo em tempos normais, muitos sentem que se deveria dar preferência aos nativos (figura 4.4). A nossa análise de regressão conclui que esta opinião prevalecia mais entre pessoas que eram mais velhas, tinham rendimentos mais baixos, viviam em pequenas cidades e não tinham antecedentes associados à migração. Curiosamente, as pessoas de países onde o *stock* de migrantes era relativamente elevado foram as que mais defenderam um igual tratamento para os migrantes.

As preocupações económicas e de segurança podem por vezes reforçar-se entre si, formando-se um ciclo vicioso. Os migrantes que são marginalizados – devido, por exemplo, a um estatuto temporário ou irregular ou a elevados níveis de desemprego – podem recorrer a um comportamento anti-social ou criminoso, confirmando os receios de insegurança por parte dos nativos. Se esta situação levar a uma maior discriminação no mercado de trabalho e na formação de políticas, estes migrantes poderão voltar as costas à nova sociedade, voltando-se para a antiga, provavelmente formando *gangs* ou outras organizações anti-sociais que ameaçam as populações locais. Este tipo de patologia tem sido observado entre alguns jovens magrebes em França e alguns grupos da América Central nos Estados Unidos.

Quando as desvantagens no mercado do trabalho levam à exclusão social, poderão seguir-se rapidamente repercussões para a coesão social. Investigações recentes em sete países desenvolvidos sublinharam as barreiras à socialização encontradas pelas crianças em famílias de imigrantes.[139] Estas famílias estão muitas vezes concentradas em determinadas localizações, tal como determinadas localidades urbanas de baixo rendimento. Esta situação fomenta a segregação educacional e socioeconómica: a residência em bairros segregados limita os contactos com os nativos – uma separação reforçada pela frequência em escolas que são, de facto, segregadas. Um estudo solicitado para este relatório sobre a identidade do imigrante latino nos Estados Unidos sugeriu que as políticas de migração restritivas e uma opinião cada vez mais adversa com o decorrer do tempo, a par de resultados no desenvolvimento humano variados, afectaram o sentido que as pessoas têm de si mesmas. O estudo, que assenta em entrevistas a imigrantes oriundos de vários países latino-americanos e aos seus filhos, sugere que os imigrantes têm experiências formativas que produzem a solidariedade de grupo mas promovem uma rejeição da identidade americana, relacionada com as realidades do mercado de trabalho durante um período que crescente desigualdade.[140]

Também se têm manifestado preocupações sobre os possíveis impactos da imigração no clima político.[141] Porém, na maioria dos países, o tamanho relativo da população migrante é demasiado pequeno para ter um efeito directo nas políticas eleitorais nacionais, sobretudo uma vez que os migrantes provêm de uma diversidade de contextos socioculturais e terão uma diversidade de opiniões

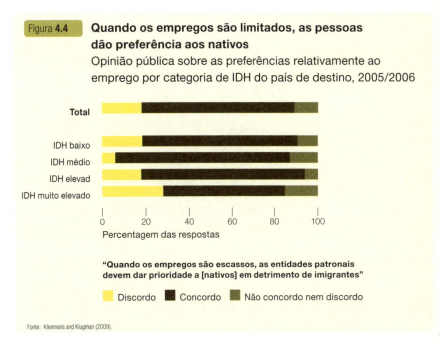

Figura 4.4 Quando os empregos são limitados, as pessoas dão preferência aos nativos
Opinião pública sobre as preferências relativamente ao emprego por categoria de IDH do país de destino, 2005/2006

"Quando os empregos são escassos, as entidades patronais devem dar prioridade a [nativos] em detrimento de imigrantes"

☐ Discordo ■ Concordo ■ Não concordo nem discordo

Fonte: Kleemans and Klugman (2009).

políticas. Em todo o caso, os migrantes não são geralmente autorizados a votar em eleições nacionais. As suas preferências poderão ser mais significativas nas eleições locais, onde a garantia do direito ao voto a imigrantes da primeira geração é mais comum.[142] Com o tempo, à medida que a assimilação económica, social e cultural se aprofunda, os efeitos dos migrantes nos padrões de voto tornam-se ainda menos previsíveis.[143]

Por fim, embora não menos importante, em número suficiente, os migrantes poderão afectar a diversidade étnica e cultural de uma sociedade, literalmente mudando o rosto de uma nação. Vários países que hoje são extremamente prósperos foram historicamente fundados por migrantes. A Austrália, o Canadá, a Nova Zelândia e os Estados Unidos continuaram a acolher grandes fluxos de entrada ao longo do tempo, em ondas sucessivas de diferentes países de origem, e foram geralmente bastante bem sucedidos na absorção de migrantes e em lhes dar um senso comum de pertença à nova nação, apesar de as suas diferenças culturais.[144] Em países com uma longa e orgulhosa história de independência e um forte sentido de identidade nacional, a chegada de estranhos poderá constituir um maior desafio.

É evidente que alguns atributos culturais são mais facilmente adoptados por nativos do que outros. Por exemplo, muitas sociedades acolhem novas gastronomias (provavelmente as mais resistentes são as cozinhas francesa e italiana, que se julgam auto-suficientes). Esta situação confirma a tese de Paul Krugman de que um gosto de variedade combinado com economias de escala, fazem mais para explicar os padrões do comércio internacional do que qualquer outro factor. Mas alguns consideram ser mais difícil abrir a porta a novos costumes religiosos e sociais, tais como o uso de lenços por mulheres e o pagamento de dotes.

Embora possam emergir questões específicas, as evidências sugerem que as pessoas são geralmente tolerantes em relação às minorias e têm uma opinião positiva sobre a diversidade étnica (figura 4.5). As pessoas com níveis inferiores de ensino, mais velhas, desempregadas e sem um contexto de migração anterior são menos propensas a valorizar a diversidade étnica.[145] Simultaneamente, mais de 75% dos inquiridos no Inquérito Mundial de Valores de 2005/2006 não apresentaram objecções à ideia de terem um migrante como vizinho. Estas atitudes apontam para oportunidades claras de construir um amplo consenso em torno de um melhor tratamento relativamente aos migrantes, uma opção política que exploraremos no próximo capítulo.

As reacções adversas e de insegurança poderão emergir quando as comunidades de migrantes são vistas como representando normas e estruturas sociais alternativas e competitivas, ameaçando implicitamente a cultura local. Esta situação está associada à opinião de que as identidades étnicas competem umas com as outras e variam consideravelmente no seu compromisso para com o Estado-nação, implicando que existe um jogo de soma zero entre reconhecer a diversidade e unificar o Estado. Não obstante, os indivíduos podem ter, e têm efectivamente, múltiplas identidades que se complementam – nomeadamente, em termos de etnicidade, língua, religião, raça e até de cidadania (capítulo 1). Por isso, quando os migrantes se integram mais completamente e de uma forma mais difusa na terra que adoptaram, que, por sua vez, se torna ainda mais diversa, têm uma melhor oportunidade de ser valorizados como tendo enriquecido a sociedade e introduzido traços culturais complementares.

4.3 Conclusões

Este capítulo explorou os impactos da mobilidade naqueles que não se deslocam. Começámos com os locais de origem e dirigimos o nosso enfoque para os países em desenvolvimento (embora as taxas regionais mais altas de emigração sejam de longe aquelas observadas para a Europa e as mais baixas para África). Os maiores impactos são observáveis ao nível do agregado familiar, nomeadamente, para aqueles que têm membros de família que migraram, e são amplamente positivos em termos de rendimento, consumo, educação e saúde. Porém, os impactos na pobreza de um modo geral são limitados porque aqueles que migram não são os mais pobres da sua comunidade de origem. Os efeitos na comunidade mais alargada e no próprio país também podem ser testemunhados, embora estes padrões sejam muitas vezes complexos, apresentam especificidades contextuais e estão sujeitos a mudanças com o tempo.

Dada a recessão mundial de 2008/09, é especialmente importante avaliar o impacto da migração nas comunidades e países de acolhimento. Não existem quaisquer evidências de impactos significativamente adversos aos níveis económico, de mercado de trabalho ou fiscal, e existem evidências de benefícios em áreas como a diversidade social e a capacidade de inovação. Os receios acerca dos migrantes são geralmente exagerados.

Estas conclusões, juntamente com as que apurámos no capítulo anterior, sugerem a possibilidade de criar círculos virtuosos através de medidas políticas que optimizem e alarguem os benefícios da mobilidade. Isso aumentaria os contributos económicos e sociais dos migrantes tanto para as comunidades e países de destino como de origem

As políticas públicas que as pessoas encontram quando se deslocam desempenham um papel importante na definição dos seus futuros. Conceber bem estas políticas é do interesse dos próprios migrantes, das comunidades que deixam para trás e de outros residentes nos países dos lares que adoptaram. É a este tema que voltaremos no capítulo final deste relatório.

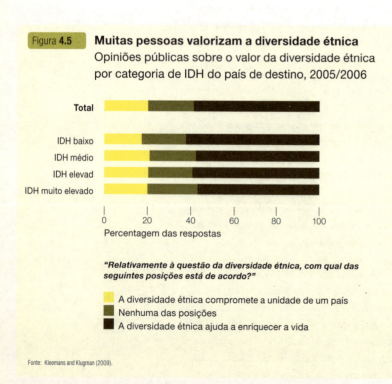

Figura 4.5 **Muitas pessoas valorizam a diversidade étnica**
Opiniões públicas sobre o valor da diversidade étnica por categoria de IDH do país de destino, 2005/2006

"Relativamente à questão da diversidade étnica, com qual das seguintes posições está de acordo?"

- A diversidade étnica compromete a unidade de um país
- Nenhuma das posições
- A diversidade étnica ajuda a enriquecer a vida

Fonte: Kleemans and Klugman (2009).

Políticas para optimizar os resultados do desenvolvimento humano

5

Este capítulo final propõe reformas que permitirão que a mobilidade contribua para uma mais completa optimização das liberdades das pessoas. Actualmente, muitas pessoas que se deslocam têm, no máximo, apenas direitos precários e enfrentam futuros incertos. Há que procurar resolver a incapacidade política de fazer combinar as restrições à entrada e a elevada procura de mão-de-obra de trabalhadores pouco qualificados. Propomos um pacote principal de reformas que melhorará os resultados dos migrantes individualmente mas também das suas famílias, das comunidades de origem e dos locais de acolhimento. A concepção, o timing e a aceitabilidade das reformas depende de uma avaliação realista das condições económicas e sociais, e de um reconhecimento da opinião pública e das limitações políticas.

Políticas para optimizar os resultados do desenvolvimento humano

A análise anterior mostrou que melhores políticas em relação aos migrantes representariam enormes benefícios para o desenvolvimento humano. Estes benefícios trariam vantagens para todos os grupos afectados pela migração. É necessária uma visão vigorosa que saiba reconhecer estes benefícios – uma visão que abrace a reforma tendo em vista as suas potenciais recompensas, e que, contudo, tenha também em conta os respectivos desafios e limitações.

Já mostrámos o modo como as políticas de entrada que têm prevalecido em muitos países de destino durante as últimas décadas podem ser amplamente caracterizadas pela recusa e adiamento, por um lado, e por controlos de fronteira mais apertados e permanências ilegais, por outro. Estas circunstâncias pioraram a situação das pessoas que carecem de estatuto legal e, especialmente durante a recessão, criou incertezas e frustrações entre uma população mais alargada.

Espera-se que os factores que levam à migração – incluindo um variado leque de oportunidades e rápidas transições demográficas – persistam nas próximas décadas. Padrões demográficos desequilibrados revelam que nove décimos do crescimento da força laboral mundial desde 1950 tem-se verificado nos países em desenvolvimento, enquanto os países desenvolvidos estão a envelhecer. Estas tendências criam tensões entre os migrantes, mas os canais regulares que permitem as deslocações de pessoas pouco qualificadas são muito restritos. As projecções demográficas para o ano de 2050 prevêem que estas tendências continuem, mesmo que a procura de mão-de-obra seja temporariamente atenuada pela actual crise económica. Isto implica uma necessidade de repensar as políticas de restrição à entrada dos trabalhadores pouco qualificados, as quais dificilmente concordam com a procura desse tipo de trabalhadores. Este capítulo trata o desafio crucial de como os governos se podem preparar para a retoma do crescimento, com as suas tendências estruturais subjacentes.

A nossa proposta consiste num pacote principal de reformas com retornos a médio e longo prazos. O pacote consiste em seis "pilares". Cada pilar traz benefícios por si só, mas conjuntamente oferecem a melhor maneira de maximizar os impactos da migração no desenvolvimento humano:

1. Liberalização e simplificação dos canais regulares que permitam que as pessoas procurem trabalho no estrangeiro;
2. Garantia de direitos básicos aos migrantes;
3. Diminuição dos custos de transacção associados à migração;
4. Melhoria dos resultados para os migrantes e para as comunidades de destino;
5. Permissão dos benefícios da mobilidade interna; e
6. Tratamento da mobilidade como uma parte integrante das estratégias de desenvolvimento nacionais.

A nossa proposta envolve novos processos e normas de gestão da migração, mas não sugere qualquer nível em particular para um aumento das admissões, uma vez que esta questão deve ser determinada ao nível de cada país.

A nossa agenda está amplamente orientada no sentido de apontar as reformas que a longo prazo serão necessárias para optimizar os benefícios das deslocações, embora reconheçamos os principais desafios a curto prazo. No auge daquilo que está a ser a pior crise económica desde a Grande Depressão, o desemprego está a aumentar e a bater recordes em muitos países. Por conseguinte, muitos migrantes encontram-se duplamente em risco: a sofrer desemprego, insegurança e marginalização social, e, ainda assim, a serem apontados como a fonte destes problemas. É importante que a actual recessão não se torne uma oportunidade para criar bodes expiatórios, mas antes seja vista como uma oportunidade de instituir um novo acordo com os migrantes – um acordo que beneficie os trabalhadores em casa e no estrangeiro e, simultaneamente, previna um retrocesso proteccionista. Criar esse acordo e vendê-lo ao público necessitará de uma visão política e uma liderança de compromisso.[1]

Haver uma abertura de diálogo é importante se quisermos testemunhar progressos no debate público sobre

> Haver uma abertura de diálogo é importante se quisermos testemunhar progressos no debate público sobre a migração.

a migração. Neste debate, os benefícios não deverão ser exacerbados e as preocupações sobre os efeitos de distribuição – especialmente entre os trabalhadores pouco qualificados – precisam de ser reconhecidos e tomados em conta. A economia política da reforma será directamente tratada mais abaixo.

Porque este é um relatório global com diversos intervenientes – governos dos países de origem, de destino e de passagem; doadores e organizações internacionais; o sector privado; e a sociedade civil, incluindo grupos de migrantes e associações de diáspora, academia e os *media* – as direcções das políticas que traçamos situam-se inevitavelmente a um nível geral. A nossa intenção é estimular o debate e acompanhar a discussão, a adaptação e a implementação das nossas recomendações. Ao nível de cada país, serão necessárias muito mais análises detalhadas para assegurar a relevância relativamente às circunstâncias locais e permitir realidades políticas e restrições práticas.

5.1 O pacote principal

Iremos agora explorar os pontos relativos às políticas de entrada traçados anteriormente. O nosso enfoque limita-se a seleccionar aspectos de um menu de opções bastante abrangente que tem sido discutido e implementado em todo o mundo.[2] Para definir uma agenda de prioridades, deixámo-nos motivar por um enfoque nos desfavorecidos, uma consideração realista das restrições políticas e uma consciência de que os dilemas são inevitáveis. Sempre que possível daremos exemplos de boas práticas.

5.1.1 Liberalizar e simplificar os canais regulares

Barreiras demasiado restritivas à entrada impedem que muitas pessoas se desloquem e significam que milhões daqueles que se deslocam tenham um estatuto irregular – um quarto do total, em números estimados. Esta situação criou incertezas e frustrações tanto na comunidade migrante como na população mais ampla, especialmente durante a actual recessão.

Quando se verificar a retoma do crescimento, a procura de mão-de-obra entre migrantes irá do mesmo modo ser retomada, uma vez que as condições demográficas e económicas que criaram essa procura em primeira instância estarão ainda vigentes. A necessidade de pessoas em idade activa nos países desenvolvidos tem sido amplamente estrutural e tem uma natureza de longo prazo – e não temporária. Isto aplica-se até mesmo relativamente a empregos de elevada circulação em sectores como o dos cuidados sociais, da construção, do turismo e do processamento de alimentos. Se a procura de mão-de-obra é de longo prazo, então, da perspectiva tanto dos migrantes como das suas comunidades e sociedades de destino, é melhor permitir que as pessoas entrem legalmente. E desde que os migrantes consigam encontrar e manter os seus empregos, é melhor oferecer-lhes a opção de ampliar a sua permanência, em vez de os limitar a licenças temporárias. Quanto mais tempo as pessoas permanecerem no estrangeiro, maior será a mobilidade social e económica que elas e os seus filhos provavelmente usufruirão. Quando a presença de migrantes é negada ou ignorada pelos governos de acolhimento, o risco de segmentação é em grande medida aumentado, não só no mercado de trabalho e na economia, mas também na sociedade de um modo mais geral. Esta é uma lição que emergiu claramente da experiência dos trabalhadores-hóspedes alemães. Testemunhamos o mesmo de novo hoje, em destinos tão diversos como os Estados do CCG, a Rússia, Singapura, África do Sul e Tailândia.

Então, como seria a liberalização e simplificação dos canais de migração? Existem duas amplas vias em que a reforma surge como desejável e viável: programas sazonais ou circulares, e a entrada de pessoas não qualificadas, com possibilidade de lhes estender o caminho de acordo com determinadas condições. A difícil questão de decidir o que fazer com as pessoas com um estatuto irregular é uma terceira área em que as várias opções para a mudança são possíveis e deverão ser consideradas. Em cada caso, a concepção específica de novas medidas necessitará de ser discutida e debatida ao nível nacional através de processos políticos que permitam o equilíbrio de diferentes interesses (secção 5.2). Como as pessoas altamente qualificadas são já bem-vindas na maioria dos países, as reformas precisam de se focar nas deslocações de pessoas que não tenham graus de ensino superiores.

A primeira via, já explorada por uma série de países, traduz-se por expandir os esquemas de trabalho verdadeiramente sazonal em sectores como o da agricultura e do turismo. Elementos chave no momento de planeamento e de implementação de reformas incluem a consulta junto dos governos dos países de origem, o envolvimento de sindicatos e de entidades empregadoras, garantias de salários base, protecções de saúde e de segurança, e a possibilidade de repetir as visitas. Estes elementos são a base para esquemas que têm estado a operar com sucesso há décadas no Canadá, por exemplo, e que foram mais recentemente introduzidos na Nova Zelândia (caixa 5.1). Os trabalhadores em esquemas formais deste tipo dispõem tipicamente de uma melhor protecção do que aqueles com estatuto irregular. Do ponto de vista do desenvolvimento humano, essa é uma das maiores vantagens de que usufruem.

RELATÓRIO DE DESENVOLVIMENTO HUMANO 2009
Ultrapassar Barreiras: Mobilidade e desenvolvimento humanos

> **Caixa 5.1 — Abrir canais regulares – A Suécia e a Nova Zelândia**
>
> Dois países introduziram, recentemente, reformas em conformidade com as instruções dadas por este relatório, embora ambas sejam demasiado novas para que possam ser avaliadas em termos de impacto.
>
> No final de 2008, a Suécia apresentou uma grande reforma na migração laboral. A iniciativa partiu do parlamento sueco e começou com a nomeação de uma comissão parlamentar, para propor mudanças. Isto aconteceu durante um período de rápido crescimento económico e uma generalizada escassez de mão-de-obra. Os debates parlamentares e da comunicação social incidiam no risco de deslocação dos trabalhadores nativos e em saber se os candidatos a asilo rejeitados podiam concorrer. Foi, então, concebido um esquema, que ia ao encontro das preocupações dos sindicatos acerca da redução de salários e das normas de trabalho.
>
> Entre os elementos principais do esquema encontra-se a cláusula de que os empregadores são os que primeiro podem avaliar as suas necessidades (auto-avaliação), sendo que o Conselho de Migração da Suécia assume o papel de assegurar a consistência com os acordos colectivos e permitir opiniões sindicais. Após dois anos, é permitido a portabilidade entre entidades empregadoras e se os indivíduos mudarem de emprego, durante este período inicial, têm de solicitar uma nova autorização de trabalho. A duração é, inicialmente, de dois anos, prorrogável até quatro, após o que lhes pode ser concedido o direito de residência permanente. Durante o primeiro trimestre de funcionamento, houve 24.000 inscrições, o que representou cerca de 15% das inscrições totais dos que entraram na Suécia.
>
> O Esquema de Emprego Sazonal Reconhecido [*Recognised Seasonal Employer Scheme – RSE*] da Nova Zelândia foi lançado em Abril de 2007 como parte do crescimento do governo e agenda de inovação, para resolver os graves problemas das indústrias hortícula e vinícola em encontrar trabalhadores durante os picos de trabalho sazonal. Fornece um número de empregos sazonais, definidos anualmente.
>
> O RSE foi concebido para evitar algumas das desvantagens do ciclo de trabalho temporário com baixas remunerações, visto como insustentável pelos empregadores e pelos trabalhadores, muitos dos quais migrantes não regularizados. A transição para o RSE sacudiu os trabalhadores irregulares existentes para fora do sistema e trouxe novos empregadores ao contacto com o governo. Durante o período de transição, as entidades patronais podiam reter os trabalhadores na Nova Zelândia por um período limitado e sob certas condições.
>
> Central para os objectivos do governo da Nova Zelândia e do movimento sindical, e crucial para a aceitação pública, era assegurar que os empregadores, antes de fazerem o recrutamento no exterior, recrutassem e formassem, primeiro, os trabalhadores da Nova Zelândia. Contudo, o projecto permite que os países da Ilha do Pacífico encontrem um mercado contínuo para a sua mão-de-obra pouco qualificada, desde que ponham em prática uma selecção apropriada e processos facilitadores e ajudem a assegurar o seu regresso. Os seus trabalhadores têm a oportunidade de receber formação e serem remunerados adequadamente, bem como de alargar a sua experiência e contactos. Até agora, não houve quaisquer problemas graves.
>
> O RSE não é um projecto de baixo custo. Não terá uma base económica sustentável, a não ser que as indústrias envolvidas possam obter benefícios em produtividade e qualidade em parceria com um grupo de trabalhadores conhecidos, que sejam de confiança para regressarem, todos os anos, a vinhas e pomares específicos.
>
> Fontes: Governo da Suécia (2008) e World Bank (2006a).

A segunda via, que envolve reformas mais profundas, traduz-se por expandir o número de vistos para pessoas com poucas qualificações – sob determinadas condições de procura por parte das entidades empregadoras. Tal como é actualmente o caso, os vistos podem ser inicialmente temporários. A emissão poderá depender de uma oferta de trabalho, ou, pelo menos, da experiência ou da vontade de trabalhar num sector que esteja manifestamente a enfrentar escassez de mão-de-obra.

Expandir os canais de entrada regulares envolve tomar decisões nos seguintes aspectos centrais:

Estabelecer números de fluxos de entrada anuais. Estes devem ser adequados às condições locais e existem várias maneiras de o assegurar. Os números podem basear-se na procura por parte das entidades empregadoras – de modo que um indivíduo possa ser chamado para um emprego antes mesmo da sua chegada – ou nas recomendações de um comité técnico, ou de um outro órgão semelhante, que considere as projecções da procura e oferta dos sindicatos, empregadores e grupos comunitários. A Comissão Consultiva sobre as Migrações do Reino Unido, estabelecida no final de 2007 para fornecer aconselhamento sobre a nomeação das chamadas "ocupações em escassez", é um bom exemplo. As desvantagens de se necessitar de uma oferta de trabalho prendem-se com o facto de a decisão ser efectivamente delegada para os empregadores individualmente, e os custos da transacção para os migrantes poderem ser mais elevados e a portabilidade tornar-se possivelmente um problema. Dever-se-á ter precaução em relação às "necessidades" de migrantes relatadas pelos empregadores. Estas podem emergir porque os migrantes estão dispostos a trabalhar mais horas e/ou porque são mais qualificados. Os empregadores não deverão usar a mão-de-obra dos migrantes como um estratagema para escapar às suas obrigações legais de fornecerem protecção de saúde e de segurança básica e de garantirem padrões mínimos de condições de trabalho – situações que devem ser asseguradas de forma semelhante a todos os trabalhadores, independentemente da sua origem.

Portabilidade entre entidades empregadoras. Fixar pessoas a empregadores específicos impede-as de poderem procurar e encontrar melhores oportunidades e é, por isso, economicamente ineficientes e socialmente indesejável. A nossa avaliação de políticas revelou que os governos tipicamente permitem a portabilidade entre entidades empregadoras para migrantes permanentes altamente qualificados, mas não para trabalhadores temporários com poucas qualificações. Contudo, existem sinais de mudança. Os Emirados Árabes Unidos começaram a oferecer apoios ao emprego transferível em resposta às queixas de abusos por parte de migrantes.[3] A recente reforma laboral para a imigração na Suécia, descrita na caixa 5.1, é talvez o exemplo mais abrangente de portabilidade de emprego e de benefícios até à data, uma vez que as licenças de trabalho são transferíveis e os migrantes que perderem os seus empregos – seja por que razão for – têm três meses para encontrarem trabalho antes do visto caducar.[4] Um empregador que tenha ido ao estrangeiro para recrutar trabalhadores procurará tipicamente obter algum período de não portabilidade – mas mesmo nesses casos há sempre formas de estabelecer um certo grau de flexibilidade: por exemplo, permitindo que o migrante que queira mudar de trabalho ou que outro empregador que o queira contratar pague uma taxa reembolsando o primeiro empregador dos custos de recrutamento em que terá incorrido.

Direito ao prolongamento e possibilidades de permanência. Esta situação ficará ao critério do governo de acolhimento e, tal como no presente, está geralmente sujeita a um conjunto de condições específicas. Não obstante, o prolongamento de licenças temporárias é possível em muitos países desenvolvidos (por exemplo, no Canadá, em Portugal, na Suécia, no Reino Unido e nos Estados Unidos) e em alguns países em desenvolvimento (por exemplo, no Equador e na Malásia). A possibilidade da licença ser renovada indefinidamente poderá depender de acordos bilaterais. Alguns países garantem aos migrantes a oportunidade de converterem o seu estatuto temporário em permanente após vários anos de residência regular (por exemplo, na Itália, após seis anos, e em Portugal e no Reino Unido, após cinco). Esta questão poderá estar sujeita a determinadas condições como, por exemplo, os registos do migrante no mercado de trabalho e a ausência de condenações criminais.[5]

Medidas para facilitar a circulação. A liberdade de se deslocarem de um lado para o outro entre o país de acolhimento e o país de origem poderá optimizar os benefícios dos migrantes e dos seus países de origem. De novo, esta questão poderá ficar sujeita a determinados critérios. A portabilidade de benefícios de segurança social acumulados é uma outra vantagem que poderá encorajar a circulação.

O estatuto irregular é uma questão que inevitavelmente assume um papel de destaque em quase todas as discussões sobre a imigração. Várias abordagens têm sido usadas por parte dos governos para dar resposta ao problema. Nomeadamente, esquemas de amnistia foram anunciados, permanecendo abertos por um período de tempo finito – estes esquemas têm sido usados em vários países europeus, assim como na América Latina. Por seu lado, outros mecanismos administrativos actualmente em curso poderão garantir algum tipo de estatuto legal numa base arbitrária – por exemplo, na base dos laços familiares, tal como é possível nos Estados Unidos. Em última análise, realizam-se regressos forçados ao país de origem. Nenhuma destas medidas está livre de controvérsia. A caixa 5.2 sumariza experiências de regularização recentes.[6]

As chamadas "regularizações por mérito", tal como aquelas experimentadas numa série de países, poderão ser a solução mais viável.[7] Estas permitem que migrantes irregulares com uma licença provisória vivam e tra-

---

Caixa 5.2 Experiência com a regularização

A maior parte dos países europeus efectuou programas de regularização, ainda que por uma série de motivos e, nalguns casos, apesar de negarem que essa regularização ocorre (Áustria e Alemanha). Um estudo recente estimou que, na Europa, mais de seis milhões de pessoas conseguiram a legalização, ao longo de 2007, com uma taxa de aprovação de 80%. Os números em cada país variam enormemente – a Itália atingindo o valor mais elevado (1,5 milhões), seguida da Espanha e da Grécia.

Os programas de regularização não se limitam à OCDE. Um acordo regional na América Latina, o MERCOSUL, estabeleceu, por exemplo, que a Argentina legislasse que qualquer cidadão de um país do MERCOSUL sem antecedentes criminais pudesse obter residência legal. Na África do Sul, estão em curso esforços para a regularização de zimbabueanos irregulares, começando por uma autorização de residência temporária, que lhes garante acesso a cuidados de saúde e educação e, ainda, o direito de permanecerem e trabalharem durante, pelo menos, seis meses. Na Tailândia, 135.000 migrantes foram regularizados no início de 2008, embora, no passado, aos períodos de regularização se seguisse a intensificação dos índices de deportação.

Os prós e os contras da regularização têm sido debatidos acaloradamente. Os benefícios para o país de destino relacionam-se com a segurança e o Estado de Direito, enquanto os indivíduos e as famílias que são regularizados poderão estar mais bem posicionados para superarem a exclusão social e económica. Entre as desvantagens encontram-se as preocupações com o incentivo a futuros fluxos, o enfraquecimento de programas de admissão formais e as candidaturas fraudulentas. Simultaneamente, os benefícios da regularização dependem em grande medida do contexto. Por exemplo, nos Estados Unidos, muitos dos imigrantes irregulares já pagam impostos, por isso, os benefícios das receitas são muito inferiores aos de países com grandes economias informais, onde os impostos são evitados a uma escala muito mais elevada. Estudos às experiências dos países têm concluído que os impactos sócio-económicos da regularização são diversos, nem sempre se testemunhando os esperados impactos positivos nos salários, na mobilidade e na integração.

Fonte: ICMPD (2009), Cerrutti (2009) e Martin (2009b).

balhem no país de acolhimento, inicialmente por um período finito de tempo, que poderá ser prolongado ou transformado em permanente através do preenchimento de diversos requisitos, tais como a aquisição da língua, a manutenção de um emprego estável e o pagamento de impostos. Não há uma amnistia inicial, mas antes uma permissão sob determinadas condições de passar a um estatuto de residência permanente. Esta abordagem tem a vantagem de potencialmente obter uma maior aceitação por parte da opinião pública.

A variada experiência europeia sugere que entre os ingredientes fundamentais de regularizações bem sucedidas encontra-se o envolvimento no respectivo planeamento e implementação por parte de organizações da sociedade civil, associações de migrantes e empregadores; a garantia de não haver lugar a expulsões durante o processo; e critérios de qualificação claros (por exemplo, a duração da residência, o registo de trabalho e os laços familiares).[8] Entre os problemas enfrentados na prática sublinham-se as longas esperas. Com esquemas geridos localmente, como em França, a variação de tratamento entre localidades poderá levantar alguns problemas.

Os regressos forçados são especialmente controversos. O seu número tem vindo a aumentar acentuadamente em alguns países, ultrapassado os 350.000 nos Estados Unidos e os 300.000 na África do Sul, só em 2008. Bastante impulsionados pelos governos de países ricos, os regressos forçados também emergem nas parcerias de mobilidade da União Europeia.[9] Muitos Estados de origem cooperam com os países de destino ao assinarem acordos de readmissão, embora alguns, como a África do Sul, por exemplo, se tenham recusado a assinar tais acordos até à data.

Como deverão ser as políticas humanitárias de aplicação da lei? A maioria das pessoas defende que têm de existir sanções para violações do controlo de fronteiras e das leis de trabalho e que, a par da regularização arbitrária, os regressos forçados devem estar previstos na lei. Mas implementar esta sanção levanta problemas significativos, especialmente em casos em que os indivíduos em causa viveram e trabalharam no país durante muitos anos e têm membros na família que são já residentes legais. Por exemplo, um recente inquérito sobre os salvadorenhos deportados revelou que quatro quintos estavam a trabalhar na altura em que foram deportados, e muitos tinham filhos que já haviam nascido nos Estados Unidos.[10] Em vários países, incluindo o Reino Unido, os *media* têm ocasionalmente relatado casos de ameaça de deportações que se afiguraram particularmente desumanas.

É claramente importante que, quando os indivíduos com estatuto irregular são identificados, os procedimentos de aplicação deverão seguir a lei e os direitos básicos deverão ser respeitados. Há uma necessidade de estabelecer a responsabilização dos empregadores que envolvem os trabalhadores em situações irregulares. Esta questão tem sido bastante debatida nos Estados Unidos, por exemplo. Processos formais para determinar se os indivíduos têm ou não o direito legal de permanecer no país são claramente uma melhor opção do que as expulsões sumárias ou em massa, que se têm verificado no passado (por exemplo, a expulsão de trabalhadores indonésios da Malásia no início do ano de 2005),[11] embora alguns aspectos processuais, como o do direito a um advogado, possam representar um indesejável fardo nos cofres públicos em países em desenvolvimento. A Inspecção Prisional do Reino Unido publicou Estimativas de Detenções de Imigrantes baseadas em padrões internacionais dos direitos humanos. Não obstante, é evidente que a mera publicação de um documento como este não assegura que os padrões sejam cumpridos. Em alguns países, as ONGs operam no sentido de melhorarem as condições de vida nos campos de detidos – a Cruz Vermelha ucraniana é disso um exemplo. A recente directiva da União Europeia sobre os procedimentos para o regresso afigura-se como um passo em direcção à transparência e harmonização dos regulamentos, com uma ênfase nos procedimentos padrão tanto para expulsar pessoas com estatuto irregular como para lhes garantir estatuto legal definitivo. A directiva tem sido, porém, criticada como sendo inadequada na garantia do cumprimento dos direitos humanos.[12]

5.1.2 Garantir direitos básicos para os migrantes

Este relatório centra-se no tema da mobilidade, partindo do ponto de vista do alargamento das liberdades humanas. Mas nem todos os migrantes atingem todas as liberdades que a migração lhes promete à partida. Dependendo de onde vêm e para onde vão, as pessoas frequentemente acabam por se ver em situações em que têm de trocar um tipo de liberdade por outro, na maioria dos casos com vista a acederem a rendimentos mais elevados, trabalhando num país onde um ou mais direitos humanos fundamentais não são respeitados. Os migrantes que carecem de recursos, redes sociais, informação e vias de recurso são mais propensos a ficarem a perder em algumas dimensões, tal como aqueles que enfrentam discriminações raciais ou outras formas de discriminação. Grandes problemas poderão surgir para aqueles sem um estatuto legal e para aqueles que estão em países onde as estruturas de governo e de responsabilização são fracas.

> Quando os indivíduos com estatuto irregular são identificados, os procedimentos de aplicação deverão seguir a lei e os direitos básicos deverão ser respeitados.

Os refugiados pertencem a uma categoria legal de migrantes distinta em virtude da sua necessidade de protecção internacional. Têm direitos específicos, estabelecidos na Convenção de Refugiados de 1951 e nos Protocolos de 1967, que foram ratificados por 144 Estados (figura 5.1).[13] Estes acordos oferecem uma protecção importante àqueles que atravessam fronteiras internacionais para escapar à perseguição.

De um modo geral, seis tratados internacionais de direitos humanos, que foram ratificados por 131 países em todo o mundo, contêm fortes cláusulas de não discriminação garantindo a aplicabilidade de muitas provisões a migrantes.[14] Estes instrumentos são universais e aplicam-se tanto a cidadãos como a não cidadãos, incluindo àqueles que se deslocaram ou que permanecem presentemente nos seus locais de origem, independentemente de o seu estatuto ser regular ou irregular. De particular relevo são os direitos à igualdade e de estar livre de discriminação por motivos raciais, de origem nacional ou de outro estatuto. Estas restrições legais são importantes nas acções dos Estados.[15]

Recentemente, os protocolos contra o tráfico e o contrabando de pessoas ganharam um amplo apoio, tendo sido estabelecidos na esteira de instrumentos já existente com 129 ratificações.[16] Estes protocolos, que visam criminalizar o tráfico, focalizam-se mais em suprimir o crime organizado e em facilitar a migração ordeira do que em desenvolver a questão dos direitos humanos dos indivíduos (sobretudo mulheres) envolvidos.[17] Muitos Estados promulgaram estes princípios nas suas legislações nacionais: dos 155 Estados inquiridos em 2008, cerca de 80% tinham introduzido uma sanção específica ao tráfico de pessoas e mais de metade tinha criado uma unidade policial especial anti-tráfico.[18] O progresso nesta frente é claramente bem-vindo, embora alguns observadores tenham notado que duras políticas para a imigração também tenderam a promover o tráfico e o contrabando.[19]

Contrariamente, as séries de convenções da OIT adoptadas durante o século XX, que procuram promover padrões mínimos para os trabalhadores migrantes, não atraíram grande apoio. As causas são variadas, incluindo o escopo e abrangência das convenções *versus* o desejo de actuação livre por parte dos Estados nessas matérias. Em 1990, a Convenção Internacional da ONU sobre a Protecção dos Direitos de todos os Trabalhadores Migrantes e Membros das suas Famílias (CTM) reiterou os princípios centrais dos tratados de direitos humanos, mas foi também mais longe, por exemplo, ao definir a discriminação de uma forma mais lata, estabelecer salvaguardas mais fortes contra a expulsão colectiva e arbitrária e assegurar o direito ao voto dos migrantes regulares, bem como a serem eleitos. Porém, existem apenas 41 signatários até à data, dos quais apenas cinco são países de imigração e nenhum pertence à categoria de IDH muito elevado (figura 5.1).

Investigando o que está por detrás da figura 5.1, no sentido de examinar os perfis de migração dos países que ratificaram os princípios da convenção, descobrimos que a maioria tem taxas de imigração e emigração abaixo dos 10%. Nos países onde a taxa da população migrante ou emigrante excede os 25%, as taxas de ratificação são ainda baixas – apenas 3 em cada 64 assinaram a CTM, embora 22 tenham assinado os seis principais tratados de direitos humanos. Mesmo em países com taxas líquidas de emigração que excedem os 10% da sua população – que têm fortes motivos para assinarem a Convenção, de modo a protegerem os seus trabalhadores no estrangeiro – as taxas de ratificação da CTM são baixas. Em suma, apenas 20% dos governos de países de elevada emigração assinaram a CTM durante quase duas décadas da sua existência, enquanto metade ratificaram os seis principais tratados de direitos humanos e 59% são signatários do mais recente protocolo contra o tráfico.

Os países que não ratificaram a CTM estão ainda assim obrigados a proteger os trabalhadores migrantes, através de outros tratados centrais de direitos huma-

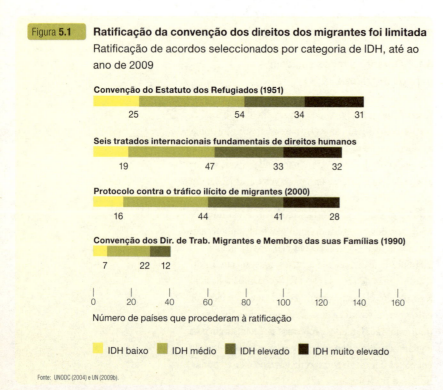

Figura 5.1 **Ratificação da convenção dos direitos dos migrantes foi limitada**
Ratificação de acordos seleccionados por categoria de IDH, até ao ano de 2009

Fonte: UNODC (2004) e UN (2009b).

nos. Os órgãos de monitorização dos tratados (TMBs), que operam de acordo com convenções existentes, são agora complementados por uma análise periódica do ACNUR. Uma recente análise realizada a uma década de deliberações pelos TMBs revela que as provisões relevantes de outros tratados de direitos humanos podem salientar problemas e proteger os direitos dos migrantes, e assim o têm feito, cada vez mais, como o decorrer do tempo.[20] Mesmo que cada país procure naturalmente retratar o seu registo em direitos humanos da melhor forma, os TMBs podem, apesar da falta de mecanismos de aplicação, exercer a sua influência ao "apontar o dedo", ao sublinhar casos graves e ao procurar atingir uma persuasão moral ou política.

Garantir os direitos dos migrantes tem sido um apelo recorrente em todos os fóruns globais, tal como ilustram as declarações das organizações da sociedade civil no Fórum Mundial sobre Migrações e Desenvolvimento de 2008 em Manila. Porém, é também claro que o maior problema não é a falta de um sistema legal para a protecção de direitos – mas antes a sua eficaz implementação. Foi neste espírito que, em 2005, a OIT desenvolveu um Quadro Multilateral sobre Migração Laboral, que oferece directrizes e boas práticas dentro de um sistema não vinculativo, o qual reconhece o direito soberano de todos os Estados determinarem as suas próprias políticas de migração. Esta abordagem do tipo "lei suave" permite a existência de diferenças entre os Estados e uma implementação gradual.[21]

Mesmo que não haja vontade em assinar convenções formais, não existe nenhuma razão para um governo negar direitos de migrantes tão básicos como o direito a:
- Igual remuneração por igual trabalho, condições de trabalho condignas e protecção da saúde e da segurança;
- Organização e negociação colectiva;
- Não ser sujeito a detenções arbitrárias, e poder aceder a um julgamento justo no caso de deportação;
- Não ser sujeito a tratamento cruel, desumano e degradante; e
- Regressar ao país de origem.

Estes direitos deveriam constar ao lado dos direitos humanos mais básicos da liberdade, da segurança pessoal, da liberdade de fé e da protecção contra o trabalho forçado e o tráfico.

Um argumento contra a garantia de direitos básicos é o de que isso reduziria necessariamente o número de pessoas que poderia ter permissão de entrar. Contudo, tal como mostrámos no capítulo 2, este problema não existe de uma forma geral e um argumento como este é em todo o caso injustificável em termos morais.

A responsabilidade de garantir direitos básicos a pessoas deslocadas no estrangeiro cabe, em primeira instância, aos governos de acolhimento. Tentativas por parte dos governos dos países de origem, tais como o da Índia e o das Filipinas, de estipular salários mínimos a serem pagos aos emigrantes falharam tipicamente devido à falta de jurisdição sobre esta matéria. Os governos dos países de origem podem, não obstante, providenciar apoio, informando quanto aos direitos e responsabilidades dos migrantes através de centros de recursos para migrantes, e facultando orientações antes da partida sobre o que se deve esperar em se chegando a um país estrangeiro.

Os serviços consulares podem desempenhar um papel importante, representando um canal de denúncia e um possível recurso, enquanto os acordos bilaterais podem estabelecer princípios fundamentais. Porém, um esforço colectivo e coordenado por parte dos países de origem no sentido de estabelecer padrões terá provavelmente resultados mais eficazes do que os esforços nacionais isoladamente.

Os empregadores, os sindicatos, as ONGs e as associações de migrantes têm também o seu papel. Os empregadores são a principal fonte de violação dos direitos básicos – por isso, o seu comportamento é de importância primordial. Alguns procuraram estabelecer um bom exemplo, desenvolvendo códigos de conduta e parcerias com o Programa Responsabilidade Social Empresarial para os direitos dos trabalhadores migrantes, que se concentra em situações onde não existem mecanismos eficazes de aplicar as leis do trabalho existentes.[22] Entre as medidas disponíveis aos sindicatos e ONGs estão as seguintes: informar os migrantes sobre os seus direitos, trabalhar mais de perto com empregadores e oficiais do governo para garantir que estes direitos sejam respeitados, sindicalizar trabalhadores migrantes e defender a sua regularização. Uma ONG activa é a Colectividade de Defesa dos Trabalhadores Estrangeiros na Agricultura (CODESTRAS - Collectif de défense des travailleurs étrangers dans l'agriculture), que visa melhorar a situação dos trabalhadores sazonais no Sul de França através do despertar das consciências, de informação, da disseminação e do apoio legal.[23]

O papel dos sindicatos é particularmente importante. Com o decurso do tempo, os sindicatos concederam uma maior atenção aos direitos dos migrantes. O Inquérito Mundial de Valores de 2005/2006, abrangendo 52 países, sugere que as taxas de sindicalizações são mais elevadas entre as pessoas com um passado ligado à migração: 22% daqueles que têm um pai ou mãe migrante são membros de um sindicato, em comparação com 17% daqueles que não têm. Esta diferença é especialmente grande em países com um IDH baixo.[24]

> A responsabilidade de garantir direitos básicos a pessoas deslocadas no estrangeiro cabe, em primeira instância, aos governos de acolhimento. Os empregadores, os sindicatos, as ONGs e as associações de migrantes têm também o seu papel.

5

RELATÓRIO DE DESENVOLVIMENTO HUMANO 2009
Ultrapassar Barreiras: Mobilidade e desenvolvimento humanos

> Racionalizar os "muros de documentos" nos países de origem é importante para reduzir as barreiras à migração legal.

Por fim, mas não menos importante, é de notar que os próprios migrantes podem afectar o modo como as comunidades e sociedades de destino percepcionam a imigração. Por vezes, uma opinião pública negativa reflecte em parte incidentes passados de comportamento ilegal associado a migrantes. Ao se apoiar sociedades e comunidades mais inclusivas, onde todos – incluindo os migrantes – compreendem e respeitam a lei e seguem formas pacíficas de participação e, se necessário, protestam, os migrantes podem aliviar o risco dessas reacções negativas. A sociedade civil e as autoridades locais podem ajudar, apoiando as redes de migrantes e comunidades.[25]

5.1.3 Reduzir os custos das transacções associados às deslocações

A deslocação para além fronteiras envolve inevitavelmente custos de transacção. A distância complica a busca de um emprego adequado e compatível, tanto dentro do mesmo país como, de forma mais acentuada, para além das fronteiras nacionais, devido a lacunas de informação, barreiras linguísticas e diferentes sistemas reguladores. Isto cria uma necessidade de mediação e de serviços de facilitação. Dada a magnitude das diferenças de rendimento entre países com IDH baixo e muito elevado, não é surpreendente que haja um mercado de agentes que podem encaminhar os indivíduos para empregos no estrangeiro e ajudar a contornar as restrições administrativas associadas às deslocações internacionais.

Sob os actuais regimes de migração, o custo mais avultado é tipicamente aquele relacionado com o requerimento administrativo para se obter uma oferta de emprego a partir de um empregador estrangeiro antes da partida. Especialmente na Ásia, muitos trabalhadores migrantes dependem de agentes comerciais para organizar a oferta e proceder a todos os preparativos práticos. A maioria dos agentes corresponde a intermediários honestos e operam através de canais legais, mas alguns carecem de informação adequada sobre os empregadores e/ou os trabalhadores, ou traficam pessoas através das fronteiras ilegalmente.

Todavia, este mercado dos serviços de mediação pode ser problemático. Nos piores casos, pode resultar no tráfico e em anos de escravidão, abuso violento, culminando, por vezes, com a morte. Um problema muito mais comum é o dos elevados custos, especialmente para os trabalhadores pouco qualificados. A mediação gera frequentemente lucros excedentes para os recrutadores, devido à combinação da entrada restritiva e a elevada procura de mão-de-obra relativamente aos trabalhadores pouco qualificados, que frequentemente carecem de informação adequada e têm um poder de negociação desigual. Os custos também se afiguram regressivos, aumentando quando o nível de qualificações desce, significando que, por exemplo, poucas enfermeiras migrantes pagam taxas de recrutamento, mas a maioria dos auxiliares domésticos sim. Os migrantes asiáticos que se deslocam para os Estados do Golfo pagam frequentemente 25-35% da quantia que esperam vir a ganhar em dois ou três anos em recrutamento e outras taxas.[26] Em alguns casos, a corrupção impõe custos adicionais. Uma regulação administrativa extensa poderá ser contraproducente no sentido em que irá provavelmente expor mais os migrantes à corrupção e cria rendimentos aos intermediários, oficiais e outros que podem influenciar o modo como os processos decorrem no sistema.

Os governos podem ajudar a reduzir os custos de transacção para os trabalhadores migrantes de diversas maneiras. Seis áreas merecem ser consideradas de forma prioritária:

Abrir corredores e introduzir regimes que permitam a livre deslocação. Por causa da MERCOSUL, por exemplo, os trabalhadores bolivianos podem viajar com uma relativa liberdade para a Argentina, assim como informar-se sobre empregos e oportunidades através de amigos e parentes por meio de redes sociais que se têm aprofundado. A mesma dinâmica foi observada numa base acelerada a seguir ao alargamento da União Europeia de 2004. Outro exemplo é o acesso facilitado aos trabalhadores sazonais entre a fronteira que separa a Guatemala do México.

Reduzir o custo de e facilitar o acesso a documentos oficiais, tais como as certidões de nascimento e passaportes. Racionalizar os "muros de documentos" nos países de origem é importante para reduzir as barreiras à migração legal.[27] É necessária uma análise ao nível do país e do corredor de migração para identificar os tipos e valores dos custos iniciais, que poderão ir desde ter de viajar múltiplas vezes da aldeia para a capital para obter um passaporte, até a taxas a pagar por outros requerimentos necessários antes da partida, tais como *checkups* médicos, cadastros, taxas de seguro e garantias bancárias. As pessoas incluídas no programa México – Canadá que esperam migrar vão à capital seis vezes em média – uma necessidade que levou o governo a oferecer um estipêndio para cobrir os custos em viagens (embora racionalizar os requerimentos administrativos fosse mais eficiente).[28] Alguns custos emergem a partir de requerimentos por parte do país de destino. Por exemplo, a República da Coreia requer que os migrantes aprendam a língua antes da chegada: embora a formação linguística aumente os rendimentos e promova a integração, também aumenta as dívidas antes da chegada.[29] Uma série de países tentou acelerar os documentos para migrantes, com diferentes graus de sucesso (caixa 5.3).

Participação de migrantes, através do acesso à informação, direitos de recurso no estrangeiro e redes sociais mais fortes. Este último aspecto, em particular, poderá ser eficaz no estreitamento do hiato de informação que existe entre os trabalhadores migrantes e os empregadores, limitando a necessidade de recorrer a agências de recrutamento dispendiosas e permitindo aos migrantes escolher entre uma maior variedade de oportunidades de emprego.[30] Na Malásia, as redes de migrantes permitem aos indonésios saber de novas vagas de empregos antes mesmo de as notícias chegarem aos residentes nativos.[31] Do mesmo modo, os avanços nas telecomunicações ajudaram pessoas na Jamaica que querem migrar a tornarem-se mais bem informadas.[32] Os centros de informação, tais como aquele lançado pela União Europeia em Bamako, no Mali, em 2008, podem oferecer informações precisas (se não desapontantes!) sobre as oportunidades de trabalhar e de estudar no estrangeiro aos potenciais migrantes.

Regulação dos agentes recrutadores privados para prevenir abusos e fraudes. As proibições tendem a não a funcionar, em parte porque as restrições nos locais de destino não se aplicam aos recrutadores nas áreas de origem.[33] No entanto, algumas regulações podem ser eficazes, por exemplo, a responsabilidade conjunta entre os empregadores e os recrutadores, que poderá ajudar a evitar a fraude e os logros. Nas Filipinas, as agências de recrutamento são tratadas como "co-empregadores", responsáveis em conjunto e em separado pelo não cumprimento de um dado contrato. Uma agência que não cumprir a lei arrisca-se a perder a sua licença, embora a suspensão seja frequentemente evitada através do pagamento de uma multa. A auto-regulação através de associações industriais e códigos de conduta é outro meio de promover os padrões éticos. As associações industriais podem recolher e difundir informações sobre agências de alto risco e sobre os melhores preços. Existem muitas associações desse tipo no Leste e no Sul da Ásia, embora nenhuma tenha emergido como um órgão auto-regulador, como aqueles que encontramos em países desenvolvidos, uma vez que a maioria se tem concentrado na garantia de que as políticas dos governos para a migração sejam favoráveis à indústria de recrutamento – como, por exemplo, no Bangladesh, nas Filipinas e no Sri Lanka.[34] Essas associações puderam desenvolver-se com o tempo, passando a desempenhar um papel mais eficaz na garantia da qualidade de serviços e, quando necessário, na censura de membros por padrões complacentes.

Administração directa do recrutamento por agências públicas. Na Guatemala, por exemplo, a OIM administra um programa que envia trabalhadores agrícolas sazonais para o Canadá sem custos para o trabalhador. Todavia, existe um debate sobre o papel apropriado para as agências do governo. Na maioria dos países pobres, a capacidade das agências de emprego nacionais de encaminharem os trabalhadores para empregos adequados no país, já para não falar no estrangeiro, é muito fraca.[35] Alguns acordos bilaterais, tais como aqueles assinados pela República da Coreia, requerem que os migrantes usem as agências do governo, levando a queixas por parte de recrutadores e de trabalhadores acerca dos elevados custos e da falta de transparência. Todavia, as taxas cobradas pelo recrutadores públicos são, por vezes, mais baixas, mas os custos em termos de tempo podem ser significativos e desencorajar aqueles que procuram migrar de usarem os canais regulares.[36]

Cooperação intergovernamental. Esta questão pode desempenhar um papel crucial. O Processo de Colombo e o Diálogo de Abu Dhabi são duas recentes iniciativas intergovernamentais destinadas a abordar cooperativamente os custos de transacção e outras questões. O Diálogo de Abu Dhabi, que teve lugar pela primeira vez em Janeiro de 2008, envolveu quase doze países de origem e vários países de destino nos Estados do CCG e Sudeste Asiático, sendo que os Emirados Árabes Unidos e a OIM serviram de co-anfitriões. Concentra-se em desenvolver parcerias chave entre países de origem e países de destino

---

Caixa 5.3 Reduzir a burocracia dos documentos: um desafio para os governos e parceiros

Um primeiro exemplo de procedimentos simplificados, apesar dos extensos requisitos administrativos, é a Administração Ultramarina do Emprego Filipina, que regulamenta todos os aspectos do recrutamento e trabalha de perto com outras agências para assegurar a protecção dos seus trabalhadores no estrangeiro. A Indonésia tem tentado seguir o exemplo, fundando a Agência Nacional para a Colocação e Protecção dos Trabalhadores Migrantes Indonésios (BNP2TKI) em 2006, embora a baixa capacidade burocrática e a fraca coordenação intergovernamental tenham, declaradamente, comprometido a sua eficácia. Outros países têm tentado resolver questões relacionadas com demoras e custos, mas poucos foram bem sucedidos. No Gabão, o governo instituiu um limite de três dias para o tempo de espera de passaportes, mas os atrasos são grandes e o processo trabalhoso. De modo semelhante, o governo de Mianmar instituiu, recentemente, uma política para a emissão de passaportes no prazo de uma semana, mas as queixas contínuas mostram que os atrasos e os pedidos de subornos continuam a ser comuns.

Os programas de auxílio ao desenvolvimento podiam apoiar e financiar melhoramentos administrativos no registo de informações fundamentais num período de tempo mais curto e com custos mais baixos. Isto permitiria aos governos oferecer documentos de viagem adequados aos seus cidadãos a preços acessíveis. O Bangladesh, que possui uma taxa de registo de natalidade inferior a 10%, tem-se associado, neste aspecto, ao Fundo das Nações Unidas para a Infância (UNICEF).

Fonte: Agunias (2008), Tirtosudarmo (2009), Departamento de Estado dos Estados Unidos (2009e), Koslowski (2009) e UNICEF (2007).

> A inclusão e a integração são aspectos importantes da perspectiva do desenvolvimento humano.

em torno do assunto do trabalho contratual temporário para, entre outras questões, desenvolver e partilhar o conhecimento sobre as tendências do mercado de trabalho, prevenir o recrutamento ilegal e promover medidas de bem-estar e protecção para trabalhadores contratuais. A consulta executiva deverá ter lugar de dois em dois anos. Um projecto-piloto seguiu-se quando, sob a iniciativa dos governos da Índia, das Filipinas e dos Emirados Árabes Unidos, irá haver um teste de identificação das melhores práticas nos diferentes aspectos da migração temporária e circular, começando com um grupo de filipinos e indianos nos sectores da construção, da saúde e da hotelaria.[37]

5.1.4 Melhorar os resultados para os migrantes e as comunidades de destino

Embora se torne evidente que há a possibilidade de que, a longo prazo, todo o impacto económico da migração seja positivo, a população nativa com competências específicas, ou em determinadas situações, pode experimentar efeitos adversos. Em grande medida, estes efeitos podem ser minimizados e compensados através de políticas e programas que reconheçam e planifiquem a presença de migrantes, promovendo a sua inclusão e assegurando que as comunidades que os recebem não se encontrem excessivamente sobrecarregadas. É importante conhecer os custos reais e perceptíveis da imigração a nível da comunidade, e considerar o modo como devem ser distribuídos.

A inclusão e a integração são aspectos importantes da perspectiva do desenvolvimento humano, desde que tenham efeitos positivos não só para os indivíduos em deslocação e respectivas famílias, mas também para as comunidades que os recebem. As formas pelas quais a situação e os direitos dos imigrantes são reconhecidos e cumpridos determinarão a amplitude dessa integração. Em alguns países em desenvolvimento, o apoio à integração podia favorecer, adequadamente, o auxílio ao desenvolvimento.

Contudo, os regimes institucionais e políticos podem, muitas vezes, ser mais importantes do que as políticas orientadas para a integração de migrantes. Por exemplo, a qualidade da escolarização pública nos bairros pobres é provavelmente um caso crítico – e não apenas para os migrantes. Dentro deste contexto mais amplo, as prioridades políticas para a melhoria dos resultados para migrantes e comunidades de destino são as seguintes:

Permitir o acesso a serviços básicos – em particular, escolaridade e cuidados de saúde. Estes serviços não só são importantes para os migrantes e suas famílias, como também têm externalidades positivas mais amplas. Aqui, a chave é a igualdade de acesso e tratamento. O nosso estudo sugere que o acesso é tipicamente mais restrito para os trabalhadores temporários e as pessoas numa situação irregular. O acesso à escolaridade deve ser concedido na mesma base e nos mesmos termos dos habitantes nativos. Aplica-se o mesmo no respeitante a cuidados de saúde – nomeadamente, cuidados de emergência, em caso de acidentes ou doença grave, e serviços preventivos, como vacinações, que são do melhor interesse para toda a comunidade e altamente eficazes a longo prazo. Alguns países em desenvolvimento, por exemplo, a Costa Rica, permitem aos migrantes acesso a serviços públicos de saúde, independentemente da sua situação.[38]

Ajudar os recém-chegados a adquirirem competências linguísticas. Os serviços nesta área podem contribuir grandemente para benefícios no mercado de trabalho e, de uma forma mais generalizada, para a inclusão. Precisam de ser concebidos, tendo em mente as restrições de vida e de trabalho que os migrantes enfrentam. As necessidades dos adultos variam, conforme se encontrem a trabalhar dentro ou fora do seu país, enquanto as crianças podem aceder aos programas escolares. A Austrália encontra-se entre os exemplos da boa prática, providenciando formação linguística avançada a migrantes e populações indígenas.[39] Exemplos de aprendizagem orientada para a língua incluem o programa *Success for All* [Sucesso para Todos] nos Estados Unidos, que combina instrução em grupo e aulas individuais ao nível do pré-escolar e da escola primária.[40] Vários países europeus proporcionam cursos para o ensino da língua aos recém-chegados, através de programas oferecidos pelo governo central, escolas públicas, municípios e ONGs, tais como o programa Sueco para Imigrantes, que remonta a 1965, o programa Portugal Acolhe, oferecido desde 2001, e o programa dinamarquês Mercado de Trabalho, iniciado em 2007.

Permitir que as pessoas trabalhem. Esta é a reforma mais importante para melhorar os resultados do desenvolvimento humano entre os migrantes, especialmente os mais pobres e os mais vulneráveis. O acesso ao mercado de trabalho é vital, não só devido aos benefícios económicos associados, mas também pelo facto de o emprego aumentar grandemente as perspectivas para uma inclusão social. As restrições na procura de trabalho remunerado, como as que têm sido tradicionalmente aplicadas a candidatos ao asilo e a refugiados em muitos países desenvolvidos, são prejudiciais para resultados de curto e médio prazo, visto que encorajam a dependência e destroem a auto-estima. Devem ser abolidas. Permitir que as pessoas mudem de empregador é um outro princípio básico de programas bem definidos, que se preocupam com os interesses dos migrantes, e não unicamente com os dos empregadores. Em muitos países, os recém-chegados altamente qualificados também enfrentam problemas na acreditação das qualificações que trazem do exterior (caixa 5.4).

Apoiar as funções do governo local. Um governo local forte, responsável pelos utentes locais, é essencial para o fornecimento de serviços, tais como cuidados de saúde primários e educação. Contudo, em alguns países, os oficiais do governo negam implicitamente a existência de migrantes, excluindo-os dos planos de desenvolvimento e permitindo o aumento da discriminação sistemática. A melhoria dos resultados da migração para os indivíduos e para as comunidades requer dos governos os seguintes objectivos:[41] (i) promover estruturas governamentais locais internas, que permitam a participação e a responsabilização; (ii) evitar práticas institucionais que contribuam para a discriminação; (iii) assegurar que a justiça e a ordem tenham um papel facilitador, incluindo um serviço de polícia efectivo e responsável; (iv) fornecer informações relevantes ao público e a organizações da sociedade civil, incluindo associações de migrantes;[42] e (v) assegurar o planeamento do uso equitativo da terra, de acordo com as necessidades dos pobres – por exemplo, opções para minimizar a insegurança fundiária e respectivos constrangimentos.

Tratar de questões orçamentais locais, incluindo transferências fiscais para financiar as necessidades locais adicionais. Frequentemente, a responsabilidade para o fornecimento de serviços básicos, como escolas e clínicas, pertence às autoridades locais, cujos orçamentos podem ser aumentados pelas populações em crescimento, e que podem carecer da base fiscal para dar conta das suas responsabilidades pela prestação de serviços. Quando os governos subnacionais têm um papel importante no financiamento de serviços básicos, os mecanismos fiscais redistributivos podem ajudar a compensar os desequilíbrios entre as verbas de receitas e despesas. As transferências intergovernamentais são normalmente efectuadas entre os Estados e as localidades com base, pelo menos, em dois critérios: na necessidade (como população, taxas de pobreza, etc.) e capacidade de gerar receitas (para não desencorajar esforços locais de tributação). Uma vez que as circunstâncias e os objectivos diferem de país para país, não existe um padrão único de transferências universalmente apropriado. Os auxílios *per capita* requerem a contagem de todas as pessoas presentes, incluindo migrantes irregulares e respectivas famílias. As transferências também podem ser utilizadas para o reembolso de custos específicos, especialmente em serviços sociais, onde existe um forte argumento para a igualdade de acesso. Os sistemas de transferências bem sucedidos não dependem fortemente de afectação, e os auxílios devem ser efectuados de uma forma tão simples, segura e transparente quanto possível.[43]

Tratar a discriminação e a xenofobia. As intervenções adequadas feitas pelo governo e pela sociedade civil podem promover a tolerância ao nível da comunidade. Isto é especialmente importante quando existe risco de violência, embora, na prática, as respostas políticas tendam a emergir *ex post*. Em resposta à violência na Costa do Marfim, por exemplo, foi aprovada uma lei anti-xenofobia, em Agosto de 2008, que impunha sanções sobre condutas que incitassem a tal violência.[44] A sociedade civil também pode trabalhar no sentido de gerar tolerância e proteger a diversidade, conforme se demonstrou recentemente na África do Sul, onde se iniciou a rede de SMS de emergência «Não à Xenofobia», após a violência de Maio de 2008.[45] Um outro exemplo é a Campanha para a Diversidade, Direitos Humanos e Participação,

---

Caixa 5.4 Reconhecimento de qualificações

Muitos migrantes, especialmente de países mais pobres, têm qualificações, mas não conseguem empregar as suas competências no estrangeiro. Na Europa, a acreditação de competências é pouco praticada, mesmo onde existem regimes institucionais locais, que, supostamente, facilitam o reconhecimento.

Há razões para que não seja permitida a acreditação imediata. Por exemplo, torna-se difícil avaliar a qualidade das qualificações em países estrangeiros, e pode haver um prémio repetante ao conhecimento local (por exemplo, advogados, em relação à legislação aplicável).

Entre as estratégias disponíveis para promover o uso de competências e qualificações detidas pelos estrangeiros, encontramos as seguintes:

- *Acordos de reconhecimento mútuos*. São muito comuns entre países com sistemas de educação e níveis de desenvolvimento económico semelhantes, como acontece na União Europeia.
- *Controlo prévio*. Tanto o governo de partida como o de destino podem controlar os documentos dos potenciais migrantes, antes de eles partirem. A Austrália foi pioneira nesta abordagem. Contudo, se um os objectivos do indivíduo for melhorar o seu desenvolvimento humano através da migração, a espera para o seu reconhecimento oficial pode ser mais onerosa do que se tentar a sua sorte noutro país, principalmente se, no seu país, não conseguir exercer a sua profissão ou se trabalhar com uma remuneração baixa.
- *Análise rápida e completa*. Os governos podem facilitar uma análise rápida e completa dos documentos e organizar repartições nacionais para acelerar o reconhecimento. Professores e pequenos cursos no estrangeiro podem ajudar os migrantes a preencher algumas lacunas. Alguns Estados nos Estados Unidos estabeleceram gabinetes para os «Novos Americanos», para auxiliar os recém-chegados a se orientarem num panorama que, até para os migrantes internos, se afigura como extremamente confuso.
- *Reconhecimento de competências adquiridas no emprego*. Muitas qualificações são adquiridas no emprego e poderão faltar os mecanismos para o reconhecimento de competências adquiridas dessa forma informal. O desenvolvimento da capacidade de reconhecer e certificar este tipo de competências pode facilitar aos trabalhadores a obtenção, no estrangeiro, da certificação das suas competências.

Fonte: Iredale (2001).

> É fundamental assegurar um tratamento justo dos migrantes durante recessões.

organizada pelo Conselho da Europa em conjunto com a Comissão Europeia e o Fórum Europeu da Juventude. Este trabalho deu ênfase ao papel da comunicação social no combate ao preconceito contra o povo muçulmano e o povo roma, e ofereceu recompensas aos municípios que promovessem activamente protecção e inclusão.[46] Sem dúvida que, quando a discriminação e as tensões se encontram enraizadas, fomentando a violência, e especialmente quando o Estado de Direito é fraco, levará o seu tempo, bem como muito esforço e boa vontade, para que tais esforços dêem fruto.

Assegurar um tratamento justo durante a recessão. Esta questão tem assumido alguma urgência em 2009, com relatórios de recuos e deportações por todo o mundo. Entre as disposições que podem proteger os trabalhadores migrantes contra dificuldades indevidas estão as seguintes:[47]

- Permitir que os trabalhadores despedidos procurem um novo emprego, pelo menos até que expirem os seus vistos de trabalho e de residência;
- Assegurar que os trabalhadores despedidos, antes do final dos seus contratos, possam reclamar indemnizações e/ou subsídios de desemprego quando têm esse direito;
- Aumentar a aplicação da lei do trabalho para minimizar os abusos (por exemplo, salários em atraso) típicos de quando os trabalhadores têm medo de ser despedidos;
- Assegurar acesso continuado a serviços básicos (saúde e educação) e serviços de procura de emprego;
- Apoiar instituições nos países de origem, que ajudem os trabalhadores despedidos a regressar e providenciem bolsas de formação e apoio; e
- Melhorar os dados desagregados – incluindo os dados sobre despedimentos e salários, por sector e género – para que os governos de origem e as comunidades possam tomar consciência das mudanças nas perspectivas de emprego.

Se os governos tomarem estes tipos de medidas, a crise económica pode ser uma oportunidade para promover um melhor tratamento e evitar conflitos.

É importante dar crédito onde ele é devido. Há exemplos em que o Estado e os governos locais adoptaram a migração e as suas mais amplas implicações sociais e culturais. A recente Carta do Multiculturalismo da Austrália Ocidental é um exemplo interessante de um compromisso a nível estatal para a eliminação da discriminação e a promoção da coesão e inclusão entre indivíduos e grupos.[48] Muitas das anteriores recomendações constituem já a política padrão nalguns países da OCDE, embora com bastantes variantes, na prática. São necessárias as mais ousadas reformas na maior parte dos países de destino, incluindo, por exemplo, a África do Sul e os Emiratos Árabes Unidos, onde os esforços em curso para permitir resultados de desenvolvimento humano favoráveis para os indivíduos e comunidades estão muito aquém do que é necessário.

5.1.5 Possibilitar os benefícios da mobilidade interna

Em termos de número de pessoas envolvidas, a migração interna excede em muito a migração externa. Só na China, estima-se em 136 milhões as pessoas deslocadas, e 42 milhões na Índia; assim, os totais para estes dois países aproximam-se do total de pessoas que atravessaram fronteiras. Isto reflecte o facto de que a mobilidade é não só uma parte natural da história humana, mas também uma dimensão contínua de desenvolvimento e de sociedades modernas, em que as pessoas procuram conseguir oportunidades emergentes e mudar a sua situação.

Dadas estas realidades, as políticas do governo devem procurar facilitar, e não impedir, o processo de migração interna. As políticas e os programas adequados não devem afectar desfavoravelmente os deslocados. Pelo mesmo motivo, não devem exigir que as pessoas se mudem para acederem aos serviços básicos e às oportunidades de subsistência. Estes dois princípios conduzem à implementação de uma série de recomendações que se encontram, inteiramente, dentro da jurisdição de todos os governos nacionais:

Quebrar as barreiras para a mobilidade interna. Assegurar plenos e iguais direitos cívicos, económicos e sociais a todos é imprescindível, para levantar restrições legais e administrativas à mobilidade e combater a discriminação para com os deslocados. Como examinámos no capítulo 2, as barreiras administrativas são menos comuns, devido ao desaparecimento do planeamento central em grandes zonas do globo – mas algumas são notavelmente persistentes, apesar de, normalmente, falhar a restrição da mobilidade em grau acentuado. Essas barreiras contradizem o direito internacional. São também caras e morosas para o governo as manter e para os emigrantes negociarem. Muitos optam por viajar sem a documentação apropriada e só mais tarde percebem que não podem aceder aos serviços essenciais. Os migrantes internos devem ter acesso igual a toda a gama de serviços públicos e benefícios, especialmente educação e saúde, bem como pensões e assistência social, onde são proporcionados.

É especialmente importante a liberdade de movimentos para trabalhadores sazonais e temporários, os quais se encontram, normalmente, entre os migrantes mais pobres e que foram, muitas vezes, negligenciados ou fortemente discriminados. Estes tipos de fluxos migratórios podem apresentar enormes desafios às autoridades locais responsáveis pelo fornecimento de serviços, que precisam de atender às populações mais susceptíveis. As reformas parciais que permitem o trabalho aos migrantes, mas não o acesso aos serviços numa base de igualdade (como é o caso da China) não são suficientes. Em alguns Estados da Índia, têm sido introduzidas reformas – por exemplo, permitir aos migrantes sazonais obterem cartões temporários de racionamento – mas a sua implementação tem sido lenta.[49]

Providenciar apoio adequado aos deslocados no destino. Precisamente como devem fazer em relação às pessoas que vêm do exterior, os governos devem providenciar apoio adequado a quem se desloca internamente, o que pode ser feito em parceria com as comunidades locais e as ONGs. Alguns deslocados estão em desvantagem – devido à falta de educação, preconceitos contra as minorias étnicas e diferenças linguísticas – e, por conseguinte, precisam de programas de apoio adequados. O apoio deve ser dado em áreas que vão desde a procura de emprego até à formação linguística. Devem ser assegurados o acesso à assistência social e outros direitos. Acima de tudo, é vital que os cuidados de saúde básicos e as necessidades educativas estejam assegurados. A Índia tem exemplos de albergues para crianças dirigidos por ONGs, para ajudarem os filhos dos migrantes ao acesso a alojamento, escolaridade e aulas extras.

Redistribuir as receitas fiscais. Os regimes fiscais intergovernamentais devem assegurar a redistribuição de receitas, para que as localidades mais pobres, onde os migrantes internos vivem frequentemente, não suportem uma carga desproporcional, providenciando serviços públicos locais adequados. Os princípios que se aplicam à redistribuição fiscal para dar conta da localização de migrantes internacionais também se aplicam aqui.

Melhorar a resposta. Parece óbvio e escusado de dizer, mas é essencial desenvolver a capacidade de resposta do governo local e dos programas às necessidades das pessoas. Um governo local inclusivo e responsável pode ter um papel fundamental, não só na prestação de serviços, mas também na prevenção e no alívio das tensões sociais. É necessário um planeamento urbano efectivo, e não de uma atitude de negação, para evitar a marginalização social e económica dos migrantes.

Os Objectivos do Desenvolvimento do Milénio (ODMs) apontam para a necessidade de planos de acção que permitam criar «cidades sem bairros degradados» para, entre outras coisas, melhorar o saneamento e assegurar a posse da terra. Porém, o progresso tem sido lento: de acordo com o mais recente relatório global dos ODMs, mais de um terço da população urbana mundial vive em condições de pobreza, subindo para mais de 60% na África Subsariana.[50]

Por vezes, os governos reagem às preocupações com os bairros degradados, procurando travar a entrada de migrantes nas cidades, conforme revelou a revista das ERPs, apresentada no capítulo 4. Contudo, uma abordagem política mais construtiva seria aquela que atendesse as necessidades de uma população em crescimento e mudança, procurando resolver os graves problemas de água e saneamento, que tendem a prevalecer em zonas de bairros degradados. Com um planeamento proactivo e recursos suficientes, é possível assegurar que o crescimento das cidades providencie condições de vida decentes. Algumas cidades, reconhecendo a importância do desenvolvimento urbano sustentável, chegaram a soluções inovadoras para melhorar a vida dos seus habitantes. A experiência de Singapura na renovação urbana é largamente citada como o melhor exemplo prático: na verdade, todas as situações de ocupação irregular foram substituídas por habitações públicas em altura, complementadas pelo alargamento dos transportes públicos e pela melhoria da gestão ambiental. Um exemplo mais recente vem de Alexandria, no Egipto, onde foram usadas abordagens participativas para o desenvolvimento de planos, a médio e a longo prazo, no sentido do desenvolvimento económico, da requalificação de áreas degradadas e da regeneração ambiental.[51]

Por último, mas não menos importante, muitos migrantes rurais dizem ter sido empurrados, em vez de atraídos, para áreas urbanas, devido às infra-estruturas públicas inadequadas no seu local de origem. A prestação universal de serviços e de infra-estruturas deve ser alargada a lugares onde se registe uma emigração líquida, dando assim oportunidades às pessoas para o desenvolvimento de competências, para serem produtivas e para competirem por empregos no seu local de origem, preparando-os igualmente para empregos em outro lugar, se assim quiserem.

5.1.6 Tratar a mobilidade como uma parte integrante das estratégias de desenvolvimento nacional

Um tema central do Fórum Mundial sobre Migrações e Desenvolvimento de 2009, cujo país anfitrião foi a Grécia, é a integração da migração nas estratégias de desenvolvimento nacional. Isto suscita a questão mais abrangente do papel da mobilidade em estratégias para melhorar o desenvolvimento humano. A nossa análise das ERPs desde 2000 ajudou a identificar as restrições

---

> Um governo local inclusivo e responsável pode ter um papel fundamental, não só na prestação de serviços, mas também na prevenção e no alívio das tensões sociais.

> A migração pode ser uma estratégia vital para famílias que procurem diversificar-se e melhorar a sua subsistência.

e as atitudes políticas actuais, reconhecendo-se simultaneamente que a migração teve um papel importante nos aspectos nacionais de desenvolvimento em diferentes momentos e períodos históricos.

As ligações entre mobilidade e desenvolvimento são complexas, em grande parte porque a mobilidade é sobretudo vista como uma componente do desenvolvimento humano em vez de uma causa isolada ou um efeito desse desenvolvimento. A relação é mais complicada pelo facto de, em geral, os maiores benefícios do desenvolvimento da mobilidade se registarem entre aqueles que vão para o estrangeiro – pelo que estão, por isso, para além do domínio das abordagens territoriais e de enfoque no local que tendem a dominar o pensamento político.

A migração pode ser uma estratégia vital para famílias que procurem diversificar-se e melhorar a sua subsistência, especialmente em países em desenvolvimento. Os fluxos de dinheiro têm o *potencial* de melhorar o bem-estar, estimular o crescimento económico e reduzir a pobreza, directa e indirectamente. No entanto, a migração, e as remessas em particular, não podem compensar um ambiente institucional que trave, de forma mais geral, o desenvolvimento económico e social. Um pormenor decisivo que emerge da experiência é a importância das condições económicas nacionais e as poderosas instituições do sector público no sentido de possibilitar a obtenção dos maiores benefícios da mobilidade.

Verificámos que existem, muitas vezes, restrições aos pobres nas escolhas da mobilidade, o que pode acontecer não só devido às desigualdades fundamentais das suas qualificações, mas também devido às barreiras institucionais e políticas. Torna-se, agora, necessária a identificação, específica do país e das restrições à volta da escolha das pessoas, utilizando as análises e os dados qualitativos e quantitativos. Melhoramentos nos dados, a par destas recentes iniciativas, como o desenvolvimento dos perfis de migração (apoiados pela Comissão Europeia e outros parceiros), serão fundamentais para este esforço. Isto realçaria as barreiras e conformaria as tentativas de melhorar as estratégias nacionais.

Algumas estratégias de desenvolvimento – 8 de 84 ERPs preparadas entre 2000 e 2008 –[52] levantam preocupações sobre a saída de licenciados. Existe um amplo consenso em que as políticas coercivas para limitar as saídas, além de serem contrárias ao Direito Internacional, não são a forma correcta de proceder, por razões éticas e económicas.[53] Contudo, há menos consenso relativamente ao modo como deveriam ser as políticas alternativas. A caixa 5.5 examina as qualidades das diferentes opções.

Finalmente, embora este tema não seja o ponto central deste relatório, sublinhamos a importância dos esforços sustentados para promover o desenvolvimento humano no próprio país.[54] Uma investigação abrangente das fontes do sucesso e do fracasso do desenvolvimento humano e as suas implicações nas estratégias de desenvolvimento nacional será o tema principal do próximo RDH, que assinala o 20.º aniversário do relatório mundial.

5.2 A viabilidade política da reforma

Perante um contexto de cepticismo relativamente à migração, uma questão importante é a viabilidade política das nossas propostas. Argumenta-se, aqui, que é possível a reforma, mas apenas se os passos forem dados tendo em conta as preocupações das pessoas locais, para que não continuem a ver a imigração como uma ameaça, tanto para si próprias como para a sociedade em que se inserem.

Embora os dados da mobilidade apontem para benefícios significativos para os deslocados e, em muitos casos, beneficiem também os países de origem e de destino, qualquer discussão política deve reconhecer que, em muitos países de destino, desenvolvidos e em desenvolvimento, as atitudes da população nativa relativamente à migração são pouco permissivas e, muitas vezes, bastante negativas. Uma série de estudos de opinião e de outros inquéritos mostram que os residentes consideram o controlo da imigração como algo essencial e muitos prefeririam que existissem regras mais rígidas na entrada. Contudo, note-se que as atitudes relativamente à migração parece serem mais positivas em países onde a parcela da população migrante em 1995 era grande e onde as taxas de crescimento, na última década, foram elevadas.[55] Relativamente ao tratamento dos migrantes, o cenário é mais positivo, pois as pessoas tendem a dar um tratamento igual aos migrantes que se encontrem já dentro de portas.

Comecemos com a questão controversa da liberalização da entrada. As evidências sugerem que a oposição à liberalização é comum, mas o cenário não é tão simples como parece à partida. Há quatro razões principais para que isso aconteça.

Em primeiro lugar, conforme mencionámos no capítulo 4, muitas pessoas estão dispostas a aceitar a imigração se houver empregos. A nossa proposta associa a futura liberalização à procura de mão-de-obra, de modo que os fluxos de migrantes venham ao encontro do nível de vagas. Deste modo, diminuir-se-ia o risco de os migrantes virem substituir ou reduzir os trabalhadores nativos. Na verdade, estas condições são já amplamente aplicadas por governos, particularmente com poder económico, na entrada de migrantes qualificados. A nossa proposta é

Caixa 5.5 — Quando as pessoas qualificadas emigram: algumas opções políticas

Tributar os cidadãos estrangeiros – algumas vezes denominada como política de impostos – tem sido uma proposta de longa data e é uma característica estabelecida no sistema de impostos dos Estados Unidos. Pode ser justificada pela noção de que a nacionalidade implica responsabilidades, incluindo o pagamento de impostos, sobretudo para aqueles com melhores níveis de vida. Se as barreiras de entrada criarem uma escassez de trabalhadores qualificados nos países de destino e, portanto, rendimentos mais elevados para os que conseguem deslocar-se, a respectiva aplicação de impostos nada alteraria e não afectaria a distribuição global de trabalho.

Contudo, há vários argumentos contra a imposição dessa sobrecarga aos cidadãos no estrangeiro, que decerto já pagam impostos no seu novo país de acolhimento. Primeiro, a implementação de impostos devia ser feita numa base voluntária ou através de acordos bilaterais. Mas as pessoas não gostam de pagar impostos – e não há consenso entre os governos, no que respeita à conveniência de tributar os migrantes, muito por causa dos custos administrativos. Segundo, enquanto alguns emigrantes terão beneficiado do facto de terem frequentado uma Universidade pública no seu país, outros terão sido educados no estrangeiro ou em escolas particulares. Terceiro, por meio de remessas, investimentos e outros mecanismos, os migrantes geram muitas vezes benefícios substanciais no seu país. O pagamento de impostos pode desencorajar estes fluxos e persuadir os emigrantes a renunciar à sua nacionalidade em prol da sua nova pátria.

Por isso, a implementação desses impostos tem sido muito limitada. As Filipinas tentaram, mas a experiência foi muito confusa e essa abordagem foi já posta de lado há quase uma década. Hoje, muitos governos, incluindo o das Filipinas, concedem isenções fiscais aos emigrantes.

Uma forma alternativa de compensar a perda de competências poderia ser as transferências directas entre governos. Sejam elas independentes ou venham elas de pacotes de ajuda pública ao desenvolvimento, a vantagem é a sua simplicidade e o facto de os custos de transacção serem relativamente baixos. Porém, a perda de competências é difícil de ser avaliada. E aquelas transferências não resolveriam os problemas subjacentes aos motivos que estimularam inicialmente a saída, tais como os serviços de saúde e educativos de baixa qualidade e/ou mercados fracos para indivíduos qualificados.

Como têm mostrado muitos estudos, os fins da ajuda são amplamente substituíveis, por isso mesmo aquela que se destina a apoiar o sistema de ensino superior, presta sobretudo apoio ao que quer que seja que o governo tenha de gastar dinheiro.

A concepção de políticas deverá ainda incluir uma abordagem à emigração qualificada em sectores como os da saúde e da educação, onde existem, potencialmente, grandes divergências entre os benefícios e os custos públicos e privados. Que abordagem será a mais eficiente dependerá das circunstâncias locais. Por exemplo:

- Incentivos por objectivos na forma de suplementos salariais para os trabalhadores do sector público. Esta abordagem teria de ser cuidadosamente ajustada, tendo em conta os seus possíveis efeitos na oferta de mão-de-obra. Aqui, um dos principais entraves é o facto de as diferenças salariais serem, muitas vezes, demasiado grandes, para se encontrarem dentro das capacidades fiscais de governos pobres.
- Formação adaptada a competências que sejam úteis nos países de origem, mas menos comercializáveis através das fronteiras. Por exemplo, embora já exista um mercado internacional para os médicos, a formação em competências paramédicas poderá promover uma melhor fixação de pessoas qualificadas, assim como ser mais relevante para as necessidades de cuidados de saúde locais.
- Reforma no financiamento da educação. Isto permitiria o fornecimento de serviços por parte do sector privado, de modo a que as pessoas que procuram obter formação como uma forma de poderem deslocar-se para o estrangeiro não dependam do financiamento público. As Filipinas têm seguido este caminho para a formação de enfermeiros.
- Investimento em tecnologias alternativas. Serviços à distância, prestados por telemóvel, internet ou sites, podem conceder qualificações em falta e beneficiar um maior número de pessoas.
- Ajuda orientada para o desenvolvimento. Quando a perda de talentos se encontra associada à falta de inovação e investimento – por exemplo, na agricultura – a ajuda ao desenvolvimento deveria dar prioridade a instituições de investigação regionais e nacionais.

Também se tentou conceder incentivos para o regresso de migrantes qualificados, mas os resultados dessa experiência foram diversos e não é claro que essa seja a melhor forma de utilizar os escassos recursos públicos. A eficácia depende, em parte, da força da instituição de origem a que os migrantes regressariam, mas também, e talvez com maior importância, do desempenho e das perspectivas de todo o país. As evidências sugerem que os regressos ocorrem, de qualquer forma, quando os países oferecem oportunidades suficientemente atractivas. Neste aspecto, a China, a Índia e a Maurícia são casos recentes a apontar.

Fontes: Clemens (2009b), Bhagwati (1979), Clemens (2009a), Pomp (1989) e World Bank (1998).

---

que este acesso seja extensível a trabalhadores menos qualificados, com uma ligação explícita ao estado do mercado de trabalho nacional e às necessidades sectoriais.

Em segundo lugar, o nosso enfoque no melhoramento da transparência e da eficiência dos caminhos para a permanência dos migrantes pode ajudar a resolver a impressão persistente, partilhada por muitas pessoas locais, de que a migração transfronteiras é irregular ou ilegal. Nos Estados Unidos, a dimensão da força laboral dos migrantes não regularizados é certamente uma importante questão política, sobre a qual ainda não se alcançou um consenso político. A migração irregular é também proeminente noutros países de destino, desenvolvidos e em desenvolvimento. Curiosamente, os dados recentes sugerem que nos países desenvolvidos há um apoio considerável à migração permanente, com mais de 60% de pessoas a afirmarem que os migrantes legais deveriam ter a oportunidade de tentar obter o direito de residência permanente (figura 5.2).

Para que este apoio se traduza em acção, é necessário conceber políticas para a migração legal, explicitamente ligadas à disponibilidade de emprego – e propagandeá-

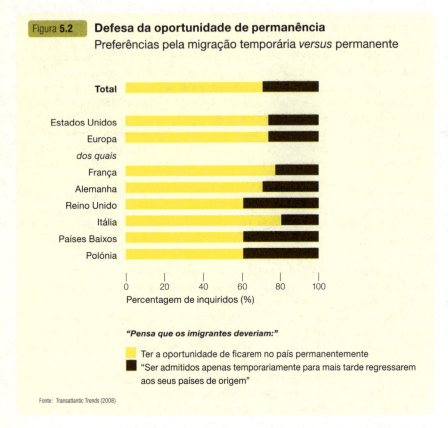

Figura 5.2 **Defesa da oportunidade de permanência**
Preferências pela migração temporária *versus* permanente

"Pensa que os imigrantes deveriam:"
- Ter a oportunidade de ficarem no país permanentemente
- "Ser admitidos apenas temporariamente para mais tarde regressarem aos seus países de origem"

Fonte: Transatlantic Trends (2008)

facto de a migração ser uma questão controversa, a informação é, muitas vezes, usada actualmente de forma selectiva, para apoiar os argumentos de grupos de interesse específicos. Embora esta seja uma característica natural, e habitualmente desejável, de discussão democrática, ela pode surgir à custa da objectividade e da compreensão real. Por exemplo, uma recente análise de 20 países europeus concluiu que, em todos os casos, o número de imigrantes percepcionado pelas populações excedia grandemente o número real, muitas vezes por um factor de dois ou mais.[56]

Para resolver as enormes lacunas existentes entre a percepção e a realidade, é necessário disponibilizar mais fontes imparciais de informação e análises sobre a escala, o âmbito e as consequências da migração. Uma característica recorrente do debate sobre a migração é a desconfiança generalizada das estatísticas oficiais e da respectiva interpretação. Visto que a migração é uma questão política tão polémica, é preciso prestar mais atenção aos debates públicos e informativos sobre o assunto, seguindo vias reconhecidas e respeitadas pela sua objectividade e confiança. Os governos podem beneficiar significativamente com conselhos técnicos por parte de organismos especializados, tal como a Comissão Consultiva sobre as Migrações do Reino Unido, os quais devem ser deliberadamente mantidos ao alcance da administração, para que sejam vistos como imparciais.

Em quarto lugar, a política de migração é, normalmente, formada através da interacção complexa de um grande número de intervenientes, que formam diferentes grupos de interesse e pertencem a diferentes partidos políticos. Os grupos organizados podem actuar, e actuam, no sentido de colocar a reforma em prática, muitas vezes fazendo coligações para procurar estabelecer a mudança em áreas em que os seus interesses coincidem.[57] Por exemplo, os grupos de entidades empregadoras têm estado, frequentemente, na vanguarda dos apelos para a mudança das normas de entrada em resposta a momentos de escassez de mão-de-obra e de falta de competências. Os países de destino devem decidir sobre o plano de políticas de migração a seguir e estabelecer o número de migrantes adequado à situação através de processos políticos que permitam o debate público e o equilíbrio dos diferentes interesses. Note-se, porém, que um plano viável a nível nacional precisa ainda assim de ser discutido e debatido localmente, com vista a ser posteriormente adaptado e a ir ao encontro dos condicionalismos locais. Em parte por medo que o debate sobre a migração possa ter uma conotação racista, a discussão entre os partidos políticos e as organizações sobre esta matéria tem sido mais silenciada do que se poderia esperar. Apesar de ser

las junto do público, de modo a aumentar os existentes níveis de apoio. Também é preciso planear e implementar medidas paralelas, para resolver o problema da migração irregular, para que o vazio político nesta área não continue a ser um constrangimento para o público. A migração irregular em larga escala, embora muitas vezes conveniente para os empregadores e contornada por políticos, tende não só a ter consequências adversas para os próprios migrantes (conforme documentado no capítulo 3), mas também a enfraquecer – e até a impossibilitar – a aceitação da liberalização das normas de entrada. Soluções sustentáveis deveriam incluir incentivos aos empregadores para a contratação de migrantes regularizados, bem como incentivos aos migrantes para preferirem uma situação regular.

Em terceiro lugar, alguma da resistência à migração é moldada pela percepção comum das suas consequências. Muitos acreditam, por exemplo, que os imigrantes têm um impacto negativo nos rendimentos dos residentes, ou que são responsáveis pelo aumento da criminalidade. Estas preocupações tendem, novamente, a ser mais proeminentes em relação aos migrantes irregulares, até porque o seu estatuto está logo à partida associado à violação da lei. Várias são as abordagens gerais a estas questões que prometem. As campanhas de informação ao público e as iniciativas de sensibilização são essenciais. Devido ao louvável a prudência, há o perigo de que a auto-censura seja contraproducente.

O modo como os migrantes são tratados é uma outra área da política em que a reforma pode vir a ser mais fácil do que se poderia esperar à primeira vista. O tratamento equitativo dos migrantes não só está de acordo com as noções básicas de justiça, mas traz também benefícios úteis às comunidades de destino, assim como uma diversidade cultural, maiores taxas de inovação, entre outros aspectos explorados no capítulo 4. Na verdade, as evidências disponíveis sugerem que as pessoas são geralmente bastante tolerantes relativamente às minorias e têm uma visão positiva da diversidade étnica. Estas atitudes mostram que existem oportunidades para a formação de um consenso alargado em torno daquele que deverá ser o melhor tratamento a dar aos migrantes.

Muitos dos países de destino, que têm um grande número dos seus cidadãos a trabalhar no estrangeiro, estão a revelar um maior interesse na protecção dos direitos dos migrantes.[58] Por volta de 2005, mais de 80 países tinham quotas significativas – mais de 10% – de imigrantes ou emigrantes entre as suas populações. Para estes países, a observância dos direitos dos migrantes é, obviamente, um objectivo político importante. Isto significa que os regimes bilaterais ou regionais, que permitem a reciprocidade, podiam desempenhar um papel importante na promulgação de reformas de forma coordenada.

Embora exista claramente espaço para melhorarmos a qualidade dos debates públicos e das políticas daí resultantes, as nossas propostas reconhecem também que existem escolhas muito concretas e importantes a fazer, assim como compromissos a tomar. Em particular, as nossas propostas vão no sentido de assegurar que as vantagens da liberalização possam ser usadas, em parte, para compensar as perdas sofridas por determinados grupos e indivíduos. Além disso, dado que os custos fiscais da migração não são, geralmente, significativos (conforme mostrámos no capítulo 3), poderá haver um processo político para se estabelecer medidas que ajudem a melhorar a percepção da partilha de encargos. Por exemplo, o Canadá tem, há mais de uma década, taxas administrativas; outros países, como o Reino Unido, têm seguido também esta abordagem.

Além disso, a concepção de políticas deverá incluir uma abordagem aos custos associados à migração. O projecto do pacote de reformas sugerido já assegura que o número de imigrantes seja adequado à procura de mão-de-obra e ajuda a assegurar que os migrantes se encontrem regularizados. Outras medidas poderiam incluir compensações destinadas às comunidades e localidades que suportam uma parte desproporcionada dos custos da migração, no que diz respeito ao acesso a serviços públicos e a benefícios sociais. Este tipo de medidas ajudará a dissipar ressentimentos contra os migrantes entre grupos específicos e a reduzir o apoio a partidos políticos extremistas em áreas onde a imigração é uma questão política. Podemos tomar como exemplo o caso das transferências financeiras para escolas com um elevado número de alunos migrantes, uma medida tomada em alguns países desenvolvidos.

Uma outra medida importante para minimizar as desvantagens relativamente aos residentes nativos reside no respeito pelas normas laborais nacionais e locais. Esta é uma preocupação central dos sindicatos e do público, cuja perturbação com a exploração e o abuso dos migrantes é louvável e um sinal claro de que a reforma progressiva terá aceitação. Podemos encontrar exemplos contemporâneos de envolvimento sindical na concepção e execução de projectos em Barbados, Nova Zelândia e Suécia, que têm, assim, melhorado a concepção e a aceitabilidade dos seus programas.

Por último, não deveria ser necessário dizer (mas, muitas vezes, é) que a participação em tomadas de decisão aumenta a aceitação da reforma. Esta é, talvez, a medida mais importante que os governos podem tomar para assegurarem que as mudanças nas políticas de migração sejam negociadas com diferentes grupos de intervenientes, e tenham a sua concordância. Os Países Baixos, cujo governo consulta regularmente organizações de migrantes, são um exemplo a apontar. Do mesmo modo, na Nova Zelândia, os chamados «*Kick-Start Forums*» têm sido utilizados com sucesso para reunir intervenientes na resolução de problemas no *Recognised Seasonal Employment Scheme* [Esquema de Emprego Sazonal Reconhecido].[59]

5.3 Conclusões

Iniciámos este relatório, salientando a distribuição global de oportunidades extraordinariamente desigual e o modo como isso corresponde a um dos principais factores para a deslocação de pessoas. A nossa mensagem principal é a de que a mobilidade poderá seguramente melhorar o desenvolvimento humano – nomeadamente, entre deslocados, pessoas que permanecem nos seus locais de origem e a maioria dos que se encontra nas sociedades de destino. Contudo, os processos e os resultados podem ser adversos, algumas vezes até mesmo extremamente desfavoráveis, pelo que existe espaço para melhorias significativas nas políticas e instituições aos níveis nacional, regional e internacional. O nosso pacote principal requer uma visão vigorosa e identifica uma ambiciosa agenda de longo prazo com vista a revelar os grandes benefícios da

> O tratamento equitativo dos migrantes não só está de acordo com as noções básicas de justiça, mas traz também benefícios úteis às comunidades de destino.

> A mobilidade poderá seguramente melhorar o desenvolvimento humano – nomeadamente, entre deslocados, pessoas que permanecem nos seus locais de origem e a maioria dos que se encontra nas sociedades de destino.

mobilidade actual e futura para o desenvolvimento humano – benefícios que não têm sido compreendidos.

Os fóruns internacionais existentes – sendo o mais notável o Fórum Mundial sobre Migrações e Desenvolvimento – providenciam oportunidades valiosas para analisar os desafios e partilhar experiências. As consultas a este nível devem ser acompanhadas de *acção* a outros níveis. Mesmo numa base unilateral, os governos podem tomar medidas para melhorar os resultados, tanto para os deslocados internacionais, como para os internos. Muitas das recomendações que fizemos não se limitam a novos governos internacionais. As principais reformas respeitantes ao tratamento de migrantes e ao melhoramento dos resultados da comunidade de destino encontram-se, inteiramente, dentro da jurisdição dos governos nacionais. Nalguns casos, são necessárias acções a nível subnacional – por exemplo, para assegurar o acesso aos serviços básicos.

Uma acção unilateral precisa de ser acompanhada pelo progresso em regimes regionais e bilaterais. Muitos governos, tanto de origem como de destino, bem como países de passagem, assinaram acordos bilaterais, que são, normalmente, utilizados para definir quotas, estabelecer procedimentos e definir padrões mínimos. Especialmente os acordos regionais podem ter um papel importante, principalmente no estabelecimento de corredores de livre circulação.

As reformas que sugerimos às políticas e instituições dos governos poderiam trazer consideráveis benefícios para o desenvolvimento humano a partir da mobilidade dentro e para fora de fronteiras. O avanço deste propósito exigirá uma liderança empenhada, uma ampla consulta às partes interessadas e campanhas ousadas para as mudanças na opinião pública, para que os debates e as discussões políticas possam evoluir.

Notas

Capítulo 1
1. OECD (2009a).
2. Poucos países em desenvolvimento dispõem de dados sobre os fluxos de migrantes. Contudo, a soma do stock de migrantes internos e de migrantes internacionais em países em desenvolvimento é consideravelmente maior do que o stock de migrantes em países desenvolvidos (ver secção 2.1).
3. Ver as Tabelas Estatísticas para a esperança média de vida e para o rendimento, e também Barro and Lee (2001) para os anos de ensino.
4. Para uma discussão sobre as razões por detrás das condições de vida precárias no Baixo Vale do Rio Grande, ver Betts and Slottje (1994). Anderson and Gerber (2007b) fornecem uma síntese das condições de vida em ambos os lados da fronteira e a sua evolução ao longo do tempo. Dados e análises abrangentes sobre o desenvolvimento humano nos Estados Unidos poderão ser encontrados em Burd-Sharps, Lewis, and Martins (2008).
5. Estima-se que o número de chineses que se mudou do seu distrito de residência no período de 1979–2003 excede os 250 milhões (Lu and Wang, 2006). Os fluxos dentro das províncias (que correspondem à definição de migração interna que usamos no presente relatório – ver caixa 1.3) representaram cerca de um quarto dessas deslocações.
6. Clemens, Montenegro, and Pritchett (2008)
7. Clemens, Montenegro, and Pritchett (2008), Ortega (2009).
8. UNDP (2008d).
9. A prática dos exames obrigatórios aos imigrantes não é exclusiva dos Estados Árabes. Por exemplo, os Estados Unidos restringem bastante a entrada de viajantes seropositivos e impedem indivíduos portadores do VIH que não sejam cidadãos do país de obter o direito a residência permanente. Ver U.S.Citizenship and Immigration Services (2008).
10. Uma pesquisa de artigos académicos sobre a migração internacional que utilizem o Índice da Citação das Ciências Sociais resultou em apenas 1.441 artigos – menos de um quinto daqueles que tratam o comércio internacional (7.467) e menos de um vigésimo daqueles que tratam a inflação (30.227).
11. Koslowski (2008).
12. IOM (2008b), World Bank (2006b), ILO (2004), e GFMD (2008).
13. Aliran (2007).
14. Branca (2005).
15. Particularmente, dúvidas sobre a distinção entre migração voluntária e involuntária levaram a expressões como "migração mista" e "nexo migração – asilo". O uso de algumas destas expressões não é livre de controvérsia, uma vez que o reconhecimento de motivos económicos entre aqueles que buscam asilo poderá ter implicações relativamente às admissões e tratamento. Ver Richmond (1994), van Hear (2003), van Hear, Brubaker, and Bessa (2009), e UNHCR (2001).
16. Bakewell (2008) demonstra que o regresso a Angola por parte de muitos destes migrantes desde o fim da guerra civil em 2002 coincidiu com a tentativa de muitos zambianos de se mudarem para Angola, a fim de beneficiarem das esperadas melhorias nas condições sociais e económicas do país. Esta situação sugere que os motivos económicos foram pelo menos tão importantes entre os angolanos expatriados como o desejo de regressarem ao seu país de origem.
17. van Hear, Brubaker, and Bessa (2009) e Van Engeland and Monsutti (2005).
18. Eis um exemplo interessante do modo como os fluxos de migração não estão necessariamente associados às diferenças de crescimento económico: durante a recessão de 1985-6 o PIB per capita malaio diminuiu em 5,4 %. Apesar de a economia indonésia não ter sido afectada, a migração entre os dois países não cessou. Ver Hugo (1993).
19. Isto não significa que os migrantes na Malásia estejam livres de sofrer discriminação. Ver Hugo (1993).
20. As tentativas de se desenvolver um sistema conceptual para compreendermos a migração reportam-se pelo menos a Ravenstein (1885), o qual propôs uma série de "leis da migração" e enfatizou o desenvolvimento de cidades como "pólos de atracção". Dentro da teoria económica neoclássica, exposições iniciais incluem Lewis (1954) e Harris and Todaro (1970), enquanto a tradição dos estudos marxistas iniciou com a discussão da "questão agrária" por Kautsky (1899).
21. Stark and Bloom (1985), Stark (1991).
22. Mesnard (2004), Yang (2006).
23. Massey (1988).
24. Gidwani and Sivaramakrishnan (2003).
25. Ver Nussbaum (1993) sobre as origens desta ideia.
26. Huan-Chang (1911).
27. Plato (2009).
28. Nussbaum (2000).
29. Esta definição é consistente com os usos mais convencionais. Por exemplo, O Oxford English Dictionary define mobilidade como "a capacidade de se deslocar ou de ser deslocado; capacidade de movimento ou de mudança de local;..." [the ability to move or to be moved; capacity for movement or change of place; ...] (Oxford University Press 2009). A ideia de mobilidade laboral como se referindo à ausência de restrições às deslocações, distinta da acção de deslocação em si, tem também uma longa tradição na economia internacional; ver Mundell (1968).
30. Sainath (2004).
31. Sen (2006), pág. 4.
32. UNDP (1990), pág. 89.
33. UNDP (1997).
34. UNDP (2004b).
35. Ver, por exemplo, a ideia de usar transferências internacionais para reduzir as pressões da emigração nos países pobres, tal como surge no Relatório de Desenvolvimento Humano de 1994, UNDP (1994).

Capítulo 2
1. Bell and Muhidin (2009).
2. As definições menos conservadoras aumentam significativamente as estimativas. Por exemplo, embora a nossa estimativa de 42 milhões de migrantes internos (4% da população) na Índia inclui todos aqueles que se deslocaram entre os Estados, existem 307 milhões de pessoas (28% da população) que vivem numa cidade diferente daquela em que nasceram (Deshingkar and Akter (2009)). Montenegro and Hirn (2008) usam uma denominação de zona intermédia e calculam uma taxa de migração interna média de 19,4% para os países em desenvolvimento. A migração sazonal não foi incluída em nenhuma destas estimativas. Tanto quanto sabemos, não existem estimativas comparativas da migração sazonal entre diferentes países, embora as pesquisas específicas de cada país sugiram que são geralmente elevadas.
3. Os imigrantes, por exemplo, são definidos com base do seu local de nascimento em 177 países, mas com base na sua cidadania em 42 países. Alguns países (incluindo a China) não dispõem de informação sobre os cidadãos nascidos no estrangeiro nem sobre os cidadãos estrangeiros, o que significa que terão de ser excluídos da amostra em estudo ou, então, que a suas parcelas de imigrantes têm de ser estimadas. As estimativas das Nações Unidas (UN 2009e) usadas ao longo do presente relatório adoptaram a segunda opção.
4. Migration DRC (2007).
5. Os cálculos da equipa do RDH baseados no Centro de Investigação de Desenvolvimento para a Migração, Globalização e Pobreza (Migration DRC 2007) e no Centro de Estudos Prospectivos e de Informações Internacionais (CEPII 2006).
6. O IDH do país de destino é calculado como a média ponderada do IDH de todos os países de destino, em que os valores ponderados correspondem às taxas da população de migrantes. A magnitude apresentada na figura 2.2 é apenas uma aproximação ao nível de benefícios da migração internacional para o desenvolvimento humano, porque o desenvolvimento humano dos migrantes poderá ser diferente da média das populações nos países de origem e nos países de destino, e porque o próprio IDH é apenas uma medida parcial do desenvolvimento humano. A caixa 1.1 e o capítulo 3 fornecem uma discussão mais detalhada dos problemas metodológicos inerentes às estimativas dos benefícios individuais da migração.
7. Ortega (2009).
8. Cummins, Letouze, Purser, and Rodríguez (2009). Estes autores fzem uso da base de dados do Centro de Investigação de Desenvolvimento para a Migração, Globalização e Pobreza (Migration DRC 2007) sobre os stocks bilaterais dos migrantes para desenvolver o primeiro modelo de atracção (fluxos bilaterais) abrangendo tanto os países da OCDE, como aqueles que não estão incluídos na OCDE. Outras conclusões incluem os efeitos grandes e estatisticamente significativos de características como a área do território, as estruturas populacionais, uma fronteira comum, a distância geográfica, bem como antigos laços coloniais e uma língua comum.
9. Martin (1993) observou que o desenvolvimento nos países pobres anda tipicamente de mãos dadas com taxas crescentes, e não decrescentes, de emigração, e levantaram a hipótese de que talvez possa haver uma relação de "U invertido" não

Notas

RELATÓRIO DE DESENVOLVIMENTO HUMANO 2009
Ultrapassar Barreiras: Mobilidade e desenvolvimento humanos

linear entre a migração e o desenvolvimento. A teoria tem sido desde então discutida por vários autores incluindo Martin and Taylor (1996), Massey (various) e Hatton and Williamson (various). O primeiro teste à teoria efectuado em diferentes países usando dados sobre os fluxos bilaterais foi levado a cabo por de Haas (2009).

10 Uma figura semelhante foi pela primeira vez apresentada por de Haas (2009).

11 Cummins, Letouze, Purser, and Rodríguez (2009).

12 Mobarak, Shyamal, and Gharad (2009).

13 Uma análise da equipa do RDH baseada em UN (2009e), Migration DRC (2007) e no Centro de Estudos Prospectivos e de Informações Internacionais (CEPII 2006). Estas regressões realizam o controlo de um termo linear e ao quadrado em IDH, assim como de termos lineares e uma interacção multiplicativa de tamanho e distância. A distância é medida pela distância média em relação aos países da OCDE, tal como calculado pelo Centro de Estudos Prospectivos e de Informações Internacionais (CEPII 2006). O tamanho é medido pelo logaritmo da população.

14 Por exemplo, os migrantes do sexo feminino correspondiam a menos de um terço dos imigrantes nos Estados Unidos há 200 anos (Hatton and Williamson (2005), pág.33).

15 Ver Ramirez, Dominguez, and Morais (2005) para uma discussão abrangente sobre as questões fulcrais.

16 Nava (2006).

17 Rosas (2007).

18 OECD (2008b).

19 Newland (2009) oferece um estudo abrangente sobre as questões essenciais envolvidas na migração circular.

20 Sabates-Wheeler (2009).

21 OECD (2008b).

22 Passel and Cohn (2008).

23 Vogel and Kovacheva (2009).

24 Docquier and Marfouk (2004). Se usarmos uma definição mais lata de força laboral e contabilizarmos como economicamente activos todos os indivíduos acima dos 15 anos, concluiremos que 24% dos imigrantes na OCDE têm um grau superior de ensino, contra 5% da população em países fora da OCDE.

25 OECD (2009a).

26 Miguel and Hamory (2009).

27 Sun and Fan (2009).

28 Pesquisas efectuadas pela equipa do RDH em colaboração com o Banco Mundial. Este perfil de migrantes internos também nos indica que aqueles com níveis mais baixos de educação formal são mais propensos a migrar nos países de rendimento médio superior da América Latina. Este resultado sugere que quando o nível de rendimento médio de um país é suficientemente alto, até mesmo as pessoas relativamente pobres são capazes de migrar.

29 King, Skeldon, and Vullnetari (2008).

30 Skeldon (2006) sobre a Índia e o Paquistão, e King, Skeldon, and Vullnetari (2008) sobre a Itália, Coreia e Japão.

31 Clemens (2009b).

32 Ver Jacobs (1970) e Glaeser, Kallal, Scheinkman, and Shleifer (1992). Para uma discussão abrangente sobre a relação entre as economias de aglomeração, o desenvolvimento económico e os fluxos de migração internacional e interna, ver World Bank (2009e).

33 Estas directrizes são escritas em OECD (2008b).

34 Altman and Horn (1991).

35 Sanjek (2003).

36 Só em 1907, quase 1,3 milhões de pessoas ou 1,5% da população conseguiram o direito a residência permanente nos Estados Unidos; um século depois, em 2007, tanto o número absoluto como a fracção eram mais baixos: 1,05 milhões e só 0,3% da população (DHS 2007). Hatton and Williamson (2005) estimaram, para uma amostra de países – França, Dinamarca, Alemanha, Noruega, Suécia, Reino Unido e seis países do Novo Mundo (Argentina, Austrália, Brasil Canadá, Nova Zelândia e Estados Unidos) – que o stock de migrantes nascidos no estrangeiro em 1910 e 1911 era de cerca de 23 milhões, ou cerca de 8% da sua população.

37 Linz et al. (2007).

38 van Lerberghe and Schoors (1995).

39 Rahaei (2009).

40 Bellwood (2005).

41 Williamson (1990).

42 Lucas (2004); Valor de 2008 da OECD (2008a).

43 No final do século XIX, o custo da passagem em classe inferior do Reino Unido para os estados Unidos havia descido para um décimo da média do rendimento anual, levando a que a viagem fosse exequível para muito mais pessoas. Contudo, os custos de outras origens eram muito mais elevados: por exemplo, viajar da China para a Califórnia, em 1880, custava aproximadamente seis vezes o rendimento per capita chinês. Ver Hatton and Williamson (2005) e Galenson (1984).

44 Taylor and Williamson (1997), Hatton and Williamson (2005). Para a comparação entre a Irlanda e a Grã-Bretanha o período é 1852 – 1913, enquanto para a comparação entre a Suécia e os Estados Unidos é 1856 – 1913.

45 Magee and Thompson (2006) e Baines (1985).

46 Gould (1980).

47 Cinel (1991), pág.98.

48 Nugent and Saddi (2002).

49 Foner (2002).

50 Por exemplo, a política aberta do Canadá em relação à imigração seguindo a confederação foi vista como um pilar da política nacional para a produção de prosperidade económica através do crescimento populacional. Ver Kelley and Trebilcock (1998).

51 Ver, por exemplo Ignatiev (1995).

52 Ver Timmer and Williamson (1998), que encontram evidências de maiores restrições entre 1860 e 1930 na Argentina, Brasil, Canadá, Austrália e Estados Unidos.

53 Um relatório elaborado pela OIT contabiliza 33 milhões de estrangeiros em 1910, equivalente a 2,5% da população abrangida pelo estudo (que era de 76% da população mundial na altura). Por oposição ès estatísticas modernas, contabilizou aqueles que tinham uma nacionalidade diferente do seu país de residência como estrangeiros, assim provavelmente subestimando a parcela de pessoas nascidas no estrangeiro (International Labour Office 1936, pág. 37). É também importante notar que, uma vez que o número de nações aumentou significativamente durante o século passado, esperar-se-ia que a taxa de migração internacional aumentasse, mesmo que não se tivesse registado efectivos aumentos nas deslocações.

54 Desde 1960, o comércio mundial enquanto uma parcela do PIB global subiu para mais do dobro, aumentando a uma taxa média de 2,2% por ano.

55 García y Griego (1983).

56 Appleyard (2001).

57 As restrições alemãs parecem ter iniciado antes do choque petrolífero, mas ganharam intensidade após o mesmo. Ver Martin (1994).

58 Estas percentagens referem-se a migrantes em países que são desenvolvidos de acordo com o IDH mais recente (ver caixa 1.3). Seria de esperar que estes padrões fossem diferentes se, ao invés, tivéssemos calculado a taxa de migrantes nos países que eram desenvolvidos em 1960, mas, com efeito, a taxa de migrantes nos 17 países mais desenvolvidos em 1960 (abrangendo 15% da população mundial, a mesma taxa abrangida pelos países desenvolvidos hoje) era de 6,2%, um valor muito semelhante ao nosso valor de 5%.

59 A Checoslováquia e a União Soviética não foram os únicos casos que levaram ao surgimento de novas nações durante este período. Todavia, em pesquisas realizadas para este relatório, estudámos os padrões de mudanças na taxa de migrantes que ocorreram depois das reunificações ou colapsos desde 1960, e, em outros casos (por exemplo, a Alemanha e a antiga Jugoslávia), as mudanças na taxa de migrantes não foram suficientemente significativas para ter um impacto assinalável nas tendências em agregado.

60 A excepção é o Reino Unido, onde se registam grandes parcelas de imigrantes dos países em desenvolvimento da Commonwealth durante a década de 1960.

61 UN-HABITAT (2003).

62 UN (2008c) e UN-HABITAT (2003).

63 Esta divergência não ocorreu em outras dimensões do desenvolvimento humano, tais como a da saúde e a da educação (taxas de escolarização). Estas dimensões são importantes, embora o rendimento pareça ter uma maior impacto na propensão para a migração (ver Cummins, Letouze, Purser, and Rodríguez 2009).

64 Para mais, a China foi diferente de outras regiões em desenvolvimento durante a década de 1960, por causa das restrições à saída, que também afectam as comparações dos fluxos de migrantes ao longo do tempo.

65 Uma vez que o nosso exercício compara países classificados de acordo com o seu actual IDH, não toma em linha de conta a convergência de alguns países em desenvolvimento que se encontram em rápido crescimento, que entraram na primeira categoria de IDH. O nosso método parece ser mais adequado para compreender a crescente concentração de migrantes no subgrupo de países que são desenvolvidos hoje. Para mais, se realizarmos a comparação para o grupo de países classificados como em desenvolvimento em 1960, obteremos padrões muito semelhantes (ver nota 91).

66 Para um estudo abrangente desta literatura, ver UN (2006b). O debate sobre a divergência está relacionado com a discussão sobre se a desigualdade mundial tem vindo a aumentar embora esta dependa também da evolução da desigualdade dentro dos países.

67 Doganis (2002).

68 Department of Treasury and Finance (2002).

69 Facchini and Mayda (2009) pensam que, embora uma maior oposição da opinião pública em relação à imigração esteja associada a maiores restrições políticas, existe ainda um hiato significativo entre as políticas desejadas pela maioria do eleitorado e aquelas que são

Notas

efectivamente adoptadas pelos decisores políticos. Ver também Cornelius, Tsuda, Martin, and Hollifield (2004).
70. Hanson (2007).
71. A avaliação realizou uma apreciação de diversas dimensões das políticas para a migração, incluindo critérios de admissão, políticas de integração, o tratamento de migrantes autorizados e a situação dos migrantes irregulares. A abertura de cada regime foi avaliada através da avaliação subjectiva por parte dos que participaram no estudo, assim como de um conjunto de critérios objectivos, como a existência de limites numéricos, requerimentos de entrada e acordos internacionais sobre o livre-trânsito. Os países em desenvolvimento abrangidos foram o Chile, a China (apenas mobilidade interna), Costa Rica, Costa do Marfim, Equador, Egipto, Cazaquistão, Malásia, México, Marrocos, Federação Russa, Tailândia e Turquia. Os países desenvolvidos foram Austrália, Canadá, França, Alemanha, Itália, Japão, Portugal, República da Coreia, Singapura, Espanha, Suécia, Emirados Árabes Unidos, Reino Unido e Estados Unidos. Klugman and Pereira (2009) oferecem aais detalhes da avaliação.
72. Os governos diferem frequentemente nos critérios que usam para classificar os trabalhadores como qualificados. Para se atingir algum grau de homogeneidade entre diferentes países, classificámos como qualificados todos os trabalhadores que vêm de regimes onde têm um grau académico. Quando a classificação se baseava na ocupação, tentámos fazer corresponder o tipo de ocupação com o nível de educação tipicamente necessário para desempenhar a respectiva função. Quando não havia uma distinção explícita nos regimes de visto com base no nível de educação ou ocupação, fizemos uma distinção com base em informação sobre os trabalhadores mais comuns em cada tipo de visto, ou, no caso de fluxos claramente misturados, tratámos a regulação como se aplicando tanto a trabalhadores altamente qualificados como a trabalhadores pouco qualificados.
73. Ruhs (2005), Ministério dos Recursos Humanos do Governo de Singapura (2009).
74. Ruhs (2002), OECD (2008b).
75. Este conceito surgiu como um mecanismo na legislação dos países Árabes – que tipicamente não reconhece a adopção – em que os adultos se comprometiam a cuidar de crianças de orfanatos ou abandonadas. Ver Rede de Informação Mundial (2009).
76. Longva (1997), págs. 20–21.
77. Ver, por exemplo, Centro para os Direitos Humanos no Barém (2008) e UNDP (2008d).
78. Sob o novo regulamento, o Ministério do Trabalho transferirá o apoio aos trabalhadores de anteriores contratantes do governo para outros novos e o Estado suportará o iqama (licença de residência) e as taxas de transferência. Ver Thaindian News (2009) e Arab News (2009).
79. Khaleej Times (2009).
80. Jasso and Rosenzweig (2009).
81. Hanson and Spilimbergo (2001).
82. Advogados para os Direitos Humanos (2008).
83. Human Rights Watch (2007a).
84. Ruhs and Martin (2008) e Ruhs (2009).
85. Ver Cummins and Rodríguez (2009). Estes autores também tratam questões de potencial causalidade reversa usando taxas de imigração previstas de um modelo de atracção bilateral como uma fonte exógena de variação nacional. Os resultados que apuraram ainda apontam para correlação estatisticamente insignificante entre números e direitos; com efeito, na maioria das suas estimativas variáveis a correlação torna-se positiva, lançando dúvidas sobre a hipótese números versus direitos.
86. Muñoz de Bustillo and Antón (2009).
87. Adepoju (2005).
88. Freedom House (2009).
89. Departamento de Estado dos Estados Unidos (2009c), Wang (2005), National Statistics Office (2006), Ivakhnyuk (2009), Anh (2005).
90. Departamento de Estado dos Estados Unidos (2009b).
91. Kundu (2009).
92. McKenzie (2007).
93. Tirtosudarmo (2009).
94. Sobre Cuba, ver Human Rights Watch (2005a) e Amnestia Internacional (2009). Sobre a República Democrática Popular da Coreia, ver Freedom House (2005). Para outros países, ver Departamento de Estado dos Estados Unidos (2009a).
95. Human Rights Watch (2007b).
96. Departamento de Estado dos Estados Unidos (2009a). McKenzie (2007).
97. IMF (2009a).
98. Ver IMF (2009c), Consensus Economics (2009a), Consensus Economics (2009c), Consensus Economics (2009d).
99. As recessões em países desenvolvidos tendem a durar dois anos, após os quais as tendências para o crescimento económico são restabelecidas: Chauvet and Yu (2006). Contudo, a duração e a intensidade das recessões é muito maior em países em desenvolvimento. Ver Hausmann, Rodriguez, and Wagner (2008).
100. Ver Perron (1989) e Perron and Wada (2005), que apuraram evidências de efeitos persistentes do choque petrolífero e da Grande Depressão nos rendimentos.
101. OECD (2009b).
102. Gabinete de Estatística Laboral dos Estados Unidos (2009).
103. INE (2009).
104. A correlação é estatisticamente significativa em 5%. O Banco de Desenvolvimento Asiático projectou contracções nos destinos chave de migrantes da região que atingem os 5% em Singapura. Na África do Sul, onde se registam 1,2 milhões de migrantes, a EIU espera que haja uma contracção da economia em 0,8% em 2009, e espera-se que a economia dos Emirados Árabes Unidos contraia em 1,7% em 2009. Business Monitor International (2009).
105. Betcherman and Islam (2001).
106. Dustmann, Glitz, and Vogel (2006).
107. OECD (2008a).
108. Taylor (2009).
109. Kalita (2009).
110. The Straits Times (2009), Son (2009).
111. Local Government Association (2009).
112. Preston (2009).
113. Timmer and Williamson (1998).
114. de Haas (2009).
115. Ver Martin (2003) e Martin (2009a).
116. Skeldon (1999); Castles and Vezzoli (2009). Registaram-se deportações a fim manifestar apoio aos trabalhadores nativos, mas quando os governos perceberam que estes não estavam interessados nos empregos dos migrantes, estas restrições foram invertidas.
117. Ver, por exemplo, Rodrik (2009) e Castles and Vezzoli (2009).
118. Embora todas as previsões sejam essencialmente incertas, as projecções populacionais tendem a ser bastante fidedignas. As Nações Unidas produziram 12 diferentes estimativas para a população mundial de 2000 desde 1950, e todas estas estimativas, à excepção de uma, situavam-se dentro dos 4 pontos percentuais do número real (Population Reference Bureau 2001). Um estudo recente apurou erros de previsão médios na ordem dos 2%, mesmo para subgrupos etários da população.
119. Contudo, estas soluções alternativas são em si mesmo dispendiosas: a inovação tecnológica necessária para substituir por um factor abundante global esgota os recursos, e as crescentes idades de reforma ou contribuições reduzem o lazer ou o consumo.
120. Barnett and Webber (2009).
121. IPCC (2007), chapter 9.
122. Anthoff, Nicholls, Richard, and Vafeidis (2009).
123. Revkin (2008).
124. Myers (2005) e Christian Aid (2007).
125. Barnett and Webber (2009).
126. Stark (1991).
127. Ezra and Kiros (2001),
128. Black et al. (2008).
129. Carvajal and Pereira (2009).
130. UNDP (2007a) e UNDP (2008e).
131. Ver Friedman (2005).
132. Steinbeck (1939). On the Great Dust Bowl Migration see Worster (1979) and Gregory (1989). For the landmark 1941 US Supreme Court decision in the case of *California vs. Edwards* see ACLU (2003).

Capítulo 3
1. Clemens, Montenegro, and Pritchett (2008).
2. McKenzie, Gibson, and Stillman (2006).
3. Chiswick and Miller (1995).
4. Sciortino and Punpuing (2009).
5. Maksakova (2002).
6. Commander, Chanda, Kangasniemi, and Winters (2008).
7. Clemens (2009b).
8. Harttgen and Klasen (2009). Os migrantes tinham um rendimento inferior em dois países (Guatemala e Zâmbia) e não havia diferenças estatisticamente significativas em um (Vietname). Ver secção 3.6.
9. Del Popolo, Oyarce, Ribotta, and Rodríguez (2008).
10. Srivastava and Sasikumar (2003), Ellis and Harris (2004) e ECLAC (2007).
11. Ver Deshingkar and Akter (2009) sobre a Índia e MOSWL, PTRC, and UNDP (2004) sobre a Mongólia.
12. Ghosh (2009).
13. Gilbertson (1995).
14. Zhou and Logan (1989).
15. Cerrutti (2009).
16. UNDP (2008d).
17. Castles and Miller (1993) e ICFTU (2009).
18. Bursell (2007) e Bovenkerk, Gras, Ramsoedh, Dankoor, and Havelaar (1995).
19. Clark and Drinkwater (2008) e Dustmann and Fabbri (2005).
20. Iredale (2001).
21. Chiswick and Miller (1995).
22. Reitz (2005).
23. Os programas de transferência social incluídos nesta análise consistem em todas as formas de benefícios universais e de segurança social,

Notas

RELATÓRIO DE DESENVOLVIMENTO HUMANO **2009**
Ultrapassar Barreiras: Mobilidade e desenvolvimento humanos

menos o rendimento e os impostos sobre o vencimento e assistência social (incluindo todas as formas de benefícios proporcionais ao rendimento visados). O limiar de pobreza é definido como metade da mediana do rendimento. Ver Smeeding, Wing, and Robson (2009).

24 Estas estimativas poderão sobre- ou subestimar o efeito das transferências na pobreza porque a resposta endógena das decisões do fornecimento de mão-de-obra às transferências não é incluída como factor.

25 Martin (2005) e Kaur (2007).
26 UNICEF (2005a).
27 Koslowski (2009).
28 McKenzie (2007) e United States Department of State (2006).
29 United States Department of State (2009a).
30 Agunias (2009) and Martin (2005).
31 Martin (2005).
32 Agunias (2009) e Martin (2005).
33 UNFPA (2006).
34 Ivakhnyuk (2009).
35 Martin (2009b).
36 Martin (2009b).
37 Gibson and McKenzie (2009).
38 O chamado "fenómeno do migrante saudável" tem sido bem documentado; ver, por exemplo, Fennelly (2005).
39 Rossi (2008).
40 Jasso, Massey, Rosenzweig, and Smith (2004), usando o Novo Inquérito do Imigrante, dos Serviços de Cidadania e Imigração dos Estados Unidos.
41 Ortega (2009).
42 Brockerhoff (1990).
43 Brockerhoff (1995) e Harttgen and Klasen (2009).
44 Ver Chiswick and Lee (2006), e Antecol and Bedard (2005). Outro factor de obscurece estas estimativas é a possibilidade de a "regressão para a pobreza" justificar parte da aparente deterioração na saúde. Em particular, se não estar doente é uma condição importante para se poder migrar, então, aqueles que migram poderão incluir pessoas que não sejam inerentemente mais saudáveis, mas que, contudo, tiveram a boa sorte de não caírem doentes. Estas pessoas terão também mais propensão a caírem doentes depois de migrarem do que aqueles em que o facto de não estarem doentes se deve a uma verdadeira boa condição de saúde.
45 Garcia-Gomez (2007) sobre Catalonia, Espanha; Barros and Pereira (2009) sobre Portugal.
46 Stillman, McKenzie, and Gibson (2006), Steel, Silove, Chey, Bauman, and Phan T. (2005) e Nazroo (1997).
47 McKay, Macintyre, and Ellaway (2003).
48 Benach, Muntaner, and Santana (2007).
49 Whitehead, Hashim, and Iversen (2007).
50 Tiwari (2005).
51 Deshingkar and Akter (2009).
52 Alguns migrantes ganham acesso a serviços com o decorrer do tempo. Por exemplo, em muitos países, os que buscam asilo e que se candidatam ao estatuto de refugiado frequentemente não têm esse acesso a não ser que, e até que a sua candidatura seja aceite. Em outros países, como a Austrália, por exemplo, o pagamento de um apoio ao rendimento limitado está disponível a alguns dos que procuram asilo, que vivem na comunidade, que atingiram um determinado estágio no processamento do visto e preenchem outros critérios (tal como passar um teste de pobreza).

53 Carballo (2007) e Goncalves, Dias, Luck, Fernandes, and Cabral (2003).
54 PICUM (2009).
55 Kaur (2007).
56 Landau and Wa Kabwe-Segatti (2009).
57 Hashim (2006) and Pilon (2003)
58 OECD (2008b).
59 A investigação realizada para o presente relatório sobre as diferenças de IDH entre migrantes internos e não migrantes em 16 países revelou que o nível de educação dos migrantes era mais elevado em 10 países, não significativamente diferente em 4, e mais baixo em 2 países.
60 UNICEF (2008). Outros estudos apuram resultados semelhantes. Para uma análise abrangente das evidências sobre as intervenções na infância precoce, ver Heckman (2006).
61 Clauss and Nauck (2009).
62 Por exemplo, as autoridades norueguesas são obrigadas a informar as famílias dos refugiados sobre a importância e a existência do Desenvolvimento Infantil Precoce dentro de três meses após a chegada.
63 Para mais informações sobre migrantes não documentados na Suécia, ver PICUM (2009).
64 PICUM (2008a).
65 PICUM (2008a).
66 Landau and Wa Kabwe-Segatti (2009).
67 Rossi (2008).
68 Governo de Azad Jammu and Kashmir (2003) e Poverty Task Force (2003).
69 Poverty Task Force (2003).
70 O Programa Internacional de Avaliação de Alunos é um estudo trianual dos alunos de 15 anos.
71 OECD (2007). O Programa Internacional de Avaliação de Alunos concentra-se nas ciências mas também avalia a leitura e a matemática, que produziram comparações semelhantes.
72 Austrália, França, Alemanha, Itália, Países Baixos, Suíça, Reino Unido e Estados Unidos. Ver Hernandez (2009).
73 Portes and Rumbaut (2001).
74 Karsten et al. (2006), Nordin (2006) e Szulkin and Jonsson (2007).
75 Sen (1992).
76 Rawls (1971).
77 Hugo (2000).
78 Petros (2006), Zambrano and Kattya (2005) e Mills (1997).
79 Icduygu (2009).
80 Piper (2005).
81 Ghosh (2009) e Kabeer (2000).
82 Del Popolo, Oyarce, Ribotta, and Rodríguez (2008).
83 Cerrutti (2009).
84 Uhlaner, Cain, and Kiewiet (1989), Cho (1999), Rosenstone and Hansen (1993), Wolfinger and Rosenstone (1980) e Ramakrishnan and Espenshade (2001).
85 Um aumento do desvio padrão de 1 na democracia do país de destino, conforme medido pelo Polity IV index [índice de competição política], leva a um aumento de 11 pontos logarítmicos na imigração, significativamente a 1%. Ver Cummins, Letouze, Purser, and Rodríguez (2009).
86 Landau (2005).
87 Ministry of Social Welfare and Labour, United Nations Population Fund, and Mongolian Population and Development Association (2005).
88 Crush and Ramachandran (2009).

89 Misago, Landau, and Monson (2009).
90 Pettigrew and Tropp (2005) e Pettigrew (1998).
91 Human Security Centre (2005) e Newman and van Selm (2003).
92 UNHCR (2008). Não existem estimativas fidedignas sobre a taxa de deslocados internos a viverem em acampamentos, mas estima-se que 70% vivam com parentes, famílias e comunidades do país de acolhimento.
93 IDMC (2008).
94 Bakewell and de Haas (2007).
95 van Hear, Brubaker, and Bessa (2009) e Crisp (2006);
96 Campos situados no Bangladesh, Quénia, Nepal, Tanzânia, Tailândia e Uganda: de Bruijn (2009).
97 ECOSOC (1998). Apresentados à Comissão de Direitos Humanos da ONU pelo Representante do Secretário-geral em 1998, os Princípios Orientadores sobre as Deslocações Internas estabelecem os padrões e as normas básicos para orientar os governos, as organizações internacionais e todos os outros intervenientes relevantes na provisão de assistência e protecção aos deslocados internos em situações de conflito interno, desastres naturais e outras situações de deslocação forçada em todo o mundo.
98 As estimativas deste parágrafo são de IDMC (2008).
99 IDMC (2008) lista o Azerbeijão, a Bósnia e Herzegovina, a Costa do Marfim, a Croácia, a Geórgia, o Líbano, a Libéria, a Turquia e Uganda nesta categoria. Esforços notáveis incluem a compensação financeira como parte do programa de regresso da Turquia e esforços específicos no sentido da restituição de propriedade nos Balcãs, que tinha sido amplamente completada em 2007.
100 Ghosh (2000).
101 UNRWA (2008).
102 Gibney (2009) e Hatton and Williamson (2005). No Reino Unido, por exemplo, apenas 19 em cada 100 pessoas que se candidataram a asilo em 2007 foram reconhecidas como refugiadas e as suas candidaturas foram aceites, enquanto outros nove que se candidataram a asilo mas não se qualificaram receberam permissão de permanência por razões humanitárias ou outras.
103 UNHCR (2008).
104 UNRWA-ECOSOC (2008).
105 UNHCR (2002).
106 Ver, por exemplo, UNECA (2005).
107 Robinson (2003).
108 Bartolome, de Wet, Mander, and Nagraj (2000), pág. 7.
109 Ver IIED and WBCSD (2003), Global IDP Project and Norwegian Refugee Council (2005) e Survival International (2007).
110 La Rovere and Mendes (1999).
111 Para o Banco Mundial, CIEL (2009); há outros exemplos: para ADB, ver Asian Development Bank (2009); para IDB, ver IDB (2009).
112 UNDP (2007b).
113 UNODC (2009).
114 Clert, Gomart, Aleksic, and Otel (2005).
115 Ver, por exemplo, Carling (2006).
116 USAID (2007).
117 Laczko and Danailova-Trainor (2009) .
118 Koser (2008).
119 Ortega (2009).
120 Harttgen and Klasen (2009).
121 Estes números foram retirados do Inquérito Mundial de Valores de 2005/2006. O Inquérito fez o registo de se pelo menos um dos pais é migrante, o que usámos como uma variante

116

do estatuto de migrante. Estes resultados particulares são consistentes com os dados do Inquérito Mundial de Valores de 1995, que mostra se o inquirido nasceu ou não no estrangeiro.

Capítulo 4

1. Sarreal (2002).
2. Yang (2009).
3. UNDP (2008b).
4. Para uma lista dos mais e dos menos caros corredores internacionais, ver World Bank (2009c).
5. Stark (1991).
6. Savage and Harvey (2007).
7. Yang (2008a).
8. Yang and Choi (2007).
9. Halliday (2006).
10. Ratha and Mohapatra (2009a). Este é o cenário do "caso base", que assume que os novos fluxos de migração para os principais países de destino serão de zero, implicando que o stock de migrantes existentes permanecerá inalterado.
11. Fajnzylber and Lopez (2007).
12. Schiff (1994).
13. Kapur (2004).
14. Zhu and Luo (2008).
15. Lucas and Chappell (2009).
16. Deshingkar and Akter (2009).
17. Rayhan and Grote (2007).
18. Beegle, De Weerdt, and Dercon (2008).
19. Deb and Seck (2009).
20. Murison (2005). Por exemplo, as mulheres do Bangladesh que trabalham no Médio Oriente, realizam remessas de 72% dos seus rendimentos em média, e as mulheres colombianas que trabalham em Espanha fazem mais remessas do que os homens (68 versus 54%).
21. Docquier, Rapoport, and Shen (2003) e Stark, Taylor, and Yitzhaki (1986).
22. Adelman and Taylor (1988) e Durand, Kandel, Emilio, and Massey (1996).
23. Yang (2009).
24. Massey et al. (1998), Taylor et al. (1996), e Berriane (1997).
25. Behrman et al. (2008).
26. Adelman and Taylor (1988), Durand, Kandel, Emilio, and Massey (1996), e Stark (1980) (1980).
27. Adams Jr. (2005), Cox Edwards and Ureta (2003) e Yang (2008b)
28. Adams Jr. (2005).
29. Mansuri (2006).
30. Deb and Seck (2009).
31. Fan and Stark (2007) e Stark, Helmenstein, and Prskawetz (1997).
32. Chand and Clemens (2008).
33. Castles and Delgado Wise (2008).
34. McKenzie and Rapoport (2006).
35. Ha, Yi, and Zhang (2009a).
36. Frank and Hummer (2002).
37. Hildebrandt, McKenzie, Esquivel, and Schargrodsky (2005).
38. Wilson (2003).
39. Cerrutti (2009).
40. Bowlby (1982), Cortes (2008), Smith, Lalaonde, and Johnson (2004), e Suarez-Orozco, Todorova, and Louie (2002).
41. Para uma análise da participação e da migração em termos de género ver Ghosh (2009).
42. King and Vullnetari (2006).
43. Ver Deshingkar and Grimm (2005).
44. Fargues (2006).
45. Beine, Docquier, and Schiff (2008).
46. Hampshire (2006) e King, Skeldon, and Vullnetari (2008).
47. Cordova and Hiskey (2009). Os países abrangidos foram a República Dominicana, El Salvador, Guatemala, Honduras, México e Nicarágua.
48. Ver a análise desta literatura em Clemens (2009b).
49. Lipton (1980), e Rubenstein (1992).
50. Tirtosudarmo (2009).
51. World Bank (2009e), pág. 165.
52. Docquier and Rapoport (2004) e Dumont, Martin, and Spielvogel (2007).
53. Poder-se-á traçar uma analogia com o acentuado declínio nas competências e qualificações dos professores nos Estados Unidos no último meio século, o qual se atribui ao facto de que as mulheres qualificadas terem agora um leque muito mais amplo de escolhas de carreira para além do ramo do ensino (Corcoran, William, and Schwab, 2004).
54. Saxenian (2002).
55. Commander, Chanda, Kangasniemi, and Winters (2008).
56. Saxenian (2006).
57. O Banco Mundial, que tem vindo a observar as migrações de perto, estima que os fluxos não registados acrescentariam pelo menos 50% aos valores totais das remessas.
58. Chami, Fullenkamp, and Jahjah (2005), e Leon-Ledesma and Piracha (2004).
59. Eckstein (2004) e Ahoure (2008).
60. World Bank (2006b) e Kireyev (2006).
61. Buch, Kuckulenz, and Le Manchec (2002) e de Haas and Plug (2006).
62. Taylor, Moran-Taylor and Ruiz (2006).
63. de Haas (2006).
64. Levitt (1998) e Levitt (2006).
65. Quirk (2008).
66. World Bank (2009a).
67. World Bank (2009a).
68. Massey, Arango, Hugo, Kouaouci, Pellegrino and Taylor (1993) e Thomas-Hope (2009).
69. Adesina (2007).
70. Ali (2009).
71. Bakewell (2009).
72. Ba, Awumbila, Ndiaye, Kassibo, and Ba (2008).
73. Jonsson (2007).
74. Black, Natali and Skinner (2005).
75. Se os rendimentos e o consumo daqueles que estão no estrangeiro fossem incluídos nestas medidas de desigualdade, a distribuição alargar-se-ia consideravelmente, uma vez que os rendimentos no estrangeiro são muito mais elevados.
76. Taylor, Mora, Adams, and Lopez-Feldman (2005) para o Mexico; Yang (2009) para a Thailândia.
77. Ha, Yi, and Zhang (2009b).
78. Goldring (2004) e Lacroix (2005).
79. Orozco and Rouse (2007) e Zamora (2007).
80. Estimativas da equipa do RDH baseadas em números citados em Anonuevo and Anonuevo (2008).
81. Tabar (2009).
82. Spilimbergo (2009).
83. Iskander (2009).
84. Castles and Delgado Wise (2008).
85. Massey et al. (1998).
86. Eckstein (2004), Massey et al. (1998), Newland and Patrick (2004), e van Hear, Pieke, and Vertovec (2004).
87. Gamlen (2006) e Newland and Patrick (2004).
88. IMF and World Bank (1999).
89. Jobbins (2008) e Martin (2008).
90. Black and Sward (2009).
91. Estes países são: Austrália, Áustria, Bélgica, Canadá, França, Alemanha, Irlanda, Luxemburgo, Países Baixos, Nova Zelândia, Espanha, Suécia, Suíça e Estados Unidos; ver Tabela Estatística A. A taxa de migrantes nascidos no estrangeiro no Reino Unido foi estimada em cerca de 9% nessa altura.
92. Van der Mensbrugghe and Roland-Holst (2009). Estas simulações alargam e actualizam aquelas apresentadas pelo Banco Mundial (World Bank 2006b).
93. Ortega and Peri (2009).
94. Ver Barrell, Fitzgerald, and Railey (2007). Nos Estados Unidos, Borjas (1999) estimou o efeito em agregado como positivo mas pequeno, em 0,1% do PIB.
95. Hunt and Gauthier-Loiselle (2008).
96. Ver, por exemplo, o Conselho da União Europeia (2009).
97. Ver, inter alia, Baumol, Litan, and Schramm (2007) e Zucker and Darby (2008).
98. OECD (2008b).
99. EurActiv.com News (2008).
100. Martin (2009b).
101. Esta conclusão tem de ser qualificada por causa da incapacidade de distinguir a provisão de mão-de-obra (os imigrantes tendem a trabalhar nestes restaurantes) dos efeitos na procura de mão-de-obra (se eles consumirem lá), ver Mazzolari and Neumark (2009).
102. Por exemplo, 38% dos Bretões acreditam ser este o caso: Dustmann, Frattini, and Preston (2008a).
103. Por exemplo, ver Longhi, Nijkamp, and Poot (2005), Ottaviano and Peri (2008), e Münz, Straubhaar, Vadean, and Vadean (2006).
104. Para Espanha, ver Carrasco, Jimeno, and Ortega (2008), para França, Constant (2005), para o Reino Unido, Dustmann, Frattini, and Preston (2008).
105. Ver, por exemplo, Borjas (1995). Fala-se de trabalhadores substitutos quando a sua entrada representa uma oferta acrescida de um tipo de competência já existente que faz, por isso, baixar o preço da oferta anterior. Por outro lado, os trabalhadores surgem como complementares quando a sua entrada aumenta uma oferta de competências que faz aumentar o preço das ofertas já existentes.
106. Por exemplo, nos Estados Unidos, os trabalhadores com níveis de educação inferiores ao ensino secundário poderão, na maioria dos casos, substituir na perfeição os que concluíram o ensino secundário, o que lança algumas dúvidas sobre se os níveis de ensino obtidos per se serão importantes: ver Card (2009).
107. Kremer and Watt (2006) e Castles and Miller (1993).
108. Para um estudo, ver Münz, Straubhaar, Vadean, and Vadean (2006).
109. Reyneri (1998).
110. As primeiras estimativas provêm de Borjas (2003), para o período de 1980–2000, enquanto as segundas vêm de Ottaviano and Peri (2008) e referem-se ao período de 1990–2006. Usando a metodologia de Borjas para o período de 1990–2006, obtém-se uma estimativa de -7,8% (Ottaviano and Peri 2008, pág. 59). As abordagens diferem nos seus pressupostos relativamente ao carácter substituível entre as pessoas que abandonaram o ensino secundário e aqueles que o concluíram. Ver também Card (1990) e Borjas, Grogger, and Hanson (2008).

111 Peri, Sparber, and Drive (2008); Amuedo-Dorantes and de la Rica (2008) para Espanha.
112 Manacorda, Manning, and Wadsworth (2006).
113 Angrist and Kugler (2003).
114 Jayaweera and Anderson (2009).
115 Bryant and Rukumnuaykit (2007).
116 Suen (2002).
117 Uma abrangente discussão sobre esta matéria poderá ser encontrada em World Bank (2009e).
118 Henderson, Shalizi, and Venables (2001).
119 Amis (2002).
120 The Cities Alliance (2007).
121 Dreze and Sen (1999).
122 Kundu (2009).
123 Ver Hossain, Khan, and Seeley (2003) e Afsar (2003).
124 Hanson (2009).
125 Por exemplo, Borjas (1995), e Lee and Miller (2000).
126 IMF (2009b).
127 Hanson, Scheve, and Slaughter (2007).
128 Facchini and Mayda (2008).
129 Brucker et al. (2002). Os países onde os migrantes mais dependem do sistema de previdência são a Áustria, a Bélgica, a Dinamarca, a Finlândia, a França e os Países Baixos, enquanto os países onde menos dependem são a Alemanha, a Grécia, Espanha, Portugal e o Reino Unido.
130 Vasquez, Alloza, Vegas, and Bertozzi (2009).
131 Rowthorn (2008).
132 Poderão existir estimativas alternativas se considerarmos todo o fluxo futuro de taxas e despesas associado aos imigrantes e aos seus agregados familiares, assim como às gerações futuras. Contudo, estimar-se o valor líquido actual seria muito difícil, dados todos os pressupostos necessários de obter sobre o comportamento futuro das pessoas (fertilidade, escolarização, perspectivas de emprego, entre outros aspectos). Por conseguinte, na prática usa-se uma abordagem sincrónica: ver Rowthorn (2008). Alguns autores estimaram o valor fiscal líquido actual para um imigrante nos Estados Unidos e concluíram que existem estimativas muito positivas; ver Lee and Miller (2000).
133 Lucassen (2005).
134 IPC (2007).
135 Butcher and Piehl (1998).
136 Australian Institute of Criminology (1999).
137 Savona, Di Nicola, and Da Col (1996).
138 Contudo, e sobretudo nos países com um IDH médio (tais como o Egipto, a Indonésia, a República Islâmica do Irão, a Jordânia, a África do Sul e a Tailândia), uma proporção significativa favoreceu maiores restrições ao acesso. Do mesmo modo, em países com maiores desigualdades de rendimento, as pessoas manifestaram uma maior tendência a quererem ver limites sobre a migração e a afirmar que os empregadores deveriam dar prioridade às pessoas nativas quando o emprego é escasso. Ver Kleemans and Klugman (2009).
139 Zimmermann (2009).
140 Massey and Sánchez R. (2009).
141 O'Rourke and Sinnott (2003).
142 Earnest (2008).
143 Vários estudos investigaram os efeitos a longo prazo da imigração nos valores políticos, com resultados diferentes. Bueker (2005) revela haver diferenças significativas em comparecimento e participação entre os votantes imigrantes dos Estados Unidos de diferentes passados socioculturais, enquanto Rodríguez and Wagner (2009) revelaram que os padrões bem documentados de envolvimento cívico e atitudes relativamente à redistribuição entre diferentes regiões da Itália não se reflectem no comportamento político dos italianos destas regiões que estão a viver na Venezuela.
144 Castles and Miller (1993).
145 Kleemans and Klugman (2009).

Capítulo 5
1 Scheve and Slaughter (2007).
2 Este capítulo não faz uma análise abrangente das políticas que são relevantes para a migração, uma vez que estas têm sido bem documentadas noutras referências: ver OECD (2008b), IOM (2008a), Migration Policy Group and British Council (2007) e ILO (2004).
3 Agunias (2009) e Klugman and Pereira (2009).
4 Governo da Suécia (2008).
5 Khoo, Hugo, and McDonald (2008) e Klugman and Pereira (2009).
6 Ver ICMPD (2009) para uma excelente análise.
7 Papademetriou (2005).
8 ICMPD (2009), pág. 47.
9 Por exemplo, no Reino Unido, a equipa do Ministério dos Negócios Estrangeiros e da Commonwealth que está a trabalhar na promoção do regresso dos migrantes irregulares e candidatos a asilo que não foram aceites é actualmente cinco vezes maior do que a equipa concentrada na migração e no desenvolvimento do Departamento para o Desenvolvimento Internacional. Ver Black and Sward (2009).
10 Hagan, Eschbach, and Rodriguez (2008).
11 Migrant Forum in Asia (2006) e Human Rights Watch (2005b).
12 Ver European Parliament (2008); sobre as críticas, ver, por exemplo, Amnistia Internacional (2008).
13 UNHCR (2007).
14 Ver as convenções internacionais sobre os Direitos Económicos, Sociais e Culturais (ICESCR 1966), sobre a Eliminação de Todas as Formas de Discriminação Racial (ICERD 1966), sobre a Eliminação de Todas as Formas de Discriminação contra as Mulheres (CEDAW 1979), Contra a Tortura e Outros Tratamentos ou Punições Cruéis, Desumanos ou Degradantes (CAT 1984), e sobre os Direitos da Criança (CRC 1989). As taxas de ratificação são menores entre os estados asiáticos e do Médio Oriente (47%) e situam-se aos níveis de 58 e 70% para a América Latina e a África, respectivamente. Enquanto 131 países ratificaram os seis tratados centrais dos direitos humanos, alguns destes tratados têm mais de 131 signatários. Poder-se-á encontrar o número total de partes para tratados individuais no Anexo Estatístico.
15 ICCPR Art 2, 26; ICESCR Art 2; ver Opeskin (2009).
16 A Comunidade Europeia, que está registada como um signatário à parte, não se encontra incluída aqui.
17 IOM (2008b), pág. 62.
18 UNODC (2009).
19 Ver, por exemplo, Carling (2006) (sobre o tráfico da Nigéria) e de Haas (2008).
20 December 18 vzw (2008).
21 Alvarez (2005) e Betts (2008).
22 Martin and Abimourchad (2008).
23 PICUM (2008b).
24 Kleemans and Klugman (2009).
25 Para exemplos destas actividades, ver a Iniciativa Conjunta da Comissão Europeia e Nações Unidas (EC-UN Joint Migration and Development Initiative, 2008). A iniciativa conjunta assenta numa plataforma de actividades de gestão do conhecimento relacionadas com remessas, comunidades, capacidades e direitos levadas a cabo pela sociedade civil e pelas autoridades locais. Ver GFMD (2008).
26 Martin (2009b) e Agunias (2009)
27 McKenzie (2007).
28 Martin (2005), pág. 20.
29 Martin (2009a), pág. 47.
30 Hamel (2009).
31 Martin (2009a).
32 Horst (2006).
33 A Convenção sobre as Agências de Emprego Privadas da OIT proíbe a cobrança de taxas a trabalhadores, mas esta questão só foi ratificada por 21 países.
34 Agunias (2008), Ruhunage (2006) e Siddiqui (2006).
35 Betcherman, Olivas, and Dar (2004) analisam a eficácia dos programas activos para o mercado de trabalho, elaborando 159 avaliações em países desenvolvidos e em desenvolvimento
36 Martin (2009b) e Sciortino and Punpuing (2009).
37 Ver Colombo Process (2008).
38 Marquette (2006).
39 Christensen and Stanat (2007).
40 Success for All Foundation (2008).
41 Misago, Landau, and Monson (2009).
42 Isto poderá incluir, por exemplo, folhetos explicando quem faz o quê e onde as pessoas se podem dirigir para apresentar uma queixa.
43 World Bank (2002).
44 Zamble (2008).
45 One World Net (2008).
46 Conselho da Europa (2006).
47 Martin (2009a).
48 Governo da Austrália Ocidental (2004).
49 Deshingkar and Akter (2009), págs. 38-40.
50 UN (2008a).
51 The Cities Alliance (2007).
52 Black and Sward (2009).
53 Por exemplo, em Mianmar, os licenciados têm de reembolsar o governo pelo custo da sua educação antes de poderem receber um passaporte; Departamento de Estado dos Estados Unidos (2009c).
54 Como Ranis and Stewart (2000) observam, embora existam muitos caminhos para um bom desempenho ao nível do desenvolvimento humano, o sucesso caracteriza-se, de um modo geral, por iniciativas que dão prioridade a raparigas e mulheres (educação, rendimentos), políticas de despesa eficazes (por exemplo, no Chile) e um bom desempenho económico (por exemplo, no Vietname).
55 Kleemans and Klugman (2009).
56 Sides and Citrin (2007).
57 Facchini and Mayda (2009).
58 Ghosh (2007).
59 Bedford (2008).

Bibliografia

ACLU (American Civil Liberties Union). 2003. "Edwards v. California." www.aclu.org. Acedido em Julho de 2009.

ActionAid International. 2004. "Participatory Poverty Assessment (PPA) Lower Songkhram River Basin, Thailand". Bangkok: ActionAid International and Mekong Wetlands Biodiversity Programme.

Adams Jr., R. H. 2005. "Remittances, Household Expenditure and Investment in Guatemala". *Policy Research Working Paper No. 3532*. Washington DC: World Bank [Banco Mundial].

Adelman, I. and J. E. Taylor. 1988. "Life in a Mexican Village: A SAM Perspective." *Journal of Development Studies* 25 (1): 5-24.

Adepoju, A. 2005. *Migration in West Africa*. Geneva: Global Commission on International Migration.

Adesina, O. A. 2007. "'Checking out': Migration, Popular Culture, and the Articulation and Formation of Class Identity". Comunicação apresentada na Workshop das Migrações Africanas para Compreender a Dinâmica das Migrações no Continente, 18-21 de Setembro de 2007, Accra, Ghana.

Advogados para os Direitos Humanos. 2008. "Monitoring Immigration Detention in South Africa". Pretoria: Advogados para os Direitos Humanos.

Afsar, R. 2003. "Internal Migration and the Development Nexus: The Case of Bangladesh". Comunicação apresentada na Conferência Regional sobre a Migração e Políticas de Mudança a Favor dos Pobres na Ásia, 22-24 de Junho de 2003, Daca, Bangladesh.

Agunias, D. R. 2008. *Managing Temporary Migration: Lessons from the Philippine Model*. Washington DC: Migration Policy Institute.

Agunias, D. R. 2009. "Migration Intermediaries: Agents of Human Development?" *Human Development Research Paper No. 22*. New York: United Nations Development Programme [Programa das Nações Unidas para o Desenvolvimento], Human Development Report Office [Gabinete do Relatório de Desenvolvimento Humano].

Ahoure, A. A. E. 2008. "Transferts, Gouvernance et Développement Economique dans les Pays de l'Afrique Sub-saharienne: Une Analyse à Partir de Données de Panel". Comunicação apresentada na Workshop de Migração Africana, 26-29 de Novembro de 2008, Rabat, Marrocos.

Ali, S. N. 2009. "Education as a Means of Rural Transformation through Smooth Rural-Urban Migration: Some Evidence from Ethiopia". Comunicação apresentada na 7.ª Conferência Internacional sobre a Economia Etíope, 25-27 de Junho de 2009, Addis Ababa, Etiópia.

Aliran. 2007. "Chin Asylum Seekers Detained in Rela Raid." http://www.aliran.com/index.php?option=com_content&view=article&id=184:chin-asylum-seekers-detained-in-rela-raid&catid=32:2006-9&Itemid=10. Acedido em Maio de 2009.

Altman, I. and J. Horn (Eds.). 1991. *To Make America: European Emigration in the Early Modern Period*. Berkeley: University of California Press.

Alvarez, J. E. 2005. *International Organizations as Law-Makers*. New York: Oxford University Press.

Amin, M. and A. Mattoo. 2005. "Does Temporary Migration have to be Permanent?". *Policy Research Working Paper Series No. 3582*. Washington DC: World Bank [Banco Mundial].

Amis, P. 2002. "African Urban Poverty and What is the Role of Local Government in its Alleviation?". Unpublished report. Washington DC: World Bank [Banco Mundial].

Amnistia Internacional. 2008. "Amnesty International EU Office reaction to Return Directive Vote." http://www.amnesty-eu.org/static/html/pressrelease.asp?cfid=7&id=366&cat=4&l=1. Acedido em Junho de 2009.

—. **2009.** "Urgent Action: Cuba UA 115/09." http://www.amnestyusa.org/actioncenter/actions/uaa11509.pdf. Acedido em Junho de 2009.

Amuedo-Dorantes, C. and S. de la Rica. 2008. "Complements or Substitutes? Immigrant and Native Task Specialization in Spain". *Discussion Paper Series No. 16/08*. London: Centre for Research and Analysis of Migration.

Anderson, J. B. and J. Gerber. 2007a. "Data Appendix to Fifty Years of Change on the U.S.-Mexico Border: Growth, Development, and Quality of Life." http://latinamericanstudies.sdsu.edu/BorderData.html. Acedido em Junho de 2009a.

—. **2007b.** *Fifty Years of Change on the U.S.-Mexico Border: Growth, Development, and Quality of Life*. Austin: University of Texas Press.

Andrienko, Y. and S. Guriev. 2005. "Understanding Migration in Russia". *Policy paper series No. 23*. Moscow: Center for Economic and Financial Research.

Angrist, J. D. and A. D. Kugler. 2003. "Protective or Counter-Productive? Labour Market Institutions and The Effect of Immigration on EU Natives." *The Economic Journal* 113 (488): 302-331.

Anh, D. N. 2005. "Enhancing the Development Impact of Migrant Remittances and Diasporas: The Case of Viet Nam." *Asia Pacific Population Journal* 20 (3): 111-122.

Anonuevo, E. and A. T. Anonuevo. 2008. "Diaspora Giving: An Agent of Change in Asia Pacific Communities". Comunicação apresentada em Diaspora Giving: An Agent of Change in Asia Pacific Communities?, 21-23 de Maio de 2008, Ha Noi, Vietname.

Bibliografia

Antecol, H. and K. Bedard. 2005. "Unhealthy Assimilation: Why do Immigrants Converge to American Health Status Levels". *Discussion Paper Series No. 1654.* Bonn: Institut zur Zukunft der Arbeit.

Anthoff, D., R. J. Nicholls, S. J. T. Richard and A. T. Vafeidis. 2009. "Global and Regional Exposure to Large Rises in Sea-Level: A Sensitivity Analysis". *Working Paper No. 96.* Norwich: Tyndall Centre for Climate Change Research.

Appleyard, R. 2001. "International Migration Policies: 1950-2000." *International Migration* 39 (6): 7-20.

Arab News. 2009. "Cabinet Passes Regulations Simplifying Iqama Transfer." *Arab News,* 21 April.

Australian Institute of Criminology. 1999. *Ethnicity and Crime: An Australian Research Study.* Canberra: Department of Immigration and Multicultural Affairs.

Avenarius, C. 2007. "Cooperation, Conflict and Integration among Sub-ethnic Immigrant Groups from Taiwan." *Population, Space and Place* 13 (2): 95-112.

Azcona, G. 2009. "Migration in Participatory Poverty Assessments: A Review." *Human Development Research Paper No. 56.* New York: United Nations Development Programme [Programa das Nações Unidas para o Desenvolvimeno], Human Development Report Office [Gabinete do Relatório de Desenvolvimento Humano].

Ba, C. O., M. Awumbila, A. I. Ndiaye, B. Kassibo and D. Ba. 2008. *Irregular Migration in West Africa.* Dakar: Open Society Initiative for West Africa.

Baines, D. 1985. *Migration in a Mature Economy: Emigration and Internal Migration in England and Wales, 1861-1900.* Cambridge: Cambridge University Press.

Bakewell, O. 2008. "Research Beyond the Categories: The Importance of Policy Irrelevant Research into Forced Migration." *Journal of Refugee Studies* 21: 432-453.

—. **2009.** "South-South Migration and Human Development: Reflections on African Experiences." *Human Development Research Paper No. 7.* New York: United Nations Development Programme [Programa das Nações Unidas para o Desenvolvimento], Human Development Report Office [Gabinete do Relatório de Desenvolvimento Humano].

Bakewell, O. and H. de Haas. 2007. "African Migrations: Continuities, Discontinuities and Recent Transformations." In L. de Haan, U. Engel, and P. Chabal (Eds.), *African Alternatives*: 95-117. Leiden: Brill.

Banco de Desenvolvimento Asiático. 2009. "About the Safeguard Policy Update." http://www.adb.org/Safeguards/about.asp. Acedido em Junho de 2009.

Banerjee, A. and E. Duflo. 2006. "Addressing Absence." *Journal of Economic Perspectives* 20 (1): 117-132.

Barnett, J. and M. Webber. 2009. "Accommodating Migration to Promote Adaptation to Climate Change". Melbourne: Commission on Climate Change and Development, University of Melbourne.

Barrell, R., J. Fitzgerald and R. Railey. 2007. "EU Enlargement and Migration: Assessing the Macroeconomic Consequences". *Discussion Paper No. 292.* London: National Institute of Economic and Social Research.

Barro, R. J. and J.-W. Lee. 2001. "International Data on Educational Attainment: Updates and Implications." *Oxford Economic Papers* 53 (3): 541-563.

Barros, P. P. and I. M. Pereira. 2009. "Access to Health Care and Migration: Evidence from Portugal." *Human Development Research Paper No. 28.* New York: United Nations Development Programme [Programa das Nações Unidas para o Desenvolvimento], Human Development Report Office [Gabinete do Relatório de Desenvolvimento Humano].

Bartolome, L. J., C. de Wet, H. Mander and V. K. Nagraj. 2000. "Displacement, Resettlement, Rehabilitation, Reparation, and Development". *Working paper.* Cape Town: Secretariat of the World Commission on Dams.

Baumol, W. J., R. Litan and C. Schramm. 2007. *Good Capitalism, Bad Capitalism.* New Haven: Yale University Press.

Bedford, R. 2008. "Migration Policies, Practices and Cooperation Mechanisms in the Pacific". Comunicação apresentada no Encontro do Grupo de Especialistas das Nações Unidas sobre a Migração Internacional e o Desenvolvimento na Ásia e no Pacífico, 20-21 de Setembro de 2008, Banguecoque, Tailândia: Department of Social and Economic Affairs.

Beegle, K., J. De Weerdt and S. Dercon. 2008. "Migration and Economic Mobility in Tanzania: Evidence from a Tracking Survey". *Policy Research Working Paper No. 4798.* Washington DC: World Bank [Banco Mundial].

Behrman, J. R., J. Hoddinott, J. A. Maluccio, E. Soler-Hampejsek, E. L. Behrman, R. Martorell, Ramírez M. and A. D. Stein. 2008. *What Determines Adult Skills? Impacts of Preschool, School-Years, and Post-School Experiences in Guatemala.* Philadelphia: University of Pennsylvania.

Beine, M., F. Docquier and M. Schiff. 2008. "International Migration, Transfers of Norms and Home Country Fertility". *Discussion Paper No. 3912.* Bonn: Institut zur Zukunft der Arbeit.

Bell, M. and S. Muhidin. 2009. "Cross-National Comparisons of Internal Migration." *Human Development Research Paper No. 30.* New York: United Nations Development Programme [Programa das Nações Unidas para o Desenvolvimento], Human Development Report Office [Gabinete do Relatório de Desenvolvimento Humano].

Bellwood, P. 2005. *First Farmers: The Origins of Agricultural Societies.* Oxford: Blackwell Publishing.

Benach, J., C. Muntaner and V. Santana. 9-20-2007. "Employment Conditions and Health Inequalities". *Final Report to the WHO Commission on Social Determinants of Health.* Geneva: Employment Conditions Knowledge Network.

Berriane, M. 1997. «Emigration Internationale du Travail et Micro-

Urbanisation dans le Rif Oriental: Cas du Centre de Toauima». *Migration Internationale et Changements Sociaux dans le Maghreb*: 75-97. Tunis: Université de Tunis.

Betcherman, G. and R. Islam (Eds.). 2001. *East Asian Labor Markets and the Economic Crisis: Impacts Responses and Lessons.* Washington DC: World Bank [Banco Mundial].

Betcherman, G., K. Olivas and A. Dar. 2004. "Impacts of Active Labour Market Programmes: New Evidence from Evaluations with Particular Attention to Developing and Transition Countries". *Social Protection Discussion Paper Series No. 0402.* Washington DC: World Bank.

Betts, A. 2008. *Towards a 'Soft Law' Framework for the Protection of Vulnerable Migrants.* Geneva: UNHCR.

Betts, D. C. and D. J. Slottje. 1994. *Crisis on the Rio-Grande: Poverty, Unemployment, and Economic Development on the Texas-Mexico Border.* Boulder: Westview Press.

Bhabha, J. 2008. "Independent Children, Inconsistent Adults: International Child Migration and the Legal Framework". *Discussion Paper No. 2008-02.* Florença: Centro de Investigação Innocenti, UNICEF.

Bhagwati, J. N. 1979. "International Migration of the Highly Skilled: Economics, Ethics and Taxes." *Third World Quarterly* 1 (3): 17-30.

Black, R., D. Coppard, D. Kniveton, A. Murata, K. Schmidt-Verkerk and R. Skeldon. 2008. "Demographics and Climate Change: Future Trends and their Policy Implications for Migration". *Globalisation and Poverty Working Paper No. T27.* Brighton: Development Research Centre on Migration.

Black, R. and J. Sward. 2009. "Migration, Poverty Reduction Strategies and Human Development." *Human Development Research Paper No. 38.* New York: United Nations Development Programme [Programa das Nações Unidas para o Desenvolvimento], Human Development Report Office [Gabinete do Relatório de Desenvolvimento Humano].

Borjas, G. J. 1995. "The Economic Benefits from Immigration." *The Journal of Economic Perspectives* 9 (2): 3-22.

—. **1999.** "Immigration and Welfare Magnets." *Journal of Labor Economics* 17 (4): 607-637.

—. **2003.** "The Labor Demand Curve is Downward Sloping: Reexamining the Impact of Immigration on the Labor Market." *The Quarterly Journal of Economics* 118 (4): 1335-1374.

Borjas, G. J., J. T. Grogger and G. H. Hanson. 2008. "Imperfect Substitution Between Immigrants and Natives: A Reappraisal". *Working Paper No. W13887.* Cambridge: National Bureau of Economic Research.

Bovenkerk, F., M. J. I. Gras, D. Ramsoedh, M. Dankoor and A. Havelaar. 1995. "Discrimination Against Migrant Workers and Ethnic Minorities in Access to Employment in the Netherlands". *Labor Market Papers No. 4.* Geneva: International Labour Organization.

Bowlby, J. 1982. *Attachment.* New York: Basic Books.

Branca, M. 2005. *Border Deaths and Arbitrary Detention of Migrant Workers.* Berkeley: Human Rights Advocates.

Brockerhoff, M. 1990. "Rural to Urban Migration and Child Survival in Senegal." *Demography* 27 (4): 601-616.

—. **1995.** "Child Survival in Big Cities: The Disadvantages of Migrants." *Social Science and Medicine* 40 (10): 1371-1383.

Brucker, H., G. S. Epstein, B. McCormick, G. Saint-Paul, A. Venturini and K. Zimmermann. 2002. "Managing Migration in the European Welfare State." In T. Boeri, G. Hanson, and B. McCormick (Eds.), *Immigration Policy and the Welfare System*: 1-168. New York: Oxford University Press.

Bryant, J. and P. Rukumnuaykit. 2007. "Labor Migration in the Greater Mekong Sub-region: Does Migration to Thailand Reduce the Wages of Thai Workers?". *Working Paper No. 40889.* Washington DC: World Bank [Banco Mundial].

Buch, C. M., A. Kuckulenz and M.-H. Le Manchec. 2002. "Worker Remittances and Capital Flows". *Working Paper No. 1130.* Kiel: Kiel Institute for World Economics.

Bueker, C. S. 2005. "Political Incorporation among Immigrants from Ten Areas of Origin: The Persistence of Source Country Effects." *International Migration Review* 39 (1): 103-140.

Burd-Sharps, S., K. Lewis and E. Martins. 2008. *The Measure of America: American Human Development Report, 2008-2009.* New York: Columbia University Press.

Bursell, M. 2007. "What's in a Name? A Field Experiment Test for the Existence of Ethnic Discrimination in the Hiring Process". *Working Paper No. 2007-7.* The Stockholm University Linnaeus Center for Integration Studies.

Business Monitor International. 2009. "Downturn Raises Employment Questions." *Business Monitor International Forecasts.* March.

Butcher, K. F. and A. M. Piehl. 1998. "Recent Immigrants: Unexpected Implications for Crime and Incarceration." *Industrial and Labor Relations Review* 51 (4): 654-679.

Cai, F., Y. Du and M. Wang. 2009. "Migration and Labor Mobility in China." *Human Development Research Paper No. 9.* New York: United Nations Development Programme [Programa das Nações Unidas para o Desenvolvimento], Human Development Report Office [Gabinete do Relatório de Desenvolvimento Humano].

Carballo, M. 2007. "The Challenge of Migration and Health." *World Hospitals and Health Services: The Official Journal of the International Hospital Federation* 42 (4): 9-18.

Card, D. 1990. "The Impact of the Mariel Boat Lift on the Miami Labor Market." *Industrial and Labor Relation Review* 43 (2): 245-257.

—. **2009.** "Immigration and Inequality". *Working Paper No. 14683.* Cambridge: National Bureau of Economic Research, Inc.

Carling, J. 2006. "Migration, Human Smuggling and Trafficking from Nigeria to Europe". Geneva: International Organization for Migration.

Bibliografia

Carrasco, R., J. F. Jimeno and A. C. Ortega. 2008. "The Impact of Immigration on the Wage Structure: Spain 1995-2002". *Economics Working Papers No. 080603*. Universidad Carlos III, Departamento de Economía.

Carvajal, L. and I. M. Pereira. 2009. "Evidence on the Link between Migration, Climate Disasters and Adaptive Capacity". *Human Development Report Office Working Paper*. New York: United Nations Development Programme [Programa das Nações Unidas para o Desenvolvimento].

Castles, S. and R. Delgado Wise (Eds.). 2008. *Migration and Development: Perspectives from the South*. Geneva: International Organization for Migration.

Castles, S. and M. Miller. 1993. *The Age of Migration*. New York: The Guilford Press.

Castles, S. and S. Vezzoli. 3-27-2009. "The Global Economic Crisis and Migration: Temporary Interruption or Structural Change?". Manuscrito para os Paradigmas não Publicado (Espanha).

Centro para os Direitos Humanos do Barém. 2008. "The Situation of Women Migrant Domestic Workers in Bahrain". *Report submitted to the 42nd session of the CEDAW Committee*. Manama: Centro para os Direitos Humanos do Barém.

CEPII (Research Center in International Economics). 2006. "Distance Database." http://www.cepii.fr/anglaisgraph/bdd/distances.htm. Acedido em Julho de 2009.

Cerrutti, M. 2009. "Gender and Intra-regional Migration in South America." *Human Development Research Paper No. 12*. New York: United Nations Development Programme [Programa das Nações Unidas para o Desenvolvimento], Human Development Report Office [Gabinete do Relatório de Desenvolvimento Humano].

Chami, R., C. Fullenkamp and S. Jahjah. 2005. "Are Immigrant Remittance Flows a Source of Capital for Development?" *IMF Staff Papers* 52 (1): 55-81.

Chan, Liu and Yang. 1999. "Hukou and Non-Hukou Migration in China: Comparisons and Contrasts." *International Journal of Population Geography* 5: 425-448.

Chand, S. and M. A. Clemens. 2008. "Skilled Emigration and Skill Creation: A Quasi-experiment". *International and Development Economics Working Paper No. 08-05*. Canberra: Crawford School of Economics and Government.

Charnovitz, S. 2003. "Trade Law Norms on International Migration." In T. Aleinikoff and V. Chetail (Eds.), *Migration and International Legal Norms*: 241-253. The Hague: TMC Asser Press.

Chauvet, M. and C. Yu. 2006. "International Business Cycles: G7 and OECD Countries". *Economic Review, First Quarter 2006*. Atlanta: Federal Reserve Bank of Atlanta.

Chiswick, B. and Y. L. Lee. 2006. "Immigrant Selection Systems and Immigrant Health". *Discussion Paper No. 2345*. Bonn: Institut zur Zukunft der Arbeit.

Chiswick, B. and P. Miller. 1995. "The Endogenity Between Language and Earnings: An International Analysis." *Journal of Labour Economics* 13: 201-246.

Cho, W. K. T. 1999. "Naturalization, Socialization, Participation: Immigrants and Non-Voting." *The Journal of Politics* 61 (4): 1140-1155.

Christensen, G. and P. Stanat. 2007. "Language Policies and Practices for Helping Immigrants and Second-Generation Students Succeed". Unpublished Report of The Transatlantic Task Force on Immigration and Integration. Migration Policy Institute and Bertelsmann Stiftung.

Christian Aid. 2007. "Human Tide: The Real Migration Crisis". A Christian Aid Report.

CIEL (Center for International and Environmental Law). 2009. "The World Bank's Involuntary Resettlement Policy." http://www.ciel.org/Ifi/wbinvolresettle.html. Acedido em Junho de 2009.

Cinel, D. 1991. *The National Integration of the Italian Return Migration, 1870-1929*. Cambridge: Cambridge University Press.

Clark, K. and S. Drinkwater. 2008. "The Labour-Market Performance of Recent Migrants." *Oxford Review of Economic Policy* 24 (3): 495-516.

Clauss, S. and B. Nauck. 2009. "The Situation Among Children of Migrant Origin in Germany". *Working Paper*. Em breve. Florença: Centro de Investigação Innocenti, UNICEF.

Clemens, M. 2009a. "Should Skilled Emigrants be Taxed? New Data on African Physicians Abroad". *Working Paper*. Forthcoming. Washington DC: Center for Global Development.

——. **2009b.** "Skill Flow: A Fundamental Reconsideration of Skilled-Worker Mobility and Development." *Human Development Research Paper No. 8*. New York: United Nations Development Programme [Programa das Nações Unidas para o Desenvolvimento], Human Development Report Office [Gabinete do Relatório de Desenvolvimento Humano].

Clemens, M., C. Montenegro and L. Pritchett. 2008. "The Place Premium: Wage Differences for Identical Workers Across the U.S. Border". *Policy Research Working Paper No. 4671*. Washington DC: World Bank and Center For Global Development.

Clemens, M. and L. Pritchett. 2008. "Income Per Natural: Measuring Development as if People Mattered More than Places". *Working Paper No. 143*. Washington DC: Center for Global Development.

Clert, C., E. Gomart, I. Aleksic and N. Otel. 2005. "Human Trafficking in South Eastern Europe: Beyond Crime Control, an Agenda for Social Inclusion and Development". *Processed Paper*. Washington DC: World Bank [Banco Mundial].

Colombo Process. 2008. "Ministerial Consultation on Overseas Employment and Contractual Labour for Countries of Origin and Destination in Asia (Abu Dhabi Dialogue)". Consulta Minsterial sobre o Emprego e o Trabalho Contratual no Ultramar para Países de Origem e de Destino na Ásia (Grupo de Diálogo Abu Dhabi), 21-22 de Janeiro de 2008, Abu Dhabi, UAE.

Comelatto, P. A., A. E. Lattes and C. M. Levit. 2003. "Migración Internacional y Dinámica Demográfica en la Argentina Durante la Segunda Mitad del Siglo XX." *Estudios Migratorios Latinoamericanos* 17 (50): 69-110.

Commander, S., R. Chanda, M. Kangasniemi and L. A. Winters. 2008. "The Consequences of Globalisation: India's Software Industry and Cross-border Labour Mobility." *The World Economy* 31 (2): 187-211.

Conselho da Europa. 2006. "Roma Campaign Dosta." http://www.coe.int/t/dg3/romatravellers/documentation/youth/Romaphobia_en.asp. Acedido a Maio 2009.

Conselho da União Europeia. 2009. *Council Directive on the Conditions of Entry and Residence of Third-country Nationals for the Purpose of Highly Qualified Employment 17426/08.* Brussels: Conselho da União Europeia.

Consensus Economics. 2009a. "Asia Pacific Consensus Forecasts." *Consensus Economics*: 1-36.

— . **2009b.** "Consensus Forecasts." *Consensus Economics*: 1-32.

— . **2009c.** "Eastern Europe Consensus Forecasts." *Consensus Economics*: 1-24.

— . **2009d.** "Latin American Consensus Forecasts." *Consensus Economics*: 1-31.

Constant, A. 2005. "Immigrant Adjustment in France and Impacts on the Natives." In K. F. Zimmermann (Ed.), *European Migration: What Do We Know?*: 263-302. New York: Oxford University Press.

Corcoran, S. P., E. N. William and R. M. Schwab. 2004. "Changing Labor-Market Opportunities for Women and the Quality of Teachers, 1957-2000." *American Economic Review* 94 (2): 230-235.

Cordova, A. and J. Hiskey. 2009. "Migrant Networks and Democracy in Latin America". Documento não Publicado. Nashville: Vanderbilt University.

Cornelius, W. A., T. Tsuda, P. L. Martin and J. Hollifield (Eds.). 2004. *Controlling immigration: A Global Perspective (Second Edition)*. Stanford: Stanford University Press.

Cortes, R. 2008. "Children and Women Left Behind in Labour Sending Countries: An Appraisal of Social Risks". Documento não Publicado. New York: UNICEF, Division of Policy and Practice.

Cox Edwards, A. and M. Ureta. 2003. "International Migration, Remittances, and Schooling: Evidence from El Salvador." *Journal of Development Economics* 72 (2): 429-461.

Crisp, J. 2006. "Forced Displacement in Africa: Dimensions, Difficulties and Policy Directions". *Research Paper No. 126*. Genebra, Suíça, Office of the United Nations High Commissioner for Refugees [Alto Comissariado das Nações Unidas para os Refugiados].

Crul, M. 2007. "Pathways to Success for the Children of Immigrants". Unpublished Report of The Transatlantic Task Force on Immigration and Integration. Migration Policy Institute and Bertelsmann Stiftung.

Crush, J. and S. Ramachandran. 2009. "Xenophobia, International Migration, and Human Development." *Human Development Research Paper No. 47.* New York: United Nations Development Programme [Programa das Nações Unidas para o Desenvolvimento], Human Development Report Office [Gabinete do Relatório de Desenvolvimento Humano].

Cummins, M., E. Letouzé, M. Purser and F. Rodríguez. 2009. "Revisiting the Migration-Development Nexus: A Gravity Model Approach." *Human Development Research Paper No. 44.* New York: United Nations Development Programme [Programa das Nações Unidas para o Desenvolvimento], Human Development Report Office [Gabinete do Relatório de Desenvolvimento Humano].

Cummins, M. and F. Rodríguez. 2009. "Is There a Numbers Versus Rights Trade-Off in Immigration Policy? What the Data Say." *Human Development Research Paper No. 21.* New York: United Nations Development Programme [Programa das Nações Unidas para o Desenvolvimento], Human Development Report Office [Gabinete do Relatório de Desenvolvimento Humano].

de Bruijn, B. J. 2009. "The Living Conditions and Well-Being of Refugees." *Human Development Research Paper No. 25.* New York: United Nations Development Programme [Programa das Nações Unidas para o Desenvolvimento], Human Development Report Office [Gabinete do Relatório de Desenvolvimento Humano].

de Haas, H. 2007. *The Myth of Invasion: Irregular Migration from West Africa to the Maghreb and the European Union*. Oxford: International Migration Institute (IMI), James Martin 21st Century School, University of Oxford.

— . **2008.** "The Myth of Invasion: The Inconvenient Realities of African Migration to Europe." *Third World Quarterly* 29 (7): 1305-1322.

— . **2009.** "Mobility and Human Development." *Human Development Research Paper No. 1.* New York: United Nations Development Programme [Programa das Nações Unidas para o Desenvolvimento], Human Development Report Office [Gabinete do Relatório de Desenvolvimento Humano].

de Haas, H. and R. Plug. 2006. "Cherishing the Goose with the Golden Eggs: Trends in Migrant Remittances from Europe to Morocco 1970-2004." *International Migration Review* 40 (3): 603-634.

Deb, P. and P. Seck. 2009. "Internal Migration, Selection Bias and Human Development: Evidence from Indonesia and Mexico." *Human Development Research Paper No. 31.* New York: United Nations Development Programme [Programa das Nações Unidas para o Desenvolvimento], Human Development Report Office [Gabinete do Relatório de Desenvolvimento Humano].

Bibliografia

December 18 vzw. 2008. *The UN Treaty Monitoring Bodies and Migrant Workers: A Samzidat*. Genebra: 18 de Dezembro vzw.

Del Popolo, F., A. M. Oyarce, B. Ribotta and J. Rodríguez. 2008. *Indigenous Peoples and Urban Settlements: Spatial Distribution, Internal Migration and Living Conditions*. Santiago: United Nations Economic Commission for Latin America and the Caribbean [Comissão Económica das Nações Unidas para a América Latina e Caraíbas].

Departmento do Tesouro e das Finanças. 2002. "Globalisation and the Western Australian Economy". *Economic Research Paper*. Perth: Governo da Austrália Ocidental.

Departamento de Estado dos Estados Unidos (United States Department of State). 2006. *2005 Human Rights Report: Democratic Republic of the Congo*. Washington: Divisão da Democracia, Direitos Humanos e Trabalho do Departamento de Estado dos Estados Unidos (Bureau of Democracy, Human Rights and Labor, United States Department of State).

—. **2009a.** "2008 Country Reports on Human Rights Practices". Washington DC: Divisão da Democracia, Direitos Humanos e Trabalho do Departamento de Estado dos Estados Unidos (Bureau of Democracy, Human Rights and Labor, United States Department of State).

—. **2009b.** "2008 Country Reports on Human Rights Practices: Belarus". Washington DC: Divisão da Democracia, Direitos Humanos e Trabalho do Departamento de Estado dos Estados Unidos (Bureau of Democracy, Human Rights and Labor, United States Department of State).

—. **2009c.** "2008 Country Reports on Human Rights Practices: Burma". Washington DC: Divisão da Democracia, Direitos Humanos e Trabalho do Departamento de Estado dos Estados Unidos (Bureau of Democracy, Human Rights and Labor, United States Department of State).

—. **2009d.** "2008 Country Reports on Human Rights Practices: Côte d'Ivoire". Washington DC: Divisão da Democracia, Direitos Humanos e Trabalho do Departamento de Estado dos Estados Unidos (Bureau of Democracy, Human Rights and Labor, United States Department of State).

—. **2009e.** "2008 Country Reports on Human Rights Practices: Gabon". Washington DC: Divisão da Democracia, Direitos Humanos e Trabalho do Departamento de Estado dos Estados Unidos (Bureau of Democracy, Human Rights and Labor, United States Department of State).

Deshingkar, P. and S. Akter. 2009. "Migration and Human Development in India." *Human Development Research Paper No. 13*. New York: United Nations Development Programme [Programa das Nações Unidas para o Desenvolvimento], Human Development Report Office [Gabinete do Relatório de Desenvolvimento Humano].

Deshingkar, P. and S. Grimm. 2005. "Internal Migration and Development: A Global Perspective". *Migration Research Series No. 19*. Genebra: International Organization for Migration.

DHS (Department of Homeland Security). 2007. "Yearbook of Immigration Statistics: 2007, Table 1." http://www.dhs.gov/ximgtn/statistics/publications/LPR07.shtm. Acedido em Junho de 2009.

Docquier, F. and A. Marfouk. 2004. "International Migration by Educational Attainment (1990-2000) - Release 1.1". Documento não Publicado.

Docquier, F., H. Rapoport and I. L. Shen. 2003. "Remittances and Inequality: A Dynamic Migration Model". *Discussion Paper No. 808*. Bonn: Institut zur Zukunft der Arbeit.

Doganis, R. 2002. *Flying Off Course*. London: Routledge.

Drèze, J. and A. Sen. 1999. *The Political Economy of Hunger Volume 1: Entitlement and Well-Being*. Oxford: Clarendon Press.

Dumont, J.-C., J. P. Martin and G. Spielvogel. 2007. "Women on the Move: The Neglected Gender Dimension of the Brain Drain". *Discussion Paper No. 2920*. Bonn: Institut zur Zukunft der Arbeit.

Durand, J., W. Kandel, A. P. Emilio and D. S. Massey. 1996. "International Migration and Development in Mexican Communities." *Demography* 33 (2): 249-264.

Dustmann, C. and F. Fabbri. 2005. "Immigrants in the British Labour Market." *Fiscal Studies* 26 (4): 423-470.

Dustmann, C., T. Frattini and I. Preston. 2008. "The Effect of Immigration Along the Distribution of Wages". *Discussion Paper No. 0803*. London: Centre for Research and Analysis of Migration.

Dustmann, C., A. Glitz and T. Vogel. 2006. "Employment, Wage Structure, and the Economic Cycle: Difference Between Immigrants and Natives in Germany and the UK". *Discussion Paper No. 0906*. London: Centre for Research and Analysis of Migration.

Earnest, D. C. 2008. *Old Nations, New Voters: Nationalism, Transnationalism and Democracy in the Era of Global Migration*. Albany: State University of New York Press.

EC-UN Joint Migration and Development Initiative. 2008. "Migrant Communities." In *Migration for Development: Knowledge Fair Handbook*: 39-53. Brussels: EC-UN Joint Migration and Development Initiative.

Eckstein, S. 2004. "Dollarization and its Discontents: Remittances and the Remaking of Cuba in the Post-Soviet Era." *Comparative Politics* 36 (3): 313-330.

ECLAC (Economic Commission for Latin America and the Caribbean). 2007. "Internal Migration and Development in Latin America and the Caribbean: Continuity, Changes and Policy Challenges." In *Social Panorama of Latin America*: 195-232. Santiago: Nações Unidas.

ECOSOC (Economic and Social Council of the United Nations, Commission on Human Rights). 1998. "Further Promotion and Encouragement of Human Rights and Fundamental Freedoms Including the Question of the Programme and

Methods of Work of the Commission: Human Rights, Mass Exoduses, and Displaced Persons". Commissão dos Direitos Humanos, 54.ª Sessão. UN Doc. No. E/CN.4/1998/53/Add.2.

Ellis, F. and N. Harris. 2004. "Development Patterns, Mobility and Livelihood Diversification". Documento apresentado no *Department for International Development Sustainable Development Retreat*, 13 Julho de 2004, Guildford, UK.

EurActiv.com News. 2008. "Divided Parliament Approves EU Blue Card System." http://www.euractiv.com/en/socialeurope/divided-parliament-approves-eu-blue-card-system/article-177380.

Ezra, M. and G. E. Kiros. 2001. "Rural Out-Migration in the Drought Prone Areas of Ethiopia: A Multilevel Analysis." *International Migration Review* 35 (3): 749-771.

Facchini, G. and A. M. Mayda. 2008. "From Individual Attitudes Towards Migrants to Migration Policy Outcomes: Theory and Evidence." *Economic Policy* 23 (56): 651-713.

—. **2009.** "The Political Economy of Immigration Policy." *Human Development Research Paper No. 3*. New York: United Nations Development Programme [Programa das Nações Unidas para o Desenvolvimento], Human Development Report Office [Gabinete do Relatório de Desenvolvimento Humano].

Fajnzylber, P. and J. H. Lopez. 2007. *Close to Home: The Development Impact of Remittances in Latin America*. Washington DC: Publicações do Banco Mundial.

Fan, C. C. 2002. "The Elite, the Natives, and the Outsiders: Migration and Labor Market Segmentation in Urban China." *Annals of the Association of American Geographers* 92 (1): 103-124.

Fan, C. S. and O. Stark. 2007. "The Brain Drain, 'Educated Unemployment', Human Capital Formation, and Economic Betterment." *Economics of Transition* 15 (4): 629-660.

Fang, C. and D. Wang. 2008. "Impacts of Internal Migration on Economic Growth and Urban Development in China." In J. DeWind and J. Holdaway (Eds.), *Migration and Development Within and Across Borders: Research and Policy Perspectives on Internal and International Migration*: 245-272. Genebra: Organização Mundial para a Migração.

Fang, Z. Z. 2009. "Potential of China in Global Nurse Migration." *Health Services Research* 42 (1): 1419-1428.

Fargues, P. 2006. "The Demographic Benefit of International Migration: Hypothesis and Application to Middle Eastern and North African Contexts". *Policy Research Working Paper No. 4050*. Washington DC: World Bank [Banco Mundial].

Felbermayr, G. J. and F. Toubal. 2008. "Revisiting the Trade-Migration Nexus: Evidence from New OECD Data". Unpublished Working Paper.

Fennelly, K. 2005. "The 'Healthy Migrant' Effect." *Healthy Generations* 5 (3): 1-4.

Findlay, A. M. and B. L. Lowell. 2001. *Migration of Highly Skilled Persons from Developing Countries: Impact and Policy Responses*. Genebra: Organização Internacional do Trabalho.

Foner, N. 2002. *From Ellis Island to JFK*. New Haven: Yale University Press.

Frank, R. and R. A. Hummer. 2002. "The Other Side of the Paradox: The Risk of Low Birth Weight Among Infants of Migrant and Nonmigrant Households within Mexico." *International Migration Review* 36 (3): 746-765.

Freedom House. 2005. *Freedom in the World 2005: The Annual Survey of Political Rights and Civil Liberties*. Boston: Rowman & Littlefield Publishers.

—. **2009.** "Freedom in the World Survey". Washington DC: Freedom House.

Friedman, B. M. 2005. *The Moral Consequences of Economic Growth*. New York: Knopf.

Gabinete de Estatística Laboral dos Estados Unidos. 2009. "The Employment Situation: May 2009." http://www.bls.gov/news.release/empsit.nr0.htm. Acedido em Junho de 2009.

Gaige. 2006. *Zhongguo nongmingong wenti yanjiu zongbaogao (Report on the Problems of Chinese Farmer-Turned Workers)* (Rep. No. 5).

Galenson, D. W. 1984. "The Rise and Fall of Indentured Servitude in the Americas: An Economic Analysis." *Journal of Economic History* 44 (1): 1-26.

Gamlen, A. 2006. "Diasporas Engagement Policies: What are They, and What Kinds of States Use Them?". *Working Paper No. 32*. Oxford: Centre on Migration, Policy and Society.

García y Griego, M. 1983. "The Importation of Mexican Contract Laborers to the United States, 1942-1964: Antecedents, Operation and Legacy." In P. Brown and H. Shue (Eds.), *The Border that Joins: Mexican Migrants and US Responsibility*: 49-98. New Jersey: Rowman and Littlefield.

Garcia-Gomez, P. 2007. "Salud y Utilización de Recursos Sanitarios: Un Análisis de las Diferencias y Similitudes Entre Población Inmigrante y Autóctona." *Presupuesto y Gasto Publico* 49: 67-85.

GFMD (Global Forum on Migration and Development). 2008. "Report of the Proceedings". Preparado para o Fórum Mundial sobre Migrações e Desenvolvimento, 29-30 de Outubro de 2008, Manila, Filipinas.

Ghosh, B. 2007. "Restrictions in EU Immigration and Asylum Policies in the Light of International Human Rights Standards." *Essex Human Rights Review* 4 (2).

Ghosh, J. 2009. "Migration and Gender Empowerment: Recent Trends and Emerging Issues." *Human Development Research Paper No. 4*. New York: United Nations Development Programme [Programa das Nações Unidas para o Desenvolvimento], Human Development Report Office [Gabinete do Relatório de Desenvolvimento Humano].

Gibney, M. J. 2009. "Precarious Residents: Migration Control, Membership and the Rights of Non-Citizens." *Human Development Research Paper No. 10*. New York: United Nations Development Programme [Programa das Nações

Bibliografia

Unidas para o Desenvolvimento], Human Development Report Office [Gabinete do Relatório de Desenvolvimento Humano].

Gibson, J. and S. D. McKenzie. 2009. "The Microeconomic Determinants of Emigration and Return Migration of the Best and Brightest: Evidence from the Pacific". *Discussion Paper Series No. 03/09*. London: Centre for Research and Analysis of Migration.

Gidwani, V. and K. Sivaramakrishnan. 2003. "Circular Migration and the Spaces of Cultural Assertion." *Annals of the Association of American Geographers* 93 (1): 186-213.

Gilbertson, G. A. 1995. "Women's Labor and Enclave Employment: The Case of Dominican and Colombian Women in New York City." *International Migration Review* 29 (3): 657-670.

Glaeser, E. L., H. D. Kallal, J. A. Scheinkman and A. Shleifer. 1992. "Growth in Cities." *Journal of Political Economy* 100 (6): 1126-1152.

Global IDP Project and Norwegian Refugee Council. 2005. *Internal Displacement: Global Overview of Trends and Developments in 2004*. Geneva: Global IDP Project.

Goldring, L. 2004. "Family and Collective Remittances to Mexico: A Multi-Dimensional Typology." *Development and Change* 35: 799-840.

Goncalves, A., S. Dias, M. Luck, M. J. Fernandes and J. Cabral. 2003. "Acesso aos Cuidados de Saúde de Comunidades Migrantes: Problemas e Perspectivas e Intervenção." *Revista Portuguesa de Saúde Pública* 21 (1): 55-64.

Gould, J. D. 1980. "European Inter-Continental Emigration. The Road Home: Return Migration from the USA." *Journal of European Economic History* 9: 41-112.

Governo da Austrália Ocidental. 2004. "WA Charter of Multiculturalism." http://www.omi.wa.gov.au/Publications/wa_charter_multiculturalism.pdf. Acedido em Junho de 2009.

Governo de Azad Jammu e Caxemira. 2003. *Between Hope and Despair: Pakistan Participatory Poverty Assessment Azad Jammu and Kashmir Report*. Islamabad: Comissão de Planeamento, Governo do Paquistão.

Governo do Lesoto. 2004. "Kingdom of Lesotho Poverty Reduction Strategy 2004/2005 - 2006/2007." http://www.lesotho.gov.ls/documents/PRSP_Final.pdf. Acedido em Junho de 2009.

Governo da Suécia. 2008. "Swedish Code of Statutes ." http://www.sweden.gov.se/. Acedido em Junho de 2009.

Gregory, J. N. 1989. *American Exodus: The Dust Bowl Migration and Okie Culture in California*. New York: Oxford University Press.

Ha, W., J. Yi and J. Zhang. 2009a. "Brain Drain, Brain Gain, and Economic Growth in China." *Human Development Research Paper No. 37*. New York: United Nations Development Programme [Programa das Nações Unidas para o Desenvolvimento], Human Development Report Office [Gabinete do Relatório de Desenvolvimento Humano].

—. **2009b.** "Internal Migration and Inequality in China: Evidence from Village Panel Data." *Human Development Research Paper No. 27*. New York: United Nations Development Programme [Programa das Nações Unidas para o Desenvolvimento], Human Development Report Office [Gabinete do Relatório de Desenvolvimento Humano].

Hagan, J., K. Eschbach and N. Rodriguez. 2008. "US Deportation Policy, Family Separation, and Circular Migration." *International Migration Review* 42 (1): 64-88.

Halliday, T. 2006. "Migration, Risk, and Liquidity Constraints in El Salvador." *Economic Development and Cultural Change* 54 (4): 893-925.

Hamel, J. Y. 2009. "Information and Communication Technologies and Migration." *Human Development Research Paper No. 39*. New York: United Nations Development Programme [Programa das Nações Unidas para o Desenvolvimento], Human Development Report Office [Gabinete do Relatório de Desenvolvimento Humano].

Hampshire, K. 2006. "Flexibility in Domestic Organization and Seasonal Migration Among the Fulani of Northern Burkina Faso." *Africa* 76: 402-426.

Hanson, G. 2007. "The Economic Logic of Illegal Immigration". *Working Paper No. 26*. New York: Council on Foreign Relations.

—. **2009.** "The Governance of Migration Policy." *Human Development Research Paper No. 2*. New York: United Nations Development Programme [Programa das Nações Unidas para o Desenvolvimento], Human Development Report Office [Programa das Nações Unidas para o Desenvolvimento].

Hanson, G., K. F. Scheve and M. J. Slaughter. 2007. "Public Finance and Individual Preferences Over Globalization Strategies." *Economics and Politics* 19 (1): 1-33.

Hanson, G. and A. Spilimbergo. 2001. "Political Economy, Terms of Trade, and Border Enforcement." *Canadian Journal of Economics* 34 (3): 612-638.

Harris, J. R. and M. P. Todaro. 1970. "Migration, Unemployment, and Development: A Two-Sector Analysis." *The American Economic Review* 60 (1): 126-142.

Harttgen, K. and S. Klasen. 2009. "A Human Development Index by Internal Migration Status." *Human Development Research Paper No. 54*. New York: United Nations Development Programme [Programa das Nações Unidas para o Desenvolvimento], Human Development Report Office [Programa das Nações Unidas para o Desenvolvimento].

Hashim, I. M. 2006. "The Positives and Negatives of Children's Independent Migration: Assessing the Evidence and the Debates". *Working Paper No. T16*. Brighton: Development Research Centre on Migration.

Hatton, T. J. and J. G. Williamson. 1998. *The Age of Mass Migration: Causes and Economic Impact*. New York: Oxford University Press.

—. 2005. *Global Migration and the World Economy: Two Centuries of Policy Performance*. Cambridge: MIT Press.

Hausmann, R., F. Rodríguez and R. Wagner. 2008. "Growth Collapses." In C. M. Reinhart, C. A. Végh, and A. Velasco (Eds.), *Money, Crises, and Transition: Essays in Honor of Guillermo A. Calvo*: 377-428. Cambridge: MIT Press.

He, Y. 2004. "Hukou and Non-Hukou Migrations in China: 1995-2000". *Working Paper Series No. C2004016*. China Center for Economic Research.

Heckman, J. J. 2006. "Skill Formation and the Economics of Investing in Disadvantaged Children." *Science* 312 (5782): 1900-1902.

Heleniak, T. 2009. "Migration Trends and Patterns in the Former Soviet Union and Czechoslovakia 1960-1990". *Commissioned by the Human Development Report Office*. New York: United Nations Development Programme [Programa das Nações Unidas para o Desenvolvimento].

Henderson, J. V., Z. Shalizi and A. J. Venables. 2001. "Geography and Development." *Journal of Economic Geography* (1): 81-105.

Hernandez, D. 2009. "Children in Immigrant Families in Eight Affluent Societies". Florença: Centro de Investigação Innocenti, UNICEF.

Heston, A., R. Summers and B. Aten. 2006. "Penn World Table Version 6.2". Philadelphia: Center for International Comparisons of Production, Income and Prices at the University of Pennsylvania.

Hildebrandt, N., D. J. McKenzie, G. Esquivel and E. Schargrodsky. 2005. "The Effects of Migration on Child Health in Mexico." *Economia* 6 (1): 257-289.

Horst, H. 2006. "The Blessings and Burdens of Communication: Cell Phones in Jamaican Transnational Social Fields." *Global Networks* 6 (2): 143-159.

Hossain, M. I., I. A. Khan and J. Seeley. 2003. "Surviving on their Feet: Charting the Mobile Livelihoods of the Poor in Rural Bangladesh". Documento apresentado em *Staying Poor: Chronic Poverty and Development Policy*, 7-9 de Abril de 2003, Manchester, UK.

Huan-Chang, C. 1911. *The Economic Principles of Confucius and his School*. Whitefish: Kessinger Publishing.

Huang, Q. 2006. "Three Government Agencies Emphasize the Need to Pay Close Attention to the Safety and Health of Migrant Workers (Sanbumen Kaizhan Guanai Nongmingong Shenming Anquan Yu Jiankang Tebie Xingdong)." *Xinhua News Agency*,

Hugo, G. 2000. "Migration and Women's Empowerment." In H. B. Presser and G. Sen (Eds.), *Women's Empowerment and Demographic Processes*. Oxford, U.K.: Oxford University Press.

Hugo, G. 1993. "Indonesian Labour Migration to Malaysia: Trends and Policy Implications." *Southeast Asian Journal of Social Science* 21 (1): 36-70.

Human Rights Watch. 2005a. *Families Torn Apart: The High Cost of U.S. and Cuban Travel Restrictions*. New York: Human Rights Watch.

—. 2005b. "Malaysia: Migrant Workers Fall Prey to Abuse." *Human Rights Watch News Release*, 16 May.

—. 2007a. "Forced Apart." http://www.hrw.org/en/reports/2007/07/16/forced-apart. Acedido em Junho de 2009.

—. 2007b. "World Report 2007". New York: Human Rights Watch.

Human Security Centre. 2005. *Human Security Report 2005: War and Peace in the 21st Century*. New York: Oxford University Press.

Hunt, J. and M. Gauthier-Loiselle. 2008. "How Much Does Immigration Boost Innovation?" *Working Paper No. 14312*. Cambridge: National Bureau of Economic Research.

IATA (International Air Transport Association). 2006. *Travel Information Manual*. Badhoevedorp: IATA.

Içduygu, A. 2009. "International Migration and Human Development in Turkey." *Human Development Research Paper No. 52*. New York: United Nations Development Programme [Programa das Nações Unidas para o Desenvolvimento], Human Development Report Office [Gabinete do Relatório de Desenvolvimento Humano].

ICFTU (International Confederation of Free Trade Unions). 2009. "International Confederation of Free Trade Unions." http://www.icftu.org/default.asp?Language=EN. Acedido em Julho de 2009.

ICMPD (International Centre for Migration Policy Development). 2009. "Regularisations in Europe: Study on Practices in the Area of Regularisation of Illegally Staying Third-Country Nationals in the Member States of the EU". Viena: ICMPD.

IDB (Inter-American Development Bank). 2009. "Sectoral Operational Policies: Involuntary Resettlement." http://www.iadb.org/aboutus/pi/OP_710.cfm. Acedido em Junho de 2009.

IDMC (Internal Displacement Monitoring Centre). 2008. *Internal Displacement: Global Overview of Trends and Developments in 2007*. Genebra: IDMC.

—. 2009a. "Global Statistics on IDPs." http://www.internal-displacement.org. Acedido em Fevereiro de 2009.

—. 2009b. *Internal Displacement: Global Overview of Trends and Developments in 2008*. Genebra: IDMC.

Ignatiev, N. 1995. *How the Irish Became White*. New York: Routledge.

IIED and WBCSD (International Institute for Environment and Development and World Business Council for Sustainable Development). 2003. *Breaking New Ground: Mining, Minerals and Sustainable Development*. Virginia: Earthscan.

ILO (International Labour Organization). 2004. "Towards a Fair Deal for Migrant Workers in the Global Economy." 92.ª Conferência Internacional do Trabalho, 1-12 de Junho de 2004, Genebra, Suíça.

——. 2009a. "Economically Active Population Estimates and Projections." http://laborsta.ilo.org/applv8/data/EAPEP/eapep_E.html. Acedido em Julho de 2009.

——. 2009b. "LABORSTA database." http://laborsta.ilo.org/. Acedido em Julho de 2009.

IMF (International Monetary Fund). 2009a. "Global Economic Policies and Prospects". Sumário Executivo do Encontro dos Ministros e Governadores do Banco Central do Grupo dos 20, 13-14 de Março, Londres.

——. 2009b. "Government Finance Statistics Online." http://www.imfstatistics.org/gfs/. Acedido em Julho de 2009.

——. 2009c. *World Economic Outlook Update: Global Economic Slump Challenges Policies*. Washington DC: International Monetary Fund. [Fundo Monetário Internacional]

IMF (International Monetary Fund) and World Bank. 1999. "Poverty Reduction Strategy Papers--Operational Issues." http://www.imf.org/external/np/pdr/prsp/poverty1.htm.

Immigration and Refugee Board of Canada. 2008. "Responses to Information Requests (CHN102869.E)." http://www2.irb-cisr.gc.ca/en/research/rir/?action=record.viewrec&gotorec=451972. Acedido em Julho de 2009.

INE (Instituto Nacional de Estadística). 4-24-2009. "Encuesta de Población Activa: Primer Trimestre". Madrid: Governo de Espanha.

International Labour Office. 1936. *World Statistics of Aliens: A Comparative Study of Census Returns, 1910-1920-1930*. Westminster: P.S. King & Son Ltd.

IOM (International Organization for Migration). 2008a. "The Diversity Initiative: Fostering Cultural Understanding in Ukraine." http://www.iom.int/jahia/Jahia/facilitating-migration/migrant-integration/pid/2026. Acedido em Junho de 2009.

——. 2008b. *World Migration 2008: Managing Labour Mobility in the Evolving Global Economy*. Genebra: International Organization for Migration [Organização Internacional para as Migrações].

IPC (Immigration Policy Center). 2007. *The Myth of Immigrant Criminality and the Paradox of Assimilation: Incarceration Rates Among Native and Foreign-Born Men*. Washington DC: IPC.

IPCC (Intergovernmental Panel on Climate Change). 2007. "Climate Change 2007: The Physical Science Basis. Contribution of Working Group I to the Fourth Assessment Report of the Intergovernmental Panel on Climate Change." In S. Solomon, D. Qin, M. Manning, Z. Chen, M. Marquis, K. B. Averyt, M. Tignor, and H. L. Miller (Eds.). New York: Cambridge University Press.

IPU (Inter-Parliamentary Union). 2009. Correspondência sobre o ano em que as mulheres receberam o direito ao voto e a candidatar-se em eleições, e o ano em que a primeira mulher foi eleita ou obteve assento parlamentar. Junho. Genebra.

Iredale, R. 2001. "The Migration of Professionals: Theories and Typologies." *International Migration* 39 (5, Special Issue 1): 7-26.

Iskander, N. 2009. "The Creative State: Migration, Development and the State in Morocco and Mexico, 1963-2005". New York: New York University. Em breve.

Ivakhnyuk, I. 2009. "The Russian Migration Policy and its Impact on Human Development: The Historical Perspective." *Human Development Research Paper No. 14*. New York: United Nations Development Programme [Programa das Nações Unidas para o Desenvolvimento], Human Development Report Office [Gabinete do Relatório de Desenvolvimento Humano].

Jack, B. and T. Suri. 2009. "Mobile Money: The Economics of Kenya's M-PESA". Cambridge: MIT Sloan School of Business, em breve.

Jacobs, J. 1970. *The Economy of Cities*. New York: Vintage Books.

Jasso, G., D. Massey, M. Rosenzweig and J. Smith. 2004. "Immigrant Health - Selectivity and Acculturation." In N. B. Anderson, R. A. Bulatao, and B. Cohen (Eds.), *Critical Perspectives on Racial and Ethnic Differences in Health in Late Life*: 227-266. Washington, D.C.: National Academies Press.

Jasso, G. and M. Rosenzweig. 2009. "Selection Criteria and the Skill Composition of Immigrants: A Comparative Analysis of Australian and US Employment Immigration." In J. N. Bhagwati and G. Hanson (Eds.), *Skilled Immigration Today: Prospects, Problems and Policies*: 153-183. New York: Oxford University Press.

Javorcik, B. S., C. Ozden, M. Spatareanu and C. Neagu. 2006. "Migrant Networks and Foreign Direct Investment". *Working Paper No. 3*. Newark: Rutgers University.

Jayaweera, H. and B. Anderson. 2009. "Migrant Workers and Vulnerable Employment: A Review of Existing Data". *Project Undertaken by Compas for the TUC Comission on Vulnerable Employment*. Oxford: Centre on Migration, Policy, and Society.

Jobbins, M. 2008. "Migration and Development: Poverty Reduction Strategies." Preparado para o Fórum Mundial sobre Migrações e Desenvolvimento, 29-30 de Outubro de 2008, Manila, Filipinas.

Kabeer, N. 2000. *The Power to Choose: Bangladeshi Women and Labour Market Decisions in London and Dhaka*. London: Verso.

Kalita, M. 2009. "U.S. Deters Hiring of Foreigners as Joblessness Grows." *The Wall Street Journal*, 27 March.

Kapur, D. 2004. "Remittances: The New Development Matra?". *G-24 Discussion Paper Series No. 29*. Genebra: Conferência das Nações Unidas sobre o Comércio e o Desenvolvimento.

Karsten, S., C. Felix, G. Ledoux, W. Meijnen, J. Roeleveld and E. Van Schooten. 2006. "Choosing Segregation or Integration?: The Extent and Effects of Ethnic Segregation in Dutch Cities." *Education and Urban Society* 38 (2): 228-247.

Kaur, A. 2007. "International Labour Migration in Southeast Asia: Governance of Migration and Women Domestic Workers." *Intersections: Gender, History and Culture in the Asian Context* (15).

Kautsky, K. 1899. *The Agrarian Question*. London: Zwan Publications.

Bibliografia

Kelley, N. and M. Trebilcock. 1998. *The Making of the Mosaic: A History of Canadian Immigration Policy*. Toronto: University of Toronto Press.

Khaleej Times. 2009. "Bahrain Commerce Body Denies Abolition of Sponsorship." *Khaleej Times Online,* 15 de Junho.

Khoo, S. E., G. Hugo and P. McDonald. 2008. "Which Skilled Temporary Migrants Become Permanent Residents and Why?" *International Migration Review* 42 (1): 193-226.

King, R., R. Skeldon and J. Vullnetari. 2008. "Internal and International Migration: Bridging the Theoretical Divide". Documento apresentado em *Theories of Migration and Social Change Conference*, 1-3 de Julho de 2008, Oxford University, Oxford, UK.

King, R. and J. Vullnetari. 2006. "Orphan Pensioners and Migrating Grandparents: The Impact of Mass Migration on Older People in Rural Albania." *Ageing and Society* 26 (5): 783-816.

Kireyev, A. 2006. "The Macroeconomics of Remittances: The Case of Tajikistan". *IMF Working Paper No. 06/2*. Washington D.C.: International Monetary Fund [Fundo Monetário Internacional].

Kleemans, M. and J. Klugman. 2009. "Public Opinions towards Migration." *Human Development Research Paper No. 53.* New York: United Nations Development Programme [Programa das Nações Unidas para o Desenvolvimento], Human Development Report Office [Gabinete do Relatório de Desenvolvimento Humano].

Klugman, J. and I. M. Pereira. 2009. "Assessment of National Migration Policies." *Human Development Research Paper No. 48.* New York: United Nations Development Programme [Programa das Nações Unidas para o Desenvolvimento], Human Development Report Office.

Koettl, J. 2006. "The Relative Merits of Skilled and Unskilled Migration, Temporary, and Permanent Labor Migration, and Portability of Social Security Benefits". *Working Paper Series No. 38007*. Washington DC: World Bank [Banco Mundial].

Koser, K. 2008. "Why Migrant Smuggling Pays." *International Migration* 46 (2): 3-26.

Koslowski, R. 2009. "Global Mobility Regimes: A Conceptual Reframing". Documento apresentado no International Studies Association Meeting, 15 de Fevereiro de 2009, New York, US.

Koslowski, R. 2008. "Global Mobility and the Quest for an International Migration Regime". In J. Chamie and L. Dall'Oglio (Eds.), *International migration and development: Continuing the dialogue: Legal and policy perspectives*: 103-144. Genebra: Organização Internacional para as Migrações.

Kremer, M. and S. Watt. 2006. "The Globalisation of Household Production". *Working Paper No. 2008-0086*. Cambridge: Weatherhead Center for International Affairs, Harvard University.

Kundu, A. 2009. "Urbanisation and Migration: An Analysis of Trends, Patterns and Policies in Asia." *Human Development Research Paper No. 16.* New York: United Nations Development Programme [Programa das Nações Unidas para o Desenvolvimento], Human Development Report Office [Gabinete do Relatório de Desenvolvimento Humano].

Kutnick, B., P. Belser and G. Danailova-Trainor. 2007. "Methodologies for Global and National Estimation of Human Trafficking Victims: Current and Future Approaches". *Working Paper No. 29*. Genebra: Organização Internacional do Trabalho.

La Rovere, E. L. and F. E. Mendes. 1999. "Tucuruí Hydropower Complex Brazil". *Working Paper*. Cidade do Cabo: Comissão Mundial para as Barragens.

Lacroix, T. 2005. «Les Réseaux Marocains du Développement: Géographie du Transnational et Politiques du Territorial». Paris: Presses de Sciences Po.

Laczko, F. and G. Danailova-Trainor. 2009. «Trafficking in Persons and Human Development: Towards a More Integrated Policy Response.» *Human Development Research Paper No. 51.* New York: United Nations Development Programme [Programa das Nações Unidas para o Desenvolvimento], Human Development Report Office [Gabinete do Relatório de Desenvolvimento Humano].

Landau, L. B. 2005. "Urbanization, Nativism and the Rule of Law in South Africa's 'Forbidden Cities'." *Third World Quarterly* 26 (7): 1115-1134.

Landau, L. B. and A. Wa Kabwe-Segatti. 2009. "Human Development Impacts of Migration: South Africa Case Study." *Human Development Research Paper No. 5.* New York: United Nations Development Programme [Programa das Nações Unidas para o Desenvolvimento], Human Development Report Office [Gabinete do Relatório de Desenvolvimento Humano].

Leal-Arcas, R. 2007. "Bridging the Gap in the Doha Talks: A Look at Services Trade." *Journal of International Commercial Law and Technology* 2 (4): 241-249.

Lee, R. and T. Miller. 2000. "Immigration, Social Security, and Broader Fiscal Impacts." *American Economic Review: Papers and Proceedings* 90 (2): 350-354.

Leon-Ledesma, M. and M. Piracha. 2004. "International Migration and the Role of Remittances in Eastern Europe." *International Migration* 42 (4): 65-83.

Levitt, P. 1998. "Social Remittances: Migration Driven Local-Level Forms of Cultural Diffusion." *International Migration Review* 32 (4): 926-948.

——. **2006.** "Social Remittances - Culture as a Development Tool". Documento não publicado. Santo Domingo: United Nations International Research and Training Institute for the Advancement of Women [Instituto Internacional de Pesquisa e Formação das Nações Unidas para o Avanço da Mulher].

Lewis, W. A. 1954. "Economic Development with Unlimited Supplies of Labor." *Manchester School of Economic and Social Studies* 22 (2): 139-191.

**Linz, B., F. Balloux, Y. Moodley, A. Manica, H. Liu, P. Roumagnac, D. Falush, C. Stamer, F. Prugnolle, S. W. van

der Merwe, Y. Yamaoka, D. Y. Graham, E. Perez-Trallero, T. Wadstrom, S. Suerbaum and M. Achtman. 2007. "An African Origin for the Intimate Association Between Humans and Helicobacter Pylori." *Nature* 445: 915-918.

Lipton, M. 1980. "Migration from Rural Areas of Poor Countries: The Impact on Rural Productivity and Income Distribution." *World Development* 8 (1): 1-24.

LIS (Luxembourg Income Study). 2009. "Key Figures." http://www.lisproject.org/key-figures/key-figures.htm. Acedido em Junho de 2009.

Local Government Association. 2009. "The Impact of the Recession on Migrant Labour". London: Local Government Association.

Longhi, S., P. Nijkamp and J. Poot. 2005. "A Meta-Analytic Assessment of the Effect of Immigration on Wages." *Journal of Economic Surveys* 19 (3): 451-477.

Longva, A. N. 1997. *Walls Built on Sand: Migration, Exclusion and Society in Kuwait*. Boulder: Westview Press.

Lu, X. and Y. Wang. 2006. "'Xiang-Cheng' Renkou Qianyi Guimo De Cesuan Yu Fenxi (1979-2003) (Estimation and Analysis on Chinese Rural-Urban Migration Size)." *Xibei Renkou (Northwest Population)* 1: 14-16.

Lucas, R. E. B. 2004. "Life Earnings and Rural-Urban Migration." *The Journal of Political Economy* 112 (1): S29-S59.

Lucas, R. E. B. and L. Chappell. 2009. "Measuring Migration's Development Impacts: Preliminary Evidence from Jamaica". *Working Paper*. Global Development Network and Institute for Public Policy Research.

Lucassen, L. 2005. *The Immigrant Threat: The Integration of Old and New Migrants in Western Europe since 1890*. Champaign: University of Illinois Press.

Luthria, M. 2009. "The Importance of Migration to Small Fragile Economies." *Human Development Research Paper No. 55*. New York: United Nations Development Programme [Programa das Nações Unidas para o Desenvolvimento], Human Development Report Office [Gabinete do Relatório de Desenvolvimento Humano].

Magee, G. B. and A. S. Thompson. 2006. "Lines of Credit, Debts of Obligation: Migrant Remittances to Britain, C.1875-1913." *Economic History Review* 59 (3): 539-577.

Maksakova, L. P. 2002. "Migratsia I Rinok Truda V Stranakh Srednei Azii [Migration and Labor Market in the Middle Asian Countries]". Trabalhos do Seminário Regional, 11-12 de Outubro de 2001, Tashkent, Uzbequistão.

Malek, A. 2008. "Training for Overseas Employment". Documento apresentado em *International Labour Organization Symposium on Deployment of Workers Overseas: A Shared Responsibility*, 15-16 de Julho de 2008, Daca, Bangladesh.

Manacorda, M., A. Manning and J. Wadsworth. 2006. "The Impact of Immigration on the Structure of Male Wages: Theory and Evidence from Britain". *Discussion Paper Series No. 0608*. London: Centre for Research and Analysis of Migration.

Mansuri, G. 6-1-2006. "Migration, Sex Bias, and Child Growth in Rural Pakistan". *Policy Research Working Paper No. 3946*. Washington, D.C.: World Bank [Banco Mundial].

Marcelli, E. A. and P. M. Ong. 2002. "2000 Census Coverage of Foreign Born Mexicans in Los Angeles Country: Implications for Demographic Analysis". Documento apresentado no *2002 Annual Meeting of the Population Associätion of America*, 9-11 de Maio de 2002, Atlanta, US.

Marquette, C. M. 2006. "Nicaraguan Migrants in Costa Rica." *Poblacion y Salud en Mesoamerica* 4 (1).

Martin, P. 1993. *Trade and Migration: NAFTA and Agriculture*. Washington DC: Instituto para a Economia Internacional.

—. **1994.** "Germany: Reluctant Land of Immigration." In W. Cornelius, P. Martin, and J. Hollifield (Eds.), *Controlling Immigration: A Global Perspective*: 189-225. Stanford: Stanford University Press.

—. **2003.** *Promise Unfulfilled: Unions, Immigration, and Farm Workers*. Ithaca: Cornell University Press.

—. **2005.** "Merchant of Labor: Agents of the Evolving Migration Infrastructure". *Discussion Paper No. 158*. Genebra: Instituto Internacional de Estudos do Trabalho.

—. **2009a.** "Demographic and Economic Trends: Implications for International Mobility." *Human Development Research Paper No. 17*. New York: United Nations Development Programme [Programa das Nações Unidas para o Desenvolvimento], Human Development Report Office [Gabinete do Relatório de Desenvolvimento Humano].

—. **2009b.** "Migration in the Asia-Pacific Region: Trends, Factors, Impacts." *Human Development Research Paper No. 32*. New York: United Nations Development Programme [Programa das Nações Unidas para o Desenvolvimento], Human Development Report Office [Gabinete do Relatório de Desenvolvimento Humano].

Martin, P. and J. E. Taylor. 1996. "The Anatomy of a Migration Hump." In J. E. Taylor (Ed.), *Development Strategy, Employment, and Migration: Insights from Models*: 43-62. Paris: Organização para a Cooperação e Desenvolvimento Económico (OCDE).

Martin, S. F. 2008. "Policy and Institutional Coherence at the Civil Society Days of the GFMD". Preparado para o Fórum Mundial sobre Migrações e Desenvolvimento, 29-30 de Outubro de 2008, Manila, Filipinas.

Martin, S. F. and R. Abimourchad. 2008. "Promoting the Rights of Migrants". Preparado para os Dias da Sociedade Civil do Fórum Mundial sobre Migrações e Desenvolvimento, 27-30 de Outubro de 2008, Manila.

Massey, D. S. 1988. "International Migration and Economic Development in Comparative Perspective." *Population and Development Review* 14: 383-414.

—. **2003.** "Patterns and Processes of International Migration in the 21st Century". Documento preparado para a Conferência sobre Migração Africana numa Perspectiva Comparativa, 4-7 de Junho de 2003, Johannesburg, South Africa.

Massey, D. S., J. Arango, G. Hugo, A. Kouaouci, A. Pellegrino and J. E. Taylor. 1998. *Worlds in Motion: Understanding International Migration at the End of the Milliennium*. New York: Oxford University Press.

Massey, D. S. and M. Sánchez R. 2009. "Restrictive Immigration Policies and Latino Immigrant Identity in the United States." *Human Development Research Paper No. 43*. New York: United Nations Development Programme [Programa das Nações Unidas para o Desenvolvimento], Human Development Report Office [Gabinete do Relatório de Desenvolvimento HUmano].

Matsushita, M., T. J. Schoenbaum and P. C. Mavroidis (Eds.). 2006. *The World Trade Organization: Law, Practice, and Policy*. New York: Oxford University Press.

Mattoo, A. and M. Olarreaga. 2004. "Reciprocity across Modes of Supply in the WTO: A Negotiating Formula." *International Trade Journal* 18: 1-24.

Mazzolari, F. and D. Neumark. 2009. "The Effects of Immigration on the Scale and Composition of Demand: A Study of California Establishments." *Human Development Research Paper No. 33*. New York: United Nations Development Programme [Programa das Nações Unidas para o Desenvolvimento], Human Development Report Office [Gabinete do Relatório de Desenvolvimento Humano].

McKay, L., S. Macintyre and A. Ellaway. 2003. "Migration and Health: A Review of the International Literature". *Occasional Paper No. 12*. Glasgow: Medical Research Council Social and Public Health Sciences Unit.

McKenzie, D. 2007. "Paper Walls are Easier to Tear Down: Passport Costs and Legal Barriers to Emigration." *World Development* 35 (11): 2026-2039.

McKenzie, D., J. Gibson and S. Stillman. 2006. "How Important is Selection? Experimental versus Non-Experimental Measures of the Income Gains from Migration". *Policy Research Working Paper Series No. 3906*. Washington DC: World Bank [Banco Mundial].

Meng, X. and J. Zhang. 2001. "The Two-Tier Labor Market in Urban China: Occupational Segregation and Wage Differentials Between Urban Residents and Rural Migrants in Shanghai." *Journal of Comparative Economics* 29 (3): 485-504.

Mesnard, A. 2004. "Temporary Migration and Capital Market Imperfections." *Oxford Economic Paper* 56: 242-262.

Meza, L. and C. Pederzini. 2006. "Condiciones Laborales Familiares y la Decision de Migracion: El Caso de México". *Documento de apoyo del Informe sobre Desarrollo Humano México 2006-2007*. Mexico City: Programa de las Naciones Unidas para el Desarrollo.

Migrant Forum in Asia. 2006. "Asylum Seekers and Migrants at Risk of Violent Arrest, Overcrowded Detention Centers and Inhumane Deportation." *Migrant Forum in Asia, Urgent Appeal*, 2 November.

Migration DRC (Development Research Centre). 2007. "Global Migrant Origin Database (Version 4)." Centro de Investigação de Desenvolvimento para a Migração, Globalização e Pobreza, University of Sussex.

Migration Policy Group and British Council. 2007. "Migrant Integration Policy Index." http://www.integrationindex.eu/. Acedido em Junho de 2009.

Miguel, E. and J. Hamory. 2009. "Individual Ability and Selection into Migration in Kenya." *Human Development Research Paper No. 45*. New York: United Nations Development Programme [Programa das Nações Unidas para o Desenvolvimento], Human Development Report Office [Gabinete do Relatório de Desenvolvimento Humano].

Mills, M. B. 1997. "Contesting the Margins of Modernity: Women, Migration, and Consumption in Thailand." *American Ethnologist* 24 (1): 37-61.

Ministério dos Recursos Humanos do Governo de Singapura. 2009. "Work Permit." http://www.mom.gov.sg/publish/momportal/en/communities/work_pass/work_permit.html. Acedido em Julho de 2009.

Ministry of Social Welfare and Labour, United Nations Population Fund and Mongolian Population and Development Association. 2005. *Status and Consequences of Mongolian Citizens Working Abroad*. Ulaanbaatar: Associação Mongol da População e do Desenvolvimento.

Minnesota Population Center. 2008. "Integrated Public Use Microdata Series - International: Version 4.0." University of Minnesota. http://www.ipums.umn.edu/. Acedido em Julho de 2009.

Misago, J. P., L. B. Landau and T. Monson. 2009. *Towards Tolerance, Law and Dignity: Addressing Violence Against Foreign Nationals in South Africa*. Arcadia: Organização Internacional para as Migrações, Delegação Regional da África do Sul.

Mitchell, T. 2009. "An Army Marching to Escape Medieval China." *Financial Times*, 15 de Abril.

Mobarak, A. M., C. Shyamal and B. Gharad. 2009. "Migrating away from a Seasonal Famine: A Randomized Intervention in Bangladesh." *Human Development Research Paper No. 41*. New York: United Nations Development Programme [Programa das Nações Unidas para o Desenvolvimento], Human Development Report Office [Gabinete do Relatório de Desenvolvimento Humano].

Molina, G. G. and E. Yañez. 2009. "The Moving Middle: Migration, Place Premiums and Human Development in Bolivia." *Human Development Research Paper No. 46*. New York: United Nations Development Programme [Programa das Nações Unidas para o Desenvolvimento], Human Development Report Office [Gabinete do Relatório de Desenvolvimento Humano].

Bibliografia

Montenegro, C. E. and M. L. Hirn. 2008. "A New Set of Disaggregated Labor Market Indicators Using Standardized Household Surveys from Around the World". *World Development Report Background Paper*. Washington DC: World Bank [Banco Mundial].

MOSWL, PTRC and UNDP (Ministry of Labour and Social Welfare, Population Teaching and Research Center, National University of Mongolia and United Nations Development Programme). 2004. *Urban Poverty and In-Migration Survey Report on Mongolia*. Ulaanbaatar: MOSWL, PRTC and UNDP.

Mundell, R. A. 1968. *International Economics*. New York: Macmillan.

Muñoz de Bustillo, R. and J.-I. Antón. 2009. "Health Care Utilization and Immigration in Spain". *Munich Personal RePEc Archive Paper No. 12382*. Munich: University Library of Munich.

Münz, R., T. Straubhaar, F. Vadean and N. Vadean. 2006. "The Costs and Benefits of European Immigration". *Hamburg Institute of International Economics (HWWI) Policy Report No. 3*. Hamburg: HWWI Research Program.

Murillo C., A. M. and J. Mena. 2009. "Informe de las Migraciones Colombianas". *Special Tabulation for the Human Development Report 2009*. New York: Grupo de Investigación en Movilidad Humana, Red Alma Mater.

Murison, S. 2005. "Evaluation of DFID Development Assistance: Gender Equality and Women's Empowerment: Phase II Thematic Evaluation: Migration and Development". *Working Paper No. 13*. Londres: Departamento do Governo Britânico para o Desenvolvimento.

Myers, N. 2005. "Environmental Refugees: An Emergent Security Issue". Documento apresentado no *13th Economic Forum*, 23-27 de Maio de 2005, Praga, República Checa.

Narayan, D., L. Pritchett and S. Kapoor. 2009. *Moving Out of Poverty: Success from the Bottom Up (Volume 2)*. New York: Palgrave Macmillan.

National Statistics Office. 2006. *Participatory Poverty Assessment in Mongolia*. Ulaanbaatar: Gabinete Nacional de Estatística.

Nava, A. 2006. "Spousal Control and Intra-Household Decision Making: An Experimental Study in the Philippines". *American Economic Review*. Em breve.

Nazroo, J. Y. 1997. *Ethnicity and Mental Health: Findings from a National Community Survey*. London: Policy Studies Institute.

Neumayer, E. 2006. "Unequal Access to Foreign Spaces: How States Use Visa Restrictions to Regulate Mobility in a Globalized World." *Transactions of the Institute of British Geographers* 31 (1): 72-84.

Newland, K. 2009. "Circular Migration and Human Development." *Human Development Research Paper No. 42*. New York: United Nations Development Programme [Programa das Nações Unidas para o Desenvolvimento], Human Development Report Office [Gabinete do Relatório de Desenvolvimento Humano].

Newland, K. and E. Patrick. 2004. *Beyond Remittances: The Role of Diaspora in Poverty Reduction in the their Countries of Origin*. Washington D.C.: Migration Policy Institute.

Newman, E. and J. van Selm. 2003. *Refugees and Forced Displacement: International Security, Human Vulnerability and the State*. Tokyo: United Nations University Press.

Nordin, M. 2006. "Ethnic Segregation and Educational Attainment in Sweden". Documento não Publicado. Lund: Department of Economics, Lund University.

Nugent, J. B. and V. Saddi. 2002. "When and How Do Land Rights Become Effective? Historical Evidence from Brazil". Documento não Publicado. Los Angeles: Department of Economics, University of Southern California.

Nussbaum, M. 1993. "Non-Relative Virtues: An Aristotelian Approach." In M. Nussbaum and A. Sen (Eds.), *Quality of Life*: 242-269. New York: Oxford University Press.

——. 2000. *Women and Human Development: The Capabilities Approach*. Cambridge: Cambridge University Press.

O'Rourke, K. H. and R. Sinnott. 2003. "Migration Flows: Political Economy of Migration and the Empirical Challenges". *Discussion Paper Series No. 06*. Dublin: Institute for International Integration Studies.

OECD (Organisation for Economic Co-operation and Development). 2007. *PISA 2006: Science Competencies for Tomorrow's World Executive Summary*. Paris: OCDE.

——. 2008a. *A Profile of Immigrant Populations in the 21st Century: Data from OECD Countries*. Paris: Publicações da OCDE.

——. 2008b. *International Migration Outlook*. Paris: Publicações da OCDE.

——. 2009a. "OECD Database on Immigrants in OECD Countries." http://stats.oecd.org/index.aspx?lang=en. Acedido em Março de 2009.

——. 2009b. "OECD Economic Outlook, Interim Report March 2009". Paris: OCDE.

——. 2009c. "OECD.Stat Extracts database." http://stats.oecd.org/index.aspx. Acedido em Julho de 2009.

OECD (Organisation for Economic Co-operation and Development) and Statistics Canada. 2000. "Literacy in the Information Age: Final Report of the International Adult Literacy Survey". Paris: Publicações da OCDE.

——. 2005. *Learning a Living: First Results of the Adult Literacy and Life Skills Survey*. Paris: OCDE.

OECD-DAC (Organisation for Economic Co-operation and Development, Development Assistance Committee). 2009. "Creditor Reporting System (CRS) Database." http://www.oecd.org/dataoecd/50/17/5037721.htm. Acedido em Julho de 2009.

One World Net. 2008. "South Africans Text No To Xenophobia." http://us.oneworld.net/places/southern-africa/-/article/southafricans-text-no-xenophobia. Acedido em Julho de 2009.

Opeskin, B. 2009. "The Influence of International Law on the International Movement of Persons." *Human Development Research Paper No. 18.* New York: United Nations Development Programme [Programa das Nações Unidas para o Desenvovimento], Human Development Report Office [Gabinete do Relatório de Desenvolvimento Humano].

Orozco, M. and R. Rouse. 2007. "Migrant Hometown Associations and Opportunities for Development: A Global Perspective." *Migration Information Source,* Fevereiro.

Ortega, D. 2009. "The Human Development of Peoples." *Human Development Research Paper No. 49.* New York: United Nations Development Programme [Programa das Nações Unidas para o Desenvolvimento], Human Development Report Office [Gabinete do Relatório de Desenvolvimento Humano].

Ortega, F. and G. Peri. 2009. "The Causes and Effects of International Labor Mobility: Evidence from OECD Countries 1980-2005." *Human Development Research Paper No. 6.* New York: United Nations Development Programme [Programa das Nações Unidas para o Desenvolvimento], Human Development Report Office [Gabinete do Relatório de Desenvolvimento Humano].

Ottaviano, G. I. P. and G. Peri. 2008. "Immigration and National Wages: Clarifying the Theory and the Empirics". *Working Paper No. 14188.* Cambridge: National Bureau of Economic Research.

Oxford University Press. 2009. "Oxford English Dictionary Online." http://dictionary.oed.com/cgi/entry/00312893?query_type=word&queryword=mobility&first=1&max_to_show=10&sort_type=alpha&result_place=1&search_id=ofqh-nRqx5O-11785&hilite=00312893. Acedido em Junho de 2006.

Papademetriou, D. 2005. "The 'Regularization' Option in Managing Illegal Migration More Effectively: A Comparative Perspective". *Policy Brief No. 4.* Washington DC: Migration Policy Institute.

Parlamento Europeu. 2008. "European Parliament Legislative Resolution of 18 June 2008 on the Proposal for a Directive of the European Parliament and of the Council on Common Standards and Procedures in Member States for Returning Illegally Staying Third-Country Nationals P6_TA(2008)0293." http://www.europarl.europa.eu/sides/getDoc.do?pubRef=-//EP//TEXT+TA+P6-TA-2008-0293+0+DOC+XML+V0//EN&language=EN#BKMD-5. Acedido em Junho de 2009.

Passel, J. S. and D. Cohn. 2008. "Trends in Unauthorized Immigration: Undocumented Inflow Now Trails Legal Inflow". Washington DC: Pew Hispanic Center.

Peri, G., C. Sparber and O. S. Drive. 2008. "Task Specialisation, Immigration and Wages." *American Economic Journal: Applied Economics.* Em breve.

Perron, P. 1989. "The Great Crash, the Oil Price Shock, and the Unit Root Hypothesis." *Econometrica* 57 (6): 1361-1401.

Perron, P. and T. Wada. 2005. "Let's Take a Break: Trends and Cycles in US Real GDP". *Working Paper.* Boston: Department of Economics, Boston University.

Petros, K. 2006. "Motherhood, Mobility and the Maquiladora in Mexico: Women's Migration from Veracruz to Reynosa". *Summer Funds Research Report.* Austin: Center for Latin American Social Policy, Lozano Long Institute of Latin America Studies, The University of Texas at Austin.

Pettigrew, T. 1998. "Intergroup Contact Theory." *Annual Review of Psychology* 49: 65-85.

Pettigrew, T. and L. Tropp. 2005. "Allport's Intergroup Contact Hypothesis: Its History and Influence." In J. F. Dovidio, P. Glick, and L. Rudman (Eds.), *On the Nature of Prejudice: Fifty Years after Allport*: 262-277. Oxford: Wiley-Blackwell Publishing.

PICUM (Platform for International Cooperation on Undocumented Migrants). 2008a. "Platform for International Cooperation on Undocumented Migrants." http://www.picum.org/. Acedido em Julho de 2009.

—. **2008b.** *Undocumented Children in Europe: Invisible Victims of Immigration Restrictions.* Belgium: PICUM.

—. **2009.** "Human rights of Undocumented Migrants: Sweden." http://www.picum.org/?pid=51. Acedido em Julho de 2009.

Pilon, M. 2003. "Schooling in West Africa". *Background paper prepared for the UNESCO 2003 Education for All Global Monitoring Report 2003/2004.* Paris: Organização Educacional, Científica e Cultural das Nações Unidas.

Piper, N. 2005. "Gender and Migration". *Paper presented for the Policy Analysis and Research Programme of the Global Commission on International Migration.* Suíça: Comissão Global para a Migração Internacional.

Plato. 2009. *The Socratic Dialogues.* New York, NY: Kaplan Publishing.

Pomp, R. D. 1989. "The Experience of the Philippines in Taxing its Nonresident Citizens." In J. N. Bahagwati and J. D. Wilson (Eds.), *Income Taxation and International Mobility*: 43-82. Cambridge: MIT Press.

Population Reference Bureau. 2001. "Understanding and Using Population Projections". *Measure Communication Policy Brief.* Washington DC: Population Reference Bureau.

Portes, A. and R. G. Rumbaut. 2001. *Ethnicities: Children of Immigrants in America.* Berkeley: University of California Press and Russell Sage Foundation.

Portes, A. and m. Zhou. 2009. "The New Second Generation: Segmented Assimilation and its Variants." *Annals of the American Academy of Political and Social Science* 530 (1): 74-96.

Poverty Task Force. 2003. "Ninh Thuan Participatory Poverty Assessment". Ha Noi: CRP and World Bank [Banco Mundial].

Preston, J. 2009. "Mexican Data Say Migration to U.S. has Plummeted." *New York Times,* 15 de Maio.

Pritchett, L. 2006. *Let the People Come: Breaking the Gridlock on International Labour Mobility.* Washington DC: Center for Global Development.

Quirk, M. 2008. "How to Grow a Gang." *The Atlantic Monthly,* Maio.

Rahaei, S. 2009. "Islam, Human Rights and Displacement." *Forced Migration Review* Supplement: 1-12.

Rajan, S. I. and K. C. Zachariah. 2009. "Annual Migration Survey 2008: Special Tabulation". Trivandrum: Centro para Estudos de Desenvolvimento.

Ramakrishnan, S. and T. J. Espenshade. 2001. "Immigrant Incorporation and Political Participation in the United States." *International Migration Review* 35 (3): 870-909.

Ramírez, C., M. G. Domínguez and J. M. Morais. 2005. «Crossing Borders: Remittances, Gender and Development». *Working paper*. Santo Domingo: United Nations International Training and Research Institute for the Advancement of Women [Instituto Internacional de Pesquisa e Formação das Nações Unidas para o Avanço da Mulher].

Ranis, G. and F. Stewart. 2000. "Strategies for Success in Human Development." *Journal of Human Development* 1 (1): 49-70.

Ratha, D. and S. Mohapatra. 2009a. "Revised Outlook for Remittance Flows 2009-2011: Remittances Expected to Fall by 5 to 8 Percent in 2009". *Migration and Development Brief 9*. Washington DC: World Bank [Banco Mundial].

Ratha, D. and S. Mohapatra. 2009b. "Revised Outlook for Remittances Flows 2009-2011."

Ratha, D. and W. Shaw. 2006. "South-South Migration and Remittances (The Bilateral Remittances Matrix Version 4)". Washington DC: World Bank [Banco Mundial].

Rauch, J. E. 1999. "Networks versus Markets in International Trade." *Journal of International Economics* 48 (1): 7-35.

Ravenstein, E. G. 1885. "The Laws of Migration." *Journal of the Statistical Society of London* 48 (2): 167-235.

Rawls, J. 1971. *A Theory of Justice*. Cambridge: Harvard University Press.

Rayhan, I. and U. Grote. 2007. "1987-94 Dynamics of Rural Poverty in Bangladesh." *Journal of Identity and Migration Studies* 1 (2): 82-98.

Rede de Informação Mundial. 2009. "Kafala." http://www.glin.gov/subjectTermIndex.action?search=&searchDetails.queryType=BOOLEAN&searchDetails.queryString=mt%3A^%22Kafala%22%24. Acedido em Junho de 2009.

Reitz, J. G. 2005. "Tapping Immigrants' Skills: New Directions for Canadian Immigration Policy in the Knowledge Economy." *Law and Business Review of the Americas* 11: 409.

Revkin, A. C. 2008. "Maldives Considers Buying Dry Land if Seas Rise." *New York Times,* 10 November.

Reyneri, E. 1998. "The Role of the Underground Economy in Irregular Migration to Italy: Cause or Effect?" *Journal of Ethnic and Migration Studies* 24 (2): 313-331.

Richmond, A. 1994. *Global Apartheid: Refugees, Racism, and the New World Order*. Toronto: Oxford University Press.

Robinson, C. W. 2003. "Risks and Rights: The Causes, Consequences, and Challenges of Development-Induced Displacement". *Occasional Paper*. Washington DC: The Brookings Institution-SAIS Project on Internal Displacement.

Rodríguez, F. and R. Wagner. 2009. "How Would your Kids Vote if I Open my Doors? Evidence from Venezuela." *Human Development Research Paper No. 40*. New York: United Nations Development Programme [Programa das Nações Unidas para o Desenvolvimento], Human Development Report Office [Gabinete do Relatório de Desenvolvimento Humano].

Rodrik, D. 2009. "Let Developing Nations Rule." http://www.voxeu.org/index.php?q=node/2885. Acedido em Julho de 2009.

Rosas, C. 2007. "¿Migras tú, Migro yo o Migramos Juntos? Los Condicionantes de Género en las Decisiones Migratorias de Parejas Peruanas Destinadas en Buenos Aires". Documento apresentado: IX Jornadas Argentinas de Estudios de Población (AEPA), 31 de Outubro-2 de Novembro de 2007, Córdoba, Espanha.

Rosenstone, S. J. and J. M. Hansen. 1993. *Mobilization, Participation, and Democracy in America*. New York: Macmillan.

Rossi, A. 2008. "The Impact of Migration on Children Left Beyond in Developing Countries". Documento apresentado na *Building Migration into Development Strategies Conference*, 28-29 Abril de 2008, London, UK.

Rowthorn, R. 2008. "The Fiscal Impact of Immigration on the Advanced Economies." *Oxford Review of Economic Policy* 24 (3): 560-580.

Rubenstein, H. 1992. "Migration, Development and Remittances in Rural Mexico." *International Migration* 30 (2): 127-153.

Ruhs, M. and P. Martin. 2008. "Numbers vs Rights: Trade-offs and Guest Worker Programs." *International Migration Review* 42 (1): 249-265.

Ruhs, M. 2002. "Temporary Foreign Workers Programmes: Policies, Adverse Consequences, and the Need to Make them Work". *Working Paper No. 56*. San Diego: The Center for Comparative Immigration Studies, University of California, San Diego.

—. **2005.** "The Potential of Temporary Migration Programmes in Future International Migration Policy". *Paper prepared for the Policy Analysis and Research Programme*. Genebra: Comissão Global para a Migração Internacional.

—. **2009.** "Migrant Rights, Immigration Policy and Human Development." *Human Development Research Paper No. 23*. New York: United Nations Development Programme [Programa das Nações Unidas para o Desenvolvimento], Human Development Report Office [Gabinete do Relatório de Desenvolvimento Humano].

Ruhunage, L. K. 2006. "Institutional Monitoring of Migrant Recruitment in Sri Lanka." In C. Kuptsch (Ed.), *Merchants of Labour*: 53-62. Genebra: Organização Internacional do Trabalho.

Sabates-Wheeler, R. 2009. "The Impact of Irregular Status on Human Development Outcomes for Migrants." *Human Development Research Paper No. 26*. New York: United

Nations Development Programme [Programa das Nações Unidas para o Desenvolvimento], Human Development Report Office [Gabinete do Relatório de Desenvolvimento Humano].

Sainath, P. 2004. "The Millions who Cannot Vote." *The Hindu,* 15 de Março.

Sanjek, R. 2003. "Rethinking Migration, Ancient to Future." *Global Networks* 3 (3): 315-336.

Sarreal, N. 2002. "A Few Degrees." In J. Son (Ed.), *Risk and Rewards: Stories from the Philippine Migration Trail*: 153. Bangkok: Inter Press Service Asia-Pacific.

Savage, K. and P. Harvey. 2007. "Remittance during Crises: Implications for Humanitarian Response". *Briefing Paper No. 26*. London: Overseas Development Institute.

Savona, E. U., A. Di Nicola and G. Da Col. 1996. "Dynamics of Migration and Crime in Europe: New Patterns of an Old Nexus". *Working Paper No. 8*. Trento: School of Law, University of Trento.

Saxenian, A. 2002. "The Silicon Valley Connection: Transnational Networks and Regional Development in Taiwan, China and India." *Science Technology and Society* 7 (1): 117-149.

——. **2006.** *International Mobility of Engineers and the Rise of Entrepreneurship in the Periphery*. Helsínquia: Universidade das Nações Unidas - Instituto Mundial para a Investigação e Desenvolvimento Económico.

Scheve, K. F. and M. J. Slaughter. 2007. "A New Deal for Globalization." *Foreign Affairs* 86 (4): 34-46.

Schiff, M. 1994. "How Trade, Aid and Remittances Affect International Migration". *Policy Research Working Paper Series No. 1376*. Washington DC: World Bank [Banco Mundial].

Sciortino, R. and S. Punpuing. 2009. *International Migration in Thailand*. Banguecoque: Organização Internacional para as Migrações.

Seewooruthun, D. C. R. 2008. "Migration and Development: The Mauritian Perspective". Documento apresentado na workshop: *Enhancing the Role of Return Migration in Fostering Development*, 7-8 de Julho de 2008, Genebra, Organização Internacional para as Migrações.

Sen, A. 1992. *Inequality Reexamined*. Oxford: Oxford University Press.

——. **2006.** *Identity and Violence: The Illusion of Destiny*. New York: W.W. Norton and Co.

Siddiqui, T. 2006. "Protection of Bangladeshi Migrants through Good Governance." In C. Kuptsch (Ed.), *Merchants of Labour*: 63-90. Genebraa: Organização Internacional para as Migrações.

Sides, J. and J. Citrin. 2007. "European Opinion About Immigration: The Role of Identities, Interests and Information." *B.J.Pol.S.* 37: 477-504.

Skeldon, R. 1999. "Migration in Asia after the Economic Crisis: Patterns and Issues." *Asia-Pacific Population Journal* 14 (3): 3-24.

——. **2005.** "Globalization, Skilled Migration and Poverty Alleviation: Brain Drains in Context". *Working Paper No. T15*. Sussex: Centro de Investigação de Desenvolvimento para a Migração, Globalização e Pobreza.

——. **2006.** "Interlinkages between Internal and International Migration and Development in the Asian Region." *Population Space and Place* 12 (1): 15-30.

Smeeding, T., C. Wing and K. Robson. 2009. "Differences in Social Transfer Support and Poverty for Immigrant Families with Children: Lessons from the LIS". Tabulação não Publicada.

Smeeding, T. 1997. "Financial Poverty in Developed Countries: The Evidence from the Luxembourg Income Study". *Background Paper for UNDP, Human Development Report 1997*. United Nations Development Programme [Programa das Nações Unidas para o Desenvolvimento].

Smith, A., R. N. Lalaonde and S. Johnson. 2004. "Serial Migration and Its Implications for the Parent-Child Relationship: A Retrospective Analysis of the Experiences of the Children of Caribbean Immigrants." *Cultural Diversity and Ethnic Minority Psychology* 10 (2): 107-122.

Solomon, M. K. 2009. "GATS Mode 4 and the Mobility of Labor." In R. Cholewinski, R. Perruchoud, and E. MacDonald (Eds.), *International migration Law: Developing Paradigms and Key Challenges*: 107-128. The Hague: TMC Asser Press.

Son, G. Y. 2009. "Where Work is the Only Bonus." *Bangkok Post*, 16 de Março.

Spilimbergo, A. 2009. "Democracy and Foreign Education." *American Economic Review* 99 (1): 528-543.

Srivastava, R. and S. Sasikumar. 2003. "An Overview of Migration in India, its Impacts and Key Issues". Documento apresentado na *Regional Conference on Migration Development and Pro-Poor Policy Choices in Asia*, 22-24 de Junho de 2003, Daca, Bangladesh.

Stark, O. 1980. "On the Role of Urban-to-Rural Remittances in Rural Development." *Journal of Development Studies* 16 (3): 369-374.

——. **1991.** *The Migration of Labor*. Cambridge: Basil Blackwell.

Stark, O. and D. Bloom. 1985. "The New Economics of Labour Migration." *American Economic Review* 75 (2): 173-178.

Stark, O., C. Helmenstein and A. Prskawetz. 1997. "A Brain Gain with a Brain Drain." *Economics Letters* 55: 227-234.

Stark, O., J. E. Taylor and S. Yitzhaki. 1986. "Remittances and Inequality." *The Economic Journal* 96 (383): 722-740.

STATEC (Central Service for Statistics and Economic Studies). 2008. Correspondência sobre a taxa bruta de escolarização no Luxemburgo. Maio. Luxemburgo.

Steel, Z., D. Silove, T. Chey, A. Bauman and Phan T. 2005. "Mental Disorders, Disability and Health Service Use Amongst Vietnamese Refugees and the Host Australian Population." *Acta Psychiatrica Scandinavica* 111 (4): 300-309.

Steinbeck, J. 1939. *The Grapes of Wrath*. New York: Viking Press-James Lloyd.

Stillman, S., D. McKenzie and J. Gibson. 2006. "Migration and Mental Health: Evidence from a Natural Experiment". *Department of Economics Working Paper in Economics*. University of Waikato.

Suarez-Orozco, C., I. L. G. Todorova and J. Louie. 2002. "Making Up for Lost Time: The Experience of Separation and Reunification Among Immigrant Families." *Family Process* 41 (4): 625-643.

Success for All Foundation. 2008. "About SFAF: Our Approach to Increasing Student Achievement and History." http://www.successforall.net/. Acedido em Junho de 2009.

Suen, W. 2002. *Economics: A Mathematical Analysis*. Boston: McGraw-Hill.

Sun, M. and C. C. Fan. 2009. "China's Permanent and Temporary Migrants: Differentials and Changes, 1990-2000". Em breve.

Survival International. 2007. "Progress Can Kill: How Imposed Development Destroys the Health of Tribal Peoples". London: Survival International.

Szulkin, R. and J. O. Jonsson. 2007. "Ethnic Segregation and Educational Outcomes in Swedish Comprehensive Schools". *Working Paper No. 2*. Stockholm: The Stockholm University Linnaeus Centre for Integration Studies.

Tabar, P. 2009. "Immigration and Human Development: Evidence from Lebanon." *Human Development Research Paper No. 35*. New York: United Nations Development Programme [Programa das nações Unidas para o Desenvolvimento], Human Development Report Office [Gabinete do Relatório de Desenvolvimento Humano].

Taylor, A. M. and J. G. Williamson. 1997. "Convergence in the Age of Mass Migration." *European Review of Economic History* 1: 27-63.

Taylor, E. J., J. Arango, G. Hugo, A. Kouaouci, D. S. Massey and A. Pellegrino. 1996. "International Migration and Community Development." *Population Index* 62 (3): 397-418.

Taylor, J. E., J. Mora, R. Adams and A. Lopez-Feldman. 2005. "Remittances, Inequality and Poverty: Evidence from Rural Mexico". *Working paper No. 05-003*. Davis: University of California, Davis.

Taylor, R. 2009. "Australia Slashes Immigration as Recession Looms." *Reuters UK*, 16 de Março.

Thaindian News. 2009. "New Law in Saudi Arabia to Benefit Two Mn Bangladeshi Workers." *Thaindian News*, 24 de Abril.

The Cities Alliance. 2007. *Liveable Cities: The Benefits of Urban Environmental Planning*. Washington DC: The Cities Alliance.

The Economist Intelligence Unit. 2008. "The Global Migration Barometer." http://www.eiu.com. Acedido em Julho de 2009.

—. **2009.** "Economist Intelligence Unit." http://www.eiu.com. Acedido em Julho de 2009.

The Institute for ECOSOC Rights. 2008. "Kebijakan Ilegal Migrasi Buruh Migran dan Mitos Pembaharuan Kebijakan: Antara Malaysia-Singapura" (Migrant Worker Illegal Policy and the Myth of Policy Reform: Between Malaysia and Singapore)". *Research Draft Report*. Jacarta: Institute of ECOSOC Rights.

The Straits Times. 2009. "No Visas for 55,000 Workers." *The Straits Times*, 11 de Março.

Thomas-Hope, E. (Ed.). 2009. *Freedom and Constraint in Caribbean: Migration and Diaspora*. Kingston: Ian Randle Publishers.

Timmer, A. and J. G. Williamson. 1998. "Racism, Xenophobia or Markets? The Political Economy of Immigration Policy Prior to the Thirties." *Population and Development Review* 24 (4): 739-771.

Tirtosudarmo, R. 2009. "Mobility and Human Development in Indonesia." *Human Development Research Paper No. 19*. New York: United Nations Development Programme [Programa das Nações Unidas para o Desenvolvimento], Human Development Report Office [Gabinete do Relatório de Desenvolvimento Humano].

Tiwari, R. 2005. "Child Labour in Footwear Industry: Possible Occupational Health Hazards." *Indian Journal of Occupational and Environmental Medicine* 9 (1): 7-9.

Transatlantic Trends. 2008. *Transatlantic Trends 2008: Immigration*. Bruxelas: Tendências Transatlânticas.

TWC2 (Transient Workers Count Too). 2006. "Debt, Delays, Deductions: Wage Issues Faced by Foreign Domestic Workers in Singapore". Singapura: TWC2.

U.S. Citizenship and Immigration Services. 2008. "Issuance of a Visa and Authorization for Temporary Admission into the United States for Certain Nonimmigrant Aliens Infected with HIV [73 FR 58023] [FR 79-08]." http://www.uscis.gov/propub/ProPubVAP.jsp?dockey=c56119ee231ea5ba9dac1a0e9b277bc6. Acedido em Junho de 2009.

Uhlaner, C., B. Cain and R. Kiewiet. 1989. "Political Participation of the Ethnic Minorities in the 1980s." *Political Behaviour* 11 (3): 195-231.

UN (United Nations). 1998. "Recommendations on Statistics of International Migration". *Statistical Paper Series M No. 58*. New York: Department of Economic and Social Affairs.

UN (United Nations). 2002. "Trends in Total Migrant Stock: The 2001 Revision." New York: Department of Social and Economic Affairs.

UN (United Nations). 2006a. "Trends in the Total Migrant Stock: The 2005 Revision." New York: Department of Economic and Social Affairs.

—. **2006b.** "World Economic and Social Survey 2006: Diverging Growth and Development". New York: Department of Economic and Social Affairs.

—. **2008a.** *The Millennium Development Goals Report 2008*. New York: Department of Economic and Social Affairs.

—. **2008b.** "World Population Policies: 2007". New York: Department of Economic and Social Affairs.

—. **2008c.** "World Urbanization Prospects: The 2007 Revision CD-ROM Edition". New York: UN.

Bibliografia

—. **2009a.** "Millennium Development Goals Indicators Database." http://mdgs.un.org. Acedido em Julho de 2009.

—. **2009b.** "Multilateral Treaties Deposited with the Secretary-General." http://untreaty.un.org. Acedido em Julho de 2009.

—. **2009c.** "National Accounts Main Aggregates Database." http://unstats.un.org/unsd/snaama/SelectionCountry.asp. Acedido em Julho de 2009.

—. **2009d.** "Trends in Total Migrant Stock: The 2008 Revision." New York: Department of Social and Economic Affairs.

—. **2009e.** "World Population Prospects: The 2008 Revision". New York: Department of Social and Economic Affairs.

UN-HABITAT (United Nations Human Settlements Programme). 2003. *Global Report on Human Settlements 2003: The Challenge of Slums*. London: Earthscan.

UNDP (United Nations Development Programme). 1990. *Human Development Report 1990: Concept and Measurement of Human Development*. New York: Oxford University Press.

—. **1994.** *Human Development Report 1994: New Dimensions of Human Security*. New York: Oxford University Press.

—. **1997.** *Human Development Report 1997: Human Development to Eradicate Poverty*. New York: Oxford University Press.

—. **2000.** *Albania Human Development Report 2000: Economic and Social Insecurity, Emigration and Migration*. Tirana: UNDP [PNUD].

—. **2004a.** *Côte d'Ivoire Human Development Report 2004: Social Cohesion and National Reconstruction*. Abidjan: UNDP [PNUD].

—. **2004b.** *Human Development Report 2004: Cultural Liberty in Today's Diverse World*. New York: UNDP [PNUD].

—. **2005a.** *China Human Development Report 2005: Towards Human Development with Equity*. Beijing: UNDP [PNUD].

—. **2005b.** *El Salvador Human Development Report 2005: Una Mirada al Nuevo Nosotros, El Impacto de las Migraciones*. San Salvador: UNDP [PNUD].

—. **2006a.** *Moldova Human Development Report 2006: Quality of Economic Growth and its Impact on Human Development*. Chisinau: UNDP [PNUD].

—. **2006b.** *Timor-Leste: Human Development Report 2006: The Path Out of Poverty*. Dili: UNDP [PNUD].

—. **2007a.** *Human Development Report 2007/2008: Fighting Climate Change: Human Solidarity in a Divided World*. New York: Palgrave Macmillan.

—. **2007b.** *Human Trafficking and HIV: Exploring Vulnerabilities and Responses in South Asia*. Colombo: UNDP Regional HIV and Development Programme for Asia Pacific.

—. **2007c.** *Mexico Human Development Report 2006/2007: Migracion y Desarrollo Humano*. Mexico City: UNDP [PNUD].

—. **2007d.** *National Human Development Report 2007: Social Inclusion in Bosnia and Herzegovina*. Sarajevo: UNDP [PNUD].

—. **2007e.** *Uganda Human Development Report 2007: Rediscovering Agriculture for Human Development*. Kampala: UNDP [PNUD].

—. **2008a.** *China Human Development Report 2007/08: Basic Public Services for 1.3 Billion People*. Beijing: UNDP [PNUD].

—. **2008b.** *Crisis Prevention and Recovery Report 2008: Post-Conflict Economic Recovery, Enabling Local Ingenuity*. New York: UNDP [PNUD].

—. **2008c.** *Egypt Human Development Report 2008: Egypt's Social Contract; The Role of Civil Society*. Cairo: UNDP [PNUD].

—. **2008d.** "HIV Vulnerabilities of Migrant Women: From Asia to the Arab States". Colombo: Regional Centre in Colombo.

—. **2008e.** "The Bali Road Map: Key Issues Under Negotiation". New York: Environment and Energy Group.

UNECA (United Nations Economic Commission for Africa). 2005. *Africa's Sustainable Development Bulletin 2005: Assessing Sustainable Development in Africa*. Addis Ababa: SDD (The Sustainable Development Division), UNECA The United Nations Economic Commission for Africa [Comissão Económica das Nações Unidas para a África].

UNESCO Institute for Statistics (United Nations Educational, Scientific and Cultural Organization). 1999. *Statistical Yearbook*. Paris: UNESCO.

—. **2003.** Correspondência sobre as taxas de alfabetização de adultos e jovens. Março. Montreal.

—. **2007.** Correspondência sobre as taxas brutas e líquidas de escolarização. Abril. Montreal.

—. **2008a.** "Data Centre Education Module." UNESCO.

—. **2008b.** "Global Education Digest 2008: Comparing Education Statistics Across the World." UNESCO.

—. **2009a.** Correspondência sobre as taxas de alfabetização de adultos e jovens. Fevereiro. Montreal.

—. **2009b.** Correspondência sobre os indicadores da educação. Fevereiro. Montreal.

—. **2009c.** "Data Centre Education Module." UNESCO.

UNFPA (United Nations Population Fund). 2006. "State of World Population 2006: A Passage to Hope - Women and International Migration". New York: UNFPA.

UNHCR (United Nations High Commission for Refugees). 2001. "The Asylum-Migration Nexus: Refugee Protection and Migration Perspectives from ILO". Documento apresentado na *Global Consultations on International Protection*, 28 de Junho de 2001, Genebra, Suíça.

—. **2002.** "Local Integration EC/GC/02/6". Documento apresentado na *Global Consultations on International Protection*, 25 de Abril, Genebra, Suíça.

—. **2007.** "1951 Convention Relating to the Status of Refugees, Text of the 1967 Protocol, Relating to the Status of Refugees, Resolution 2198 (XXI) adopted by the United Nations General Assembly." http://www.unhcr.org/protect/PROTECTION/3b66c2aa10.pdf.

Bibliografia

—. **2008.** *Statistical yearbook 2007: Trends in Displacement, Protection and Solutions*. Genebra: UNHCR [ACNUR].

—. **2009a.** Correspondência sobre os candidatos a asilo. Março. Genebra.

—. **2009b.** Correspondência sobre os refugiados. Março. Genebra.

UNICEF (United Nations Children's Fund). 2004. *The State of the World's Children 2005*. New York: UNICEF.

—. **2005a.** "The 'Rights' Start to Life: A Statistical Analysis of Birth Registration". New York: UNICEF.

—. **2005b.** *The State of the World's Children 2006*. New York: UNICEF.

—. **2007.** "Birth Registration Day Helps Ensure Basic Human Rights in Bangladesh." http://www.unicef.org/infobycountry/bangladesh_40265.html. Acedido em Junho de 2009.

—. **2008.** "The Child Care Transition: Innocenti Report Card 8. A League Table of Early Childhood Education and Care in Economically Advanced Countries". Florença: Centro de Investigação Innocenti, UNICEF.

UNODC (United Nations Office of Drugs and Crime). 2004. "United Nations Convention against Transnational Organized Crime and the Protocols Thereto." http://www.unodc.org/documents/treaties/UNTOC/Publications/TOC%20Convention/TOCebook-e.pdf. Acedido em Junho de 2009.

—. **2009.** *Global Report on Trafficking in Persons*. Viena: UNODC.

UNRWA (United Nations Relief and Works Agency). 2008. "UNRWA in Figures." http://www.un.org/unrwa/publications/pdf/uif-dec08.pdf. Acedido em Maio de 2009.

UNRWA-ECOSOC (United Nations Relief and Works Agency - United Nations Economic and Social Council). 2008. "Assistance to the Palestinian People: Report of the Secretary-General". Economic and Social Council Substantive Session of 2008, 30 de Junho - 25 Julho de 2008, New York City.

USAID (United States Agency for International Development). 2007. "Anti-Trafficking in Persons Programs in Africa: A Review". Washington DC: USAID.

van der Mensbrugghe, D. and D. Roland-Holst. 2009. "Global Economic Prospects for Increasing Developing Country Migration into Developed Countries." *Human Development Research Paper No. 50*. New York: United Nations Development Programme [Programa das Nações Unidas para o Desenvolvimento], Human Development Report Office [Gabinete do Relatório de Desenvolvimento Humano].

Van Engeland, A. and A. Monsutti. 2005. *War and Migration: Social Networks and Economic Strategies of the Hazaras of Afghanistan*. London: Routledge.

van Hear, N. 2003. "From Durable Solutions to Transnational Relations: Home and Exile Among Refugee Diasporas". *New Issues in Refugee Research Working Paper No. 83*. Genebra: Alto Comissariado das Nações Unidas para os Refugiados.

van Hear, N., R. Brubaker and T. Bessa. 2009. "Managing Mobility for Human Development: The Growing Salience of Mixed Migration." *Human Development Research Paper No. 20*. New York: United Nations Development Programme [Programa das Nações Unidas para o Desenvolvimento], Human Development Report Office [Gabinete do Relatório de Desenvolvimento Humano].

van Hear, N., F. Pieke and S. Vertovec. 2004. "The Contribution of UK-Based Diasporas to Development and Poverty Reduction". Oxford: Centre on Migration, Policy, and Society (COMPAS).

van Lerberghe, K. and A. Schoors (Eds.). 1995. *Immigration and Emigration within the Ancient Near East*. Leuven: Peeters Publishers.

van Thanh, T. 2008. "Exportation of Migrants as a Development Strategy in Viet Nam". Documento apresentado na *Workshop on Migrants, Migration and Development in the Greater Mekong Subregion*, 15-16 de Julho de 2008, Vientiane, Laos.

Vasquez, P., M. Alloza, R. Vegas and S. Bertozzi. 2009. "Impact of the Rise in Immigrant Unemployment on Public Finances". *Working Paper No. 2009-15*. Madrid: Fundación de Estudios De Economía Aplicada.

Vijayani, M. 2008. "No Plans to Disband Rela, Says Syed Hamid." *The Star*, 8 December.

Vogel, D. and V. Kovacheva. 2009. "Calculation Table 2005: A Dynamic Aggregate Country Estimate of Irregular Foreign Residents in the EU in 2005." http://irregular-migration.hwwi.net/Europe.5248.0.html. Acedido em Junho de 2009.

Wang, F.-L. 2005. *Organizing Through Division and Exclusion: China's Hukou System*. Stanford: Stanford University Press.

Whitehead, A., I. Hashim and V. Iversen. 2007. "Child Migration, Child Agency and Inter-Generational Relations in Africa and South Asia". *Working Paper No. T24*. Brighton: Centro de Investigação de Desenvolvimento para a Migração, Globalização e Pobreza.

WHO (World Health Organization). 2009. "World Health Statistics." http://www.who.int/whosis/whostat/2009/en/index.html. Acedido em Julho de 2009.

Williamson, J. G. 1990. *Coping with City Growth During the British Industrial Revolution*. New York: Cambridge University Press.

Wilson, M. E. 2003. "The Traveller and Emerging Infections: Sentinel, Courier, Transmitter." *Journal of Applied Microbiology* 94 (Suppl 1): S1-S11.

Winters, L. A. and P. Martin. 2004. "When Comparative Advantage is Not Enough: Business Costs in Small Remote Economies." *World Trade Review* 3 (3): 347-384.

Winters, L. A., T. L. Walmsley, Z. K. Wang and R. Grynberg. 2003. "Liberalising the Temporary Movement of Natural Persons: An Agenda for the Development Round." *The World Economy* 26 (8): 1137-1161.

Wolfinger, R. E. and S. J. Rosenstone. 1980. *Who Votes?* New Haven: Yale University Press.

World Bank. 1998. *Assessing Aid: What Works, What Doesn't, and Why*. New York: Oxford University Press.

—. **2000.** "Voices of the Poor." http://go.worldbank.org/H1N8746X10. Acedido em Junho de 2009.

—. **2002.** "Governance." In J. Klugman (Ed.), *A Sourcebook for Poverty Reduction Strategies. Volume 1: Core Techniques and Cross-Cutting Issues*: 269-300. Washington DC: World Bank [Banco Mundial].

—. **2003.** "Participatory Poverty Assessment Niger". Washington DC: World Bank [Banco Mundial].

—. **2006a.** *At Home and Away: Expanding Job Opportunities for Pacific Islanders Through Labor Mobility*. Washington DC: World Bank [Banco Mundial].

—. **2006b.** *Global Economic Prospects: Economic Implications of Remittances and Migration 2006*. Washington DC: World Bank [Banco Mundial].

—. **2009a.** "Crime and Violence in Central America". Washington DC: Central America Unit and Poverty Reduction and Economic Management Unit, World Bank [Banco Mundial].

—. **2009b.** "Migration and Remittances Factbook 2008: March 2009 Update". Washington DC: World Bank [Banco Mundial].

—. **2009c.** "Remittance Prices Worldwide." http://remittanceprices.worldbank.org/. Acedido em Junho de 2009.

—. **2009d.** "World Development Indicators". Washington DC: World Bank [Banco Mundial].

—. **2009e.** *World Development Report 2009: Reshaping Economic Geography*. Washington DC: World Bank [Banco Mundial].

Worster, D. 1979. *Dust Bowl*. New York: Oxford University Press.

WVS (World Values Survey). 2006. "World Values Survey 2005/6." http://www.worldvaluessurvey.org/.

Yang, D. 2006. "Why Do Migrants Return to Poor Countries? Evidence from Philippine Migrants' Responses to Exchange Rate Shocks." *Review of Economics and Statistics* 88 (4): 715-735.

—. **2008a.** "Coping with Disaster: The Impact of Hurricanes on International Financial Flows, 1970-2002." *The B.E.Journal of Economic Analysis & Policy* 8 (1 (Advances), Article 13): 1903-1935.

—. **2008b.** "International Migration, Remittances, and Household Investment: Evidence from Philippine Migrants' Exchange Rate Shocks." *The Economic Journal* 118 (528): 591-630.

—. **2009.** "International Migration and Human Development." *Human Development Research Paper No. 29*. New York: United Nations Development Programme [Programa das Nações Unidas para o Desenvolvimento], Human Development Report Office [Gabinete do Relatório de Desenvolvimento Humano].

Yang, D. and H. Choi. 2007. "Are Remittances Insurance? Evidence from Rainfall Shocks in the Philippines." *World Bank Economic Review* 21 (2): 219-248.

Yaqub, S. 2009. "Independent Child Migrants in Developing Countries: Unexplored Links in Migration and Development". *Working Paper 1*. Florença: Centro de Investigação Innocenti, UNICEF.

Zamble, F. 2008. "Politics Côte d'Ivoire: Anti-Xenophobia Law Gets Lukewarm Reception." *Inter Press News Service Agency*, 21 de Agosto.

Zambrano, G. C. and H. B. Kattya. 2005. "My Life Changed: Female Migration, Perceptions and Impacts". Quito: Centro de Planificación y Estudios Sociales Ecuador and UNIFEM.

Zamora, R. G. 2007. "El Programa Tres por uno de Remesas Colectivas en México: Lecciones y Desafios." *Migraciones Internacionales* 4 (001): 165-172.

Zhou, M. and J. R. Logan. 1989. "Returns on Human Capital in Ethnic Enclaves: New York City's Chinatown." *American Sociological Review* 54: 809-820.

Zhu, N. and X. Luo. 5-1-2008. "The Impact of Remittances on Rural Poverty and Inequality in China". *Policy Research Working Paper Series No. 4637*. World Bank [Banco Mundial].

Zimmermann, R. 2009. "Children in Immigrant Families in Seven Affluent Societies: Overview, Definitions and Issues". *Working Paper, Special Series on Children in Immigrant Families in Affluent Societies*. Florença: Centro de Investigação, UNICEF.

Zlotnik, H. 1998. "International Migration 1965-96: An Overview." *Population and Development Review* 24: 429-468.

Zucker, L. G. and M. R. Darby. 2008. "Defacto and Deeded Intellectual Property Rights". *Working Paper No. 14544*. Cambridge: National Bureau of Economic Research.

Anexo
estatístico

TABELA A

RELATÓRIO DE DESENVOLVIMENTO HUMANO 2009

Deslocação de pessoas: imagens e tendências

		Migração internacional										Migração interna	
		Imigração							Emigração			Migração interna de um período de vida[b]	
		Stock de imigrantes (milhares)				Taxa de crescimento anual (%)	Percentagem de população (%)		Número de mulheres em proporção (%)		Taxa de emigração (%)	Taxa de deslocações internacionais (%)	Número total de migrantes (milhares)	Taxa de migração interna (%)
Ordem do IDH		1960	1990	2005	2010[a]	1960-2005	1960	2005	1960	2005	2000-2002	2000-2002	1990-2005	1990-2005
DESENVOLVIMENTO HUMANO MUITO ELEVADO														
1	Noruega	61.6	195.2	370.6	485.4	4.0	1.7	8.0	54.3	51.1	3.9	11.0	..	..
2	Austrália	1,698.1	3,581.4	4,335.8	4,711.5	2.1	16.5	21.3	44.3	50.9	2.2	22.5	..	..
3	Islândia	3.3	9.6	22.6	37.2	4.3	1.9	7.6	52.3	52.0	10.6	16.4	..	..
4	Canadá	2,766.3	4,497.5	6,304.0	7,202.3	1.8	15.4	19.5	48.1	52.0	4.0	21.5	..	..
5	Irlanda	73.0	228.0	617.6	898.6	4.7	2.6	14.8	51.7	49.9	20.0	28.1	..	..
6	Países Baixos	446.6	1,191.6	1,735.4	1,752.9	3.0	3.9	10.6	58.8	51.6	4.7	14.2	..	..
7	Suécia	295.6	777.6	1,112.9	1,306.0	2.9	4.0	12.3	55.1	52.2	3.3	15.0	..	..
8	França	3,507.2	5,897.3	6,478.6	6,684.8	1.4	7.7	10.6	44.5	51.0	2.9	13.1	..	..
9	Suíça	714.2	1,376.4	1,659.7	1,762.8	1.9	13.4	22.3	53.3	49.7	5.6	26.0	..	..
10	Japão	692.7	1,075.6	1,998.9	2,176.2	2.4	0.7	1.6	46.0	54.0	0.7	1.7	..	..
11	Luxemburgo	46.4	113.8	156.2	173.2	2.7	14.8	33.7	53.8	50.3	9.5	38.3	..	..
12	Finlândia	32.1	63.3	171.4	225.6	3.7	0.7	3.3	56.3	50.6	6.6	9.0	..	..
13	Estados Unidos da América	10,825.6	23,251.0	39,266.5	42,813.3	2.9	5.8	13.0	51.1	50.1	0.8	12.4	44,400[c]	17.8[c]
14	Áustria	806.6	793.2	1,156.3	1,310.2	0.8	11.5	14.0	56.6	51.2	5.5	17.2	..	..
15	Espanha	210.9	829.7	4,607.9	6,377.5	6.9	0.7	10.7	52.2	47.7	3.2	8.3	8,600[c]	22.4[c]
16	Dinamarca	94.0	235.2	420.8	483.7	3.3	2.1	7.8	64.3	51.9	4.3	10.7	..	..
17	Bélgica	441.6	891.5	882.1	974.8	1.5	4.8	8.5	45.1	48.9	4.4	14.6	..	..
18	Itália	459.6	1,428.2	3,067.7	4,463.4	4.2	0.9	5.2	57.3	53.5	5.4	8.1	..	..
19	Listenstein	4.1	10.9	11.9	12.5	2.4	24.6	34.2	53.8	48.8	12.6	42.0	..	..
20	Nova Zelândia	333.9	523.2	857.6	962.1	2.1	14.1	20.9	47.1	51.9	11.8	27.3	..	..
21	Reino Unido	1,661.9	3,716.3	5,837.8	6,451.7	2.8	3.2	9.7	48.7	53.2	6.6	14.3	..	..
22	Alemanha	2,002.9[d]	5,936.2	10,597.9	10,758.1	3.7	2.8[d]	12.9	35.1[d]	46.7	4.7	15.3	..	..
23	Singapura	519.2	727.3	1,494.0	1,966.9	2.3	31.8	35.0	44.0	55.8	6.3	19.1	..	..
24	Hong Kong, China (RAE)	1,627.5	2,218.5	2,721.1	2,741.8	1.1	52.9	39.5	48.0	56.5	9.5	45.6	..	..
25	Grécia	52.5	412.1	975.0	1,132.8	6.5	0.6	8.8	46.1	45.1	7.8	17.2	..	..
26	Coreia, República da	135.6	572.1	551.2	534.8	3.1	0.5	1.2	47.7	51.4	3.1	3.4	..	..
27	Israel	1,185.6	1,632.7	2,661.3	2,940.5	1.8	56.1	39.8	49.5	55.9	13.1	40.3	..	..
28	Andorra	2.5	38.9	50.3	55.8	6.7	18.7	63.1	44.2	47.4	9.7	79.6	..	..
29	Eslovénia	..	178.1	167.3	163.9	..	..	8.4	..	46.8	5.2	7.6	..	..
30	Brunei Darussalam	20.6	73.2	124.2	148.1	4.0	25.1	33.6	42.0	44.8	4.9	33.4	..	..
31	Kuwait	90.6	1,585.3	1,869.7	2,097.5	6.7	32.6	69.2	25.6	30.0	16.6	54.5	..	..
32	Chipre	29.6	43.8	116.2	154.3	3.0	5.2	13.9	50.3	57.1	18.4	23.4	..	..
33	Qatar	14.4	369.8	712.9	1,305.4	8.7	32.0	80.5	25.8	25.8	2.3	60.7	..	..
34	Portugal	38.9	435.8	763.7	918.6	6.6	0.4	7.2	58.4	50.6	16.1	21.4	1,200[c]	12.8[c]
35	Emiratos Árabes Unidos	2.2	1,330.3	2,863.0	3,293.3	15.9	2.4	70.0	15.0	27.7	3.3	55.1	..	..
36	República Checa	60.1[e]	424.5	453.3	453.0	4.5	0.4[e]	4.4	59.5[e]	53.8	3.5	7.7	..	..
37	Barbados	9.8	21.4	26.2	28.1	2.2	4.2	10.4	59.8	60.1	29.8	36.6	90[f]	31.1[f]
38	Malta	1.7	5.8	11.7	15.5	4.3	0.5	2.9	59.7	51.6	22.3	24.0	..	..
DESENVOLVIMEMNTO HUMANO ELEVADO														
39	Barém	26.7	173.2	278.2	315.4	5.2	17.1	38.2	27.9	31.9	15.9	47.3	..	..
40	Estónia	..	382.0	201.7	182.5	..	..	15.0	..	59.6	12.2	28.5	..	..
41	Polónia	2,424.9	1,127.8	825.4	827.5	-2.4	8.2	2.2	53.9	59.0	5.1	7.1	..	..
42	Eslováquia	..	41.3	124.4	130.7	..	..	2.3	..	56.0	8.2	10.3	..	..
43	Hungria	518.1	347.5	333.0	368.1	-1.0	5.2	3.3	53.1	56.1	3.9	6.6	..	..
44	Chile	104.8	107.5	231.5	320.4	1.8	1.4	1.4	43.7	52.3	3.3	4.5	3,100[c]	21.3[c]
45	Croácia	..	475.4	661.4	699.9	..	..	14.9	..	53.0	12.0	23.8	800[g]	26.6[g]
46	Lituânia	..	349.3	165.3	128.9	..	..	4.8	..	56.6	8.6	13.9	..	..
47	Antígua e Barbuda	4.9	12.0	18.2	20.9	2.9	8.9	21.8	50.2	55.1	45.3	56.1	24,000[f]	28.4[f]
48	Letónia	..	646.0	379.6	335.0	..	..	16.6	..	59.0	9.1	33.0	..	..
49	Argentina	2,601.2	1,649.9	1,494.1	1,449.8	-1.2	12.6	3.9	45.4	53.4	1.6	5.6	6,700[c]	19.9[c]
50	Uruguai	192.2	98.2	84.1	79.9	-1.8	7.6	2.5	47.8	54.0	7.0	9.5	800[f]	24.1[f]
51	Cuba	143.6	34.6	15.3	15.3	-5.0	2.0	0.1	30.6	29.0	8.9	9.6	1,800[f]	15.2[f]
52	Baamas	11.3	26.9	31.6	33.4	2.3	10.3	9.7	43.7	48.5	10.8	19.3	..	..
53	México	223.2	701.1	604.7	725.7	2.2	0.6	0.6	46.2	49.4	9.0	9.5	17,800[c]	18.5[c]
54	Costa Rica	32.7	417.6	442.6	489.2	5.8	2.5	10.2	40.4	49.8	2.6	9.7	700[c]	20.0[c]
55	Jamahira Árabe Líbia	48.2	457.5	617.5	682.5	5.7	3.6	10.4	49.0	35.5	1.4	11.5	..	..
56	Omã	43.7	423.6	666.3	826.1	6.1	7.7	25.5	21.2	20.8	0.7	28.0	..	..
57	Seychelles	0.8	3.7	8.4	10.8	5.1	1.9	10.2	35.4	42.5	17.0	21.6	..	..
58	Venezuela, República Bolivariana da	509.5	1,023.8	1,011.4	1,007.4	1.5	6.7	3.8	37.9	49.9	1.4	5.3	5,200[c]	23.8[c]
59	Arábia Saudita	63.4	4,743.0	6,336.7	7,288.9	10.2	1.6	26.8	36.4	30.1	1.1	24.8	..	..

143

RELATÓRIO DE DESENVOLVIMENTO HUMANO 2009
Deslocação de pessoas: imagens e tendências

		Migração internacional									Migração interna	
		Imigração						Emigração			Migração interna de um período de vida[b]	
		Stock de imigrantes (milhares)			Taxa de crescimento anual (%)	Percentagem de população (%)		Número de mulheres em proporção (%)		Taxa de emigração (%)	Taxa de deslocações internacionais (%)	Número total de migrantes (milhares)	Taxa de migração interna (%)
Ordem do IDH		1960	1990	2005	2010[a]	1960-2005	1960	2005	1960	2005	2000-2002	2000-2002	1990-2005	1990-2005
60	Panamá	68.3	61.7	102.2	121.0	0.9	6.1	3.2	42.7	50.2	5.7	8.2	600[c]	20.6[c]
61	Bulgária	20.3	21.5	104.1	107.2	3.6	0.3	1.3	57.9	57.9	10.5	11.6	800[g]	14.3[g]
62	São Cristóvão e Nevis	3.5	3.2	4.5	5.0	0.5	6.9	9.2	48.6	46.3	44.3	49.3	..	..
63	Roménia	330.9	142.8	133.5	132.8	-2.0	1.8	0.6	54.8	52.1	4.6	5.0	2,300[g]	15.1[g]
64	Trinidade e Tobago	81.0	50.5	37.8	34.3	-1.7	9.6	2.9	49.8	53.9	20.2	22.8	..	..
65	Montenegro	..	..[h]	54.6	42.5	..	..	8.7	..	60.9	..[h]	..[h]	..	..
66	Malásia	56.9	1,014.2	2,029.2	2,357.6	7.9	0.7	7.9	42.2	45.0	3.1	10.1	4,200[c]	20.7[c]
67	Sérvia	155.4[e]	99.3	674.6	525.4	3.3	0.9[e]	6.8	56.9[e]	56.1	13.6	18.7	..	..
68	Bielorússia	..	1,249.0	1,106.9	1,090.4	..	..	11.3	..	54.2	15.2	26.1	900[c]	10.8[c]
69	Santa Lúcia	2.4	5.3	8.7	10.2	2.8	2.7	5.3	50.1	51.3	24.1	27.9	30[f]	18.5[f]
70	Albânia	48.9	66.0	82.7	89.1	1.2	3.0	2.7	53.7	53.1	21.0	21.4	500[g]	24.1[g]
71	Federação Russa	2,941.7[e]	11,524.9	12,079.6	12,270.4	3.1	1.4[e]	8.4	47.9[e]	57.8	7.7	15.3	..	..
72	Macedónia (Antiga Repúb. Jugoslava da)	..	95.1	120.3	129.7	..	..	5.9	..	58.3	11.3	12.8	..	..
73	Domínica	2.4	2.5	4.5	5.5	1.4	4.0	6.7	50.9	46.2	38.3	41.6	..	..
74	Granada	4.0	4.3	10.8	12.6	2.2	4.5	10.6	51.2	53.3	40.3	45.0	..	..
75	Brasil	1,397.1	798.5	686.3	688.0	-1.6	1.9	0.4	44.4	46.4	0.5	0.8	17,000[c]	10.1[c]
76	Bósnia e Herzegovina	..	56.0	35.1	27.8	..	..	0.9	..	49.8	25.1	27.0	1,400[g]	52.5[g]
77	Colômbia	58.7	104.3	110.0	110.3	1.4	0.4	0.3	43.9	48.3	3.9	4.1	8,100[c]	20.3[c]
78	Peru	66.5	56.0	41.6	37.6	-1.0	0.7	0.1	44.3	52.4	2.7	2.9	6,300[f]	22.4[f]
79	Turquia	947.6	1,150.5	1,333.9	1,410.9	0.8	3.4	1.9	48.1	52.0	4.2	6.0	..	..
80	Equador	24.1	78.7	123.6	393.6	3.6	0.5	0.9	45.5	49.1	5.3	5.9	2,400[c]	20.2[c]
81	Maurícia	10.2	8.7	40.8	42.9	3.1	1.6	3.3	39.3	63.3	12.5	13.1	..	..
82	Cazaquistão	..	3,619.2	2,973.6	3,079.5	..	..	19.6	..	54.0	19.4	35.8	1,000[g]	9.3[g]
83	Líbano	151.4	523.7	721.2	758.2	3.5	8.0	17.7	49.2	49.1	12.9	27.1	..	..

DESENVOLVIMENTO HUMANO MÉDIO

84	Arménia	..	658.8	492.6	324.2	..	..	16.1	..	58.9	20.3	28.1	500[g]	24.5[g]
85	Ucrânia	..	6,892.9	5,390.6	5,257.5	..	..	11.5	..	57.2	10.9	23.8	..	..
86	Azerbeijão	..	360.6	254.5	263.9	..	..	3.0	..	57.0	14.3	15.8	1,900[g]	33.2[g]
87	Tailândia	484.8	387.5	982.0	1,157.3	1.6	1.8	1.5	36.5	48.4	1.3	2.0	..	..
88	Irão, República Islâmica do	48.4	4,291.6	2,062.2	2,128.7	8.3	0.2	2.9	50.6	39.7	1.3	4.7	..	..
89	Geórgia	..	338.3	191.2	167.3	..	..	4.3	..	57.0	18.3	22.1	..	..
90	República Dominicana	144.6	291.2	393.0	434.3	2.2	4.3	4.1	25.9	40.1	9.1	10.4	1,700[f]	17.7[f]
91	São Vicente e Granadinas	2.5	4.0	7.4	8.6	2.4	3.1	6.8	50.6	51.8	34.4	39.0	..	..
92	China	245.7	376.4	590.3	685.8	1.9	0.0	0.0	47.3	50.0	0.5	0.5	73,100[c]	6.2[c]
93	Belize	7.6	30.4	40.6	46.8	3.7	8.2	14.4	46.1	50.5	16.5	27.4	40[f]	14.2[f]
94	Samoa	3.4	3.2	7.2	9.0	1.6	3.1	4.0	45.9	44.9	37.2	39.4	..	..
95	Maldivas	1.7	2.7	3.2	3.3	1.4	1.7	1.1	46.3	44.8	0.4	1.5	..	..
96	Jordânia	385.8	1,146.3	2,345.2	2,973.0	4.0	43.1	42.1	49.2	49.1	11.6	45.3	..	..
97	Suriname	22.5	18.0	34.0	39.5	0.9	7.7	6.8	47.4	45.6	36.0	36.9	..	..
98	Tunísia	169.2	38.0	34.9	33.6	-3.5	4.0	0.4	51.0	49.5	5.9	6.3	..	..
99	Tonga	0.1	3.0	1.2	0.8	5.0	0.2	1.1	45.5	48.7	33.7	34.7	..	..
100	Jamaica	21.9	20.8	27.2	30.0	0.5	1.3	1.0	48.4	49.4	26.7	27.0	..	..
101	Paraguai	50.0	183.3	168.2	161.3	2.7	2.6	2.8	47.4	48.1	6.9	9.8	1,600[f]	26.4[f]
102	Sri Lanka	1,005.3	458.8	366.4	339.9	-2.2	10.0	1.9	46.6	49.8	4.7	6.6	..	..
103	Gabão	20.9	127.7	244.6	284.1	5.5	4.3	17.9	42.9	42.9	4.3	22.8	..	..
104	Argélia	430.4	274.0	242.4	242.3	-1.3	4.0	0.7	50.1	45.2	6.2	6.9	..	..
105	Filipinas	219.7	159.4	374.8	435.4	1.2	0.8	0.4	43.9	50.1	4.0	5.6	6,900[c]	11.7[c]
106	El Salvador	34.4	47.4	35.9	40.3	0.1	1.2	0.6	72.8	52.8	14.3	14.6	1,200[f]	16.7[f]
107	República Árabe da Síria	276.1	690.3	1,326.4	2,205.8	3.5	6.0	6.9	48.7	48.9	2.4	7.4	..	..
108	Fiji	20.1	13.7	17.2	18.5	-0.3	5.1	2.1	37.6	47.9	15.0	16.6	..	..
109	Turquemenistão	..	306.5	223.7	207.7	..	..	4.6	..	57.0	5.3	9.8	..	..
110	Territórios Ocupados da Palestina	490.3	910.6	1,660.6	1,923.8	2.7	44.5	44.1	49.2	49.1	23.9	61.3	..	..
111	Indonésia	1,859.5	465.6	135.6	122.9	-5.8	2.0	0.1	48.0	46.0	0.9	1.0	8,100[c]	4.1[c]
112	Honduras	60.0	270.4	26.3	24.3	-1.8	3.0	0.4	45.4	48.6	5.3	5.9	1,200[f]	17.2[f]
113	Bolívia	42.7	59.6	114.0	145.8	2.2	1.3	1.2	43.4	48.1	4.3	5.3	1,500[f]	15.2[f]
114	Guiana	14.0	4.1	10.0	11.6	-0.8	2.5	1.3	42.2	46.5	33.5	33.6	..	..
115	Mongólia	3.7	6.7	9.1	10.0	2.0	0.4	0.4	47.4	54.0	0.3	0.6	200[g]	9.7[g]
116	Vietnam	40.6	29.4	54.5	69.3	5.8	0.0	0.1	46.4	36.6	2.4	2.4	12,700[g]	21.9[g]
117	Moldávia	..	578.5	440.1	408.3	..	..	11.7	..	56.0	14.3	24.6	..	..
118	Guiné Equatorial	19.4	2.7	5.8	7.4	-2.7	7.7	1.0	30.2	47.0	14.5	14.7	..	..

144

TABELA A

		Migração internacional										Migração interna	
		Imigração							Emigração			Migração interna de um período de vida[b]	
		Stock de imigrantes (milhares)				Taxa de crescimento anual (%)	Percentagem de população (%)		Número de mulheres em proporção (%)		Taxa de emigração (%)	Taxa de deslocações internacionais (%)	Número total de migrantes (milhares)	Taxa de migração interna (%)
Ordem do IDH		1960	1990	2005	2010[a]	1960-2005	1960	2005	1960	2005	2000-2002	2000-2002	1990-2005	1990-2005
119	Uzbequistão	..	1,653.0	1,267.8	1,175.9	..	..	4.8	..	57.0	8.5	13.4	..	..
120	Quirguizistão	..	623.1	288.1	222.7	..	..	5.5	..	58.2	10.5	20.6	600[g]	16.2[g]
121	Cabo Verde	6.6	8.9	11.2	12.1	1.2	3.4	2.3	50.4	50.4	30.5	32.1	..	..
122	Guatemala	43.3	264.3	53.4	59.5	0.5	1.0	0.4	48.3	54.4	4.9	5.2	1,500[f]	11.1[f]
123	Egipto	212.4	175.6	246.7	244.7	0.3	0.8	0.3	47.8	46.7	2.9	3.1	..	..
124	Nicarágua	12.4	40.8	35.0	40.1	2.3	0.7	0.6	46.6	48.8	9.1	9.6	800[f]	13.3[f]
125	Botsuana	7.2	27.5	80.1	114.8	5.4	1.4	4.4	43.8	44.3	0.9	3.8	..	..
126	Vanuatu	2.8	2.2	1.0	0.8	-2.2	4.4	0.5	39.0	46.5	2.0	2.7	..	..
127	Taijiquistão	..	425.9	306.4	284.3	..	..	4.7	..	57.0	11.4	16.1	400[g]	9.9[g]
128	Namíbia	27.2	112.1	131.6	138.9	3.5	4.5	6.6	36.9	47.3	1.3	8.7	..	..
129	África do Sul	927.7	1,224.4	1,248.7	1,862.9	0.7	5.3	2.6	29.0	41.4	1.7	3.9	6,700[c]	15.4[c]
130	Morrocos	394.3	57.6	51.0	49.1	-4.5	3.4	0.2	51.5	49.9	8.1	8.5	6,800[g]	33.4[g]
131	São Tomé e Princípe	7.4	5.8	5.4	5.3	-0.7	11.6	3.5	46.4	47.9	13.5	17.9	..	..
132	Butão	9.7	23.8	37.3	40.2	3.0	4.3	5.7	18.5	18.5	2.2	3.8	..	..
133	Repúb. Democrática Popular do Laos	19.6	22.9	20.3	18.9	0.1	0.9	0.3	48.9	48.1	5.9	6.2	..	..
134	Índia	9,410.5	7,493.2	5,886.9	5,436.0	-1.0	2.1	0.5	46.0	48.6	0.8	1.4	42,300[c]	4.1[c]
135	Ilhas Solomão	3.7	4.7	6.5	7.0	1.2	3.1	1.4	45.6	44.0	1.0	1.7	..	..
136	Congo	26.3	129.6	128.8	143.2	3.5	2.6	3.8	51.6	49.6	14.7	20.0	..	..
137	Cambodja	381.3	38.4	303.9	335.8	-0.5	7.0	2.2	48.3	51.3	2.3	3.9	1,300[c]	11.7[c]
138	Mianmar	286.6	133.5	93.2	88.7	-2.5	1.4	0.2	44.9	47.7	0.7	0.9	..	..
139	Comores	1.5	14.1	13.7	13.5	4.9	0.8	2.2	46.6	53.1	7.7	10.7	..	..
140	Iémen	159.1	343.5	455.2	517.9	2.3	3.0	2.2	38.3	38.3	3.0	4.3	..	..
141	Paquistão	6,350.3	6,555.8	3,554.0	4,233.6	-1.3	13.0	2.1	46.4	44.8	2.2	4.8	..	..
142	Suazilândia	16.9	71.4	38.6	40.4	1.8	4.9	3.4	48.5	47.4	1.1	4.8	..	..
143	Angola	122.1	33.5	56.1	65.4	-1.7	2.4	0.3	41.7	51.1	5.5	5.8	..	..
144	Nepal	337.6	430.7	818.7	945.9	2.0	3.5	3.0	64.1	69.1	3.9	6.2	..	..
145	Madagáscar	126.3	46.1	39.7	37.8	-2.6	2.5	0.2	49.2	46.1	0.9	1.3	1,000[g]	9.3[g]
146	Bangladesh	661.4	881.6	1,031.9	1,085.3	1.0	1.2	0.7	46.4	13.9	4.5	5.1	..	..
147	Quénia	59.3	163.0	790.1	817.7	5.8	0.7	2.2	37.1	50.8	1.4	2.3	3,500[c]	12.6[c]
148	Papua-Nova Guiné	20.2	33.1	25.5	24.5	0.5	1.0	0.4	43.3	37.6	0.9	1.3	..	..
149	Haiti	14.5	19.1	30.1	35.0	1.6	0.4	0.3	50.5	43.2	7.7	8.0	1,000[g]	17.5[g]
150	Sudão	242.0	1,273.1	639.7	753.4	2.2	2.1	1.7	47.2	48.3	1.7	3.8	..	..
151	Tanzânia, República Unida da	477.0	576.0	797.7	659.2	1.1	4.7	2.0	45.0	50.2	0.8	3.3	..	..
152	Gana	529.7	716.5	1,669.3	1,851.8	2.6	7.8	7.6	36.4	41.8	4.5	7.3	3,300[c]	17.8[c]
153	Camarões	175.4	265.3	211.9	196.6	0.4	3.2	1.2	44.3	45.6	1.0	1.9	..	..
154	Mauritânia	12.1	93.9	66.1	99.2	3.8	1.4	2.2	41.1	42.1	4.1	6.3	400[g]	24.2[g]
155	Djibuti	11.8	122.2	110.3	114.1	5.0	13.9	13.7	41.8	46.5	2.2	5.8	..	..
156	Lesoto	3.2	8.2	6.2	6.3	1.5	0.4	0.3	50.5	45.7	2.6	2.8	..	..
157	Uganda	771.7	550.4	652.4	646.5	-0.4	11.4	2.3	41.3	49.9	0.7	2.7	1,300[c]	5.2[c]
158	Nigéria	94.1	447.4	972.1	1,127.7	5.2	0.2	0.7	36.2	46.5	0.8	1.4	..	..
DESENVOLVIMENTO HUMANO BAIXO														
159	Togo	101.3	162.6	182.8	185.4	1.3	6.5	3.1	51.8	50.4	3.7	6.8	..	..
160	Malawi	297.7	1,156.9	278.8	275.9	-0.1	8.4	2.0	51.2	51.6	1.2	3.4	200[g]	2.7[g]
161	Benim	34.0	76.2	187.6	232.0	3.8	1.5	2.4	48.5	46.0	7.5	8.8	..	..
162	Timor-Leste	7.1	9.0	11.9	13.8	1.1	1.4	1.2	46.0	52.6	2.6	3.2	..	..
163	Costa do Marfim	767.0	1,816.4	2,371.3	2,406.7	2.5	22.3	12.3	40.8	45.1	1.0	13.8	..	..
164	Zâmbia	360.8	280.0	287.3	233.1	-0.5	11.9	2.4	47.0	49.4	2.2	5.6	..	..
165	Eritreia	7.7	11.8	14.6	16.5	1.4	0.5	0.3	41.9	46.5	12.5	12.8	..	..
166	Senegal	168.0	268.6	220.2	210.1	0.6	5.5	2.0	41.7	51.0	4.4	7.0	..	..
167	Ruanda	28.5	72.9	435.7	465.5	6.1	1.0	4.8	53.9	53.9	2.7	3.7	800[c]	10.4[c]
168	Gâmbia	31.6	118.1	231.7	290.1	4.4	9.9	15.2	42.7	48.7	3.6	16.4	..	..
169	Libéria	28.8	80.8	96.8	96.3	2.7	2.7	2.9	37.8	45.1	2.7	7.8	..	..
170	Guinea	11.3	241.1	401.2	394.6	7.9	0.4	4.4	48.0	52.8	6.3	14.3	..	..
171	Etiópia	393.3	1,155.4	554.0	548.0	0.8	1.7	0.7	41.9	47.1	0.4	1.4	..	..
172	Moçambique	8.9	121.9	406.1	450.0	8.5	0.1	1.9	43.6	52.1	4.2	6.0	900[g]	8.1[g]
173	Guiné-Bissau	11.6	13.9	19.2	19.2	1.1	2.0	1.3	50.0	50.0	8.6	9.9	..	..
174	Burundi	126.3	333.1	61.6	60.8	-1.0	4.3	1.1	46.0	53.7	5.4	6.5	..	..
175	Chade	55.1	74.3	358.4	388.3	4.2	1.9	3.6	44.0	48.0	3.2	3.7	..	..
176	Congo, República Democrática do	1,006.9	754.2	480.1	444.7	-1.6	6.5	0.8	49.8	52.9	1.5	2.9	8,500[g]	27.1[g]
177	Burkina Faso	62.9	344.7	772.8	1,043.0	5.6	1.3	5.6	52.3	51.1	9.8	17.9	..	..

145

RELATÓRIO DE DESENVOLVIMENTO HUMANO **2009**

Deslocação de pessoas: imagens e tendências

		Migração internacional									Migração interna	
		Imigração								Emigração		Migração interna de um período de vida[b]	
		Stock de imigrantes (milhares)				Taxa de crescimento anual (%)	Percentagem de população (%)		Número de mulheres em proporção (%)		Taxa de emigração (%)	Taxa de deslocações internacionais (%)	Número total de migrantes (milhares)	Taxa de migração interna (%)
Ordem do IDH		1960	1990	2005	2010[a]	1960-2005	1960	2005	1960	2005	2000-2002	2000-2002	1990-2005	1990-2005
178	Mali	167.6	165.3	165.4	162.7	0.0	3.3	1.4	50.0	47.8	12.5	12.9	..	..
179	República Centro-Africana	43.1	62.7	75.6	80.5	1.2	2.9	1.8	49.6	46.6	2.7	4.2	..	..
180	Serra Leoa	45.9	154.5	152.1	106.8	2.7	2.0	3.0	35.6	45.7	2.0	3.0	600 [g]	19.0 [g]
181	Afeganistão	46.5	57.7	86.5	90.9	1.4	0.5	0.4	43.6	43.6	10.6	10.8	..	..
182	Níger	55.0	135.7	183.0	202.2	2.7	1.7	1.4	50.0	53.6	4.0	5.0	..	..
OUTROS ESTADOS-MEMBROS DAS NAÇÕES UNIDAS													
	Iraque	87.8	83.6	128.1	83.4	0.8	1.2	0.5	40.9	31.1	4.1	4.6	..	..
	Kiribati	0.6	2.2	2.0	2.0	2.6	1.8	2.2	38.2	48.8	4.0	6.7	..	..
	Coreia, Rep. Democrática Popular da	25.1	34.1	36.8	37.1	0.9	0.2	0.2	47.3	52.0	2.0	2.2	..	..
	Ilhas Marshall	0.8	1.5	1.7	1.7	1.5	5.8	2.9	41.0	41.0	17.7	20.1	..	..
	Micronésia, Estados Federados da	5.8	3.7	2.9	2.7	-1.6	13.1	2.6	40.9	46.4	18.6	21.0	1 [g]	1.2 [g]
	Mónaco	15.4	20.1	22.6	23.6	0.9	69.5	69.8	57.5	51.3	39.3	82.6	..	..
	Nauru	0.4	3.9	4.9	5.3	5.5	9.3	48.7	5.1	45.0	9.3	50.4	..	..
	Palau	0.3	2.9	6.0	5.8	6.5	3.3	30.0	34.9	40.2	39.3	58.7	..	..
	San Marino	7.5	8.7	11.4	11.7	0.9	48.9	37.7	53.5	53.5	18.1	45.0	..	..
	Somália	11.4	633.1	21.3	22.8	1.4	0.4	0.3	41.9	46.5	6.5	6.7	..	..
	Tuvalu	0.4	0.3	0.2	0.2	-1.6	6.1	1.9	42.2	45.4	15.4	18.2	..	..
	Zimbabué	387.2	627.1	391.3	372.3	0.0	10.3	3.1	24.1	37.8	2.3	7.4	..	..
	África	9,175.9 [T]	15,957.6 [T]	17,678.6 [T]	19,191.4 [T]	1.7	3.2	1.9	43.1	47.8	2.9	..	..	..
	Ásia	28,494.9 [T]	50,875.7 [T]	55,128.5 [T]	61,324.0 [T]	0.7	1.7	1.4	46.6	47.1	1.7	..	..	..
	Europa	17,511.7 [T]	49,360.5 [T]	64,330.1 [T]	69,744.5 [T]	2.9	3.0	8.8	49.0	52.9	7.3	..	..	..
	América Latina e Caraíbas	6,151.4 [T]	7,130.3 [T]	6,869.4 [T]	7,480.3 [T]	0.2	2.8	1.2	44.6	48.4	5.0	..	..	..
	América do Norte	13,603.5 [T]	27,773.9 [T]	45,597.1 [T]	50,042.4 [T]	2.8	6.7	13.6	50.8	50.3	1.1	..	..	..
	Oceânia	2,142.6 [T]	4,365.0 [T]	5,516.3 [T]	6,014.7 [T]	1.7	13.5	16.4	44.3	48.2	4.9	..	..	..
	OCDE	31,574.9 [T]	61,824.3 [T]	97,622.8 [T]	108,513.7 [T]	2.6	4.1	8.4	48.7	51.1	3.9	..	..	..
	União Europeia (UE27)	13,555.3 [T]	26,660.0 [T]	41,596.8 [T]	46,911.3 [T]	2.8	3.5	8.5	49.1	51.4	5.7	..	..	..
	CCG	241.0 [T]	8,625.2 [T]	12,726.6 [T]	15,126.6 [T]	10.2	4.9	37.1	33.5	29.1	3.2	..	..	..
	Desenvolvimento humano muito elevado	31,114.9 [T]	66,994.9 [T]	107,625.9 [T]	120,395.2 [T]	3.1	4.6	11.1	48.6	50.9	3.4	..	..	..
	Muito elevado: OCDE	27,461.0 [T]	58,456.2 [T]	94,401.4 [T]	105,050.9 [T]	3.1	4.1	10.0	48.6	50.9	3.2	..	..	..
	Muito elevado: não-OCDE	3,653.8 [T]	8,538.7 [T]	13,224.6 [T]	15,344.3 [T]	4.7	41.5	46.5	47.4	50.3	11.6	..	..	..
	Desenvolvimento humano elevado	13,495.1 [T]	34,670.2 [T]	38,078.0 [T]	40,383.6 [T]	1.1	2.8	3.8	47.2	50.5	6.0	..	..	..
	Desenvolvimento humano médio	28,204.2 [T]	44,870.0 [T]	40,948.6 [T]	44,206.5 [T]	0.6	1.7	0.8	46.1	46.8	1.9	..	..	..
	Desenvolvimento humano baixo	4,265.7 [T]	8,928.0 [T]	8,467.5 [T]	8,812.0 [T]	1.6	3.9	2.3	45.0	48.9	3.9	..	..	..
	Mundo (excluindo a antiga União Soviética e a Checoslováquia)	74,078.1 [T]	125,389.2 [T]	168,780.5 [T]	187,815.1 [T]	1.1	2.7	2.7	46.8	47.8	2.4	..	..	..
	Mundo	77,114.7 [Ti]	155,518.1 [Ti]	195,245.4 [Ti]	213,943.8 [Ti]	1.1	2.6 i	3.0 i	47.0 i	49.2 i	3.0 i	..	..	..

NOTAS

a. As projecções para 2010 baseiam-se em tendências a longo prazo e poderão não constituir previsões exactas do efeito das flutuações imprevisíveis a curto prazo, tais como as da crise económica de 2009. Ver UN 2009d para mais detalhes.

b. Em virtude das diferenças existentes nas definições dos respectivos dados, dever-se-á ter cautela quando se proceder a comparações entre países. Os dados são provenientes de diferentes censos e inquéritos e referem-se a diferentes períodos de tempo, pelo que não são rigorosamente comparáveis.

c. Os dados constituem estimativas baseadas em censos realizados por Bell e Muhidin (Bell and Muhidin 2009). O número de migrantes internos é apresentado em termos de uma percentagem da população total.

d. As estimativas de 1960 referentes à Alemanha dizem respeito à ex-República Federal da Alemanha e à ex-República Democrática Alemã.

e. As estimativas de 1960 referentes à República Checa, à Federação Russa e à Sérvia dizem respeito aos antigos Estados da Checoslováquia, da União Soviética e da Jugoslávia, respectivamente.

f. Os dados constituem estimativas baseadas em censos de 2007 da CEPAL (ECLAC 2007). O número de migrantes internos é apresentado em termos de uma percentagem da população total.

g. Os dados constituem estimativas baseadas em inquéritos a agregados familiares provenientes do Banco Mundial (World Bank 2009e). O número de migrantes internos é apresentado em termos de uma percentagem da população em idade laboral exclusivamente.

h. Os dados referentes a Montenegro estão incluídos naqueles referentes à Sérvia.

i. Os dados são valores em agregado a partir da fonte de dados original.

FONTES

Colunas 1-4 e 6-9: UN 2009d.
Coluna 5: cálculos baseados em dados retirados de UN 2009d.
Coluna 10: cálculos baseados em dados provenientes do Centro de Investigação de Desenvolvimento para a Migração, Globalização e Pobreza (Migration DRC 2007), e em dados populacionais retirados de UN 2009e.
Coluna 11: cálculos baseados em dados provenientes do Centro de Investigação de Desenvolvimento para a Migração, Globalização e Pobreza (Migration DRC 2007).
Colunas 12-13: várias (conforme indicado).

TABELA B

RELATÓRIO DE DESENVOLVIMENTO HUMANO **2009**

Emigrantes internacionais por área de residência

Áreas de residência

	Continente de residência 2000-2002 (% dos stocks totais de emigrantes)						Categoria de desenvolvimento humano dos países de residência a 2000-2002 (% dos stocks totais de emigrantes)				Percentagem dos imigrantes de um país num continente 2000-2002 (% dos stocks totais de imigrantes no continente)					
Ordem do IDH	África	Ásia	Europa	América Latina e Caraíbas	América do Norte	Oceânia	Muito elevado	Elevado	Médio	Baixo	África	Ásia	Europa	América Latina e Caraíbas	América do Norte	Oceânia
DESENVOLVIMENTO HUMANO MUITO ELEVADO																
1 Noruega	1.7	9.3	62.1	1.0	23.3	2.6	87.0	5.1	7.1	0.8	0.02	0.03	0.19	0.03	0.11	0.10
2 Austrália	2.5	10.9	46.9	0.9	21.9	17.1	83.4	3.6	12.1	0.9	0.07	0.10	0.35	0.06	0.24	1.47
3 Islândia	1.7	4.3	61.4	0.7	30.3	1.6	92.4	2.7	4.1	0.8	0.00	0.00	0.04	0.00	0.03	0.01
4 Canadá	1.3	5.8	15.2	2.2	72.7	2.7	91.6	3.0	4.8	0.7	0.11	0.15	0.34	0.48	2.35	0.70
5 Irlanda	1.6	3.4	69.2	0.6	19.4	5.8	93.4	2.6	3.3	0.8	0.10	0.07	1.16	0.10	0.47	1.13
6 Países Baixos	2.0	7.1	46.5	2.3	28.6	13.5	88.0	7.0	4.2	0.9	0.10	0.11	0.62	0.30	0.56	2.10
7 Suécia	3.3	6.3	65.5	1.7	20.6	2.6	87.2	6.3	4.7	1.9	0.06	0.04	0.34	0.09	0.15	0.16
8 França	16.0	6.5	54.5	4.6	15.9	2.4	70.4	13.0	9.7	6.9	1.79	0.24	1.67	1.37	0.71	0.85
9 Suíça	2.5	6.9	68.4	2.7	16.4	3.2	86.8	7.1	5.3	0.9	0.07	0.06	0.50	0.19	0.18	0.27
10 Japão	1.3	12.9	13.4	8.6	59.5	4.3	78.8	10.9	9.7	0.6	0.07	0.23	0.20	1.26	1.30	0.76
11 Luxemburgo	1.6	3.2	87.2	0.7	6.9	0.4	92.9	3.3	3.1	0.7	0.00	0.00	0.07	0.01	0.01	0.00
12 Finlândia	1.8	4.4	80.5	0.7	10.2	2.4	91.2	4.1	4.0	0.8	0.04	0.03	0.50	0.04	0.09	0.17
13 Estados Unidos da América	2.7	20.1	28.3	32.2	12.6	4.2	45.7	35.7	17.3	1.4	0.38	0.91	1.08	11.97	0.70	1.89
14 Áustria	1.9	9.1	63.0	1.8	19.8	4.4	84.7	8.8	5.7	0.8	0.06	0.09	0.50	0.14	0.23	0.41
15 Espanha	1.8	3.4	61.2	23.5	9.1	1.0	70.4	24.8	3.9	0.8	0.15	0.09	1.43	5.34	0.31	0.27
16 Dinamarca	2.1	6.9	63.8	1.1	21.7	4.4	88.3	5.2	5.8	0.8	0.03	0.03	0.26	0.05	0.13	0.21
17 Bélgica	2.0	6.3	75.6	1.6	13.3	1.2	88.4	6.1	4.6	0.9	0.06	0.06	0.61	0.12	0.16	0.11
18 Itália	2.0	3.5	51.1	10.7	26.0	6.7	82.9	12.4	3.9	0.8	0.42	0.23	2.86	5.81	2.12	4.38
19 Listenstaine	1.5	3.1	92.0	0.6	2.5	0.2	93.1	3.2	3.0	0.7	0.00	0.00	0.01	0.00	0.00	0.00
20 Nova Zelândia	1.1	6.6	16.6	0.3	6.9	68.6	92.1	1.6	5.7	0.5	0.03	0.07	0.15	0.03	0.09	7.17
21 Reino Unido	2.2	9.9	22.1	1.2	34.6	30.0	87.2	3.7	8.1	1.0	0.57	0.84	1.58	0.87	3.60	24.92
22 Alemanha	2.3	17.0	41.0	1.6	35.2	2.9	75.6	17.2	6.4	0.9	0.59	1.40	2.85	1.07	3.55	2.35
23 Singapura	0.9	51.2	21.9	0.2	12.3	13.5	49.1	34.4	16.0	0.5	0.02	0.29	0.10	0.01	0.09	0.74
24 Hong Kong, China (RAE)	1.0	3.9	20.5	0.4	63.2	11.0	94.8	1.5	3.2	0.5	0.04	0.06	0.25	0.05	1.12	1.55
25 Grécia	1.9	14.4	42.6	1.0	27.4	12.7	83.4	10.5	5.3	0.8	0.11	0.27	0.68	0.15	0.63	2.33
26 Coreia, República da	0.9	35.7	7.4	1.6	50.3	4.2	86.5	2.4	10.6	0.5	0.09	1.08	0.19	0.38	1.86	1.23
27 Israel	1.0	76.1	6.8	0.7	14.6	0.8	24.8	4.3	70.4	0.4	0.06	1.47	0.11	0.12	0.35	0.14
28 Andorra	10.2	3.2	84.4	0.8	1.2	0.2	84.5	3.1	11.3	1.1	0.00	0.00	0.01	0.00	0.00	0.00
29 Eslovénia	1.7	3.4	68.6	0.8	19.1	6.3	72.1	23.9	3.2	0.8	0.01	0.01	0.13	0.01	0.05	0.14
30 Brunei Darussalam	1.4	25.3	31.9	0.2	28.3	12.9	73.3	1.5	24.7	0.4	0.00	0.01	0.01	0.00	0.01	0.05
31 Kuwait	5.0	84.1	3.6	0.2	6.5	0.6	13.4	28.1	58.2	0.3	0.15	0.83	0.03	0.01	0.08	0.06
32 Chipre	1.0	10.8	68.1	0.2	9.0	10.9	87.6	8.2	3.8	0.5	0.01	0.04	0.21	0.01	0.04	0.39
33 Qatar	7.6	59.3	12.6	0.2	18.4	1.9	35.2	7.3	57.2	0.4	0.01	0.02	0.00	0.00	0.01	0.01
34 Portugal	5.6	3.2	59.6	12.1	18.7	0.8	78.3	13.8	3.3	4.5	0.70	0.13	2.01	3.97	0.92	0.32
35 Emirados Árabes Unidos	6.6	71.9	8.3	0.2	11.5	1.5	21.6	6.2	71.6	0.5	0.05	0.18	0.02	0.00	0.04	0.04
36 República Checa	2.0	7.1	66.9	0.8	21.0	2.1	69.2	26.0	4.0	0.8	0.05	0.05	0.42	0.05	0.19	0.15
37 Barbados	1.1	3.4	25.6	4.7	64.9	0.4	90.7	5.0	3.7	0.5	0.01	0.01	0.05	0.08	0.17	0.01
38 Malta	1.8	3.4	35.9	0.5	16.5	42.0	93.9	1.9	3.4	0.8	0.01	0.01	0.07	0.01	0.05	0.94
DESENVOLVIMENTO HUMANO ELEVADO																
39 Barém	4.7	86.1	5.3	0.2	3.1	0.7	11.4	5.4	82.8	0.4	0.04	0.22	0.01	0.00	0.01	0.02
40 Estónia	1.6	6.7	81.1	0.2	9.1	1.4	47.2	42.0	10.1	0.7	0.02	0.03	0.26	0.01	0.04	0.05
41 Polónia	1.7	8.9	53.3	1.4	31.8	2.9	74.8	18.0	6.4	0.8	0.22	0.37	1.88	0.46	1.63	1.20
42 Eslováquia	1.7	4.7	83.1	0.6	9.2	0.7	84.9	10.7	3.5	0.8	0.05	0.05	0.68	0.05	0.11	0.07
43 Hungria	1.7	6.7	48.6	1.5	35.6	5.9	86.6	8.8	3.8	0.8	0.04	0.05	0.34	0.10	0.36	0.47
44 Chile	1.1	3.6	20.2	50.1	20.6	4.5	45.3	49.5	4.7	0.5	0.04	0.04	0.19	4.49	0.28	0.48
45 Croácia	1.6	3.2	72.2	0.5	13.4	9.0	87.0	9.1	3.2	0.5	0.06	0.04	0.75	0.05	0.20	1.08
46 Lituânia	1.7	8.7	76.4	0.4	11.6	1.2	28.2	62.0	9.0	0.8	0.03	0.06	0.42	0.02	0.09	0.08
47 Antígua e Barbuda	1.0	46.6	8.4	11.4	32.5	0.0	41.1	11.7	46.7	0.5	0.00	0.06	0.01	0.13	0.05	0.00
48 Letónia	1.6	7.8	71.6	0.3	15.7	3.0	35.3	52.2	11.8	0.8	0.02	0.04	0.29	0.01	0.09	0.14
49 Argentina	1.1	10.6	28.6	34.6	23.3	1.8	59.1	21.2	19.1	0.5	0.04	0.13	0.30	3.58	0.36	0.22
50 Uruguai	1.1	3.5	17.2	61.4	13.0	3.8	34.0	60.4	5.1	0.5	0.01	0.02	0.07	2.55	0.08	0.19
51 Cuba	1.1	3.5	9.0	4.2	82.2	0.0	91.3	3.8	4.3	0.5	0.07	0.08	0.17	0.75	2.21	0.01
52 Baamas	1.1	3.5	8.2	1.9	84.7	0.6	93.7	2.5	3.2	0.5	0.00	0.00	0.01	0.01	0.08	0.00
53 México	1.1	3.9	1.6	0.8	92.5	0.0	94.8	1.2	3.4	0.5	0.68	0.80	0.28	1.39	23.24	0.07
54 Costa Rica	1.1	3.8	6.2	16.7	71.9	0.3	78.8	10.0	10.8	0.5	0.01	0.01	0.01	0.31	0.20	0.01
55 Jamahira Árabe Líbia	16.3	39.8	26.7	0.4	14.7	2.0	68.1	7.7	18.9	5.3	0.08	0.06	0.04	0.01	0.03	0.03
56 Omã	8.6	60.4	17.6	0.2	10.7	2.5	33.1	8.6	57.9	0.3	0.01	0.02	0.01	0.00	0.00	0.01
57 Seychelles	39.7	2.7	32.1	0.2	10.4	14.9	57.0	1.6	30.7	10.7	0.04	0.00	0.01	0.00	0.00	0.05
58 Venezuela, República Bolivariana da	1.0	3.4	37.1	22.5	35.6	0.4	72.7	21.6	5.2	0.5	0.02	0.02	0.22	1.32	0.31	0.02
59 Arábia Saudita	8.3	66.5	8.0	0.8	15.5	0.8	26.8	10.4	62.3	0.4	0.13	0.33	0.03	0.03	0.09	0.04

147

B

RELATÓRIO DE DESENVOLVIMENTO HUMANO **2009**

Emigrantes internacionais por área de residência

Áreas de residência

	Continente de residência 2000-2002 (% dos stocks totais de emigrantes)						Categoria de desenvolvimento humano dos países de residência a 2000-2002 (% dos stocks totais de emigrantes)				Percentagem dos imigrantes de um país num continente 2000-2002 (% dos stocks totais de imigrantes no continente)				
Ordem do IDH	África	Ásia	Europa	América Latina e Caraíbas	América do Norte	Oceânia	Muito elevado	Elevado	Médio	Baixo	África	Ásia	Europa	América Latina e Caraíbas	América do Norte	Oceânia
60 Panamá	1.1	3.5	4.5	10.2	80.6	0.1	85.5	10.0	4.0	0.5	0.01	0.01	0.01	0.31	0.37	0.00
61 Bulgária	1.5	68.3	24.3	0.6	4.9	0.4	24.2	57.8	17.2	0.7	0.09	1.28	0.38	0.09	0.11	0.07
62 São Cristóvão e Nevis	1.0	3.1	29.1	29.4	37.3	0.1	66.2	30.0	3.3	0.5	0.00	0.00	0.02	0.18	0.03	0.00
63 Roménia	1.7	19.7	57.4	1.0	19.0	1.3	74.9	19.2	5.1	0.8	0.11	0.42	1.03	0.17	0.50	0.28
64 Trinidade e Tobago	1.1	3.4	9.7	4.0	81.4	0.4	91.6	3.9	3.9	0.6	0.02	0.02	0.05	0.22	0.67	0.03
65 Montenegro	1.6[b]	11.3[b]	72.3[b]	0.4[b]	10.8[b]	3.5[b]	76.2[b]	19.0[b]	4.0[b]	0.8[b]	0.17[b]	0.38[b]	2.07[b]	0.12[b]	0.45[b]	1.16
66 Malásia	1.4	66.8	10.7	0.2	9.4	11.6	78.8	1.0	19.6	0.5	0.07	1.06	0.14	0.03	0.18	1.79
67 Sérvia	1.6[b]	11.3[b]	72.3[b]	0.4[b]	10.8[b]	3.5[b]	76.2[b]	19.0[b]	4.0[b]	0.8[b]	0.17[b]	0.38[b]	2.07[b]	0.12[b]	0.45[b]	1.16
68 Bielorússia	1.8	8.6	86.8	0.2	2.6	0.1	7.7	67.4	24.1	0.8	0.20	0.31	2.64	0.05	0.11	0.04
69 Santa Lúcia	1.1	3.3	21.3	40.4	33.8	0.1	55.1	38.5	5.8	0.5	0.00	0.00	0.02	0.34	0.04	0.00
70 Albânia	1.6	3.9	88.2	0.5	5.6	0.2	89.6	6.2	3.4	0.7	0.08	0.06	1.23	0.06	0.11	0.04
71 Federação Russa	1.9	35.3	58.9	0.3	3.4	0.2	13.0	31.7	54.5	0.8	1.44	8.63	12.14	0.51	1.03	0.45
72 Macedónia (antiga Rep. Jugoslava da)	1.6	17.9	52.8	0.4	10.2	17.1	75.7	18.8	4.8	0.8	0.03	0.09	0.23	0.02	0.07	0.87
73 Domínica	1.0	3.6	25.9	23.9	45.5	0.0	71.5	24.3	3.7	0.5	0.00	0.00	0.02	0.17	0.05	0.00
74 Granada	1.1	3.4	18.4	20.1	56.9	0.2	75.4	20.0	4.0	0.5	0.00	0.00	0.02	0.23	0.10	0.00
75 Brasil	1.0	30.4	23.8	18.9	25.3	0.6	69.3	8.8	21.4	0.5	0.06	0.59	0.39	3.00	0.60	0.11
76 Bósnia e Herzegovina	1.7	3.5	82.7	0.3	10.0	2.0	57.1	38.9	3.2	0.8	0.13	0.09	1.78	0.05	0.31	0.49
77 Colômbia	1.1	3.5	18.9	43.3	33.0	0.3	52.2	43.8	3.5	0.5	0.11	0.12	0.53	11.80	1.35	0.09
78 Perú	1.0	9.4	20.0	27.4	41.3	0.8	66.6	26.7	6.2	0.5	0.05	0.14	0.25	3.36	0.76	0.12
79 Turquia	0.9	10.2	84.0	0.2	3.7	1.0	85.4	9.8	4.4	0.5	0.17	0.62	4.32	0.11	0.27	0.61
80 Equador	1.0	3.3	41.7	8.5	45.3	0.2	86.7	9.6	3.2	0.5	0.04	0.05	0.50	0.99	0.79	0.03
81 Maurícia	32.8	2.6	49.7	0.2	4.9	9.8	63.7	1.7	24.4	10.2	0.36	0.01	0.15	0.01	0.02	0.34
82 Cazaquistão	1.0	13.6	84.8	0.2	0.4	0.0	6.2	73.6	19.7	0.5	0.22	0.99	5.19	0.11	0.04	0.03
83 Líbano	10.3	18.6	22.7	4.8	31.2	12.5	67.2	16.7	11.6	4.4	0.37	0.22	0.22	0.46	0.45	1.42
DESENVOLVIMENTO HUMANO MÉDIO																
84 Arménia	1.0	11.3	78.2	0.2	9.2	0.1	17.7	65.4	16.4	0.5	0.05	0.18	1.04	0.03	0.18	0.02
85 Ucrânia	1.8	12.1	79.7	0.2	5.9	0.3	14.5	76.6	8.1	0.8	0.65	1.44	7.98	0.21	0.86	0.34
86 Azerbaijão	1.0	23.3	74.3	0.2	1.2	0.0	6.9	67.6	24.9	0.5	0.08	0.65	1.73	0.04	0.04	0.01
87 Tailândia	1.0	60.1	13.0	0.2	22.3	3.4	43.7	30.3	25.5	0.5	0.06	1.04	0.19	0.03	0.47	0.57
88 Irão, República Islâmica do	5.1	17.9	34.9	0.3	39.6	2.3	82.8	6.6	10.1	0.5	0.30	0.33	0.55	0.04	0.91	0.41
89 Geórgia	1.0	15.7	81.8	0.2	1.2	0.1	15.5	63.5	20.5	0.5	0.06	0.33	1.44	0.03	0.03	0.01
90 República Dominicana	1.1	3.8	10.7	6.4	77.9	0.0	88.8	6.3	4.3	0.5	0.06	0.07	0.17	0.97	1.75	0.00
91 São Vicente e Granadinas	1.1	3.4	16.5	27.1	51.9	0.1	68.5	27.5	3.4	0.5	0.00	0.00	0.02	0.25	0.07	0.00
92 China	1.1	64.0	7.2	0.9	23.3	3.5	79.5	6.5	13.5	0.5	0.41	7.53	0.71	0.89	3.35	3.99
93 Belize	1.1	3.5	4.4	7.6	83.3	0.1	88.1	4.0	7.3	0.5	0.00	0.00	0.00	0.07	0.11	0.00
94 Samoa	0.8	5.4	1.5	0.3	16.6	75.3	76.5	1.1	21.9	0.5	0.01	0.01	0.00	0.00	0.04	1.57
95 Maldivas	1.4	38.9	34.5	0.7	4.8	19.8	60.6	3.1	35.8	0.5	0.00	0.00	0.00	0.00	0.00	0.00
96 Jordânia	5.9	81.3	3.7	0.3	8.2	0.6	15.8	27.5	56.3	0.5	0.25	1.10	0.04	0.03	0.14	0.07
97 Suriname	1.0	3.1	82.2	11.0	2.7	0.0	83.7	3.9	12.0	0.5	0.02	0.02	0.38	0.49	0.02	0.00
98 Tunísia	9.3	9.9	78.3	0.2	2.3	0.1	81.1	6.8	8.7	3.4	0.35	0.12	0.81	0.02	0.03	0.01
99 Tonga	0.8	5.5	2.2	0.9	35.8	54.8	90.2	1.6	7.7	0.5	0.00	0.01	0.00	0.01	0.04	0.55
100 Jamaica	1.1	3.4	19.8	2.6	73.0	0.1	92.9	3.5	3.1	0.5	0.06	0.07	0.32	0.41	1.72	0.02
101 Paraguai	1.1	3.9	2.9	87.4	4.6	0.1	8.2	87.1	4.2	0.5	0.03	0.03	0.02	5.99	0.05	0.01
102 Sri Lanka	0.9	54.1	25.7	0.2	12.7	6.5	46.4	18.0	35.1	0.5	0.05	1.02	0.41	0.03	0.29	1.18
103 Gabão	69.9	2.1	26.1	0.2	1.7	0.0	27.6	1.2	59.8	11.4	0.25	0.00	0.03	0.00	0.00	0.00
104 Arghélia	9.5	6.8	81.6	0.2	1.8	0.1	83.7	5.2	7.6	3.5	1.23	0.28	2.88	0.06	0.09	0.02
105 Filipinas	0.9	35.4	8.7	0.2	49.9	4.9	66.5	25.4	7.6	0.5	0.20	2.43	0.50	0.14	4.20	3.30
106 El Salvador	1.1	3.5	2.4	5.1	86.8	1.0	90.5	2.9	6.1	0.5	0.07	0.07	0.04	0.84	2.15	0.19
107 República Árabe da Síria	7.7	49.5	19.5	4.6	17.0	1.7	40.9	38.3	19.8	1.0	0.20	0.42	0.14	0.32	0.18	0.14
108 Fiji	0.8	5.0	4.4	0.3	38.0	51.6	92.5	1.1	5.9	0.5	0.01	0.01	0.01	0.01	0.13	1.46
109 Turquemenistão	1.0	12.1	86.2	0.2	0.5	0.0	10.2	71.7	17.6	0.5	0.02	0.06	0.38	0.01	0.00	0.00
110 Territórios Ocupados da Palestina	11.1	85.4	2.3	0.3	0.6	0.3	6.4	14.9	78.3	0.4	0.74	1.84	0.04	0.06	0.02	0.06
111 Indonésia	1.0	77.5	13.7	0.2	4.8	2.9	25.5	60.3	13.7	0.5	0.11	2.87	0.43	0.07	0.22	1.04
112 Honduras	1.1	3.6	3.4	10.8	81.1	0.1	84.9	3.7	10.9	0.5	0.02	0.03	0.02	0.65	0.73	0.00
113 Bolívia	1.1	4.9	8.2	70.5	15.1	0.2	24.4	70.7	4.4	0.5	0.03	0.04	0.05	4.56	0.15	0.02
114 Guiana	1.1	3.4	8.8	8.0	78.6	0.2	87.6	7.7	4.2	0.6	0.03	0.03	0.06	0.51	0.74	0.01
115 Mongólia	0.9	21.0	40.7	0.4	35.1	1.8	75.8	17.4	6.3	0.4	0.00	0.00	0.01	0.00	0.01	0.00
116 Vietname	0.9	15.1	18.3	0.2	57.4	8.0	85.0	2.7	11.8	0.5	0.12	0.61	0.63	0.07	2.86	3.16
117 Moldávia	1.8	7.7	86.7	0.2	3.5	0.1	12.0	50.1	37.1	0.8	0.07	0.10	0.98	0.02	0.06	0.02
118 Guiné Equatorial	77.9	3.0	18.3	0.2	0.6	0.0	18.7	1.1	72.0	8.2	0.46	0.01	0.03	0.00	0.00	0.00

TABELA B

Áreas de residência

	Continente de residência 2000-2002 (% dos stocks totais de emigrantes)						Categoria de desenvolvimento humano dos países de residência a 2000-2002 (% dos stocks totais de emigrantes)				Percentagem dos imigrantes de um país num continente 2000-2002 (% dos stocks totais de imigrantes no continente)						
HDI rank	África	Ásia	Europa	América Latina e Caraíbas	América do Norte	Oceânia	Muito elevado	Elevado	Médio	Baixo	África	Ásia	Europa	América Latina e Caraíbas	América do Norte	Oceânia
119 Uzbequistão	1.0	39.7	57.9	0.2	1.2	0.0	8.5	49.9	41.1	0.5	0.14	1.88	2.31	0.08	0.07	0.02
120 Quinguizistão	1.0	10.4	87.8	0.2	0.6	0.0	6.9	80.7	11.9	0.5	0.04	0.13	0.89	0.02	0.01	0.00
121 Cabo Verde	33.8	3.0	49.1	0.2	14.0	0.0	62.3	1.7	10.8	25.2	0.42	0.01	0.17	0.01	0.07	0.00
122 Guatemala	1.1	3.7	3.0	9.1	83.0	0.1	86.4	5.6	7.5	0.5	0.04	0.05	0.03	0.91	1.25	0.01
123 Egipto	10.5	70.5	9.7	0.3	7.4	1.6	21.8	54.5	20.3	3.5	1.43	3.10	0.36	0.11	0.40	0.69
124 Nicarágua	1.1	3.5	2.5	48.4	44.4	0.1	47.3	46.0	6.2	0.5	0.04	0.04	0.02	4.23	0.58	0.02
125 Botsuana	60.3	2.7	21.3	0.2	10.8	4.7	36.6	1.3	43.2	18.9	0.06	0.00	0.01	0.00	0.00	0.02
126 Vanuatu	0.8	5.3	25.4	0.3	2.8	65.4	57.2	1.6	40.8	0.4	0.00	0.00	0.00	0.00	0.00	0.05
127 Tajiquistão	1.0	42.8	55.6	0.2	0.4	0.0	6.3	50.3	42.9	0.5	0.05	0.70	0.77	0.03	0.01	0.00
128 Namíbia	77.8	2.5	11.3	0.2	5.4	2.7	19.5	1.1	36.6	42.8	0.12	0.00	0.00	0.00	0.00	0.01
129 África do Sul	38.6	3.3	30.5	0.3	13.8	13.5	57.5	1.6	12.5	28.4	1.89	0.05	0.41	0.04	0.27	2.09
130 Morrocos	9.1	13.2	74.5	0.2	2.8	0.1	82.8	5.8	7.8	3.5	1.48	0.69	3.29	0.00	0.18	0.03
131 São Tomé e Princípe	27.2	3.0	69.0	0.2	0.6	0.0	68.5	2.0	20.1	9.4	0.04	0.00	0.03	0.00	0.00	0.00
132 Butão	0.7	89.3	6.4	0.2	2.8	0.5	10.5	0.9	87.9	0.6	0.00	0.02	0.00	0.00	0.00	0.00
133 Rep. Democrática Popular do Laos	0.9	15.6	17.4	0.2	62.9	3.0	84.2	1.3	14.0	0.5	0.02	0.11	0.10	0.00	0.55	0.21
134 Índia	1.7	72.0	9.7	0.2	15.0	1.3	47.9	20.4	30.7	1.0	0.97	13.18	1.49	0.35	3.37	2.41
135 Ilhas Salomão	0.9	5.6	11.4	0.3	4.5	77.3	60.4	1.3	37.9	0.4	0.00	0.00	0.00	0.00	0.00	0.06
136 Congo	80.1	2.1	16.5	0.2	1.1	0.0	17.5	1.1	73.8	7.6	2.74	0.02	0.15	0.00	0.01	0.00
137 Cambodja	0.9	13.1	26.3	0.2	50.5	8.9	86.5	1.5	11.5	0.5	0.02	0.08	0.14	0.00	0.39	0.55
138 Mianmar	0.8	77.6	5.9	0.2	11.8	3.7	23.1	0.9	75.4	0.5	0.02	0.49	0.03	0.01	0.09	0.23
139 Comores	42.0	4.8	52.4	0.2	0.6	0.0	52.2	4.5	37.8	5.5	0.13	0.00	0.04	0.00	0.00	0.00
140 Ieémen	6.1	85.4	4.6	0.2	3.6	0.1	17.5	65.9	16.2	0.4	0.23	1.04	0.05	0.02	0.05	0.01
141 Paquistão	1.4	72.5	16.4	0.2	9.1	0.4	27.7	24.1	47.4	0.9	0.30	5.02	0.96	0.11	0.78	0.28
142 Suazilândia	72.5	3.2	14.9	0.2	7.1	2.1	24.0	1.9	25.8	48.4	0.05	0.00	0.00	0.00	0.00	0.00
143 Angola	65.8	3.8	28.6	0.8	1.0	0.0	29.2	2.0	33.7	35.2	3.62	0.07	0.43	0.11	0.02	0.01
144 Nepal	0.7	95.0	2.4	0.2	1.3	0.3	5.6	2.2	91.6	0.6	0.05	1.99	0.04	0.03	0.03	0.07
145 Madagáscar	28.2	3.0	65.8	0.5	2.4	0.1	67.2	15.3	8.7	8.9	0.27	0.01	0.17	0.01	0.01	0.00
146 Bangladesh	0.7	92.4	4.7	0.2	1.8	0.2	7.7	8.4	83.2	0.6	0.31	12.76	0.55	0.17	0.30	0.25
147 Quénia	41.5	4.2	37.9	0.2	14.4	1.8	53.6	1.6	39.8	5.0	1.18	0.04	0.29	0.02	0.16	0.16
148 Papua-Nova Guiné	0.8	8.9	4.9	0.3	4.4	80.7	59.1	1.1	39.3	0.5	0.00	0.01	0.00	0.00	0.01	0.81
149 Haiti	1.1	3.4	5.5	25.7	64.3	0.0	70.0	12.1	17.3	0.5	0.05	0.05	0.07	3.19	1.20	0.00
150 Sudão	42.9	45.9	5.7	0.2	4.6	0.8	12.5	38.8	42.0	6.7	1.72	0.60	0.06	0.02	0.07	0.10
151 Tanzânia, República Unida da	67.5	2.8	17.4	0.2	11.4	0.7	29.4	1.3	45.7	23.7	1.21	0.02	0.09	0.01	0.08	0.04
152 Gana	74.8	3.4	12.2	0.2	9.1	0.2	21.6	1.0	16.5	60.8	4.48	0.07	0.20	0.03	0.22	0.05
153 Camarões	48.9	3.2	38.8	0.2	8.9	0.1	47.2	1.5	36.7	14.6	0.52	0.01	0.11	0.01	0.04	0.00
154 Mauritânia	75.9	4.5	17.1	0.2	2.3	0.0	19.3	3.6	18.9	58.2	0.55	0.01	0.03	0.00	0.01	0.00
155 Djibuti	41.7	5.0	48.0	0.2	4.7	0.5	52.4	4.5	11.5	31.5	0.04	0.00	0.01	0.00	0.00	0.00
156 Lesoto	93.5	2.3	2.8	0.1	1.1	0.2	4.2	0.9	23.6	71.3	0.30	0.00	0.00	0.00	0.00	0.00
157 Uganda	37.5	3.7	43.9	0.2	13.9	0.9	58.1	1.6	31.8	8.5	0.40	0.01	0.13	0.01	0.06	0.03
158 Nigéria	62.3	4.4	18.1	0.2	14.8	0.2	33.0	2.3	44.5	20.2	4.06	0.09	0.32	0.04	0.38	0.04
DESENVOLVIMENTO HUMANO BAIXO																
159 Togo	83.8	2.7	11.3	0.2	2.0	0.0	13.2	0.9	51.4	34.5	1.12	0.01	0.04	0.01	0.01	0.00
160 Malawi	83.7	2.5	11.6	0.2	1.7	0.4	13.6	1.1	43.4	41.9	0.79	0.01	0.03	0.00	0.00	0.01
161 Benim	91.6	3.1	4.6	0.2	0.5	0.0	5.2	0.8	43.5	50.4	3.30	0.04	0.05	0.02	0.01	0.00
162 Timor-Leste	0.8	39.5	18.2	0.2	0.2	41.0	59.8	1.2	38.5	0.4	0.00	0.02	0.01	0.00	0.00	0.19
163 Costa do Marfim	47.7	3.1	43.4	0.2	5.6	0.1	48.4	1.6	10.4	39.6	0.53	0.01	0.13	0.01	0.02	0.00
164 Zâmbia	78.3	2.9	13.2	0.2	3.8	1.6	18.5	1.1	53.8	26.5	1.21	0.01	0.06	0.01	0.02	0.08
165 Eritreia	78.2	11.5	5.6	0.2	4.3	0.3	10.4	9.4	13.1	67.1	2.78	0.13	0.05	0.02	0.06	0.03
166 Senegal	55.7	3.0	38.1	0.2	2.9	0.0	40.6	1.5	24.7	33.2	1.67	0.03	0.31	0.02	0.03	0.00
167 Ruanda	85.2	3.2	9.1	0.2	2.3	0.0	11.4	1.0	79.7	8.0	1.28	0.02	0.04	0.01	0.01	0.00
168 Gâmbia	44.7	2.9	39.7	0.2	12.4	0.1	51.6	1.5	16.5	30.4	0.14	0.00	0.03	0.00	0.02	0.00
169 Libéria	34.9	4.4	11.5	0.2	48.8	0.2	60.4	1.1	24.9	13.6	0.19	0.01	0.02	0.00	0.10	0.00
170 Guinea	90.3	3.0	5.1	0.2	1.4	0.0	6.6	0.8	10.2	82.4	3.29	0.04	0.05	0.02	0.02	0.00
171 Etiópia	8.6	37.5	21.4	0.2	30.7	1.5	75.1	10.0	10.5	4.4	0.15	0.22	0.10	0.01	0.22	0.08
172 Moçambique	83.8	2.5	12.8	0.3	0.6	0.1	13.3	1.2	50.1	35.4	4.44	0.04	0.18	0.04	0.01	0.01
173 Guiné-Bissau	65.0	2.8	31.3	0.2	0.6	0.0	31.5	1.3	13.1	54.1	0.52	0.01	0.07	0.02	0.00	0.00
174 Burundi	90.8	3.2	4.6	0.2	1.1	0.0	5.8	0.9	84.2	9.1	2.21	0.03	0.03	0.01	0.01	0.00
175 Chade	90.7	5.5	3.1	0.2	0.5	0.0	3.8	3.7	74.3	18.1	1.72	0.03	0.01	0.01	0.00	0.00
176 Congo, República Democrática do	79.7	2.6	15.3	0.2	2.2	0.0	17.4	1.1	48.6	32.8	4.09	0.04	0.21	0.02	0.04	0.01
177 Burkina Faso	94.0	3.0	2.4	0.2	0.3	0.0	2.9	0.8	8.9	87.5	7.93	0.08	0.06	0.04	0.01	0.00

149

B | RELATÓRIO DE DESENVOLVIMENTO HUMANO 2009
Emigrantes internacionais por área de residência

Áreas de residência

	Continente de residência 2000-2002 (% dos stocks totais de emigrantes)						Categoria de desenvolvimento humano dos países de residência a 2000-2002 (% dos stocks totais de emigrantes)				Percentagem dos imigrantes de um país num continente 2000-2002 (% dos stocks totais de imigrantes no continente)					
Ordem do IDH	África	Ásia	Europa	América Latina e Caraíbas	América do Norte	Oceânia	Muito elevado	Elevado	Médio	Baixo	África	Ásia	Europa	América Latina e Caraíbas	América do Norte	Oceânia
178 Mali	91.1	3.1	5.1	0.2	0.5	0.0	5.7	0.9	17.5	76.0	8.99	0.10	0.14	0.05	0.02	0.00
179 República Centro-Africana	84.1	2.1	13.0	0.2	0.6	0.1	13.5	1.0	70.9	14.6	0.58	0.00	0.02	0.00	0.00	0.00
180 Serra Leoa	40.9	3.0	31.5	0.2	24.0	0.5	55.4	1.4	11.1	32.1	0.24	0.01	0.05	0.00	0.06	0.01
181 Afeganistão	0.8	91.4	4.4	0.2	2.7	0.5	11.0	4.6	84.0	0.4	0.14	4.82	0.20	0.08	0.17	0.25
182 Níger	93.3	3.0	3.0	0.2	0.5	0.0	3.6	0.8	20.6	75.0	2.90	0.03	0.02	0.02	0.01	0.00
OUTROS ESTADOS MEMBROS DAS NAÇÕES UNIDAS																
Iraque	5.1	59.2	22.1	0.2	10.7	2.7	44.2	6.6	48.7	0.4	0.35	1.33	0.42	0.03	0.29	0.59
Kiribati	0.8	5.5	7.9	0.3	28.6	57.0	62.6	1.2	35.8	0.4	0.00	0.00	0.00	0.00	0.00	0.04
Coreia, República Democrática da	0.9	47.5	2.0	0.9	48.6	0.0	85.9	1.5	12.2	0.5	0.03	0.46	0.02	0.07	0.58	0.00
Ilhas Marshall	0.8	25.1	3.5	1.0	64.2	5.4	69.1	4.0	26.4	0.5	0.00	0.01	0.00	0.00	0.02	0.01
Micronésia, Estados Federados da	0.8	23.1	3.9	1.1	30.4	40.7	35.7	30.2	33.6	0.5	0.00	0.01	0.00	0.00	0.02	0.20
Mónaco	2.0	5.9	87.9	0.6	3.4	0.2	90.1	2.9	6.3	0.7	0.00	0.00	0.03	0.00	0.00	0.00
Nauru	0.7	5.6	6.9	4.2	11.1	71.5	86.3	4.7	8.7	0.4	0.00	0.00	0.00	0.00	0.00	0.01
Palau	0.7	55.3	3.3	1.6	17.6	21.6	22.3	12.7	64.5	0.5	0.00	0.01	0.00	0.00	0.01	0.05
San Marino	1.5	3.1	86.2	1.1	8.0	0.1	92.9	3.4	3.0	0.7	0.00	0.00	0.01	0.00	0.00	0.00
Somália	50.8	9.6	27.5	0.2	10.8	1.0	39.2	8.2	11.7	41.0	1.71	0.10	0.25	0.02	0.14	0.11
Tuvalu	0.7	5.1	17.0	0.3	1.6	75.3	83.0	4.3	12.3	0.3	0.00	0.00	0.00	0.00	0.00	0.03
Zimbabué	61.8	3.0	24.1	0.2	5.7	5.1	34.7	1.5	28.2	35.7	1.12	0.02	0.12	0.01	0.04	0.29
África	52.6	12.5	28.9	0.2	4.9	0.9	35.9	8.3	25.7	30.0	82.39[T]	6.31[T]	12.34[T]	0.97[T]	3.07[T]	4.41
Ásia	1.7	54.7	24.5	0.5	16.4	2.2	41.7	23.2	34.5	0.6	6.83[T]	72.37[T]	27.34[T]	5.62[T]	26.57[T]	28.68
Europa	2.5	16.0	59.0	2.5	15.4	4.6	52.6	28.1	18.1	1.2	8.39[T]	17.25[T]	53.66[T]	21.75[T]	20.39[T]	48.18
América Latina e Caraíbas	1.1	5.1	10.3	13.4	69.8	0.3	81.7	12.1	5.5	0.5	1.77[T]	2.73[T]	4.69[T]	59.05[T]	46.01[T]	1.70
América do Norte	2.2	14.7	23.6	21.0	34.9	3.7	62.8	23.5	12.6	1.1	0.49[T]	1.07[T]	1.44[T]	12.46[T]	3.09[T]	2.60
Oceânia	1.4	8.7	20.1	0.6	22.5	46.7	84.3	2.8	12.3	0.6	0.13[T]	0.28[T]	0.54[T]	0.16[T]	0.87[T]	14.44
OCDE	2.4	9.0	36.4	4.8	41.2	6.2	83.1	9.7	6.0	1.2	6.84[T]	8.22[T]	28.10[T]	35.99[T]	46.29[T]	55.89
União Europeia (EU27)	3.1	10.7	49.1	4.4	24.6	8.0	77.4	14.9	6.2	1.5	5.47[T]	6.04[T]	23.25[T]	20.41[T]	16.91[T]	43.70
CCG	6.1	77.9	5.9	0.3	9.1	0.8	18.0	17.6	63.9	0.4	0.39[T]	1.60[T]	0.10[T]	0.05[T]	0.23[T]	0.17
Desenvolvimento humano muito elevado	3.0	14.3	39.2	6.3	28.2	9.0	76.7	11.9	9.9	1.4	6.08[T]	9.43[T]	21.71[T]	34.20[T]	22.75[T]	57.60
Muito elevado: OCDE	3.1	10.7	41.4	7.0	28.5	9.3	79.4	12.1	7.0	1.5	5.68[T]	6.32[T]	20.60[T]	33.87[T]	20.67[T]	53.47
Muito elevado: não-OCDE	1.9	46.4	19.6	0.6	25.3	6.3	53.8	10.4	35.3	0.5	0.39[T]	3.11[T]	1.11[T]	0.33[T]	2.08[T]	4.14
Desenvolvimento humano elevado	1.7	16.5	43.8	4.4	32.4	1.3	56.4	23.9	18.9	0.7	5.531[T]	17.75[T]	39.74[T]	38.67[T]	42.85[T]	13.42
Desenvolvimento humano médio	7.4	43.3	27.8	2.1	17.6	1.8	42.6	25.3	28.9	3.2	35.37[T]	66.96[T]	36.26[T]	26.71[T]	33.33[T]	27.88
Desenvolvimento humano baixo	64.1	21.9	10.2	0.2	3.2	0.4	15.0	2.6	40.8	41.6	53.02[T]	5.85[T]	2.29[T]	0.42[T]	1.07[T]	1.10
Mundo (excluindo a antiga União Soviética e a Checoslováquia)	10.8	29.2	24.8	4.2	27.4	3.5	59.6	13.3	21.1	6.0	96.81[T]	84.39[T]	60.44[T]	98.72[T]	97.03[T]	98.57
Mundo	9.1	28.2	33.4	3.4	23.0	2.9	51.1	20.7	23.3	5.0	100.00[T]	100.00[T]	100.00[T]	100.00[T]	100.00[T]	100.00

NOTAS
a. As percentagens poderão não perfazer a soma de 100% devido a deslocações para áreas não classificadas por categorias de desenvolvimento humano.
b. Os dados referem-se à Sérvia e Montenegro antes da sua separação em dois Estados independentes em Junho de 2006.

FONTES
Todas as colunas: cálculos baseados em dados provenientes do Centro de Investigação de Desenvolvimento para a Migração, Globalização e Pobreza (Migration DRC 2007).

RELATÓRIO DE DESENVOLVIMENTO HUMANO 2009

TABELA C
Educação e emprego dos migrantes internacionais em países da OCDE
(com idade a partir de 15 anos)

		Nível de educação alcançado por migrantes internacionais[a]			Taxa de emigração de indivíduos com nível superior de ensino	Estatuto da actividade económica de migrantes internacionais		Taxas de desemprego entre migrantes internacionais		
									Por nível de educação alcançado[a]	
		Baixo	Médio	Elevado		Taxa de participação da população activa[b]	Taxa total de desemprego[b]	Baixo	Médio	Elevado
	Stock de migrantes internacionais em países da OCDE	inferior ao ensino secundário	ensino secundário ou pós-secundário não superior	ensino superior				inferior ao ensino secundário	ensino secundário ou pós-secundário não superior	ensino superior
Ordem do IDH	(milhares)	(% de todos os migrantes)			(%)	(% de todos os migrantes)	(ambos os géneros)	(% da força laboral)		
DESENVOLVIMENTO HUMANO MUITO ELEVADO										
1 Noruega	123.3	21.7	38.1	31.7	4.5	45.1	5.7	8.5	6.8	3.8
2 Austrália	291.9	16.6	36.1	42.3	2.5	73.4	6.1	10.7	7.5	3.7
3 Islândia	22.7	15.3	39.0	33.5	18.0	65.2	4.8	9.0	4.4	3.9
4 Canadá	1,064.1	18.3	40.7	39.4	3.0	58.3	4.1	7.9	5.1	2.5
5 Irlanda	788.1	37.8	25.3	22.4	22.1	55.2	5.1	7.7	4.8	3.0
6 Países Baixos	583.4	25.9	36.6	31.8	6.2	55.7	4.5	6.8	4.5	3.4
7 Suécia	201.5	18.0	37.5	36.8	4.6	62.4	7.2	15.4	8.8	3.9
8 França	1,135.6	32.0	30.7	32.2	4.2	60.2	7.7	13.2	7.6	4.6
9 Suíça	427.2	34.6	40.0	24.0	9.8	60.3	10.4	14.8	9.9	6.3
10 Japão	565.4	10.4	38.9	49.0	1.1	57.7	4.4	8.5	5.3	3.2
11 Luxemburgo	31.3	39.0	32.4	23.7	..	50.4	8.8	13.2	8.9	4.8
12 Finlândia	257.2	30.4	42.5	23.5	6.1	53.6	4.7	5.8	5.0	3.3
13 Estados Unidos da América	840.6	19.6	29.3	46.6	0.4	60.3	5.7	9.6	7.8	3.9
14 Áustria	383.1	23.4	45.0	27.3	9.8	55.3	3.2	5.1	3.0	2.3
15 Espanha	757.6	51.7	26.8	17.6	2.4	52.7	7.5	9.4	7.6	4.7
16 Dinamarca	159.5	20.3	38.3	33.3	6.3	54.2	5.0	7.8	5.5	3.7
17 Bélgica	350.8	34.5	32.4	30.8	5.8	54.7	8.7	14.4	9.8	4.6
18 Itália	2,357.1	57.5	26.3	11.5	3.8	48.4	8.0	11.0	6.5	3.6
19 Listenstaine	3.5	27.5	46.9	19.5	..	59.6	3.7	5.1	3.4	2.8
20 Nova Zelândia	413.1	30.6	34.7	26.5	8.2	76.4	6.9	10.4	6.5	3.7
21 Reino Unido	3,241.3	25.7	36.7	33.1	10.3	59.7	5.4	9.5	5.6	3.3
22 Alemanha	3,122.5	26.6	43.0	27.4	7.1	57.2	7.9	14.2	7.9	4.6
23 Singapura	106.6	19.7	32.2	43.5	12.9	63.9	5.9	7.0	7.4	4.4
24 Hong Kong, China (RAE)	388.4	27.9	31.4	37.9	16.8	61.7	6.8	7.1	9.0	5.4
25 Grécia	685.8	55.3	26.0	15.1	7.9	49.6	6.3	8.8	3.9	4.6
26 Coreia, República da	975.3	16.4	39.3	43.6	..	58.8	5.5	8.8	6.1	4.3
27 Israel	162.7	18.3	37.0	42.7	5.4	65.6	6.2	11.2	7.4	4.0
28 Andorra	3.4	46.3	27.2	25.6	..	47.7	11.9	12.8	11.9	10.8
29 Eslovénia	78.4	47.3	39.1	11.4	..	39.1	6.3	7.4	6.2	4.5
30 Brunei Darussalam	8.9	19.1	41.1	37.7	..	63.3	6.3	5.8	9.2	4.3
31 Kuwait	37.1	16.7	36.9	44.2	6.5	53.8	9.6	18.9	12.3	6.3
32 Chipre	140.5	41.0	28.4	23.0	24.8	54.4	6.8	8.9	7.0	4.7
33 Qatar	3.3	16.1	37.0	43.9	..	45.7	10.7	14.5	15.8	6.9
34 Portugal	1,260.2	67.2	23.4	6.2	6.3	71.0	7.7	8.5	6.7	5.3
35 Emirados Árabes Unidos	14.4	21.0	50.2	24.2	..	40.8	14.9	18.8	17.1	10.6
36 República Checa	242.5	22.6	51.6	23.7	..	55.9	11.0	30.5	10.9	3.6
37 Barbados	88.4	30.0	40.2	26.3	47.3	66.0	6.3	9.2	6.5	4.0
38 Malta	98.0	53.2	24.5	13.5	..	54.0	4.9	5.8	4.6	3.2
DESENVOLVIMENTO HUMANO ELEVADO										
39 Barém	7.2	15.8	40.6	40.2	5.3	61.7	7.9	6.1	10.1	6.7
40 Estónia	36.0	26.6	36.6	30.6	..	37.2	11.4	15.4	13.8	7.5
41 Polónia	2,112.6	30.6	46.2	21.1	12.3	59.5	10.7	15.8	11.1	6.1
42 Eslováquia	361.5	40.7	45.5	12.9	..	48.8	15.7	34.8	10.8	3.9
43 Hungria	331.5	25.6	44.1	27.4	8.4	46.6	6.5	11.1	6.2	5.0
44 Chile	207.9	25.1	41.8	29.9	3.8	65.8	8.8	12.6	9.2	6.1
45 Croácia	488.9	45.7	39.4	12.4	..	56.7	8.4	15.9	3.6	3.6
46 Lituânia	134.4	35.8	39.6	21.8	..	28.9	11.6	19.3	13.6	6.1
47 Antígua e Barbuda	24.3	29.7	41.4	26.6	..	68.0	8.1	12.8	8.9	3.9
48 Letónia	54.8	19.5	36.1	35.8	..	39.7	6.5	11.0	7.3	5.2
49 Argentina	322.3	31.1	34.8	32.6	2.0	62.8	9.9	13.6	9.8	7.6
50 Uruguai	74.4	34.7	37.0	26.3	5.1	67.3	9.5	12.5	9.4	6.6
51 Cuba	924.6	40.8	35.1	23.9	..	52.5	8.0	12.0	7.5	5.2
52 Baamas	30.1	23.3	46.9	29.4	..	63.8	9.7	16.8	11.2	4.6
53 México	8,327.9	69.6	24.7	5.7	6.5	60.1	9.4	10.6	7.7	5.2
54 Costa Rica	75.7	31.5	43.7	24.4	3.9	64.8	6.6	10.4	6.1	3.8
55 Jamahira Árabe Líbia	64.8	44.3	30.6	23.6	..	51.2	7.6	8.0	6.9	7.4
56 Omã	2.6	13.6	44.6	37.5	..	34.4	7.7	7.5	10.4	6.1
57 Seychelles	8.1	42.6	31.5	17.3	..	60.3	9.7	12.6	8.4	7.4
58 Venezuela, República Bolivariana da	233.3	27.0	35.8	36.7	3.8	64.3	11.3	15.0	12.7	8.1
59 Arábia Saudita	34.1	22.8	38.8	35.8	..	43.5	11.8	18.4	13.2	8.2

151

RELATÓRIO DE DESENVOLVIMENTO HUMANO 2009

Educação e emprego dos migrantes internacionais em países da OCDE
(com idade a partir de 15 anos)

Ordem do IDH	Stock de migrantes internacionais em países da OCDE (milhares)	Nível de educação alcançado por migrantes internacionais[a] — Baixo: inferior ao ensino secundário (%)	Médio: ensino secundário ou pós-secundário não superior (%)	Elevado: ensino superior (%)	Taxa de emigração de indivíduos com nível superior de ensino (%)	Taxa de participação da população activa[b] (ambos os géneros) (% de todos os migrantes)	Taxa total de desemprego[b] (ambos os géneros)	Taxa de desemprego — Baixo: inferior ao ensino secundário	Médio: ensino secundário ou pós-secundário não superior	Elevado: ensino superior
60 Panamá	139.8	16.9	50.0	32.9	11.1	65.5	6.1	13.3	6.8	3.3
61 Bulgária	604.4	51.0	31.3	13.0	..	59.2	9.3	8.9	10.1	8.7
62 São Cristóvão e Nevis	20.0	33.0	35.5	26.6	..	66.8	6.6	10.5	6.1	4.2
63 Roménia	1,004.6	32.7	43.9	22.3	..	59.8	8.8	12.1	8.8	5.9
64 Trinidade e Tobago	274.2	23.3	46.2	29.7	66.4	70.2	7.1	11.5	7.6	4.1
65 Montenegro	..[c]	52.1[d]	30.2[d]	10.6[d]	..	55.9[d]	13.6[d]	16.3[d]	12.2[d]	7.8[d]
66 Malásia	214.3	18.4	28.8	47.6	11.3	65.7	6.2	8.3	9.0	4.3
67 Sérvia	1,044.4	52.1[d]	30.2[d]	10.6[d]	..	55.9[d]	13.6[d]	16.3[d]	12.2[d]	7.8[d]
68 Bielorússia	151.1	37.1	37.3	25.0	..	29.1	10.4	14.7	13.9	6.4
69 Santa Lúcia	24.5	37.9	37.0	20.3	..	65.6	9.0	12.6	8.4	5.5
70 Albânia	524.1	54.0	34.6	8.7	..	68.8	10.0	10.3	9.3	10.6
71 Federação Russa	1,524.4	33.9	37.9	27.1	..	58.0	15.7	19.6	15.7	13.0
72 Macedónia, Antiga Rep. Jugoslava da	175.7	57.1	24.4	7.4	..	59.6	10.0	11.0	8.1	8.0
73 Dominica	25.7	40.4	34.0	21.7	..	64.3	9.9	13.1	9.9	6.4
74 Granada	46.4	34.2	39.6	23.3	..	69.0	8.3	12.3	7.9	4.7
75 Brasil	544.1	30.6	38.8	25.9	1.6	70.9	6.8	9.0	6.2	5.7
76 Bósnia e Herzegovina	569.9	44.3	42.0	9.6	..	68.3	11.0	14.2	9.0	7.8
77 Colômbia	691.7	33.9	40.5	24.8	5.8	63.9	11.5	16.3	10.2	8.3
78 Perú	415.1	24.7	44.8	28.6	3.0	67.7	8.4	12.0	8.0	6.8
79 Turquia	2,085.5	69.0	21.6	6.7	3.2	58.1	19.6	23.2	15.9	5.2
80 Equador	503.7	48.8	35.8	15.0	5.8	69.8	10.9	12.6	9.9	8.1
81 Maurícia	91.4	42.9	27.9	24.4	48.5	69.3	11.7	16.2	12.6	4.8
82 Cazaquistão	415.7	35.1	48.0	16.6	..	60.0	13.0	17.9	12.4	8.9
83 Líbano	335.5	33.8	31.6	30.9	..	56.9	10.4	15.3	11.0	6.9
DESENVOLVIMENTO HUMANO MÉDIO										
84 Arménia	79.4	27.3	41.5	30.3	..	56.6	14.4	21.4	13.8	11.4
85 Ucrânia	773.0	36.8	34.8	27.0	..	36.1	9.8	12.3	10.9	7.9
86 Azerbeijão	30.1	25.2	33.0	39.8	..	57.1	16.9	21.2	16.8	14.8
87 Tailândia	269.7	34.8	31.9	27.6	1.5	58.7	9.0	13.5	8.5	5.3
88 Irão, República Islâmica do	616.0	17.2	34.4	45.9	8.3	62.5	8.6	19.4	9.5	6.2
89 Geórgia	84.7	35.8	35.4	24.8	..	58.6	16.9	19.6	16.1	15.1
90 República Dominicana	695.3	53.2	34.2	12.3	9.8	56.7	13.3	17.1	11.3	7.2
91 São Vicente e Granadinas	34.8	34.4	38.6	24.5	..	68.1	8.9	11.8	9.5	5.5
92 China	2,068.2	31.0	25.1	39.4	3.0	58.5	6.1	7.8	6.9	4.9
93 Belize	42.6	30.5	48.7	20.4	..	66.0	8.4	11.2	8.5	5.7
94 Samoa	71.5	31.1	44.1	8.7	..	62.0	13.5	15.9	12.6	7.8
95 Maldivas	0.4	25.8	40.5	30.0	..	30.0	13.1	18.2	4.7	14.5
96 Jordânia	63.9	20.0	37.8	41.0	4.6	61.9	7.9	12.0	8.5	6.2
97 Suriname	7.1	23.9	43.2	30.9	..	61.0	6.9	15.6	6.2	3.5
98 Tunísia	427.5	55.5	27.8	15.9	14.3	57.0	20.6	26.4	18.8	10.3
99 Tonga	40.9	34.6	44.8	9.5	..	62.0	11.3	14.1	9.9	6.5
100 Jamaica	789.7	33.1	39.6	24.2	72.6	68.9	7.9	11.9	7.9	4.3
101 Paraguai	20.1	37.1	37.5	23.9	1.9	69.3	6.9	7.5	6.9	6.3
102 Sri Lanka	316.9	32.7	34.4	26.4	19.4	67.8	10.5	13.5	10.9	7.0
103 Gabão	10.8	29.9	33.1	35.9	..	49.7	23.1	32.6	24.3	17.2
104 Argélia	1,313.3	55.4	27.8	16.4	15.4	53.0	21.9	29.0	20.3	11.7
105 Filipinas	1,930.3	17.4	35.1	45.9	7.4	68.7	4.9	8.9	5.6	3.5
106 São Salvador	835.6	62.9	29.2	7.7	14.1	64.7	8.4	9.6	6.9	5.7
107 República Árabe da Síria	130.2	33.0	30.3	33.3	3.8	55.3	10.5	13.7	10.5	8.6
108 Fiji	119.0	30.8	41.5	21.4	38.3	69.9	7.5	9.6	7.4	5.3
109 Turquemenistão	4.9	25.4	48.4	24.8	..	45.8	16.3	17.3	17.0	14.6
110 Territórios Ocupados da Palestina	15.5	23.5	28.2	40.5	..	46.7	12.1	13.9	13.6	10.9
111 Indonésia	339.4	24.8	38.3	34.5	1.8	48.8	4.4	3.4	4.4	4.5
112 Honduras	275.6	57.2	32.2	10.6	12.0	63.7	10.0	12.0	8.5	5.5
113 Bolívia	76.8	24.9	44.1	29.4	3.3	66.6	8.5	11.0	8.9	6.3
114 Guiana	303.6	31.0	42.9	25.0	76.9	68.6	6.6	10.2	6.4	4.0
115 Mongólia	4.3	16.5	35.1	45.7	..	58.6	9.7	9.2	7.6	11.3
116 Vietname	1,518.1	40.7	34.8	22.9	..	64.6	7.7	10.5	7.2	4.7
117 Moldávia	41.4	26.8	37.4	34.6	..	63.7	12.3	16.9	11.4	10.3
118 Guiné Equatorial	12.1	52.0	25.5	22.4	..	63.3	22.3	26.9	20.9	15.0

152

TABELA C

Ordem do IDH	Stock de migrantes internacionais em países da OCDE (milhares)	Nível de educação alcançado por migrantes internacionais[a] Baixo - inferior ao ensino secundário	Médio - ensino secundário ou pós-secundário não superior	Elevado - ensino superior	Taxa de emigração de indivíduos com nível superior de ensino (%)	Taxa de participação da população activa[b] (ambos os géneros) (% de todos os migrantes)	Taxa total de desemprego[b] (ambos os géneros)	Por nível de educação alcançado[a] Baixo - inferior ao ensino secundário	Médio - ensino secundário ou pós-secundário não superior	Elevado - ensino superior
119 Uzbequistão	45.2	25.0	40.0	33.9	..	59.0	12.5	16.0	12.7	10.5
120 Quirguizistão	34.1	33.5	47.9	18.4	..	58.8	12.8	17.3	12.3	9.7
121 Cabo Verde	87.9	73.7	19.1	5.9	..	70.5	9.4	9.7	9.7	5.1
122 Guatemala	485.3	63.6	27.9	8.4	11.2	63.5	8.2	9.1	7.4	5.4
123 Egipto	308.7	18.8	30.7	47.3	3.7	59.9	8.3	12.9	9.7	6.5
124 Nicarágua	221.0	40.7	41.1	18.1	14.3	61.6	8.7	12.0	8.0	5.2
125 Botsuana	4.1	12.3	46.3	37.1	4.2	45.3	14.3	10.6	17.6	10.6
126 Vanuatu	1.7	27.8	39.1	27.2	..	63.4	12.6	16.6	10.1	12.1
127 Tajiquistão	8.9	30.4	45.1	24.1	..	57.5	12.4	18.0	12.3	8.5
128 Namíbia	3.1	15.3	34.8	45.9	..	70.3	6.0	10.6	6.1	4.8
129 África do Sul	351.7	14.6	34.6	44.8	6.8	74.2	5.5	10.1	6.6	3.7
130 Morrocos	1,505.0	61.1	23.1	13.9	..	60.9	19.8	22.6	19.0	12.2
131 São Tomé e Princípe	11.6	72.2	16.9	10.7	..	73.7	9.3	9.8	9.9	5.8
132 Butão	0.7	39.1	30.6	23.7	..	57.4	14.1	13.4	12.7	14.1
133 Repúb. Democrática Popular do Laos	264.2	49.5	35.7	14.2	..	63.0	9.6	12.4	8.4	6.0
134 Índia	1,952.0	25.5	19.5	51.2	3.5	66.6	5.9	9.8	7.0	4.3
135 Ilhas Salomão	1.8	25.3	29.5	36.8	..	63.5	10.8	18.3	15.0	5.7
136 Congo	68.7	27.1	34.2	34.9	25.7	72.4	26.4	37.4	28.3	18.5
137 Cambodja	239.1	52.4	30.8	15.2	..	62.2	11.2	14.6	9.5	6.4
138 Mianmar	61.2	25.0	26.2	40.9	2.5	61.7	5.8	8.2	6.5	4.5
139 Comores	17.6	63.6	25.6	10.7	..	66.8	40.8	45.4	36.1	25.7
140 Íimen	31.9	47.0	30.2	19.3	..	56.3	9.1	8.8	10.6	6.8
141 Paquistão	669.0	43.6	21.4	30.3	9.8	55.2	10.9	15.1	10.6	7.3
142 Suazilândia	1.8	19.8	32.9	42.9	3.2	69.6	7.4	12.2	6.6	6.1
143 Angola	196.2	52.9	26.5	19.5	..	77.0	9.7	11.4	10.2	4.9
144 Nepal	23.9	21.3	33.0	39.2	3.0	72.0	6.3	6.2	7.2	5.8
145 Madagáscar	76.6	33.3	34.6	31.7	..	67.2	17.7	25.0	18.3	11.9
146 Bangladesh	285.7	46.2	22.3	27.2	3.2	54.8	12.5	17.9	12.0	7.5
147 Quénia	198.1	26.0	32.7	36.9	27.2	73.6	6.1	8.2	7.0	4.1
148 Papua-Nova Guiné	25.9	28.0	33.8	31.2	15.1	70.3	8.7	13.2	9.5	4.9
149 Haiti	462.9	39.3	40.6	20.0	67.5	66.2	11.3	15.2	10.8	6.6
150 Sudão	42.1	23.4	32.9	39.7	4.6	59.4	16.2	25.1	14.8	13.9
151 Tanzânia, República Unida da	70.2	25.1	30.4	40.7	15.6	69.9	5.9	8.1	7.4	4.2
152 Gana	165.6	26.5	38.4	31.3	33.7	75.7	9.6	14.2	9.7	6.4
153 Camarões	58.5	23.3	32.3	41.9	12.5	68.9	21.8	32.6	24.5	15.9
154 Mauritânia	15.2	63.1	19.1	17.2	..	72.0	22.2	23.1	24.8	15.8
155 Djibuti	5.4	34.1	34.7	29.7	..	56.5	24.9	37.4	23.2	16.8
156 Lesoto	0.9	18.3	31.6	45.8	3.8	62.5	6.0	..	9.9	3.8
157 Uganda	82.1	27.4	29.0	39.0	24.2	72.9	6.9	9.0	8.1	5.0
158 Nigéria	261.0	15.5	28.4	53.1	..	75.4	11.2	20.7	13.9	7.9
DESENVOLVIMENTO HUMANO BAIXO										
159 Togo	18.4	27.9	34.1	35.8	11.8	71.9	21.3	28.0	22.2	16.2
160 Malawi	14.9	32.5	28.5	34.8	15.5	70.4	7.2	10.2	7.7	4.7
161 Benim	14.4	25.8	30.5	42.2	11.3	70.9	19.7	26.9	22.8	14.3
162 Timor-Leste	11.1	57.1	23.4	12.4	..	62.6	12.1	14.8	11.6	4.5
163 Costa do Marfim	62.6	38.1	34.2	26.4	..	70.7	22.7	28.0	22.9	16.1
164 Zâmbia	34.9	14.2	34.4	47.9	15.5	77.1	6.3	11.9	7.7	4.1
165 Eritrea	48.0	36.0	39.3	20.7	..	65.2	11.3	14.8	10.3	7.8
166 Senegal	133.2	56.6	23.6	19.1	18.6	74.8	18.5	20.4	19.2	12.3
167 Ruanda	14.8	25.4	32.6	34.9	20.8	59.0	26.4	37.4	27.3	21.5
168 Gâmbia	20.9	47.9	30.9	16.5	44.6	67.9	15.0	20.3	12.1	7.5
169 Libéria	41.0	20.6	44.8	33.5	24.7	73.7	9.3	20.8	9.2	5.0
170 Guinea	21.3	49.6	25.4	22.4	..	68.2	24.6	31.6	20.2	15.7
171 Etiópia	124.4	24.3	43.6	29.2	..	68.4	9.5	14.9	8.9	7.0
172 Moçambique	85.7	44.2	28.8	26.4	53.6	77.9	6.7	8.9	7.0	3.5
173 Guiné-Bissau	30.0	66.3	20.5	12.8	71.5	76.5	16.7	18.0	16.3	11.2
174 Burundi	10.6	24.3	28.7	38.0	..	60.5	24.5	37.0	26.5	18.1
175 Chade	5.8	22.7	33.1	42.2	..	73.5	20.5	30.6	20.6	16.5
176 Congo, República Democrática do	100.7	25.0	32.5	35.5	9.6	66.5	21.8	31.9	24.4	15.1
177 Burkina Faso	8.3	46.9	22.6	28.5	..	72.3	15.3	16.8	13.9	13.8

153

C RELATÓRIO DE DESENVOLVIMENTO HUMANO 2009
Educação e emprego dos migrantes internacionais em países da OCDE
(com idade a partir de 15 anos)

Ordem do IDH	Stock de migrantes internacionais em países da OCDE (milhares)	Nível de educação alcançado por migrantes internacionais[a] Baixo — inferior ao ensino secundário	Médio — ensino secundário ou pós-secundário não superior	Elevado — ensino superior	Taxa de emigração de indivíduos com nível superior de ensino (%)	Taxa de participação da população activa[b] (ambos os géneros)	Taxa total de desemprego[b] (ambos os géneros)	Baixo — inferior ao ensino secundário	Médio — ensino secundário ou pós-secundário não superior	Elevado — ensino superior
178 Mali	45.2	68.3	18.7	12.6	14.6	74.9	24.9	27.1	24.4	14.4
179 República Centro-Africana	9.8	33.4	33.1	32.7	9.1	69.1	24.2	35.6	23.6	17.8
180 Serra Leoa	40.2	23.5	37.4	33.7	34.5	71.8	10.7	19.1	10.5	6.5
181 Afganistão	141.2	44.7	28.9	19.4	6.4	47.3	13.6	13.9	13.1	12.5
182 Níger	4.8	26.6	34.3	37.5	5.8	68.1	18.5	27.8	17.8	14.1
OUTROS ESTADOS MEMBROS DAS NAÇÕES UNIDAS										
Iraque	335.5	38.9	26.9	26.6	8.4	49.5	17.8	27.4	12.5	12.6
Kiribati	1.7	38.3	33.9	20.2	..	57.5	8.4	7.7	11.6	4.8
Coreia, Repúb. Democrática Popular da	1.2	21.7	32.1	38.6	..	58.3	6.5	8.3	4.7	6.7
Ilhas Marshall	5.3	34.9	54.1	10.9	..	58.1	19.9	27.9	20.5	4.8
Micronésia, Estados Federados da	6.5	26.9	59.7	13.3	..	68.9	11.5	17.9	11.1	4.6
Mónaco	12.3	41.4	35.1	23.0	..	50.8	11.1	16.4	12.3	5.7
Nauru	0.5	35.3	34.7	21.6	..	62.4	8.2	22.2	6.0	2.4
Palau	2.1	12.7	58.9	28.3	..	71.5	8.1	12.1	9.2	5.1
San Marino	2.8	61.6	25.7	12.4	..	44.3	4.3	6.2	2.7	3.6
Somália	125.1	44.0	30.6	12.5	..	42.0	28.2	37.0	24.0	18.9
Tuvalu	0.9	38.9	27.2	6.2	..	57.2	16.1	19.2	13.0	6.8
Zimbabué	77.4	14.9	39.9	40.6	9.4	73.4	7.0	11.0	8.6	4.4
África	6,555.3[T]	44.6	28.6	24.5	9.3	63.4	16.5	22.8	15.7	9.0
Ásia	17,522.0[T]	33.0	29.8	34.3	3.6	60.9	9.0	14.6	8.6	5.0
Europa	27,318.1[T]	38.6	35.7	21.6	7.0	56.5	8.8	12.6	8.5	5.3
América Latina e Caraíbas	18,623.0[T]	53.8	31.9	13.8	6.0	61.4	9.4	11.6	8.3	5.7
América do Norte	1,923.8[T]	18.8	35.8	42.5	0.7	59.3	4.8	8.6	6.1	3.2
Oceânia	1,098.2[T]	26.6	38.7	27.4	4.0	71.4	7.8	11.8	7.9	4.2
OCDE	33,500.2[T]	44.5	32.3	20.3	2.9	58.3	8.5	12.2	7.7	4.1
União Europeia (EU27)	20,514.2[T]	37.1	35.9	23.0	7.0	56.7	7.6	11.5	7.6	4.3
CCG	98.6[T]	19.2	40.0	37.9	6.3	48.1	11.0	17.6	13.4	7.3
Desenvolvimento humano muito elevado	21,480.5[T]	33.4	34.5	27.9	2.7	57.9	6.6	10.4	6.7	3.9
Muito elevado: OCDE	20,281.1[T]	33.5	34.6	27.6	2.6	57.8	6.6	10.5	6.6	3.8
Muito elevado: não-OCDE	1,199.3[T]	30.6	33.2	32.2	12.2	59.3	6.6	8.2	7.9	4.8
Desenvolvimento humano elevado	28,213.0[T]	49.4	33.2	15.7	5.1	59.3	10.9	14.0	9.8	6.6
Desenvolvimento humano médio	22,102.2[T]	37.8	30.4	29.2	5.2	61.8	10.3	15.2	9.9	6.0
Dezenvolvimento humano baixo	1,244.8[T]	37.7	32.1	25.8	12.8	65.9	16.1	21.5	15.2	10.4
Mundo (excluindo a antiga União Soviética e a Checoslováquia)	69,018.3[T]	41.4	32.3	23.5	3.7	60.3	9.3	13.3	8.7	5.2
Mundo	75,715.9[Te]	41.0	32.7	23.5	3.7	59.7	9.5	13.6	9.0	5.5

NOTAS

a. As percentagens poderão não perfazer a soma de 100%, uma vez que aqueles cujos níveis de educação alcançados são desconhecidos foram excluídos.
b. As pessoas cujo estatuto da actividade económica é desconhecido foram excluídas.
c. Os dados referentes a Montenegro estão incluídos naqueles referentes à Sérvia.
d. Os dados referem-se à Sérvia e Montenegro antes da sua separação em dois Estados independentes em Junho de 2006.
e. Os dados são valores em agregado a partir da fonte de dados original.

FONTES

Colunas 1–4 e 8–10: OECD 2009a.
Coluna 5: OECD 2008a.
Colunas 6 e 7: cálculos baseados em dados retirados de OECD 2009a.

154

TABELA D

RELATÓRIO DE DESENVOLVIMENTO HUMANO 2009

Deslocações induzidas por conflito e pela insegurança

		Por país de origem					Por país de asilo				
		Internacionais				Internas	Internacionais				
	Stock de refugiados			Pessoas em situações semelhantes às dos refugiados	Stock de candidatos a asilo (casos pendentes)	Deslocados internos[d]	Stock de refugiados			Pessoas em situações semelhantes às dos refugiados	Stock de candidatos a asilo (casos pendentes)
Ordem do IDH	Total (milhares) 2007	Percentagem do stock de emigrantes internacionais (%)	Percentagem de refugiados mundiais (%) 2007	Total (milhares) 2007	Total (milhares) 2007	Total (milhares) 2008	Total (milhares) 2007	Percentagem do stock de imigrantes internacionais (%)	Percentagem de refugiados mundiais (%) 2007	Total (milhares) 2007	Total (milhares) 2007

DESENVOLVIMENTO HUMANO MUITO ELEVADO

1 Noruega	0.0	0.0	0.0	0.0	0.0	..	34.5	9.3	0.2	0.0	6.7
2 Austrália	0.1	0.0	0.0	0.0	0.0	..	22.2	0.5	0.2	0.0	1.5
3 Islândia	0.0	0.0	0.0	0.0	..	..	0.0	0.2	0.0	0.0	0.0
4 Canadá	0.5	0.0	0.0	0.0	0.1	..	175.7	2.8	1.2	0.0	37.5
5 Irlanda	0.0	0.0	0.0	0.0	0.0	..	9.3	1.5	0.1	0.0	4.4
6 Países Baixos	0.0	0.0	0.0	0.0	0.0	..	86.6	5.0	0.6	0.0	5.8
7 Suécia	0.0	0.0	0.0	0.0	0.0	..	75.1	6.7	0.5	0.0	27.7
8 França	0.1	0.0	0.0	0.0	0.1	..	151.8	2.3	1.1	0.0	31.1
9 Suíça	0.0	0.0	0.0	0.0	0.0	..	45.7	2.8	0.3	0.0	10.7
10 Japão	0.5	0.1	0.0	0.0	0.0	..	1.8	0.1	0.0	0.0	1.5
11 Luxemburgo	0.0	0.0	0.0	0.0	..	..	2.7	1.8	0.0	0.0	0.0
12 Finlândia	0.0	0.0	0.0	0.0	..	..	6.2	3.6	0.0	0.0	0.7
13 Estados Unidos da América	2.2	0.1	0.0	0.0	1.1	..	281.2	0.7	2.0	0.0	83.9
14 Áustria	0.0	0.0	0.0	0.0	0.0	..	30.8	2.7	0.2	0.0	38.4
15 Espanha	0.0	0.0	0.0	0.0	0.0	..	5.1	0.1	0.0	0.0	0.0
16 Dinamarca	0.0	0.0	0.0	0.0	0.0	..	26.8	6.4	0.2	0.0	0.6
17 Bélgica	0.1	0.0	0.0	0.0	0.0	..	17.6	2.0	0.1	0.0	15.2
18 Itália	0.1	0.0	0.0	0.0	0.0	..	38.1	1.2	0.3	0.0	1.5
19 Listenstaine	0.0	0.0	0.0	0.0	..	..	0.3	2.4	0.0	0.0	0.0
20 Nova Zelândia	0.0	0.0	0.0	0.0	0.0	..	2.7	0.3	0.0	0.0	0.2
21 Reino Unido	0.2	0.0	0.0	0.0	0.0	..	299.7	5.1	2.1	0.0	10.9
22 Alemanha	0.1	0.0	0.0	0.0	0.1	..	578.9	5.5	4.0	0.0	34.1
23 Singapura	0.1	0.0	0.0	0.0	0.0	..	0.0	0.0	0.0	0.0	0.0
24 Hong Kong, China (RAE)	0.0	0.0	0.0	0.0	0.0	..	0.1	0.0	0.0	0.0	1.9
25 Grécia	0.1	0.0	0.0	0.0	0.0	..	2.2	0.2	0.0	0.0	28.5
26 Coreia, República da	1.2	0.1	0.0	0.0	0.4	..	0.1	0.0	0.0	0.0	1.2
27 Israel	1.5	0.2	0.0	0.0	0.9	150–420 [b]	1.2	0.0	0.0	0.0	5.8
28 Andorra	0.0	0.1	0.0	0.0	0.0	..	..	..	..	..	..
29 Eslovénia	0.1	0.0	0.0	0.0	0.0	..	0.3	0.2	0.0	0.0	0.1
30 Brunei Darussalam	0.0	0.0	0.0	0.0	..	..	..	..	..	..	..
31 Kuwait	0.7	0.2	0.0	0.0	0.1	..	0.2	0.0	0.0	38.0	0.7
32 Chipre	0.0	0.0	0.0	0.0	0.0	..	1.2	1.0	0.0	0.0	11.9
33 Qatar	0.1	0.4	0.0	0.0	0.0	..	0.0	0.0	0.0	0.0	0.0
34 Portugal	0.0	0.0	0.0	0.0	0.0	..	0.4	0.0	0.0	0.0	0.0
35 Emirados Árabes Unidos	0.3	0.2	0.0	0.0	0.0	..	0.2	0.0	0.0	0.0	0.1
36 República Checa	1.4	0.4	0.0	0.0	0.1	..	2.0	0.4	0.0	0.0	2.2
37 Barbados	0.0	0.0	0.0	0.0	0.0	..	..	..	..	..	..
38 Malta	0.0	0.0	0.0	0.0	0.0	..	3.0	25.7	0.0	0.0	0.9

DESENVOLVIMENTO HUMANO ELEVADO

39 Barém	0.1	0.1	0.0	0.0	0.0	..	0.0	0.0	0.0	0.0	0.0
40 Estónia	0.3	0.1	0.0	0.0	0.1	..	0.0	0.0	0.0	0.0	0.0
41 Polónia	2.9	0.1	0.0	0.0	0.2	..	9.8	1.2	0.1	0.0	5.9
42 Eslováquia	0.3	0.1	0.0	0.0	0.1	..	0.3	0.2	0.0	0.0	0.6
43 Hungria	3.4	0.8	0.0	0.0	0.1	..	8.1	2.4	0.1	0.0	1.6
44 Chile	1.0	0.2	0.0	0.0	0.1	..	1.4	0.6	0.0	0.0	0.5
45 Croácia	100.4	16.5	0.7	0.0	0.1	3 [c]	1.6	0.2	0.0	0.0	0.1
46 Lituânia	0.5	0.1	0.0	0.0	0.1	..	0.7	0.4	0.0	0.0	0.0
47 Antígua e Barbuda	0.0	0.0	0.0	0.0	..	..	..	..	..	..	..
48 Letónia	0.7	0.3	0.0	0.0	0.0	..	0.0	0.0	0.0	0.0	0.0
49 Argentina	1.2	0.2	0.0	0.0	0.1	..	3.3	0.2	0.0	0.0	1.1
50 Uruguai	0.2	0.1	0.0	0.0	0.0	..	0.1	0.2	0.0	0.0	0.0
51 Cuba	7.1	0.7	0.0	0.4	1.1	..	0.6	4.0	0.0	0.0	0.0
52 Baamas	0.0	0.0	0.0	0.0	0.0	..	..	..	..	..	..
53 México	5.6	0.1	0.0	0.0	14.8	6	1.6	0.3	0.0	0.0	0.0
54 Costa Rica	0.4	0.3	0.0	0.0	0.1	..	11.6	2.6	0.1	5.6	0.5
55 Jamahira Árabe Líbia	2.0	2.5	0.0	0.0	0.6	..	4.1	0.7	0.0	0.0	2.8
56 Omã	0.1	0.3	0.0	0.0	0.0	..	0.0	0.0	0.0	0.0	0.0
57 Seychelles	0.1	0.3	0.0	0.0	0.0	..	..	..	..	..	..
58 Venezuela, República Bolivariana da	5.1	1.4	0.0	0.0	1.8	..	0.9	0.1	0.0	200.0	9.6
59 Arábia Saudita	0.8	0.3	0.0	0.0	0.0	..	240.7	3.8	1.7	0.0	0.3

RELATÓRIO DE DESENVOLVIMENTO HUMANO 2009

D. Deslocações induzidas por conflito e pela insegurança

	Por país de origem					Por país de asilo				
	Internacionais				Internas	Internacionais				
	Stock de refugiados			Pessoas em situações semelhantes às dos refugiados	*Stock* de candidatos a asilo (casos pendentes)	Deslocados internos[d]	*Stock* de refugiados			Pessoas em situações semelhantes às dos refugiados	*Stock* de candidatos a asilo (casos pendentes)
Ordem do IDH	Total (milhares) 2007	Percentagem do *stock* de emigrantes internacionais (%) 2007	Percentagem de refugiados mundiais (%) 2007	Total (milhares) 2007	Total (milhares) 2007	Total (milhares) 2008	Total (milhares) 2007	Percentagem do *stock* de imigrantes internacionais (%) 2007	Percentagem de refugiados mundiais (%) 2007	Total (milhares) 2007	Total (milhares) 2007
60 Panamá	0.1	0.1	0.0	0.0	0.0	..	1.9	1.8	0.0	15.0	0.5
61 Bulgária	3.3	0.4	0.0	0.0	0.4	..	4.8	4.6	0.0	0.0	1.0
62 São Cristóvão e Nevis	0.0	0.0	0.0	0.0	0.0	..	..	..	..	..	..
63 Roménia	5.3	0.5	0.0	0.0	0.6	..	1.8	1.3	0.0	0.0	0.2
64 Trindade e Tobago	0.2	0.1	0.0	0.0	0.2	..	0.0	0.1	0.0	0.0	0.1
65 Montenegro	0.6	..	0.0	0.0	0.3	..	8.5	15.6	0.1	0.0	0.0
66 Malásia	0.6	0.1	0.0	0.0	0.1	..	32.2	1.6	0.2	0.4	6.9
67 Sérvia	165.6	9.8	1.2	0.1	14.2	248 [d]	98.0	14.5	0.7	0.0	0.0
68 Bielorrússia	5.0	0.3	0.0	0.0	1.2	..	0.6	0.1	0.0	0.0	0.0
69 Santa Lúcia	0.2	0.4	0.0	0.0	0.2	..	0.0	0.0	0.0	0.0	0.0
70 Albânia	15.3	1.9	0.1	0.0	1.6	..	0.1	0.1	0.0	0.0	0.0
71 Federação Russa	92.9	0.8	0.6	0.0	17.6	18–137 [e]	1.7	0.0	0.0	0.0	3.1
72 Macedónia, Antiga Repúb. Jugoslava da	8.1	3.1	0.1	0.0	1.1	1	1.2	1.0	0.0	0.1	0.2
73 Domínica	0.1	0.1	0.0	0.0	0.0	..	..	..	..	..	..
74 Granada	0.3	0.4	0.0	0.0	0.1	..	..	..	..	..	..
75 Brasil	1.6	0.2	0.0	0.0	0.3	..	3.8	0.6	0.0	17.0	0.4
76 Bósnia e Herzegovina	78.3	6.2	0.5	0.0	1.1	125	7.4	21.0	0.1	0.0	0.6
77 Colômbia	70.1	4.3	0.5	481.6	43.1	2.650-4,360 [c]	0.2	0.2	0.0	0.0	0.1
78 Perú	7.7	1.0	0.1	0.0	3.1	150 [c]	1.0	2.4	0.0	0.0	0.5
79 Turquia	221.9	7.4	1.6	0.0	9.2	954-1,200	7.0	0.5	0.0	0.0	5.2
80 Equador	1.3	0.2	0.0	0.0	0.3	..	14.9	12.1	0.1	250.0	27.4
81 Maurícia	0.1	0.0	0.0	0.0	0.0	..	0.0	0.0	0.0	0.0	0.0
82 Cazaquistão	5.2	0.1	0.0	0.0	0.5	..	4.3	0.1	0.0	0.0	0.1
83 Líbano	13.1	2.3	0.1	0.0	2.6	90–390 [f]	466.9[g]	64.7[g]	3.3[g]	0.1	0.6
DESENVOLVIMENTO HUMANO MÉDIO											
84 Arménia	15.4	2.0	0.1	0.0	4.0	8 [c]	4.6	0.9	0.0	0.0	0.1
85 Ucrânia	26.0	0.4	0.2	0.0	2.4	..	2.3	0.0	0.0	5.0	1.3
86 Azerbeijão	15.9	1.2	0.1	0.0	1.9	573 [h]	2.4	0.9	0.0	0.0	0.1
87 Tailândia	2.3	0.3	0.0	0.0	0.4	..	125.6	12.8	0.9	0.0	13.5
88 Irão, República Islâmica do	68.4	7.4	0.5	0.0	10.4	..	963.5	46.7	6.7	0.0	1.2
89 Geórgia	6.8	0.7	0.0	5.0	4.1	0 [i]	1.0	0.5	0.0	0.0	0.0
90 República Dominicana	0.4	0.0	0.0	0.0	0.1	..	..	..	..	..	..
91 São Vicente e Granadinas	0.6	1.1	0.0	0.0	0.5	..	..	..	..	..	..
92 China	149.1	2.6	1.0	0.0	15.5	..	301.1	51.0	2.1	0.0	0.1
93 Belize	0.0	0.0	0.0	0.0	0.0	..	0.4	0.9	0.0	0.0	0.0
94 Samoa	0.0	0.0	0.0	0.0	0.0	..	..	..	..	..	..
95 Maldivas	0.0	1.6	0.0	0.0	0.0	..	..	..	..	..	..
96 Jordânia	1.8	0.3	0.0	0.0	0.7	..	2,431.0[g]	..	17.0[g]	0.0	0.4
97 Suriname	0.1	0.0	0.0	0.0	0.0	..	0.0	0.0	0.0	0.0	0.0
98 Tunísia	2.5	0.4	0.0	0.0	0.3	..	0.1	0.3	0.0	0.0	0.1
99 Tonga	0.0	0.0	0.0	0.0	0.0	..	..	..	..	..	..
100 Jamaica	0.8	0.1	0.0	0.0	0.2	..	..	..	..	..	..
101 Paraguai	0.1	0.0	0.0	0.0	0.0	..	0.1	0.0	0.0	0.0	0.0
102 Sri Lanka	134.9	14.5	0.9	0.0	6.0	500	0.2	0.0	0.0	0.0	0.2
103 Gabão	0.1	0.2	0.0	0.0	0.0	..	8.8	3.6	0.1	0.0	4.3
104 Argélia	10.6	0.5	0.1	0.0	1.4	.. [j]	94.1	38.8	0.7	0.0	1.6
105 Filipinas	1.5	0.0	0.0	0.0	0.8	314 [k]	0.1	0.0	0.0	0.0	0.0
106 El Salvador	6.0	0.6	0.0	0.0	18.6	..	0.0	0.1	0.0	0.0	0.0
107 República Árabe da Síria	13.7	3.2	0.1	0.0	6.9	433	1,960.8[g]	..	13.7[g]	0.0	5.9
108 Fiji	1.8	1.3	0.0	0.0	0.2	..	0.0	0.0	0.0	0.0	0.0
109 Turquemenistão	0.7	0.3	0.0	0.0	0.1	..	0.1	0.1	0.0	0.0	0.0
110 Territórios Ocupados da Palestina	4,953.4[g]	..	34.6[g]	6.0	2.4	25–115 [c,l]	1,813.8[g]	..	12.7[g]	0.0	0.0
111 Indonésia	20.2	1.1	0.1	0.3	2.4	150–250 [c]	0.3	0.2	0.0	0.0	0.2
112 Honduras	1.2	0.3	0.0	0.0	0.7	..	0.0	0.1	0.0	0.0	0.0
113 Bolívia	0.4	0.1	0.0	0.0	0.4	..	0.6	0.6	0.0	0.0	0.2
114 Guiana	0.7	0.2	0.0	0.0	0.2	..	..	..	..	..	..
115 Mongólia	1.1	14.5	0.0	0.0	2.0	..	0.0	0.0	0.0	0.0	0.0
116 Vietname	327.8	16.3	2.3	0.0	1.8	..	2.4	4.3	0.0	0.0	0.0
117 Moldávia	4.9	0.7	0.0	0.0	0.9	..	0.2	0.0	0.0	0.0	0.1
118 Guiné Equatorial	0.4	0.4	0.0	0.0	0.0	..	0.0	0.0	0.0	0.0	0.0

TABELA D

		Por país de origem					Por país de asilo			
		Internacionais			Internas		Internacionais			
		Stock de refugiados		Pessoas em situações semelhantes às dos refugiados	*Stock* de candidatos a asilo (casos pendentes)	Deslocados internos[d]	*Stock* de refugiados		Pessoas em situações semelhantes às dos refugiados	*Stock* de candidatos a asilo (casos pendentes)
Ordem do IDH	Total (milhares) 2007	Percentagem do *stock* de emigrantes internacionais (%)	Percentagem de refugiados mundiais (%) 2007	Total (milhares) 2007	Total (milhares) 2007	Total (milhares) 2008	Total (milhares) 2007	Percentagem do *stock* de imigrantes internacionais (%)	Percentagem de refugiados mundiais (%) 2007	Total (milhares) 2007	Total (milhares) 2007
119 Uzbequistão	5.7	0.2	0.0	0.0	1.8	3	1.1	0.1	0.0	0.0	0.0
120 Quirguizistão	2.3	0.4	0.0	0.0	0.4	..	0.4	0.1	0.0	0.4	0.7
121 Cabo Verde	0.0	0.0	0.0	0.0	0.0	..	..	..	..	..	..
122 Guatemala	6.2	1.0	0.0	0.0	15.0	..	0.4	0.7	0.0	0.0	0.0
123 Egipto	6.8	0.3	0.0	0.0	1.6	..	97.6	39.5	0.7	0.0	14.9
124 Nicarágua	1.9	0.4	0.0	0.0	0.8	..	0.2	0.5	0.0	0.0	0.0
125 Botsuana	0.0	0.1	0.0	0.0	0.1	..	2.5	3.1	0.0	0.0	0.0
126 Vanuatu	0.0	0.0	0.0	0.0	..	..	0.0	0.1	0.0	0.0	0.0
127 Tajiquistão	0.5	0.1	0.0	0.4	0.1	..	1.1	0.4	0.0	0.0	0.1
128 Namíbia	1.1	4.6	0.0	0.0	0.0	..	6.5	5.0	0.0	0.0	1.2
129 África do Sul	0.5	0.1	0.0	0.0	0.1	..	36.7	2.9	0.3	0.0	170.9
130 Morrocos	4.0	0.2	0.0	0.0	0.5	..	0.8	1.5	0.0	0.0	0.7
131 São Tomé e Príncipe	0.0	0.1	0.0	0.0	..	..	0.0	0.0	0.0	0.0	0.0
132 Butão	108.1	..	0.8	2.5	1.6	..	..	..	..	..	..
133 Repúb. Democrática Popular do Laos	10.0	2.8	0.1	0.0	0.2	..	0.0	0.0	0.0	0.0	0.0
134 Índia	20.5	0.2	0.1	0.0	7.1	500 [k]	161.5	2.7	1.1	0.0	2.4
135 Ilhas Salomão	0.0	1.1	0.0	0.0	0.0	..	..	..	..	..	..
136 Congo	19.7	3.6	0.1	0.0	6.1	8 [c]	38.5	29.9	0.3	0.0	4.8
137 Cambodja	17.7	5.7	0.1	0.0	0.4	..	0.2	0.1	0.0	0.0	0.2
138 Mianmar	191.3	60.8	1.3	0.1	19.0	503 [m]	0.0	0.0	0.0	0.0	0.0
139 Comores	0.1	0.2	0.0	0.0	0.0	..	0.0	0.0	0.0	0.0	0.0
140 Iémen	1.6	0.3	0.0	0.0	0.3	25–35	117.4	25.8	0.8	0.0	0.7
141 Paquistão	31.9	0.9	0.2	0.0	8.6	.. [n]	887.3	25.0	6.2	1,147.8	3.1
142 Suazilândia	0.0	0.2	0.0	0.0	0.1	..	0.8	2.0	0.0	0.0	0.3
143 Angola	186.2	21.2	1.3	0.0	0.8	20 [c,o]	12.1	21.5	0.1	0.0	2.9
144 Nepal	3.4	0.3	0.0	0.0	2.1	50–70	128.2	15.7	0.9	2.5	1.6
145 Madagáscar	0.3	0.2	0.0	0.0	0.0	..	0.0	0.0	0.0	0.0	0.0
146 Bangladesh	10.2	0.1	0.1	0.0	7.3	500 [c]	27.6	2.7	0.2	0.0	0.1
147 Quénia	7.5	1.7	0.1	0.0	1.7	400 [p]	265.7	33.6	1.9	0.0	5.8
148 Papua-Nova Guiné	0.0	0.1	0.0	0.0	0.0	..	10.0	39.2	0.1	0.0	0.0
149 Haiti	22.3	3.0	0.2	0.0	10.3	..	0.0	0.0	0.0	0.0	0.0
150 Sudão	523.0	81.4	3.7	0.0	19.4	6,000 [q]	222.7	34.8	1.6	0.0	7.3
151 Tanzânia, República Unida da	1.3	0.4	0.0	0.0	2.9	..	435.6	54.6	3.0	0.0	0.3
152 Gana	5.1	0.5	0.0	0.0	1.7	..	35.0	2.1	0.2	0.0	0.4
153 Camarões	11.5	6.8	0.1	0.0	3.0	..	60.1	28.4	0.4	0.0	2.2
154 Mauritânia	33.1	28.3	0.2	0.0	1.0	..	1.0	1.5	0.0	29.5	0.0
155 Djibuti	0.6	3.8	0.0	0.0	0.0	..	6.7	6.0	0.0	0.0	0.5
156 Lesoto	0.0	0.0	0.0	0.0	0.0	..	0.0	0.0	0.0	0.0	0.0
157 Uganda	21.3	12.5	0.1	0.0	3.2	869 [r]	229.0	35.1	1.6	0.0	5.8
158 Nigéria	13.9	1.3	0.1	0.0	9.7	..	8.5	0.9	0.1	0.0	0.7

DESENVOLVIMENTO HUMANO BAIXO

159 Togo	22.5	10.5	0.2	0.0	1.3	2 [c]	1.3	0.7	0.0	0.0	0.1
160 Malawi	0.1	0.1	0.0	0.0	8.2	..	2.9	1.1	0.0	0.0	6.8
161 Benim	0.3	0.0	0.0	0.0	0.2	..	7.6	4.1	0.1	0.0	0.5
162 Timor-Leste	0.0	0.0	0.0	0.0	0.0	30	0.0	0.0	0.0	0.0	0.0
163 Costa do Marfim	22.2	12.6	0.2	0.0	7.4	621	24.6	1.0	0.2	0.0	1.8
164 Zâmbia	0.2	0.1	0.0	0.0	0.5	..	112.9	39.3	0.8	0.0	0.0
165 Eritreia	208.7	36.7	1.5	0.0	12.2	32 [c]	5.0	34.4	0.0	0.0	2.0
166 Senegal	15.9	3.3	0.1	0.0	0.9	10–70	20.4	9.3	0.1	0.0	2.5
167 Ruanda	81.0	33.7	0.6	0.0	8.2	..	53.6	12.3	0.4	0.0	0.7
168 Gâmbia	1.3	2.5	0.0	0.0	1.0	..	14.9	6.4	0.1	0.0	0.0
169 Libéria	91.5	..	0.6	0.0	3.5	..	10.5	10.8	0.1	0.0	0.1
170 Guinea	8.3	1.4	0.1	0.0	1.9	..	25.2	6.3	0.2	0.0	4.0
171 Etiópia	59.8	21.0	0.4	0.0	29.5	200 [c]	85.2	15.4	0.6	0.0	0.2
172 Moçambique	0.2	0.0	0.0	0.0	0.7	..	2.8	0.7	0.0	0.0	4.2
173 Guiné-Bissau	1.0	0.8	0.0	0.0	0.3	..	7.9	40.9	0.1	0.0	0.3
174 Burundi	375.7	96.7	2.6	0.0	7.1	100	24.5	30.0	0.2	0.0	7.5
175 Chade	55.7	18.4	0.4	0.0	2.7	186	294.0	82.0	2.1	0.0	0.0
176 Congo, República Democrática do	370.4	45.1	2.6	0.0	36.3	1,400 [s]	177.4	36.9	1.2	0.0	0.1
177 Burkina Faso	0.6	0.0	0.0	0.0	0.3	..	0.5	0.1	0.0	0.0	0.6

157

D

RELATÓRIO DE DESENVOLVIMENTO HUMANO **2009**

Deslocações induzidas por conflito e pela insegurança

	Por país de origem					Internas	Por país de asilo				
	Internacionais						Internacionais				
	Stock de refugiados			Pessoas em situações semelhantes às dos refugiados	Stock de candidatos a asilo (casos pendentes)	Deslocados internos[d]	Stock de refugiados			Pessoas em situações semelhantes às dos refugiados	Stock de candidatos a asilo (casos pendentes)
Ordem do IDH	Total (milhares) 2007	Percentagem do stock de emigrantes internacionais (%)	Percentagem de refugiados mundiais (%) 2007	Total (milhares) 2007	Total (milhares) 2007	Total (milhares) 2008	Total (milhares) 2007	Percentagem do stock de imigrantes internacionais (%)	Percentagem de refugiados mundiais (%) 2007	Total (milhares) 2007	Total (milhares) 2007
178 Mali	1.0	0.1	0.0	3.5	0.6	..	9.2	5.6	0.1	0.0	1.9
179 República Centro-Africana	98.1	89.5	0.7	0.0	1.3	108	7.5	10.0	0.1	0.0	2.0
180 Serra Leoa	32.1	34.0	0.2	0.0	4.7	..	8.8	5.8	0.1	0.0	0.2
181 Afganistão	1,909.9	73.2	13.4	1,147.8	16.1	200 [t]	0.0	0.0	0.0	0.0	0.0
182 Níger	0.8	0.2	0.0	0.0	0.3	..	0.3	0.2	0.0	0.0	0.0
OUTROS ESTADOS MEMBROS DAS NAÇÕES UNIDAS											
Iraque	2,279.2	..	15.9	30.0	27.7	2,842 [v]	42.4	33.1	0.3	0.0	2.4
Kiribati	0.0	1.0	0.0	0.0	..	..	..	..	..	..	..
Coreia, Repúb. Democrática Popular da	0.6	0.1	0.0	0.0	0.2	..	..	..	..	..	..
Ilhas Marshall	0.0	0.0	0.0	0.0	..	..	..	..	..	..	..
Micronésia, Estados Federados da	0.0	0.0	0.0	0.0	..	..	0.0	0.1	0.0	0.0	0.0
Mónaco	0.0	0.0	0.0	0.0	..	..	..	..	..	..	..
Nauru	0.0	0.3	0.0	0.0	0.0	..	..	..	..	..	..
Palau	0.0	0.0	0.0	0.0	0.0	..	..	..	..	..	..
San Marino	0.0	0.0	0.0	0.0	0.0	..	..	..	..	..	..
Somália	455.4	84.5	3.2	2.0	16.4	1,100	0.9	4.2	0.0	0.0	8.7
Tuvalu	0.0	0.1	0.0	0.0	..	..	..	..	..	..	..
Zimbabué	14.4	5.0	0.1	0.0	34.3	880–960	4.0	1.0	0.0	0.0	0.5
África	2,859.7[T]	11.4	20.0[T]	31.6[T]	234.2[T]	..	2,468.8[T]	14.0	17.3[T]	29.5[T]	272.3[T]
Ásia	10,552.2[T]	16.1	73.8[T]	1,192.1[T]	166.4[T]	..	9,729.8[T]	17.6	68.1[T]	1,189.1[T]	69.3[T]
Europa	516.0[T]	0.9	3.6[T]	0.1[T]	42.7[T]	..	1,564.1[T]	2.4	10.9[T]	5.1[T]	234.2[T]
América Latina e Caraíbas	142.9[T]	0.5	1.0[T]	482.0[T]	112.2[T]	..	43.0[T]	0.6	0.3[T]	487.6[T]	41.2[T]
América do Norte	2.7[T]	0.1	0.0[T]	0.0[T]	1.2[T]	..	457.0[T]	1.0	3.2[T]	0.0[T]	121.4[T]
Oceânia	2.0[T]	0.1	0.0[T]	0.0[T]	0.3[T]	..	34.9[T]	0.6	0.2[T]	0.0[T]	1.7[T]
OCDE	240.9[T]	0.5	1.7[T]	0.0[T]	26.4[T]	..	1,924.1[T]	2.0	13.5[T]	0.0[T]	357.7[T]
União Europeia (EU27)	19.0[T]	0.1	0.1[T]	0.0[T]	2.0[T]	..	1,363.3[T]	3.3	9.5[T]	0.0[T]	223.3[T]
CCG	2.0[T]	0.2	0.0[T]	0.0[T]	..	..	241.1[T]	1.9	1.7[T]	38.0[T]	1.2[T]
Desenvolvimento humano muito elevado	9.7[T]	0.0	0.1[T]	0.0[T]	3.2[T]	..	1,903.7[T]	1.8	13.3[T]	38.0[T]	365.7[T]
Muito elevado: OCDE	6.8[T]	0.0	0.0[T]	0.0[T]	2.0[T]	..	1,897.3[T]	2.0	13.3[T]	0.0[T]	344.4[T]
Muito elevado: não-OCDE	2.9[T]	0.1	0.0[T]	0.0[T]	1.2[T]	..	6.4[T]	0.0	0.0[T]	38.0[T]	21.3[T]
Desenvolvimento humano elevado	828.8[T]	1.5	5.8[T]	482.1[T]	117.2[T]	..	941.1[T]	2.5	6.6[T]	488.1[T]	70.1[T]
Desenvolvimento humano médio	9,410.0[T]	12.3	65.8[T]	70.3[T]	240.6[T]	..	10,550.7[T]	25.8	73.8[T]	1,185.1[T]	259.2[T]
Desenvolvimento humano baixo	3,827.1[T]	28.9	26.8[T]	1,153.3[T]	195.9[T]	..	902.1[T]	10.7	6.3[T]	0.0[T]	45.0[T]
Mundo (excluindo a antiga União Soviética e a Checoslováquia)	13,891.2[T]	9.6	97.2[T]	1,700.3[T]	521.4[T]	..	14,274.8[T]	8.5	99.8[T]	1,705.9[T]	731.6[T]
Mundo	14,297.5[T]	7.3	100.0[T]	1,711.3[Tu]	740.0[Tu]	26,000 [Tu]	14,297.5[T]	7.3	100.0[T]	1,711.3[Tu]	740.0[Tu]

NOTAS

a. As estimativas mantidas pelo Centro de Controlo de Deslocações Internas (IDMC – Internally Displaced Monitoring Centre) baseiam-se em várias fontes e estão associadas a elevados níveis de incerteza.
b. O número mais elevado inclui uma estimativa de deslocados internos beduínos.
c. Os dados referem-se a um ano ou um período diferentes daquele especificado.
d. O valor inclui 206.000 deslocados internos registados na Sérvia mais um número estimado de 20.000 deslocados internos não registados na Sérvia e 21.000 deslocados internos no Kosovo.
e. O número inclui migrantes forçados registados na Inguchétia e na Chechénia.
f. O número inclui 32.000 refugiados palestinianos deslocados em resultado dos confrontos entre as forças libanesas e militantes da Fatah al Islam entre Maio e Agosto de 2007.
g. Incluindo refugiados palestinianos sob a responsabilidade da UNRWA 2008.
h. O número refere-se às pessoas deslocadas de Nagorno-Karabakh e sete territórios ocupados.
i. Cerca de 59.000 pessoas deslocadas desde a crise de Agosto de 2008 não puderam regressar. Há cerca de 221.597 DI com base no resultado de um inquérito realizado pelo ACNUR e o governo, mas que estão ainda por confirmar.
j. Não existem estimativas fidedignas, mas em 2002 a UE estimou que o número seria de 100.000.
k. Os números parecem estar subestimados.
l. O número mais baixo relaciona-se com DI desalojados devido a demolições de casas em Gaza entre 2000 e 2004, ao passo que o número mais alto é cumulativo desde 1967.
m. O número relaciona-se exclusivamente com as áreas da fronteira leste.
n. Não são conhecidos números exactos de DI, mas houve deslocações induzidas por conflito na Província da Fronteira Noroeste, no Baluquistão e no Vazíristão.
o. O número refere-se a DI exclusivamente na região de Cabinda.
p. O número tem em consideração o Programa de Regresso do governo, o qual afirma que cerca de 172.000 deslocados devido à violência pós-eleitoral regressaram em Maio de 2008.
q. Os números baseiam-se em estimativas em separado para Darfur, Cartum e Sul do Sudão.
r. Exclui DI em áreas urbanas.
s. O valor inclui um número estimado de 250.000 civis que fugiram das suas casas no norte do Kivu devido a confrontos entre o exército nacional e os rebeldes do CNDP.
t. Julga-se haver mais de 200.000 DI.
u. Os dados são valores em agregado a partir da fonte de dados original.
v. O número é cumulativo desde 2001 e inclui 1,5 milhões de pessoas deslocadas devido a um processo crescente de violência intercomunitária desde Fevereiro de 2006.

FONTES

Colunas 1, 3, 4, 7, 9 e 10: UNHCR 2009b.
Coluna 2: cálculos baseados em dados retirados de UNHCR 2009b e do Centro de Investigação de Desenvolvimento para a Migração, Globalização e Pobreza (Migration DRC 2007).
Colunas 5 e 11: UNHCR 2009a.
Coluna 6: IDMC 2009a.
Coluna 8: cálculos baseados em UNHCR 2009b e em UN 2009d.

RELATÓRIO DE DESENVOLVIMENTO HUMANO 2009

TABELA E
Fluxos financeiros internacionais: remessas, ajuda pública ao desenvolvimento e investimento directo estrangeiro

Ordem do IDH	Remessas - Total de fluxos de entrada (milhões de USD)	Total de fluxos de saída (milhões de USD)	Fluxos de saída por migrante (USD)	APD recebida (desembolsos líquidos) per capita (USD)	Proporção relativa dos fluxos de entrada de remessas - per capita (USD)	em % das receitas líquidas da APD	em % do PIB	Rácio de remessas em relação ao IDE	África	Ásia	Europa	América Latina e Caraíbas	América do Norte	Oceânia
					2007				(% dos fluxos de entrada de remessas totais)					
DESENVOLVIMENTO HUMANO MUITO ELEVADO														
1 Noruega	613	3,642	10,588	..	130	..	0.2	0.2	0.0	4.2	66.2	0.7	26.3	2.7
2 Austrália	3,862	3,559	869	..	186	..	0.4	0.1	0.7	6.7	49.3	0.8	25.7	16.8
3 Islândia	41	100	4,333	..	137	..	0.2	0.0	0.0	0.5	63.4	0.3	34.1	1.6
4 Canadá	..	..	..	..	..	..	..	..	..	..	..	..	..	..
5 Irlanda	580	2,554	4,363	..	135	..	0.2	0.0	0.0	0.2	70.6	0.1	22.9	6.1
6 Países Baixos	2,548	7,830	4,780	..	155	..	0.3	0.0	0.0	3.4	51.5	1.8	30.4	12.9
7 Suécia	775	1,142	1,022	..	85	..	0.2	0.1	0.6	3.2	69.4	1.4	22.9	2.6
8 França	13,746	4,380	677	..	223	..	0.5	0.1	13.5	3.8	58.8	4.7	16.8	2.3
9 Suíça	2,035	16,273	9,805	..	272	..	0.4	0.0	0.1	3.2	75.4	2.3	16.2	2.8
10 Japão	1,577	4,037	1,971	..	12	..	0.0	0.1	0.1	8.8	15.8	9.0	62.3	4.0
11 Luxemburgo	1,565	9,281	53,446	..	3,355	..	3.3	0.0	0.0	0.2	90.7	0.2	8.5	0.4
12 Finlândia	772	391	2,506	..	146	..	0.3	0.1	0.2	1.0	83.7	0.2	12.3	2.6
13 Estados Unidos da América	2,972	45,643	1,190	..	10	..	0.0	0.0	0.7	12.0	31.2	38.2	13.4	4.5
14 Áustria	2,945	2,985	2,420	..	352	..	0.8	0.1	0.0	3.7	73.6	1.2	17.9	3.5
15 Espanha	10,687	14,728	3,075	..	241	..	0.7	0.2	0.1	0.3	63.8	24.2	10.8	1.0
16 Dinamarca	989	2,958	7,612	..	182	..	0.3	0.1	0.3	2.6	67.4	0.7	24.6	4.5
17 Bélgica	8,562	3,192	4,438	..	819	..	1.9	0.1	0.2	2.4	79.7	1.3	15.3	1.2
18 Itália	3,165	11,287	4,481	..	54	..	0.2	0.1	0.1	0.2	56.2	9.8	27.4	6.3
19 Listenstaine	..	..	..	..	..	..	..	..	..	..	..	..	..	..
20 Nova Zelândia	650	1,207	1,880	..	155	..	0.5	0.2	0.1	2.1	16.5	0.1	8.2	73.0
21 Reino Unido	8,234	5,048	933	..	135	..	0.3	0.0	0.3	4.4	26.2	0.7	38.4	29.9
22 Alemanha	8,570	13,860	1,366	..	104	..	0.3	0.2	0.2	12.1	44.3	1.5	39.1	2.8
23 Singapura	..	..	..	..	..	..	..	..	..	..	..	..	..	..
24 Hong Kong, China (RAE)	348	380	127	..	48	..	0.2	0.0	0.0	2.5	17.7	0.2	68.9	10.8
25 Grécia	2,484	1,460	1,499	..	223	..	0.7	1.3	0.0	8.2	58.1	0.4	23.6	9.7
26 Coreia, República da	1,128	4,070	7,384	..	23	..	0.1	0.7	0.0	36.1	6.9	1.3	52.0	3.7
27 Israel	1,041	2,770	1,041	..	150	..	0.6	0.1	0.0	70.0	7.8	0.8	20.5	0.9
28 Andorra	..	..	..	..	..	..	..	..	..	..	..	..	..	..
29 Eslovénia	284	207	1,236	..	142	..	0.7	0.2	0.0	0.1	77.0	0.5	17.1	5.2
30 Brunei Darussalam	..	405	3,263	..	..	..	..	..	..	..	..	..	..	..
31 Kuwait	..	3,824	2,291	..	..	..	..	..	..	..	..	..	..	..
32 Chipre	172	371	3,195	..	201	..	..	0.1	0.0	6.3	69.8	0.0	11.5	12.4
33 Qatar	..	..	..	..	..	..	..	..	..	..	..	..	..	..
34 Portugal	3,945	1,311	1,717	..	371	..	1.8	0.7	3.1	0.3	62.4	12.1	21.2	0.8
35 Emirados Árabes Unidos	..	..	..	..	..	..	..	..	..	..	..	..	..	..
36 República Checa	1,332	2,625	5,790	..	131	..	0.8	0.1	0.0	4.1	70.2	0.4	23.3	2.0
37 Barbados	140	40	1,534	46	476	1,025.6	..	..	0.0	..	..	..	..	..
38 Malta	40	54	5,011	..	99	..	..	..	0.0	0.1	36.1	0.0	19.3	44.5
DESENVOLVIMENTO HUMANO ELEVADO														
39 Barém	..	1,483	5,018	..	..	..	..	..	..	..	..	..	..	..
40 Estónia	426	96	474	..	319	..	2.3	0.2	0.0	4.5	81.5	0.1	12.3	1.6
41 Polónia	10,496	1,278	1,818	..	276	..	2.6	0.5	0.0	5.5	54.2	1.0	36.4	2.9
42 Eslováquia	1,483	73	588	..	275	..	2.0	0.4	0.0	1.8	85.4	0.1	12.0	0.7
43 Hungria	413	235	742	..	41	..	0.3	0.0	0.0	3.4	52.4	0.9	37.8	5.5
44 Chile	3	6	25	7	0	2.1	0.0	0.0	0.0	0.0	25.7	42.0	27.2	5.1
45 Croácia	1,394	86	129	36	306	850.8	2.9	0.3	0.0	0.0	77.8	0.3	13.7	8.1
46 Lituânia	1,427	566	3,424	..	421	..	3.8	0.7	0.0	6.8	74.2	0.3	17.2	1.5
47 Antigua e Barbuda	24	2	113	49	276	560.9	2.0	0.1	0.0	14.2	11.7	10.6	63.3	0.1
48 Letónia	552	45	100	..	242	..	2.1	0.2	0.0	5.9	67.4	0.2	22.7	3.7
49 Argentina	604	472	315	2	15	737.0	0.2	0.1	0.0	6.5	41.1	24.5	26.2	1.7
50 Uruguai	97	4	42	10	29	285.6	0.4	0.1	0.0	0.1	29.2	48.4	17.9	4.5
51 Cuba	..	..	..	8	..	..	..	..	..	..	..	..	..	..
52 Baamas	..	171	5,397	..	..	..	..	..	..	..	..	..	..	..
53 México	27,144	..	..	1	255	22,416.0	3.0	1.1	0.0	0.0	0.8	0.3	98.9	0.0
54 Costa Rica	635	271	616	12	142	1,205.1	2.3	0.3	0.0	0.2	6.5	11.8	81.2	0.3
55 Jamahira Árabe Líbia	16	762	1,234	3	3	84.1	..	0.0	14.3	34.0	32.1	0.1	17.4	2.0
56 Omã	39	3,670	5,847	..	15	..	0.1	0.0	..	..	..	..	..	..
57 Seychelles	11	21	4,309	32	129	402.5	1.9	0.0	7.6	0.2	51.2	0.0	17.7	23.3
58 Venezuela, República Bolivariana da	136	598	592	3	5	191.0	0.1	0.2	0.0	0.1	47.1	14.7	37.8	0.3
59 Arábia Saudita	..	16,068	2,526	..	..	..	..	..	..	..	..	..	..	..

159

RELATÓRIO DE DESENVOLVIMENTO HUMANO **2009**

Fluxos financeiros internacionais: remessas, ajuda pública ao desenvolvimento e investimento directo estrangeiro

Ordem do IDH	Remessas - Total de fluxos de entrada (milhões de USD)	Remessas - Total de fluxos de saída (milhões de USD)	Fluxos de saída por migrante (USD)	APD recebida (desembolsos líquidos) per capita (USD)	per capita (USD)	em % das receitas líquidas da APD	em % do PIB	Rácio de remessas em relação ao IDE	África	Ásia	Europa	América Latina e Caraíbas	América do Norte	Oceânia
				2007						(% dos fluxos de entrada de remessas totais)				
60 Panamá	180	151	1,476	..	54	..	0.8	0.1	0.0	0.1	3.9	8.1	87.8	0.1
61 Bulgária	2,086	86	822	..	273	..	5.7	0.2	0.0	53.8	37.2	0.1	8.5	0.5
62 São Cristóvão e Nevis	37	6	1,352	57	739	1,289.0	..	..	..	..	..	..	..	..
63 Roménia	8,533	351	2,630	..	398	..	5.6	0.9	0.0	15.0	61.3	0.4	22.0	1.3
64 Trindade e Tobago	92	..	..	14	69	503.0	0.4	..	0.0	0.0	8.0	2.0	89.6	0.4
65 Montenegro	..	..	..	177	..	..	..	..	..	..	..	..	..	..
66 Malásia	1,700	6,385	3,895	8	64	851.4	1.0	0.2	0.0	80.3	6.0	0.0	6.7	7.0
67 Sérvia	..	..	..	85	..	..	..	..	..	..	..	..	..	..
68 Bielorússia	354	109	92	9	37	425.4	0.8	0.2	0.0	6.1	88.4	0.0	5.4	0.1
69 Santa Lúcia	31	4	488	143	188	131.5	3.5	0.1	..	..	..	..	..	..
70 Albânia	1,071	7	85	96	336	350.9	10.1	2.2	0.0	0.4	91.2	0.0	8.2	0.2
71 Federação Russa	4,100	17,716	1,467	..	29	..	0.3	0.1	0.0	31.3	61.8	0.1	6.5	0.2
72 Macedónia, Antiga Repúb. Jugoslava da	267	18	147	105	131	124.9	3.6	0.8	0.0	6.1	71.0	0.1	9.5	13.3
73 Dominica	26	0	37	288	385	133.8	8.0	0.6	0.0	0.3	27.5	13.3	58.9	0.0
74 Granada	55	4	329	215	524	244.3	..	0.4	0.0	0.0	17.6	12.6	69.6	0.2
75 Brasil	4,382	896	1,396	2	23	1,475.0	0.3	0.1	0.0	31.9	27.3	11.2	29.1	0.5
76 Bósnia e Herzegovina	2,520	65	1,601	113	640	568.6	..	1.2	0.0	0.1	85.1	0.1	12.7	2.0
77 Colômbia	4,523	95	775	16	98	618.9	3.0	0.5	0.0	0.2	29.1	26.7	43.7	0.3
78 Peru	2,131	137	3,294	9	76	810.2	1.9	0.4	0.0	7.5	26.7	16.4	48.7	0.8
79 Turquia	1,209	106	80	11	16	151.7	0.2	0.1	0.0	3.7	92.4	0.0	3.2	0.7
80 Equador	3,094	83	726	16	232	1,436.6	6.9	16.9	0.0	0.0	52.7	3.9	43.3	0.2
81 Maurícia	215	12	557	59	170	288.3	2.9	0.6	1.0	0.2	75.1	0.0	8.2	15.5
82 Cazaquistão	223	4,303	1,720	13	14	110.1	0.2	0.0	0.0	9.6	89.6	0.0	0.8	0.0
83 Líbano	5,769	2,845	4,332	229	1,407	614.1	24.4	2.0	2.1	11.0	33.1	4.0	36.9	12.9
DESENVOLVIMENTO HUMANO MÉDIO														
84 Arménia	846	176	749	117	282	240.6	9.0	1.2	0.0	6.2	72.7	0.0	20.9	0.2
85 Ucrânia	4,503	42	6	9	97	1,111.1	3.9	0.5	0.0	9.1	77.0	0.1	13.4	0.5
86 Azerbeijão	1,287	435	2,395	27	152	571.4	4.4	..	0.0	16.3	80.1	0.0	3.5	0.0
87 Tailândia	1,635	..	..	..	26	..	0.7	0.2	0.0	32.4	25.3	0.0	37.8	4.5
88 Irão, República Islâmica do	1,115	..	..	1	16	1,094.5	0.5	1.5	0.0	9.5	40.1	0.1	48.1	2.2
89 Geórgia	696	28	148	87	158	182.0	6.8	0.4	0.0	10.4	86.3	0.0	3.2	0.1
90 República Dominicana	3,414	28	180	13	350	2,674.2	9.3	2.0	0.0	0.1	12.7	2.9	84.4	0.0
91 São Vicente e Granadinas	31	7	702	545	254	46.6	6.7	0.3	..	..	..	..	..	..
92 China	32,833	4,372	7,340	1	25	2,282.3	1.1	0.2	0.1	61.9	7.4	0.4	27.3	3.0
93 Belize	75	22	555	81	260	319.4	5.3	0.7	0.0	0.0	2.8	4.9	92.2	0.1
94 Samoa	120	13	1,422	197	640	324.3	..	48.1	0.0	0.0	0.0	0.0	26.9	73.1
95 Maldivas	3	103	30,601	122	10	8.0	..	0.2	0.0	37.5	38.5	0.4	5.3	18.4
96 Jordânia	3,434	479	215	85	580	680.8	22.7	1.9	0.0	74.2	7.6	0.1	17.1	0.9
97 Suriname	140	65	12,233	329	305	92.7	..	..	0.0	0.0	89.0	7.3	3.8	0.0
98 Tunísia	1,716	15	402	30	166	553.2	5.0	1.1	8.9	4.3	84.0	0.0	2.6	0.1
99 Tonga	100	12	10,525	304	992	326.8	..	3.6	0.0	0.2	1.3	0.5	48.0	50.0
100 Jamaica	2,144	454	25,724	10	790	8,231.9	19.4	2.5	0.0	0.0	17.3	1.3	81.3	0.1
101 Paraguai	469	..	..	18	77	434.1	3.2	2.4	0.0	1.1	4.6	82.9	11.3	0.2
102 Sri Lanka	2,527	314	853	31	131	429.1	8.1	4.2	0.0	26.2	45.7	0.0	19.4	8.6
103 Gabão	11	110	451	36	8	22.8	0.1	0.0	33.5	0.0	61.5	0.0	4.8	0.2
104 Argélia	2,120	..	..	12	63	543.9	1.6	1.3	0.7	2.3	94.7	0.0	2.2	0.1
105 Filipinas	16,291	35	93	7	185	2,567.7	11.6	5.6	0.0	20.1	9.6	0.0	66.2	4.1
106 El Salvador	3,711	29	1,213	13	541	4,211.6	18.4	2.4	0.0	0.0	1.1	2.7	95.3	0.9
107 República Árabe da Síria	824	235	239	4	41	1,099.7	2.2	..	4.7	33.0	31.9	2.7	25.7	2.0
108 Fiji	165	32	1,836	69	197	287.9	5.0	0.6	0.0	0.3	3.5	0.0	46.2	50.0
109 Turquemenistão	..	..	..	6	..	..	..	..	..	..	..	..	..	..
110 Territórios Ocupados da Palestina	598	16	9	465	149	32.0	..	..	..	..	..	..	..	..
111 Indonésia	6,174	1,654	10,356	3	27	776.1	1.5	0.9	0.0	65.1	20.3	0.0	9.9	4.6
112 Honduras	2,625	2	94	65	369	565.4	24.5	3.2	0.0	0.1	2.6	4.3	93.0	0.0
113 Bolívia	927	72	621	50	97	194.4	6.6	4.5	0.0	2.0	16.7	49.3	31.7	0.3
114 Guiana	278	61	54,887	168	377	224.6	23.5	1.8	0.0	0.0	7.0	2.9	90.0	0.1
115 Mongólia	194	77	8,443	87	74	85.1	..	0.6	0.0	11.0	63.2	0.1	24.8	1.0
116 Vietnam	5,500	..	..	29	63	220.3	7.9	0.9	0.0	4.1	17.9	0.0	70.6	7.5
117 Moldávia	1,498	87	197	71	395	556.6	38.3	3.0	0.0	6.4	83.2	0.0	10.2	0.2
118 Guiné Equatorial	..	..	..	62	..	..	..	..	..	..	..	..	..	..

TABELA E

		Remessas			Proporção relativa dos fluxos de entrada de remessas				Fluxos de entrada de remessas por continentes de origem					
Ordem do IDH		Total de fluxos de entrada (milhões de USD)	Total de fluxos de saída (milhões de USD)	Fluxos de saída por migrante (USD)	APD recebida (desembolsos líquidos) per capita (USD)	per capita (USD)	em % das receitas líquidas da APD	em % do PIB	Rácio de remessas em relação ao IDE	África	Ásia	Europa	América Latina e Caraíbas	América do Norte	Oceânia
					2007					(% dos fluxos de entrada de remessas totais)					
119	Uzbequistão	..	..	..	6	..	..	..	..	..	..	..	..	..	..
120	Quirguizistão	715	220	763	51	134	261.1	19.0	3.4	0.0	8.6	89.2	0.0	2.0	0.1
121	Cabo Verde	139	6	537	308	262	85.0	9.2	1.1	12.7	0.0	62.0	0.0	25.2	0.0
122	Guatemala	4,254	18	347	34	319	945.6	10.6	5.9	0.0	0.0	1.9	5.1	92.9	0.0
123	Egipto	7,656	180	1,082	14	101	706.6	6.0	0.7	12.5	58.6	13.3	0.1	13.1	2.3
124	Nicarágua	740	..	..	149	132	88.7	12.1	1.9	0.0	0.0	1.7	32.5	65.6	0.2
125	Botsuana	141	120	1,495	56	75	135.2	1.2	..	76.2	0.1	12.9	0.0	7.8	2.9
126	Vanuatu	5	18	17,274	251	22	8.8	1.2	0.1	0.0	0.2	39.6	0.0	5.6	54.6
127	Tajiquistão	1,691	184	600	33	251	764.0	45.5	4.7	0.0	28.6	69.2	0.0	2.1	0.0
128	Namíbia	17	16	112	99	8	8.2	0.2	0.1	48.9	0.0	29.9	0.1	14.9	6.2
129	África do Sul	834	1,186	1,072	16	17	105.0	0.3	0.1	23.6	0.6	38.3	0.1	20.4	17.0
130	Morrocos	6,730	52	394	35	216	617.8	9.0	2.4	0.2	8.0	88.4	0.0	3.3	0.1
131	São Tomé e Príncipe	2	1	92	228	13	5.6	..	0.1	8.4	0.0	90.5	0.0	1.1	0.0
132	Butão	..	..	..	135	..	..	..	..	..	..	..	..	..	..
133	Repúb. Democrática Popular do Laos	1	1	20	68	0	0.3	0.0	0.0	0.0	6.3	12.5	0.0	79.2	2.1
134	Índia	35,262	1,580	277	1	30	2,716.2	3.1	1.5	0.3	58.2	12.8	0.0	26.9	1.8
135	Ilhas Salomão	20	3	854	500	41	8.2	..	0.5	0.0	0.5	16.2	0.0	8.9	74.3
136	Congo	15	102	355	34	4	11.7	0.2	0.0	25.8	0.4	67.7	0.0	6.1	0.1
137	Cambodja	353	157	517	46	24	52.5	4.2	0.4	0.0	4.6	22.7	0.0	64.4	8.3
138	Mianmar	125	32	270	4	3	65.9	..	0.3	..	..	..	..	..	..
139	Comores	12	..	..	53	14	27.0	2.6	15.0	10.8	0.1	88.1	0.0	0.9	0.1
140	Iémen	1,283	120	455	10	57	569.1	6.1	1.4	0.2	84.7	6.5	0.0	8.5	0.1
141	Paquistão	5,998	3	1	13	37	271.1	4.2	1.1	0.2	45.2	32.2	0.0	21.6	0.7
142	Suazilândia	99	8	180	55	86	156.9	3.5	2.6	94.3	0.1	3.2	0.0	1.9	0.5
143	Angola	..	603	10,695	14	..	..	..	..	..	..	..	..	..	..
144	Nepal	1,734	4	5	21	61	289.8	15.5	302.1	0.0	75.3	10.2	0.0	12.4	2.1
145	Madagáscar	11	21	338	45	.1	1.2	0.1	0.0	5.8	0.1	90.3	0.1	3.7	0.1
146	Bangladesh	6,562	3	3	9	41	436.9	9.5	10.1	0.0	69.7	18.4	0.0	11.2	0.7
147	Quénia	1,588	16	47	34	42	124.5	5.4	2.2	8.8	0.4	61.0	0.0	27.2	2.6
148	Papua-Nova Guiné	13	135	5,301	50	2	4.2	0.2	0.1	0.0	0.7	6.1	0.0	8.5	84.7
149	Haiti	1,222	96	3,208	73	127	174.3	20.0	16.4	0.0	0.0	4.1	6.1	89.7	0.0
150	Sudão	1,769	2	3	55	46	84.1	3.7	0.7	16.7	55.5	12.5	0.0	13.3	2.0
151	Tanzânia, República Unida da	14	46	59	69	0	0.5	0.1	0.0	11.0	0.5	49.3	0.0	37.3	1.9
152	Gana	117	6	4	49	5	10.2	0.8	0.1	29.7	0.7	38.8	0.0	30.2	0.6
153	Camarões	167	103	750	104	9	8.7	0.8	0.4	30.0	0.1	56.1	0.0	13.8	0.0
154	Mauritânia	2	..	..	116	1	0.5	0.1	0.0	37.1	0.5	54.3	0.0	8.1	0.0
155	Djibuti	28	5	233	135	34	25.3	..	0.1	..	..	..	..	..	..
156	Lesoto	443	21	3,567	65	221	342.3	28.7	3.4	98.3	0.0	1.0	0.0	0.6	0.1
157	Uganda	849	364	702	56	27	49.1	7.2	1.8	4.3	0.5	69.0	0.0	25.0	1.3
158	Nigéria	9,221	103	106	14	62	451.5	6.7	1.5	15.2	2.0	42.9	0.0	39.5	0.4

DESENVOLVIMENTO HUMANO BAIXO

159	Togo	229	35	193	18	35	189.4	8.4	3.3	38.1	0.0	54.8	0.0	7.0	0.0
160	Malawi	1	1	4	53	0	0.1	0.0	0.0	28.0	0.0	59.1	0.0	10.8	2.2
161	Benim	224	67	383	52	25	47.7	4.1	4.7	81.2	0.0	17.0	0.0	1.8	0.0
162	Timor-Leste	..	..	..	241	..	..	..	..	..	..	..	..	..	..
163	Costa do Marfim	179	19	8	9	9	108.7	0.9	0.4	13.9	0.1	74.1	0.0	11.7	0.1
164	Zâmbia	59	124	451	88	5	5.7	0.5	0.1	..	..	..	..	..	..
165	Eritreia	..	..	..	32	..	..	..	..	..	..	..	..	..	..
166	Senegal	925	96	296	68	75	109.8	8.5	11.9	20.0	0.1	73.5	0.0	6.2	0.1
167	Ruanda	51	68	562	73	5	7.2	1.9	0.8	40.6	0.1	43.8	0.0	15.2	0.2
168	Gâmbia	47	12	52	42	28	65.4	6.9	0.7	5.4	0.0	73.1	0.0	21.4	0.1
169	Libéria	65	0	5	186	17	9.3	..	0.5	..	..	..	..	..	..
170	Guinea	151	119	294	24	16	67.2	3.0	1.4	65.8	0.2	25.8	0.0	8.2	0.0
171	Etiópia	359	15	26	29	4	14.8	2.0	1.6	4.7	24.1	28.7	0.0	41.0	1.5
172	Moçambique	99	45	111	83	5	5.6	1.3	0.2	63.7	0.0	34.0	0.2	1.8	0.3
173	Guiné-Bissau	29	5	280	73	17	23.5	8.3	4.1	17.7	0.0	80.5	0.0	1.8	0.0
174	Burundi	0	0	2	55	0	0.0	0.0	0.0	100.0	0.0	0.0	0.0	0.0	0.0
175	Chade	..	..	..	33	..	..	..	..	..	..	..	..	..	..
176	Congo, República Democrática do	..	..	..	19	..	..	..	..	..	..	..	..	..	..
177	Burkina Faso	50	44	57	63	3	5.4	0.7	0.1	91.6	0.0	7.8	0.0	0.7	0.0

161

RELATÓRIO DE DESENVOLVIMENTO HUMANO **2009**

Fluxos financeiros internacionais: remessas, ajuda pública ao desenvolvimento e investimento directo estrangeiro

Ordem do IDH	Remessas - Total de fluxos de entrada (milhões de USD)	Remessas - Total de fluxos de saída (milhões de USD)	Fluxos de saída por migrante (USD)	APD recebida (desembolsos líquidos) per capita (USD)	per capita (USD)	em % das receitas líquidas da APD	em % do PIB	Rácio de remessas em relação ao IDE	África	Ásia	Europa	América Latina e Caraíbas	América do Norte	Oceânia
				2007							(% dos fluxos de entrada de remessas totais)			
178 Mali	212	57	1,234	82	17	20.8	3.3	0.6	74.1	0.0	23.8	0.0	2.0	0.0
179 República Centro-Africana	..	..	..	41	..	..	..	..	..	..	..	..	..	..
180 Serra Leoa	148	136	1,140	91	25	27.7	9.4	1.6	1.5	0.0	55.1	0.0	42.9	0.5
181 Afeganistão	..	..	..	146	..	..	..	..	..	..	..	..	..	..
182 Nigéria	78	29	237	38	5	14.4	1.9	2.9	82.7	0.0	14.3	0.0	3.0	0.0
OUTROS ESTADOS MEMBROS DAS NAÇÕES														
Iraque	..	781	27,538	314	..	..	..	..	..	..	..	..	..	..
Kiribati	7	..	..	285	74	25.9	..	..	0.0	0.3	34.0	0.0	34.0	31.6
Coreia, Repúb. Democrática Popular do	..	..	..	4	..	..	..	..	..	..	..	..	..	..
Ilhas Marshall	..	..	..	879	..	..	..	..	..	..	..	..	..	..
Micronésia, Estados Federados da	..	..	..	1,034	..	..	..	..	..	..	..	..	..	..
Mónaco	..	..	..	..	..	..	..	..	..	..	..	..	..	..
Nauru	..	..	..	2,518	..	..	..	..	..	..	..	..	..	..
Palau	..	..	..	1,100	..	..	..	..	..	..	..	..	..	..
San Marino	..	..	..	..	..	..	..	..	..	..	..	..	..	..
Somália	..	..	..	44	..	..	..	..	..	..	..	..	..	..
Tuvalu	..	..	..	1,115	..	..	..	..	..	..	..	..	..	..
Zimbabué	..	..	..	35	..	..	..	..	..	..	..	..	..	..
África	36,850 T	4,754 T	324	36	44	123.9	3.9	0.7	12.2	16.4	57.4	0.0	12.5	1.5
Ásia	141,398 T	62,220 T	1,448	9	36	..	..	0.4	0.3	45.8	17.3	0.5	32.8	3.4
Europa	119,945 T	126,169 T	1,990	..	160	..	2.8	0.1	2.2	6.3	62.0	4.2	20.4	4.8
América Latina e Caraíbas	63,408 T	3,947 T	798	10	114	1,649.5	..	0.6	0.0	2.7	9.7	6.2	81.2	0.2
América do Norte	2,972 T	45,643 T	..	..	..	..	..	..	..	..	..	..	..	..
Oceânia	6,193 T	5,090 T	..	..	..	..	..	..	..	..	..	..	..	..
OCDE	124,520 T	165,254 T	1,884	..	108	..	0.8	0.1	2.0	3.6	44.1	5.2	39.5	5.6
União Europeia (EU27)	96,811 T	88,391 T	2,208	..	196	..	1.5	0.1	2.7	5.9	58.5	5.1	22.5	5.4
CCG	39 T	25,044 T	2,797	..	..	..	..	..	..	..	..	..	..	..
Desenvolvimento humano muito elevado	86,313 T	172,112 T	1,845	..	92	..	..	0.1	2.7	5.0	55.3	6.8	22.8	7.5
Muito elevado: OCDE	83,776 T	163,562 T	1,919	..	91	..	0.6	0.1	2.8	4.6	55.5	6.9	22.7	7.5
Muito elevado: não-OCDE	2,537 T	8,550 T	..	..	..	..	..	..	..	..	..	..	..	..
Desenvolvimento humano elevado	92,453 T	59,434 T	1,705	9	101	..	..	0.3	0.2	9.1	35.8	3.4	49.4	2.2
Desenvolvimento humano médio	189,093 T	15,403 T	446	12	44	564.9	..	0.7	1.6	37.8	21.3	1.0	35.9	2.3
Desenvolvimento humano baixo	2,907 T	874 T	133	12	11	40.2	..	0.8	34.7	2.5	53.0	0.0	9.6	0.2
Mundo (excluindo a antiga União Soviética e a Checoslováquia)	349,632 T	221,119 T	1,540	14	57	..	..	0.2	1.8	21.4	33.2	3.4	36.4	3.8
Mundo	370,765 Ta	248,283 Ta	1,464	14	58	..	..	0.2	1.8	21.1	34.7	3.2	35.4	3.7

NOTAS

a. Os dados são valores em agregado a partir da fonte de dados original.

FONTES

Colunas 1, 2 e 7: World Bank 2009b.
Coluna 3: cálculos baseados em dados provenientes do Banco Mundial (World Bank 2009b).
Coluna 4: cálculos baseados em dados sobre a APD provenientes da OCDE-CAD (OECD-DAC 2009) e dados populacionais retirados de UN 2009e.
Coluna 5: cálculos baseados em dados sobre remessas provenientes do Banco Mundial (World Bank 2009b) e de UN 2009e.
Coluna 6: cálculos baseados em dados sobre remessas provenientes do Banco Mundial (World Bank 2009b) e sobre a APD provenientes da OCDE-CAD (OECD-DAC 2009).
Coluna 8: cálculos baseados em dados sobre remessas e IDE provenientes do Banco Mundial (World Bank 2009b).

Colunas 9-14: cálculos baseados em dados provenientes de Ratha and Shaw 2006.

TABELA F

RELATÓRIO DE DESENVOLVIMENTO HUMANO 2009

Selecção de convenções relacionadas com direitos humanos e migrações
(por ano de ratificação)

Ordem do IDH	Convenção Internacional da ONU sobre a Protecção dos Direitos de todos os Trabalhadores Migrantes e Membros das suas Famílias 1990	Protocolo para Prevenir, Suprimir e Punir o Tráfico de Pessoas, Especialmente Mulheres e Crianças, em suplemento à Convenção das Nações Unidas contra o Crime Organizado Transnacional 2000	Convenção relativa ao estatuto dos refugiados 1951	Convenção Internacional para a Eliminação de Todas as Formas de Discriminação Racial 1966	Pacto Internacional relativo aos Direitos Civis e Políticos 1966	Pacto Internacional sobre os Direitos Económicos, Sociais e Culturais 1966	Convenção para a Eliminação de todas as formas de Discriminação contra as Mulheres 1979	Convenção contra a Tortura e Outras Penas ou Tratamentos Cruéis, Desumanos ou Degradantes 1984	Convenção sobre os Direitos da Criança 1989
DESENVOLVIMENTO HUMANO MUITO ELEVADO									
1 Noruega	..	2003	1953	1970	1972	1972	1981	1986	1991
2 Australia	..	2005	1954	1975	1980	1975	1983	1989	1990
3 Islândia	..	2000	1955	1967	1979	1979	1985	1996	1992
4 Canadá	..	2002	1969	1970	1976	1976	1981	1987	1991
5 Irlanda	..	2000	1956	2000	1989	1989	1985	2002	1992
6 Países Baixos	..	2005	1956	1971	1978	1978	1991	1988	1995
7 Suécia	..	2004	1954	1971	1971	1971	1980	1986	1990
8 França	..	2002	1954	1971	1980	1980	1983	1986	1990
9 Suíça	..	2006	1955	1994	1992	1992	1997	1986	1997
10 Japão	..	2002	1981	1995	1979	1979	1985	1999	1994
11 Luxemburgo	..	2009	1953	1978	1983	1983	1989	1987	1994
12 Finlândia	..	2006	1968	1970	1975	1975	1986	1989	1991
13 Estados Unidos da América	..	2005	..	1994	1992	**1977**	**1980**	1994	**1995**
14 Áustria	..	2005	1954	1972	1978	1978	1982	1987	1992
15 Espanha	..	2002	1978	1968	1977	1977	1984	1987	1990
16 Dinamarca	..	2003	1952	1971	1972	1972	1983	1987	1991
17 Bélgica	..	2004	1953	1975	1983	1983	1985	1999	1991
18 Itália	..	2006	1954	1976	1978	1978	1985	1989	1991
19 Listenstaine	..	2008	1957	2000	1998	1998	1995	1990	1995
20 Nova Zelândia	..	2002	1960	1972	1978	1978	1985	1989	1993
21 Reino Unido	..	2006	1954	1969	1976	1976	1986	1988	1991
22 Alemanha	..	2006	1953	1969	1973	1973	1985	1990	1992
23 Singapura	..	..	..	..	..	..	1995	..	1995
24 Hong Kong, China (RAE)	..	..	..	..	..	..	..	..	..
25 Grécia	..	2000	1960	1970	1997	1985	1983	1988	1993
26 Coreia, República da	..	2000	1992	1978	1990	1990	1984	1995	1991
27 Israel	..	2008	1954	1979	1991	1991	1991	1991	1991
28 Andorra	..	..	..	2006	2006	..	1997	2006	1996
29 Eslovénia	..	2004	1992	1992	1992	1992	1992	1993	1992
30 Brunei Darussalam	..	..	..	..	..	..	2006	..	1995
31 Kuwait	..	2006	..	1968	1996	1996	1994	1996	1991
32 Chipre	..	2003	1963	1967	1969	1969	1985	1991	1991
33 Qatar	..	2009	..	1976	..	..	2009	2000	1995
34 Portugal	..	2004	1960	1982	1978	1978	1980	1989	1990
35 Emirados Árabes Unidos	..	2009	..	1974	..	..	2004	..	1997
36 República Checa	..	2002	1993	1993	1993	1993	1993	1993	1993
37 Barbados	..	2001	..	1972	1973	1973	1980	..	1990
38 Malta	..	2003	1971	1971	1990	1990	1991	1990	1990
DESENVOLVIMENTO HUMANO ELEVADO									
39 Barém	..	2004	..	1990	2006	2007	2002	1998	1992
40 Estónia	..	2004	1997	1991	1991	1991	1991	1991	1991
41 Polónia	..	2003	1991	1968	1977	1977	1980	1989	1991
42 Eslováquia	..	2004	1993	1993	1993	1993	1993	1993	1993
43 Hungary	..	2006	1989	1967	1974	1974	1980	1987	1991
44 Chile	2005	2004	1972	1971	1972	1972	1989	1988	1990
45 Croácia	..	2003	1992	1992	1992	1992	1992	1992	1992
46 Lituânia	..	2003	1997	1998	1991	1991	1994	1996	1992
47 Antígua and Barbuda	..	..	1995	1988	..	..	1989	1993	1993
48 Letónia	..	2004	1997	1992	1992	1992	1992	1992	1992
49 Argentina	2007	2002	1961	1968	1986	1986	1985	1986	1990
50 Uruguai	2001	2005	1970	1968	1970	1970	1981	1986	1990
51 Cuba	..	..	..	1972	**2008**	**2008**	1980	1995	1991
52 Baamas	..	2008	1993	1975	2008	2008	1993	**2008**	1991
53 México	1999	2003	2000	1975	1981	1981	1981	1986	1990
54 Costa Rica	..	2003	1978	1967	1968	1968	1986	1993	1990
55 Jamahiria Árabe Líbia	2004	2004	..	1968	1970	1970	1989	1989	1993
56 Omã	..	2005	..	2003	..	..	2006	..	1996
57 Seychelles	1994	2004	1980	1978	1992	1992	1992	1992	1990
58 Venezuela, República Bolivariana da	..	2002	..	1967	1978	1978	1983	1991	1990
59 Arábia Saudita	..	2007	..	1997	..	..	2000	1997	1996

163

F

RELATÓRIO DE DESENVOLVIMENTO HUMANO **2009**

Selecção de convenções relacionadas com direitos humanos e migrações
(por ano de ratificação)

Ordem do IDH	Convenção Internacional da ONU sobre a Protecção dos Direitos de todos os Trabalhadores Migrantes e Membros das suas Famílias 1990	Protocolo para Prevenir, Suprimir e Punir o Tráfico de Pessoas, Especialmente Mulheres e Crianças, em suplemento à Convenção das Nações Unidas contra o Crime Organizado Transnacional 2000	Convenção relativa ao estatuto dos refugiados 1951	Convenção Internacional para a Eliminação de Todas as Formas de Discriminação Racial 1966	Pacto Internacional relativo aos Direitos Civis e Políticos 1966	Pacto Internacional sobre os Direitos Económicos, Sociais e Culturais 1966	Convenção para a Eliminação de todas as formas de Discriminação contra as Mulheres 1979	Convenção contra a Tortura e Outras Penas ou Tratamentos Cruéis, Desumanos ou Degradantes 1984	Convenção sobre os Direitos da Criança 1989
60 Panamá	..	2004	1978	1967	1977	1977	1981	1987	1990
61 Bulgária	..	2001	1993	1966	1970	1970	1982	1986	1991
62 São Cristóvão e Nevis	..	2004	2002	2006	..	..	1985	..	1990
63 Roménia	..	2002	1991	1970	1974	1974	1982	1990	1990
64 Trinidade e Tobago	..	2007	2000	1973	1978	1978	1990	..	1991
65 Montenegro	**2006**	2006	2006	2006	2006	2006	2006	2006	2006
66 Malásia	..	2009	..	..	..	..	1995	..	1995
67 Sérvia	**2004**	2001	2001	..	..	..	2001	..	2001
68 Bielorússia	..	2003	2001	1969	1973	1973	1981	1987	1990
69 Sanat Lúcia	..	..	..	1990	..	..	1982	..	1993
70 Albânia	2007	2002	1992	1994	1991	1991	1994	1994	1992
71 Federação Russa	..	2004	1993	1969	1973	1973	1981	1987	1990
72 Macedónia, Antiga Rep. Jugoslava da)	..	2005	1994	1994	1994	1994	1994	1994	1993
73 Dominica	..	..	1994	..	1993	1993	1980	..	1991
74 Granada	..	2004	..	**1981**	1991	1991	1990	..	1990
75 Brasil	..	2004	1960	1968	1992	1992	1984	1989	1990
76 Bósnia e Herzegovina	1996	2002	1993	1993	1993	1993	1993	1993	1993
77 Colômbia	1995	2004	1961	1981	1969	1969	1982	1987	1991
78 Peru	2005	2002	1964	1971	1978	1978	1982	1988	1990
79 Turquia	2004	2003	1962	2002	2003	2003	1985	1988	1995
80 Equador	2002	2002	1955	1966	1969	1969	1981	1988	1990
81 Maurícia	..	2003	..	1972	1973	1973	1984	1992	1990
82 Cazaquistão	..	2008	1999	1998	2006	2006	1998	1998	1994
83 Líbano	..	2005	..	1971	1972	1972	1997	2000	1991
DESENVOLVIMENTO HUMANO MÉDIO									
84 Arménia	..	2003	1993	1993	1993	1993	1993	1993	1993
85 Ucrânia	..	2004	2002	1969	1973	1973	1981	1987	1991
86 Azerbaijão	1999	2003	1993	1996	1992	1992	1995	1996	1992
87 Tailândia	..	**2001**	..	2003	1996	1999	1985	2007	1992
88 Irão (República Islâmica do)	..	..	1976	1968	1975	1975	..	..	1994
89 Geórgia	..	2006	1999	1999	1994	1994	1994	1994	1994
90 República Dominicana	..	2008	1978	1983	1978	1978	1982	**1985**	1991
91 São Vicente e Granadinas	..	**2002**	1993	1981	1981	1981	1981	2001	1993
92 China	..	..	1982	1981	**1998**	2001	1980	1988	1992
93 Belize	2001	2003	1990	2001	1996	**2000**	1990	1986	1990
94 Samoa	..	..	1988	..	2008	..	1992	..	1994
95 Maldivas	..	..	..	1984	2006	2006	1993	2004	1991
96 Jordânia	..	..	..	1974	1975	1975	1992	1991	1991
97 Suriname	..	2007	1978	1984	1976	1976	1993	..	1993
98 Tunísia	..	2003	1957	1967	1969	1969	1985	1988	1992
99 Tonga	..	..	..	1972	..	..	..	..	1995
100 Jamaica	2008	2003	1964	1971	1975	1975	1984	..	1991
101 Paraguai	2008	2004	1970	2003	1992	1992	1987	1990	1990
102 Sri Lanka	1996	**2000**	..	1982	1980	1980	1981	1994	1991
103 Gabão	2004	..	1964	1980	1983	1983	1983	2000	1994
104 Argélia	2005	2004	1963	1972	1989	1989	1996	1989	1993
105 Filipinas	1995	2002	1981	1967	1986	1974	1981	1986	1990
106 El Salvador	2003	2004	1983	1979	1979	1979	1981	1996	1990
107 República Árabe da Síria	2005	**2000**	..	1969	1969	1969	2003	2004	1993
108 Fiji	..	..	1972	1973	..	..	1995	..	1993
109 Turquemenistão	..	2005	1998	1994	1997	1997	1997	1999	1993
110 Territórios Ocupados da Palestina	..	..	..	..	..	..	..	..	..
111 Indonésia	**2004**	**2000**	..	1999	2006	2006	1984	1998	1990
112 Honduras	2005	2008	1992	2002	1997	1981	1983	1996	1990
113 Bolívia	2000	2006	1982	1970	1982	1982	1990	1999	1990
114 Guiana	**2005**	2004	..	1977	1977	1977	1980	1988	1991
115 Mongólia	..	2008	..	1969	1974	1974	1981	2002	1990
116 Vietname	..	..	..	1982	1982	1982	1982	..	1990
117 Moldávia	..	2005	2002	1993	1993	1993	1994	1995	1993
118 Guiné Equatorial	..	2003	1986	2002	1987	1987	1984	2002	1992

TABELA F

Ordem do IDH	Convenção Internacional da ONU sobre a Protecção dos Direitos de todos os Trabalhadores Migrantes e Membros das suas Famílias 1990	Protocolo para Prevenir, Suprimir e Punir o Tráfico de Pessoas, Especialmente Mulheres e Crianças, em suplemento à Convenção das Nações Unidas contra o Crime Organizado Transnacional 2000	Convenção relativa ao estatuto dos refugiados 1951	Convenção Internacional para a Eliminação de Todas as Formas de Discriminação Racial 1966	Pacto Internacional relativo aos Direitos Civis e Políticos 1966	Pacto Internacional sobre os Direitos Económicos, Sociais e Culturais 1966	Convenção para a Eliminação de todas as formas de Discriminação contra as Mulheres 1979	Convenção contra a Tortura e Outras Penas ou Tratamentos Cruéis, Desumanos ou Degradantes 1984	Convenção sobre os Direitos da Criança 1989
119 Uzbequistão	..	2008	..	1995	1995	1995	1995	1995	1994
120 Quirguizistão	2003	2003	1996	1997	1994	1994	1997	1997	1994
121 Cabo Verde	1997	2004	..	1979	1993	1993	1980	1992	1992
122 Guatemala	2003	2004	1983	1983	1992	1988	1982	1990	1990
123 Egipto	1993	2004	1981	1967	1982	1982	1981	1986	1990
124 Nicarágua	2005	2004	1980	1978	1980	1980	1981	2005	1990
125 Botsuana	..	2002	1969	1974	2000	..	1996	2000	1995
126 Vanuatu	..	..	..	..	2008	..	1995	..	1993
127 Tajiquistão	2002	2002	1993	1995	1999	1999	1993	1995	1993
128 Namíbia	..	2002	1995	1982	1994	1994	1992	1994	1990
129 África do Sul	..	2004	1996	1998	1998	**1994**	1995	1998	1995
130 Morrocos	1993	..	1956	1970	1979	1979	1993	1993	1993
131 São Tomé e Príncipe	**2000**	2006	1978	**2000**	**1995**	**1995**	2003	**2000**	1991
132 Butão	..	..	..	**1973**	..	..	1981	..	1990
133 Rep. Democrática Popular do Laos	..	2003	..	1974	**2000**	2007	1981	..	1991
134 Índia	..	**2002**	..	1968	1979	1979	1993	**1997**	1992
135 Ilhas Salomão	..	..	1995	1982	..	1982	2002	..	1995
136 Congo	**2008**	**2000**	1962	1988	1983	1983	1982	2003	1993
137 Cambodja	**2004**	2007	1992	1983	1992	1992	1992	1992	1992
138 Mianmar	..	2004	..	..	..	..	1997	..	1991
139 Comores	**2000**	..	..	2004	**2008**	**2008**	1994	**2000**	1993
140 Iémen	..	..	1980	1972	1987	1987	1984	1991	1991
141 Paquistão	..	..	..	1966	**2008**	2008	1996	**2008**	1990
142 Suazilândia	..	**2001**	2000	1969	2004	2004	2004	2004	1995
143 Angola	..	..	1981	..	1992	1992	1986	..	1990
144 Nepal	..	..	..	1971	1991	1991	1991	1991	1990
145 Madagáscar	..	2005	1967	1969	1971	1971	1989	2005	1991
146 Bangladesh	**1998**	..	..	1979	2000	1998	1984	1998	1990
147 Quénia	..	2005	1966	2001	1972	1972	1984	1997	1990
148 Papua Nova Guiné	..	..	1986	1982	2008	2008	1995	..	1993
149 Haiti	..	**2000**	1984	1972	1991	..	1981	..	1995
150 Sudão	..	..	1974	1977	1986	1986	..	**1986**	1990
151 Tanzânia, República Unida da	..	2006	1964	1972	1976	1976	1985	..	1991
152 Gana	2000	..	1963	1966	2000	2000	1986	2000	1990
153 Camarões	..	2006	1961	1971	1984	1984	1994	1986	1993
154 Mauritânia	2007	2005	1987	1988	2004	2004	2001	2004	1991
155 Djibuti	..	2005	1977	**2006**	2002	2002	1998	2002	1990
156 Lesoto	2005	2003	1981	1971	1992	1992	1995	2001	1992
157 Uganda	1995	**2000**	1976	1980	1995	1987	1985	1986	1990
158 Nigéria	..	2001	1967	1967	1993	1993	1985	2001	1991
DESENVOLVIMENTO HUMANO BAIXO									
159 Togo	**2001**	2009	1962	1972	1984	1984	1983	1987	1990
160 Malawi	..	2005	1987	1996	1993	1993	1987	1996	1991
161 Benim	**2005**	2004	1962	2001	1992	1992	1992	1992	1990
162 Timor-Leste	2004	..	2003	2003	2003	2003	2003	2003	2003
163 Costa do Marfim	..	..	1961	1973	1992	1992	1995	1995	1991
164 Zâmbia	..	2005	1969	1972	1984	1984	1985	1998	1991
165 Eritreia	..	..	..	2001	2002	2001	1995	..	1994
166 Senegal	1999	2003	1963	1972	1978	1978	1985	1986	1990
167 Ruanda	2008	2003	1980	1975	1975	1975	1981	2008	1991
168 Gâmbia	..	2003	1966	1978	1979	1978	1993	**1985**	1990
169 Libéria	**2004**	2004	1964	1976	2004	2004	1984	2004	1993
170 Guinea	2000	2004	1965	1977	1978	1978	1982	1989	1990
171 Etiópia	..	..	1969	1976	1993	1993	1981	1994	1991
172 Moçambique	..	2006	1983	1983	1993	..	1997	1999	1994
173 Guiné-Bissau	**2000**	2007	1976	**2000**	**2000**	1992	1985	**2000**	1990
174 Burundi	..	**2000**	1963	1977	1990	1990	1992	1993	1990
175 Chade	..	..	1981	1977	1995	1995	1995	1995	1990
176 Congo, República Democrática do	..	2005	1965	1976	1976	1976	1986	1996	1990
177 Burkina Faso	2003	2002	1980	1974	1999	1999	1987	1999	1990

165

F

RELATÓRIO DE DESENVOLVIMENTO HUMANO **2009**

Selecção de convenções relacionadas com direitos humanos e migrações
(por ano de ratificação)

Ordem do IDH	Convenção Internacional da ONU sobre a Protecção dos Direitos de todos os Trabalhadores Migrantes e Membros das suas Famílias 1990	Protocolo para Prevenir, Suprimir e Punir o Tráfico de Pessoas, Especialmente Mulheres e Crianças, em suplemento à Convenção das Nações Unidas contra o Crime Organizado Transnacional 2000	Convenção relativa ao estatuto dos refugiados 1951	Convenção Internacional para a Eliminação de Todas as Formas de Discriminação Racial 1966	Pacto Internacional relativo aos Direitos Civis e Políticos 1966	Pacto Internacional sobre os Direitos Económicos, Sociais e Culturais 1966	Convenção para a Eliminação de todas as formas de Discriminação contra as Mulheres 1979	Convenção contra a Tortura e Outras Penas ou Tratamentos Cruéis, Desumanos ou Degradantes 1984	Convenção sobre os Direitos da Criança 1989
178 Mali	2003	2002	1973	1974	1974	1974	1985	1999	1990
179 República Centro-Africana	..	2006	1962	1971	1981	1981	1991	..	1992
180 Serra Leoa	**2000**	**2001**	1981	1967	1996	1996	1988	2001	1990
181 Afganistão	..	..	2005	1983	1983	1983	2003	1987	1994
182 Níger	2009	2004	1961	1967	1986	1986	1999	1998	1990
OUTROS ESTADOS-MEMBROS DAS NAÇÕES UNIDAS									
Iraque	..	2009	..	1970	1971	1971	1986	..	1994
Kiribati	..	2005	..	..	..	..	2004	..	1995
Coreia, Rep. Democrática Popular da	..	..	..	..	1981	1981	2001	..	1990
Ilhas Marshall	..	..	..	..	..	..	2006	..	1993
Micronésia, Estados Federados da	..	..	..	..	..	..	2004	..	1993
Mónaco	..	2001	1954	1995	1997	1997	2005	1991	1993
Nauru	..	**2001**	..	**2001**	**2001**	..	..	**2001**	1994
Palau	..	..	..	..	..	..	..	..	1995
San Marino	..	**2000**	..	2002	1985	1985	2003	2006	1991
Somália	..	..	1978	1975	1990	1990	..	1990	**2002**
Tuvalu	..	..	1986	..	..	..	1999	..	1995
Zimbabué	..	..	1981	1991	1991	1991	1991	..	1990
Total de Estdos participantes ●	**41**	**129**	**144**	**173**	**164**	**160**	**186**	**146**	**193**
Tratados assinados, ainda não ratificados ○	**15**	**21**	**0**	**6**	**8**	**6**	**1**	**10**	**2**
África ●	16	36	48	49	50	48	51	43	52
○	9	5	0	3	3	3	0	5	1
Ásia ●	8	25	19	41	35	38	45	33	47
○	3	6	0	1	3	0	0	2	0
Europa ●	2	37	42	44	43	42	43	44	44
○	2	5	0	0	0	0	0	0	0
América Latina e Caraíbas ●	15	26	27	31	29	27	33	22	33
○	1	3	0	1	1	2	0	2	0
América do Norte ●	0	2	1	2	2	1	1	2	1
○	0	0	0	0	0	1	1	0	1
Oceânia ●	0	3	7	6	5	4	12	2	16
○	0	1	0	1	1	0	0	1	0
Desenvolvimento humano muito elevado ●	0	26	31	37	34	32	36	36	38
○	0	8	0	0	0	1	1	0	1
Desenvolvimento humano elevado ●	12	41	34	43	39	39	47	37	47
○	2	1	0	1	1	1	0	1	0
Desenvolvimento humano médio ●	22	44	54	68	66	64	77	52	83
○	8	11	0	4	6	4	0	7	0
Desenvolvimento humano baixo ●	7	15	25	25	25	25	25	21	25
○	5	3	0	1	1	0	0	2	1

NOTAS

Os dados referem-se ao ano de ratificação, acesso ou sucessão a não ser que se especifique algo em contrário. Todas estas fases têm o mesmo efeito legal. O **negrito** significa que ainda não foi realizada a ratificação após a assinatura. Os dados reportam-se a Junho de 2009.

● Total de Estados participantes.
○ Tratados assinados, mas ainda não ratificados.

FONTES

Todas as colunas: UN 2009b.

RELATÓRIO DE DESENVOLVIMENTO HUMANO 2009

TABELA G — Tendências do índice de desenvolvimento humano

											Taxas médias de crescimento anual (%)		
Ordem do IDH	1980	1985	1990	1995	2000	2005	2006	2007	Ordem 2006	Alterações na ordem 2006–2007	Longo prazo 1980–2007	Médio prazo 1990–2007	Curto prazo 2000–2007
DESENVOLVIMENTO HUMANO MUITO ELEVADO													
1 Noruega	0.900	0.912	0.924	0.948	0.961	0.968	0.970	0.971	1	0	0.28	0.29	0.16
2 Austrália	0.871	0.883	0.902	0.938	0.954	0.967	0.968	0.970	2	0	0.40	0.43	0.24
3 Islândia	0.886	0.894	0.913	0.918	0.943	0.965	0.967	0.969	3	0	0.33	0.35	0.39
4 Canadá	0.890	0.913	0.933	0.938	0.948	0.963	0.965	0.966	4	0	0.31	0.21	0.27
5 Irlanda	0.840	0.855	0.879	0.903	0.936	0.961	0.964	0.965	5	0	0.52	0.55	0.44
6 Países Baixos	0.889	0.903	0.917	0.938	0.950	0.958	0.961	0.964	7	1	0.30	0.30	0.21
7 Suécia	0.885	0.895	0.906	0.937	0.954	0.960	0.961	0.963	6	-1	0.32	0.36	0.14
8 França	0.876	0.888	0.909	0.927	0.941	0.956	0.958	0.961	11	3	0.34	0.32	0.30
9 Suíça	0.899	0.906	0.920	0.931	0.948	0.957	0.959	0.960	9	0	0.25	0.25	0.19
10 Japão	0.887	0.902	0.918	0.931	0.943	0.956	0.958	0.960	10	0	0.29	0.26	0.25
11 Luxemburgo	..	..	..	..	..	0.956	0.959	0.960	8	-3	..	..	..
12 Finlândia	0.865	0.882	0.904	0.916	0.938	0.952	0.955	0.959	13	1	0.38	0.35	0.32
13 Estados Unidos da América	0.894	0.909	0.923	0.939	0.949	0.955	0.955	0.956	12	-1	0.25	0.21	0.11
14 Áustria	0.865	0.878	0.899	0.920	0.940	0.949	0.952	0.955	16	2	0.37	0.35	0.23
15 Espanha	0.855	0.869	0.896	0.914	0.931	0.949	0.952	0.955	15	0	0.41	0.37	0.36
16 Dinamarca	0.882	0.891	0.899	0.917	0.936	0.950	0.953	0.955	14	-2	0.29	0.36	0.28
17 Bélgica	0.871	0.885	0.904	0.933	0.945	0.947	0.951	0.953	17	0	0.34	0.31	0.13
18 Itália	0.857	0.866	0.889	0.906	0.927	0.947	0.950	0.951	19	1	0.39	0.40	0.36
19 Listenstaine	..	..	..	..	..	..	0.950	0.951	18	-1	..	..	..
20 Nova Zelândia	0.863	0.874	0.884	0.911	0.930	0.946	0.948	0.950	20	0	0.36	0.42	0.30
21 Reino Unido	0.861	0.870	0.891	0.929	0.932	0.947	0.945	0.947	21	0	0.35	0.36	0.24
22 Alemanha	0.869	0.877	0.896	0.919	..	0.942	0.945	0.947	22	0	0.32	0.33	..
23 Singapura	0.785	0.805	0.851	0.884	..	..	0.942	0.944	24	1	0.68	0.61	..
24 Hong Kong, China (RAE)	..	..	..	..	..	0.939	0.943	0.944	23	-1	..	..	..
25 Grécia	0.844	0.857	0.872	0.874	0.895	0.935	0.938	0.942	25	0	0.41	0.45	0.73
26 Coreia, República da	0.722	0.760	0.802	0.837	0.869	0.927	0.933	0.937	26	0	0.97	0.92	1.08
27 Israel	0.829	0.853	0.868	0.883	0.908	0.929	0.932	0.935	28	1	0.44	0.44	0.42
28 Andorra	..	..	..	..	..	..	0.933	0.934	27	-1	..	..	..
29 Eslovénia	..	..	0.853	0.861	0.892	0.918	0.924	0.929	29	0	..	0.51	0.58
30 Brunei Darussalam	0.827	0.843	0.876	0.889	0.905	0.917	0.919	0.920	30	0	0.39	0.29	0.22
31 Kuwait	0.812	0.826	..	0.851	0.874	0.915	0.912	0.916	31	0	0.44	..	0.67
32 Chipre	..	..	0.849	0.866	0.897	0.908	0.911	0.914	32	0	..	0.43	0.26
33 Qatar	..	..	..	..	0.870	0.903	0.905	0.910	34	1	..	..	0.64
34 Portugal	0.768	0.789	0.833	0.870	0.895	0.904	0.907	0.909	33	-1	0.63	0.52	0.23
35 Emirados Árabes Unidos	0.743	0.806	0.834	0.845	0.848	0.896	0.896	0.903	37	2	0.72	0.47	0.91
36 República Checa	..	..	0.847	0.857	0.868	0.894	0.899	0.903	36	0	..	0.38	0.56
37 Barbados	..	..	..	..	..	0.890	0.891	0.903	39	2	..	..	..
38 Malta	..	0.809	0.836	0.856	0.874	0.897	0.899	0.902	35	-3	0.50[a]	0.45	0.45
DESENVOLVIMENTO HUMANO ELEVADO													
39 Barém	0.761	0.784	0.829	0.850	0.864	0.888	0.894	0.895	38	-1	0.60	0.45	0.50
40 Estónia	..	..	0.817	0.796	0.835	0.872	0.878	0.883	40	0	..	0.46	0.80
41 Polónia	..	..	0.806	0.823	0.853	0.871	0.876	0.880	42	1	..	0.52	0.45
42 Eslováquia	..	..	..	0.827	0.840	0.867	0.873	0.880	44	2	..	..	0.66
43 Hungria	0.802	0.813	0.812	0.816	0.844	0.874	0.878	0.879	41	-2	0.34	0.47	0.58
44 Chile	0.748	0.762	0.795	0.822	0.849	0.872	0.874	0.878	43	-1	0.59	0.58	0.48
45 Croácia	..	..	0.817	0.811	0.837	0.862	0.867	0.871	45	0	..	0.38	0.58
46 Lituânia	..	..	0.828	0.791	0.830	0.862	0.865	0.870	46	0	..	0.29	0.68
47 Antigua e Barbuda	..	..	..	..	..	..	0.860	0.868	48	1	..	..	..
48 Letónia	..	..	0.803	0.765	0.810	0.852	0.859	0.866	50	2	..	0.44	0.96
49 Argentina	0.793	0.797	0.804	0.824	..	0.855	0.861	0.866	47	-2	0.33	0.44	..
50 Uruguai	0.776	0.783	0.802	0.817	0.837	0.855	0.860	0.865	49	-1	0.40	0.45	0.47
51 Cuba	..	..	..	..	..	0.839	0.856	0.863	51	0	..	..	..
52 Baamas	..	..	..	..	..	0.852	0.854	0.856	52	0	..	..	..
53 México	0.756	0.768	0.782	0.794	0.825	0.844	0.849	0.854	54	1	0.45	0.52	0.50
54 Costa Rica	0.763	0.770	0.791	0.807	0.825	0.844	0.849	0.854	53	-1	0.42	0.45	0.48
55 Jamahira Árabe Líbia	..	..	..	..	0.821	0.837	0.842	0.847	56	1	..	..	0.44
56 Omã	..	..	..	..	..	0.836	0.843	0.846	55	-1	..	..	..
57 Seychelles	..	..	..	..	0.841	0.838	0.841	0.845	57	0	..	..	0.06
58 Venezuela, República Bolivariana da	0.765	0.765	0.790	0.793	0.802	0.822	0.833	0.844	62	4	0.37	0.39	0.74
59 Arábia Saudita	..	..	0.744	0.765	..	0.837	0.840	0.843	58	-1	..	0.74	..

167

G RELATÓRIO DE DESENVOLVIMENTO HUMANO 2009

									Ordem	Alterações na ordem	Taxas médias de crescimento anual (%) Longo prazo	Médio prazo	Curto prazo
Ordem do IDH	1980	1985	1990	1995	2000	2005	2006	2007	2006	2006–2007	1980–2007	1990–2007	2000–2007
60 Panamá	0.759	0.769	0.765	0.784	0.811	0.829	0.834	0.840	61	1	0.38	0.55	0.50
61 Bulgária	..	..	..	..	0.803	0.829	0.835	0.840	59	-2	..	..	0.65
62 São Cristóvão e Nevis	..	..	..	..	..	0.831	0.835	0.838	60	-2	..	..	..
63 Roménia	..	..	0.786	0.780	0.788	0.824	0.832	0.837	64	1	..	0.37	0.87
64 Trindade e Tobago	0.794	0.791	0.796	0.797	0.806	0.825	0.832	0.837	63	-1	0.19	0.30	0.53
65 Montenegro	..	..	..	..	0.815	0.823	0.828	0.834	65	0	..	..	0.34
66 Malásia	0.666	0.689	0.737	0.767	0.797	0.821	0.825	0.829	66	0	0.81	0.69	0.56
67 Sérvia	..	..	..	..	0.797	0.817	0.821	0.826	67	0	..	..	0.51
68 Bielorússia	..	..	0.795	0.760	0.786	0.812	0.819	0.826	69	1	..	0.22	0.70
69 Sant Lúcia	..	..	..	..	..	0.817	0.821	0.821	68	-1	..	..	..
70 Albânia	..	..	..	..	0.784	0.811	0.814	0.818	70	0	..	..	0.61
71 Federação Russa	..	..	0.821	0.777	..	0.804	0.811	0.817	73	2	..	-0.03	..
72 Macedónia, Antiga Rep. Jugoslava da	..	..	..	0.782	0.800	0.810	0.813	0.817	72	0	..	..	0.30
73 Domínica	..	..	..	..	..	0.814	0.814	0.814	71	-2	..	..	..
74 Granada	..	..	..	..	..	0.812	0.810	0.813	74	0	..	..	..
75 Brasil	0.685	0.694	0.710	0.734	0.790	0.805	0.808	0.813	75	0	0.63	0.79	0.41
76 Bósnia e Herzegovina	..	..	..	..	..	0.803	0.807	0.812	76	0	..	..	..
77 Colômbia	0.688	0.698	0.715	0.757	0.772	0.795	0.800	0.807	82	5	0.59	0.71	0.63
78 Peru	0.687	0.703	0.708	0.744	0.771	0.791	0.799	0.806	83	5	0.59	0.76	0.63
79 Turquia	0.628	0.674	0.705	0.730	0.758	0.796	0.802	0.806	78	-1	0.93	0.79	0.87
80 Equador	0.709	0.723	0.744	0.758	..	..	0.805	0.806	77	-3	0.48	0.47	..
81 Maurícia	..	..	0.718	0.735	0.770	0.797	0.801	0.804	79	-2	..	0.67	0.63
82 Cazaquistão	..	..	0.778	0.730	0.747	0.794	0.800	0.804	81	-1	..	0.20	1.05
83 Líbano	..	..	..	..	..	0.800	0.800	0.803	80	-3	..	..	..

DESENVOLVIMENTO HUMANO MÉDIO

84 Arménia	..	..	0.731	0.693	0.738	0.777	0.787	0.798	85	1	..	0.51	1.12
85 Ucrânia	..	..	..	..	0.754	0.783	0.789	0.796	84	-1	..	..	0.76
86 Azerbeijão	..	..	..	..	..	0.755	0.773	0.787	88	2	..	..	..
87 Tailândia	0.658	0.684	0.706	0.727	0.753	0.777	0.780	0.783	86	-1	0.64	0.61	0.57
88 Irão, República Islâmica do	0.561	0.620	0.672	0.712	0.738	0.773	0.777	0.782	87	-1	1.23	0.89	0.83
89 Geórgia	..	..	..	..	0.739	0.765	0.768	0.778	91	2	..	..	0.73
90 República Dominicana	0.640	0.659	0.667	0.686	0.748	0.765	0.771	0.777	89	-1	0.72	0.90	0.54
91 São Vicente e Granadinas	..	..	..	..	..	0.763	0.767	0.772	93	2	..	..	..
92 China	0.533	0.556	0.608	0.657	0.719	0.756	0.763	0.772	99	7	1.37	1.40	1.00
93 Belize	..	..	0.705	0.723	0.735	0.770	0.770	0.772	90	-3	..	0.54	0.70
94 Samoa	..	0.686	0.697	0.716	0.742	0.764	0.766	0.771	96	2	0.53[a]	0.59	0.55
95 Maldivas	..	..	..	0.683	0.730	0.755	0.765	0.771	97	2	..	..	0.78
96 Jordânia	0.631	0.638	0.666	0.656	0.691	0.764	0.767	0.770	95	-1	0.73	0.85	1.55
97 Suriname	..	..	..	..	..	0.759	0.765	0.769	98	1	..	..	..
98 Tunísia	..	0.605	0.627	0.654	0.678	0.758	0.763	0.769	100	2	1.09[a]	1.20	1.79
99 Tonga	..	..	..	..	0.759	0.765	0.767	0.768	94	-5	..	..	0.16
100 Jamaica	..	..	..	..	0.750	0.765	0.768	0.766	92	-8	..	..	0.29
101 Paraguai	0.677	0.677	0.711	0.726	0.737	0.754	0.757	0.761	101	0	0.43	0.40	0.45
102 Sri Lanka	0.649	0.670	0.683	0.696	0.729	0.752	0.755	0.759	102	0	0.58	0.62	0.57
103 Gabão	..	..	..	0.748	0.735	0.747	0.750	0.755	103	0	..	..	0.39
104 Argélia	..	0.628	0.647	0.653	0.713	0.746	0.749	0.754	104	0	0.83[a]	0.90	0.79
105 Filipinas	0.652	0.651	0.697	0.713	0.726	0.744	0.747	0.751	105	0	0.53	0.44	0.49
106 El Salvador	0.573	0.585	0.660	0.691	0.704	0.743	0.746	0.747	106	0	0.99	0.73	0.85
107 República Árabe da Síria	0.603	0.625	0.626	0.649	0.715	0.733	0.738	0.742	109	2	0.77	1.00	0.53
108 Fiji	..	..	..	..	..	0.744	0.744	0.741	107	-1	..	..	..
109 Turquemenistão	..	..	..	..	..	..	0.739	0.739	108	-1	..	..	..
110 Territórios Ocupados da Palestina	..	..	..	..	..	0.736	0.737	0.737	110	0	..	..	..
111 Indonésia	0.522	0.562	0.624	0.658	0.673	0.723	0.729	0.734	111	0	1.26	0.95	1.25
112 Honduras	0.567	0.593	0.608	0.623	0.690	0.725	0.729	0.732	112	0	0.94	1.09	0.84
113 Bolívia	0.560	0.577	0.629	0.653	0.699	0.723	0.726	0.729	113	0	0.98	0.87	0.62
114 Guiana	..	..	..	..	..	0.722	0.721	0.729	114	0	..	..	..
115 Mongólia	..	..	..	..	0.676	0.713	0.720	0.727	116	1	..	..	1.02
116 Vietname	..	0.561	0.599	0.647	0.690	0.715	0.720	0.725	115	-1	1.16[a]	1.13	0.71
117 Moldávia	..	..	0.735	0.682	0.683	0.712	0.718	0.720	117	0	..	-0.12	0.77
118 Guiné Equatorial	..	..	..	..	0.655	0.715	0.712	0.719	118	0	..	..	1.33

TABELA G

											Taxas médias de crescimento anual (%)		
									Ordem	Alterações na ordem	Longo prazo	Médio prazo	Curto prazo
Ordem do IDH	1980	1985	1990	1995	2000	2005	2006	2007	2006	2006–2007	1980–2007	1990–2007	2000–2007
119 Uzbequistão	..	..	..	..	0.687	0.703	0.706	0.710	119	0	..	..	0.48
120 Quirguizistão	..	..	..	..	0.687	0.702	0.705	0.710	120	0	..	..	0.46
121 Cabo Verde	..	..	0.589	0.641	0.674	0.692	0.704	0.708	121	0	..	1.08	0.71
122 Guatemala	0.531	0.538	0.555	0.621	0.664	0.691	0.696	0.704	123	1	1.05	1.40	0.85
123 Egipto	0.496	0.552	0.580	0.631	0.665	0.696	0.700	0.703	122	-1	1.30	1.13	0.81
124 Nicarágua	0.565	0.569	0.573	0.597	0.667	0.691	0.696	0.699	124	0	0.79	1.17	0.67
125 Botsuana	0.539	0.579	0.682	0.665	0.632	0.673	0.683	0.694	126	1	0.94	0.10	1.34
126 Vanuatu	..	..	..	..	0.663	0.681	0.688	0.693	125	-1	..	..	0.62
127 Tajiquistão	..	..	0.707	0.636	0.641	0.677	0.683	0.688	127	0	..	-0.16	1.03
128 Namíbia	..	..	0.657	0.675	0.661	0.672	0.678	0.686	129	1	..	0.26	0.53
129 África do Sul	0.658	0.680	0.698	..	0.688	0.678	0.680	0.683	128	-1	0.14	-0.13	-0.10
130 Morrocos	0.473	0.499	0.518	0.562	0.583	0.640	0.648	0.654	130	0	1.20	1.37	1.63
131 São Tomé e Príncipe	..	..	..	..	..	0.639	0.645	0.651	131	0	..	..	..
132 Butão	..	..	..	..	..	0.602	0.608	0.619	133	1	..	..	..
133 Rep. Democrática Popular do Laos	..	..	..	0.518	0.566	0.607	0.613	0.619	132	-1	..	..	1.26
134 Índia	0.427	0.453	0.489	0.511	0.556	0.596	0.604	0.612	134	0	1.33	1.32	1.36
135 Ilhas Salomão	..	..	..	..	..	0.599	0.604	0.610	135	0	..	..	..
136 Congo	..	..	0.597	0.575	0.536	0.600	0.603	0.601	136	0	..	0.04	1.65
137 Cambodja	..	..	..	..	0.515	0.575	0.584	0.593	137	0	..	..	2.01
138 Mianmar	..	0.492	0.487	0.506	..	0.583	0.584	0.586	138	0	0.79[a]	1.08	..
139 Comores	0.447	0.461	0.489	0.513	0.540	0.570	0.573	0.576	139	0	0.94	0.96	0.92
140 Iémen	..	..	..	0.486	0.522	0.562	0.568	0.575	141	1	..	..	1.36
141 Paquistão	0.402	0.423	0.449	0.469	..	0.555	0.568	0.572	142	1	1.30	1.42	..
142 Suazilândia	0.535	0.587	0.619	0.626	0.598	0.567	0.569	0.572	140	-2	0.24	-0.47	-0.63
143 Angola	..	..	..	..	..	0.541	0.552	0.564	143	0	..	..	..
144 Nepal	0.309	0.342	0.407	0.436	0.500	0.537	0.547	0.553	144	0	2.16	1.81	1.46
145 Madagáscar	..	..	..	..	0.501	0.532	0.537	0.543	145	0	..	..	1.14
146 Bangladesh	0.328	0.351	0.389	0.415	0.493	0.527	0.535	0.543	148	2	1.86	1.96	1.39
147 Quénia	..	..	..	..	0.522	0.530	0.535	0.541	147	0	..	..	0.51
148 Papua-Nova Guiné	0.418	0.427	0.432	0.461	..	0.532	0.536	0.541	146	-2	0.95	1.32	..
149 Haiti	0.433	0.442	0.462	0.483	..	..	0.526	0.532	149	0	0.77	0.83	..
150 Sudão	..	..	..	..	0.491	0.515	0.526	0.531	150	0	..	..	1.12
151 Tanzânia, República Unida da	..	..	0.436	0.425	0.458	0.510	0.519	0.530	151	0	..	1.15	2.09
152 Gana	..	..	..	..	0.495	0.512	0.518	0.526	154	2	..	..	0.88
153 Camarões	0.460	0.498	0.485	0.457	0.513	0.520	0.519	0.523	152	-1	0.48	0.44	0.26
154 Mauritânia	..	..	..	..	0.495	0.511	0.519	0.520	153	-1	..	..	0.71
155 Djibuti	..	..	..	..	..	0.513	0.517	0.520	155	0	..	..	..
156 Lesoto	..	..	..	..	0.533	0.508	0.511	0.514	156	0	..	..	-0.52
157 Uganda	..	..	0.392	0.389	0.460	0.494	0.505	0.514	158	1	..	1.59	1.57
158 Nigéria	..	..	0.438	0.450	0.466	0.499	0.506	0.511	157	-1	..	0.91	1.31
DESENVOLVIMENTO HUMANO BAIXO													
159 Togo	0.404	0.387	0.391	0.404	..	0.495	0.498	0.499	159	0	0.78	1.44	..
160 Malawi	..	0.379	0.390	0.453	0.478	0.476	0.484	0.493	161	1	1.20[a]	1.38	0.44
161 Benim	0.351	0.364	0.384	0.411	0.447	0.481	0.487	0.492	160	-1	1.25	1.46	1.37
162 Timor-Leste	..	..	..	..	..	0.488	0.484	0.489	162	0	..	..	..
163 Costa do Marfim	..	..	0.463	0.456	0.481	0.480	0.482	0.484	163	0	..	0.26	0.08
164 Zâmbia	..	..	0.495	0.454	0.431	0.466	0.473	0.481	164	0	..	-0.17	1.57
165 Eritreia	..	..	..	..	0.431	0.466	0.467	0.472	165	0	..	..	1.29
166 Senegal	..	..	0.390	0.399	0.436	0.460	0.462	0.464	166	0	..	1.02	0.88
167 Ruanda	0.357	0.361	0.325	0.306	0.402	0.449	0.455	0.460	167	0	0.94	2.04	1.90
168 Gâmbia	..	..	..	..	..	0.450	0.453	0.456	168	0	..	..	..
169 Libéria	0.365	0.370	0.325	0.280	0.419	0.427	0.434	0.442	169	0	0.71	1.81	0.77
170 Guinea	..	..	..	..	..	0.426	0.433	0.435	170	0	..	..	..
171 Etiópia	..	..	..	0.308	0.332	0.391	0.402	0.414	171	0	..	..	3.13
172 Moçambique	0.280	0.258	0.273	0.310	0.350	0.390	0.397	0.402	172	0	1.34	2.28	1.97
173 Guiné-Bissau	0.256	0.278	0.320	0.349	0.370	0.386	0.391	0.396	174	1	1.62	1.25	0.99
174 Burundi	0.268	0.292	0.327	0.299	0.358	0.375	0.387	0.394	175	1	1.43	1.10	1.38
175 Chade	..	..	..	0.324	0.350	0.394	0.393	0.392	173	-2	..	..	1.61
176 Congo, República Democrática do	..	..	..	..	0.353	0.370	0.371	0.389	177	1	..	..	1.41
177 Burkina Faso	0.248	0.264	0.285	0.297	0.319	0.367	0.384	0.389	176	-1	1.67	1.82	2.85

G RELATÓRIO DE DESENVOLVIMENTO HUMANO 2009
Tendências do índice de desenvolvimento humano

											Ordem	Alterações na ordem	Longo prazo	Médio prazo	Curto prazo
Ordem do IDH		1980	1985	1990	1995	2000	2005	2006	2007	2006	2006–2007	1980–2007	1990–2007	2000–2007
178	Mali	0.245	0.239	0.254	0.267	0.316	0.361	0.366	0.371	179	1	1.53	2.23	2.30
179	República Centro-Africana	0.335	0.344	0.362	0.347	0.378	0.364	0.367	0.369	178	-1	0.36	0.12	-0.33
180	Serra Leoa	..	..	..	..	..	0.350	0.357	0.365	180	0	..	..	..
181	Afganistão	..	..	..	..	..	0.347	0.350	0.352	181	0	..	..	..
182	Níger	..	..	..	..	0.258	0.330	0.335	0.340	182	0	..	..	3.92

Taxas médias de crescimento anual (%)

NOTAS

Os valores do índice de desenvolvimento humano desta tabela foram calculados com base numa metodologia e num conjunto de dados consistentes. Não são rigorosamente comparáveis com aqueles publicados em Relatórios de Desenvolvimento Humano anteriores. Ver o Guia do Leitor para mais detalhes.

a Taxa média de crescimento anual entre 1985 e 2007.

FONTES

Colunas 1–8: cálculos baseados em dados sobre a esperança média de vida retirados de UN2009e; em dados sobre as taxas de alfabetização de adultos retirados de UNESCO Institute for Statistics 2003 e 2009a; em dados sobre as taxas brutas combinadas de escolarização provenientes de UNESCO Institute for Statistics 1999 e 2009b; e em dados sobre o PIB per capita (PPC de 2007 em dólares americanos) provenientes do Banco Mundial (World Bank 2009d).

Coluna 9: cálculos baseados nos valores revistos do IDH referentes a 2006 na coluna 7.

Coluna 10: cálculos baseados na revisão da ordem dos países em termos do seu IDH referente a 2006 e na nova ordem, referente a 2007.

Coluna 11: cálculos baseados nos valores de IDH referentes a 1980 e 2007.

Coluna 12: cálculos baseados nos valores de IDH referentes a 1990 e 2007.

Coluna 13: cálculos baseados nos valores de IDH referentes a 2000 e 2007.

TABELA

RELATÓRIO DE DESENVOLVIMENTO HUMANO **2009**

Índice de desenvolvimento humano de 2007 e as componentes que o constituem

Ordem do IDH	Índice de desenvolvimento humano valores 2007	Esperança média de vida à nascença (anos) 2007	Taxa de alfabetização de adultos (% com idades a partir de 15 anos) 1999–2007[a]	Taxa bruta combinada de escolarização no ensino (%) 2007	PIB per capita (PPC em USD) 2007	Índice da esperança média de vida 2007	Índice de educação 2007	Índice do PIB 2007	Ordem do PIB per capita menos a ordem do IDH[b] 2007
DESENVOLVIMENTO HUMANO MUITO ELEVADO									
1 Noruega	0.971	80.5	.. [c]	98.6 [d]	53,433 [e]	0.925	0.989	1.000	4
2 Austrália	0.970	81.4	.. [c]	114.2 [d,f]	34,923	0.940	0.993	0.977	20
3 Islândia	0.969	81.7	.. [c]	96.0 [d]	35,742	0.946	0.980	0.981	16
4 Canadá	0.966	80.6	.. [c]	99.3 [d,g]	35,812	0.927	0.991	0.982	14
5 Irlanda	0.965	79.7	.. [c]	97.6 [d]	44,613 [e]	0.911	0.985	1.000	5
6 Países Baixos	0.964	79.8	.. [c]	97.5 [d]	38,694	0.914	0.985	0.994	8
7 Suécia	0.963	80.8	.. [c]	94.3 [d]	36,712	0.930	0.974	0.986	9
8 França	0.961	81.0	.. [c]	95.4 [d]	33,674	0.933	0.978	0.971	17
9 Suíça	0.960	81.7	.. [c]	82.7 [d]	40,658	0.945	0.936	1.000	4
10 Japão	0.960	82.7	.. [c]	86.6 [d]	33,632	0.961	0.949	0.971	16
11 Luxemburgo	0.960	79.4	.. [c]	94.4 [h]	79,485 [e]	0.906	0.975	1.000	-9
12 Finlândia	0.959	79.5	.. [c]	101.4 [d,f]	34,526	0.908	0.993	0.975	11
13 Estados Unidos da América	0.956	79.1	.. [c]	92.4 [d]	45,592 [e]	0.902	0.968	1.000	-4
14 Áustria	0.955	79.9	.. [c]	90.5 [d]	37,370	0.915	0.962	0.989	1
15 Espanha	0.955	80.7	97.9 [i]	96.5 [d]	31,560	0.929	0.975	0.960	12
16 Dinamarca	0.955	78.2	.. [c]	101.3 [d,f]	36,130	0.887	0.993	0.983	1
17 Bélgica	0.953	79.5	.. [c]	94.3 [d]	34,935	0.908	0.974	0.977	4
18 Itália	0.951	81.1	98.9 [j]	91.8 [d]	30,353	0.935	0.965	0.954	11
19 Listenstaine	0.951	.. [k]	.. [c]	86.8 [d,l]	85,382 [e,m]	0.903	0.949	1.000	-18
20 Nova Zelândia	0.950	80.1	.. [c]	107.5 [d,f]	27,336	0.919	0.993	0.936	12
21 Reino Unido	0.947	79.3	.. [c]	89.2 [d,g]	35,130	0.906	0.957	0.978	-1
22 Alemanha	0.947	79.8	.. [c]	88.1 [d,g]	34,401	0.913	0.954	0.975	2
23 Singapura	0.944	80.2	94.4 [j]	.. [n]	49,704 [e]	0.920	0.913	1.000	-16
24 Hong Kong, China (RAE)	0.944	82.2	.. [o]	74.4 [d]	42,306	0.953	0.879	1.000	-13
25 Grécia	0.942	79.1	97.1 [j]	101.6 [d,f]	28,517	0.902	0.981	0.944	6
26 Coreia, República da	0.937	79.2	.. [c]	98.5 [d]	24,801	0.904	0.988	0.920	9
27 Israel	0.935	80.7	97.1 [i]	89.9 [d]	26,315	0.928	0.947	0.930	7
28 Andorra	0.934	.. [k]	.. [c]	65.1 [d,l]	41,235 [e,p]	0.925	0.877	1.000	-16
29 Eslovénia	0.929	78.2	99.7 [c,j]	92.8 [d]	26,753	0.886	0.969	0.933	4
30 Brunei Darussalam	0.920	77.0	94.9 [j]	77.7	50,200 [e]	0.867	0.891	1.000	-24
31 Kuwait	0.916	77.5	94.5 [i]	72.6 [d]	47,812 [d,e]	0.875	0.872	1.000	-23
32 Chipre	0.914	79.6	97.7 [j]	77.6 [d,l]	24,789	0.910	0.910	0.920	4
33 Qatar	0.910	75.5	93.1 [i]	80.4	74,882 [d,e]	0.841	0.888	1.000	-30
34 Portugal	0.909	78.6	94.9 [j]	88.8 [d]	22,765	0.893	0.929	0.906	8
35 Emirados Árabes Unidos	0.903	77.3	90.0 [i]	71.4	54,626 [d,e,q]	0.872	0.838	1.000	-31
36 República Checa	0.903	76.4	.. [c]	83.4 [d]	24,144	0.856	0.938	0.916	1
37 Barbados	0.903	77.0	.. [c,o]	92.9	17,956 [d,q]	0.867	0.975	0.866	11
38 Malta	0.902	79.6	92.4 [r]	81.3 [d]	23,080	0.910	0.887	0.908	1
DESENVOLVIMENTO HUMANO ELEVADO									
39 Barém	0.895	75.6	88.8 [j]	90.4 [d,g]	29,723 [d]	0.843	0.893	0.950	-9
40 Estónia	0.883	72.9	99.8 [c,j]	91.2 [d]	20,361	0.799	0.964	0.887	3
41 Polónia	0.880	75.5	99.3 [c,j]	87.7 [d]	15,987	0.842	0.952	0.847	12
42 Eslováquia	0.880	74.6	.. [c]	80.5 [d]	20,076	0.827	0.928	0.885	3
43 Hungria	0.879	73.3	98.9 [j]	90.2 [d]	18,755	0.805	0.960	0.874	3
44 Chile	0.878	78.5	96.5 [i]	82.5 [d]	13,880	0.891	0.919	0.823	15
45 Croácia	0.871	76.0	98.7 [j]	77.2 [d]	16,027	0.850	0.916	0.847	7
46 Lituânia	0.870	71.8	99.7 [c,j]	92.3 [d]	17,575	0.780	0.968	0.863	3
47 Antígua e Barbuda	0.868	.. [k]	99.0 [r]	.. [n]	18,691 [q]	0.786	0.945	0.873	0
48 Letónia	0.866	72.3	99.8 [c,j]	90.2 [d]	16,377	0.788	0.961	0.851	3
49 Argentina	0.866	75.2	97.6 [j]	88.6 [d]	13,238	0.836	0.946	0.815	13
50 Uruguai	0.865	76.1	97.9 [i]	90.9 [d]	11,216	0.852	0.955	0.788	20
51 Cuba	0.863	78.5	99.8 [c,j]	100.8	6,876 [d,s]	0.891	0.993	0.706	44
52 Baamas	0.856	73.2	.. [o]	71.8 [d,g]	20,253 [d,s]	0.804	0.878	0.886	-8
53 México	0.854	76.0	92.8 [i]	80.2 [d]	14,104	0.850	0.886	0.826	5
54 Costa Rica	0.854	78.7	95.9 [j]	73.0 [d]	10,842 [d]	0.896	0.883	0.782	19
55 Jamahira Árabe Líbia	0.847	73.8	86.8 [j]	95.8 [d,g]	14,364 [q]	0.814	0.898	0.829	2
56 Omã	0.846	75.5	84.4 [j]	68.2	22,816 [d]	0.841	0.790	0.906	-15
57 Seychelles	0.845	.. [k]	91.8 [r]	82.2 [d,l]	16,394 [q]	0.797	0.886	0.851	-7
58 Venezuela, República Bolivariana da	0.844	73.6	95.2 [i]	85.9 [l]	12,156	0.811	0.921	0.801	7
59 Arábia Saudita	0.843	72.7	85.0 [j]	78.5 [d,l]	22,935	0.794	0.828	0.907	-19

171

RELATÓRIO DE DESENVOLVIMENTO HUMANO 2009

Ordem do IDH	Índice de desenvolvimento humano valores 2007	Esperança média de vida à nascença (anos) 2007	Taxa de alfabetização de adultos (% com idades a partir de 15 anos) 1999–2007[a]	Taxa bruta combinada de escolarização no ensino (%) 2007	PIB per capita (PPC em USD) 2007	Índice da esperança média de vida 2007	Índice de educação 2007	Índice do PIB 2007	Ordem do PIB per capita menos a ordem do IDH[b] 2007
60 Panamá	0.840	75.5	93.4 [j]	79.7 [d]	11,391 [q]	0.842	0.888	0.790	7
61 Bulgária	0.840	73.1	98.3 [j]	82.4 [d]	11,222	0.802	0.930	0.788	8
62 São Cristóvão e Nevis	0.838	.. [k]	97.8 [i]	73.1 [d,g]	14,481 [q]	0.787	0.896	0.830	-6
63 Roménia	0.837	72.5	97.6 [j]	79.2 [d]	12,369	0.792	0.915	0.804	1
64 Trindade e Tobago	0.837	69.2	98.7 [j]	61.1 [d,g]	23,507 [q]	0.737	0.861	0.911	-26
65 Montenegro	0.834	74.0	96.4 [r,u]	74.5 [d,u,v]	11,699	0.817	0.891	0.795	1
66 Malásia	0.829	74.1	91.9 [j]	71.5 [d]	13,518	0.819	0.851	0.819	-5
67 Sérvia	0.826	73.9	96.4 [r,u]	74.5 [d,u,v]	10,248 [w]	0.816	0.891	0.773	8
68 Bielorrússia	0.826	69.0	99.7 [c,j]	90.4	10,841	0.733	0.961	0.782	6
69 Santa Lúcia	0.821	73.6	94.8 [x]	77.2	9,786 [q]	0.810	0.889	0.765	8
70 Albânia	0.818	76.5	99.0 [c,j]	67.8 [d]	7,041	0.858	0.886	0.710	23
71 Federação Russa	0.817	66.2	99.5 [c,j]	81.9 [d]	14,690	0.686	0.933	0.833	-16
72 Macedónia, Antiga Rep. Jugoslava da	0.817	74.1	97.0 [j]	70.1 [d]	9,096	0.819	0.880	0.753	8
73 Dominica	0.814	.. [k]	88.0 [x]	78.5 [d,g]	7,893 [q]	0.865	0.848	0.729	10
74 Granada	0.813	75.3	96.0 [x]	73.1 [d,g]	7,344 [q]	0.838	0.884	0.717	18
75 Brasil	0.813	72.2	90.0 [i]	87.2 [d]	9,567	0.787	0.891	0.761	4
76 Bósnia e Herzegovina	0.812	75.1	96.7 [y]	69.0 [d,z]	7,764	0.834	0.874	0.726	11
77 Colômbia	0.807	72.7	92.7 [i]	79.0	8,587	0.795	0.881	0.743	4
78 Peru	0.806	73.0	89.6 [i]	88.1 [d,g]	7,836	0.800	0.891	0.728	7
79 Turquia	0.806	71.7	88.7 [i]	71.1 [d,g]	12,955	0.779	0.828	0.812	-16
80 Equador	0.806	75.0	91.0 [r]	.. [n]	7,449	0.833	0.866	0.719	11
81 Maurícia	0.804	72.1	87.4 [j]	76.9 [d,g]	11,296	0.785	0.839	0.789	-13
82 Casaquistão	0.804	64.9	99.6 [c,j]	91.4	10,863	0.666	0.965	0.782	-10
83 Líbano	0.803	71.9	89.6 [i]	78.0	10,109	0.781	0.857	0.770	-7

DESENVOLVIMENTO HUMANO MÉDIO

84 Arménia	0.798	73.6	99.5 [c,j]	74.6	5,693	0.810	0.909	0.675	16
85 Ucrânia	0.796	68.2	99.7 [c,j]	90.0	6,914	0.720	0.960	0.707	9
86 Azerbeijão	0.787	70.0	99.5 [c,j]	66.2 [d,aa]	7,851	0.751	0.881	0.728	-2
87 Tailândia	0.783	68.7	94.1 [j]	78.0 [d,g]	8,135	0.728	0.888	0.734	-5
88 Irão, República Islâmica do	0.782	71.2	82.3 [i]	73.2 [d,g]	10,955	0.769	0.793	0.784	-17
89 Geórgia	0.778	71.6	100.0 [c,ab]	76.7	4,662	0.777	0.916	0.641	21
90 República Dominicana	0.777	72.4	89.1 [j]	73.5 [d,g]	6,706 [q]	0.790	0.839	0.702	7
91 São Vicente e Granadinas	0.772	71.4	88.1 [x]	68.9 [d]	7,691 [q]	0.774	0.817	0.725	-2
92 China	0.772	72.9	93.3 [j]	68.7 [d]	5,383	0.799	0.851	0.665	10
93 Belize	0.772	76.0	75.1 [x]	78.3 [d,g]	6,734 [q]	0.851	0.762	0.703	3
94 Samoa	0.771	71.4	98.7 [j]	74.1 [d,g]	4,467 [q]	0.773	0.905	0.634	19
95 Maldivas	0.771	71.1	97.0 [j]	71.3 [d,g]	5,196	0.768	0.885	0.659	9
96 Jordânia	0.770	72.4	91.1 [i]	78.7 [d]	4,901	0.790	0.870	0.650	11
97 Suriname	0.769	68.8	90.4 [j]	74.3 [d,g]	7,813 [q]	0.729	0.850	0.727	-11
98 Tunísia	0.769	73.8	77.7 [j]	76.2 [d]	7,520	0.813	0.772	0.721	-8
99 Tonga	0.768	71.7	99.2 [c,j]	78.0 [d,g]	3,748 [q]	0.778	0.920	0.605	21
100 Jamaica	0.766	71.7	86.0 [j]	78.1 [d,g]	6,079 [q]	0.778	0.834	0.686	-2
101 Paraguai	0.761	71.7	94.6 [j]	72.1 [d,g]	4,433	0.778	0.871	0.633	13
102 Sri Lanka	0.759	74.0	90.8 [i]	68.7 [d,g]	4,243	0.816	0.834	0.626	14
103 Gabão	0.755	60.1	86.2 [j]	80.7 [d,g]	15,167	0.584	0.843	0.838	-49
104 Argélia	0.754	72.2	75.4 [j]	73.6 [d,g]	7,740 [q]	0.787	0.748	0.726	-16
105 Filipinas	0.751	71.6	93.4 [j]	79.6 [d]	3,406	0.777	0.888	0.589	19
106 El Salvador	0.747	71.3	82.0 [r]	74.0	5,804 [q]	0.771	0.794	0.678	-7
107 República Árabe da Síria	0.742	74.1	83.1 [j]	65.7 [d,g]	4,511	0.818	0.773	0.636	5
108 Fiji	0.741	68.7	.. [o]	71.5 [d,g]	4,304	0.728	0.868	0.628	7
109 Turquemenistão	0.739	64.6	99.5 [c,j]	.. [n]	4,953 [d,q]	0.661	0.906	0.651	-3
110 Territórios Ocupados da Palestina	0.737	73.3	93.8 [j]	78.3	.. [d,ac]	0.806	0.886	0.519	
111 Indonésia	0.734	70.5	92.0 [i]	68.2 [d]	3,712	0.758	0.840	0.603	10
112 Honduras	0.732	72.0	83.6 [j]	74.8 [d,g]	3,796 [q]	0.783	0.806	0.607	7
113 Bolívia	0.729	65.4	90.7 [i]	86.0 [d,g]	4,206	0.673	0.892	0.624	4
114 Guiana	0.729	66.5	.. [o]	83.9	2,782 [q]	0.691	0.939	0.555	13
115 Mongólia	0.727	66.2	97.3 [j]	79.2	3,236	0.687	0.913	0.580	10
116 Vietname	0.725	74.3	90.3 [r]	62.3 [d,g]	2,600	0.821	0.810	0.544	13
117 Moldávia	0.720	68.3	99.2 [c,j]	71.6	2,551	0.722	0.899	0.541	14
118 Guiné Equatorial	0.719	49.9	87.0 [y]	62.0 [d,g]	30,627	0.415	0.787	0.955	-90

172

TABELA H

Ordem do IDH	Índice de desenvolvimento humano valores 2007	Esperança média de vida à nascença (anos) 2007	Taxa de alfabetização de adultos (% com idades a partir de 15 anos) 1999–2007[a]	Taxa bruta combinada de escolarização no ensino (%) 2007	PIB per capita (PPC em USD) 2007	Índice da esperança média de vida 2007	Índice de educação 2007	Índice do PIB 2007	Ordem do PIB per capita menos a ordem do IDH[b] 2007
119 Uzbequistão	0.710	67.6	96.9 [y]	72.7	2,425 [q]	0.711	0.888	0.532	14
120 Quirguizistão	0.710	67.6	99.3 [c,j]	77.3	2,006	0.710	0.918	0.500	20
121 Cabo Verde	0.708	71.1	83.8 [j]	68.1	3,041	0.769	0.786	0.570	5
122 Guatemala	0.704	70.1	73.2 [j]	70.5	4,562	0.752	0.723	0.638	-11
123 Egipto	0.703	69.9	66.4 [r]	76.4 [d,g]	5,349	0.749	0.697	0.664	-20
124 Nicarágua	0.699	72.7	78.0 [r]	72.1 [d,g]	2,570 [q]	0.795	0.760	0.542	6
125 Botsuana	0.694	53.4	82.9 [j]	70.6 [d,g]	13,604	0.473	0.788	0.820	-65
126 Vanuatu	0.693	69.9	78.1 [j]	62.3 [d,g]	3,666 [q]	0.748	0.728	0.601	-4
127 Taijiquistão	0.688	66.4	99.6 [c,j]	70.9	1,753	0.691	0.896	0.478	17
128 Namíbia	0.686	60.4	88.0 [j]	67.2 [d]	5,155	0.590	0.811	0.658	-23
129 África do Sul	0.683	51.5	88.0 [j]	76.8 [d]	9,757	0.442	0.843	0.765	-51
130 Marrocos	0.654	71.0	55.6 [j]	61.0	4,108	0.767	0.574	0.620	-12
131 São Tomé e Príncipe	0.651	65.4	87.9 [j]	68.1	1,638	0.673	0.813	0.467	17
132 Butão	0.619	65.7	52.8 [r]	54.1 [d,g]	4,837	0.678	0.533	0.647	-24
133 República Democrática Popular do Laos	0.619	64.6	72.7 [r]	59.6 [d]	2,165	0.659	0.683	0.513	2
134 Índia	0.612	63.4	66.0 [j]	61.0 [d]	2,753	0.639	0.643	0.553	-6
135 Ilhas Salomão	0.610	65.8	76.6 [l]	49.7 [d]	1,725 [q]	0.680	0.676	0.475	10
136 Congo	0.601	53.5	81.1 [j]	58.6 [d,g]	3,511	0.474	0.736	0.594	-13
137 Cambodja	0.593	60.6	76.3 [j]	58.5	1,802	0.593	0.704	0.483	6
138 Mianmar	0.586	61.2	89.9 [y]	56.3 [d,g,aa]	904 [d,q]	0.603	0.787	0.368	29
139 Comores	0.576	64.9	75.1 [j]	46.4 [d,g]	1,143	0.666	0.655	0.407	20
140 Iémen	0.575	62.5	58.9 [j]	54.4 [d]	2,335	0.624	0.574	0.526	-6
141 Paquistão	0.572	66.2	54.2 [j]	39.3 [d]	2,496	0.687	0.492	0.537	-9
142 Suazilândia	0.572	45.3	79.6 [y]	60.1 [d]	4,789	0.339	0.731	0.646	-33
143 Angola	0.564	46.5	67.4 [y]	65.3 [d]	5,385	0.359	0.667	0.665	-42
144 Nepal	0.553	66.3	56.5 [j]	60.8 [d,g]	1,049	0.688	0.579	0.392	21
145 Madagáscar	0.543	59.9	70.7 [y]	61.3	932	0.582	0.676	0.373	21
146 Bangladesh	0.543	65.7	53.5 [j]	52.1 [d]	1,241	0.678	0.530	0.420	9
147 Quénia	0.541	53.6	73.6 [y]	59.6 [d,g]	1,542	0.477	0.690	0.457	2
148 Papua-Nova Guiné	0.541	60.7	57.8 [j]	40.7 [d,v]	2,084 [q]	0.594	0.521	0.507	-10
149 Haiti	0.532	61.0	62.1 [j]	.. [n]	1,155 [q]	0.600	0.588	0.408	9
150 Sudão	0.531	57.9	60.9 [y,ad]	39.9 [d,g]	2,086	0.548	0.539	0.507	-13
151 Tanzânia, República Unida da	0.530	55.0	72.3 [j]	57.3	1,208	0.500	0.673	0.416	6
152 Gana	0.526	56.5	65.0 [j]	56.5	1,334	0.525	0.622	0.432	1
153 Camarões	0.523	50.9	67.9 [j]	52.3	2,128	0.431	0.627	0.510	-17
154 Mauritânia	0.520	56.6	55.8 [j]	50.6 [d,l]	1,927	0.526	0.541	0.494	-12
155 Djibuti	0.520	55.1	.. [o]	25.5 [d]	2,061	0.501	0.554	0.505	-16
156 Lesoto	0.514	44.9	82.2 [i]	61.5 [d,g]	1,541	0.332	0.753	0.457	-6
157 Uganda	0.514	51.9	73.6 [j]	62.3 [d,g]	1,059	0.449	0.698	0.394	6
158 Nigéria	0.511	47.7	72.0 [j]	53.0 [d,g]	1,969	0.378	0.657	0.497	-17
DESENVOLVIMENTO HUMANO BAIXO									
159 Togo	0.499	62.2	53.2 [y]	53.9	788	0.620	0.534	0.345	11
160 Malawi	0.493	52.4	71.8 [j]	61.9 [d,g]	761	0.456	0.685	0.339	12
161 Benim	0.492	61.0	40.5 [j]	52.4 [d,g]	1,312	0.601	0.445	0.430	-7
162 Timor-Leste	0.489	60.7	50.1 [ae]	63.2 [d,g]	717 [q]	0.595	0.545	0.329	11
163 Costa do Marfim	0.484	56.8	48.7 [y]	37.5 [d,g]	1,690	0.531	0.450	0.472	-17
164 Zâmbia	0.481	44.5	70.6 [j]	63.3 [d,g]	1,358	0.326	0.682	0.435	-12
165 Eritreia	0.472	59.2	64.2 [j]	33.3 [d,g]	626 [q]	0.570	0.539	0.306	12
166 Senegal	0.464	55.4	41.9 [j]	41.2 [d,g]	1,666	0.506	0.417	0.469	-19
167 Ruanda	0.460	49.7	64.9 [y]	52.2 [d,g]	866	0.412	0.607	0.360	1
168 Gâmbia	0.456	55.7	.. [o]	46.8 [d,g]	1,225	0.511	0.439	0.418	-12
169 Libéria	0.442	57.9	55.5 [j]	57.6 [d]	362	0.548	0.562	0.215	10
170 Guinea	0.435	57.3	29.5 [y]	49.3 [d]	1,140	0.538	0.361	0.406	-10
171 Etiópia	0.414	54.7	35.9 [i]	49.0	779	0.496	0.403	0.343	0
172 Moçambique	0.402	47.8	44.4 [j]	54.8 [d,g]	802	0.380	0.478	0.348	-3
173 Guiné-Bissau	0.396	47.5	64.6 [j]	36.6 [d,g]	477	0.375	0.552	0.261	5
174 Burundi	0.394	50.1	59.3 [y]	49.0	341	0.418	0.559	0.205	6
175 Chade	0.392	48.6	31.8 [j]	36.5 [d,g]	1,477	0.393	0.334	0.449	-24
176 Congo, República Democrática do	0.389	47.6	67.2 [y]	48.2	298	0.377	0.608	0.182	5
177 Burkina Faso	0.389	52.7	28.7 [i]	32.8	1,124	0.462	0.301	0.404	-16

RELATÓRIO DE DESENVOLVIMENTO HUMANO 2009

Índice de desenvolvimento humano de 2007 e as componentes que o constituem

Ordem do IDH	Índice de desenvolvimento humano valores 2007	Esperança média de vida à nascença (anos) 2007	Taxa de alfabetização de adultos (% com idades a partir de 15 anos) 1999–2007[a]	Taxa bruta combinada de escolarização no ensino (%) 2007	PIB per capita (PPC em USD) 2007	Índice da esperança média de vida 2007	Índice de educação 2007	Índice do PIB 2007	Ordem do PIB per capita menos a ordem do IDH[b] 2007
178 Mali	0.371	48.1	26.2 [i]	46.9	1,083	0.385	0.331	0.398	-16
179 República Centro-Africana	0.369	46.7	48.6 [y]	28.6 [d,g]	713	0.361	0.419	0.328	-5
180 Serra Leoa	0.365	47.3	38.1 [i]	44.6 [d]	679	0.371	0.403	0.320	-5
181 Adganistão	0.352	43.6	28.0 [y]	50.1 [d,g]	1,054 [d,ag]	0.310	0.354	0.393	-17
182 Níger	0.340	50.8	28.7 [i]	27.2	627	0.431	0.282	0.307	-6
OUTROS ESTADOS-MEMBROS DAS NAÇÕES UNIDAS									
Iraque	..	67.8	74.1 [y]	60.5 [d,g]	..	0.714	0.695	..	..
Kiribati	..	.. [k]	..	75.8 [d,g]	1,295 [q]	0.699	..	0.427	..
Coreia, Rep. Democrática Popular da	..	67.1	..	..	..	0.702	..	..	..
Ilhas Marshall	..	.. [k]	..	71.1 [d,g]	..	0.758	..	..	..
Micronésia, Estados Federados da	..	68.4	..	..	2,802 [q]	0.724	..	0.556	..
Mónaco	..	.. [k]	.. [c]	..	..	0.948	..	..	..
Nauru	..	.. [k]	..	55.0 [d,g]	..	0.906	..	..	..
Palau	..	.. [k]	91.9 [d,r]	96.9 [d,g]	..	0.758	0.936	..	..
San Marino	..	.. [k]	.. [c]	..	..	0.940	..	..	..
Somália	..	49.7	..	..	..	0.412	..	..	..
Tuvalu	..	.. [k]	..	69.2 [d,g]	..	0.683	..	..	..
Zimbabué	..	43.4	91.2 [i]	54.4 [d,g]	..	0.306	0.789	..	..
Estados Árabes	0.719	68.5	71.2	66.2	8,202	0.726	0.695	0.736	..
Europa Central e Europa de Leste e CEI	0.821	69.7	97.6	79.5	12,185	0.745	0.916	0.802	..
Ásia Oriental e o Pacífico	0.770	72.2	92.7	69.3	5,733	0.786	0.849	0.676	..
América Latina e Caraíbas	0.821	73.4	91.2	83.4	10,077	0.806	0.886	0.770	..
Sul da Ásia	0.612	64.1	64.2	58.0	2,905	0.651	0.621	0.562	..
África Subsariana	0.514	51.5	62.9	53.5	2,031	0.441	0.597	0.503	..
OCDE	0.932	79.0	..	89.1	32,647	0.900	..	0.966	..
União Europeia (UE27)	0.937	79.0	..	91.0	29,956	0.899	..	0.952	..
CCG	0.868	74.0	86.8	77.0	30,415	0.816	0.835	0.954	..
Desenvolvimento humano muito elevado	0.955	80.1	..	92.5	37,272	0.918	..	0.988	..
Muito elevado: OCDE	..	80.1	..	92.9	37,122	0.919	..	0.988	..
Muito elevado: não-OCDE	..	79.7	..	..	41,887	0.912	..	1.000	..
Desenvolvimento humano elevado	0.833	72.4	94.1	82.4	12,569	0.790	0.902	0.807	..
Desenvolvimento humano médio	0.686	66.9	80.0	63.3	3,963	0.698	0.744	0.614	..
Desenvolvimento humano baixo	0.423	51.0	47.7	47.6	862	0.434	0.477	0.359	..
Mundo	0.753	67.5 [af]	83.9 [af]	67.5	9,972	0.708	0.784	0.768	..

174

TABELA H

NOTAS

a. Os dados referem-se a estimativas de alfabetização nacional a partir de censos ou inquéritos realizados entre 1999 e 2007, a não ser que se especifique algo em contrário. Em virtude das diferenças em metodologia e nos períodos seleccionados para análise entre os respectivos dados, dever-se-á ter cautela quando se proceder a comparações entre países e entre períodos temporais. Para mais detalhes, ver http://www.uis.unesco.org/.

b. Um número positivo indica que a ordem do IDH é mais elevada do que a ordem em termos do PIB per capita (PPC em dólares americanos); um número negativo indica o oposto.

c. Aplicou-se um valor de 99,0 % para realizar o cálculo do IDH.

d. Os dados referem-se a um ano diferente daquele especificado.

e. Aplicou-se um valor de 40.000 (PPC em dólares americanos) para realizar o cálculo do IDH.

f. Aplicou-se um valor de 100% para realizar o cálculo do IDH.

g. Estimativa do Instituto de Estatística da UNESCO.

h. Statec 2008.Os dados referem-se a indivíduos da nacionalidade inscritos tanto no seu país como no estrangeiro, pelo que se assinala uma divergência relativamente à definição padrão.

i. Os dados são provenientes de um inquérito nacional a agregados familiares.

j. Estimativas do Instituto de Estatística da UNESCO, baseadas no seu modelo internacional de projecções sobre níveis de alfabetização por idades, de Abril de 2009.

k. Para se realizar o cálculo do IDH foram usadas estimativas não publicadas retiradas de UN 2009e: Andorra 80,5; Antígua e Barbuda 72,2; Domínica 76,9; Listenstaine 79,2; São Cristóvão e Nevis 72,2; e as Seychelles 72,8.

l. Estimativa nacional.

m. Estimativa do GRDH, baseada no PIB apurado a partir de UN 2009c e na taxa de câmbio do PPC na Suíça apurada a partir do Banco Mundial (World Bank 2009d).

n. Em virtude da taxa bruta combinada de escolarização não estar disponível, foram usadas as seguintes estimativas do GRDH: Antígua e Barbuda 85,6; Equador 77,8; Haiti 52,1; Singapura 85,0; e Turquemenistão 73,9.

o. Na ausência de dados recentes, foram usadas estimativas de 2005 do Instituto de Estatística da UNESCO (UNESCO Institute for Statistics 2003), baseadas em censos ou informações de inquéritos desactualizados, pelo que deverão ser interpretadas com precaução: Baamas 95,8; Barbados 99,7; Djibuti 70,3; Fiji 94,4; Gâmbia 42,5; Guiana 99,0; e Hong Kong, China (RAE) 94,6.

p. Estimativa do GRDH baseada no PIB apurado a partir de UN 2009c.

q. Estimativa do Banco Mundial, baseada na regressão.

r. Os dados são provenientes de um censo nacional da população.

s. Heston, Summers and Aten 2006.Os dados divergem da definição padrão.

t. Os dados são provenientes do Secretariado da Organização dos Estados das Caraíbas Orientais, com base em fontes nacionais.

u. Os dados referem-se à Sérvia e Montenegro antes da sua separação em dois Estados independentes, em Junho de 2006. Os dados excluem o Kosovo.

v. UNESCO Institute for Statistics 2007.

w. Os dados excluem o Kosovo.

x. Os dados são provenientes do Secretariado da Comunidade das Caraíbas, com base em fontes nacionais.

y. Os dados são provenientes do Estudo de Indicadores Múltiplos da UNICEF.

z. UNDP 2007d.

aa. UNESCO Institute for Statistics 2008a.

ab. UNICEF 2004.

ac. Na ausência de uma estimativa do PIB per capita (PPC em dólares americanos), foi usada uma estimativa do GRDH de 2.243 (PPC em dólares americanos), apurada a partir do valor do PIB de 2005 em dólares americanos e a taxa média calculada de PPC em dólares americanos para dólares americanos nos Estados Árabes. O valor é apresentado em preços de 2007.

ad. Os dados referem-se exclusivamente ao Norte do Sudão.

ae. UNDP 2006b.

af. Os dados são valores em agregado a partir da fonte de dados original.

ag. Calculado na base do PIB em PPC em dólares americanos para 2006, apurado a partir do Banco Mundial (World Bank 2009d), e dos dados sobre a população total no mesmo ano, apurados a partir UN 2009e.

FONTES

Coluna 1: cálculos baseados nos dados das colunas 6-8.
Coluna 2: UN 2009e.
Coluna 3: UNESCO Institute for Statistics 2009a.
Coluna 4: UNESCO Institute for Statistics 2009b.
Coluna 5: World Bank 2009d.
Coluna 6: cálculos baseados nos dados da coluna 2.
Coluna 7: cálculos baseados nos dados das colunas 3 e 4.
Coluna 8: cálculos baseados nos dados da coluna 5.
Coluna 9: cálculos baseados nos dados das colunas 1 e 5.

RELATÓRIO DE DESENVOLVIMENTO HUMANO 2009

TABELA
Pobreza humana e de rendimentos

1

Ordem do IDH		Índice de pobreza humana (IPH-1) Ordem	Valor (%)	Probabilidade não viver até os 40 anos[a,†] (% do grupo) 2005–2010	Taxa de analfabetismo de adultos[b,†] (% com idades a partir de 15 anos) 1999–2007	População sem acesso a fontes de água melhorada[†] (%) 2006	Crianças com peso a menos para a idade (% com idades a partir de 15 anos) 2000-2006[c]	População abaixo do limiar da pobreza de rendimento (%) $1,25 por dia 2000-2007[c]	$2 por dia 2000-2007[c]	Limiar nacional de pobreza 2000-2006[c]	Ordem do IPH-1 menos a ordem da pobreza de rendimentos[d]
DESENVOLVIMENTO HUMANO MUITO ELEVADO											
23	Singapura	14	3.9	1.6	5.6[i]	0[f]	3	..	..	..	..
24	Hong Kong, China (RAE)	..	..	1.4	..[k]	..	..	..	..	..	..
26	Coreia, República da	..	..	1.9	..[e]	8[j]	..	<2[f,g]	<2[f,g]	..	..
27	Israel	..	..	1.9	2.9[i]	0	..	..	..	..	..
29	Eslovénia	..	..	1.9	0.3[e,i]	..	..	<2	<2	..	..
30	Brunei Darussalam	..	..	2.6	5.1[i]	..	..	..	..	..	..
31	Kuwait	..	..	2.5	5.5[h]	..	10[g]	..	..	..	..
32	Chipre	..	..	2.1	2.3[i]	0	..	..	..	..	..
33	Qatar	19	5.0	3.0	6.9[h]	0	6[g]	..	..	..	..
35	Emirados Árabes Unidos	35	7.7	2.3	10.0[h]	0	14[g]	..	..	..	..
36	República Checa	1	1.5	2.0	..[e]	0	1[g]	<2[g]	<2[g]	..	0
37	Barbados	4	2.6	3.0	..[e,k]	0	6[g,m]	..	..	..	..
38	Malta	..	..	1.9	7.6[n]	0	..	..	..	..	..
DESENVOLVIMENTO HUMANO ELEVADO											
39	Barém	39	8.0	2.9	11.2[i]	0[f]	9[g]	..	..	..	..
40	Estónia	..	..	5.2	0.2[e,i]	0	..	<2	<2	8.9[g]	..
41	Polónia	..	..	2.9	0.7[e,i]	0[f]	..	<2	<2	14.8	..
42	Eslováquia	..	..	2.7	..[e]	0	..	<2[g]	<2[g]	..	..
43	Hungria	3	2.2	3.1	1.1[i]	0	2[g,m]	<2	<2	17.3[g]	2
44	Chile	10	3.2	3.1	3.5[i]	5	1	<2	2.4	17.0[g]	6
45	Croácia	2	1.9	2.6	1.3[i]	1	1[g]	<2	<2	..	1
46	Lituânia	..	..	5.7	0.3[e,i]	..	..	<2	<2	..	..
47	Antígua e Barbuda	..	..	..	1.1[n]	9[j]	10[g,m]	..	..	..	..
48	Letónia	..	..	4.8	0.2[e,i]	1	..	<2	<2	5.9	..
49	Argentina	13	3.7	4.4	2.4[i]	4	4	4.5[f]	11.3[f]	..	-18
50	Uruguai	6	3.0	3.8	2.1[h]	0	5	<2[f]	4.2[f]	..	4
51	Cuba	17	4.6	2.6	0.2[e,i]	9	4	..	..	..	..
52	Baamas	..	..	7.3	..[k]	3[j]	..	..	..	..	..
53	México	23	5.9	5.0	7.2[h]	5	5	<2	4.8	17.6	16
54	Costa Rica	11	3.7	3.3	4.1[i]	2	5[g]	2.4	8.6	23.9	-13
55	Jamahira Árabe da Líbia	60	13.4	4.0	13.2[i]	29[j]	5[g]	..	..	..	..
56	Omã	64	14.7	3.0	15.6[i]	18[j]	18[g]	..	..	..	..
57	Seychelles	..	..	..	8.2[i]	13[j]	6[g,m]	..	..	..	..
58	Venezuela, República Bolivariana da	28	6.6	6.7	4.8[h]	10[j]	5	3.5	10.2	..	-5
59	Arábia Saudita	53	12.1	4.7	15.0[i]	10[j]	14[g]	..	..	..	..
60	Panamá	30	6.7	5.9	6.6[i]	8	7[g]	9.5	17.8	37.3[g]	-15
61	Bulgária	..	..	3.8	1.7[i]	1	..	<2	2.4	12.8	..
62	São Cristóvão e Nevis	..	..	..	2.2[o]	1	..	..	..	..	..
63	Roménia	20	5.6	4.3	2.4[i]	12	3	<2	3.4	28.9	13
64	Trindade e Tobago	27	6.4	8.4	1.3[i]	6	6	4.2[g]	13.5[g]	21.0[g]	-7
65	Montenegro	8	3.1	3.0	3.6[n,p]	2	3	..	..	..	..
66	Malásia	25	6.1	3.7	8.1[i]	1	8	<2	7.8	..	17
67	Sérvia	7	3.1	3.3	3.6[n,p]	1	2	..	..	..	..
68	Bielorússia	16	4.3	6.2	0.3[e,i]	0	1	<2	<2	18.5	11
69	Santa Lúcia	26	6.3	4.6	5.2q	2	14[g,m]	20.9	40.6[g]	..	-35
70	Albânia	15	4.0	3.6	1.0[e,i]	3	8	<2	7.8	25.4	10
71	Federação Russa	32	7.4	10.6	0.5[e,i]	3	3[g]	<2	<2	19.6	24
72	Macedonia, Antiga Rep. Jugoslava da	9	3.2	3.4	3.0[i]	0	6[g]	<2	3.2	21.7	5
73	Dominica	..	..	..	12.0[q]	3[j]	5[g,m]	..	..	..	..
74	Granada	..	..	3.2	4.0[q]	6[j]	..	..	..	..	..
75	Brasil	43	8.6	8.2	10.0[h]	9	6[g]	5.2	12.7	21.5	1
76	Bósnia e Herzegovina	5	2.8	3.0	3.3[r]	1	2	<2	<2	19.5	3
77	Colômbia	34	7.6	8.3	7.3[h]	7	7	16.0	27.9	64.0[g]	-21
78	Peru	47	10.2	7.4	10.4[h]	16	8	7.9	18.5	53.1	0
79	Turquia	40	8.3	5.7	11.3[h]	3	4	2.7	9.0	27.0	6
80	Equador	38	7.9	7.3	9.0[n]	5	9	4.7	12.8	46.0[g]	0
81	Maurícia	45	9.5	5.8	12.6[i]	0	15[g]	..	..	..	..
82	Cazaquistão	37	7.9	11.2	0.4[e,i]	4	4	3.1	17.2	15.4	3
83	Líbano	33	7.6	5.5	10.4[h]	0	4	..	..	..	..

176

TABELA 1

Ordem do IDH	Índice de pobreza humana (IPH-1) Ordem	Valor (%)	Probabilidade não viver até os 40 anos[a,†] (% do grupo) 2005–2010	Taxa de analfabetismo de adultos[b,†] (% com idades a partir de 15 anos) 1999–2007	População sem acesso a fontes de água melhorada[†] (%) 2006	Crianças com peso a menos para a idade (% com idades a partir de 15 anos) 2000–2006[c]	População abaixo do limiar da pobreza de rendimento (%) $1,25 por dia 2000–2007[c]	$2 por dia 2000–2007[c]	Limiar nacional de pobreza 2000–2006[c]	Ordem do IPH-1 menos a ordem da pobreza de rendimentos[d]
DESENVOLVIMENTO HUMANO MÉDIO										
84 Arménia	12	3.7	5.0	0.5[e,i]	2	4	10.6	43.4	50.9	-30
85 Ucrânia	21	5.8	8.4	0.3[e,i]	3	1	<2	<2	19.5	14
86 Azerbeijão	50	10.7	8.6	0.5[e,h]	22	7	<2	<2	49.6	38
87 Tailândia	41	8.5	11.3	5.9[i]	2	9	<2	11.5	13.6[g]	30
88 Irão, República Islâmica do	59	12.8	6.1	17.7[h]	6[j]	11[g]	<2	8.0	..	44
89 Geórgia	18	4.7	6.7	0.0[e,s]	1	3[g]	13.4	30.4	54.5	-29
90 República Dominicana	44	9.1	9.4	10.9[i]	5	5	5.0	15.1	42.2	3
91 São Vicente e Granadinas	..	..	5.8	11.9[q]	..	..	..	..	..	..
92 China	36	7.7	6.2	6.7[i]	12	7	15.9[t]	36.3[t]	2.8	-19
93 Belize	73	17.5	5.6	24.9[q]	9[j]	7	..	..	..	..
94 Samoa	..	..	5.6	1.3[i]	12	..	..	..	..	..
95 Maldivas	66	16.5	6.0	3.0[i]	17	30	..	..	..	..
96 Jordânia	29	6.6	5.3	8.9[h]	2	4	<2	3.5	14.2	21
97 Suriname	46	10.1	10.0	9.6[i]	8	13	15.5[g]	27.2[g]	..	-9
98 Tunísia	65	15.6	4.1	22.3[i]	6	4	2.6	12.8	7.6[g]	26
99 Tonga	..	..	5.4	0.8[e,i]	0	..	..	..	..	..
100 Jamaica	51	10.9	9.9	14.0[i]	7	4	<2	5.8	18.7	39
101 Paraguai	49	10.5	8.9	5.4[h]	23	5	6.5	14.2	..	5
102 Sri Lanka	67	16.8	5.5	9.2[h]	18	29	14.0	39.7	22.7	7
103 Gabão	72	17.5	22.6	13.8[i]	13	12	4.8	19.6	..	24
104 Argélia	71	17.5	6.4	24.6[i]	15	4	6.8[g]	23.6[g]	22.6[g]	19
105 Filipinas	54	12.4	5.7	6.6[i]	7	28	22.6	45.0	25.1[g]	-19
106 El Salvador	63	14.6	10.7	18.0[n]	16	10	11.0	20.5	37.2	8
107 República Árabe da Síria	56	12.6	3.9	16.9[i]	11	10	..	..	..	..
108 Fiji	79	21.2	6.2	..[k]	53	8[g]	..	..	..	..
109 Turquemenistão	..	..	13.0	0.5[e,i]	..	11	24.8[g]	49.6[g]	..	..
110 Territórios Ocupados da Palestina	24	6.0	4.3	6.2[h]	11	3	..	..	..	..
111 Indonésia	69	17.0	6.7	8.0[h]	20	28	..	..	16.7	..
112 Honduras	61	13.7	9.3	16.4[h]	16	11	18.2	29.7	50.7	-3
113 Bolívia	52	11.6	13.9	9.3[h]	14	8	19.6	30.3	65.2	-10
114 Guiana	48	10.2	12.8	..[k]	7	14	7.7[g]	16.8[g]	35.0[g]	2
115 Mongólia	58	12.7	10.3	2.7[i]	28	6	22.4	49.0	36.1	-15
116 Vietname	55	12.4	5.8	9.7[n]	8	25	21.5	48.4	28.9	-13
117 Moldávia	22	5.9	6.2	0.8[e,i]	10	4	8.1	28.9	48.5	-21
118 Guiné Equatorial	98	31.9	34.5	13.0[r]	57	19	..	..	..	..
119 Uzbequistão	42	8.5	10.7	3.1[r]	12	5	46.3	76.7	27.5	-46
120 Quirguizistão	31	7.3	9.2	0.7[e,i]	11	3	21.8	51.9	43.1	-34
121 Cabo Verde	62	14.5	6.4	16.2[i]	20[j]	14[g]	20.6	40.2	..	-6
122 Guatemala	76	19.7	11.2	26.8[i]	4	23	11.7	24.3	56.2	15
123 Egipto	82	23.4	7.2	33.6[n]	2	6	<2	18.4	16.7	58
124 Nicarágua	68	17.0	7.9	22.0[n]	21	10	15.8	31.8	47.9[g]	6
125 Botsuana	81	22.9	31.2	17.1[i]	4	13	31.2[g]	49.4[g]	..	-8
126 Vanuatu	83	23.6	7.1	21.9[i]	41[j]	20[g,m]	..	..	..	..
127 Taijiquistão	74	18.2	12.5	0.4[e,i]	33	17	21.5	50.8	44.4	-2
128 Namíbia	70	17.1	21.2	12.0[i]	7	24	49.1[g]	62.2[g]	..	-29
129 África do Sul	85	25.4	36.1	12.0[i]	7	12[g]	26.2	42.9	..	-2
130 Marrocos	96	31.1	6.6	44.4[i]	17	10	2.5	14.0	..	50
131 São Tomé e Príncipe	57	12.6	13.9	12.1[i]	14	9	..	..	..	..
132 Butão	102	33.7	14.2	47.2[n]	19	19[g]	26.2	49.5	..	13
133 Rep. Democrática Popular do Laos	94	30.7	13.1	27.3[n]	40	40	44.0	76.8	33.0	-6
134 Índia	88	28.0	15.5	34.0[i]	11	46	41.6[t]	75.6[t]	28.6	-10
135 Ilhas Salomão	80	21.8	11.6	23.4[i]	30	21[g,m]	..	..	..	..
136 Congo	84	24.3	29.7	18.9[i]	29	14	54.1	74.4	..	-27
137 Cambodja	87	27.7	18.5	23.7[i]	35	36	40.2	68.2	35.0	-10
138 Mianmar	77	20.4	19.1	10.1[r]	20	32	..	..	..	..
139 Comores	78	20.4	12.6	24.9[i]	15	25	46.1	65.0	..	-20
140 Iémen	111	35.7	15.6	41.1[i]	34	46	17.5	46.6	41.8[g]	35
141 Paquistão	101	33.4	12.6	45.8[h]	10	38	22.6	60.3	32.6[g]	16
142 Suazilândia	108	35.1	47.2	20.4[r]	40	10	62.9	81.0	69.2	-15
143 Angola	118	37.2	38.5	32.6[r]	49	31	54.3	70.2	..	2

177

TABELA 1

RELATÓRIO DE DESENVOLVIMENTO HUMANO 2009

Pobreza humana e de rendimentos

Ordem do IDH		Índice de pobreza humana (IPH-1) Ordem	Valor (%)	Probabilidade não viver até os 40 anos[a,†] (% do grupo) 2005–2010	Taxa de analfabetismo de adultos[b,†] (% com idades a partir de 15 anos) 1999–2007	População sem acesso a fontes de água melhorada[†] (%) 2006	Crianças com peso a menos para a idade (% com idades a partir de 15 anos) 2000-2006[c]	População abaixo do limiar da pobreza de rendimento (%) $1,25 por dia 2000-2007[c]	$2 por dia 2000-2007[c]	Limiar nacional de pobreza 2000-2006[c]	Ordem do IPH-1 menos a ordem da pobreza de rendimentos[d]
144	Nepal	99	32.1	11.0	43.5[i]	11	39	55.1[t]	77.6[t]	30.9	-16
145	Madagáscar	113	36.1	20.8	29.3[r]	53	42	67.8	89.6	71.3[g]	-14
146	Bangladesh	112	36.1	11.6	46.5[i]	20[u]	48	49.6[v]	81.3[v]	40.0	2
147	Quénia	92	29.5	30.3	26.4[r]	43	20	19.7	39.9	52.0[g]	16
148	Papua New Guinea	121	39.6	15.9	42.2[i]	60	35[g,m]	35.8[g]	57.4[g]	37.5[g]	23
149	Haiti	97	31.5	18.5	37.9[j,n]	42	22	54.9	72.1	..	-16
150	Sudão	104	34.0	23.9	39.1[r,w]	30	41	..	..	..	..
151	Tanzânia, República Unida da	93	30.0	28.2	27.7[i]	45	22	88.5	96.6	35.7	-37
152	Ghana	89	28.1	25.8	35.0[i]	20	18	30.0	53.6	28.5	0
153	Camarões	95	30.8	34.2	32.1[h]	30	19	32.8	57.7	40.2	4
154	Mauritânia	115	36.2	21.6	44.2[i]	40	32	21.2	44.1	46.3	32
155	Djibuti	86	25.6	26.2	..[k]	8	29	18.8	41.2	..	12
156	Lesoto	106	34.3	47.4	17.8[h]	22	20	43.4	62.2	68.0[g]	3
157	Uganda	91	28.8	31.4	26.4[i]	36	20	51.5	75.6	37.7	-17
158	Nigéria	114	36.2	37.4	28.0[i]	53	29	64.4	83.9	34.1[g]	-11
DESENVOLVIMENTO HUMANO BAIXO											
159	Togo	117	36.6	18.6	46.8[r]	41	26	38.7	69.3	..	18
160	Malawi	90	28.2	32.6	28.2[i]	24	19	73.9	90.4	65.3[g]	-35
161	Benim	126	43.2	19.2	59.5[i]	35	23	47.3	75.3	29.0[g]	19
162	Timor-Leste	122	40.8	18.0	49.9[x]	38	46	52.9	77.5	..	9
163	Costa do Marfim	119	37.4	24.6	51.3[r]	19	20	23.3	46.8	..	29
164	Zâmbia	110	35.5	42.9	29.4[i]	42	20	64.3	81.5	68.0	-14
165	Eritreia	103	33.7	18.2	35.8[i]	40	40	..	..	53.0[g]	..
166	Senegal	124	41.6	22.4	58.1[h]	23	17	33.5	60.3	33.4[g]	28
167	Ruanda	100	32.9	34.2	35.1[r]	35	23	76.6	90.3	60.3	-28
168	Gâmbia	123	40.9	21.8	..[k]	14	20	34.3	56.7	61.3	26
169	Libéria	109	35.2	23.2	44.5[i]	36	26[g]	83.7	94.8	..	-24
170	Guinea	129	50.5	23.7	70.5[r]	30	26	70.1	87.2	40.0[g]	1
171	Etiópia	130	50.9	27.7	64.1[h]	58	38	39.0	77.5	44.2	30
172	Moçambique	127	46.8	40.6	55.6[i]	58	24	74.7	90.0	54.1	-3
173	Guiné-Bissau	107	34.9	37.4	35.4[i]	43	19	48.8	77.9	65.7	-1
174	Burundi	116	36.4	33.7	40.7[r]	29	39	81.3	93.4	68.0[g]	-16
175	Chade	132	53.1	35.7	68.2[i]	52	37	61.9	83.3	64.0[g]	11
176	Congo, República Democrática do	120	38.0	37.3	32.8[r]	54	31	59.2	79.5	..	0
177	Burkina Faso	131	51.8	26.9	71.3[h]	28	37	56.5	81.2	46.4	12
178	Mali	133	54.5	32.5	73.8[h]	40	33	51.4	77.1	63.8[g]	22
179	República Centro-Africana	125	42.4	39.6	51.4[r]	34	29	62.4	81.9	..	3
180	Serra Leoa	128	47.7	31.0	61.9[i]	47	30	53.4	76.1	70.2	14
181	Afganistão	135	59.8	40.7	72.0[r]	78	39	..	..	..	..
182	Níger	134	55.8	29.0	71.3[h]	58	44	65.9	85.6	63.0[g]	8
OUTROS ESTADOS-MEMBROS DAS NAÇÕES UNIDAS											
	Iraque	75	19.4	10.0	25.9[r]	23	8	..	..	..	..
	Kiribati	..	..	..	..	35	13[g]	..	..	..	..
	Coreia, República Democrática do	..	..	10.0	..	0	23	..	..	..	..
	Ilhas Marshal	..	..	..	..	12[j]	..	..	..	..	..
	Micronésia, Estados Federados da	..	..	8.8	..	6	15[g]	..	..	..	..
	Nauru	..	..	..	..	..	..	..	..	..	..
	Palau	..	..	..	8.1[j,n]	11	..	..	..	..	..
	Somália	..	..	34.1	..	71	36	..	..	..	..
	Tuvalu	..	..	..	..	7	..	..	..	..	..
	Zimbabué	105	34.0	48.1	8.8i	19	17	..	..	34.9[g]	..

TABELA |1

NOTAS

† Denota indicadores usados para calcular o índice de pobreza humana (IPH-1). Para mais detalhes, ver a Nota Técnica 1: www.hdr.undp.org/en/statistics/tn1.

a. Os dados referem-se à probabilidade à nascença de não viver até aos 40 anos, multiplicada por 100.

b. Os dados referem-se a estimativas de analfabetismo nacional provenientes de censos ou inquéritos realizados entre 1999 e 2007, a não ser que se especifique algo em contrário. Em virtude das diferenças em metodologia e nos períodos seleccionados para análise entre os respectivos dados, dever-se-á ter cautela quando se proceder a comparações entre países e entre períodos temporais. Para mais detalhes, ver http://www.uis.unesco.org/.

c. Os dados referem-se ao ano mais recente disponível durante o período especificado.

d. A pobreza de rendimentos refere-se à taxa de população que vive com menos de $1,25 por dia. Foi atribuída uma ordem semelhante a todos os países com uma taxa de pobreza de rendimentos inferior a 2%. As ordens baseiam-se em países para os quais existem dados disponíveis para ambos os indicadores. Um número positivo indica que o país apresenta um melhor desempenho em pobreza de rendimentos do que em pobreza humana, um número negativo indica o oposto.

e. Assumiu-se um valor de 1% para realizar o cálculo do IPH-1.

f. As estimativas abrangem áreas urbanas exclusivamente.

g. Os dados referem-se a um ano anterior ao conjunto de anos especificado.

h. Os dados são provenientes de um inquérito nacional aos agregados familiares.

i. Estimativas do Instituto de Estatística da UNESCO, baseadas no seu modelo internacional de projecções sobre níveis de alfabetização por idades, Abril de 2009.

j. Os dados referem-se a um ano anterior àquele especificado.

k. Na ausência de dados recentes, foram usadas estimativas de 2005 do Instituto de Estatística da UNESCO (UNESCO Institute for Statistics 2003), baseadas em censos ou informações de inquéritos desactualizados, pelo que deverão ser interpretadas com precaução: Baamas 4,2; Barbados 0,3; Djibuti 29,7; Fiji 5,6; Gâmbia 57,5; Guiana 1,0; e Hong Kong, China (RAE) 5,4.

l. Estimativa nacional.

m. UNICEF 2005b.

n. Os dados são provenientes de um censo nacional da população.

o. Os dados são provenientes do Secretariado da Organização dos Estados das Caraíbas Orientais, com base em fontes nacionais.

p. Os dados referem-se à Sérvia e Montenegro antes da sua separação em dois Estados independentes, em Junho de 2006. Os dados excluem o Kosovo.

q. Os dados são provenientes do Secretariado da Comunidade das Caraíbas, com base em fontes nacionais.

r. Os dados são provenientes do Estudo de Indicadores Múltiplos da UNICEF.

s. UNICEF 2004.

t. As estimativas consistem em médias calculadas de valores rurais e urbanos.

u. As estimativas foram ajustadas tendo em consideração os níveis de contaminação com arsénico, e baseiam-se em inquéritos nacionais realizados e aprovados pelo governo.

v. As estimativas foram ajustadas de acordo com informações sobre o índice de preços no consumidor.

w. Os dados referem-se ao Norte do Sudão exclusivamente.

x. UNDP 2006b.

FONTES

Coluna 1: números determinados com base nos valores de IPH-1.
Coluna 2: cálculos baseados nos dados das colunas 3-6.
Coluna 3: UN 2009e.
Coluna 4: UNESCO Institute for Statistics 2009a.
Colunas 5 e 6: UN 2009a, com informações apuradas a partir da colaboração entre a UNICEF e a OMS.
Colunas 7-9: World Bank 2009d.
Coluna 10: cálculos baseados nos valores do IPH-1 e nas medidas de pobreza de rendimentos.

CLASSIFICAÇÕES RELATIVAS AO IPH-1 EM 135 PAÍSES E ÁREAS

1 República Checa
2 Croácia
3 Hungria
4 Barbados
5 Bósnia e Herzegovina
6 Uruguai
7 Sérvia
8 Montenegro
9 Macedónia, Antiga Rep. Jugoslava da
10 Chile
11 Costa Rica
12 Arménia
13 Argentina
14 Singapura
15 Albânia
16 Bielorússia
17 Cuba
18 Geórgia
19 Qatar
20 Roménia
21 Ucrânia
22 Moldávia
23 México
24 Territórios Ocupados da Palestina
25 Malásia
26 Santa Lúcia
27 Trindade e Tobago
28 Venezuela, República Bolivariana da
29 Jordânia
30 Panamá
31 Quirguizistão
32 Federação Russa
33 Líbano
34 Colômbia
35 Emirados Árabes Unidos

36 China
37 Cazaquistão
38 Equador
39 Barém
40 Turquia
41 Tailândia
42 Uzbequistão
43 Brasil
44 República Dominicana
45 Maurícia
46 Suriname
47 Peru
48 Guiana
49 Paraguai
50 Azerbeijão
51 Jamaica
52 Bolívia
53 Arábia Saudita
54 Filipinas
55 Vietnam
56 República Árabe da Síria
57 São Tomé e Príncipe
58 Mongólia
59 Irão, República Islâmica do
60 Jamahira Árabe Líbia
61 Honduras
62 Cabo Verde
63 El Salvador
64 Omã
65 Tunísia
66 Maldivas
67 Sri Lanka
68 Nicarágua
69 Indonésia
70 Namíbia

71 Argélia
72 Gabão
73 Belize
74 Tajiquistão
75 Iraque
76 Guatemala
77 Mianmar
78 Comores
79 Fiji
80 Ilhas Salomão
81 Botsuana
82 Egipto
83 Vanuatu
84 Congo
85 África do Sul
86 Djibouti
87 Cambodja
88 Índia
89 Gana
90 Malawi
91 Uganda
92 Quénia
93 Tanzânia, República Unida da
94 Rep. Democrática Popular do Laos
95 Camarões
96 Marrocos
97 Haiti
98 Guiné Equatorial
99 Nepal
100 Ruanda
101 Paquistão
102 Butão
103 Eritreia
104 Sudão
105 Zimbabué

106 Lesoto
107 Guiné-Bissau
108 Suazilândia
109 Libéria
110 Zâmbia
111 Iémen
112 Bangladesh
113 Madagáscar
114 Nigéria
115 Mauritânia
116 Burundi
117 Togo
118 Angola
119 Costa do Marfim
120 Congo, República Democrática do
121 Papua-Nova Guiné
122 Timor-Leste
123 Gâmbia
124 Senegal
125 República Centro Africana
126 Benin
127 Moçambique
128 Serra Leoa
129 Guinea
130 Etiópia
131 Burkina Faso
132 Chade
133 Mali
134 Níger
135 Afganistão

TABELA

Pobreza humana e de rendimentos: os países da OCDE

Ordem do IDH	Índice de pobreza humana (IPH-2) Ordem	Valores (%)	Probabilidade à nascença de não viver até aos 60 anos[a†] (% do grupo) 2005–2010	Pessoas funcionalmente analfabetas[b†] (% com idades entre 16 e 65 anos) 1994–2003	Desemprego de longa duração[†] (% da população activa) 2007	População a viver com menos de 50% da mediana do rendimento[†] 2000–2005[c]	Ordem do IPH-2 menos a ordem da pobreza de rendimentos[d]
DESENVOLVIMENTO HUMANO MUITO ELEVADO							
1 Noruega	2	6.6	6.6	7.9	0.2	7.1	-6
2 Austrália	14	12.0	6.4	17.0[e]	0.7	12.2	-4
3 Islândia	..	..	5.4	..	0.1	..	..
4 Canadá	12	11.2	7.3	14.6	0.4	13.0	-8
5 Irlanda	23	15.9	6.9	22.6[e]	1.4	16.2	0
6 Países Baixos	3	7.4	7.1	10.5[e]	1.3	4.9[f]	1
7 Suécia	1	6.0	6.3	7.5[e]	0.7	5.6	-3
8 França	8	11.0	7.7	..[g]	3.1	7.3	-1
9 Suíça	7	10.6	6.4	15.9	1.5	7.6	-3
10 Japão	13	11.6	6.2	..[g]	1.2	11.8[f,h]	-4
11 Luxemburgo	10	11.2	7.8	..[g]	1.3	8.8	-4
12 Finlândia	5	7.9	8.2	10.4[e]	1.5	6.5	-1
13 Estados Unidos da América	22	15.2	9.7	20.0	0.5	17.3	-2
14 Áustria	9	11.0	7.6	..[g]	1.2	7.7	-2
15 Espanha	17	12.4	7.1	..[g]	2.0	14.2	-4
16 Dinamarca	4	7.7	9.2	9.6[e]	0.7	5.6	1
17 Bélgica	15	12.2	8.0	18.4[e,i]	3.8	8.1	3
18 Itália	25	29.8	6.8	47.0	2.8	12.8	6
20 Nova Zelândia	..	..	7.6	18.4[e]	0.2	..	..
21 Reino Unido	21	14.6	7.8	21.8[e]	1.3	11.6	5
22 Alemanha	6	10.1	7.6	14.4[e]	4.8	8.4	-7
25 Grécia	18	12.5	7.0	..[g]	4.1	14.3	-4
26 Coreia, República da	..	..	8.1	..	0.0	..	..
34 Portugal	..	..	8.7	..	3.7	..	..
36 República Checa	11	11.2	10.2	..[g]	2.8	4.9[f]	10
DESENVOLVIMENTO HUMANO ELEVADO							
41 Polónia	19	12.8	13.2	..[g]	4.4	11.5	4
42 Eslováquia	16	12.4	13.3	..[g]	7.8	7.0[f]	9
43 Hungria	20	13.2	16.4	..[g]	3.5	6.4[f]	15
53 México	24	28.1	13.0	43.2[j]	0.1	18.4	-1
79 Turquia	..	..	14.9	..	3.1	..	..

NOTAS

† Denota os indicadores usados para calcular o IDH-2. Para mais detalhes, ver a Nota Técnica 1.

a. Os dados referem-se à probabilidade à nascença de não viver até os 60 anos, a multiplicar por 100.

b. Com base em pontuações ao nível 1 da escala de literacia em prosa do IALS (Inquérito Internacional à Literacia dos Adultos). Os dados referem-se ao ano mais recente disponibilizado durante o período especificado.

c. Os dados referem-se ao ano mais recente disponibilizado durante o período especificado.

d. A pobreza de rendimentos refere-se à condição de uma dada taxa da população cujos agregados familiares vivem com menos de 50% da mediana do rendimento disponível ajustado. Um número positivo indica que o país apresenta um melhor desempenho no que respeita à pobreza de rendimentos do que à pobreza humana, um número negativo indica o oposto.

e. OECD and Statistics Canada 2000.

f. Os dados referem-se a um ano anterior ao período especificado.

g. Para calcular o IPH-2 aplicou-se uma estimativa de 16,4%, que corresponde à média simples de países cujos dados estão disponíveis.

h. Smeeding 1997.

i. Os dados referem-se à Flandres, exclusivamente.

j. Os dados referem-se ao estado de Nuevo Leon, exclusivamente.

FONTES

Coluna 1: Números determinados com base nos valores do IPH-2 da coluna 2.

Coluna 2: cálculos baseados nos dados das colunas 3–6.

Coluna 3: UN 2009e.

Coluna 4: OECD and Statistics Canada 2005 - a não ser que se especifique algo em contrário.

Coluna 5: cálculos baseados em dados sobre o desemprego de longa duração e a população activa provenientes de OECD 2009c.

Coluna 6: LIS 2009.

Coluna 7: cálculos baseados nos dados das colunas 1 e 6.

RELATÓRIO DE DESENVOLVIMENTO HUMANO 2009

TABELA J — Índice de Desenvolvimento ajustado ao Género e as componentes que o constituem

Ordem do IDH		Índice de Desenvolvimento ajustado ao Género (IDG) 2007 — Ordem	Valor	em % do valor do IDH	Esperança média de vida à nascença (anos) 2007 — Mulheres	Homens	Taxa de alfabetização de adultos[a] (% com idades a partir de 15 anos) 1999–2007 — Mulheres	Homens	Taxa bruta combinada de escolarização no ensino[b] (%) 2007 — Mulheres	Homens	Rendimento auferido estimado[c] (PPC em USD) 2007 — Mulheres	Homens	Ordem do IDH menos a ordem do IDG[d]
DESENVOLVIMENTO HUMANO MUITO ELEVADO
1	Noruega	2	0.961	98.9	82.7	78.2	..[e]	..[e]	102.7[f,g]	94.7[f,g]	46,576[g]	60,394[g]	-1
2	Austrália	1	0.966	99.6	83.7	79.1	..[e]	..[e]	115.7[f,g]	112.8[f,g]	28,759[g]	41,153[g]	1
3	Islândia	3	0.959	99.0	83.3	80.2	..[e]	..[e]	102.1[f,g]	90.1[f,g]	27,460[g]	43,959[g]	0
4	Canadá	4	0.959	99.2	82.9	78.2	..[e]	..[e]	101.0[f,g,h]	97.6[f,g,h]	28,315[g,j]	43,456[g,j]	0
5	Irlanda	10	0.948	98.2	82.0	77.3	..[e]	..[e]	99.1[f]	96.2[f]	31,978[g,j]	57,320[g,j]	-5
6	Países Baixos	7	0.954	98.9	81.9	77.6	..[e]	..[e]	97.1[f]	97.9[f]	31,048	46,509	-1
7	Suécia	5	0.956	99.3	83.0	78.6	..[e]	..[e]	99.0[f]	89.8[f]	29,476[g,j]	44,071[g,j]	2
8	França	6	0.956	99.4	84.5	77.4	..[e]	..[e]	97.4[f]	93.5[f]	25,677[g]	42,091[g]	2
9	Suíça	13	0.946	98.5	84.1	79.2	..[e]	..[e]	81.4[f]	84.0[f]	31,442[g]	50,346[g]	-4
10	Japão	14	0.945	98.4	86.2	79.0	..[e]	..[e]	85.4[f]	87.7[f]	21,143[g]	46,706[g]	-4
11	Luxemburgo	16	0.943	98.2	82.0	76.5	..[e]	..[e]	94.7[j]	94.0[j]	57,676[g,j]	101,855[g,j]	-5
12	Finlândia	8	0.954	99.5	82.8	76.0	..[e]	..[e]	105.1[f,g]	97.9[f,g]	29,160[g]	40,126[g]	4
13	Estados Unidos da América	19	0.942	98.5	81.3	76.7	..[e]	..[e]	96.9[f]	88.1[f]	34,996[g,j]	56,536[g,j]	-6
14	Áustria	23	0.930	97.4	82.5	77.0	..[e]	..[e]	92.1[f]	89.0[f]	21,380[g]	54,037[g]	-9
15	Espanha	9	0.949	99.4	84.0	77.5	97.3	98.6	99.9[f]	93.3[f]	21,817[g,j]	41,597[g,j]	6
16	Dinamarca	12	0.947	99.2	80.5	75.9	..[e]	..[e]	105.3[f,g]	97.6[f,g]	30,745[g]	41,630[g]	4
17	Bélgica	11	0.948	99.4	82.4	76.5	..[e]	..[e]	95.9[f]	92.8[f]	27,333[g]	42,866[g]	6
18	Itália	15	0.945	99.3	84.0	78.1	98.6	99.1	94.7[f]	89.1[f]	20,152[g,j]	41,158[g,j]	3
19	Listenstaine	..	..	..	..[k]	..[k]			79.6[f,g]	94.0[f,g]	..	..	..
20	Nova Zelândia	18	0.943	99.3	82.1	78.1	..[e]	..[e]	113.4[f,g]	102.0[f,g]	22,456	32,375	1
21	Reino Unido	17	0.943	99.5	81.5	77.1	..[e]	..[e]	92.8[f,h]	85.9[f,h]	28,421[g]	42,133[g]	3
22	Alemanha	20	0.939	99.2	82.3	77.0	..[e]	..[e]	87.5	88.6	25,691[g,j]	43,515[g,j]	1
23	Singapura	..	..	..	82.6	77.8	91.6	97.3	..	..	34,554[g,j]	64,656[g,j]	..
24	Hong Kong, China (RAE)	22	0.934	98.9	85.1	79.3	..[m]	..[m]	73.4[f]	75.4[f]	35,827[g]	49,324[g]	0
25	Grécia	21	0.936	99.4	81.3	76.9	96.0	98.2	103.2[f,g]	100.1[f,g]	19,218[i]	38,002[i]	2
26	Coreia, República da	25	0.926	98.8	82.4	75.8	..[e]	..[e]	90.6[f,g]	105.8[f,g]	16,931[i]	32,668[i]	-1
27	Israel	26	0.921	98.5	82.7	78.5	88.7[f]	95.0[f]	92.1[f]	87.8[f]	20,599[i]	32,148[i]	-1
28	Andorra	..	..	..	..[k]	..[k]			66.3[f,h]	64.0[f,h]	..	..	..
29	Eslovénia	24	0.927	99.7	81.7	74.4	99.6	99.7	98.1[f]	87.7[f]	20,427[i]	33,398[i]	2
30	Brunei Darussalam	29	0.906	98.5	79.6	74.9	93.1	96.5	79.1	76.5	36,838[g,j]	62,631[g,j]	-2
31	Kuwait	34	0.892	97.4	79.8	76.0	93.1	95.2	77.8[f]	67.8[f]	24,722[f,g,j]	68,673[f,g,j]	-6
32	Chipre	27	0.911	99.7	81.9	77.3	96.6	99.0	77.8[f,j]	77.3[f,j]	18,307	31,625	2
33	Qatar	35	0.891	97.9	76.8	74.8	90.4	93.8	87.7	74.2	24,584[g,j]	88,264[g,j]	-5
34	Portugal	28	0.907	99.7	81.8	75.3	93.3	96.6	91.6[f]	86.2[f]	17,154	28,762	3
35	Emirados Árabes Unidos	38	0.878	97.2	78.7	76.6	91.5	89.5	78.7[h]	65.4[h]	18,361[g,j]	67,556[g,j]	-6
36	República Checa	31	0.900	99.7	79.4	73.2	..[e]	..[e]	85.1[f]	81.9[f]	17,706[i]	30,909[i]	2
37	Barbados	30	0.900	99.7	79.7	74.0	..[g,m]	..[g,m]	100.2[g]	85.8[g]	14,735[f,j]	22,830[f,j]	4
38	Malta	32	0.895	99.3	81.3	77.7	93.5[f]	91.2[f]	81.7[f]	81.0[f]	14,458	31,812	3
DESENVOLVIMENTO HUMANO ELEVADO
39	Barém	33	0.895	99.9	77.4	74.2	86.4	90.4	95.3[f,h]	85.8[f,h]	19,873[f]	39,060[f]	3
40	Estónia	36	0.882	99.8	78.3	67.3	99.8[g]	99.8[g]	98.2[f]	84.6[f]	16,256[i]	25,169[i]	1
41	Polónia	39	0.877	99.6	79.7	71.3	99.0	99.6	91.4[f]	84.2[f]	11,957[i]	20,292[i]	-1
42	Eslováquia	40	0.877	99.7	78.5	70.7	..[e]	..[e]	83.1[f]	77.9[f]	14,790[i]	25,684[i]	-1
43	Hungria	37	0.879	99.9	77.3	69.2	98.8	99.0	94.0[f]	86.6[f]	16,143	21,625	3
44	Chile	41	0.871	99.2	81.6	75.5	96.5	96.6	82.0[f,h]	83.0[f,h]	8,188[i]	19,694[i]	0
45	Croácia	43	0.869	99.7	79.4	72.6	98.0	99.5	79.4[f]	75.2[f]	12,934	19,360	-1
46	Lituânia	42	0.869	99.9	77.7	65.9	99.7	99.7	97.6[f]	87.2[f]	14,633	20,944	1
47	Antígua e Barbuda	..	..	..	..[k]	..[k]	99.4	98.4	..	..	..	..	..
48	Letónia	44	0.865	99.8	77.1	67.1	99.8[g]	99.8[g]	97.5[f]	83.2[f]	13,403	19,860	0
49	Argentina	46	0.862	99.5	79.0	71.5	97.7	97.6	93.3[f]	84.0[f]	8,958[i]	17,710[i]	-1
50	Uruguai	45	0.862	99.7	79.8	72.6	98.2	97.4	96.3[f]	85.6[f]	7,994[i]	14,668[i]	1
51	Cuba	49	0.844	97.7	80.6	76.5	99.8	99.8	110.7[g]	91.5[g]	4,132[f,j,n]	8,442[f,j,n]	-2
52	Baamas	..	..	..	76.0	70.4	..[m]	..[m]	72.2[f,h]	71.4[f,h]	..	..	..
53	México	48	0.847	99.2	78.5	73.6	91.4	94.4	79.0[f]	81.5[f]	8,375[i]	20,107[i]	0
54	Costa Rica	47	0.848	99.4	81.3	76.4	96.2	95.7	74.4[f]	71.6[f,h]	6,788	14,763	2
55	Jamahira Árabe Líbia	54	0.830	98.0	76.8	71.8	78.4	94.5	98.5[f]	93.1[f,h]	5,590[i]	22,505[i]	-4
56	Omã	56	0.826	97.7	77.3	74.1	77.5	89.4	68.3	68.1	7,697[i]	32,797[i]	-5
57	Seychelles	..	..	..	..[k]	..[k]	92.3	91.4	83.6[f,j]	80.9[f,j]	..	..	..
58	Venezuela, República Bolivariana da	55	0.827	97.9	76.7	70.7	94.9	95.4	75.7[f]	72.7[f]	7,924[i]	16,344[i]	-3
59	Arábia Saudita	60	0.816	96.7	75.1	70.8	79.4	89.1	78.0[f]	79.1[f]	5,987[i]	36,662[i]	-7

RELATÓRIO DE DESENVOLVIMENTO HUMANO 2009

J Índice de Desenvolvimento ajustado ao Género e as componentes que o constituem

Ordem do IDH		Índice de Desenvolvimento ajustado ao Género (IDG) 2007 Ordem	Valor	em % do valor do IDH	Esperança média de vida à nascença (anos) 2007 Mulheres	Homens	Taxa de alfabetização de adultos[a] (% com idades a partir de 15 anos) 1999-2007 Mulheres	Homens	Taxa bruta combinada de escolarização no ensino[b] (%) 2007 Mulheres	Homens	Rendimento auferido estimado[c] (PPC em USD) 2007 Mulheres	Homens	Ordem do IDH menos a ordem do IDG[d]
60	Panamá	51	0.838	99.7	78.2	73.0	92.8	94.0	83.5[f]	76.1[f]	8,331	14,397	3
61	Bulgária	50	0.839	99.9	76.7	69.6	97.9	98.6	82.9[f]	81.8[f]	9,132	13,439	5
62	São Cristóvão e Nevis	..	..	..	..[k]	..[k]	..	..	74.1[f]	72.1[f]	..	..	..
63	Roménia	52	0.836	99.9	76.1	69.0	96.9	98.3	81.7[f]	76.7[f]	10,053	14,808	4
64	Trindade e Tobago	53	0.833	99.5	72.8	65.6	98.3	99.1	62.2[f,h]	59.9[f,h]	16,686[i]	30,554[i]	4
65	Montenegro	..	..	..	76.5	71.6	94.1[f,o]	98.9[f,o]	..	..	8,611[i,p]	14,951[i,p]	..
66	Malásia	58	0.823	99.2	76.6	71.9	89.6	94.2	73.1[f]	69.8[f]	7,972[i]	18,886[i]	0
67	Sérvia	..	..	..	76.3	71.6	94.1[f,o]	98.9[f,o]	..	..	7,654[i,p]	12,900[i,p]	..
68	Bielorússia	57	0.824	99.8	75.2	63.1	99.7[g]	99.8[g]	93.8	87.1	8,482	13,543	2
69	Santa Lúcia	..	..	..	75.5	71.7	..	..	80.6	73.8	6,599[i]	13,084[i]	..
70	Albânia	61	0.814	99.5	79.8	73.4	98.8[g]	99.3[g]	67.6[f]	68.0[f]	4,954[i]	9,143[i]	-1
71	Federação Russa	59	0.816	99.9	72.9	59.9	99.4	99.7	86.1[f]	78.0[f]	11,675[i]	18,171[i]	2
72	Macedónia, Antiga Rep. Jugoslava da	62	0.812	99.4	76.5	71.7	95.4	98.6	71.1[f]	69.1[f]	5,956[i]	12,247[i]	0
73	Dominica	..	..	..	..[k]	..[k]	..	..	82.7[f,h]	74.5[f,h]	..	..	..
74	Granada	..	..	..	76.7	73.7	..	..	73.8[f,h]	72.4[f,h]	..	..	..
75	Brasil	63	0.810	99.7	75.9	68.6	90.2	89.8	89.4[f]	85.1[f]	7,190	12,006	0
76	Bósnia e Herzegovina	..	..	..	77.7	72.4	94.4	99.0	..	..	5,910[i]	9,721[i]	..
77	Colômbia	64	0.806	99.9	76.5	69.1	92.8	92.4	80.9	77.2	7,138	10,080	0
78	Peru	65	0.804	99.7	75.8	70.4	84.6	94.9	89.9[f,h]	86.4[f,h]	5,828[i]	9,835[i]	0
79	Turquia	70	0.788	97.7	74.2	69.4	81.3	96.2	66.3[f,h]	75.7[f,h]	5,352[i]	20,441[i]	-4
80	Equador	..	..	..	78.0	72.1	89.7	92.3	..	..	4,996[i]	9,888[i]	..
81	Maurícia	67	0.797	99.1	75.7	68.5	84.7	90.2	75.7[f,h]	78.0[f,h]	6,686[i]	15,972[i]	0
82	Cazaquistão	66	0.803	99.8	71.2	59.1	99.5	99.8	95.1	87.8	8,831[i]	13,080[i]	2
83	Líbano	71	0.784	97.7	74.1	69.8	86.0	93.4	80.3	75.7	4,062[i]	16,404[i]	-2
DESENVOLVIMENTO HUMANO MÉDIO													
84	Arménia	68	0.794	99.5	76.7	70.1	99.3	99.7	77.8	71.6	4,215	7,386	2
85	Ucrânia	69	0.793	99.7	73.8	62.7	99.6	99.8	93.2[i]	87.0[i]	5,249	8,854	2
86	Azerbeijão	73	0.779	99.0	72.3	67.6	99.2[g]	99.8[g]	..	..	4,836	11,037	-1
87	Tailândia	72	0.782	99.8	72.1	65.4	92.6	95.9	79.6[f,h]	76.6[f,h]	6,341[i]	10,018[i]	1
88	Irão, República Islâmica do	76	0.770	98.4	72.5	69.9	77.2	87.3	73.0[f,h]	73.4[f,h]	5,304[i]	16,449[i]	-2
89	Geórgia	..	..	..	75.0	68.1	..	..	77.7[h]	75.8[h]	2,639	6,921	..
90	República Dominicana	74	0.775	99.7	75.2	69.8	89.5	88.8	76.7[f]	70.4[f]	4,985[i]	8,416[i]	1
91	São Vicente e Granadinas	..	..	..	73.6	69.4	..	..	70.3[f]	67.6[f]	5,180[i]	10,219[i]	..
92	China	75	0.770	99.8	74.7	71.3	90.0	96.5	68.5[f]	68.9[f]	4,323[i]	6,375[i]	1
93	Belize	..	..	..	78.0	74.2	..	..	79.2[f,h]	77.4[f,h]	4,021	9,398	..
94	Samoa	80	0.763	99.0	74.7	68.4	98.4	98.9	76.3[f,h]	72.0[f,h]	2,525[i]	6,258[i]	-3
95	Maldivas	77	0.767	99.5	72.7	69.7	97.1	97.0	71.4[f,h]	71.3[f,h]	3,597[i]	6,714[i]	1
96	Jordânia	87	0.743	96.5	74.3	70.7	87.0	95.2	79.9[f]	77.5[f]	1,543	8,065	-8
97	Suriname	79	0.763	99.3	72.5	65.3	88.1	92.7	79.3[f,h]	69.4[f,h]	4,794[i]	10,825[i]	1
98	Tunísia	84	0.752	97.8	76.0	71.8	69.0	86.4	78.9[f,h]	73.6[f,h]	3,249[i]	11,731[i]	-3
99	Tonga	78	0.765	99.6	74.6	69.0	99.3	99.2	78.8[f,h]	77.2[f,h]	2,705[i]	4,752[i]	4
100	Jamaica	81	0.762	99.5	75.1	68.3	91.1	80.5	82.0[f,h]	74.3[f,h]	4,469[i]	7,734[i]	2
101	Paraguai	82	0.759	99.8	73.8	69.6	93.5	95.7	72.2[f,h]	72.1[f,h]	3,439[i]	5,405[i]	2
102	Sri Lanka	83	0.756	99.6	77.9	70.3	89.1	92.7	69.9[f,h]	67.5[f,h]	3,064	5,450	2
103	Gabão	85	0.748	99.1	61.5	58.7	82.2	90.2	75.0[f]	79.8[f]	11,221[i]	19,124[i]	1
104	Argélia	88	0.742	98.4	73.6	70.8	66.4	84.3	74.5[f,h]	72.8[f,h]	4,081[i]	11,331[i]	-1
105	Filipinas	86	0.748	99.0	73.9	69.4	93.7	93.1	81.6[f]	77.8[f]	2,506[i]	4,293[i]	2
106	El Salvador	89	0.740	99.0	75.9	66.4	79.7	84.9	74.8	73.3	3,675[i]	8,016[i]	0
107	República Árabe da Síria	98	0.715	96.4	76.0	72.2	76.5	89.7	63.9[f,h]	67.5[f,h]	1,512[i]	7,452[i]	-8
108	Fiji	90	0.732	98.7	71.0	66.5	..[m]	..[m]	73.2[f,h]	70.0[f,h]	2,349[i]	6,200[i]	1
109	Turquemenistão	..	..	..	68.8	60.6	99.3	99.7	..	..	3,594[i]	5,545[i]	..
110	Territórios Ocupados da Palestina	..	..	..	74.9	71.7	90.3	97.2	80.8	75.9	..	..	..
111	Indonésia	93	0.726	99.0	72.5	68.5	88.8	95.2	66.8[f,h]	69.5[f,h]	2,263[i]	5,163[i]	-1
112	Honduras	95	0.721	98.4	74.4	69.6	83.5	83.7	78.3[f,h]	71.3[f,h]	1,951[i]	5,668[i]	-2
113	Bolívia	91	0.728	99.8	67.5	63.3	86.0	96.0	83.6[f]	89.7[f]	3,198[i]	5,222[i]	3
114	Guiana	96	0.721	98.9	69.6	63.7	..[g,m]	..[g,m]	83.0	84.7	1,607[i]	3,919[i]	-1
115	Mongólia	92	0.727	100.0	69.6	63.0	97.7	96.8	84.9	73.7	3,019	3,454	4
116	Vietnam	94	0.723	99.8	76.1	72.3	86.9	93.9	60.7[f,h]	63.9[f,h]	2,131[i]	3,069[i]	3
117	Moldávia	97	0.719	99.8	72.1	64.5	98.9	99.6	74.6[f]	68.6[f]	2,173[i]	2,964[i]	1
118	Guiné Equatorial	102	0.700	97.3	51.1	48.7	80.5	93.4	55.8[f]	68.2[f]	16,161[i]	45,418[i]	-3

TABELA J

Ordem do IDH	Índice de Desenvolvimento ajustado ao Género (IDG) 2007 Ordem	Valor	em % do valor do IDH	Esperança média de vida à nascença (anos) 2007 Mulheres	Homens	Taxa de alfabetização de adultos[a] (% com idades a partir de 15 anos) 1999–2007 Mulheres	Homens	Taxa bruta combinada de escolarização no ensino[b] (%) 2007 Mulheres	Homens	Rendimento auferido estimado[c] (PPC em USD) 2007 Mulheres	Homens	Ordem do IDH menos a ordem do IDG[d]
119 Uzbequistão	99	0.708	99.7	70.9	64.5	95.8	98.0	71.4	74.0	1,891[i]	2,964[i]	1
120 Quirguizistão	100	0.705	99.4	71.4	63.9	99.1	99.5	79.7	74.9	1,428[i]	2,600[i]	1
121 Cabo Verde	101	0.701	98.9	73.5	68.2	78.8	89.4	69.7	66.6	2,015[i]	4,152[i]	1
122 Guatemala	103	0.696	98.9	73.7	66.7	68.0	79.0	67.8	73.2	2,735[i]	6,479[i]	0
123 Egipto	..	..	..	71.7	68.2	57.8	74.6	..	..	2,286	8,401	..
124 Nicarágua	106	0.686	98.2	75.9	69.8	77.9	78.1	72.7[f,h]	71.5[f,h]	1,293[i]	3,854[i]	-2
125 Botsuana	105	0.689	99.3	53.3	53.2	82.9	82.8	71.3[f,h]	70.0[f,h]	9,961[i]	17,307[i]	0
126 Vanuatu	104	0.692	99.9	72.0	68.1	76.1	80.0	60.3[f,h]	64.2[f,h]	2,970[i]	4,332[i]	2
127 Tajiquistão	107	0.686	99.6	69.3	63.7	99.5	99.8	64.6	77.2	1,385[i]	2,126[i]	0
128 Namíbia	108	0.683	99.5	61.2	59.3	87.4	88.6	68.2[f]	66.3[f]	4,006[i]	6,339[i]	0
129 África do Sul	109	0.680	99.6	53.2	49.8	87.2	88.9	77.3[f]	76.3[f]	7,328[i]	12,273[i]	0
130 Marrocos	111	0.625	95.7	73.3	68.8	43.2	68.7	55.1[f,h]	64.0[f,h]	1,603[i]	6,694[i]	-1
131 São Tomé e Príncipe	110	0.643	98.8	67.3	63.5	82.7	93.4	68.6	67.7	1,044[i]	2,243[i]	1
132 Butão	113	0.605	97.7	67.6	64.0	38.7	65.0	53.7[h]	54.6[h]	2,636[i]	6,817[i]	-1
133 Rep. Democrática Popular do Laos	112	0.614	99.3	65.9	63.2	63.2	82.5	54.3[f]	64.8[f]	1,877[i]	2,455[i]	1
134 Índia	114	0.594	97.1	64.9	62.0	54.5	76.9	57.4[f]	64.3f	1,304[i]	4,102[i]	0
135 Ilhas Salomão	..	..	..	66.7	64.9	..	..	47.8[f]	51.4[f]	1,146[i]	2,264[i]	..
136 Congo	115	0.594	98.8	54.4	52.5	71.8[f]	90.6[f]	55.2[f,h]	62.0[f,h]	2,385[i]	4,658[i]	0
137 Cambodja	116	0.588	99.2	62.3	58.6	67.7	85.8	54.8[h]	62.1[h]	1,465[i]	2,158[i]	0
138 Mianmar	..	..	..	63.4	59.0	86.4	93.9	..	..	640[i]	1,043[i]	..
139 Comores	117	0.571	99.2	67.2	62.8	69.8	80.3	42.3[f,h]	50.4[f,h]	839[i]	1,446[i]	0
140 Iémen	122	0.538	93.6	64.1	60.9	40.5	77.0	42.3[f]	65.9[f]	921[i]	3,715[i]	-4
141 Paquistão	124	0.532	93.0	66.5	65.9	39.6	67.7	34.4[f]	43.9[f]	760[i]	4,135[i]	-5
142 Suazilândia	118	0.568	99.3	44.8	45.7	78.3	80.9	58.4[f]	61.8[f]	3,994[i]	5,642[i]	2
143 Angola	..	..	..	48.5	44.6	54.2	82.9	..	..	4,212[i]	6,592[i]	..
144 Nepal	119	0.545	98.4	66.9	65.6	43.6	70.3	58.1[f,h]	63.4[f,h]	794[i]	1,309[i]	2
145 Madagáscar	120	0.541	99.6	61.5	58.3	65.3	76.5	60.2	62.5	774	1,093	2
146 Bangladesh	123	0.536	98.7	66.7	64.7	48.0	58.7	52.5[f]	51.8[f]	830[i]	1,633[i]	0
147 Quénia	121	0.538	99.4	54.0	53.2	70.2	77.7	58.2[f,h]	61.0[f,h]	1,213[i]	1,874[i]	3
148 Papua-Nova Guiné	..	..	..	63.0	58.7	53.4	62.1	..	..	1,775[i]	2,383[i]	..
149 Haiti	..	..	..	62.9	59.1	64.0f	60.1f	..	..	626[i]	1,695[i]	..
150 Sudão	127	0.516	97.0	59.4	56.3	51.8	71.1	37.6[f,h]	42.2[f,h]	1,039[i]	3,119[i]	-2
151 Tanzânia, República Unida da	125	0.527	99.4	55.8	54.2	65.9	79.0	56.2[h]	58.4[h]	1,025[i]	1,394[i]	1
152 Gana	126	0.524	99.5	57.4	55.6	58.3	71.7	54.5[h]	58.3[h]	1,133[i]	1,531[i]	1
153 Camarões	129	0.515	98.6	51.4	50.3	59.8	77.0	47.7[f]	56.7[f]	1,467[i]	2,791[i]	-1
154 Mauritânia	128	0.516	99.1	58.5	54.7	48.3	63.3	50.5[f,j]	50.7[f]	1,405[i]	2,439[i]	1
155 Djibuti	130	0.514	98.8	56.5	53.7	..[m]	..[m]	21.9[f]	29.0[f]	1,496[i]	2,627[i]	0
156 Lesoto	132	0.509	99.1	45.5	43.9	90.3	73.7	62.3[f,h]	60.6[f,h]	1,315[i]	1,797[i]	-1
157 Uganda	131	0.509	99.2	52.4	51.4	65.5	81.8	61.6[f,h]	62.9[f,h]	861[i]	1,256[i]	1
158 Nigéria	133	0.499	97.7	48.2	47.2	64.1	80.1	48.1[f,h]	57.9[f,h]	1,163[i]	2,777[i]	0
DESENVOLVIMENTO HUMANO BAIXO												
159 Togo	..	..	..	63.9	60.4	38.5	68.7	..	..	494[i]	1,088[i]	..
160 Malawi	134	0.490	99.4	53.4	51.3	64.6	79.2	61.7[f,h]	62.1[f,h]	646[i]	877[i]	0
161 Beni	135	0.477	97.0	62.1	59.8	27.9	53.1	44.5[f,h]	60.1[f,h]	892	1,726	0
162 Timor-Leste	..	..	..	61.5	59.8	..	..	62.1[h]	64.2[h]	493[i]	934[i]	..
163 Costa do Marfim	137	0.468	96.6	58.3	55.7	38.6	60.8	31.3[h]	43.7[h]	852[i]	2,500[i]	-1
164 Zâmbia	136	0.473	98.3	45.0	44.0	60.7	80.8	60.7[f,h]	66.0[f,h]	980[i]	1,740[i]	1
165 Eritreia	138	0.459	97.3	61.4	56.8	53.0	76.2	27.6[h]	39.1[h]	422[i]	839[i]	0
166 Senegal	140	0.457	98.5	56.9	53.9	33.0	52.3	39.0[f,h]	43.3[f,h]	1,178[i]	2,157[i]	-1
167 Ruanda	139	0.459	99.8	51.4	47.9	59.8	71.4	52.4[f]	52.0[f]	770[i]	970[i]	1
168 Gâmbia	141	0.452	99.1	57.3	54.1	..[m]	..[m]	47.2[f,h]	46.4[f,h]	951[i]	1,499[i]	0
169 Libéria	142	0.430	97.3	59.3	56.5	50.9	60.2	48.6[f]	66.5[f]	240[i]	484[i]	0
170 Guinea	143	0.425	97.7	59.3	55.3	18.1	42.6	41.5[f]	56.9[f]	919[i]	1,356[i]	0
171 Etiópia	144	0.403	97.3	56.2	53.3	22.8	50.0	44.0[h]	54.0[h]	624[i]	936[i]	0
172 Moçambique	145	0.395	98.3	48.7	46.9	33.0	57.2	50.2[f,h]	59.4[f,h]	759[i]	848[i]	0
173 Guiné-Bissau	148	0.381	96.2	49.1	46.0	54.4	75.1	28.8[f,h]	44.5[f,h]	301[i]	658[i]	-2
174 Burundi	146	0.390	99.1	51.4	48.6	52.2	67.3	46.2[h]	51.8[h]	296[i]	387[i]	1
175 Chade	149	0.380	96.8	49.9	47.3	20.8	43.0	27.5[f,h]	45.5[f,h]	1,219[i]	1,739[i]	-1
176 Congo, República Democrática do	150	0.370	95.1	49.2	46.1	54.1	80.9	40.5[f]	55.9[f]	189[i]	410[i]	-1
177 Burkina Faso	147	0.383	98.4	54.0	51.4	21.6	36.7	29.2	36.3	895[i]	1,354[i]	3

183

RELATÓRIO DE DESENVOLVIMENTO HUMANO 2009
Índice de Desenvolvimento ajustado ao Género e as componentes que o constituem

	Índice de Desenvolvimento ajustado ao Género (IDG) 2007			Esperança média de vida à nascença (anos) 2007		Taxa de alfabetização de adultos[a] (% com idades a partir de 15 anos) 1999–2007		Taxa bruta combinada de escolarização no ensino[b] (%) 2007		Rendimento auferido estimado[c] (PPC em USD) 2007		Ordem do IDH menos a ordem do IDG[d]
Ordem do IDH	Ordem	Valor	em % do valor do IDH	Mulheres	Homens	Mulheres	Homens	Mulheres	Homens	Mulheres	Homens	
178 Mali	153	0.353	95.2	48.8	47.4	18.2	34.9	37.5[f,h]	51.0[f,h]	672[i]	1,517[i]	-2
179 República Centro Africana	151	0.354	95.8	48.2	45.1	33.5	64.8	22.9[f,h]	34.4[f,h]	535[i]	900[i]	1
180 Serra Leoa	152	0.354	97.1	48.5	46.0	26.8	50.0	37.6[f,h]	51.7[f,h]	577[i]	783[i]	1
181 Afganistão	154	0.310	88.0	43.5	43.6	12.6	43.1	35.4[f,h]	63.6[f,h]	442[f,i,q]	1,845[f,i,q]	0
182 Níger	155	0.308	90.8	51.7	50.0	15.1	42.9	22.1	32.3	318[i]	929[i]	0
OUTROS ESTADOS-MEMBROS DAS NAÇÕES UNIDAS												
Iraque	..	..	..	71.8	64.2	64.2	84.1	52.1[f,h]	68.5[f,h]	..	..	..
Kiribati	..	..	..	..[k]	..[k]	..	..	77.9[f,h]	73.8[f,h]	..	..	..
Coreia, Rep. Democrática Popular da	..	..	..	69.1	64.9	..	..	..	..	..	..	..
ILhas Marshall	..	..	..	..[k]	..[k]	..	..	71.2[f,h]	71.1[f,h]	..	..	..
Micronésia, Estados Federados da	..	..	..	69.2	67.6	..	..	..	..	..	..	..
Mónaco	..	..	..	..[k]	..[k]	..	..	..	..	..	..	..
Nauru	..	..	..	..[k]	..[k]	..	..	56.1[f,h]	54.0[f,h]	..	..	..
Palau	..	..	..	..[k]	..[k]	90.5[f]	93.3[f]	91.2[f,h]	82.4[f,h]	..	..	..
San Marino	..	..	..	..[k]	..[k]	..[e]	..[e]	..	..	..	..	..
Somália	..	..	..	51.2	48.3	..	..	..	..	..	..	..
Tuvalu	..	..	..	..[k]	..[k]	..	..	70.8[f,h]	67.8[f,h]	..	..	..
Zimbabué	..	..	..	43.6	42.6	88.3	94.1	53.4[f,h]	55.5[f,h]	..	..	..

NOTAS

a. Os dados referem-se a estimativas sobre a alfabetização nacional provenientes de censos ou inquéritos realizados entre 1999 e 2007, a não ser que se especifique algo em contrário. Em virtude das diferenças em metodologia e nos períodos seleccionados para análise entre os respectivos dados, dever-se-á ter cautela quando se proceder a comparações entre países e entre períodos temporais. Para mais detalhes, ver http://www.uis.unesco.org/.

b. Os dados para alguns países podem referir-se a estimativas nacionais ou provenientes do Instituto de Estatística da UNESCO. Para detalhes, ver http://www.uis.unesco.org/.

c. Em virtude da falta de dados relativos aos rendimentos auferidos por cada género em separado, os rendimentos auferidos feminino e masculino foram estimados grosso modo com base em dados sobre os vencimentos de trabalhadores de sectores não agrícolas do sexo feminino e do sexo masculino, as percentagens de população feminina e de população masculina economicamente activas, a população total (feminina e masculina) e o PIB per capita (PPC em dólares americanos) (ver www.hdr.undp.org/pt/statistics/tn1). Os rácios de vencimentos usados neste cálculo baseiam-se em dados do ano mais recente disponibilizados entre 1999 e 2007.

d. As ordens em termos de IDH usadas neste cálculo foram recalculadas para os países com um valor apurado de IDG. Um número positivo indica que a ordem em IDG é mais elevada do que a ordem em IDH; um número negativo indica o oposto.

e. Aplicou-se um valor de 99,0 % para realizar o cálculo do IDH.

f. Os dados referem-se a um ano anterior àquele especificado.

g. Para realizar o cálculo do IDG, os valores referentes a homens e mulheres que figuram nesta tabela foram medidos por baixo de modo a se reflectir valores máximos de alfabetização de adultos (99%), de taxas brutas de escolarização (100%) e de PIB per capita (40.000 em PPC em dólares americanos). Para mais detalhes, ver www.hdr.undp.org/pt/statistics/tn1.

h. Estimativa do Instituto de Estatística da UNESCO.

i. Não existem dados referentes a salários disponíveis. Para se estimar o valor dos rendimentos auferidos por homens e mulheres, usou-se um valor de 0,75 para o rácio de vencimentos de trabalhadores de sectores não agrícolas do sexo feminino relativamente aos vencimentos de trabalhadores de sectores não agrícolas do sexo masculino.

j. Statec 2008. Os dados referem-se a indivíduos da nacionalidade inscritos tanto no seu país como no estrangeiro, pelo que se assinala uma divergência relativamente à definição padrão.

k. Para realizar o cálculo das estimativas do IDH não publicadas provenientes de UN 2009e, foram usados os seguintes valores: Andorra 84,3 (para mulheres) e 77,5 (para homens); Antígua e Barbuda 74,6 e 69,7; Domínica 80,3 e 73,7; Listenstaine 72,4 e 76,0; São Cristóvão e Nevis 74,6 e 69,8; e as Seychelles 77,7 e 68,4.

l. Estimativa nacional proveniente do Instituto de Estatística da UNESCO.

m. Na ausência de dados recentes, foram usadas estimativas de 2005 do Instituto de Estatística da UNESCO (UNESCO Institute for Statistics 2003), baseadas em censos ou informações de inquéritos desactualizados, pelo que deverão ser interpretadas com precaução: Baamas 96,7 (para mulheres) and 95,0 (para homens); Barbados 99,8 e 99,7; Djibuti 61,4 e 79,9; Fiji 92,9 e 95,9; Gâmbia 35,4 e 49,9; Guiana 98,7 e 99,2; e Hong Kong, China (RAE) 91,4 e 97,3.

n. Heston, Summers and Aten 2006. Os dados divergem da definição padrão.

o. Os dados referem-se à Sérvia e Montenegro antes da sua separação em dois Estados independentes, em Junho de 2006. Os dados excluem o Kosovo.

p. O rendimento auferido foi estimado com base em dados sobre a taxa de actividade económica na Sérvia e Montenegro antes da sua separação em dois Estados independentes, em Junho de 2006.

q. Calculado na base do PIB em PPC em dólares americanos para 2006, apurado a partir do Banco Mundial (World Bank 2009d), e dos dados sobre a população total no mesmo ano, apurados a partir de UN 2009e.

FONTES

Coluna 1: números determinados com base nos valores de IDG.
Coluna 2: cálculos baseados nos dados das colunas 4–11.
Coluna 3: cálculos baseados nos valores de IDG e de IDH.
Colunas 4–5: UN 2009e.
Colunas 6–7: UNESCO Institute for Statistics 2009a.
Colunas 8–9: UNESCO Institute for Statistics 2009b.
Colunas 10–11: os cálculos baseiam-se nos dados sobre o PIB (em PPC em dólares americanos) e sobre a população provenientes do Banco Mundial (World Bank 2009d); e nos dados sobre os salários e a população economicamente activa da Organização Internacional do Trabalho (ILO 2009b).
Coluna 12: cálculos baseados nas classificações de IDH e de IDG recalculadas da coluna 1.

TABELA J

CLASSIFICAÇÕES RELATIVAS AO IDG EM 155 PAÍSES E ÁREAS

1 Austrália	41 Chile	81 Jamaica	121 Quénia
2 Noruega	42 Lituânia	82 Paraguai	122 Iémen
3 Islândia	43 Croácia	83 Sri Lanka	123 Bangladesh
4 Canadá	44 Letónia	84 Tunísia	124 Paquistão
5 Suécia	45 Uruguai	85 Gabão	125 Tanzânia, República Unida da
6 França	46 Argentina	86 Filipinas	126 Gana
7 Países Baixos	47 Costa Rica	87 Jordânia	127 Sudão
8 Finlândia	48 México	88 Argélia	128 Mauritânia
9 Espanha	49 Cuba	89 El Salvador	129 Camarões
10 Irlanda	50 Bulgária	90 Fiji	130 Djibuti
11 Bélgica	51 Panamá	91 Bolívia	131 Uganda
12 Dinamarca	52 Roménia	92 Mongólia	132 Lesoto
13 Suíça	53 Trindade e Tobago	93 Indonésia	133 Nigéria
14 Japão	54 Jamahira Árabe Líbia	94 Vietname	134 Malawi
15 Itália	55 Venezuela, República Bolivariana da	95 Honduras	135 Benim
16 Luxemburgo	56 Omã	96 Guiana	136 Zâmbia
17 Reino Unido	57 Bielorrússia	97 Moldávia	137 Costa do Marfim
18 Nova Zelândia	58 Malásia	98 República Árabe da Síria	138 Eritreia
19 Estados Unidos da América	59 Federação Russa	99 Uzbequistão	139 Ruanda
20 Alemanha	60 Arábia Saudita	100 Quirguizistão	140 Senegal
21 Grécia	61 Albânia	101 Cabo Verde	141 Gâmbia
22 Hong Kong, China (RAE)	62 Macedónia (ARJM)	102 Guiné Equatorial	142 Libéria
23 Áustria	63 Brasil	103 Guatemala	143 Guiné
24 Eslovénia	64 Colômbia	104 Vanuatu	144 Etiópia
25 Coreia, República da	65 Perú	105 Botsuana	145 Moçambique
26 Israel	66 Cazaquistão	106 Nicarágua	146 Burundi
27 Chipre	67 Maurícia	107 Tajiquistão	147 Burkina Faso
28 Portugal	68 Arménia	108 Namíbia	148 Guiné-Bissau
29 Brunei Darussalam	69 Ucrânia	109 África do Sul	149 Chade
30 Barbados	70 Turquia	110 São Tomé e Príncipe	150 Congo, República Democrática do
31 República Checa	71 Líbano	111 Marrocos	151 República Centro-Africana
32 Malta	72 Tailândia	112 Rep. Democrática Popular do Laos	152 Serra Leoa
33 Barém	73 Azerbeijão	113 Butão	153 Mali
34 Kuwait	74 República Dominicana	114 Índia	154 Afeganistão
35 Qatar	75 China	115 Congo	155 Níger
36 Estónia	76 Irão, República Islâmica do	116 Cambodja	
37 Hungria	77 Maldivas	117 Comores	
38 Emirados Árabes Unidos	78 Tonga	118 Suazilândia	
39 Polónia	79 Suriname	119 Nepal	
40 Eslováquia	80 Samoa	120 Madagáscar	

TABELA

RELATÓRIO DE DESENVOLVIMENTO HUMANO 2009

Medida de Participação segundo o Género e as suas componentes

Ordem do IDH		Medida de Participação segundo o Género (MPG) Ordem	Valores	Assentos parlamentares ocupados por mulheres[a] (% do total)	Rácio feminino em funções legislativas, cargos superiores e de gestão[b] (% do total)	Rácio feminino em funções técnicas e especializadas[b] (% do total)	Rácio de rendimento aferido estimado feminino e masculino[c]	Ano em que as mulheres ganharam o direito de[d] votar	se candidatarem a eleições	Ano em que uma mulher se tornou líder parlamentar ou líder de uma câmara parlamentar pela primeira vez[e]	Mulheres em cargos ministeriais[f] (% do total)
DESENVOLVIMENTO HUMANO MUITO ELEVADO											
1	Noruega	2	0.906	36[g]	31	51	0.77	1913	1907, 1913	1993	56
2	Austrália	7	0.870	30[g]	37	57	0.70	1902, 1962	1902, 1962	1987	24
3	Islândia	8	0.859	33[g]	30	56	0.62	1915, 1920	1915, 1920	1974	36
4	Canadá	12	0.830	25[g]	37	56	0.65	1917, 1960	1920, 1960	1972	16
5	Irlanda	22	0.722	15[g]	31	53	0.56	1918, 1928	1918, 1928	1982	21
6	Países Baixos	5	0.882	39[g]	28	50	0.67	1919	1917	1998	33
7	Suécia	1	0.909	47[g]	32	51	0.67	1919, 1921	1919, 1921	1991	48
8	França	17	0.779	20[g]	38	48	0.61	1944	1944	..	47
9	Suíça	13	0.822	27[g]	30	46	0.62	1971	1971	1977	43
10	Japão	57	0.567	12	9[h]	46[h]	0.45	1945, 1947	1945, 1947	1993	12
11	Luxemburgo	..	..	23[g]	..	..	0.57	1919	1919	1989	14
12	Finlândia	3	0.902	42	29	55	0.73	1906	1906	1991	58
13	Estados Unidos da América	18	0.767	17[g]	43	56	0.62	1920, 1965	1788[j]	2007	24
14	Áustria	20	0.744	27[g]	27	48	0.40	1918	1918	1927	38
15	Espanha	11	0.835	34[g]	32	49	0.52	1931	1931	1999	44
16	Dinamarca	4	0.896	38[g]	28	52	0.74	1915	1915	1950	37
17	Bélgica	6	0.874	36[g]	32	49	0.64	1919, 1948	1921	2004	23
18	Itália	21	0.741	20[g]	34	47	0.49	1945	1945	1979	24
19	Listenstaine	..	..	24	..	..	..	1984	1984	..	20
20	Nova Zelândia	10	0.841	34	40	54	0.69	1893	1919	2005	32
21	Reino Unido	15	0.790	20[g]	34	47	0.67	1918, 1928	1918, 1928	1992	23
22	Alemanha	9	0.852	31[g]	38	50	0.59	1918	1918	1972	33
23	Singapura	16	0.786	24	31	45	0.53	1947	1947	..	0
24	Hong Kong, China (RAE)	..	..	..	30	42	0.73	..	..	..	..
25	Grécia	28	0.677	15[g]	28	49	0.51	1952	1952	2004	12
26	Coreia, República da	61	0.554	14[g]	9	40	0.52	1948	1948	..	5
27	Israel	23	0.705	18[g]	30	52	0.64	1948	1948	2006	12
28	Andorra	..	..	25	..	..	..	1970	1973	..	38
29	Eslovénia	34	0.641	10[g]	34	56	0.61	1946	1946	..	18
30	Brunei Darussalam	..	..	..	35[h]	37[h]	0.59	—	—	..	7
31	Kuwait	..	..	3	..	..	0.36	2005	2005	..	7
32	Cyprus	48	0.603	14[g]	15	48	0.58	1960	1960	..	18
33	Qatar	88	0.445	0	7	25	0.28	2003[k]	2003	..	8
34	Portugal	19	0.753	28[g]	32	51	0.60	1931, 1976	1931, 1976	..	13
35	Emirados Árabes Unidos	25	0.691	23	10	21	0.27	2006[l]	2006[l]	..	8
36	República Checa	31	0.664	16[g]	29	53	0.57	1920	1920	1998	13
37	Barbados	37	0.632	14	43	52	0.65	1950	1950	..	28
38	Malta	74	0.531	9[g]	19	41	0.45	1947	1947	1996	15
DESENVOLVIMENTO HUMANO ELEVADO											
39	Barém	46	0.605	14	13[h]	19[h]	0.51	1973, 2002	1973, 2002	..	4
40	Estónia	30	0.665	21	34	69	0.65	1918	1918	2003	23
41	Polónia	38	0.631	18[g]	36	60	0.59	1918	1918	1997	26
42	Eslováquia	32	0.663	19[g]	31	58	0.58	1920	1920	..	13
43	Hungria	52	0.590	11[g]	35	60	0.75	1918, 1945	1918, 1945	1963	21
44	Chile	75	0.526	13[g]	23[h]	50[h]	0.42	1949	1949	2002	41
45	Croácia	44	0.618	21[g]	21	51	0.67	1945	1945	1993	24
46	Lituânia	40	0.628	18[g]	38	70	0.70	1919	1919	..	23
47	Antígua e Barbuda	..	..	17	45	55	..	1951	1951	1994	9
48	Letónia	33	0.648	20	41	66	0.67	1918	1918	1995	22
49	Argentina	24	0.699	40[g]	23	54	0.51	1947	1947	1973	23
50	Uruguai	63	0.551	12[g]	40	53	0.55	1932	1932	1963	29
51	Cuba	29	0.676	43	31[h]	60[h]	0.49	1934	1934	..	19
52	Baamas	..	..	25	43	63	..	1961, 1964	1961, 1964	1997	8
53	México	39	0.629	22[g]	31	42	0.42	1947	1953	1994	16
54	Costa Rica	27	0.685	37[g]	27	43	0.46	1949	1949	1986	29
55	Jamahira Árabe Líbia	..	..	8	..	..	0.25	1964	1964	..	0
56	Omã	87	0.453	9	9	33	0.23	1994, 2003	1994, 2003	..	9
57	Seychelles	..	..	24	..	..	..	1948	1948	..	20
58	Venezuela, República Bolivariana da	55	0.581	19[g]	27[h]	61[h]	0.48	1946	1946	1998	21
59	Arábia Saudita	106	0.299	0	10	29	0.16	—	—	..	0

186

TABELA

Ordem do IDH		Medida de Participação segundo o Género (MPG) Ordem	Valores	Assentos parlamentares ocupados por mulheres[a] (% do total)	Rácio feminino em funções legislativas, cargos superiores e de gestão[b] (% do total)	Rácio feminino em funções técnicas e especializadas[b] (% do total)	Rácio de rendimento estimado feminino e masculino[c]	Ano em que as mulheres ganharam o direito de[d] votar	se candidatarem a eleições	Ano em que uma mulher se tornou líder parlamentar ou líder de uma câmara parlamentar pela primeira vez[e]	Mulheres em cargos ministeriais[f] (% do total)
60	Panamá	47	0.604	17[g]	44	52	0.58	1941, 1946	1941, 1946	1994	23
61	Bulgária	45	0.613	22	31	61	0.68	1937, 1945	1945	..	24
62	São Cristóvão e Nevis	..	..	7	..	..	..	1951	1951	2004	..
63	Roménia	77	0.512	10[g]	28	56	0.68	1929, 1946	1929, 1946	2008	0
64	Trindade e Tobago	14	0.801	33[g]	43	53	0.55	1946	1946	1991	36
65	Montenegro	84	0.485	11	20	60	0.58	1946[m]	1946[m]	..	6
66	Malásia	68	0.542	15	23	41	0.42	1957	1957	..	9
67	Sérvia	42	0.621	22[g]	35	55	0.59	1946[m]	1946[m]	2008	17
68	Bielorússia	..	..	33	..	..	0.63	1918	1918	..	6
69	Santa Lúcia	51	0.591	17	52	56	0.50	1951	1951	2007	..
70	Albânia	..	..	7[g]	..	..	0.54	1920	1920	2005	7
71	Federação Russa	60	0.556	11	39	64	0.64	1918	1918	..	10
72	Macedónia, Antiga Rep. Jugoslava da	35	0.641	28[g]	29	53	0.49	1946	1946	..	14
73	Domínica	..	..	19	48	55	..	1951	1951	1980	21
74	Granada	..	..	21	49	53	..	1951	1951	1990	50
75	Brasil	82	0.504	9[g]	35	53	0.60	1932	1932	..	11
76	Bósnia e Herzegovina	..	..	12[g]	..	..	0.61	1946	1946	2009	0
77	Colômbia	80	0.508	10[g]	38[h]	50[h]	0.71	1954	1954	..	23
78	Perú	36	0.640	29[g]	29	47	0.59	1955	1955	1995	29
79	Turquia	101	0.379	9	8	33	0.26	1930	1930	..	4
80	Equador	41	0.622	28[g,n]	28	49	0.51	1929	1929	..	35
81	Maurícia	71	0.538	17	20	45	0.42	1956	1956	..	10
82	Cazaquistão	73	0.532	12[g]	38	67	0.68	1924, 1993	1924, 1993	..	6
83	Líbano	..	..	5[g]	..	..	0.25	1952	1952	..	5
DESENVOLVIMENTO HUMANO MÉDIO											
84	Arménia	93	0.412	8[g]	24	65	0.57	1918	1918	..	6
85	Ucrânia	86	0.461	8	39	64	0.59	1919	1919	..	4
86	Azerbeijão	100	0.385	11	5	53	0.44	1918	1918	..	7
87	Tailândia	76	0.514	13[g]	30	53	0.63	1932	1932	..	10
88	Irão, República Islâmica do	103	0.331	3	13	34	0.32	1963	1963	..	3
89	Geórgia	95	0.408	6	34	62	0.38	1918, 1921	1918, 1921	2001	18
90	República Dominicana	64	0.550	17[g]	31	51	0.59	1942	1942	1999	14
91	São Vicente e Granadinas	..	..	18	..	..	0.51	1951	1951	..	21
92	China	72	0.533	21[g]	17	52	0.68	1949	1949	..	9
93	Belize	81	0.507	11	41	50	0.43	1954	1954	1984	18
94	Samoa	89	0.431	8	29	39	0.40	1948, 1990	1948, 1990	..	23
95	Maldivas	90	0.429	12	14	49	0.54	1932	1932	..	14
96	Jordânia	..	..	8[g]	..	..	0.19	1974	1974	..	15
97	Suriname	58	0.560	25	28[h]	23	0.44	1948	1948	1997	17
98	Tunísia	..	..	20[g]	..	..	0.28	1959	1959	..	7
99	Tonga	102	0.363	3[o]	27	43	0.57	1960	1960	..	..
100	Jamaica	..	..	14	..	..	0.58	1944	1944	1984	11
101	Paraguai	79	0.510	14[g]	35	50	0.64	1961	1961	..	19
102	Sri Lanka	98	0.389	6[g]	24	46	0.56	1931	1931	..	6
103	Gabão	..	..	17	..	..	0.59	1956	1956	2009	17
104	Argélia	105	0.315	6[g]	5	35	0.36	1962	1962	..	11
105	Filipinas	59	0.560	20[g]	57	63	0.58	1937	1937	..	9
106	El Salvador	70	0.539	19[g]	29	48	0.46	1939	1961	1994	39
107	República Árabe da Síria	..	..	12	..	40[h]	0.20	1949, 1953	1953	..	6
108	Fiji	..	..	..[p]	51[h]	9	0.38	1963	1963	..	8
109	Turquemenistão	..	..	..	..	..	0.65	1927	1927	2006	7
110	Territórios Ocupados da Palestina	..	..	..[g]	10	34	..	..	..	..	..
111	Indonésia	96	0.408	12[g]	14[h]	48[h]	0.44	1945, 2003	1945	..	11
112	Honduras	54	0.589	23[g]	41[h]	52[h]	0.34	1955	1955	..	..
113	Bolívia	78	0.511	15[g]	36	40	0.61	1938, 1952	1938, 1952	1979	24
114	Guiana	53	0.590	30[g]	25	59	0.41	1953	1945	..	26
115	Mongólia	94	0.410	4	48	54	0.87	1924	1924	..	20
116	Vietname	62	0.554	26	22	51	0.69	1946	1946	..	4
117	Moldávia	66	0.547	22[g]	40	68	0.73	1924, 1993	1924, 1993	2001	11
118	Guiné Equatorial	..	..	6[g]	..	..	0.36	1963	1963	..	14

RELATÓRIO DE DESENVOLVIMENTO HUMANO 2009
Medida de Participação segundo o Género e as suas componentes

Ordem do IDH	MPG Ordem	MPG Valores	Assentos parlamentares ocupados por mulheres[a] (% do total)	Rácio feminino em funções legislativas, cargos superiores e de gestão[b] (% do total)	Rácio feminino em funções técnicas e especializadas[b] (% do total)	Rácio de rendimento auferido estimado feminino e masculino[c]	Ano em que as mulheres ganharam o direito de[d] votar	Ano em que as mulheres ganharam o direito de[d] se candidatarem a eleições	Ano em que uma mulher se tornou líder parlamentar ou líder de uma câmara parlamentar pela primeira vez[e]	Mulheres em cargos ministeriais[f] (% do total)
119 Uzbequistão	..	..	16[g]	..	..	0.64	1938	1938	2008	5
120 Quirguizistão	56	0.575	26[g]	35	62	0.55	1918	1918	..	19
121 Cabo Verde	..	..	18	..	..	0.49	1975	1975	..	36
122 Guatemala	..	..	12[g]	..	..	0.42	1946	1946, 1965	1991	7
123 Egipto	107	0.287	4[g]	11	32	0.27	1956	1956	..	6
124 Nicarágua	67	0.542	18[g]	41	51	0.34	1950	1955	1990	33
125 Botsuana	65	0.550	11[g]	33	51	0.58	1965	1965	..	28
126 Vanuatu	..	..	4	..	..	0.69	1975, 1980	1975, 1980	..	8
127 Tajiquistão	..	..	20	..	..	0.65	1924	1924	..	6
128 Namíbia	43	0.620	27[g]	36	52	0.63	1989	1989	..	25
129 África do Sul	26	0.687	34[g,q]	34	55	0.60	1930, 1994	1930, 1994	1994	45
130 Marrocos	104	0.318	6[g]	12	35	0.24	1959	1963	..	19
131 São Tomé e Príncipe	..	..	7	..	..	0.47	1975	1975	1980	25
132 Butão	..	..	14	..	..	0.39	1953	1953	..	0
133 República Democrática Popular do	..	..	25	..	..	0.76	1958	1958	..	11
134 Índia	..	..	9[g]	..	..	0.32	1935, 1950	1935, 1950	2009	10
135 Ilhas Salomão	..	..	0	..	..	0.51	1974	1974	..	0
136 Congo	..	..	9	..	..	0.51	1947, 1961	1963	..	13
137 Cambodja	91	0.427	16	14	41	0.68	1955	1955	..	7
138 Mianmar	..	..	..[r]	..	..	0.61	1935	1946	..	0
139 Comores	..	..	3	..	..	0.58	1956	1956	..	..
140 Iémen	109	0.135	1	4	15	0.25	1967, 1970	1967, 1970	..	6
141 Paquistão	99	0.386	21[g]	3	25	0.18	1956	1956	2008	4
142 Suazilândia	..	..	22	..	..	0.71	1968	1968	2006	19
143 Angola	..	..	37[g]	..	..	0.64	1975	1975	..	6
144 Nepal	83	0.486	33[g]	14	20	0.61	1951	1951	..	20
145 Madagáscar	97	0.398	9	22	43	0.71	1959	1959	..	13
146 Bangladesh	108	0.264	6[g,s]	10[h]	22[h]	0.51	1935, 1972	1935, 1972	..	8
147 Quénia	..	..	10[g]	..	..	0.65	1919, 1963	1919, 1963	..	..
148 Papua-Nova Guiné	..	..	1	..	..	0.74	1964	1963	..	4
149 Haiti	..	..	5[g]	..	..	0.37	1957	1957	..	11
150 Sudão	..	..	17[g]	..	..	0.33	1964	1964	..	6
151 Tanzânia, República Unida da	69	0.539	30[g]	16	38	0.74	1959	1959	..	21
152 Gana	..	..	8[g]	..	..	0.74	1954	1954	2009	16
153 Camarões	..	..	14[g]	..	..	0.53	1946	1946	..	12
154 Mauritânia	..	..	20[g]	..	..	0.58	1961	1961	..	12
155 Djibuti	..	..	14[g]	..	..	0.57	1946	1986	..	9
156 Lesoto	50	0.591	26[g]	52	58	0.73	1965	1965	2000	32
157 Uganda	49	0.591	31[g]	33	35	0.69	1962	1962	..	28
158 Nigéria	..	..	7	..	..	0.42	1958	1958	2007	23

DESENVOLVIMENTO HUMANO BAIXO

159 Togo	..	..	11	..	..	0.45	1945	1945	..	10
160 Malawi	..	..	13[g]	..	..	0.74	1961	1961	..	24
161 Benim	..	..	11	..	..	0.52	1956	1956	..	22
162 Timor-Leste	..	..	29[g]	..	..	0.53	..	..	..	25
163 Costa do Marfim	..	..	9[g]	..	..	0.34	1952	1952	..	13
164 Zâmbia	92	0.426	15	19[h]	31[h]	0.56	1962	1962	..	17
165 Eritreia	..	..	22[g]	..	..	0.50	1955[t]	1955[t]	..	18
166 Senegal	..	..	29[g]	..	..	0.55	1945	1945	..	18
167 Ruanda	..	..	51[g]	..	..	0.79	1961	1961	2008	17
168 Gâmbia	..	..	9	..	..	0.63	1960	1960	2006	28
169 Libéria	..	..	14[g]	..	..	0.50	1946	1946	2003	20
170 Guinea	..	..	..[u]	..	..	0.68	1958	1958	..	16
171 Etiópia	85	0.464	21[g]	16	33	0.67	1955	1955	1995	10
172 Moçambique	..	..	35[g]	..	..	0.90	1975	1975	..	26
173 Guiné-Bissau	..	..	10	..	..	0.46	1977	1977	..	25
174 Burundi	..	..	32[g]	..	..	0.77	1961	1961	2005	30
175 Chade	..	..	5	..	..	0.70	1958	1958	..	17
176 Congo, República Democrática do	..	..	8	..	..	0.46	1967	1970	..	12
177 Burkina Faso	..	..	15[g]	..	..	0.66	1958	1958	..	14

TABELA K

Ordem do IDH	Medida de Participação segundo o Género (MPG) Ordem	Medida de Participação segundo o Género (MPG) Valores	Assentos parlamentares ocupados por mulheres[a] (% do total)	Rácio feminino em funções legislativas, cargos superiores e de gestão[b] (% do total)	Rácio feminino em funções técnicas e especializadas[b] (% do total)	Rácio de rendimento auferido estimado feminino e masculino[c]	Ano em que as mulheres ganharam o direito de[d] votar	Ano em que as mulheres ganharam o direito de[d] se candidatarem a eleições	Ano em que uma mulher se tornou líder parlamentar ou líder de uma câmara parlamentar pela primeira vez[e]	Mulheres em cargos ministeriais[f] (% do total)
178 Mali	..	..	10[g]	..	..	0.44	1956	1956	..	23
179 República Centro-Africana	..	..	10	..	..	0.59	1986	1986	..	13
180 Serra Leoa	..	..	13[g]	..	..	0.74	1961	1961	..	14
181 Afeganistão	..	..	26[g]	..	..	0.24	1963	1963	..	4
182 Níger	..	..	12[g]	..	..	0.34	1948	1948	..	26
OUTROS ESTADOS-MEMBROS DAS NAÇÕES UNIDAS										
Iraque	..	..	25[g]	..	..	..	1980	1980	..	10
Kiribati	..	..	4	27[h]	44[h]	..	1967	1967	..	8
Coreia, Rep. Democrática Popular da	..	..	20[g]	..	..	..	1946	1946	..	0
Ilhas Marshall	..	..	3	19[h]	36[h]	..	1979	1979	..	10
Micronésia, Estados Federados da	..	..	0	..	..	..	1979	1979	..	14
Mónaco	..	..	25	..	..	..	1962	1962	..	0
Nauru	..	..	0	..	..	..	1968	1968	..	0
Palau	..	..	7	36[h]	44[h]	..	1979	1979	..	0
San Marino	..	..	15	19	52	..	1959	1973	1981	20
Somália	..	..	..[g]	..	..	..	1956	1956	..	..
Tuvalu	..	..	0	25	50	..	1967	1967	..	0
Zimbabué	..	..	18[g]	..	..	..	1919, 1957	1919, 1978	2005	16

NOTAS

a. Os dados reportam a 28 de Fevereiro de 2009, a não ser que se especifique algo em contrário. Em casos onde existam câmaras altas e câmaras baixas, os dados referem-se à média simples das taxas de assentos ocupados por mulheres em ambas as câmaras.

b. Os dados referem-se ao ano mais recente disponibilizado entre 1999 e 2007. As estimativas para países que implementaram a Classificação Internacional Tipo das Profissões (CITP-88) não são rigorosamente comparáveis com aquelas de países que utilizam a classificação anterior (CITP-68).

c. Cálculos baseados nos dados das colunas 10 e 11 da Tabela J. As estimativas baseiam-se em dados do ano mais recente disponibilizado entre 1996 e 2007. Seguindo a metodologia implementada no cálculo do IDG, os valores da componente da MPG referente ao rendimento foram apurados através de cálculos realizados por baixo em países cujos rendimentos excediam o valor máximo de PIB per capita de 40.000 (de dólares americanos em PPC). Para mais detalhes, ver http://hdr.undp.org/en/statistics/tn1

d. Os dados referem-se ao ano em que os direitos de voto ou de candidatura a eleições nacionais foram reconhecidos numa base universal e de igualdade. Nos casos em que se apresenta dois anos, o primeiro refere-se ao primeiro reconhecimento parcial dos direitos de voto ou de candidatura a eleições. Em alguns países, as mulheres ganharam os direitos ao voto ou a se candidatarem em eleições locais antes de obterem esses mesmos direitos em eleições nacionais; contudo, os dados sobre os direitos referentes a eleições locais não foram incluídos nesta tabela.

e. Datas em que, pela primeira vez na história parlamentar do país, uma mulher se tornou porta-voz / líder parlamentar ou líder de uma câmara parlamentar. Em Maio de 2009, as mulheres ocupavam apenas 12,6% de um número total de 269 postos de líderes parlamentares ou líderes de uma câmara parlamentar.

f. Os dados reportam-se a Janeiro de 2008. O total inclui vice-primeiros-ministros e ministros. Os primeiros-ministros foram também incluídos nos casos em que detinham experiência em cargos ministeriais. Os vice-presidentes e os presidentes de organismos públicos ou governamentais não foram incluídos.

g. Países com sistemas de quotas estabelecidos para mulheres. Os sistemas de quotas visam garantir que as mulheres constituam pelo menos uma "minoria crítica" de 30 ou 40% do número total de membros parlamentares. Actualmente, as mulheres constituem 16% dos membros dos parlamentos de todo o mundo.

h. Os dados seguem a CITP-68.

i. O total refere-se a todos os membros votantes da câmara.

j. Não existem dados sobre o ano em que todas as mulheres ganharam o direito de se candidatarem a eleições, uma vez que a constituição do país não menciona o género relativamente a este direito.

k. De acordo com a nova constituição aprovada em 2003, é garantido o sufrágio das mulheres. Até à data, ainda não se realizaram quaisquer eleições legislativas.

l. Em Dezembro de 2006, o Conselho Nacional Federal foi renovado. Homens e mulheres puderam votar segundo padrões de igualdade. Uma mulher foi eleita para o Conselho e sete foram subsequentemente nomeadas.

m. A Sérvia e Montenegro tornaram-se dois Estados independentes em Junho de 2006. As mulheres ganharam os direitos de voto e de se candidatarem a eleições em 1946, quando a Sérvia e Montenegro ainda faziam parte da antiga Jugoslávia.

n. A Constituição de 2008 determina que o Congresso Nacional seja substituído por uma Assembleia Nacional de 124 membros. As eleições para a constituição desse novo organismo deverão ter lugar no dia 26 de Abril de 2009. Durante o período de transição uma Comissão Legislativa e de Fiscalização, constituída pelos membros da Assembleia Constituinte, assumirá as funções legislativas e fiscalizadoras. A data refere-se à data em que a Comissão realizou a sua primeira sessão.

o. Nenhum candidato do sexo feminino foi eleito nas eleições de 2008. Foi designada uma mulher para o gabinete de ministros. Visto que os ministros do gabinete também têm assento parlamentar, havia uma mulher num total de 32 membros do parlamento em Outubro de 2008.

p. O parlamento foi dissolvido na sequência de um golpe de estado, em Dezembro de 2006.

q. Os números sobre a distribuição de assentos não incluem os 36 delegados rotativos especiais com designação ad hoc, pelo que todas as percentagens apresentadas foram calculadas considerando-se 54 assentos permanentes.

r. O parlamento eleito em 1990 nunca se reuniu ou sequer foi autorizado a estabelecer-se, e muitos dos seus membros foram detidos ou forçados ao exílio.

s. 45 assentos reservados às mulheres estão ainda por preencher.

t. Em Novembro de 1955, a Eritreia fazia parte da Etiópia. A Constituição da Eritreia como nação soberana, adoptada a 23 de Maio de 1997, estabelece: "Todos os cidadãos eritreus, a partir dos 18 anos, têm direito ao voto".

u. O parlamento foi dissolvido na sequência de um golpe de estado em, Dezembro de 2008.

FONTES

Coluna 1: dados determinados com base nos valores da MPG da coluna 2.

Coluna 2: cálculos baseados nos dados das colunas 3-6; ver Nota Técnica 1 para detalhes (www.hdr.undp.org/pt/statistics/tn1).

Coluna 3: cálculos baseados nos dados sobre assentos parlamentares retirados de IPU 2009.

Colunas 4 e 5: cálculos baseados em dados relativos às profissões retirados de ILO 2009b.

Coluna 6: cálculos baseados nos dados das colunas 10 e 11 da tabela J.

Colunas 7-10: IPU 2009.

K Medida de Participação segundo o Género e as suas componentes

CLASSIFICAÇÕES RELATIVAS À MPG EM 109 PAÍSES OU ÁREAS

1 Suécia
2 Noruega
3 Finlândia
4 Dinamarca
5 Países Baixos
6 Bélgica
7 Austrália
8 Islândia
9 Alemanha
10 Nova Zelândia
11 Espanha
12 Canadá
13 Suíça
14 Trindade e Tobago
15 Reino Unido
16 Singapura
17 França
18 Estados Unidos da América
19 Portugal
20 Áustria
21 Itália
22 Irlanda
23 Israel
24 Argentina
25 Emirados Árabes Unidos
26 África do Sul
27 Costa Rica
28 Grécia

29 Cuba
30 Estónia
31 República Checa
32 Eslováquia
33 Letónia
34 Eslovénia
35 Macedónia, Antiga República Jugoslava da
36 Peru
37 Barbados
38 Polónia
39 México
40 Lituânia
41 Equador
42 Sérvia
43 Namíbia
44 Croácia
45 Bulgária
46 Barém
47 Panamá
48 Chipre
49 Uganda
50 Lesoto
51 Santa Lúcia
52 Hungria
53 Guiana
54 Honduras
55 Venezuela, República Bolivariana da
56 Quirguizistão

57 Japão
58 Suriname
59 Filipinas
60 Federação Russa
61 Coreia (República da)
62 Vietname
63 Uruguai
64 República Dominicana
65 Botsuana
66 Moldávia
67 Nicarágua
68 Malásia
69 Tanzânia, Rep. Unida da
70 El Salvador
71 Maurícia
72 China
73 Cazaquistão
74 Malta
75 Chile
76 Tailândia
77 Roménia
78 Bolívia
79 Paraguai
80 Colômbia
81 Belize
82 Brasil
83 Nepal
84 Montenegro

85 Etiópia
86 Ucrânia
87 Omã
88 Qatar
89 Samoa
90 Maldivas
91 Cambodja
92 Zâmbia
93 Arménia
94 Mongólia
95 Geórgia
96 Indonésia
97 Madagáscar
98 Sri Lanka
99 Paquistão
100 Azerbeijão
101 Turquia
102 Tonga
103 Irão, República Islâmica do
104 Marrocos
105 Argélia
106 Arábia Saudita
107 Egipto
108 Bangladesh
109 Iémen

RELATÓRIO DE DESENVOLVIMENTO HUMANO 2009
Tendências demográficas

Ordem do IDH	População total (milhões) 1990	2007	2020[b]	Taxa de crescimento natural (%) 1990 a 1995	2005 a 2010	Taxa de migração internacional líquida (%) 1990 a 1995	2005 a 2010	População urbana[a] (% do total) 1990	2010	Rácio de dependência da população infantil 1990	2010	Rácio de dependência da população idosa 1990	2010	Taxa total de fertilidade (nascimentos por mulher) 1990 a 1995	2005 a 2010
DESENVOLVIMENTO HUMANO MUITO ELEVADO															
1 Noruega	4.2	4.7	5.2	0.4	0.4	0.2	0.6	72.0	77.6	29.3	28.4	25.2	22.7	1.9	1.9
2 Austrália	17.1	20.9	23.7	0.7	0.6	0.4	0.5	85.4	89.1	32.9	28.1	16.8	20.7	1.9	1.8
3 Islândia	0.3	0.3	0.4	1.1	0.9	-0.1	1.3	90.8	92.3	38.7	29.8	16.5	17.4	2.2	2.1
4 Canadá	27.7	32.9	37.1	0.7	0.3	0.5	0.6	76.6	80.6	30.4	23.5	16.6	20.3	1.7	1.6
5 Irlanda	3.5	4.4	5.1	0.5	0.9	0.0	0.9	56.9	61.9	44.6	30.6	18.5	16.7	2.0	2.0
6 Países Baixos	15.0	16.5	17.1	0.4	0.3	0.3	0.1	68.7	82.9	26.5	26.3	18.6	22.9	1.6	1.7
7 Suécia	8.6	9.2	9.7	0.3	0.2	0.3	0.3	83.1	84.7	27.9	25.3	27.7	28.1	2.0	1.9
8 França	56.8	61.7	64.9	0.3	0.4	0.1	0.2	74.1	77.8	30.5	28.4	21.6	26.2	1.7	1.9
9 Suíça	6.7	7.5	7.9	0.3	0.1	0.7	0.3	73.2	73.6	24.9	22.4	21.3	25.5	1.5	1.5
10 Japão	123.2	127.4	123.7	0.3	-0.1	0.1	0.0	63.1	66.8	26.3	20.5	17.2	35.1	1.5	1.3
11 Luxemburgo	0.4	0.5	0.5	0.3	0.3	1.1	0.8	80.9	82.2	25.1	25.7	19.4	20.5	1.7	1.7
12 Finlândia	5.0	5.3	5.5	0.3	0.2	0.2	0.2	61.4	63.9	28.7	25.0	19.9	25.9	1.8	1.8
13 Estados Unidos da América	254.9	308.7	346.2	0.7	0.6	0.5	0.3	75.3	82.3	33.0	30.3	18.7	19.4	2.0	2.1
14 Áustria	7.7	8.3	8.5	0.1	0.0	0.6	0.4	65.8	67.6	25.8	21.8	22.1	25.9	1.5	1.4
15 Espanha	38.8	44.1	48.6	0.1	0.2	0.2	0.8	75.4	77.4	29.8	22.0	20.5	25.3	1.3	1.4
16 Dinamarca	5.1	5.4	5.6	0.1	0.1	0.2	0.1	84.8	87.2	25.3	27.6	23.2	25.6	1.7	1.8
17 Bélgica	9.9	10.5	11.0	0.1	0.2	0.2	0.4	96.4	97.4	27.0	25.4	22.3	26.4	1.6	1.8
18 Itália	57.0	59.3	60.4	0.0	-0.1	0.1	0.6	66.7	68.4	24.0	21.7	22.2	31.3	1.3	1.4
19 Listenstaine	0.0	0.0	0.0	..	..	..	..	16.9	14.2	..	..	..	..	..	..
20 Nova Zelândia	3.4	4.2	4.7	0.9	0.7	0.8	0.2	84.7	86.8	35.1	30.3	16.9	19.4	2.1	2.0
21 Reino Unido	57.2	60.9	65.1	0.2	0.2	0.1	0.3	88.7	90.1	29.1	26.3	24.1	25.1	1.8	1.8
22 Alemanha	79.4	82.3	80.4	-0.1	-0.2	0.7	0.1	73.1	73.8	23.3	20.2	21.7	30.9	1.3	1.3
23 Singapura	3.0	4.5	5.2	1.3	0.3	1.5	2.2	100.0	100.0	29.4	21.0	7.7	13.8	1.8	1.3
24 Hong Kong, China (RAE)	5.7	6.9	7.7	0.7	0.2	1.0	0.3	99.5	100.0	30.7	15.3	12.1	17.0	1.3	1.0
25 Grécia	10.2	11.1	11.3	0.1	-0.1	0.9	0.3	58.8	61.4	28.7	21.1	20.4	27.2	1.4	1.4
26 Coreia, República da	43.0	48.0	49.5	1.0	0.4	-0.3	0.0	73.8	81.9	36.9	22.3	7.2	15.2	1.7	1.2
27 Israel	4.5	6.9	8.3	1.5	1.5	2.0	0.2	90.4	91.7	52.5	44.4	15.2	16.4	2.9	2.8
28 Andorra	0.1	0.1	0.1	..	..	..	..	94.7	88.0	..	..	..	..	..	..
29 Eslovénia	1.9	2.0	2.1	0.0	0.0	0.4	0.2	50.4	48.0	30.9	19.8	16.3	23.5	1.4	1.4
30 Brunei Darussalam	0.3	0.4	0.5	2.5	1.7	0.3	0.2	65.8	75.7	54.9	37.5	4.3	4.9	3.1	2.1
31 Kuwait	2.1	2.9	3.7	1.9	1.6	-6.2	0.8	98.0	98.4	58.9	31.3	1.9	3.2	3.2	2.2
32 Chipre	0.7	0.9	1.0	1.0	0.4	0.4	0.6	66.8	70.3	40.8	25.2	17.3	19.0	2.4	1.5
33 Qatar	0.5	1.1	1.7	1.8	1.0	0.6	9.4	92.2	95.8	38.9	19.2	1.6	1.3	4.1	2.4
34 Portugal	10.0	10.6	10.8	0.1	0.0	0.0	0.4	47.9	60.7	30.8	22.7	20.3	26.7	1.5	1.4
35 Emirados Árabes Unidos	1.9	4.4	5.7	2.1	1.3	3.2	1.6	79.1	78.0	43.4	24.0	1.8	1.3	3.9	1.9
36 República Checa	10.3	10.3	10.6	0.0	0.0	0.0	0.4	75.2	73.5	32.4	19.9	19.0	21.6	1.7	1.4
37 Barbados	0.3	0.3	0.3	0.6	0.4	-0.8	-0.1	32.7	40.8	36.4	23.5	15.1	14.4	1.6	1.5
38 Malta	0.4	0.4	0.4	0.7	0.2	0.3	0.2	90.4	94.7	35.5	21.7	15.8	21.2	2.0	1.3
DESENVOLVIMENTO HUMANO ELEVADO															
39 Barém	0.5	0.8	1.0	2.3	1.6	0.9	0.5	88.1	88.6	47.5	36.2	3.4	3.1	3.4	2.3
40 Estónia	1.6	1.3	1.3	-0.3	-0.1	-1.4	0.0	71.1	69.5	33.5	22.7	17.5	25.2	1.6	1.6
41 Polónia	38.1	38.1	37.5	0.3	0.0	0.0	-0.1	61.3	61.2	38.8	20.6	15.5	18.8	1.9	1.3
42 Eslováquia	5.3	5.4	5.4	0.4	0.0	0.0	0.1	56.5	56.8	39.2	20.9	16.0	16.9	1.9	1.3
43 Hungria	10.4	10.0	9.8	-0.3	-0.4	0.2	0.1	65.8	68.3	30.5	21.4	20.1	23.8	1.7	1.4
44 Chile	13.2	16.6	18.6	1.6	1.0	0.1	0.0	83.3	89.0	46.7	32.5	9.6	13.5	2.6	1.9
45 Croácia	4.5	4.4	4.3	0.0	-0.2	0.7	0.0	54.0	57.8	30.1	22.1	16.6	25.6	1.5	1.4
46 Lituânia	3.7	3.4	3.1	0.2	-0.4	-0.5	-0.6	67.6	67.2	33.9	21.2	16.4	23.7	1.8	1.3
47 Antígua e Barbuda	0.1	0.1	0.1	..	..	..	..	35.4	30.3	..	..	..	..	..	..
48 Letónia	2.7	2.3	2.2	-0.3	-0.4	-1.0	-0.1	69.3	68.2	32.1	20.1	17.7	25.4	1.6	1.4
49 Argentina	32.5	39.5	44.3	1.3	1.0	0.1	0.0	87.0	92.4	50.2	38.6	15.3	16.6	2.9	2.3
50 Uruguai	3.1	3.3	3.5	0.8	0.6	-0.1	-0.3	89.0	92.5	41.7	35.4	18.7	21.8	2.5	2.1
51 Cuba	10.6	11.2	11.2	0.8	0.4	-0.2	-0.3	73.4	75.7	32.8	24.6	12.7	17.5	1.7	1.5
52 Baamas	0.3	0.3	0.4	1.8	1.1	0.1	0.1	79.8	84.1	51.9	36.8	7.0	10.3	2.6	2.0
53 México	83.4	107.5	119.7	2.2	1.4	-0.3	-0.5	71.4	77.8	67.4	42.7	7.6	10.0	3.2	2.2
54 Costa Rica	3.1	4.5	5.2	2.1	1.3	0.4	0.1	50.7	64.3	60.6	37.1	8.4	9.5	2.9	2.0
55 Jamahira Árabe Líbia	4.4	6.2	7.7	2.0	1.9	0.0	0.1	75.7	77.9	79.7	45.9	4.7	6.6	4.1	2.7
56 Omã	1.8	2.7	3.5	3.1	1.9	0.2	0.1	66.1	71.7	81.8	46.8	3.6	4.7	6.3	3.1
57 Seychelles	0.1	0.1	0.1	..	..	..	..	49.3	55.3	..	..	..	..	..	..
58 Venezuela, República Bolivariana da	19.7	27.7	33.4	2.2	1.6	0.0	0.0	84.3	94.0	65.3	45.4	6.4	8.7	3.3	2.5
59 Arábia Saudita	16.3	24.7	31.6	2.9	2.0	-0.6	0.1	76.6	82.1	75.1	49.1	4.1	4.6	5.4	3.2

191

RELATÓRIO DE DESENVOLVIMENTO HUMANO **2009**
Tendências demográficas

Ordem do IDH	População total (milhões) 1990	2007	2020[b]	Taxa de crescimento natural (%) 1990 a 1995	2005 a 2010	Taxa de migração internacional líquida (%) 1990 a 1995	2005 a 2010	População urbana[a] (% do total) 1990	2010	Rácio de dependência da população infantil 1990	2010	Rácio de dependência da população idosa 1990	2010	Taxa total de fertilidade (nascimentos por mulher) 1990 a 1995	2005 a 2010
60 Panamá	2.4	3.3	4.0	2.0	1.6	0.1	0.1	53.9	74.8	58.8	45.0	8.4	10.4	2.9	2.6
61 Bulgária	8.8	7.6	7.0	-0.3	-0.5	-0.8	-0.1	66.4	71.7	30.5	19.6	19.7	25.5	1.5	1.4
62 São Cristóvão e Nevis	0.0	0.1	0.1	..	..	..	..	34.6	32.4	..	..	..	..	..	..
63 Roménia	23.2	21.5	20.4	0.0	-0.2	-0.5	-0.2	53.2	54.6	35.7	21.8	15.8	21.3	1.5	1.3
64 Trindade e Tobago	1.2	1.3	1.4	1.1	0.7	-0.4	-0.3	8.5	13.9	56.8	28.3	9.2	9.5	2.1	1.6
65 Montenegro	0.6	0.6	0.6	0.7	0.2	0.5	-0.2	48.0	59.5	40.2	28.3	12.7	18.8	1.8	1.6
66 Malásia	18.1	26.6	32.0	2.3	1.6	0.3	0.1	49.8	72.2	63.5	44.0	6.2	7.3	3.5	2.6
67 Sérvia	9.6	9.8	9.8	0.4	0.0	0.9	0.0	50.4	52.4	34.6	25.9	14.3	21.1	2.0	1.6
68 Bielorússia	10.3	9.7	9.1	0.0	-0.5	0.0	0.0	66.0	74.3	34.8	20.4	16.1	18.6	1.7	1.3
69 Santa Lúcia	0.1	0.2	0.2	1.8	1.1	-0.6	-0.1	29.3	28.0	65.4	38.3	13.4	10.1	3.2	2.0
70 Albânia	3.3	3.1	3.3	1.7	0.9	-2.6	-0.5	36.4	48.0	53.0	34.0	8.6	14.4	2.8	1.9
71 Federação Russa	148.1	141.9	135.4	-0.2	-0.4	0.3	0.3	73.4	72.8	34.3	20.8	15.1	17.9	1.5	1.4
72 Macedónia, Antiga Rep. Jugoslava da	1.9	2.0	2.0	0.8	0.2	-0.3	-0.1	57.8	67.9	39.4	25.0	11.2	16.9	2.1	1.4
73 Dominica	0.1	0.1	0.1	..	..	..	..	67.7	74.6	..	..	..	..	..	..
74 Granada	0.1	0.1	0.1	1.7	1.3	-0.9	-1.0	32.2	31.0	73.2	41.9	14.8	10.6	3.5	2.3
75 Brasil	149.6	190.1	209.1	1.6	1.0	0.0	0.0	74.8	86.5	58.5	37.7	7.4	10.2	2.6	1.9
76 Bósnia e Herzegovina	4.3	3.8	3.7	0.3	-0.1	-5.4	-0.1	39.2	48.6	34.7	21.4	8.8	19.6	1.5	1.2
77 Colômbia	33.2	44.4	52.3	2.0	1.5	-0.1	-0.1	68.3	75.1	61.8	43.8	7.2	8.6	3.0	2.5
78 Perú	21.8	28.5	32.9	2.2	1.6	-0.3	-0.4	68.9	71.6	66.3	46.7	6.9	9.3	3.6	2.6
79 Turquia	56.1	73.0	83.9	1.8	1.2	0.0	0.0	59.2	69.6	60.5	39.0	6.8	8.8	2.9	2.1
80 Equador	10.3	13.3	15.4	2.2	1.6	-0.1	-0.5	55.1	66.9	68.5	48.8	7.4	10.6	3.4	2.6
81 Maurícia	1.1	1.3	1.4	1.5	0.7	-0.1	0.0	43.9	42.6	43.7	31.5	7.1	10.7	2.3	1.8
82 Cazaquistão	16.5	15.4	16.7	1.1	0.9	-1.9	-0.1	56.3	58.5	50.2	34.5	9.3	10.0	2.6	2.3
83 Líbano	3.0	4.2	4.6	1.8	0.9	1.4	-0.1	83.1	87.2	60.5	36.4	8.8	10.8	3.0	1.9

DESENVOLVIMENTO HUMANO MÉDIO

84 Arménia	3.5	3.1	3.2	1.1	0.7	-3.0	-0.5	67.5	63.7	47.4	29.4	8.8	16.1	2.4	1.7
85 Ucrânia	51.6	46.3	42.9	-0.2	-0.6	0.0	0.0	66.8	68.1	32.3	19.7	18.3	22.1	1.6	1.3
86 Azerbeijão	7.2	8.6	9.8	1.8	1.2	-0.3	-0.1	53.7	52.2	55.7	34.4	6.9	9.5	2.9	2.2
87 Tailândia	56.7	67.0	71.4	1.2	0.6	0.0	0.1	29.4	34.0	45.9	30.3	7.1	10.9	2.1	1.8
88 Irão, República Islâmica do	56.7	72.4	83.7	2.2	1.3	-0.4	-0.1	56.3	69.5	86.7	33.4	6.2	6.8	4.0	1.8
89 Geórgia	5.5	4.4	4.0	0.6	0.0	-2.1	-1.2	55.1	52.9	37.2	24.2	14.1	20.7	2.1	1.6
90 República Dominicana	7.4	9.8	11.5	2.3	1.7	-0.3	-0.3	55.2	70.5	66.6	49.5	6.6	9.8	3.3	2.7
91 São Vicente e Granadinas	0.1	0.1	0.1	1.7	1.0	-1.5	-0.9	40.6	47.8	67.9	39.7	11.0	10.0	2.9	2.1
92 China	1,142.1[c]	1,329.1[c]	1,431.2[c]	1.2	0.7	0.0	0.0	27.4	44.9	42.9	27.7	8.3	11.4	2.0	1.8
93 Belize	0.2	0.3	0.4	3.1	2.1	-0.1	-0.1	47.5	52.7	82.6	56.3	7.4	6.7	4.3	2.9
94 Samoa	0.2	0.2	0.2	2.4	1.8	-1.6	-1.8	21.2	23.4	74.0	68.6	7.1	8.6	4.7	4.0
95 Maldivas	0.2	0.3	0.4	2.8	1.4	0.0	0.0	25.8	40.5	94.0	39.6	5.2	6.4	5.3	2.1
96 Jordânia	3.3	5.9	7.5	2.9	2.2	2.7	0.8	72.2	78.5	93.6	54.4	6.3	5.9	5.1	3.1
97 Suriname	0.4	0.5	0.6	1.5	1.2	-0.2	-0.2	68.3	75.6	53.7	44.0	7.6	9.9	2.6	2.4
98 Tunísia	8.2	10.1	11.4	1.8	1.0	-0.1	0.0	57.9	67.3	66.5	32.4	8.0	9.6	3.1	1.9
99 Tonga	0.1	0.1	0.1	2.4	2.2	-1.8	-1.7	22.7	25.3	70.1	66.0	8.0	10.3	4.5	4.0
100 Jamaica	2.4	2.7	2.8	1.8	1.2	-0.9	-0.7	49.4	53.7	61.2	45.7	12.5	12.2	2.8	2.4
101 Paraguai	4.2	6.1	7.5	2.6	1.9	-0.1	-0.1	48.7	61.5	75.9	54.7	7.4	8.4	4.3	3.1
102 Sri Lanka	17.3	19.9	21.7	1.4	1.2	-0.3	-0.3	17.2	15.1	51.1	35.7	8.9	11.4	2.5	2.3
103 Gabão	0.9	1.4	1.8	2.7	1.8	0.4	0.1	69.1	86.0	77.9	59.2	10.6	7.2	5.1	3.4
104 Argélia	25.3	33.9	40.6	2.3	1.6	0.0	-0.1	52.1	66.5	80.6	39.5	6.8	6.8	4.1	2.4
105 Filipinas	62.4	88.7	109.7	2.5	2.0	-0.3	-0.2	48.8	66.4	72.6	53.8	5.8	6.9	4.1	3.1
106 El Salvador	5.3	6.1	6.6	2.3	1.4	-0.9	-0.9	49.2	61.3	75.0	51.5	8.6	12.0	3.7	2.3
107 República Árabe da Síria	12.7	20.5	26.5	2.9	2.5	-0.1	0.8	48.9	54.9	98.9	56.1	5.4	5.2	4.9	3.3
108 Fiji	0.7	0.8	0.9	2.1	1.5	-0.9	-0.8	41.6	53.4	64.1	48.2	5.3	7.7	3.4	2.8
109 Turquemenistão	3.7	5.0	5.8	2.4	1.4	0.3	-0.1	45.1	49.5	72.6	43.4	6.8	6.2	4.0	2.5
110 Territórios Ocupados da Palestina	2.2	4.0	5.8	3.9	3.2	0.0	0.0	67.9	72.1	93.6	84.6	6.8	5.5	6.5	5.1
111 Indonésia	177.4	224.7	254.2	1.6	1.2	-0.1	-0.1	30.6	53.7	59.3	39.7	6.3	9.0	2.9	2.2
112 Honduras	4.9	7.2	9.1	3.1	2.3	-0.5	-0.3	40.3	48.8	88.9	62.5	6.6	7.3	4.9	3.3
113 Bolívia	6.7	9.5	11.6	2.6	2.0	-0.3	-0.2	55.6	66.5	74.0	60.2	6.8	8.0	4.8	3.5
114 Guiana	0.7	0.8	0.7	1.6	1.0	-1.3	-1.0	29.5	28.5	62.1	45.0	7.8	9.5	2.6	2.3
115 Mongólia	2.2	2.6	3.0	2.0	1.2	-1.5	-0.1	57.0	57.5	76.8	36.4	7.4	5.8	3.5	2.0
116 Vietnam	66.2	86.1	98.0	2.2	1.2	-0.2	0.0	20.3	28.8	70.6	36.6	8.4	9.3	3.3	2.1
117 Moldávia	4.4	3.7	3.4	0.4	-0.1	-0.6	-0.9	46.8	41.2	43.8	23.0	13.0	15.4	2.1	1.5
118 Guiné Equatorial	0.4	0.6	0.9	2.8	2.3	0.7	0.3	34.7	39.7	68.4	72.2	7.6	5.1	5.9	5.4

TABELA L

Ordem do IDH	População total (milhões) 1990	2007	2020[b]	Taxa de crescimento natural (%) 1990 a 1995	2005 a 2010	Taxa de migração internacional líquida (%) 1990 a 1995	2005 a 2010	População urbana[a] (% do total) 1990	2010	Rácio de dependência da população infantil 1990	2010	Rácio de dependência da população idosa 1990	2010	Taxa total de fertilidade (nascimentos por mulher) 1990 a 1995	2005 a 2010
119 Uzbequistão	20.5	26.9	31.2	2.5	1.4	-0.3	-0.3	40.1	36.9	74.3	42.7	7.3	6.6	3.9	2.3
120 Quirguizistão	4.4	5.3	6.2	2.1	1.5	-1.2	-0.3	37.8	36.6	65.4	44.1	8.7	7.7	3.6	2.6
121 Cabo Verde	0.4	0.5	0.6	2.9	1.9	-0.5	-0.5	44.1	61.1	97.8	58.7	9.0	6.8	4.9	2.8
122 Guatemala	8.9	13.4	18.1	3.1	2.8	-0.8	-0.3	41.1	49.5	88.5	76.8	6.6	8.2	5.5	4.2
123 Egipto	57.8	80.1	98.6	2.2	1.9	-0.2	-0.1	43.5	42.8	78.4	50.8	6.9	7.3	3.9	2.9
124 Nicarágua	4.1	5.6	6.7	2.9	2.0	-0.5	-0.7	52.3	57.3	90.4	56.6	6.2	7.5	4.5	2.8
125 Botsuana	1.4	1.9	2.2	2.5	1.3	0.2	0.2	41.9	61.1	85.9	52.1	5.0	6.1	4.3	2.9
126 Vanuatu	0.1	0.2	0.3	2.9	2.5	-0.1	0.0	18.7	25.6	83.7	65.4	6.8	5.7	4.8	4.0
127 Tajiquistão	5.3	6.7	8.4	2.8	2.2	-1.1	-0.6	31.7	26.5	81.4	60.6	7.2	6.0	4.9	3.5
128 Namíbia	1.4	2.1	2.6	2.9	1.9	-0.2	0.0	27.7	38.0	82.6	60.7	6.3	6.1	4.9	3.4
129 África do Sul	36.7	49.2	52.7	1.9	0.7	0.5	0.3	52.0	61.7	67.2	46.6	5.5	7.1	3.3	2.6
130 Marrocos	24.8	31.2	36.2	2.0	1.5	-0.3	-0.3	48.4	56.7	70.6	42.1	6.8	8.1	3.7	2.4
131 São Tomé e Príncipe	0.1	0.2	0.2	2.8	2.5	-0.8	-0.9	43.6	62.2	95.2	72.2	8.9	6.9	5.2	3.9
132 Butão	0.5	0.7	0.8	2.3	1.4	-3.8	0.3	16.4	36.8	79.2	45.8	6.1	7.5	5.4	2.7
133 Rep. Democrática Popular do Laos	4.2	6.1	7.7	2.8	2.1	-0.1	-0.2	15.4	33.2	82.7	61.9	6.7	6.1	5.8	3.5
134 Índia	862.2	1,164.7	1,367.2	2.0	1.4	0.0	0.0	25.5	30.1	64.9	47.9	6.6	7.7	3.9	2.8
135 Ilhas salomão	0.3	0.5	0.7	2.9	2.5	0.0	0.0	13.7	18.6	87.6	66.4	5.8	5.4	5.5	3.9
136 Congo	2.4	3.6	4.7	2.7	2.2	-0.1	-0.3	54.3	62.1	84.1	71.8	7.2	6.8	5.2	4.4
137 Cambodja	9.7	14.3	17.7	2.9	1.6	0.3	0.0	12.6	22.8	84.8	51.0	5.2	5.6	5.5	3.0
138 Mianmar	40.8	49.1	55.5	1.5	1.1	-0.1	-0.2	24.9	33.9	62.6	39.1	8.4	8.1	3.1	2.3
139 Comores	0.4	0.6	0.8	2.5	2.6	-0.1	-0.3	27.9	28.2	91.1	64.7	5.9	5.2	5.1	4.0
140 lémen	12.3	22.3	31.6	3.7	3.0	0.9	-0.1	20.9	31.8	111.8	79.8	4.2	4.4	7.7	5.3
141 Paquistão	115.8	173.2	226.2	2.8	2.3	-0.4	-0.2	30.6	37.0	82.1	61.7	7.0	6.9	5.7	4.0
142 Suazilândia	0.9	1.2	1.4	3.1	1.4	-0.8	-0.1	22.9	25.5	97.8	67.1	5.5	5.9	5.3	3.6
143 Angola	10.7	17.6	24.5	3.0	2.6	0.2	0.1	37.1	58.5	95.3	84.5	5.2	4.7	7.1	5.8
144 Nepal	19.1	28.3	35.3	2.6	1.9	-0.1	-0.1	8.9	18.2	78.1	59.8	5.9	6.8	4.9	2.9
145 Madagáscar	11.3	18.6	26.7	3.0	2.7	0.0	0.0	23.6	30.2	85.7	78.0	6.1	5.6	6.1	4.8
146 Bangladesh	115.6	157.8	185.6	2.1	1.5	-0.1	-0.1	19.8	28.1	79.8	47.4	5.6	6.1	4.0	2.4
147 Quénia	23.4	37.8	52.0	3.0	2.7	0.2	-0.1	18.2	22.2	101.2	78.5	5.6	4.8	5.6	5.0
148 Papua-Nova Guiné	4.1	6.4	8.5	2.6	2.4	0.0	0.0	15.0	12.5	74.4	68.0	3.9	4.3	4.7	4.1
149 Haiti	7.1	9.7	11.7	2.4	1.9	-0.4	-0.3	28.5	49.6	81.3	60.2	7.2	7.3	5.2	3.5
150 Sudão	27.1	40.4	52.3	2.7	2.1	-0.1	0.1	26.6	45.2	83.1	67.0	5.7	6.4	5.8	4.2
151 Tanzânia, República Unida da	25.5	41.3	59.6	2.8	3.0	0.4	-0.1	18.9	26.4	89.5	85.8	5.2	6.0	6.1	5.6
152 Gana	15.0	22.9	29.6	2.8	2.1	0.0	0.0	36.4	51.5	83.4	65.5	5.7	6.3	5.3	4.3
153 Camarões	12.2	18.7	24.3	2.8	2.3	0.0	0.0	40.7	58.4	88.7	73.2	7.0	6.4	5.7	4.7
154 Mauritânia	2.0	3.1	4.1	2.8	2.3	-0.1	0.1	39.7	41.4	84.5	67.5	5.2	4.6	5.7	4.5
155 Djibuti	0.6	0.8	1.0	2.7	1.8	-0.5	0.0	75.7	88.1	82.1	58.2	4.5	5.4	5.9	3.9
156 Lesoto	1.6	2.0	2.2	2.5	1.2	-1.0	-0.4	14.0	26.9	88.6	67.9	8.5	8.4	4.7	3.4
157 Uganda	17.7	30.6	46.3	3.2	3.3	0.1	-0.1	11.1	13.3	97.7	99.9	5.5	5.2	7.1	6.4
158 Nigéria	97.3	147.7	193.3	2.5	2.4	0.0	0.0	35.3	49.8	89.2	77.7	5.7	5.8	6.4	5.3
DESENVOLVIMENTO HUMANO BAIXO															
159 Togo	3.9	6.3	8.4	3.0	2.5	-0.6	0.0	30.1	43.4	90.2	69.5	6.1	6.3	6.0	4.3
160 Malawi	9.5	14.4	20.5	3.3	2.8	-1.9	0.0	11.6	19.8	92.4	90.1	5.3	6.1	6.8	5.6
161 Benim	4.8	8.4	12.2	3.1	3.0	0.4	0.1	34.5	42.0	89.4	79.7	7.0	6.1	6.6	5.5
162 Timor-Leste	0.7	1.1	1.6	2.7	3.1	0.0	0.2	20.8	28.1	68.7	85.4	3.5	5.8	5.7	6.5
163 Costa do Marfim	12.6	20.1	27.0	2.9	2.4	0.5	-0.1	39.7	50.1	85.1	72.6	5.2	7.0	5.9	4.6
164 Zâmbia	7.9	12.3	16.9	2.8	2.6	0.0	-0.1	39.4	35.7	88.6	91.0	5.4	6.0	6.3	5.9
165 Eritreia	3.2	4.8	6.7	2.6	2.9	-2.3	0.2	15.8	21.6	90.7	74.1	5.1	4.5	6.1	4.7
166 Senegal	7.5	11.9	16.2	3.0	2.8	-0.2	-0.2	39.0	42.9	92.3	79.8	4.9	4.4	6.5	5.0
167 Ruanda	7.2	9.5	13.2	-0.1	2.6	-5.3	0.0	5.4	18.9	102.1	76.8	5.4	4.5	6.2	5.4
168 Gâmbia	0.9	1.6	2.2	2.9	2.6	0.9	0.2	38.3	58.1	79.0	76.4	5.0	5.2	6.0	5.1
169 Libéria	2.2	3.6	5.3	2.9	2.8	-5.1	1.3	45.3	61.5	87.0	78.2	5.7	5.7	6.4	5.1
170 Guinea	6.1	9.6	13.5	2.9	2.9	1.0	-0.6	28.0	35.4	85.4	78.8	6.2	6.1	6.6	5.5
171 Etiópia	48.3	78.6	108.0	3.0	2.7	0.3	-0.1	12.6	17.6	86.5	80.5	5.5	6.0	7.0	5.4
172 Moçambique	13.5	21.9	28.5	2.2	2.3	0.9	0.0	21.1	38.4	92.7	83.0	6.4	6.2	6.1	5.1
173 Guiné-Bissau	1.0	1.5	2.1	2.3	2.4	0.4	-0.2	28.1	30.0	74.7	79.0	6.5	6.4	5.9	5.7
174 Burundi	5.7	7.8	10.3	2.5	2.1	-0.8	0.8	6.3	11.0	87.9	63.9	6.0	4.7	6.5	4.7
175 Chade	6.1	10.6	14.9	3.1	2.9	0.0	-0.1	20.8	27.6	90.7	88.4	6.7	5.5	6.6	6.2
176 Congo, República Democrática do	37.0	62.5	87.6	3.3	2.8	0.6	0.0	27.8	35.2	94.1	91.0	5.5	5.2	7.1	6.1
177 Burkina Faso	8.8	14.7	21.9	3.0	3.5	-0.3	-0.1	13.8	20.4	94.6	90.0	5.1	3.9	6.7	5.9

RELATÓRIO DE DESENVOLVIMENTO HUMANO 2009
Tendências demográficas

Ordem do IDH		População total (milhões) 1990	2007	2020[b]	Taxa de crescimento natural (%) 1990 a 1995	2005 a 2010	Taxa de migração internacional líquida (%) 1990 a 1995	2005 a 2010	População urbana[a] (% do total) 1990	2010	Rácio de dependência da população infantil 1990	2010	Rácio de dependência da população idosa 1990	2010	Taxa total de fertilidade (nascimentos por mulher) 1990 a 1995	2005 a 2010
178	Mali	8.7	12.4	16.8	2.5	2.7	-0.6	-0.3	23.3	33.3	86.2	82.2	5.4	4.3	6.3	5.5
179	República Centro-Africana	2.9	4.3	5.3	2.4	1.9	0.2	0.0	36.8	38.9	81.4	72.3	7.5	6.9	5.7	4.8
180	Serra Leoa	4.1	5.4	7.3	1.8	2.4	-2.2	0.2	32.9	38.4	77.2	79.5	5.1	3.4	5.5	5.2
181	Afeganistão	12.6	26.3	39.6	2.9	2.7	4.3	0.7	18.3	24.8	89.5	88.5	4.5	4.3	8.0	6.6
182	Níger	7.9	14.1	22.9	3.3	3.9	0.0	0.0	15.4	16.7	100.7	104.7	4.1	4.1	7.8	7.1
OUTROS ESTADOS-MEMBROS DAS NAÇÕES UNIDAS																
	Iraque	18.1	29.5	40.2	3.1	2.6	-0.2	-0.4	69.7	66.4	89.0	72.5	6.6	5.8	5.8	4.1
	Kiribati	0.1	0.1	0.1	..	..	..	..	35.0	44.0	..	..	..	..	..	..
	Coreia, Rep. Democrática Popular da	20.1	23.7	24.8	1.5	0.4	0.0	0.0	58.4	63.4	37.9	30.6	6.8	14.2	2.4	1.9
	Ilhas Marshall	0.0	0.1	0.1	..	..	..	..	65.1	71.8	..	..	..	..	..	..
	Micronésia, Estados Federados da	0.1	0.1	0.1	2.6	1.9	-0.4	-1.6	25.8	22.7	84.3	61.2	6.8	6.1	4.8	3.6
	Mónaco	0.0	0.0	0.0	..	..	..	..	100.0	100.0	..	..	..	..	..	..
	Nauru	0.0	0.0	0.0	..	..	..	..	100.0	100.0	..	..	..	..	..	..
	Palau	0.0	0.0	0.0	..	..	..	..	69.6	82.7	..	..	..	..	..	..
	San Marino	0.0	0.0	0.0	..	..	..	..	90.4	94.3	..	..	..	..	..	..
	Somália	6.6	8.7	12.2	2.5	2.8	-2.7	-0.6	29.7	37.4	84.5	85.7	5.6	5.2	6.5	6.4
	Tuvalu	0.0	0.0	0.0	..	..	..	..	40.7	50.4	..	..	..	..	..	..
	Zimbabué	10.5	12.4	15.6	2.6	1.4	-0.3	-1.1	29.0	38.3	90.3	70.0	5.8	7.3	4.8	3.5
	Estados Árabes	638.6 T	964.5 T	1,276.1 T	2.6[d]	2.3[d]	-0.1[d]	-0.1[d]	4.6	4.6	85.5[d]	71.5[d]	5.9[d]	6.1[d]	5.6[d]	4.6[d]
	Europa Central e Europa de Leste e CEI	3,178.8 T	4,029.3 T	4,596.3 T	1.7[d]	1.2[d]	0.0[d]	0.0[d]	2.4	2.4	55.2[d]	39.0[d]	7.8[d]	10.0[d]	3.0[d]	2.4[d]
	Ásia Oriental e Pacífico	720.8 T	730.7 T	732.8 T	0.0[d]	-0.1[d]	0.1[d]	0.2[d]	1.5	1.5	30.7[d]	22.5[d]	19.1[d]	23.8[d]	1.6[d]	1.5[d]
	América Latina e Caraíbas	442.3 T	569.7 T	645.5 T	1.9[d]	1.3[d]	-0.1[d]	-0.2[d]	2.3	2.3	61.4[d]	42.3[d]	8.3[d]	10.6[d]	3.0[d]	2.3[d]
	Sul da Ásia	282.7 T	341.7 T	383.4 T	0.7[d]	0.6[d]	0.5[d]	0.4[d]	2.0	2.0	32.7[d]	29.6[d]	18.5[d]	19.5[d]	2.0[d]	2.0[d]
	África Subsariana	26.9 T	34.5 T	40.3 T	1.2[d]	1.0[d]	0.3[d]	0.3[d]	2.4	2.4	41.4[d]	37.2[d]	14.3[d]	16.6[d]	2.5[d]	2.4[d]
	OCDE	1,048.6 T	1,189.0 T	1,269.7 T	0.6	0.4	0.2	0.2	71.8	76.8	34.6	27.7	17.5	22.1	1.9	1.8
	União EUropeia (EU27)	471.6 T	493.2 T	505.3 T	0.1	0.0	0.2	0.3	71.5	74.0	29.1	23.2	20.8	26.2	1.6	1.5
	CCG	23.1 T	36.5 T	47.1 T	2.7	1.8	-0.5	0.7	78.5	82.8	70.2	43.1	3.6	3.9	5.1	2.9
	Desenvolvimento humano muito elevado	877.3 T	986.5 T	1,051.0 T	0.4	0.3	0.3	0.3	73.7	78.4	29.8	25.5	19.0	24.3	1.7	1.7
	Muito elevado: OCDE	855.4 T	954.9 T	1,013.4 T	0.4	0.3	0.3	0.3	73.3	78.0	29.6	25.5	19.2	24.7	1.7	1.7
	Muito elevado: não-OCDE	22.0 T	31.6 T	37.6 T	1.2	0.8	0.9	1.2	88.5	89.7	40.1	26.4	10.5	12.4	2.2	1.8
	Desenvolvimento humano elevado	784.2 T	918.4 T	996.0 T	1.2	0.8	-0.1	-0.1	69.4	76.5	51.4	35.0	10.6	12.7	2.5	2.0
	Desenvolvimento humano médio	3,388.5 T	4,380.5 T	5,090.6 T	1.8	1.3	-0.1	-0.1	30.3	41.1	61.0	44.3	7.3	8.8	3.3	2.6
	Desenvolvimento humano baixo	240.2 T	385.1 T	536.8 T	2.9	2.7	0.1	0.0	22.7	29.7	89.9	83.6	5.5	5.5	6.7	5.6
	Mundo	5,290.5 Td	6,670.8 Td	7,674.3 Td	1.5[d]	1.2[d]	0.0[d]	0.0[d]	2.6	2.6	53.8[d]	41.2[d]	10.0[d]	11.6[d]	3.1[d]	2.6[d]

NOTAS

a. Em virtude de os dados se basearem em definições nacionais sobre o que constitui uma cidade ou uma área metropolitana, dever-se-á ter cautela quando se proceder a comparações entre países.
b. Os dados referem-se a projecções de variantes médias.
c. As estimativas da população incluem Taiwan, Província da China.
d. Os dados são valores em agregado a partir da fonte de dados original.

FONTES

Colunas 1–7 e 10–15: UN 2009e.
Colunas 8 e 9: UN 2008c.

TABELA

RELATÓRIO DE DESENVOLVIMENTO HUMANO **2009**
Economia e desigualdade

M

	PIB		PIB per capita			Variação média anual do Índice de Preços no Consumidor (%)		Taxas de rendimento ou consumo[b] (%)		Medidas de desigualdade	
Ordem do IDH	Mil milhões de USD 2007	Mil milhões de USD em PPC 2007	USD 2007	Taxas de crescimento anual a preços constantes (%) 1990–2007	Valores mais elevados entre 1980–2007 PPC em USD em 2007[a]	Anos com o valor mais elevado	1990-2007	2006-2007	Os 10% mais pobres	Os 10% mais ricos	Os 10% mais ricos em relação aos 10% mais pobres	Índice de Gini[d]
DESENVOLVIMENTO HUMANO MUITO ELEVADO												
1 Noruega	388.4	251.6	82,480	2.6	53,433	2007	2.1	0.7	3.9[e]	23.4[e]	6.1	25.8
2 Austrália	821.0	733.9	39,066	2.4	34,923	2007	2.5	2.3	2.0[e]	25.4[e]	12.5	35.2
3 Islândia	20.0	11.1	64,190	2.5	35,742	2007	3.5	5.1	..	..	..	..
4 Canadá	1,329.9	1,180.9	40,329	2.2	35,812	2007	2.0	2.1	2.6[e]	24.8[e]	9.4	32.6
5 Irlanda	259.0	194.8	59,324	5.8	44,613	2007	3.0	4.9	2.9[e]	27.2[e]	9.4	34.3
6 Países Baixos	765.8	633.9	46,750	2.1	38,694	2007	2.4	1.6	2.5[e]	22.9[e]	9.2	30.9
7 Suécia	454.3	335.8	49,662	2.3	36,712	2007	1.5	2.2	3.6[e]	22.2[e]	6.2	25.0
8 França	2,589.8	2,078.0	41,970	1.6	33,674	2007	1.6	1.5	2.8[e]	25.1[e]	9.1	32.7
9 Suíça	424.4	307.0	56,207	0.8	40,658	2007	1.2	0.7	2.9[e]	25.9[e]	9.0	33.7
10 Japão	4,384.3	4,297.2	34,313	1.0	33,632	2007	0.2	0.1	4.8[e]	21.7[e]	4.5	24.9
11 Luxemburgo	49.5	38.2	103,042	3.3	79,485	2007	2.1	2.3	3.5[e]	23.8[e]	6.8	30.8
12 Finlândia	244.7	182.6	46,261	2.8	34,526	2007	1.5	2.5	4.0[e]	22.6[e]	5.6	26.9
13 Estados Unidos da América	13,751.4	13,751.4	45,592	2.0	45,592	2007	2.6	2.9	1.9[e]	29.9[e]	15.9	40.8
14 Áustria	373.2	310.7	44,879	1.8	37,370	2007	2.0	2.2	3.3[e]	23.0[e]	6.9	29.1
15 Espanha	1,436.9	1,416.4	32,017	2.4	31,560	2007	3.4	2.8	2.6[e]	26.6[e]	10.3	34.7
16 Dinamarca	311.6	197.3	57,051	1.9	36,130	2007	2.1	1.7	2.6[e]	21.3[e]	8.1	24.7
17 Bélgica	452.8	371.2	42,609	1.8	34,935	2007	1.9	1.8	3.4[e]	28.1[e]	8.2	33.0
18 Itália	2,101.6	1,802.2	35,396	1.2	30,353	2007	2.9	1.8	2.3[e]	26.8[e]	11.6	36.0
19 Listenstaine	..	..	..	..	..	..	..	..	..	..	..	..
20 Nova Zelândia	135.7	115.6	32,086	2.1	27,336	2007	2.0	2.4	2.2[e]	27.8[e]	12.5	36.2
21 Reino Unido	2,772.0	2,143.0	45,442	2.4	35,130	2007	2.7	4.3	2.1[e]	28.5[e]	13.8	36.0
22 Alemanha	3,317.4	2,830.1	40,324	1.4	34,401	2007	1.7	2.1	3.2[e]	22.1[e]	6.9	28.3
23 Singapura	161.3	228.1	35,163	3.8	49,704	2007	1.2	2.1	1.9[e]	32.8[e]	17.7	42.5
24 Hong Kong, China (RAE)	207.2	293.0	29,912	2.4	42,306	2007	2.0	2.0	2.0[e]	34.9[e]	17.8	43.4
25 Grécia	313.4	319.2	27,995	2.7	28,517	2007	5.9	2.9	2.5[e]	26.0[e]	10.2	34.3
26 Coreia, República da	969.8	1,201.8	20,014	4.5	24,801	2007	4.0	2.5	2.9[e]	22.5[e]	7.8	31.6
27 Israel	164.0	188.9	22,835	1.7	26,315	2007	5.7	0.5	2.1[e]	28.8[e]	13.4	39.2
28 Andorra	..	..	..	..	..	..	..	..	..	..	..	..
29 Eslovénia	47.2	54.0	23,379	3.5	26,753[f]	2007	8.2	3.6	3.4[g]	24.6[g]	7.3	31.2
30 Brunei Darussalam	11.5[h]	19.5	30,032[h]	-0.3	83,688	1980	1.2[f]	0.1[h]	..	..	..	..
31 Kuwait	112.1	121.2[h]	42,102	1.8	47,812[f]	2006	2.0	5.5	..	..	..	..
32 Chipre	21.3	21.2	24,895	2.5	24,789	2007	3.2	2.4	..	..	..	..
33 Qatar	52.7	56.3	64,193[h]	..	..	..	3.4	13.8	..	..	..	..
34 Portugal	222.8	241.5	20,998	1.9	22,765	2007	3.6	2.8	2.0[e]	29.8[e]	15.0	38.5
35 Emirados Árabes Unidos	163.3	226.1	38,436[h]	-0.1	101,057[f]	1980	..	..	..	..	..	..
36 República Checa	175.0	249.5	16,934	2.4	24,144[f]	2007	4.6	2.9	4.3[e]	22.7[e]	5.3	25.8
37 Barbados	3.0[h]	5.0[h]	10,427[h]	..	..	..	2.5	4.0	..	..	..	..
38 Malta	7.4	9.4	18,203	2.6	23,080	2007	2.7	1.3	..	..	..	..
DESENVOLVIMENTO HUMANO ELEVADO												
39 Barém	15.8[h]	20.3[h]	21,421[h]	2.4	29,723[f]	2005	0.5	-5.5	..	..	..	..
40 Estónia	20.9	27.3	15,578	5.3	20,361	2007	10.3	6.6	2.7[g]	27.7[g]	10.4	36.0
41 Polónia	422.1	609.4	11,072	4.4	15,987[f]	2007	13.6	2.4	3.0[g]	27.2[g]	9.0	34.9
42 Eslováquia	75.0	108.4	13,891	3.4	20,076[f]	2007	7.3	2.8	3.1[e]	20.8[e]	6.8	25.8
43 Hungria	138.4	188.6	13,766	3.3	18,755	2007	13.4	7.9	3.5[g]	24.1[g]	6.8	30.0
44 Chile	163.9	230.3	9,878	3.7	13,880	2007	5.7	4.4	1.6[e]	41.7[e]	26.2	52.0
45 Croácia	51.3	71.1	11,559	3.0	16,027[f]	2007	32.4	2.9	3.6[g]	23.1[g]	6.4	29.0
46 Lituânia	38.3	59.3	11,356	3.0	17,575[f]	2007	11.8	5.7	2.7[g]	27.4[g]	10.3	35.8
47 Antígua e Barbuda	1.0[h]	1.6[h]	11,664[h]	1.8	19,085	2006	..	..	..	..	..	..
48 Letónia	27.2	37.3	11,930	4.7	16,377	2007	13.3	10.1	2.7[g]	27.4[g]	10.3	35.7
49 Argentina	262.5	522.9	6,644	1.5	13,238	2007	7.3	8.8	1.2[e]	37.3[e]	31.6	50.0
50 Uruguai	23.1	37.3	6,960	1.5	11,216	2007	19.7	8.1	1.7[e]	34.8[e]	20.1	46.2
51 Cuba	..	..	..	..	..	..	..	..	..	..	..	..
52 Baamas	6.6	..	19,844	..	..	..	1.9	2.5	..	..	..	..
53 México	1,022.8	1,484.9	9,715	1.6	14,104	2007	13.2	4.0	1.8[e]	37.9[e]	21.0	48.1
54 Costa Rica	26.3	48.4	5,887	2.6	10,842	2007	13.1	9.4	1.5[e]	35.5[e]	23.4	47.2
55 Jamahira Árabe Líbia	58.3	88.4	9,475	..	..	..	1.2[f]	3.4[h]	..	..	..	..
56 Omã	35.7	56.6	14,031[h]	2.3	22,816[f]	2006	..	6.0	..	..	..	..
57 Seychelles	0.7	1.4	8,560	1.4	16,771	2000	2.5	5.3	..	..	..	..
58 Venezuela, República Bolivariana da	228.1	334.1	8,299	-0.2	12,233	1980	34.3	18.7	1.7[e]	32.7[e]	18.8	43.4
59 Arábia Saudita	381.7	554.1	15,800	0.3	36,637	1980	0.5	4.2	..	..	..	..

195

RELATÓRIO DE DESENVOLVIMENTO HUMANO 2009
Economia e desigualdade

Ordem do IDH	PIB Mil milhões de USD 2007	PIB Mil milhões de USD em PPC 2007	PIB per capita USD 2007	Taxas de crescimento anual a preços constantes (%) 1990–2007	Valores mais elevados entre 1980–2007 PPC em USD em 2007[a]	Anos com o valor mais elevado	Variação média anual do Índice de Preços no Consumidor (%) 1990-2007	2006-2007	Taxas de rendimento ou consumo[b] (%) Os 10% mais pobres	Os 10% mais ricos	Os 10% mais ricos em relação aos 10% mais pobres	Índice de Gini[d]
60 Panamá	19.5	38.1	5,833	2.6	11,391	2007	1.1	4.2	0.8[e]	41.4[e]	49.9	54.9
61 Bulgária	39.5	86.0	5,163	2.3	11,222	2007	55.7	8.4	3.5[g]	23.8[g]	6.9	29.2
62 São Cristóvão e Nevis	0.5	0.7	10,795	2.8	14,481	2007	3.2	4.4	..	..	..	..
63 Roménia	166.0	266.5	7,703	2.3	12,369	2007	56.4	4.8	3.3[g]	25.3[g]	7.6	31.5
64 Trindade e Tobago	20.9	31.3	15,668	5.0	23,507	2007	5.2	7.9	2.1[e]	29.9[e]	14.4	40.3
65 Montenegro	3.5	7.0	5,804	3.8	11,699[f]	2007	..	..	..	..	..	..
66 Malásia	186.7	358.9	7,033	3.4	13,518	2007	2.8	2.0	2.6[e]	28.5[e]	11.0	37.9
67 Sérvia	40.1	75.6	5,435	0.0	13,137[f]	1990	36.4	6.4	..	..	..	..
68 Bielorússia	44.8	105.2	4,615	3.4	10,841[f]	2007	114.2	8.4	3.6[g]	22.0[g]	6.1	27.9
69 Santa Lúcia	1.0	1.6	5,834	1.3	9,786	2007	2.6	2.5	2.0[e]	32.5[e]	16.2	42.6
70 Albânia	10.8	22.4	3,405	5.2	7,041	2007	13.0	2.9	3.2[g]	25.9[g]	8.0	33.0
71 Federação Russa	1,290.1	2,087.4	9,079	1.2	14,690[f]	2007	44.4	9.0	2.6[g]	28.4[g]	11.0	37.5
72 Macedónia, Antiga Rep. Jugoslava da	7.7	18.5	3,767	0.4	9,096[f]	2007	4.8	3.5	2.4[g]	29.5[g]	12.4	39.0
73 Domínica	0.3[h]	0.6[h]	..	1.4	7,893[f]	2006	1.6	3.1	..	..	..	..
74 Granada	0.6	0.8	5,724	2.4	7,557	2005	2.1	4.2	..	..	..	..
75 Brasil	1,313.4	1,833.0	6,855	1.2	9,567	2007	67.6	3.6	1.1[e]	43.0[e]	40.6	55.0
76 Bósnia e Herzegovina	15.1	29.3	4,014	11.2	7,764[f]	2007	..	..	2.8	27.4[g]	9.9	35.8
77 Colômbia	207.8	377.7	4,724	1.2	8,587	2007	13.6	5.4	0.8	45.9[e]	60.4	58.5
78 Perú	107.3	218.6	3,846	2.7	7,836	2007	12.5	1.8	1.5	37.9[e]	26.1	49.6
79 Turquia	655.9	957.2	8,877	2.2	12,955	2007	56.5	8.8	1.9	33.2[g]	17.4	43.2
80 Equador	44.5	99.4	3,335	1.2	7,449	2007	30.1	2.3	1.2	43.3[e]	35.2	54.4
81 Maurícia	6.8	14.2	5,383	3.7	11,296	2007	6.2	8.8	..	..	..	..
82 Cazaquistão	104.9	168.2	6,772	3.2	10,863[f]	2007	24.3	10.8	3.1	25.9[g]	8.5	33.9
83 Líbano	24.4	41.4	5,944	2.4	10,137[f]	2004	..	..	..	..	..	..
DESENVOLVIMENTO HUMANO MÉDIO												
84 Arménia	9.2	17.1	3,059	5.8	5,693[f]	2007	21.1	4.4	3.7	28.9[g]	7.9	33.8
85 Ucrânia	141.2	321.5	3,035	-0.7	9,137[f]	1989	50.6	12.8	3.8	22.5[g]	6.0	28.2
86 Azerbeijão	31.2	67.2	3,652	2.9	7,851[f]	2007	52.1	16.7	6.1	17.5[g]	2.9	36.5
87 Tailândia	245.4	519.2	3,844	2.9	8,135	2007	3.6	2.2	2.6	33.7[g]	13.1	42.5
88 Irão, República Islâmica do	286.1	778.0	4,028	2.5	10,955	2007	20.1	17.2	2.6	29.6[g]	11.6	38.3
89 Geórgia	10.2	20.5	2,313	1.8	7,604	1985	11.4	9.2	1.9	30.6[g]	15.9	40.8
90 República Dominicana	36.7	65.2	3,772	3.8	6,706	2007	11.0	6.1	1.5	38.7[e]	25.3	50.0
91 São Vicente e Granadinas	0.6	0.9	4,596	3.0	7,691	2007	1.9	7.0	..	..	..	..
92 China	3,205.5	7,096.7	2,432	8.9	5,383	2007	4.4	4.8	2.4	31.4[g]	13.2	41.5
93 Belize	1.3	2.0	4,200	2.3	6,796	2006	1.9	2.3	..	..	..	..
94 Samoa	0.5	0.8	2,894	2.9	4,467[f]	2007	4.1	5.6	..	..	..	..
95 Maldivas	1.1	1.6	3,456	5.1	5,196[f]	2007	..	7.4	..	..	..	..
96 Jordânia	15.8	28.0	2,769	2.0	4,901	2007	2.9	5.4	3.0	30.7[g]	10.2	37.7
97 Suriname	2.2	3.6	4,896	1.8	7,813	2007	50.4	6.7	1.0	40.0[e]	40.4	52.9
98 Tunísia	35.0	76.9	3,425	3.4	7,520	2007	3.5	3.1	2.4	31.6[g]	13.3	40.8
99 Tonga	0.3	0.4	2,474	1.7	3,772[f]	2006	5.7	5.9	..	..	..	..
100 Jamaica	11.4	16.3	4,272	0.6	6,587	2006	15.4	9.3	2.1	35.6[g]	17.0	45.5
101 Paraguai	12.2	27.1	1,997	-0.3	4,631	1981	10.7	8.1	1.1	42.3[e]	38.8	53.2
102 Sri Lanka	32.3	84.9	1,616	3.9	4,243	2007	9.6	15.8	2.9	33.3[g]	11.7	41.1
103 Gabão	11.6	20.2	8,696	-0.7	18,600	1984	2.7	5.0	2.5	32.7[g]	13.3	41.5
104 Argélia	135.3	262.0	3,996	1.4	7,740	2007	9.2	3.5	2.8	26.9[g]	9.6	35.3
105 Filipinas	144.1	299.4	1,639	1.7	3,406	2007	6.4	2.8	2.4	33.9[g]	14.1	44.0
106 El Salvador	20.4	39.8	2,973	1.8	5,804	2007	5.5	4.6	1.0	37.0[e]	38.6	49.7
107 República Árabe da Síria	37.7	89.7	1,898	1.5	4,511	2007	4.1	3.9	..	..	..	..
108 Fiji	3.4	3.6	4,113	1.6	4,632	2006	3.0	4.8	..	..	..	..
109 Turquemenistão	12.9	22.6	2,606	..	..	..	..	..	2.5	31.8[g]	12.9	40.8
110 Territórios Ocupados da Palestina	4.0	..	1,160[h]	..	..	..	4.1[f]	3.5	..	..	..	..
111 Indonésia	432.8	837.6	1,918	2.3	3,712	2007	12.8	6.4	3.0	32.3[g]	10.8	39.4
112 Honduras	12.2	27.0	1,722	1.5	3,796	2007	16.2	6.9	0.7	42.2[e]	59.4	55.3
113 Bolívia	13.1	40.0	1,379	1.3	4,206	2007	5.9	8.7	0.5	44.1[g]	93.9	58.2
114 Guiana	1.1	2.1	1,462	2.9	2,782	2007	5.8	12.3	1.3	34.0[e]	25.5	44.6
115 Mongólia	3.9	8.4	1,507	2.2	3,236[f]	2007	17.2	9.0	2.9	24.9[g]	8.6	33.0
116 Vietname	68.6	221.4	806	6.0	2,600[f]	2007	4.1	8.9	3.1	29.8[g]	9.7	37.8
117 Moldávia	4.4	9.7	1,156	-1.3	4,208	1989	15.6	12.4	3.0	28.2[g]	9.4	35.6
118 Guiné Equatorial	9.9	15.5	19,552	21.1	30,627[f]	2007	7.6	..	..	..	..	..

TABELA

Ordem do IDH	PIB Mil milhões de USD 2007	PIB Mil milhões de USD em PPC 2007	PIB per capita USD 2007	Taxas de crescimento anual a preços constantes (%) 1990–2007	Valores mais elevados entre 1980–2007 PPC em USD em 2007[a]	Anos com o valor mais elevado	Variação média anual do Índice de Preços no Consumidor (%) 1990-2007	2006-2007	Taxas de rendimento ou consumo[b] (%) Os 10% mais pobres	Os 10% mais ricos	Medidas de desigualdade Os 10% mais ricos em relação aos 10% mais pobres	Índice de Gini[d]
119 Uzbequistão	22.3	65.1	830	1.2	2,425[f]	2007	..	..	2.9	29.5[g]	10.3	36.7
120 Quirguizistão	3.7	10.5	715	-0.4	2,652[f]	1990	11.3	10.2	3.6	25.9[g]	7.3	32.9
121 Cabo Verde	1.4	1.6	2,705	3.3	3,041[f]	2007	3.5	4.4	1.9	40.6[g]	21.6	50.5
122 Guatemala	33.9	60.9	2,536	1.4	4,562	2007	8.3	6.5	1.3	42.4[e]	33.9	53.7
123 Egipto	130.5	403.7	1,729	2.5	5,349	2007	6.5	9.3	3.9	27.6[g]	7.2	32.1
124 Nicarágua	5.7	14.4	1,022	1.9	2,955	1981	..	11.1	1.4	41.8[e]	31.0	52.3
125 Botsuana	12.3	25.6	6,544	4.3	13,604	2007	9.1	7.1	1.3	51.2[g]	40.0	61.0
126 Vanuatu	0.5	0.8	2,001	-0.4	3,877	1998	2.5	4.0	..	..	..	..
127 Tajiquistão	3.7	11.8	551	-2.2	3,685[f]	1988	..	13.1	3.2	26.4[g]	8.2	33.6
128 Namíbia	7.0	10.7	3,372	1.8	5,155	2007	..	6.7	0.6	65.0[e]	106.6	74.3
129 África do Sul	283.0	466.9	5,914	1.0	9,757	2007	7.0	7.1	1.3	44.9[g]	35.1	57.8
130 Marrocos	75.1	126.8	2,434	2.0	4,108	2007	2.6	2.0	2.7	33.2[g]	12.5	40.9
131 São Tomé e Príncipe	0.1	0.3	916	..	..	..	..	..	..	..	..	..
132 Butão	1.1	3.2	1,668	5.2	4,837	2007	6.6	5.2	2.3	37.6[g]	16.3	46.8
133 Rep. Democrática Popular do Laos	4.1	12.7	701	4.2	2,165[f]	2007	25.7	4.5	3.7	27.0[g]	7.3	32.6
134 Índia	1,176.9	3,096.9	1,046	4.5	2,753	2007	6.8	6.4	3.6	31.1[g]	8.6	36.8
135 Ilhas Salomão	0.4	0.9	784	-1.5	2,149	1995	9.5	7.7	..	..	..	..
136 Congo	7.6	13.2	2,030	-0.2	4,496	1984	5.9	2.7	2.1	37.1[g]	17.8	47.3
137 Cambodja	8.3	26.0	578	6.2	1,802[f]	2007	3.9	5.9	3.0	34.2[g]	11.5	40.7
138 Mianmar	..	41.0	..	6.8	904[f]	2005	24.6	35.0	..	..	..	..
139 Comores	0.4	0.7	714	-0.4	1,361	1984	..	..	0.9	55.2[g]	60.6	64.3
140 Iémen	22.5	52.3	1,006	1.6	2,335[f]	2007	17.6	10.0	2.9	30.8[g]	10.6	37.7
141 Paquistão	142.9	405.6	879	1.6	2,496	2007	7.3	7.6	3.9	26.5[g]	6.7	31.2
142 Suazilândia	2.9	5.5	2,521	0.9	4,789	2007	8.5[f]	5.3	1.8	40.8[g]	22.4	50.7
143 Angola	61.4	91.3	3,623	2.9	5,385[f]	2007	308.1	12.2	0.6	44.7[g]	74.6	58.6
144 Nepal	10.3	29.5	367	1.9	1,049	2007	6.5	6.1	2.7	40.4[g]	14.8	47.3
145 Madagáscar	7.4	18.3	375	-0.4	1,297	1980	14.0	10.3	2.6	41.5[g]	15.9	47.2
146 Bangladesh	68.4	196.7	431	3.1	1,241	2007	5.4	9.1	4.3	26.6[g]	6.2	31.0
147 Quénia	24.2	57.9	645	0.0	1,542	2007	11.2	9.8	1.8	37.8[g]	21.3	47.7
148 Papua-Nova Guiné	6.3	13.2	990	-0.6	2,551	1994	9.4	0.9	1.9	40.9[g]	21.5	50.9
149 Haiti	6.7	11.1	699	-2.1	2,258	1980	19.1	8.5	0.9	47.8[e]	54.4	59.5
150 Sudão	46.2	80.4	1,199	3.6	2,086	2007	35.5	8.0	..	..	..	..
151 Tanzânia, República Unida da	16.2	48.8	400	1.8	1,208[f]	2007	12.6	7.0	3.1	27.0[g]	8.9	34.6
152 Gana	15.1	31.3	646	2.1	1,334	2007	24.0	10.7	2.0	32.8[g]	16.1	42.8
153 Camarões	20.7	39.4	1,116	0.6	2,979	1986	4.3	0.9	2.4	35.5[g]	15.0	44.6
154 Mauritânia	2.6	6.0	847	0.6	1,940	2006	6.0	7.3	2.5[g]	29.6[g]	11.6	39.0
155 Djibuti	0.8	1.7	997	-2.1	2,906[f]	1990	..	..	2.4[g]	30.9[g]	12.8	40.0
156 Lesoto	1.6	3.1	798	2.4	1,541	2007	8.2	8.0	1.0[g]	39.4[g]	39.8	52.5
157 Uganda	11.8	32.7	381	3.5	1,059[f]	2007	6.7	6.1	2.6[g]	34.1[g]	13.2	42.6
158 Nigéria	165.5	291.4	1,118	1.1	1,969	2007	21.3	5.4	2.0[g]	32.4[g]	16.3	42.9
DESENVOLVIMENTO HUMANO BAIXO												
159 Togo	2.5	5.2	380	-0.2	1,147	1980	5.1	1.0	3.3[g]	27.1[g]	8.3	34.4
160 Malawi	3.6	10.6	256	0.4	800	1980	26.1	8.0	3.0[g]	31.9[g]	10.5	39.0
161 Benim	5.4	11.8	601	1.3	1,312	2007	5.0	1.3	2.9[g]	31.0[g]	10.8	38.6
162 Timor-Leste	0.4	0.8	373	..	..	..	..	10.3	2.9[g]	31.3[g]	10.8	39.5
163 Costa do Marfim	19.8	32.6	1,027	-0.7	2,827	1980	4.9	1.9	2.0[g]	39.6[g]	20.2	48.4
164 Zâmbia	11.4	16.2	953	0.1	1,660	1981	35.5	10.7	1.3[g]	38.9[g]	29.5	50.7
165 Eritreia	1.4	3.0	284	-0.7	900[f]	1997	..	..	..	..	..	..
166 Senegal	11.2	20.7	900	1.1	1,666	2007	3.3	5.9	2.5[g]	30.1[g]	11.9	39.2
167 Ruanda	3.3	8.4	343	1.1	872	1983	10.5	9.1	2.1[g]	37.8[g]	18.1	46.7
168 Gâmbia	0.6	2.1	377	0.3	1,225	2007	5.2[f]	2.1[h]	2.0[g]	36.9[g]	18.9	47.3
169 Libéria	0.7	1.3	198	1.9	1,910	1980	..	..	2.4[g]	30.1[g]	12.8	52.6
170 Guinea	4.6	10.7	487	1.3	1,147	2006	..	..	2.4[g]	34.4[g]	14.4	43.3
171 Etiópia	19.4	61.6	245	1.9	779[f]	2007	4.8	17.2	4.1[g]	25.6[g]	6.3	29.8
172 Moçambique	7.8	17.1	364	4.2	802	2007	20.0	8.2	2.1[g]	39.2[g]	18.5	47.1
173 Guiné-Bissau	0.4	0.8	211	-2.6	753	1997	17.0	4.6	2.9[g]	28.0[g]	9.5	35.5
174 Burundi	1.0	2.9	115	-2.7	525	1991	12.8	8.3	4.1[g]	28.0[g]	6.8	33.3
175 Chade	7.1	15.9	658	2.4	1,555	2005	4.8	-9.0	2.6[g]	30.8[g]	11.8	39.8
176 Congo, República Democrática do	9.0	18.6	143	-4.3	794	1980	318.3	16.9	2.3[g]	34.7[g]	15.1	44.4
177 Burkina Faso	6.8	16.6	458	2.5	1,124	2007	3.8	-0.2	3.0[g]	32.4[g]	10.8	39.6

197

RELATÓRIO DE DESENVOLVIMENTO HUMANO **2009**

Economia e desigualdade

		PIB		PIB *per capita*		Variação média anual do Índice de Preços no Consumidor (%)		Taxas de rendimento ou consumo[b] (%)		Medidas de desigualdade	
Ordem do IDH	Mil milhões de USD 2007	Mil milhões de USD em PPC 2007	USD 2007	Taxas de crescimento anual a preços constantes (%) 1990–2007	Valores mais elevados entre 1980–2007 PPC em USD em 2007[a]	Anos com o valor mais elevado	1990-2007	2006-2007	Os 10% mais pobres	Os 10% mais ricos	Os 10% mais ricos em relação aos 10% mais pobres	Índice de Gini[d]
178 Mali	6.9	13.4	556	2.2	1,086	2006	3.4	1.4	2.7[g]	30.5[g]	11.2	39.0
179 República Centro-Africana	1.7	3.1	394	-0.8	990	1982	3.7	..	2.1[g]	33.0[g]	15.7	43.6
180 Serra Leo	1.7	4.0	284	-0.3	855	1982	17.8	11.7	2.6[g]	33.6[g]	12.8	42.5
181 Afeganistão	8.4[h]	26.1[h]	..	..	..	..	..	17.0	..	..	..	..
182 Níger	4.2	8.9	294	-0.6	980	1980	4.0	0.1	2.3[g]	35.7[g]	15.3	43.9
OUTROS ESTADOS-MEMBROS DAS NAÇÕES UNIDAS												
Iraque	..	..	..	..	..	..	..	..	..	..	..	..
Kiribati	0.1	0.1	817	2.1	1,520	2002	..	..	..	..	..	..
Coreia, Rep. Democrática Popular da	..	..	..	..	..	..	..	..	..	..	..	..
Ilhas Marshall	0.1	..	2,559	..	..	..	..	..	..	..	..	..
Micronésia, Estados Federados da	0.2	0.3	2,126	-0.4	3,279[f]	1993	..	..	..	..	..	..
Mónaco	..	..	..	..	..	..	..	..	..	..	..	..
Nauru	..	..	..	..	..	..	..	..	..	..	..	..
Palau	0.2	..	8,148	..	..	..	..	..	..	..	..	..
San Marino	1.7	..	55,681	..	..	..	..	..	..	..	..	..
Somália	..	..	..	..	..	..	..	..	..	..	..	..
Tuvalu	..	..	..	..	..	..	..	..	..	..	..	..
Zimbabué	3.4	..	261[h]	..	..	..	105.6	..	1.8[g]	40.3[g]	22.0	50.1
Estados Árabes	1,347.1[T]	2,285.8	..	..	..	..	..	..	..	..	..	..
Europa Central e Europa de Leste e a CEI	3,641.3[T]	5,805.0	..	..	..	..	..	..	..	..	..	..
Ásia Oriental e o Pacífico	5,661.6[T]	11,184.6	..	..	..	..	..	..	..	..	..	..
América Latina e Caraíbas	3,610.5[T]	5,576.6	..	..	..	..	..	..	..	..	..	..
Sul da Ásia	1,727.5[T]	4,622.5	..	..	..	..	..	..	..	..	..	..
África Subsariana	804.0[T]	1,481.7	..	..	..	..	..	..	..	..	..	..
OCDE	40,378.6[T]	38,543.3	..	..	..	..	..	..	..	..	..	..
União Europeia (EU27)	16,843.0[T]	14,811.7	..	..	..	..	..	..	..	..	..	..
CCG	761.4[T]	1,034.4	..	..	..	..	..	..	..	..	..	..
Desenvolvimento humano muito elevado	39,078.8[T]	36,438.4	39,821[i]	1.8[i]	..	..	..	..	..	..	..	..
Muito elevado: OCDE	..[T]	35,194.8	..	..	..	..	..	..	..	..	..	..
Muito elevado: não-OCDE	..[T]	1,243.6	..	..	..	..	..	..	..	..	..	..
Desenvolvimento humano elevado	7,929.2[T]	11,321.4	8,470[i]	2.1[i]	..	..	..	..	..	..	..	..
Desenvolvimento humano médio	7,516.8[T]	16,837.5	1,746[i]	4.8[i]	..	..	..	..	..	..	..	..
Desenvolvimento humano baixo	147.4[T]	312.4	380[i]	0.0[i]	..	..	..	..	..	..	..	..
Mundo	54,583.8[T]	64,909.7	8,257[i]	1.6[i]	..	..	..	..	..	..	..	..

NOTAS

a. Apresentado em preços constantes de 2007.
b. Em virtude de os respectivos inquéritos aos agregados familiares divergirem em termos do método e do tipo de dados recolhidos, dever-se-á ter cautela quando se proceder a comparações entre países, uma vez que os dados de distribuição não são rigorosamente comparáveis entre países.
c. Os dados mostram o rácio das taxas de rendimento ou consumo do grupo mais rico em relação ao grupo mais pobre.
d. O índice de Gini situa-se entre os 0 e os 100. Um valor de 0 representa igualdade absoluta e de 100 desigualdade absoluta.
e. Os dados referem-se a parcelas de rendimento por percentis da população, classificada por rendimento per capita.
f. Os dados referem-se a um período mais curto do que aquele especificado.
g. Os dados referem-se a taxas de consumo por percentis da população, classificada por consumo per capita.
h. Os dados referem-se a um ano anterior àquele especificado.
i. Valores em agregado calculados para o GRDH pelo Banco Mundial.

FONTES

Colunas 1–3 e 9–12: IWorld Bank 2009d.
Coluna 4: calculado para o GRDH pelo Banco Mundial, com base em World Bank 2009d, usando o método dos mínimos quadrados.
Colunas 5 e 6: cálculos baseados no PIB per capita (em PPC em dólares americanos) estimado por períodos temporais pelo Banco Mundial (World Bank 2009d).
Colunas 7e 8: cálculos baseados nos dados referentes ao índice de preços no consumidor provenientes do Banco Mundial (World Bank 2009d).

TABELA RELATÓRIO DE DESENVOLVIMENTO HUMANO 2009

N Saúde e educação

	Despesa pública com a saúde per capita PPP em USD 2006	Despesa pública com a saúde em % da despesa pública total 2006	Despesa pública com a educação por aluno no ensino primário PPC em USD 2003-2006	Despesa pública com a educação em % da despesa pública total 2000-2007	Ajuda atribuída aos sectores sociais[a] em % da ajuda total 2007	Níveis de educação alcançados[b] Baixo inferior ao ensino secundário 2000-2007	Médio ensino secundário ou pós-secundário não superior 2000-2007	Elevado ensino superior 2000-2007	Quantil de riqueza o mais baixo 2000-2007	Quantil de riqueza o mais alto 2000-2007	Nível de educação da mãe o mais baixo (nenhum nível alcançado) 2000-2007	Nível de educação da mãe o mais alto (secundário ou acima do secundário) 2000-2007	Esperança de uma vida saudável à nascença[c] (anos) 2007	Esperança de uma vida não saudável em % da esperança média de vida total[d] 2007
Ordem do IDH														
DESENVOLVIMENTO HUMANO MUITO ELEVADO														
1 Noruega	3,780	17.9	7,072	16.7	..	14.5	53.8	31.7	..	..	..	..	74	8
2 Austrália	2,097	17.2	5,181	13.3	..	..	..	..	..	..	..	..	75	8
3 Islândia	2,758	18.1	7,788	18.0	..	37.4	30.3	27.6	..	..	..	..	75	8
4 Canadá	2,585	17.9	..	12.5	..	23.7	38.1	38.2	..	..	..	..	75	7
5 Irlanda	2,413	17.3	5,100	13.9	..	40.0	31.2	26.4	..	..	..	..	74	7
6 Países Baixos	2,768	16.4	5,572	11.5	..	34.8	38.6	26.0	..	..	..	..	74	7
7 Suécia	2,533	13.4	8,415	12.9	..	20.7	51.1	27.0	..	..	..	..	75	7
8 França	2,833	16.7	5,224	10.6	..	42.6	35.9	19.8	..	..	..	..	76	6
9 Suíça	2,598	19.6	7,811	13.0	..	21.4	52.3	26.2	..	..	..	..	76	7
10 Japão	2,067	17.7	..	9.5	..	26.1	43.9	30.0	..	..	..	..	78	6
11 Luxemburgo	5,233	16.8	9,953	..	..	39.0	39.7	21.3	..	..	..	..	75	5
12 Finlândia	1,940	12.1	5,373	12.5	..	30.9	38.8	30.3	..	..	..	..	75	6
13 Estados Unidos da América	3,074	19.1	..	13.7	..	14.8	49.0	36.2	..	..	..	..	72	9
14 Áustria	2,729	15.5	7,596	10.9	..	26.2	57.9	15.9	..	..	..	..	74	7
15 Espanha	1,732	15.3	4,800	11.0	..	58.6	17.8	23.6	..	..	..	..	76	6
16 Dinamarca	2,812	15.6	7,949	15.5	..	25.8	43.7	30.3	..	..	..	..	73	7
17 Bélgica	2,264	13.9	6,303	12.1	..	42.3	31.0	26.8	..	..	..	..	74	7
18 Itália	2,022	14.2	6,347	9.2	..	59.5	30.4	10.1	..	..	..	..	76	6
19 Listenstaine	..	..	..	..	..	..	..	..	..	..	..	..	..	..
20 Nova Zelândia	1,905	18.6	4,831	15.5	..	28.7	40.1	25.9	..	..	..	..	74	8
21 Reino Unido	2,434	16.5	5,596	12.5	..	..	..	..	..	..	..	..	73	8
22 Alemanha	2,548	17.6	4,837	9.7	..	21.5	57.1	21.4	..	..	..	..	75	6
23 Singapura	413	5.4	..	..	..	41.2	39.2	19.6	..	..	..	..	75	6
24 Hong Kong, China (RAE)	..	..	..	23.2	..	45.9	38.9	15.2	..	..	..	..	..	..
25 Grécia	1,317	11.5	3,562	9.2	..	51.0	25.7	23.3	..	..	..	..	74	6
26 Coreia, República da	819	11.9	3,379	15.3	..	36.2	40.4	23.4	..	..	..	..	74	7
27 Israel	1,477	11.1	5,135	13.7	..	23.9	33.1	39.7	..	..	..	..	74	8
28 Andorra	2,054	22.7	..	..	..	48.0	34.8	16.1	..	..	..	..	76	..
29 Eslovénia	1,507	13.5	5,206	12.7	..	26.4	55.5	18.1	..	..	..	..	74	5
30 Brunei Darussalam	314	5.1	..	9.1	..	..	..	..	..	..	..	..	67	13
31 Kuwait	422	4.9	2,204	12.9	..	74.4	17.3	8.3	..	..	..	..	69	11
32 Chipre	759	6.4	..	14.5	..	41.3	33.8	24.9	..	..	..	..	71	11
33 Qatar	1,115	9.7	..	19.6	..	59.0	20.1	20.9	..	..	..	..	66	13
34 Portugal	1,494	15.5	4,908	11.3	..	77.4	11.4	11.2	..	..	..	..	73	7
35 Emirados Árabes Unidos	491	8.7	1,636	28.3	..	..	..	..	..	..	..	..	68	12
36 República Checa	1,309	13.6	2,242	9.5	..	14.5	73.0	12.5	..	..	..	..	72	6
37 Barbados	722	11.9	..	16.4	94.8	75.7	23.1	1.1	..	..	..	..	69	10
38 Malta	1,419	14.7	2,549	10.5	..	77.2	12.0	10.8	..	..	..	..	74	7
DESENVOLVIMENTO HUMANO ELEVADO														
39 Barém	669	9.5	..	..	..	50.3	38.4	11.2	..	..	..	..	66	13
40 Estónia	734	11.3	2,511	14.6	..	27.9	42.3	27.5	..	..	..	..	71	3
41 Polónia	636	9.9	3,155	12.7	..	..	..	..	..	..	..	..	70	7
42 Eslováquia	913	13.8	2,149	10.8	..	19.2	67.6	13.2	..	..	..	..	70	6
43 Hungria	978	10.4	4,479	10.9	..	36.5	48.9	14.7	..	..	..	..	69	6
44 Chile	367	14.1	1,287	16.0	34.0	..	..	..	..	..	..	..	72	8
45 Croácia	869	13.9	2,197	10.0	72.3	40.2	45.4	13.9	..	..	..	..	70	8
46 Lituânia	728	13.3	2,166	14.7	..	23.5	50.8	25.7	..	..	..	..	68	5
47 Antígua e Barbuda	439	11.3	..	..	91.3	..	..	..	..	..	..	..	66	..
48 Letónia	615	10.2	..	14.2	..	19.7	60.0	20.3	..	..	..	..	68	6
49 Argentina	758	14.2	1,703	13.1	54.7	65.7	23.2	11.1	..	..	..	..	69	8
50 Uruguai	430	9.2	..	11.6	51.4	75.3	15.1	9.6	..	..	..	..	70	8
51 Cuba	329	10.8	..	14.2	77.5	59.6	31.0	9.4	..	..	..	..	71	10
52 Baamas	775	13.9	..	19.7	..	28.9	70.2	0.3	..	..	..	..	68	7
53 México	327	11.0	1,604	25.6	67.7	69.7	15.3	14.9	..	..	..	..	69	9
54 Costa Rica	565	21.5	1,623	20.6	26.2	64.7	18.5	15.0	..	..	..	..	71	10
55 Jamahira Árabe Líbia	189	6.5	..	..	51.6	..	..	..	..	..	..	..	66	11
56 Omã	321	5.4	..	31.1	22.8	..	..	..	..	..	..	..	67	11
57 Seychelles	602	8.8	2,399	12.6	39.4	51.8	36.8	7.4	..	..	..	..	65	..
58 Venezuela, República Bolivariana da	196	9.3	583	..	71.0	63.9	21.7	12.8	..	..	..	..	68	8
59 Arábia Saudita	468	8.7	..	27.6	78.8	65.8	19.2	14.9	..	..	..	..	64	12

199

RELATÓRIO DE DESENVOLVIMENTO HUMANO 2009
Saúde e educação

		Despesa pública com a saúde	Despesa pública com a educação		Ajuda atribuída aos sectores sociais[a]	Níveis de educação alcançados[b] (% da população com idades a partir dos 25 anos)			Taxa de mortalidade infantil de menores de cinco anos (por 1.000 nados-vivos)				Esperança de uma vida saudável à nascença[c] (anos)	Esperança de uma vida não saudável em % da esperança média de vida total[d]
						Baixo	Médio	Elevado	Quantil de riqueza		Nível de educação da mãe			
		per capita PPP em USD	em % da despesa pública total	por aluno no ensino primário PPC em USD	em % da despesa pública total	em % da ajuda total	inferior ao ensino secundário	ensino secundário ou pós-secundário não superior	ensino superior	o mais baixo	o mais alto	o mais baixo (nenhum nível alcançado)	o mais alto (secundário ou acima do secundário)		
Ordem do IDH		2006	2006	2003-2006	2000-2007	2007	2000-2007	2000-2007	2000-2007	2000-2007	2000-2007	2000-2007	2000-2007	2007	2007
60	Panamá	495	11.5	..	8.9	47.1	66.0	23.1	10.4	..	..	..	..	68	10
61	Bulgária	443	11.9	2,045	6.2	..	40.4	41.3	18.0	..	..	..	..	69	6
62	São Cristóvão e Nevis	403	9.5	..	12.7	58.7	..	..	..	..	..	..	..	67	..
63	Roménia	433	12.4	941	8.6	..	47.3	43.6	9.0	..	..	..	..	68	6
64	Trindade e Tobago	438	6.9	..	13.4	69.9	..	..	..	..	..	..	..	64	8
65	Montenegro	93	20.1	..	..	50.8	22.6	61.4	16.1	..	..	..	..	66	11
66	Malásia	226	7.0	1,324	25.2	30.9	61.3	27.1	8.0	..	..	..	..	66	11
67	Sérvia	373	14.3	..	..	60.6	..	..	..	..	..	..	..	66	11
68	Bielorússia	428	10.2	1,196	9.3	85.4	..	..	..	..	..	..	..	66	4
69	Santa Lúcia	237	10.2	949	19.1	14.7	..	..	..	..	..	..	..	69	6
70	Albânia	127	11.3	..	8.4	67.2	63.0	29.6	7.4	..	..	..	..	64	16
71	Federação Russa	404	10.8	..	12.9	..	..	..	..	..	..	..	..	65	2
72	Macedónia, Antiga Rep. Jugoslava da	446	16.5	..	15.6	57.4	52.2	35.6	12.2	..	..	..	..	66	11
73	Dominica	311	9.2	..	..	4.9	88.8	5.7	5.0	..	..	..	..	67	..
74	Granada	387	9.5	766	12.9	18.4	..	..	..	..	..	..	..	62	18
75	Brasil	367	7.2	1,005	14.5	46.3	70.4	21.2	8.1	99[e]	33[e]	119[e]	37[e]	66	9
76	Bósnia e Herzegovina	454	14.0	..	..	73.2	..	..	..	..	..	..	..	68	9
77	Colômbia	534	17.0	1,257	14.2	61.6	64.7	25.4	9.7	39	16	51	20	69	5
78	Perú	171	13.1	446	15.4	38.5	53.7	26.0	16.3	..	..	..	..	67	8
79	Turquia	461	16.5	1,059	..	49.9	76.8	14.7	8.5	..	..	..	..	67	7
80	Equador	130	7.3	..	8.0	65.4	..	..	..	..	..	..	..	66	12
81	Maurícia	292	9.2	1,205	12.7	43.8	79.2	17.7	2.6	..	..	..	..	65	10
82	Cazaquistão	214	10.4	..	12.1	32.8	29.5	56.1	14.4	..	..	..	..	60	8
83	Líbano	285	11.3	402	9.6	33.8	..	..	..	..	..	..	..	64	11

DESENVOLVIMENTO HUMANO MÉDIO

84	Arménia	112	9.7	..	15.0	54.6	18.4	61.2	20.4	52	23	..	..	63	14
85	Ucrânia	298	8.8	..	19.3	64.0	25.6	36.0	38.0	..	..	..	..	64	6
86	Azerbeijão	67	3.6	356	17.4	45.7	16.5	70.2	13.3	..	..	68	58	60	14
87	Tailândia	223	11.3	..	25.0	36.5	..	..	..	..	..	..	..	65	5
88	Irão, República Islâmica do	406	9.2	927	19.5	71.7	..	..	..	..	..	..	..	62	13
89	Geórgia	76	5.6	..	9.3	40.7	16.3	57.8	25.8	..	..	..	..	67	6
90	República Dominicana	140	9.5	644	16.8	57.7	..	..	..	53	28	57	29	64	12
91	São Vicente e Granadinas	289	9.3	1,227	16.1	9.3	..	..	..	..	..	..	..	66	8
92	China	144	9.9	..	..	56.4	..	..	..	..	..	..	..	68	7
93	Belize	254	10.9	846	18.1	32.6	74.2	13.6	10.9	..	..	..	..	63	17
94	Samoa	188	10.5	..	13.7	70.8	..	..	..	..	..	..	..	63	12
95	Maldivas	742	14.0	..	15.0	29.7	..	..	..	..	..	..	..	64	10
96	Jordânia	257	9.5	695	..	67.0	..	..	..	30	27	..	..	64	12
97	Suriname	151	8.0	..	..	15.1	..	..	..	..	..	..	..	64	7
98	Tunísia	214	6.5	1,581	20.8	52.2	..	..	..	..	..	..	..	67	9
99	Tonga	218	11.1	..	13.5	51.7	25.9	66.2	7.9	..	..	..	..	62	14
100	Jamaica	127	4.2	547	8.8	26.6	..	..	..	..	..	..	..	66	8
101	Paraguai	131	13.2	518	10.0	37.0	72.6	23.6	3.7	57[e]	20[e]	78[e]	29[e]	66	8
102	Sri Lanka	105	8.3	..	..	27.5	..	..	..	..	..	..	..	65	12
103	Gabão	198	13.9	..	..	49.6	..	..	..	93	55	112	87	53	12
104	Argélia	146	9.5	692	..	56.1	92.1	7.6	..	..	..	..	..	63	13
105	Filipinas	88	6.4	418	15.2	23.1	62.6	26.4	8.4	66	21	105	29	64	11
106	El Salvador	227	15.6	478	20.0	53.6	75.6	13.8	10.6	..	..	..	..	63	12
107	República Árabe da Síria	52	5.9	611	..	79.6	89.6	5.1	5.3	22	20	..	..	65	12
108	Fiji	199	9.1	1,143	20.0	72.5	..	..	..	..	..	..	..	64	7
109	Turquemenistão	172	14.9	..	..	79.9	..	..	..	106	70	133	88	57	12
110	Territórios Ocupados da Palestina	..	..	..	..	58.4	68.8	12.8	18.4	..	..	..	..	..	..
111	Indonésia	44	5.3	..	17.2	33.6	..	..	..	77	22	90	37	61	13
112	Honduras	116	15.0	..	..	47.4	..	..	..	50	20	55	20	64	11
113	Bolívia	128	11.6	435	18.1	57.3	61.6	23.8	14.0	105	32	145	48	59	10
114	Guiana	223	8.3	752	15.5	67.7	..	..	..	..	..	..	..	55	17
115	Mongólia	124	11.0	261	..	56.8	46.6	41.1	12.2	..	..	..	..	63	12
116	Vietname	86	6.8	..	..	34.9	..	..	..	53	16	66	29	66	11
117	Moldávia	107	11.8	..	19.8	52.5	..	..	..	29	17	..	..	63	8
118	Guiné Equatorial	219	7.0	..	4.0	84.5	..	..	..	..	..	..	..	46	8

TABELA N

	Despesa pública com a saúde		Despesa pública com a educação		Ajuda atribuída aos sectores sociais[a]	Níveis de educação alcançados[b] (% da população com idades a partir dos 25 anos)			Taxa de mortalidade infantil de menores de cinco anos (por 1.000 nados-vivos)				Esperança de uma vida saudável à nascença[c] (anos)	Esperança de uma vida não saudável em % da esperança média de vida total[d]
						Baixo inferior ao ensino secundário	Médio ensino secundário ou pós-secundário não superior	Elevado ensino superior	Quantil de riqueza		Nível de educação da mãe			
	per capita PPP em USD	em % da despesa pública total	por aluno no ensino primário PPC em USD	em % da despesa pública total	em % da ajuda total				o mais baixo	o mais alto	o mais baixo (nenhum nível alcançado)	o mais alto (secundário ou acima do secundário)		
Ordem do IDH	2006	2006	2003-2006	2000-2007	2007	2000-2007	2000-2007	2000-2007	2000-2007	2000-2007	2000-2007	2000-2007	2007	2007
119 Uzbequistão	89	8.0	..	..	69.4	..	..	..	72	42	..	..	60	11
120 Quirguizistão	55	8.7	..	18.6	54.4	23.0	62.1	14.9	..	..	..	..	59	13
121 Cabo Verde	227	13.2	1,052	16.4	44.7	..	..	..	..	..	..	..	64	10
122 Guatemala	98	14.7	390	..	38.6	84.8	11.2	3.7	78[e]	39[e]	79[e]	42[e]	62	12
123 Egipto	129	7.3	..	12.6	28.1	..	..	..	75	25	68	31	62	11
124 Nicarágua	137	16.0	331	15.0	46.1	..	..	..	64	19	72	25	66	9
125 Botsuana	487	17.8	1,158	21.0	72.2	..	..	..	..	..	..	..	48	10
126 Vanuatu	90	10.9	..	26.7	54.5	..	..	..	..	..	..	..	62	11
127 Tajiquistão	16	5.5	106	18.2	53.4	21.0	68.3	10.6	..	..	..	..	57	14
128 Namíbia	218	10.1	944	21.0	68.9	..	..	..	92	29	..	..	53	12
129 África do Sul	364	9.9	1,383	17.4	62.8	73.0	18.1	8.9	..	..	..	..	48	7
130 Marrocos	98	5.5	1,005	26.1	54.2	..	..	..	78	26	63	27	63	11
131 São Tomé e Príncipe	120	12.2	..	..	49.0	..	..	..	..	..	..	..	54	17
132 Butão	73	7.3	..	17.2	46.8	..	..	..	..	..	..	..	56	15
133 Rep. Democrática Popular do Laos	18	4.1	61	14.0	41.8	..	..	..	..	..	..	..	54	16
134 Índia	21	3.4	..	10.7	46.6	..	..	..	101	34	..	..	57	10
135 Ilhas Salomão	99	12.6	..	..	84.2	..	..	..	..	..	..	..	60	9
136 Congo	13	4.0	39	8.1	39.5	..	..	..	135	85	202	101	49	8
137 Cambodja	43	10.7	..	12.4	59.1	..	..	..	127	43	136	53	55	9
138 Mianmar	7	1.8	..	18.1	57.9	..	..	..	..	..	..	..	52	15
139 Comores	19	8.0	..	24.1	68.8	..	..	..	129[e]	87[e]	121[e]	75[e]	58	11
140 Iémen	38	5.6	..	32.8	77.4	..	..	..	118	37	..	..	55	12
141 Paquistão	8	1.3	..	11.2	53.0	76.7	17.1	6.3	121	60	102	62	55	17
142 Suazilândia	219	9.4	484	..	56.8	..	..	..	118	101	150	95	42	7
143 Angola	61	5.0	..	..	78.4	..	..	..	..	..	..	..	47	..
144 Nepal	24	9.2	119	14.9	51.8	..	..	..	98	47	93	32	55	17
145 Madagáscar	21	9.2	57	16.4	28.6	..	..	..	142	49	149	65	53	12
146 Bangladesh	26	7.4	115	14.2	50.0	82.9	12.9	4.2	121	72	114	68	55	16
147 Quénia	51	6.1	237	17.9	54.0	..	..	..	149	91	127	63	48	10
148 Papua-Nova Guiné	111	7.3	..	..	58.9	..	..	..	..	..	..	..	57	6
149 Haiti	65	29.8	..	..	56.0	..	..	..	125	55	123	65	55	10
150 Sudão	23	6.3	..	..	24.1	..	..	..	..[e]	..[e]	152[e]	84[e]	50	14
151 Tanzânia, República Unida da	27	13.3	..	..	31.0	98.4	0.7	0.9	137	93	160	76	45	18
152 Gana	36	6.8	300	..	45.6	..	..	..	128	88	125	85	50	12
153 Camarões	23	8.6	107	17.0	11.5	..	..	..	189	88	186	93	45	12
154 Mauritânia	31	5.3	224	10.1	37.8	..	..	..	98	79	111	86	52	8
155 Djibuti	75	13.4	..	22.4	46.5	..	..	..	..	..	..	..	50	9
156 Lesoto	88	7.8	663	29.8	64.0	..	..	..	114	82	161	82	41	9
157 Uganda	39	10.0	110	18.3	50.8	93.5	1.6	4.8	172	108	164	91	44	15
158 Nigéria	15	3.5	..	..	38.9	..	..	..	257	79	269	107	42	12
DESENVOLVIMENTO HUMANO BAIXO														
159 Togo	20	6.9	..	13.6	75.9	..	..	..	150	62	145	64	52	16
160 Malawi	51	18.0	90	..	48.4	94.8	4.7	0.5	183	111	181	86	44	16
161 Benin	25	13.1	120	17.1	51.6	85.6	12.2	2.2	151	83	143	78	50	18
162 Timor-Leste	150	16.4	..	..	72.2	..	..	..	..	..	..	..	55	9
163 Costa do Marfim	15	4.1	..	21.5	55.3	..	..	..	..	..	..	..	48	16
164 Zâmbia	29	10.8	55	14.8	57.5	..	..	..	192	92	198	121	40	10
165 Eritreia	10	4.2	99	..	56.1	..	..	..	100	65	121	59	56	5
166 Senegal	23	6.7	299	26.3	52.0	..	..	..	183	64	152	60	52	6
167 Ruanda	134	27.3	109	19.0	53.9	..	..	..	211	122	210	95	44	11
168 Gâmbia	33	8.7	..	8.9	72.5	..	..	..	158	72	140	66	53	5
169 Libéria	25	16.4	..	..	43.9	..	..	..	138	117	151	119	49	15
170 Guinea	14	4.7	..	25.6	53.8	..	..	..	217	113	194	92	48	16
171 Etiópia	13	10.6	130	23.3	53.9	..	..	..	130	92	139	54	51	7
172 Moçambique	39	12.6	156	21.0	46.2	..	..	..	196	108	201	86	42	12
173 Guiné-Bissau	10	4.0	..	..	34.8	..	..	..	..	..	..	..	43	9
174 Burundi	4	2.3	132	17.7	30.8	..	..	..	..	..	..	..	43	14
175 Chade	14	9.5	54	10.1	26.1	..	..	..	176	187	200	143	40	18
176 Congo, República Democrática do	7	7.2	..	..	38.4	..	..	..	184	97	209	112	46	3
177 Burkina Faso	50	15.8	328	15.4	35.1	..	..	..	206	144	198	108	43	18

N
RELATÓRIO DE DESENVOLVIMENTO HUMANO 2009
Saúde e educação

	Despesa pública com a saúde per capita PPP em USD 2006	Despesa pública com a saúde em % da despesa pública total 2006	Despesa pública com a educação por aluno no ensino primário PPC em USD 2003-2006	Despesa pública com a educação em % da despesa pública total 2000-2007	Ajuda atribuída aos sectores sociais[a] em % da ajuda total 2007	Níveis de educação alcançados[b] Baixo — inferior ao ensino secundário 2000-2007	Médio — ensino secundário ou pós-secundário não superior 2000-2007	Elevado — ensino superior 2000-2007	Taxa de mortalidade infantil — Quantil de riqueza o mais baixo 2000-2007	Quantil de riqueza o mais alto 2000-2007	Nível de educação da mãe o mais baixo (nenhum nível alcançado) 2000-2007	Nível de educação da mãe o mais alto (secundário ou acima do secundário) 2000-2007	Esperança de uma vida saudável à nascença[c] (anos) 2007	Esperança de uma vida não saudável em % da esperança média de vida total[d] 2007
Ordem do IDH														
178 Mali	34	12.2	183	16.8	39.6	..	..	..	233	124	223	102	43	11
179 República Centro Africana	20	10.9	88	..	22.5	..	..	..	223	112	187	107	42	10
180 Serra Leoa	20	7.8	..	..	28.7	..	..	..	..	..	279	164	37	22
181 Afeganistão	8	4.4	..	..	49.0	..	..	..	..	..	..	..	36	17
182 Níger	14	10.6	178	17.6	37.4	..	..	..	206	157	222	92	45	11
OUTROS ESTADOS-MEMBROS DAS NAÇÕES UNIDAS														
Iraque	90	3.4	..	..	22.7	..	..	..	..	..	49	37	58	15
Kiribati	268	13.0	..	..	41.7	..	..	..	..	..	..	..	60	..
Coreia, Rep. Democrática Popular da	42	6.0	..	..	19.0	..	..	..	..	..	..	..	61	9
Ilhas Marshall	589	15.1	..	15.8	42.4	..	..	..	..	..	..	..	53	..
Micronésia, Estados Federados da	444	18.9	..	..	42.5	..	..	..	..	..	..	..	62	9
Mónaco	5,309	15.6	..	..	..	..	..	..	..	..	..	..	76	..
Nauru	444	25.0	..	..	48.5	..	..	..	..	..	..	..	57	..
Palau	1,003	16.4	..	..	11.0	..	..	..	..	..	..	..	67	..
San Marino	2,765	13.3	..	..	..	..	..	..	..	..	..	..	76	..
Somália	8	4.2	..	..	23.8	..	..	..	..	..	..	..	46	7
Tuvalu	189	16.1	..	..	60.1	..	..	..	..	..	..	..	58	..
Zimbabué	77	8.9	..	..	50.7	89.5	8.8	1.5	72	57	69	68	38	12

NOTAS

a. Refere-se a fundos de auxílio atribuídos a infra-estruturas e serviços sociais (incluindo de saúde, educação, água e saneamento, governo e sociedade civil, entre outros serviços). Do total, estima-se que 50% desses fundos sejam atribuídos à saúde e à educação. Existem diferenças de país para país na atribuição de fundos.

b. As percentagens somadas poderão não perfazer os 100% uma vez que aqueles sobre quem se desconhece os níveis de educação alcançados foram excluídos.

c. O número de anos que em média um indivíduo pode esperar viver, gozando de "plena saúde", ao se ter em consideração os anos vividos com menos saúde devido a doença e/ou lesão.

d. Refere-se à diferença entre esperança de vida e esperança de uma vida saudável, em valores percentuais.

e. Os dados referem-se a um ano diferente daquele especificado.

FONTES

Colunas 1–2 e 9–13: WHO 2009.
Colunas 3 e 4: UNESCO Institute for Statistics 2009c.
Coluna 5: OECD-DAC 2009.
Colunas 6–8: UNESCO Institute for Statistics. 2008b.
Coluna 14: cálculos baseados em dados sobre a esperança de uma vida saudável da OMS (WHO 2009); e em dados sobre a esperança média de vida fornecidos pelas Nações Unidas (UN 2009e).

Guia do leitor

Indicadores de desenvolvimento humano

As tabelas de indicadores de desenvolvimento humano oferecem uma avaliação das metas alcançadas pelos países em variadas áreas de desenvolvimento humano. Sempre que foi possível, as tabelas incluem dados de 192 Estados-membros das Nações Unidas para além de Hong Kong, uma Região Administrativa Especial da China, e da Autoridade Palestiniana.

Nestas tabelas, os países e as áreas estão ordenados de acordo com o valor do seu índice de desenvolvimento humano (IDH). Para localizar um país nas tabelas, o leitor deverá consultar a *Chave de Acesso aos países*, no interior da contracapa do Relatório, onde os países com os respectivos índices de desenvolvimento humano são apresentados numa lista e por ordem alfabética. A maioria dos dados que constam nas tabelas reporta-se a 2007 e são aqueles disponibilizados ao Gabinete do Relatório de Desenvolvimento Humano (GRDH) como sendo para 10 de Junho de 2009, a menos que se especifique em contrário.

Este ano, o Anexo Estatístico começa com uma série de tabelas, de A a F, relacionadas com a matéria central deste relatório – a migração. Seguem-se as tabelas ordenadas de G a K sobre os índices de desenvolvimento humano, nomeadamente o IDH e as suas vertentes: o Índice de Pobreza Humana (IPH), o Índice de Desenvolvimento ajustado ao Género (IDG) e a Medida de Participação segundo o Género (MPG). Finalmente, serão apresentadas outras três tabelas (L – N) sobre as tendências demográficas, a economia e a desigualdade e a educação e a saúde. Outros indicadores de desenvolvimento humano seleccionados – incluindo dados em série temporal e valores regionais em agregado – estarão disponíveis em http://hdr.undp.org/en/statistics.

Todos os indicadores publicados nas tabelas estão disponíveis electronicamente, sem quaisquer custos, e em diversos formatos: individualmente, em tabelas pré-definidas, ou através de uma ferramenta de pesquisa com a qual os utilizadores poderão configurar as suas próprias tabelas. Outras ferramentas electrónicas interactivas encontram-se igualmente disponíveis, incluindo mapas de todos os índices de desenvolvimento humano e muitos dos dados relacionados com a migração e animações seleccionadas. Existem ainda materiais mais descritivos, tais como fichas informativas de cada país, assim como outros detalhes técnicos sobre como calcular os índices. Todos estes materiais estão disponíveis em três línguas, nomeadamente, inglês (em http://hdr.undp.org/en/statistics), francês (em http://hdr.undp.org/fr/statistiques) e espanhol (em (http://hdr.undp.org/es/estadisticas).

Fontes e Definições

O GRDH é sobretudo um utilizador, e não um produtor, de estatísticas, baseando-se em bases de dados internacionais com missão, recursos e competência para recolherem e compilarem dados internacionais sobre indicadores estatísticos específicos. As fontes de todos os dados usadas para compilar as tabelas dos indicadores são sucintamente citadas no final de cada tabela. As referências completas destas citações encontram-se na secção da *Bibliografia*, respectivamente. Para garantir que todos os cálculos possam ser facilmente repetidos, as notas às fontes mostram também as componentes dos dados originais usadas nos cálculos do GRDH. Os indicadores, para os quais poderão ser fornecidas breves definições significativas, estão incluídos na secção das *Definições de termos estatísticos e indicadores*. Outras informações igualmente relevantes surgem em nota de rodapé, no final de cada página. Para informações técnicas mais detalhadas acerca destes indicadores, consulte, por favor, os websites relevantes das bases de dados, cujos links se encontram em http://hdr.undp.org/en/statistics.

Comparações no tempo e entre edições do Relatório

O IDH é um instrumento importante para monitorizar tendências a longo prazo no desenvolvimento humano. Para facilitar a análise das tendências entre países, o IDH é calculado em intervalos de cinco anos no período de 1980-2007. Estas estimativas, apresentadas na Tabela G, baseiam-se numa metodologia consistente em que se faz uso dos dados disponibilizados quando o Relatório é preparado.

Como as agências internacionais de dados melhoram continuamente as suas bases de dados, incluindo através da actualização periódica de dados históricos, as alterações anuais dos valores do IDH e das classificações entre edições do Relatório do Desenvolvimento Humano reflectem, frequentemente, essas revisões de dados – tanto específicas de um país, como relativas a outros países – e não verdadeiras mudanças num país. Além disso, as alterações ocasionais na cobertura de países podiam afectar a posição de um país em termos de IDH. Por exemplo, a classificação de um país em termos do seu IDH podia cair consideravelmente entre dois Relatórios consecutivos, mas quando são usados dados comparáveis revistos

Guia do leitor

RELATÓRIO DE DESENVOLVIMENTO HUMANO 2009
Ultrapassar Barreiras: Mobilidade e desenvolvimento humanos

para reconstruir o IDH dos últimos anos, a ordem e o valor do IDH podem, realmente, apresentar uma melhoria.

Por essas razões, as análises de tendências do IDH não devem basear-se em dados de edições diferentes do Relatório. A Tabela G fornece as tendências do IDH actualizadas com base em dados apurados numa série temporal e numa metodologia consistentes.

Inconsistências entre estimativas nacionais e internacionais

Ao compilar-se o conjunto de dados internacionais, as bases de dados internacionais aplicam padrões internacionais e procedimentos de harmonização para melhorar a comparação dos dados nacionais entre países. Quando faltam dados para um país, uma base de dados internacional poderá produzir uma estimativa caso se possa usar outra informação relevante. Em alguns casos, os conjuntos de dados internacionais podem não incorporar os dados nacionais mais recentes. Todos estes factores poderão levar a diferenças substanciais entre as estimativas nacionais e internacionais.

Quando emergirem inconsistências de dados, o GRDH ajudou a ligar as autoridades dos dados nacionais e internacionais para solucionar essas inconsistências. Em muitos casos isto levou à disponibilização de informações estatísticas de melhor qualidade. O GRDH continua a defender a melhoria dos dados internacionais e desempenha um papel activo no apoio de esforços para melhorar a qualidade dos dados. Nesse sentido, colabora com organizações nacionais e órgãos internacionais para melhorar a consistência dos dados através de um controlo mais sistemático da qualidade dos dados.

Conjuntos de países e números em agregado

Para além dos dados ao nível de cada país, as tabelas apresentam uma série de números em agregado que consistem normalmente no cálculo das médias apuradas para conjuntos de países, de acordo com a informação abaixo. De um modo geral, só se apresenta um agregado para um conjunto de países quando houver dados disponíveis para, pelo menos, metade dos países e representar, pelo menos, dois terços de peso nessa classificação. O GRDH não fornece dados em falta para fins de apresentação de valores agregados. Por isso, a não ser que se especifique em contrário, os agregados para cada classificação representam só os países para os quais os dados estejam disponíveis. Ocasionalmente, os números em agregado são números totais e não tanto médias calculadas (e são indicados através do símbolo T).

Os conjuntos de países usados nas estatísticas incluem: níveis de desenvolvimento humano (muito elevado, elevado, médio e baixo), o mundo e pelo menos um conjunto reunido seguindo um critério geográfico – ou por continentes (nas tabelas de migração) ou por delegações regionais do PNUD (nas restantes tabelas).

Classificações de desenvolvimento humano. Todos os países ou áreas incluídos no IDH são classificados em uma das quatro categorias de progresso em termos de desenvolvimento humano. Pela primeira vez, introduzimos uma nova categoria – desenvolvimento humano muito elevado (com um IDH de a partir de 0,900) – e ao longo de todo o Relatório referimo-nos a este grupo como o grupo dos "países desenvolvidos". Os restantes países são referidos como "países em desenvolvimento" e são classificados em três grupos: desenvolvimento humano elevado (IDH de 0,800 – 0,899), desenvolvimento humano médio (IDH de 0,500 – 0,799) e desenvolvimento humano baixo (com um IDH a baixo de 0,500). Ver Caixa 1.3.

Continentes Para proceder à análise dos movimentos migratórios, o RDH deste ano classificou o mundo em seis continentes: África, Ásia, Europa, América Latina e Caraíbas, América do Norte e Oceânia, com base na composição de regiões macro-geográficas compiladas pela Divisão de Estatística do Departamento dos Assuntos Económicos e Sociais das Nações Unidas (ver http://unstats.un.org/unsd/methods/m49/m49regin.htm).

Delegações regionais do PNUD Tal como em Relatórios anteriores, os grupos geográficos referentes às Delegações regionais do PNUD figuram na maioria das nossas tabelas: Estados Árabes, Europa Central e Europa de Leste e a Comunidade de Estados Independentes, Ásia Oriental e o Pacífico, América Latina e Caraíbas, Sul da Ásia e África Subsariana.

Notas sobre os países

A não ser que se especifique em contrário, os dados para a China não incluem as Regiões Administrativas Especiais de Hong Kong, Macau ou a Província de Taiwan da China. Os dados para o Sudão baseiam-se muitas vezes em informação recolhida apenas do norte do país. Embora a Sérvia e o Montenegro se tenham tornado dois Estados independentes em Julho de 2006, usaram-se dados referentes ao conjunto dos dois Estados sempre que não existiam dados respeitantes aos dois países em separado. Sempre que foi esse o caso, incluiu-se uma nota chamando a atenção para o facto. Nas tabelas da migração, os dados da República Checa anteriores a 1990 referem-se à anterior Checoslováquia, os da Federação Russa referem-se à antiga União Soviética e os da Sérvia referem-se à anterior República da Jugoslávia.

Guia do leitor

RELATÓRIO DE DESENVOLVIMENTO HUMANO **2009**
Ultrapassar Barreiras: Mobilidade e desenvolvimento humanos

Símbolos

Um travessão entre dois anos, por exemplo, 2005 – 2010, indica que os dados apresentados são estimativas respeitantes à totalidade do período, a não ser que se especifique algo em contrário. As taxas de crescimento são normalmente taxas médias anuais de crescimento entre o primeiro e os últimos anos do período indicado.

São usados os seguintes símbolos nas tabelas:

..	Dados não disponíveis
0 ou **0.0**	Zero ou sem significado
—	Não aplicável
<	Menor do que
T	Total

Fontes internacionais de dados primárias

Esperança média de vida à nascença. As estimativas da esperança média de vida à nascença são retiradas da *Revisão de 2008 do Relatório de Perspectivas da População Mundial 1950 – 2050* (UN 2009e), a fonte oficial da Organização das Nações Unidas para estimativas e projecções relativas à população. São preparadas bianualmente pela Divisão da População do Departamento dos Assuntos Económicos e Sociais, usando-se dados procedentes de sistemas de registo nacionais, bem como censos e inquéritos populacionais.

Na Revisão de 2008, considera-se como tendo sido afectados pela epidemia de VIH todos os países em que a prevalência do vírus entre pessoas com idades entre os 15 e os 49 anos era igual ou superior a 1% durante o período compreendido entre 1980 e 2007, estimando-se as suas taxas de mortalidade tendo em conta o desenvolvimento da epidemia e projectando-se a incidência anual da infecção. Entre os países considerados como afectados pela doença incluiu-se também aqueles em que, apesar da prevalência do VIH tenha sido sempre inferior a 1%, a população é de tal ordem numerosa que o número de pessoas que contraíram o VIH em 2007 ultrapassou as 500.000 – é o caso do Brasil, da China, da Índia, da Federação Russa e dos Estados Unidos. Contando com estes últimos, o número de países considerados afectados pelo VIH eleva-se para 58.

Para mais detalhes sobre *Revisão de 2008 do Relatório de Perspectivas da População Mundial 1950 – 2050*, ver www.un.org/esa/population/unpop.htm.

Taxa de alfabetização de adultos. Este Relatório utiliza dados referentes às taxas de alfabetização de adultos provenientes do Instituto de Estatística da Organização das Nações Unidas para a Educação, Ciência e Cultura – UNESCO (UNESCO Institute for Statistics 2009a), os quais combinam estimativas nacionais directas e estimativas recentes com base no seu modelo internacional de projecções sobre níveis de alfabetização por idades, desenvolvido em 2007. As estimativas nacionais, disponibilizadas através dos esforços objectivos do Instituto de Estatística no sentido da recolha de dados recentes sobre os níveis de alfabetização junto de cada país, são obtidas através de censos ou inquéritos nacionais realizados entre 1995 e 2007. Na ausência de estimativas recentes, foram sempre usadas outras mais antigas do Instituto de Estimativas. Muitos países desenvolvidos, havendo alcançado elevados níveis de alfabetização, deixaram de recolher estatísticas sobre graus de alfabetização básicos e, portanto, já não estão incluídos nos dados do Instituto de Estatística. Para efeitos de cálculo do IDH, impõe-se uma taxa de alfabetização de 99,0% para aqueles países, visto que os mesmos já não registam informação sobre a alfabetização entre a população adulta. Na recolha de dados sobre a alfabetização, muitos países estimam o número de pessoas alfabetizadas com base em dados internos. Alguns usam inclusivamente os dados referentes às metas da educação alcançadas como referência, mas as taxas de frequência escolar e de conclusão de níveis de ensino podem diferir. Em virtude de as definições e os métodos de recolha de dados variarem de país para país, as estimativas relativas aos níveis de alfabetização deverão ser usadas com precaução.

O Instituto de Estatística, em colaboração com organizações associadas, encontra-se activamente em busca de uma metodologia alternativa que permita produzir estimativas sobre a alfabetização mais fidedignas, nomeadamente, no âmbito do chamado Programa de Avaliação e de Monitorização da Alfabetização (LAMP – Literacy Assessment and Monitoring Programme). O LAMP procura ir para além das actuais categorias de alfabetização simples (que se traduzem pela dicotomia literado / iliterado), fornecendo informação continuada sobre o processo de alfabetização e as capacidades atingidas.

Taxa bruta combinada de escolarização referente ao ensino primário, secundário e superior. As taxas de escolarização bruta são produzidas pelo Instituto de Estatística da UNESCO (UNESCO Institute for Statistics 2009b), com base em dados de escolarização recolhidos junto dos governos de cada país (geralmente provenientes de fontes administrativas) e nos dados populacionais da *Revisão de 2006 do Relatório de Perspectivas da População Mundial 1950 – 2050* (UN 2007). As taxas são calculadas dividindo-se o número de estudantes inscritos nos níveis de ensino primário, secundário e superior pela população total em cada faixa etária teoricamente relacionada com cada um daqueles níveis. Supõe-se que o grupo etário que corresponderá teoricamente ao ensino superior é aquele composto por indivíduos com idades variáveis em cinco anos no nível que se segue ao ensino secundário em todos os países.

As taxas brutas combinadas de escolarização não reflectem a qualidade dos resultados educativos. Mesmo quando usada para apurar o acesso a oportunidades de educação, a taxa bruta combinada de escolarização pode ocultar importantes diferenças entre os países, devido às diferenças etárias relativas a um nível de ensino e na duração dos programas de ensino. As taxas de reprovações e desistências podem também distorcer os dados.

Tal como actualmente definido, a taxa bruta combinada de escolarização mede a escolarização em cada país em estudo, pelo que os estudantes que estudem no estrangeiro não são incluídos na taxa de escolarização do seu próprio país. Em muitos países mais pequenos, onde é comum procurar frequentar o ensino superior no estrangeiro, o acesso à educação ou a concretização de metas educativas da população poderão estar subestimados.

PIB per capita (dólares americanos em PPC). Os dados do PIB *per capita* são fornecidos pelo Banco Mundial e publicados na base de dados dos seus Indicadores de Desenvolvimento Mundial. Para se comparar os padrões de vida entre os países, as estatísticas económicas deverão ser convertidas em termos de poder de paridade de compra (PPC) de modo a eliminar as diferenças nos níveis de preços nacionais. As estimativas actuais baseiam-se em informações de preços recolhidas a partir do último inquérito do Programa de Comparação Internacional (PCI), realizado em 2005, o qual abrangeu um total de 146 países e áreas. Para muitos países não incluídos nos inquéritos do PCI, o Banco Mundial procede ao apuramento destas estimativas através da regressão econométrica. Para países não abrangidos pelo Banco Mundial, usou-se estimativas de PPC procedentes das *Penn World Tables* da Universidade da Pensilvânia (Heston, Summers and Aten 2006).

As novas estimativas de PPC foram publicadas pela primeira vez durante 2008 e demonstraram ter havido lugar a revisões substanciais relativamente aos valores apresentados nos nossos Relatórios de 2007, e de anos anteriores, os quais assentam na anterior ronda de inquéritos do PCI, realizada no início dos anos 90, num processo que abrangeu apenas 118 países. Os novos dados indicam que os níveis de preços em muitos países (especialmente os países em desenvolvimento) são mais elevados do que anteriormente se esperava. Para 70 países, os rendimentos *per capita* diminuíram em pelo menos 5%. Muitos destes países pertencem à África Subsariana, incluindo sete dos oito países em que a descida foi de pelo menos 50%. Por outro lado, houve um aumento de pelo menos 5% para cerca de 60 países, incluindo muitos países produtores de petróleo onde as alterações excederam os 30% e quatro países onde os valores duplicaram. Estas enormes alterações relativamente ao PIB *per capita* nitidamente afectaram os valores do IDH e também as respectivas classificações dos países. Um corte pela metade (ou um aumento para o dobro) do PIB *per capita* altera o valor do IDH em 0,039.

Consequentemente, no final de 2008, publicámos um pequeno relatório intitulado *Índices de Desenvolvimento Humano: Uma Actualização Estatística 2008* explicando as razões desta revisão e o seu efeito sobre o IDH e sobre outros índices. Mais detalhes poderão ser encontrados em http://hdr.undp.org/en/statistics/data/hdi2008. Para detalhes sobre a metodologia do PCI e do PPC, ver o website do PCI em www.worldbank.org/data/icp.

Dados sobre a migração Os dados sobre a migração neste relatório foram retirados a partir de diferentes agências.

A principal fonte de informação das *tendências nos stocks de migrantes internacionais* é a Divisão da População do Departamento dos Assuntos Económicos e Sociais das Nações Unidas (UNDESA – United Nations Department of Economic and Social Affairs). Os dados reportam-se à *Revisão de 2008 das Tendências dos* Stocks *Totais de Migrantes* (UN 2009d) e baseiam-se em dados de censos populacionais realizados entre 1955 e 2008. Esta fonte oferece-nos dados abrangentes (em género e tipo) ao longo do tempo sobre os migrantes de acordo com os seus países de destino.

Tanto quanto possível, os migrantes internacionais são aqui entendidos como nascidos no estrangeiro. Nos casos em que as informações sobre os locais de nascimento não estavam disponíveis nos respectivos países, o país de cidadania forneceu a base para a identificação de migrantes internacionais.

Para a obtenção de dados sobre os *países de origem (assim como os de destino) do* stock *de migrantes internacionais* foi utilizada a Base de Dados Mundial sobre a Origem dos Migrantes (versão 4), compilada pelo Centro de Investigação de Desenvolvimento para a Migração, Globalização e Pobreza da Universidade de Sussex, na Inglaterra (Migration DRC 2007). As estimativas assentam em censos realizados durante a ronda de inquéritos de 2000 e representam valores para o período de 2000 – 2002. É de sublinhar que esta base de dados apresenta informações sobre os **stocks** de migrantes – ou seja, o número total de migrantes por país de origem e por país de destino –, e não sobre o **fluxo** anual (ou periódico) de migrantes entre países. Os *stocks* emergem do efeito cumulativo de fluxos ao longo de um período de tempo muito superior a um ano e, por isso, reportam a valores geralmente muito mais elevados do que os dos fluxos anuais. Para mais detalhes, ver http://www.migrationdrc.org/research/typesofmigration/global_migrant_origin_database.html.

Para informações mais detalhadas sobre as *características dos migrantes internacionais* recorremos à base de dados da OCDE sobre os imigrantes nos países da OCDE (OECD 2009b). Esta base de dados foi compilada a partir de dados recolhidos durante os inquéritos de 2000 e complementada, em alguns casos, por dados provenientes de estudos sobre a força laboral. Tanto quanto possível, os migrantes internacionais são definidos no presente Relatório como nascidos no estrangeiro, embora para alguns países de destino as definições possam diferir ligeiramente daquelas que foram usadas pela Divisão da População das Nações Unidas. Optámos por apresentar resultados de acordo com os países de origem destes migrantes, pelo que não é possível produzir uma comparação directa com os números das outras duas fontes. Apresentámos dados sobre níveis de educação e actividade económica, e sobre a taxa de emigração de indivíduos altamente qualificados (ou seja, com nível superior de ensino), de acordo com os países de origem de migrantes com idades a partir dos 15 anos nos países da OCDE.

Os dados de comparação entre países referentes aos *migrantes internos* (ou seja, às pessoas que se deslocam dentro dos limites do território de um país) ainda não estão disponíveis. Por essa razão, durante a preparação deste Relatório, solicitámos que Bell e Muhudin (Bell and Muhudin 2009) realizassem uma pesquisa com base em censos nacionais que produziram estimativas comparativas da percentagem da população total que se terá deslocado em 24 países. A informação obtida foi complementada pelos números apurados pela Divisão de Estatística das Nações Unidas (UNSD – United Nations Statistics Division), em colaboração com a Comissão Económica para a América Latina e Caraíbas (ECLAC 2007), que se baseiam igualmente em censos e contemplam também a população total, assim como pelos dados do Banco Mundial assentes em estudos realizados aos agregados familiares e à população em idade laboral (World Bank 2009e). Em virtude das diferenças em termos de definições e conceitos entre estas três fontes, as comparações deverão ser interpretadas com precaução. Note-se que sempre que mais do que uma destas fontes disponibilizaram valores para a mesma matéria em estudo, deu-se preferência aos resultados de Bell e Muhudin quando aplicável, em detrimento daqueles apurados pelas outras duas fontes.

Os dados sobre a *migração induzida por conflito* provêm de várias fontes, dependendo do tipo de migrantes em apreço, ou seja, se se tratava de migrantes que se deslocaram através de fronteiras internacionais (refugiados e candidatos a asilo) ou migrantes que se deslocaram dentro dos limites do território de um país (deslocados internos). As informações sobre os refugiados foram apuradas a partir do Alto Comissariado das Nações Unidas para os Refugiados – ACNUR (UNHCR 2009b), com a excepção daquelas referentes aos refugiados da Palestina, que estão sobretudo sob a alçada da Agência das Nações Unidas de Assistência aos Refugiados da Palestina no Próximo Oriente – UNRWA: United Nations Relief and Works Agency for Palestine Refugees in the Near East (UNRWA 2008). Os dados foram compilados a partir de diversas fontes, incluindo censos e inquéritos nacionais. Contudo, o registo básico, criado para estabelecer um registo legal ou administrativo, ou para conceder direitos e fornecer serviços, constitui a principal fonte de dados sobre os refugiados. O ACNUR também oferece estimativas para 27 países desenvolvidos que não dispõem de registos especializados. Estas estimativas baseiam-se no reconhecimento de candidatos a asilo e nas taxas de naturalização estimadas num período de 10 anos. As dificuldades mais notórias que este método estatístico apresenta prendem-se com o pressuposto de que todos os candidatos a asilo reconhecidos são efectivamente refugiados, por um lado, e a harmonização referente à selecção de um período de 10 anos, por outro. Esta situação é particularmente pertinente ao considerarmos os países de imigração mais tradicionalmente procurados, onde os migrantes – incluindo os refugiados – levam menos de 10 anos a obter a cidadania. Os dados sobre os *deslocados internos* foram recolhidos a partir do Centro de Controlo de Deslocações Internas – IDMC: Internally Displaced Monitoring Centre (IDMC 2009a) e foram compilados a partir de diferentes fontes, nomeadamente, o Gabinete para a Coordenação dos Assuntos Humanitários (GCAH), o ACNUR e os governos nacionais. Devido à dificuldade em localizar deslocados internos, as estimativas estão inevitavelmente associadas a elevados níveis de incerteza e deverão, portanto, ser interpretadas com precaução.

Nota técnica

RELATÓRIO DE DESENVOLVIMENTO HUMANO **2009**
Ultrapassar Barreiras: Mobilidade e desenvolvimento humanos

Cálculo dos índices de desenvolvimento humano

Os diagramas que se seguem resumem o modo como são apurados os cinco índices de desenvolvimento humano, realçando as suas semelhanças e diferenças.

Todos os detalhes sobre os métodos de cálculo estão disponíveis em http://hdr.undp.org/technicalnote1.

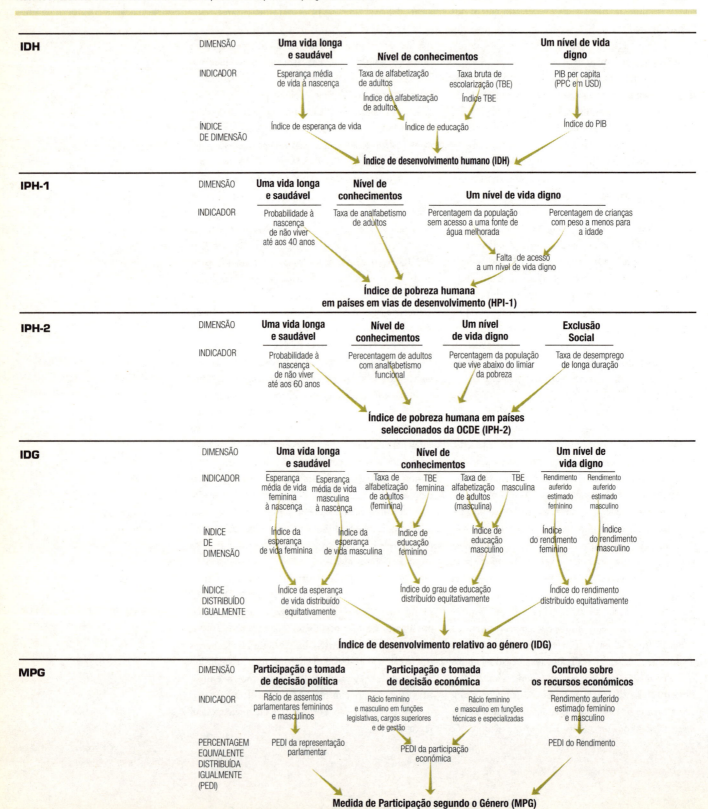

Definições de termos e indicadores estatísticos

Ajuda Pública ao Desenvolvimento (APD), atribuída aos serviços sociais básicos Fundos de auxílio atribuídos a infra-estruturas e serviços sociais (incluindo de saúde, educação, água e saneamento, governo e sociedade civil, entre outros serviços) apresentados sob forma de uma percentagem da ajuda pública ao desenvolvimento (APD) total.

Ajuda Pública ao Desenvolvimento (APD), líquida Distribuições de empréstimos realizadas com base em condições concessionais (pagamento líquido do montante principal) efectuadas por agências oficiais pertencentes aos membros do Comité de Ajuda ao Desenvolvimento (CAD), por instituições multilaterais e por países não pertencentes ao CAD, de modo a promover o desenvolvimento e o bem-estar em países e territórios da parte I da lista de países receptores de auxílio concebida pelo CAD. Para mais detalhes, ver www.oecd.org/dac/stats/daclist.

Alfabetização de adultos, taxa de Fracção da população alfabetizada, total ou de um determinado sexo, com idades a partir de 15 anos, inclusive, num determinado país, território ou área geográfica, numa determinada altura (por norma, a meio do ano), representada como percentagem da população total em que se insere. Uma pessoa alfabetizada, para fins estatísticos, é aquela que consegue ler e escrever uma frase simples do seu dia-a-dia.

Analfabetismo de adultos, taxa de O cálculo efectua-se do seguinte modo: 100 menos a taxa de alfabetização de adultos. Ver *Alfabetização de adultos, taxa de*.

Asilo Protecção cedida por um Estado, nos limites do seu território, a indivíduos ou grupos de pessoas de outro Estado que se encontrem a fugir de perseguições ou de perigos severos.

Asilo, candidatos a Indivíduos ou grupos de pessoas que pedem *asilo* a um país que não o seu. Mantêm o estatuto de candidatos até o seu pedido ser considerado e aceite.

Assentos parlamentares ocupados por mulheres Posições ocupadas por mulheres numa câmara baixa ou única e numa câmara alta ou senado, conforme aplicável.

Crescimento natural, taxa anual de Proporção do aumento (ou declínio) da população, exclusivamente determinada com base na natalidade e na mortalidade.

Desempregado Toda a pessoa acima de uma dada idade que não se encontre a exercer uma actividade profissional remunerada, nem trabalha por conta própria, mas que está disponível para trabalhar e, por isso, em busca de emprego, ou a tomar as medidas necessárias no sentido de iniciar uma actividade profissional por conta própria.

Desemprego, taxa de Proporção do número de desempregados relativamente à força laboral (isto é, o conjunto de empregados e desempregados). Ver *Desempregado* e *Força Laboral*.

Desemprego de longa duração, taxa de Proporção do número de pessoas acima de uma dada idade que estão desempregadas há pelo menos 12 meses relativamente à força laboral (isto é, o conjunto de empregados e desempregados). Ver *Desempregado* e *Força Laboral*.

Deslocações induzidas por conflito Deslocação de pessoas que resulta numa mudança do respectivo local de residência habitual em resposta a um conflito armado ou violento, instalado ou iminente, ameaçando vidas ou meios de vida.

Deslocações internacionais, taxa de Soma do *stock* total de imigrantes que entram para e de emigrantes que saem de um dado país, apresentada em termos de uma percentagem da soma da população residente desse país e a sua população emigrante.

Deslocados Internos (DI) Indivíduos ou grupos de pessoas que se viram forçados a abandonar os seus lares ou locais de residência habituais, sem que tenham atravessado qualquer fronteira internacional, particularmente em resultado de uma tentativa de, ou a fim de evitarem os efeitos de um conflito armado, situações de violência generalizada, violações dos direitos humanos, catástrofes naturais ou desastres provocados pela mão humana.

Educação como percentagem em relação à despesa pública total, despesa com a, Percentagem da despesa pública total com o sector da educação relativamente à despesa pública total de todas as áreas do governo.

Educação, despesa por aluno no ensino primário Despesa pública corrente com o ensino primário em termos de PPC em dólares americanos aos preços constantes de 2005 a dividir pelo número total de alunos inscritos no ensino primário.

Educação, índice de Um dos três indicadores em que assenta o índice de desenvolvimento humano. É baseado nas taxas de alfabetização de adultos e taxa bruta combinada de escolarização referente aos níveis de ensino primário, secundário e superior. Ver *Alfabetização de adultos, taxa de*; *Escolarização referente aos ensinos primário, secundário e superior, taxa bruta combinada de*.

Educação, nível alcançado de Distribuição das percentagens de população pertencente a uma dada faixa etária a partir do mais elevado nível de ensino obtido ou completado, com referência aos níveis definidos pela CITE. Os níveis de ensino obtidos são habitualmente classificados como elevados (CITE 5 e 6), médios (CITE 2, 3 e 4) e baixos (menos de CITE 2). O cálculo é processado com base no número de pessoas daquela faixa etária com o nível de ensino mais elevado como percentagem da população total da mesma faixa etária.

Emigração de indivíduos com nível superior de ensino, taxa de Número total de emigrantes provenientes de um dado país e com idades a partir de 15 anos que atingiu um nível de ensino universitário. Esse número é apresentado sob forma de uma percentagem da soma de todas as pessoas com a mesma idade com um nível superior de

Indicadores estatísticos

RELATÓRIO DE DESENVOLVIMENTO HUMANO **2009**
Ultrapassar Barreiras: Mobilidade e desenvolvimento humanos

ensino no país de origem e a população de emigrantes também com nível superior de ensino.

Emigração, taxa de Proporção do *stock* de emigrantes de um dado país num dado momento relativamente à soma da população residente no seu país de origem com a sua população emigrante.

Emigrante Um indivíduo oriundo ou natural de um dado país que abandonou o seu país de residência habitual para ir viver num outro.

Ensino, níveis alcançados de Divididos nas seguintes categorias, de acordo com a Classificação Internacional Tipo da Educação (CITE): educação pré-escolar (CITE 0), ensino primário (CITE 1), ensino secundário (CITE 2 e 3), ensino pós-secundário não superior (CITE 4) e ensino superior (CITE 5 e 6).

Escolarização referente aos ensinos primário, secundário e superior, taxa bruta combinada de Número de alunos inscritos nos níveis de ensino primário, secundário e superior, independentemente da sua idade, calculado em termos da percentagem da população que, teoricamente, se encontra nas faixas etárias indicadas para esses três níveis de ensino. Ver *Ensino, níveis de*.

Esperança de uma vida saudável à nascença O número de anos que em média um indivíduo pode esperar viver, gozando de "plena saúde", ao se ter em consideração os anos vividos com menos saúde devido a doença e/ou lesão.

Esperança média de vida à nascença Número de anos que se pode esperar que um recém-nascido viva, caso se mantenham os padrões das taxas de mortalidade específicas de cada idade existentes na altura do seu nascimento.

Esperança média de vida, índice da Um dos três índices sobre os quais assenta o índice de desenvolvimento humano.

Fertilidade, taxa total de Número total de crianças que nasceriam se cada mulher vivesse até ao fim da idade fértil e desse à luz nas idades previstas pelas taxas específicas de fertilidade para essa idade/período de vida, num determinado país, território ou área geográfica.

Fonte de água melhorada, população sem acesso a Calculada da seguinte forma: 100 menos a percentagem de população com acesso a fontes de água melhorada, nomeadamente: canalizações domésticas, fontes públicas, furos de captação de água, poços cobertos, nascentes protegidas e recolha de águas pluviais.

Força Laboral Todas as pessoas empregadas (incluindo as pessoas acima de uma determinada idade que durante um dado período de tempo exerceram uma actividade remunerada, sendo que estiveram a trabalhar, foram trabalhadores por conta própria, ou que, apesar de não terem trabalhado, tiveram um emprego) e desempregadas (incluindo as pessoas acima de uma determinada idade que durante um dado período de tempo estiveram sem trabalho, disponíveis para trabalhar ou procuraram emprego activamente). Ver *População economicamente activa*.

Força laboral, taxa de participação da Fracção da população de um determinado país em idade laboral que participa activamente no mercado de trabalho, quer por se encontrar empregada, quer por se encontrar activamente em busca de emprego. Calcula-se através da obtenção do número de pessoas que constituem a força laboral em termos de uma percentagem da população em idade laboral.

Considera-se em idade laboral a população com idades acima dos 15 anos (tal como definido neste Relatório). Ver *Força Laboral e População economicamente activa*.

Funções legislativas, cargos superiores e de gestão, rácio feminino em Percentagem de cargos, definidos de acordo com a Classificação Internacional Tipo das Profissões (CITP-88), ocupados por mulheres. Estes cargos incluem legisladoras, dirigentes do governo, chefes tribais, cargos de chefia autárquica, membros de conselhos de administração de organizações, gestoras, directoras e administradoras executivas, directoras de produção e de departamentos de operações ou de outros departamentos e directoras gerais.

Funções técnicas e especializadas, rácio feminino em A taxa de posições ocupadas por mulheres, que de acordo com a Classificação Internacional Tipo das Profissões (CITP-88) incluem profissionais das áreas da física, da matemática e da engenharia (e outras profissões relacionadas), profissionais das áreas das ciências da vida e da saúde (e outras profissões relacionadas), profissionais do ensino (e outras profissões relacionadas) e outros profissionais e respectivas profissões relacionadas.

Imigrante Um indivíduo que reside num dado país de acolhimento (*país de destino*), que não é o seu *país de origem* (ou que não aquele do qual é natural).

Índice de Desenvolvimento Humano (IDH) Índice que mede o grau, em média, de três dimensões básicas de desenvolvimento humano, nomeadamente: uma vida longa e saudável; o nível de conhecimentos adquiridos; e um nível de vida digno.

Índice de Desenvolvimento ajustado ao Género (IDG) É o indicador que, a partir do índice de desenvolvimento humano, calcula os níveis médios alcançados relativamente a três dimensões básicas – nomeadamente: uma vida longa e saudável, o nível de conhecimentos adquiridos; e um nível de vida digno –, ajustando-as de forma a apurar as diferenças entre homens e mulheres.

Índice de GINI Mede a disparidade de distribuição (ou consumo) de rendimentos entre os diversos indivíduos ou agregados familiares num determinado país. A curva de Lorenz marca a percentagem total de acumulação de rendimentos distribuídos relativamente ao número de beneficiários, começando pelos indivíduos ou agregados familiares mais pobres. O índice de GINI mede a área entre a curva de Lorenz e a hipotética linha de igualdade absoluta, representada como percentagem da área máxima abaixo da linha. O valor 0 representa absoluta igualdade, ao passo que o valor 100 representa absoluta desigualdade.

Índice de pobreza humana em determinados países da OCDE de elevado rendimento (IPH-2) Índice que mede o grau de privação referente às três dimensões básicas contempladas no cálculo do índice de desenvolvimento humano, nomeadamente, uma vida longa e saudável, conhecimentos adquiridos e um nível de vida digno, contemplando ainda o grau de exclusão social.

Índice de pobreza humana (IPH-1) Índice que mede o grau de privação referente às três dimensões básicas contempladas no cálculo do índice de desenvolvimento humano, nomeadamente: uma vida longa e saudável; conhecimentos adquiridos; e um nível de vida digno.

RELATÓRIO DE DESENVOLVIMENTO HUMANO **2009**
Ultrapassar Barreiras: Mobilidade e desenvolvimento humanos

Indicadores estatísticos

Índice de preços ao consumidor, alteração média anual no Reflecte as alterações nos custos tidos pelo consumidor médio ao adquirir um conjunto de bens e serviços standard ou fixos.

Investimento directo estrangeiro, fluxos líquidos de Fluxos líquidos de investimento para a aquisição de uma participação permanente na gestão (10% ou mais poder de acções com direito a voto) de uma empresa que opere num mercado económico que não o do investidor. É a soma do capital social, do reinvestimento de lucros e de outros capitais de longo e de curto prazo.

Medida de Participação segundo o Género (MPG) Um índice que mede as desigualdades entre os géneros masculino e feminino no que diz respeito a três diferentes dimensões de participação básicas, nomeadamente: poder de decisão e participação na economia; participação política; e poder de decisão e controlo sobre recursos económicos.

Migração de regresso Deslocação de pessoas que resulta numa mudança do país onde se situava a sua residência habitual, e no qual permaneceram enquanto *migrantes* internacionais, de regresso ao seu *país de origem* [ou para um terceiro país onde haviam residido anteriormente].

Migração Interna Deslocação de pessoas dentro dos limites do território de um país medida em termos de deslocações regionais, distritais ou municipais, resultando numa mudança dos locais de residência habituais.

Migração internacional Deslocação de pessoas entre fronteiras internacionais, resultando numa mudança do país de residência habitual.

Migração internacional líquida, taxa de Número total de imigrantes num país menos o número de emigrantes num dado período, a dividir pela soma dos anos que cada indivíduo viveu entre a população do país de acolhimento nesse período. O cálculo é apresentado em termos do número líquido de migrantes por cada 1000 indivíduos da população, ou em termos de uma percentagem.

Migrante Indivíduo que mudou de local de residência habitual, quer por ter atravessado uma fronteira internacional quer por se ter deslocado dentro dos limites do território do seu *país de origem* para outra região, distrito ou concelho.

Migrantes internacionais em termos de uma percentagem da população Percentagem do número estimado de migrantes internacionais em relação à soma total da população.

Migrantes, *stock* de, em termos de uma percentagem da população Cálculo do número de migrantes internacionais apresentado sob forma de uma percentagem da população total.

Migrantes, taxa de crescimento anual no *stock* de Cálculo da taxa média de crescimento exponencial do *stock* de migrantes internacionais em cada um dos períodos indicados, apresentado em termos percentuais.

Mortalidade infantil de menores de cinco anos, taxa de A probabilidade de morte no tempo que medeia o parto e os 5 anos de idade, representada por cada 1000 nados-vivos.

Mulheres em cargos de chefia no governo Inclui vice-primeiras-ministras e ministras. Considerou-se também primeiras-ministras nos casos em que detenham pastas ministeriais. Foram também incluídas vice-presidentes e chefes de departamentos ou agências a nível ministerial quando exercendo funções ministeriais na estrutura governamental.

País de destino O país para onde um migrante internacional se muda, partindo de um outro, com vista a lá se instalar temporária ou indefinidamente.

País de origem O país de onde um migrante internacional parte originalmente, com vista a se instalar temporária ou indefinidamente num outro país.

PIB (em dólares americanos) Produto interno bruto convertido para dólares americanos, utilizando a taxa de câmbio oficial média fixada pelo Fundo Monetário Internacional. Um factor de conversão alternativo será aplicado caso a taxa em vigor se diferencie em elevada margem da taxa em vigor nas transacções em divisa estrangeira e em produtos comercializados. Ver *PIB (Produto Interno Bruto)*.

PIB, índice do Um dos três indicadores sobre os quais assenta o índice de desenvolvimento humano. Baseia-se no Produto interno bruto *per capita* (nos termos da paridade de poder de compra em dólares americanos; ver *PPC (Paridade de Poder de Compra)*.

PIB *per capita* (em dólares americanos) Produto interno bruto em dólares americanos dividido pela população total a meio do ano. Ver *PIB (em dólares americanos)* e *População, total*.

PIB *per capita* (PPC em dólares americanos) Valor do produto interno bruto (nos termos da paridade de poder de compra em dólares americanos) dividido pela população total a meio do ano. Ver *PIB (Produto Interno Bruto); PPC (Paridade de Poder de Compra);* e *População, total*.

PIB *per capita*, taxa de crescimento anual do Representa a taxa de crescimento anual (mínimos quadrados), calculada a partir do PIB *per capita* a preços constantes, em moeda local.

PIB (Produto Interno Bruto) A soma do valor acrescentado por todos os produtores residentes na economia, acrescida de quaisquer impostos sobre o produto (à excepção de subsídios) não incluídos na valorização da produção. É calculado sem incluir as deduções da depreciação dos activos de capital ou do esgotamento e deterioração dos recursos naturais. O "valor acrescentado" é o produto líquido de uma indústria depois da soma de todos os produtos finais e da subtracção de todos os produtos intermédios utilizados.

Pobreza de rendimento, população abaixo do limiar da Indica a percentagem de população que vive abaixo do nível de pobreza estabelecido:

- 1,25 dólares americanos por dia e 2 dólares americanos por dia – de acordo com os preços internacionais de 2005 ajustados à paridade do poder de compra.
- Limiar nacional de pobreza – o limiar de pobreza considerado adequado para um país pelas autoridades competentes.
- Estimativas nacionais realizadas com base em estudos realizados aos agregados familiares pertencentes a subgrupos desfavorecidos da população.
- 50% do vencimento médio – 50% do vencimento médio disponível por cada agregado familiar.

População activa, taxa de participação da Fracção da população de um determinado país em idade laboral que participa activamente no mercado de trabalho, quer por se encontrar empregada, quer por se encontrar activamente em busca de emprego. Calcula-se através

Indicadores estatísticos

RELATÓRIO DE DESENVOLVIMENTO HUMANO **2009**
Ultrapassar Barreiras: Mobilidade e desenvolvimento humanos

da obtenção do número de pessoas que constituem a força laboral em termos de uma percentagem da população em idade laboral. Considera-se em idade laboral a população com idades acima dos 15 anos (tal como definido neste Relatório). Ver *Força Laboral* e *População economicamente activa (ou força laboral)*.

População economicamente activa (ou força laboral) Todas as pessoas com idades a partir de 15 anos, inclusive, que durante um dado período em referência estavam empregadas ou não exerciam qualquer profissão mas se encontravam activamente à procura de emprego. Ver *Força Laboral*.

População idosa, rácio de dependência da Percentagem de população com idades a partir de 65 anos em relação à população em idade laboral (15-64 anos).

População infantil, rácio de dependência da Percentagem de população com idades inferiores a 15 anos em relação à população em idade laboral (15-64 anos).

População, taxa de crescimento anual da Taxa média de aumento ou declínio exponencial anual da população num determinado período de tempo. Ver *População, total*

População, total Refere-se à população real de um país, área ou região a 1 de Julho de um determinado ano. Na população real inclui-se aqueles que estão normalmente presentes, incluindo visitantes, mas excluindo os residentes que estão temporariamente ausentes do país, área ou região.

População, urbana Refere-se à população real, residente em áreas classificadas como urbanas, de acordo com os critérios para cada área ou país. Os dados são referentes a 1 de Julho do ano indicado. Ver *População, total*.

PPC (Paridade de Poder de Compra) Uma taxa de câmbio que dá conta da variação de preços nos vários países, permitindo efectuar comparações internacionais de produção e rendimentos reais. À taxa da PPC em dólares americanos (tal como usada neste Relatório), existe um igual poder de compra com 1 dólar americano na economia interna e na economia dos E.U.A.

Probabilidade à nascença de não viver até uma idade específica Calculada da seguinte forma: 100 menos a probabilidade (apresentada em termos percentuais) de sobrevivência até uma idade específica para um dado grupo. Ver *Probabilidade à nascença de sobreviver até uma idade específica*.

Probabilidade à nascença de sobreviver até uma idade específica A probabilidade (apresentada em termos percentuais) de uma criança recém-nascida sobreviver até uma determinada idade, caso esteja sujeita aos padrões predominantes das taxas de mortalidade para idades específicas.

Projecção média variável Projecção populacional realizada pela Divisão da População das Nações Unidas, assumindo padrões médios de fertilidade e níveis normais de mortalidade e de migração, de acordo com as diferentes características demográficas e as políticas relevantes de cada país ou grupo de países. Note-se que, nos países significativamente afectados pelo vírus VIH/SIDA, se considerou o respectivo impacto desta doença na projecção. A Divisão de População das Nações Unidas publica ainda projecções que apresentam possíveis variações, altas e baixas. Para mais informações, consulte o site http://esa.un.org/unpp/assumptions.html.

Refugiados Indivíduos ou grupos de pessoas que abandonaram o seu *país de origem* devido ao receio fundamentado de serem perseguidas por motivos raciais ou religiosos, por motivos relacionados com a sua nacionalidade, opinião política, ou com a sua integração num determinado grupo social, e que não podem ou não querem regressar.

Remessas O dinheiro ganho ou os bens materiais que *migrantes* ou *refugiados* transferem para destinatários no seu *país de origem* ou em países em que o *migrante* residira anteriormente.

Rendimento auferido estimado feminino e masculino, rácio de Comparação feita entre a estimativa dos vencimentos masculinos e a estimativa dos vencimentos femininos. Ver *Rendimento auferido estimado (PPC em dólares americanos)*.

Rendimento auferido estimado (PPC em dólares americanos) Disparidade entre os vencimentos de trabalhadores de sectores não agrícolas do sexo feminino e do sexo masculino. Calcula-se a partir das percentagens de população feminina e de população masculina economicamente activas, em relação à população total (masculina e feminina) e ao PIB total (nos termos da paridade de poder de compra em dólares americanos; ver PPC (*paridade de poder de compra*)). O rendimento auferido estimado é usado no cálculo do Índice de Desenvolvimento ajustado ao Género (IDG) e da Medida de Participação segundo o Género (MPG). Para detalhes acerca desta estimativa ver http://hdr.undp.org/en/technicalnote1.pdf.

Rendimento ou consumo, taxas de Taxas de rendimento ou consumo respeitantes a subgrupos da população, apuradas com base em estudos nacionais realizados aos agregados familiares, abrangendo vários anos. Os resultados dos estudos sobre o consumo revelam níveis de desigualdade mais baixos entre ricos e pobres do que os resultados apurados a partir dos estudos sobre o rendimento, em virtude de os mais pobres geralmente consumirem uma parte maior do seu rendimento. Visto que os dados provêm de estudos que abrangem diferentes anos e para os quais se usaram diferentes metodologias, dever-se-á ter cautela na produção de comparações entre países.

Saúde, despesa *per capita* (dólares americanos em PPC) com a Despesa pública com a saúde a todos os níveis do governo (em termos de paridade de poder de compra em dólares americanos) dividida pela população total existente a meio do ano. Inclui-se nas despesas de saúde as despesas com o fornecimento de serviços de saúde (preventivos e curativos), as actividades de planeamento familiar, as actividades ligadas à nutrição e a prestação de socorro de emergência destinado à saúde, mas não o fornecimento de água e saneamento.

Saúde pública, despesa com a, como percentagem em relação à despesa total do governo Percentagem da despesa pública com a saúde a todos os níveis do governo relativamente à sua despesa total.

Tratados, ratificação de Para promulgar um tratado internacional, os países têm o de ratificar, normalmente com a aprovação do seu órgão legislativo. Este processo implica não só uma expressão de interesse, tal como certifica a assinatura, mas também a alteração da lei nacional para que passe a abranger os princípios e obrigações previstos no tratado.

Classificação dos países

RELATÓRIO DE DESENVOLVIMENTO HUMANO **2009**
Ultrapassar Barreiras: Mobilidade e desenvolvimento humanos

Categorias de desenvolvimento humano

Desenvolvimento humano muito elevado
(IDH a partir de 0,900)

Alemanha
Andorra
Austrália
Áustria
Barbados
Bélgica
Brunei Darussalam
Canadá
Chipre
Coreia, República da
Dinamarca
Emirados Árabes Unidos
Eslovénia
Espanha
Estados Unidos da América
Finlândia
França
Grécia
Hong Kong, China (RAE)
Irlanda
Islândia
Israel
Itália
Japão
Kuwait
Listenstaine
Luxemburgo
Malta
Noruega
Nova Zelândia
Países Baixos
Portugal
Qatar
Reino Unido
República Checa
Singapura
Suécia
Suíça
(38 países ou áreas)

Desenvolvimento humano elevado
(IDH de 0,800 - 0,899)

Albânia
Antígua e Barbuda
Arábia Saudita
Argentina
Baamas
Barém
Bielorússia
Bósnia e Herzegovina
Brasil
Bulgária
Cazaquistão
Chile
Colômbia
Costa Rica
Croácia
Cuba
Domínica
Equador
Eslováquia
Estónia
Federação Russa
Granada
Hungria
Jamahira Árabe Líbia
Letónia
Líbano
Lituânia
Macedónia, Antiga Rep. Jugoslava da
Malásia
Maurícia
México
Montenegro
Omã
Panamá
Perú
Polónia
Roménia
Santa Lúcia
São Cristóvão e Nevis
Sérvia
Seychelles
Trindade e Tobago
Turquia
Uruguai
Venezuela, República Bolivariana da
(45 países ou áreas)

Desenvolvimento humano médio
(IDH de 0,500 – 0,799)

África do Sul
Angola
Argélia
Arménia
Azerbeijão
Bangladesh
Belize
Bolívia
Botsuana
Butão
Cabo Verde
Camarões
Cambodja
China
Comores
Congo
Djibuti
Egipto
El Salvador
Fiji
Filipinas
Gabão
Gana
Geórgia
Guatemala
Guiana
Guiné Equatorial
Haiti
Honduras
Iémen
Ilhas Salomão
Índia
Indonésia
Irão, República Islâmica do
Jamaica
Jordânia
Lesoto
Madagáscar
Maldivas
Marrocos
Mauritânia
Mianmar
Moldávia
Mongólia
Namíbia
Nepal
Nicarágua
Nigéria
Papua-Nova Guiné
Paquistão
Paraguai
Quénia
Quirguizistão
Rep. Democrática Popular do Laos
República Árabe da Síria
República Dominicana
Samoa
São Tomé e Príncipe
São Vicente e Granadinas
Sri Lanka
Suazilândia
Sudão
Suriname
Tailândia
Tajiquistão
Tanzânia, Rep. Unida da
Territórios Ocupados da Palestina
Tonga
Tunísia
Turquemenistão
Ucrânia
Uganda
Uzbequistão
Vanuatu
Vietname
(75 países ou áreas)

Desenvolvimento humano baixo
(IDH abaixo de 0,500)

Afeganistão
Benim
Burkina Faso
Burundi
Chade
Congo, República Democrática do
Costa do Marfim
Eritreia
Etiópia
Gâmbia
Guiné
Guiné-Bissau
Libéria
Malawi
Mali
Moçambique
Níger
República Centro-Africana
Ruanda
Senegal
Serra Leoa
Timor-Leste
Togo
Zâmbia
(24 países ou áreas)

213

Classificação dos países

RELATÓRIO DE DESENVOLVIMENTO HUMANO **2009**
Ultrapassar Barreiras: Mobilidade e desenvolvimento humanos

Continentes

África
África do Sul
Angola
Argélia
Benim
Botsuana
Burkina Faso
Burundi
Cabo Verde
Camarões
Chade
Comores
Congo
Congo, República Democrática do
Costa do Marfim
Djibuti
Egipto
Eritreia
Etiópia
Gabão
Gâmbia
Gana
Guiné
Guiné Equatorial
Guiné-Bissau
Jamahira Árabe Líbia
Lesoto
Libéria
Madagáscar
Malawi
Mali
Marrocos
Maurícia
Mauritânia
Moçambique
Namíbia
Níger
Nigéria
Quénia
República Centro-Africana
Reunião
Ruanda
Sahara Ocidental
Santa Helena
São Tomé e Príncipe
Senegal
Serra Leoa
Seychelles
Somália
Suazilândia
Sudão
Tanzânia, Rep. Unida da
Togo
Tunísia
Uganda
Zâmbia
Zimbabué
(56 países ou áreas)

Ásia
Afeganistão
Arábia Saudita
Arménia
Azerbeijão
Bangladesh
Barém
Brunei Darussalam
Butão
Cambodja
Cazaquistão
China
Chipre
Coreia, República da
Coreia, República Democrática Popular da
Emirados Árabes Unidos
Filipinas
Geórgia
Hong Kong, China (RAE)
Iémen
Índia
Indonésia
Irão, República Islâmica do
Iraque
Israel
Japão
Jordânia
Kuwait
Líbano
Macau, China (RAE)
Malásia
Maldivas
Mianmar
Mongólia
Nepal
Omã
Paquistão
Qatar
Quirguizistão
Rep. Democrática Popular do Laos
Singapura
Sri Lanka
Syrian Arab Republic
Tailândia
Taiwan, Província da China
Tajiquistão
Territórios Ocupados da Palestina
Timor-Leste
Turquemenistão
Turquia
Uzbequistão
Vietname
(51 países ou áreas)

Europa
Albânia
Alemanha
Andorra
Áustria
Bélgica
Bielorússia
Bósnia e Herzegovina
Bulgária
Croácia
Dinamarca
Eslováquia
Eslovénia
Espanha
Estónia
Federação Russa
Finlândia
França
Gibraltar
Grécia
Hungria
Ilha de Man
Ilhas Faroé
Ilhas Svalbard e Jan Mayen
Irlanda
Islândia
Itália
Letónia
Listenstaine
Lituânia
Luxemburgo
Macedónia, Antiga República Jugoslava da
Malta
Moldávia
Mónaco
Montenegro
Noruega

Classificação dos países

RELATÓRIO DE DESENVOLVIMENTO HUMANO **2009**
Ultrapassar Barreiras: Mobilidade e desenvolvimento humanos

Países Baixos
Polónia
Portugal
Reino Unido
República Checa
Roménia
San Marino
Santa Sé
Sérvia
Suécia
Suíça
Ucrânia
(49 países ou áreas)

América Latina e Caraíbas
Antígua e Barbuda
Argentina
Baamas
Barbados
Belize
Bolívia
Brasil
Chile
Colômbia
Costa Rica
Cuba
Domínica
El Salvador
Equador
Granada
Guatemala
Guiana
Haiti
Honduras
Jamaica
México
Nicarágua
Panamá
Paraguai
Perú
República Dominicana
Santa Lúcia
São Cristóvão e Nevis
São Vicente e Granadinas
Suriname
Trindade e Tobago
Uruguai
Venezuela, República Bolivariana da
(33 países ou áreas)

América do Norte
Canadá
Estados Unidos da América
(2 países ou áreas)

Oceânia
Austrália
Fiji
Ilhas Marshall
Ilhas Salomão
Kiribati
Micronésia, Estados Federados da
Nauru
Nova Zelândia
Palau
Papua-Nova Guiné
Samoa
Tonga
Tuvalu
Vanuatu
(14 países ou áreas)

Delegações regionais do PNUD

Estados Árabes
Arábia Saudita
Argélia
Barém
Djibuti
Egipto
Emirados Árabes Unidos
Iémen
Iraque
Jamahira Árabe Líbia
Jordânia
Kuwait
Líbano
Marrocos
Omã
Qatar
República Árabe da Síria
Somália
Sudão
Territórios Ocupados da Palestina
Tunísia
(20 países ou áreas)

Europa Central e Europa de Leste e a Comunidade de Estados Independentes (CEI)
Albânia
Arménia
Azerbeijão
Bielorússia
Bósnia e Herzegovina
Bulgária
Cazaquistão
Chipre
Croácia
Eslováquia
Eslovénia
Estónia
Federação Russa
Geórgia
Hungria
Letónia
Lituânia
Macedónia, Antiga Rep. Jugoslava da
Malta
Moldávia
Montenegro

Classificação dos países

RELATÓRIO DE DESENVOLVIMENTO HUMANO 2009
Ultrapassar Barreiras: Mobilidade e desenvolvimento humanos

Polónia
Quirguizistão
República Checa
Roménia
Sérvia
Tajiquistão
Turquemenistão
Turquia
Ucrânia
Uzbequistão
(31 países ou áreas)

Ásia Oriental e Pacífico
Brunei Darussalam
Cambodja
China
Coreia, República da
Coreia, República Democrática Popular da
Fiji
Filipinas
Hong Kong, China (RAE)
Ilhas Marshall
Ilhas Salomão
Indonésia
Kiribati
Malásia
Mianmar
Micronésia, Estados Federados da
Mongólia
Nauru
Palau
Papua-Nova Guiné
Rep. Democrática Popular do Laos
Samoa
Singapura
Tailândia
Timor-Leste
Tonga
Tuvalu
Vanuatu
Vietname
(28 países ou áreas)

América Latina e Caraíbas
Antígua e Barbuda
Argentina
Baamas
Barbados
Belize
Bolívia
Brasil

Chile
Colômbia
Costa Rica
Cuba
Domínica
El Salvador
Equador
Granada
Guatemala
Guiana
Haiti
Honduras
Jamaica
México
Nicarágua
Panamá
Paraguai
Perú
República Dominicana
Santa Lúcia
São Cristóvão e Nevis
São Vicente e Granadinas
Suriname
Trindade e Tobago
Uruguai
Venezuela, República Bolivariana da
(33 países ou áreas)

África Subsariana
África do Sul
Angola
Benim
Botsuana
Burkina Faso
Burundi
Cabo Verde
Camarões
Chade
Comores
Congo
Congo, República Democrática do
Costa do Marfim
Eritreia
Etiópia
Gabão
Gâmbia
Gana
Guiné
Guiné Equatorial
Guiné-Bissau
Lesoto

Libéria
Madagáscar
Malawi
Mali
Maurícia
Mauritânia
Moçambique
Namíbia
Níger
Nigéria
Quénia
República Centro-Africana
Ruanda
São Tomé e Príncipe
Senegal
Serra Leoa
Seychelles
Suazilândia
Tanzânia, Rep. Unida da
Togo
Uganda
Zâmbia
Zimbabué
(45 países ou áreas)

Sul da Ásia
Afeganistão
Bangladesh
Butão
Índia
Irão, República Islâmica do
Maldivas
Nepal
Paquistão
Sri Lanka
(9 países ou áreas)

RELATÓRIO DE DESENVOLVIMENTO HUMANO **2009**
Ultrapassar Barreiras: Mobilidade e desenvolvimento humanos

Classificação dos países

Outros grupos de países

Conselho de Cooperação do Golfo (CGG)
Arábia Saudita
Barém
Emirados Árabes Unidos
Kuwait
Omã
Qatar
(6 países ou áreas)

União Europeia (EU27)
Alemanha
Áustria
Bélgica
Bulgária
Chipre
Dinamarca
Eslováquia
Eslovénia
Espanha
Estónia
Finlândia
França
Grécia
Hungria
Irlanda
Itália
Letónia
Lituânia
Luxemburgo
Malta
Países Baixos
Polónia
Portugal
Reino Unido
República Checa
Roménia
Suécia
(27 países ou áreas)

Organização para a Cooperação e Desenvolvimento Económico (OCDE)
Alemanha
Austrália
Áustria
Bélgica
Canadá
Coreia (República da)
Dinamarca
Eslováquia
Espanha
Estados Unidos da América
Finlândia
França
Grécia
Hungria
Irlanda
Islândia
Itália
Japão
Luxemburgo
México
Noruega
Nova Zelândia
Países Baixos
Polónia
Portugal
Reino Unido
República Checa
Suécia
Suíça
Turquia
(30 países ou áreas)